Kritische Studien zur Geschichtswissenschaft 165

V&R

Kritische Studien
zur Geschichtswissenschaft

Herausgegeben von
Helmut Berding, Jürgen Kocka, Paul Nolte,
Hans-Peter Ullmann, Hans-Ulrich Wehler

Band 165
Jürgen Schmidt
Begrenzte Spielräume

Vandenhoeck & Ruprecht
in Göttingen

Begrenzte Spielräume

Eine Beziehungsgeschichte von Arbeiterschaft
und Bürgertum am Beispiel Erfurts 1870 bis 1914

von

Jürgen Schmidt

Vandenhoeck & Ruprecht
in Göttingen

Umschlagabbildung:
Sommerfest der Arbeiter-Vereinigung Erfurt
am 1. Juni 1910
Foto: Stadtmuseum Erfurt

Bibliografische Information Der Deutschen Bibliothek

Die Deutsche Bibliothek verzeichnet diese Publikation in der Deutschen
Nationalbibliografie; detaillierte bibliografische Daten sind im Internet über
<http://dnb.ddb.de> abrufbar.

ISBN 3-525-35147-X

Gedruckt mit Unterstützung des Wissenschaftszentrums Berlin
für Sozialforschung und der Friedrich-Ebert-Stiftung.

Inhalt

Tabellenverzeichnis

Vorwort

Die vorliegende Untersuchung ist im September 2002 beim Fachbereich Geschichts- und Kulturwissenschaften der Freien Universität Berlin eingereicht und im Februar 2003 mit der Disputation angenommen worden. Für den Druck wurde das ursprüngliche Manuskript erheblich gekürzt.

Aus beruflichen und familiären Gründen hat diese Arbeit einen langen Entstehungsprozess hinter sich, der für mich auch die Chance bot, den Gestaltwandel Erfurts in den Nachwendejahren zu verfolgen. Zu Beginn meines Dissertationsvorhabens lag die Wiedervereinigung erst wenige Jahre zurück und die Stadt und ihre Menschen bekamen die Veränderungen zu spüren. Mancher meiner Vermieter klagte über die Mietpreissteigerungen, andere Erfurter wickelten ihre traditionsreichen Betriebe ab und fanden doch Zeit, mich einen Blick in die Archive werfen zu lassen, wieder andere sahen neue Perspektiven und Chancen für sich. Die Stadt befreite sich von der Bauruine des Kulturpalastes und begann das Michaelisviertel zu sanieren. Heute strahlt die neue Oper bis in die Feuilletons der überregionalen Presse, der wirtschaftliche Strukturwandel mit seinen Chancen und Risiken ist auf den Weg gebracht. So konnte ich hautnah erleben, was ich in historischer Perspektive am Beispiel Erfurts im Kaiserreich untersuchte: die gesellschaftlichen, sozialen und kulturellen Wandlungsprozesse in einer Stadt und ihrer Bewältigung durch die Menschen.

Auf dem langen Weg von den ersten konzeptionellen Überlegungen bis hin zur Buchpublikation haben mich viele Menschen und Institutionen unterstützt, denen ich danken möchte. An erster Stelle sei Jürgen Kocka genannt, der die Arbeit betreute, unterstützte und Wege der Finanzierung fand. Er erinnerte mich immer wieder daran und ermutigte mich, dass es noch etwas abzuschließen gelte, obwohl ich mich beruflich zwischendurch anderen Bereichen und Themen der Geschichte zugewendet hatte. In dem von der »Alfried-Krupp-von-Bohlen-und-Halbach-Stiftung« finanzierten Projekt »Demokratische Bewegungen in Mitteldeutschland 1830-1930« der Ruhr-Universität Bochum fand das Dissertationsvorhaben seine erste institutionelle Verankerung. Helga Grebing, Karsten Rudolph und den Kollegen der Bochumer Zeit danke ich für zahlreiche Anregungen, Hinweise und Kommentare. Gleiches gilt für die Teilnehmer der Kolloquien an der Ruhr-Universität Bochum und am Zentrum für Vergleichende Geschichte Europas der Freien Universität Berlin sowie des »Transatlantic Doctoral Seminar« in Washington an der Georgetown University.

Ein Stipendium aus Mitteln des Nachwuchsförderungsgesetzes des Landes Berlin half mit, sich auf die Forschungsarbeit zu konzentrieren. Helga Grebing danke ich für Ihre spontane Bereitschaft, das Zweitgutachten zur Dissertation anzufertigen. Neben den Gutachtern nahmen sich Gunilla Budde, Sebastian Conrad und Wolfram Fischer die Zeit, die Disputation mit mir zu bestreiten.

Die Hilfe und das Entgegenkommen der Mitarbeiterinnen und Mitarbeiter der Archive öffneten erst den Weg zu den Arbeitern und Bürgern Erfurts im Kaiserreich. Der Verein für die Geschichte und Altertumskunde von Erfurt bot mir die Möglichkeit, Ergebnisse meiner Untersuchung der interessierten Erfurter Öffentlichkeit vorzustellen.

Den Herausgebern der Reihe »Kritische Studien zur Geschichtswissenschaft« danke ich für die Aufnahme in die Reihe und die zahlreichen Anregungen zur Überarbeitung der Dissertation. Ein Druckkostenzuschuss der Friedrich-Ebert-Stiftung aus Mitteln des Herbert-Wehner-Stipendiums ermöglichte die Veröffentlichung der Arbeit.

Das Wissenschaftszentrum Berlin für Sozialforschung unterstützte in jeglicher Hinsicht die Dissertation. Ute Hasenöhrl, Adina Lieske, Sebastian Prüfer, Katja Schmitz und Georg Weinmann lasen Teile der Dissertation und des Manuskripts. Die stundenlangen Telefongespräche mit Georg Weinmann bereicherten nicht nur die Telekommunikationsunternehmen.

Obwohl die Welt der Wissenschaft für meine Eltern eine fremde Welt ist, verfolgten sie nicht nur mit Interesse den eingeschlagenen Weg ihres Sohnes, sondern förderten ihn und vertrauten ihm. Erinnern soll dieses Buch an meine Mutter, die die Veröffentlichung nicht mehr erlebte.

Petra Struve-Schmidt hat mich in all den Jahren dieses Erfurt-Projekts unterstützt. Sie ist der ruhende Pol; ihr möchte ich dieses Buch widmen. Amira, Celina und Leon sorgten nicht nur für die nötige Abwechslung vom wissenschaftlichen Alltagsbetrieb, sondern auch für eine erfüllende Zweitbeschäftigung.

Berlin, im Herbst 2004   Jürgen Schmidt

Einleitung

Am Anfang des Kaiserreiches war Erfurt von einer Festungsmauer umgeben. Im Reichstag vertrat 1871 ein Abgeordneter der konservativen Reichspartei den Wahlkreis Erfurt-Schleusingen-Ziegenrück. Vierzig Jahre später, vor dem Ausbruch des Ersten Weltkrieges war Erfurt über seine früheren Begrenzungen gewuchert. Erstmals im Kaiserreich vertrat 1912 ein Mitglied der Sozialdemokratie den Wahlkreis. Fundamentalprozesse der Industrialisierung und Urbanisierung, der Politisierung und Klassenbildung hatten den Ausschlag für diesen Wandel gegeben. Die Arbeiter und Bürger Erfurts erlebten diese Wandlungs- und Formierungsprozesse auf unterschiedliche Weise und reagierten darauf verschieden. Das Ziel der vorliegenden Arbeit ist es, diese Reaktionen mit Hilfe analytischer Kategorien zu erfassen und zu beschreiben. Das erkenntnisleitende Interesse gilt den agierenden und reagierenden gesellschaftlichen Gruppen, Schichten und Klassen. Eine umfassende Stadtgeschichte Erfurts im Kaiserreich zu schreiben, wird nicht angestrebt.

Erfurt bildet mit der Besonderheit einer preußischen Stadt in Thüringen den Untersuchungsrahmen. Seit 1802 gehörte die ehemals kurmainzische Stadt zum preußischen Staatsgebiet. Die Verwaltungsspitzen und das verbeamtete Bildungsbürgertum stammten aus Preußen. Die preußische Tradition war zu Beginn des Kaiserreichs bereits zur Normalität geworden. Die fünfzig- und hundertjährige Zugehörigkeit zu Preußen wurden mit großen Feierlichkeiten begangen. Andererseits sah sich Erfurt als einzige Großstadt der Region immer auch als »thüringische Metropole«, in die nach der Entfestigung zahlreiche Zuwanderer aus den thüringischen Nachbargebieten strömten. Der lokalgeschichtliche Zugriff wurde deshalb gewählt, um ein möglichst detailliertes Bild von der Zusammensetzung, der Konstituierung und den Kontakten innerhalb der Arbeiterschaft und des Bürgertums und zwischen ihnen zu zeichnen, aber auch um sich das »Spannungsverhältnis« zwischen der »Singularität der Verhältnisse« und »der Konkretisierung allgemeiner historischer Prozesse« zu Nutze zu machen.[1]

---

1 Hierin besteht nach Meinung Pohls gerade die »Leistung einer modernen Stadtgeschichtsschreibung« (*Pohl*, Arbeiterbewegung, S. 18). Kritisch hierzu *Niethammer*, Stadtgeschichte, S. 124ff.

Kennzeichnend für Städte ist ihre Viertelbildung; die räumliche, soziale und wirtschaftliche Segregation macht erst die Stadtstruktur aus.[2] Als Festungsstadt bis 1873 waren in Erfurt derartige Entwicklungen zunächst beschränkt. Sowohl wirtschaftliche als auch soziale Mischstrukturen bestimmten noch das Stadtbild.[3] Erst allmählich vollzog sich in Erfurt eine verschiedenartige Ausprägung der Stadtviertel, die in eine Nord-Süd-Segregation mündete.[4] Diese Viertelbildung wird bei der Frage nach den Kontakten zwischen Arbeiterschaft und Bürgertum einbezogen werden, ist doch die sozialräumliche Struktur einer Stadt auch »für die Geschichte der Arbeiterbewegung konstituierend«.[5] Möglicherweise lässt sich mit diesem Ansatz eine Antwort auf die Frage finden, ob die »Welt der Arbeiter« eher durch »die Erfahrung der Industriearbeit ... oder die neue, oft bereits großstädtische Urbanität« geprägt wurde. Damit könnte auch zu einer Vermittlung bzw. Klärung zwischen Positionen beigetragen werden, die einerseits die »Durchsetzung industriekapitalistischer Produktionsverhältnisse, mithin die Verbreitung der Lohnarbeit«, andererseits »urbane Lebensformen« bei der Entstehung der Arbeiterbewegung und der Ausbildung eines sozialdemokratischen Milieus in den Vordergrund und gegeneinander stellen.[6]

Darüber hinaus versteht sich die Arbeit, die Arbeitergeschichte und Bürgertumsgeschichte verknüpft, als Beitrag, um der Frage nach der Zerklüftung der Gesellschaft des Kaiserreichs nachzugehen. Die Beziehungen von Arbeiterschaft und Bürgertum lassen hier neue Erkenntnisse und Rückschlüsse zu. Die Analyse von Emanzipation, Partizipation und Verbürgerlichung der Arbeiterschaft wird mit den Aktionen und Reaktionen des Bürgertums auf diese Prozesse verbunden. Sie zeigt dabei Möglichkeiten und Grenzen des demokratischen Potenzials im Kaiserreich auf.[7] Gleichzeitig öffnet dieser beziehungsgeschichtliche Ansatz neue Chancen für die Arbeiter- und Bürgertumsgeschichte, zeigt Exklusions- und Inklusionsmechanismen moderner Gesellschaften auf und führt die Gestaltungsmöglichkeiten ausgegrenzter Gruppen, wie sie die Sozialdemokratie darstellte, vor Augen.[8]

Trotz ihres begrenzten und deutlich umrissenen Forschungsgegenstandes sind auch Stadtstudien nicht in der Lage, alle Bevölkerungsgruppen gleichgewichtig in die Analyse miteinzubeziehen.[9] Die Quellen und Daten sind so-

---

2 Bereits die ägyptische Hieroglyphe (ein Kreuz in einem Kreis) symbolisierte die Viertelbildung (vgl. *Hofmeister*, S. 9).

3 Vgl. *Heß*, Entfaltung, S. 238 (dies für die 1840er Jahre; durch die Rayonordnung waren aber kaum Veränderungen möglich).

4 Vgl. *Hofmeister*, S. 82.

5 *Pohl*, Arbeiterbewegung, S. 71, siehe auch *Bleek*.

6 *Ritter/Tenfelde*, Arbeiter, S. 29f.

7 Siehe auch *Kühne*, Kaiserreich, S. 212; *Ritter*, Reichstagswahlen, S. 398f., 401–403.

8 Vgl. *Schmidt*, Zivilgesellschaft.

9 Der katholische Bevölkerungsteil Erfurts konnte in der vorliegenden Arbeit als eigen-

wohl in einem solchen Übermaß als auch in einem solchem Mangel vorhanden, dass diesem Problem nur durch Auswahl und Begrenzung begegnet werden kann. Die Geschichts- und Sozialwissenschaft haben aber Modelle und Theorien zur Verfügung gestellt, die es dem Forscher erlauben, seine Fragestellungen zu konzentrieren, seine Informationen und Ergebnisse in übergeordnete Sinnzusammenhänge einzuordnen, ohne sich als Simplifikateur zu fühlen.

Einen der fruchtbarsten Ansätze zur Untersuchung gesellschaftlicher Verbände bietet – trotz aller Kritik – das Klassenbildungsmodell.[10] Die Varianten von Karl Marx, Max Weber und Synthesen aus beiden Theorien stehen hier – neben anderen z. B. von Edward P. Thompson – zur Verfügung.[11] Grundlage ist generell die unterschiedliche Verfügungsgewalt über Besitz, Eigentum, Produktionsmittel, die zu unterschiedlichen Lebenschancen, Gegensätzen, Konflikten, Bewusstwerdung und schließlich Formierung der einzelnen Klassen führt: bei Marx der Arbeiterklasse, bei Weber generell der »sozialen Klassen«. Die vorliegende Arbeit möchte diesen Varianten nicht eine weitere hinzufügen, sondern eine Modifikation des Weberschen Ansatzes vornehmen. Im Gegensatz zum ordnenden Schichtbegriff handelt es sich beim Klassenbegriff um eine »analytische Kategorie, die nur im Zusammenhang einer Klassentheorie sinnvoll sein kann«.[12] Deshalb ist es notwendig, das verwendete und abgewandelte Klassenmodell zunächst vorzustellen.

Da die Arbeit sich die Analyse der Arbeiterschaft und des Bürgertums vorgenommen hat, braucht sie ein Modell, das die Perspektive auf alle gesellschaftlichen Gruppen öffnet, aber auch wieder zu bündeln in der Lage ist. Max Webers Klassenmodell wird hier erfolgversprechend sein. Dabei ist eine Einschränkung sinnvoll. Weber bot nämlich einerseits einen generalisierenden Klassenbegriff an, der zum Beispiel sowohl die Klassenanalyse einer Sklavenhaltergesellschaft als auch der kapitalistischen Wirtschafts- und Ge-

---

ständige Sozialgruppe nur am Rande berücksichtigt werden. Das lässt sich vertreten, da zum Ersten das katholische Bürgertum Verbindungen mit dem protestantischen Bürgertum einging und deshalb als ein Teil des Erfurter Bürgertums erfasst werden konnte (vgl. auch *Mergel*, Klasse), zum Zweiten die katholische Bevölkerung relativ zur Gesamtbevölkerung ständig zurückging und zum Dritten der politische Arm des Katholizismus in Erfurt nur schwach vertreten war.

10 Vgl. *Welskopp*, Klassenkonzept, S. 48–106.

11 *Marx*, Lohnarbeit und Kapital, S. 397–423; *ders.*, Das Kapital, Bd. 1, S. 181–191. *Weber*, 1. Halbband, S. 177–180, 2. Halbband, S. 531–540. Der Marxsche Ansatz kommt z. B. zur Anwendung bei *Zwahr*, Konstituierung des Proletariats. *Wehler* schrieb seine »Deutsche Gesellschaftsgeschichte« (Bd. 1–4, 1987–2003) unter Weberianischen Prämissen (siehe bes. Bd. 1, S. 8, 127–133). Kockas Arbeiten basieren seit den 1980er Jahren auf einer Synthese aus Marx und Weber (vgl. *Kocka*, Lohnarbeit, S. 23–30). Vgl. den weitgehend durch Erfahrungen definierten Klassenbegriff bei *Thompson*, Entstehung, 1. Bd. S. 7–10. Siehe auch *Welskopp*, Ende, S. 578–580. Allgemein zur Theoriedebatte *Mergel/Welskopp*, Geschichte.

12 *Dahrendorf*, S. IX.

sellschaftsordnung ermöglichte.[13] Für diese Untersuchung ist ein derart allgemeiner Klassenbegriff nicht sinnvoll. Der zweite Klassenbegriff wurde von Weber dagegen unter der Voraussetzung der Existenz von Arbeits-, Kapital- und Gütermärkten entwickelt.[14] Dementsprechend wird die »Klassenlage«, d.h. »die typische Chance 1. der Güterversorgung, 2. der äußeren Lebensstellung, 3. des inneren Lebensschicksals..., welche aus Maß und Art der Verfügungsgewalt (oder des Fehlens solcher) über Güter und Leistungsqualifikationen und aus der gegebenen Art ihrer Verwertbarkeit für die Erzielung von Einkommen oder Einkünften innerhalb einer gegebenen Gesellschaftsordnung folgt«,[15] als »Marktlage« verstanden.[16]

Fünf »marktbedingte Klassen« erkennt Weber: Zum einen die »Besitzklassen«, die entweder »positiv privilegiert« (z. B. Rentiers) oder »negativ privilegiert« (Arme, Verschuldete) sind, zum anderen die »Erwerbsklassen«, die sich ebenfalls in »positiv privilegierte« (Kaufleute, Händler, Bankiers, Freiberufler) und »negativ privilegierte« (Arbeiter) teilen. Hinzu kommen die »Mittelklassen««, die nach Weber Handwerker, Bauern, Beamte und Angestellte einschließen. Diese fünf Kategorien mit weiteren Unterabteilungen sind für die Präzisierung der Sozialstruktur einer Gesellschaft zwar äußerst dienlich, rufen aber geradezu nach einer engeren Zusammenfassung. Das war Weber bewusst, und er wählte dafür den Begriff der »sozialen Klasse«. Soziale Klasse definierte er als »die Gesamtheit derjenigen Klassenlagen ..., zwischen denen ein Wechsel [a)] persönlich, [b)] in der Generationenfolge leicht möglich ist und typisch stattzufinden pflegt«.[17]

In der wörtlichen Auslegung dieser Definition wären demnach die gesellschaftlichen Großgruppen ausschließlich durch intra- und intergenerationelle Mobilitätsprozesse nachzuweisen.[18] Diese eingeschränkte Methodik kann aber für eine Stadtstudie nicht befriedigen. Deshalb soll Webers Definition um den Begriff der Kontakte, die zwischen den Klassenlagen persönlich »leicht möglich« waren und »typisch stattzufinden pflegt[en]«, ergänzt werden. Der Begriff des Wechsels enthält zu einem gewissen Grad zwar bereits die Annahme, dass Kontakte untereinander vonnöten sind, doch war die explizite Erwähnung und Ausdehnung der Definition notwendig, weil sich damit neue Untersuchungsfelder öffnen. Stadtviertel, Nachbarschaft, Wohnen und Arbeitsumfeld stehen unter diesem Gesichtspunkt als Analyseebenen zur Verfügung. Hinzu treten weitere »Medien«, deren »Analyse ... sozialgeschichtlich deswegen von großer Bedeutung [ist], weil sie erst die Ausbildung von umfas-

13 *Weber*, 1. Halbband, S. 177 f.
14 *Weber*, 2. Halbband, S. 531 f.
15 Ebd., S. 177.
16 Ebd., S. 532.
17 Vgl. hierzu *Weber*, 1. Halbband, S. 177–179. Dort auch alle Zitate.
18 Siehe *Wehler*, Gesellschaftsgeschichte, Bd. 1, S. 128. Ebenso *Mooser*, S. 24f.

senderen Vergesellschaftungen ermöglichen«: der Markt, die Vereine und die Ausbildung von Öffentlichkeit.[19] Die Bedeutung der Vereine für persönliche Kontakte und der Einfluss auf weitere Vergesellschaftungen ist evident. Mit einem umfassend verstandenen Öffentlichkeitsbegriff in Verbindung mit dem Begriff der Kontakte wird der Übergang zu gemeinsamem Klassenhandeln und weiteren Vergesellschaftungen ermöglicht. Die Schaffung allgemein zugänglicher Kommunikationsstrukturen, das Kommunizieren in Kaffeehäusern oder Kneipen, die Erfahrung gemeinsam erlebter, ausgetragener Konflikte und schließlich die Mobilisierung bei Wahlen, das Erlebnis exklusiver Stadtverordnetenwahlen einerseits und offener Reichstagswahlen andererseits, tragen zur Erkenntnis bei, dass »der Kontrast der Lebenschancen« nicht etwas »schlechthin Gegebenes und Hinzunehmendes« ist, sondern als etwas »entweder 1. aus der gegebenen Besitzverteilung oder 2. aus der Struktur der konkreten Wirtschaftsordnung [und Herrschaftsordnung, d. Vf.] Resultierendes empfunden« wird, und man dagegen »nicht nur durch Akte eines intermittierenden und irrationalen Protestes, sondern in Form rationaler Vergesellschaftung reagiert«.[20] Diese Perspektive öffnet den Blick auf die Vergesellschaftungen schlechthin, die Parteien: »Das ›parteimäßige Gemeinschaftshandeln‹ enthält ... stets eine Vergesellschaftung. Denn es ist stets auf ein planvoll erstrebtes Ziel gerichtet«.[21]

Die Analyse sozialer Klassen mit Hilfe der Kategorie der Kontakte ist letztlich nicht allzu weit von einem Begriff entfernt oder leitet direkt zu ihm über, der ebenfalls häufig zur Beschreibung sozialer Gruppen und politischer Vergesellschaftungen genutzt wird – dem Milieubegriff.[22] Dieser inzwischen vielfach in die Geschichtswissenschaft eingegangene Begriff schwingt bei dem hier benutzten Begriffsinstrumentarium mit und weist zahlreiche Überschneidungen auf, da die Entstehung von Milieustrukturen ohne die verschiedenen Kontaktebenen kaum beschrieben werden kann. Da der eingeführte Begriff der Kontakte jedoch die Möglichkeit bietet, umfassend auf die Vergesellschaftungsprozesse zu blicken, soll hier das Modell von Klassenbildung bevorzugt werden, das Arbeiterschaft und Bürgertum als gesellschaftliche Subsysteme untersucht, die durch individuelles Handeln ebenso entstehen wie durch strukturelle Vorgaben, die durch Brüche und Spannungen ebenso geprägt sind wie durch Verflechtungen, die sich um gemeinsame Interessenskerne herum vergemeinschaften, dennoch dabei differente Identitäten ausbilden und beherbergen können, die schließlich in Vereinsnetzwerken und Parteistrukturen den dichtesten Kern an Vergesellschaftung

19 *Lepsius*, Bürgertum, S. 74.
20 *Weber*, 2. Halbband, S. 533.
21 Ebd., S. 539.
22 Siehe zusammenfassend *Adam/Bramke*.
23 Um sich der Struktur der Gesellschaft beschreibend-analytisch zu nähern, steht ein viel-

hervorbringen.[23] Diese breite Definition ermöglicht es auch, Arbeiterschaft und Bürgertum, Arbeiterpartei und bürgerliche Parteien parallel zu betrachten – denn der Begriff der Klasse im engen Sinn konnte sich bei der Bürgertumsforschung nicht durchsetzen. Außerdem verdeutlicht diese Herangehensweise noch einmal einen zentralen Ansatz von Klassentheorien: Will man diesen gesellschaftlichen Formierungsprozess beschreiben, sollte man sich bewusst sein, »dass das, was ›Klasse‹ definiert, die Beziehung *zwischen* den Angehörigen *verschiedener*, antagonistischer Klassen ist«.[24]

Der Begriff der Kontakte enthält jedoch auch Ungenauigkeiten und Unschärfen, die es zu bedenken gilt.[25] Der häufige Kontakt zwischen einem Dienstmädchen und einem Regierungspräsidenten beispielsweise oder zwischen einem Ingenieur der Erfurter Eisenbahnwerkstätten und einem dort beschäftigten Schlosser formte aus diesen Angehörigen verschieden privilegierter Erwerbsklassen keine gemeinsame »soziale Klasse«. Diese Schwierigkeit lässt sich definitorisch lösen, da die Klassenlagen der beiden Beispiele so unterschiedlich sind, dass die Annahme, die Beteiligten zu *einer* Klasse zu rechnen, von vornherein ausgeschlossen ist. Es gilt generell die Ebenen, zwischen denen und auf denen Kontakte möglich waren, im Auge zu behalten. Dadurch wird das Modell auch leichter operationalisierbar, da sowohl die Barrieren als auch die Gemeinsamkeiten, die soziale Klassen trennten oder verbanden, in den Blick kommen. Es werden auch Überschneidungen sichtbar gemacht, die in einem weiteren Analyseschritt erklären helfen, wer welcher Klasse aus welchen Gründen am ehesten zuzurechnen ist. Weshalb sollte sich zum Beispiel ein katholisch gebundener Erfurter Handwerksmeister in einer Reichstagswahl für die katholische Zentrumspartei entscheiden, wenn er glaubte, seine wirtschaftlichen Interessen weit besser in der schutzzöllnerischen Reichspartei vertreten zu wissen? Weshalb sollte ein sozialdemokratisch wählender Handwerksmeister nicht Mitglied im liberal geprägten Mieterverein werden, wenn er dadurch seine Mieterinteressen gewahrt wissen wollte? Würde andererseits ein Hausbesitzer, der sozialdemokratisch

---

fältiges Begriffsrepertoire zur Auswahl. Außer Milieu und Klasse bietet sich auch der Begriff des Lagers für synthetisierende Zugriffe an, um Vergesellschaftungsprozesse zu beschreiben. Auch wenn keiner dieser Begriffe eindimensional ausgelegt ist, haben sie doch unterschiedliche Schwerpunktsetzungen, die sich grob gesprochen den Bereichen Lebenswelt (Milieu), Partei (Lager) und Ökonomie (Klasse) zuordnen lassen. Alle drei Begriffe betonen in unterschiedlicher Intensität die Existenz der sich wechselseitig ergänzenden Prozesse von Binnenhomogenisierung und Außenabgrenzung innerhalb der einzelnen Gruppen bzw. Untersuchungseinheiten.

24 *Welskopp*, Klasse als Befindlichkeit, S. 317 (Hervorhebung im Original); vgl. zur Vergesellschaftung im Bürgertum *Hettling*, Bürgerlichkeit, S. 29ff. und *Schmuhl*, Herren, S. 28ff.

25 Vgl. zur Verwendung offener Begriffe und ihren Vorzügen auch *Haupt*, Bürger, S. 252f. (dort zum Begriff der Kontakte), sowie *Ehmer*, Traditionen, S. 10 (dort zum Begriff der Tradition).

wählte, Mitglied im konservativen Hausbesitzerverein zur Interessenwahrung werden? Die drei Beispiele zeigen: Die Kontakte waren vielfältig, deshalb wird abzuwägen sein, welche dieser Formen nun »typisch« war und »leicht stattzufinden pflegte« – und welche Interessen jeweils dahinter standen.

Diese Form der Untersuchung eröffnet die Möglichkeit, die beiden Felder Geschichte der Arbeiterschaft und Geschichte der Arbeiterbewegung zu verknüpfen.[26] Außerdem ist so ein Blick auf individuelles Verhalten möglich, ohne von vornherein Handlungsweisen starren klassenspezifischen Mustern zu unterwerfen. Es gilt daher differenziert danach zu fragen, wie auf den Ebenen von Betrieb, Wohnviertel, Alltag, Freizeit und Politik Kontakte hergestellt und Kommunikationsmöglichkeiten geschaffen wurden. Damit öffnet sich der Blick auch auf jene Arbeitergruppen, die zwar als Angehörige einer sozialen Klasse unmittelbare Berührungspunkte mit der Basis der sozialdemokratischen Arbeiterbewegung hatten, dabei aber weder ihr noch ihrem Milieu angehörten. Die konfessionell gebundenen Arbeitervereine sind hierfür ein klassisches Beispiel. Da Erfurt in den 1890er Jahren einen aktiven und mitgliederstarken evangelischen Arbeiterverein aufzuweisen hatte, sind hier Untersuchungsmöglichkeiten gegeben, die Rückschlüsse auf Klassenbildung, auf quer zum Klassenbildungsprozess verlaufende Linien, auf individuelles Handeln als auch auf bürgerliche Kontakte zulassen.

Generell ist damit die Frage nach der sozialen Zusammensetzung der Sozialdemokratie,[27] aber auch nach den anderen die Stadt Erfurt prägenden Parteien, Organisationen und Vereinen gestellt. Dieses Feld durch Verknüpfung vielfältiger Variablen wie die des Wohn- und Arbeitsumfeldes zu bearbeiten und unter dem Gesichtspunkt der Kontakte zu analysieren, wird ein Hauptanliegen der Arbeit sein. Solche Untersuchungen stehen freilich in der Gefahr, einem sozioökonomischen Determinismus zu verfallen. Dieser Gefahr gilt es entgegenzuwirken. Werden in die Untersuchung kulturelle Determinanten, Erfahrungen, Werthaltungen und Traditionen, welche die Arbeiter prägten und besaßen, einbezogen, ist hierzu ein entscheidender Schritt getan. Damit ist keine Hinwendung auf eine das Einzelne rekonstruierenden All-

---

26 Vgl. die empirischen Studien und Forschungsüberblicke zur Arbeitergeschichte *Conze/ Engelhardt*, Arbeiter; *dies.*, Arbeiterexistenz; *Tenfelde*, Geschichte der Arbeiter, S. 83–94. Paradigmatisch die Forderung nach einem Perspektivenwechsel von der Arbeiterbewegungsgeschichte zur Arbeitergeschichte bei *Langewiesche/Schönhoven*, Einleitung, S. 7f. Knapp die Entwicklung zusammengefasst auch bei *Roth*, S. 600–603. Zur Verknüpfung von Arbeiterbewegungs- und Arbeitergeschichte vgl. *Pohl*, Arbeiterbewegung, S. 22; *Ritter*, Einleitung, in: *Ders./Müller-Luckner*, Aufstieg, S. XI. Für die frühe Arbeiterbewegung jetzt eingelöst bei *Welskopp*, Banner.

27 Die kontrovers diskutierte Frage nach dem Zusammenhang von sozialer Basis der Sozialdemokratie und ihrer späteren reformistischen oder radikalen Ausprägung wird hier nur am Rande gestreift. Siehe hierzu *Kupfer/Rother*, S. 139–177 mit der einschlägigen Literatur. Vgl. *Pohl*, Arbeiterbewegung, S. 23. Kritisch zu einem solchen Vorgehen *v. Saldern*, Wer ging in die SPD?, S. 162f. Positiv dagegen *Tenfelde*, Geschichte der Arbeiter, S. 95.

tagsgeschichte gemeint,[28] sondern etwa die Untersuchung von Sozialisationsinstanzen wie der Schule[29] und – soweit rekonstruierbar – der Erziehung in der
Familie,[30] von Erfahrungen des sozialen Auf- oder Abstiegs,[31] des Wohnens[32]
und der dem Handwerk entstammenden Traditionen.[33] Hier wird ein
Arbeiterkulturbegriff angesprochen, der als »Gesamtzusammenhang einer
schichtspezifischen Lebensweise« bezeichnet werden kann, und von der Arbeiterbewegungskultur zu trennen ist, mit dieser nicht identisch ist.[34] Vor allem der Blick auf den Umgang mit bürgerlichen Kulturtraditionen zeigt deutliche Unterschiede zwischen Arbeiterschaft und Arbeiterbewegung.

Die hier vorgestellten Forschungsfelder und angestrebten Untersuchungseinheiten zeigen, dass sich insgesamt der Weg der Arbeiterschaft im Kaiserreich als ein Emanzipationsprozess beschreiben lässt, der seinen offensicht-
lichsten Ausdruck in der Formierung und Durchsetzung einer eigenständigen
Partei und ihrer Vorfeldorganisationen fand. Eine Studie der Arbeiterschaft im
Kaiserreich ist daher mit der Entwicklung der Sozialdemokratie und der Gewerkschaftsbewegung zu verknüpfen. Anders dagegen die Auseinandersetzung und Forschungslage in der Bürgertumsforschung.[35] In keinem der
einschlägigen Werke der sich in den 1980er Jahren etablierenden Bürgertumsforschung finden sich Forderungen, die Entwicklung des Bürgertums mit *einer*
bestimmten Organisation oder politischen Bewegung zu verknüpfen. Klassenbewusstsein im Bürgertum ließ sich nicht an *einer* Gesellschaftstheorie, *einer* Partei festmachen, umgekehrt gab es keine Partei, die als die Vertreterin des
Bürgertums hätte gelten können. Die noch am ehesten in Frage kommende
Idee des Liberalismus[36] war im Kaiserreich parteipolitisch deutlich in ein
Rechts-Links-Spektrum mit unterschiedlichen Trägergruppen gespalten.[37]
Hinzu kommt, dass große Teile des Bürgertums auch den konservativen Par-
teien nahe standen – das traf gerade für Erfurt zu. Bürgerliches Klassenbe-
wusstsein lässt sich also nicht an der Orientierung an einer Partei festmachen.
Wie auch? Die Heterogenität dieser gesellschaftlichen Großgruppe übertraf

28 Vgl. die Kritik an diesem Ansatz von *Tenfelde*, Schwierigkeiten, S. 376–394; vgl. allerdings die Breite der Ansätze in *Berliner Geschichtswerkstatt*, Alltagskultur.

29 *Lundgreen*, Schulsystem, S. 304ff.

30 *Tenfelde*, Arbeiterfamilie, S. 179–203; *Rosenbaum*, Familien.

31 Vgl. *Schmidt*, Stammarbeiterschaft, S. 1–17.

32 Siehe *Wischermann*, Wohnen; *v. Saldern*, Im Hause, S. 145–332.

33 *Kocka*, Traditionsbindung, S. 333–376; *Ehmer*, Traditionen.

34 Definition nach *Ritter*, Einleitung, in: *Ders.*, Arbeiterkultur, S. 1. Die Trennung zwischen
Arbeiter- und Arbeiterbewegungskultur gilt heute als common sense in diesem Forschungs-
bereich (siehe zum Beispiel ebd., S. 19); ebenso *Kocka*, Arbeiterkultur, S. 9 und *Langewiesche*:
Arbeiterkultur.

35 Vgl. die Sammelrezension von *Mergel*, Bürgertumsforschung, S. 515–538 sowie den
Sammelband *Lundgreen*, Sozial- und Kulturgeschichte.

36 So *Wehler*, Wie bürgerlich, hier S. 268–270.

37 Siehe *Langewiesche*, Liberalismus in Deutschland, S. 128–232.

die der Arbeiterschaft bei weitem. Nicht einmal eine allgemein gültige ökonomische Grunderfahrung – wie bei allen Arbeitern die Lohnabhängigkeit – spielte hier eine Rolle. Sicherlich kam dem Aspekt der wirtschaftlichen Selbstständigkeit eine wesentliche Funktion sowohl im Selbstverständnis als auch in der Fremdbeschreibung des Bürgertums zu.[38] Gleichzeitig aber war das beamtete Bildungsbürgertum Kernbestandteil der Sozialgruppe Bürgertum, ohne selbstständig zu wirtschaften. Auch bei der materiellen Existenzsicherung lagen Welten zwischen den einzelnen Bürgern. Einkommen, Berufsumfeld, Marktabhängigkeit, Machtverteilung waren ungleich verteilt – und dennoch rechneten sich der Kommerzienrat wie der Volksschullehrer oder der Hauptsteueramtsassistent zu den ›Bürgern‹ der Stadt und werden in der Forschung im weitesten Sinne unter der Kategorie Bürgertum zusammengefasst.

Damit ist eines der Hauptforschungsfelder der Bürgertumsforschung umrissen: die Definition und Abgrenzung der einzelnen Glieder des Bürgertums und die Frage einer gemeinsamen Konstituierung oder auch Ausdifferenzierung.[39] In der Forschung wird für die einzelnen Teile des Bürgertums eine zunehmende Ausgrenzung einzelner Gruppen bzw. eine Einengung der Gesamtgruppe konstatiert. Bildete Bürgertum zu Beginn des 19. Jahrhunderts noch den ›Dreiklang‹ (altes) Stadtbürgertum – Wirtschaftsbürgertum – Bildungsbürgertum, lässt sich die Entwicklung des Bürgertums im Laufe des Jahrhunderts einerseits als Einengung auf die beiden letztgenannten Gruppen interpretieren, andererseits als mehrgliedrige Ausdifferenzierung. Die vorliegende Arbeit sieht eher die Verbreiterung des Bürgertums im Vordergrund und wird hierfür einen eigenen Begriffsapparat entwickeln.[40] Das Stadtbürgertum der Handwerksmeister und kleinen Kaufleute verlor an Bedeutung, bildete den alten Mittelstand.[41] Neue Gruppen bzw. Zwischengruppen wie die der Angestellten tauchten auf, die als neuer Mittelstand firmierten.[42] Die Berufsgruppe der Beamten wiederum ist keineswegs automatisch mit Bürgern gleichzusetzen.[43] Besonderheiten wie in Erfurt kommen hinzu. Durch die konservierenden Festungsmauern war sowohl ein langsamerer Übergang als auch ein längeres Miteinander möglich.[44] Auch die zahlreich in Erfurt vertretene Beamtenschaft musste Anknüpfungs- und Orientierungspunkte haben. Wo lagen sie? Wie verlief im Erfurter Bürgertum die Ausdifferenzierung

---

38 Den Aspekt der Selbstständigkeit betont Hettling (*Hettling*, Bürgerlichkeit).

39 Vgl. auch *Schmuhl*, Herren, S. 28ff.

40 Vgl. Kapitel I.3.

41 Vgl. zur Rolle des alten Stadtbürgertums auch *Weichel*, Wiesbaden, S. 16.

42 Allgemein zu den Angestellten *Schulz*, Angestellte.

43 Vgl. zu diesen Begriffen *Kocka*, Bürgertum und Bürgerlichkeit, S. 21–63; siehe auch *Blackbourn*, S. 1–45. Zum Mittelstand und Kleinbürgertum allgemein *Winkler*, S. 7–16; *Haupt/Crossick*, Kleinbürger.

44 Ähnlich nach der Auflösung des noch festgefügten Stadtbürgertums fragt *Gall*, Stadt und Bürgertum. Ein Problemaufriss, S. 11.

einerseits und die Zusammengehörigkeit andererseits? Welche Gruppen spielten eine Rolle, welche nicht? Wegen der Ungleichheit der sozioökonomischen Verhältnisse dieser bürgerlichen Gruppen hat der »Vorschlag von Rainer Lepsius, Bürgertum als eine spezifische, durch Mentalität, kulturelle Deutungsmuster und Lebensstil vermittelte Vergesellschaftungsform von Mittelschichten oder Mittelklassen ... an Überzeugungskraft gewonnen«.[45] Es müssen zur Untersuchung des deutschen Bürgertums folglich nicht unnötig Fronten zwischen Forschungsrichtungen aufgebaut werden, die sich einerseits der leitenden Konzeption von Bürgerlichkeit zur Erklärung der Vergemeinschaftung und Vergesellschaftung im Bürgertum zuwenden oder andererseits sich auf ein umfassend verstandenes Stadtbürgertum als »Interaktion aller bürgerlichen Gruppen« berufen.[46]

Dieses Vorgehen hat für die Untersuchung den Vorteil, dass eine Synchronisierung bei der Analyse von Arbeiterschaft und Bürgertum erreicht wird. Neben die Erfassung der wirtschaftlichen und sozialen Lebensweisen tritt die der kulturellen Lebenswelt. Darauf aufbauend kann dem bereits angesprochenen Themenkomplex der Kontakte und wechselseitigen Beeinflussung beider Gruppen nachgegangen werden. Für diesen Bereich ist der Forschungsstand noch weit schmaler als für die bisher behandelten Gebiete der Stadt-, Arbeiter- und Bürgertumsgeschichte. Die in der marxistischen Klassenanalyse betonte Dialektik der Entwicklung von Proletariat und Bourgeoisie verblieb meist Postulat, führte kaum zu wissenschaftlich-empirischen Arbeiten.[47] In der westdeutschen Geschichtswissenschaft führte die Gleichbehandlung der beiden Gruppen eher zur allgemeinen Gesellschaftsgeschichte[48] oder zu einer »neue[n] Gesamtdeutung der deutschen Geschichte«.[49] Die inzwischen umfangreiche Bürgertumsforschung ihrerseits blickt in ihren Untersuchungen viel zu selten auf die Arbeiterschaft als zentralen Bezugs- und Abgrenzungspunkt des Bürgertums.[50] Dennoch: wichtige Ansätze, auf die auf-

45 *Puhle*, Einleitung, S. 9.

46 Besonders stark diese Frontstellung bei *Roth*, S. 18f., welcher der Bürgerlichkeits-Forschung in bewusster Zuspitzung kulturalistische »Luftigkeit« zuschreibt. Dabei macht Roths Analyse des Stadtbürgertums in Frankfurt am Main indirekt selbst die Bürgerlichkeit seines Forschungsgegenstands deutlich.

47 Vgl. als Ausnahme *Zwahr*, Proletariat und Bourgeoisie. Auf dieses Forschungsdefizit weisen auch *Ritter/Tenfelde*, Arbeiter, S. 114, Anm. 4, hin.

48 Siehe *Wehler*, Gesellschaftsgeschichte, Bd. 1–4.

49 So *Mommsen* (Gesichter, S. 415) im Nachruf auf Thomas Nipperdeys Werk über Deutschland im 19. Jahrhundert (*Nipperdey*, Deutsche Geschichte).

50 In seiner Kritik über die jüngere Bürgertumsforschung weist Mergel ebenfalls auf die eingeschränkte Perspektive bei der Analyse bürgerlicher Gruppen hin. Bei der Frage nach der »Abgrenzung nach unten ... scheint noch einiges zu tun« (*Mergel*, Bürgertumsforschung, S. 537). In einem zusammenfassenden Absatz geht *Roth* dieser Frage nach, weist aber gleichzeitig auf das deutliche Forschungsdefizit in dieser Richtung hin (S. 657f.).

gebaut werden kann, sind vorhanden[51] und ein zum Teil ideologisch aufgeladener Begriffsapparat steht zur Verfügung, welcher der weiteren empirischen Überprüfung bedarf. Es sind vor allem beziehungsgeschichtliche Fragen, die sich hier aufdrängen.[52] In der Richtung vom Bürgertum zur Arbeiterschaft spielt bis heute der Begriff der Verbürgerlichung eine wichtige Rolle und ruft unterschiedliche Interpretationen hervor. Während Dieter Langewiesche für die österreichische sozialistische Kulturbewegung der ersten Republik entschieden die Existenz einer »Gesamtkonzeption, die auf ›Verbürgerlichung‹ zielte oder diese ungewollt forcierte«,[53] bestritt und Jürgen Kocka die These von der Verbürgerlichung nicht bestätigt sieht,[54] öffnen sich Gerhard A. Ritter und Klaus Tenfelde hinsichtlich der Einstellungen des einzelnen Arbeiters wieder vorsichtig diesem Begriff.[55] Um Missverständnisse zu vermeiden, ist eine genaue Definition vonnöten. Allein Programmatik und Ziele des Erfurter Programms von 1891 schließen von vornherein aus, Verbürgerlichung als *Konzept* innerhalb der Arbeiter*bewegung* des Kaiserreichs untersuchen zu wollen – auch der Bernsteinsche Revisionismus ist mit diesem Zugriff nicht zu fassen. Eher verfestigt sich dagegen der Eindruck einer Verbürgerlichung in der Arbeiter*bewegungskultur*, die bürgerliche Kulturelemente übernahm, transformierte und in ihre Festkultur integrierte, aber auch von ihren Vereinsmitgliedern in hohem Maße bürgerliches Verhalten und Auftreten verlangte. Will man Verbürgerlichung breiter fassen, muss darüber hinaus in Anlehnung an die Modifikation des Weberschen Klassenmodells, nach der möglichen Annäherung in der wirtschaftlichen und sozialen »äußeren Lebensstellung« (Weber) der Arbeiter*schaft* und ihrer einzelnen Glieder an die bürgerlichen Gruppen, nach der (wechselseitigen) Kontaktaufnahme – möglicherweise auch als Indiz sozialer Anerkennung (Fremdeinschätzung) – und nach der bewussten Auswahl bürgerlicher Lebensvorstellungen, aber auch der unbewussten Orientierung an bürgerlichen kulturellen Werten und Normen gefragt werden.[56] Ob gewisse Formen von »Bürgerlichkeit der Arbeiterklasse« wirklich »eingeboren« waren[57] oder nicht vielmehr einem prozessualen Wandel unterlagen, wird zu untersuchen sein. Verbürgerlichung ist ein Subsystem des vorgestellten Klassenmodells und liefert *einen* Interpretationsansatz für die

51 Vgl. *Kocka/Müller-Luckner*, Arbeiter und Bürger; siehe auch *Zwahr*, Konstituierung der Bourgeoisie, S. 149–186 und *Eisenberg*, Arbeiter, Bürger, S. 187–219.

52 Vgl. *Kocka*, Arbeiterbewegung, S. 487–496; *Welskopp*, Banner, S. 767.

53 *Langewiesche*, Freizeit. Dort auch Hinweise auf die ideologische Aufladung des Begriffs (S. 24–29).

54 *Kocka*, Bürger und Arbeiter, S. 329.

55 *Ritter/Tenfelde*, Arbeiter, S. 837f.; *Ullrich*, Sehnsucht.

56 Vgl. zur Definition *Langewiesche*, Freizeit, S. 26.

57 So zumindest *Ritter/Tenfelde*, Arbeiter, S. 838.

Frage nach den Kontakten zwischen Arbeiterschaft und Bürgertum, ohne zu einem bloßen »Interpretament«[58] zu werden.

Einflüsse der Arbeiterschaft auf das Bürgertum sind schwieriger nachzuweisen. Erfolge der Sozialdemokratie führten zu stärkeren parteipolitischen Organisationsbestrebungen auf bürgerlicher Seite, einer gewissen Professionalisierung der Parteipolitik.[59] Eine weitere Konsequenz des Erfolgs und Emanzipationsprozesses der Arbeiterschaft im Bürgertum war das verstärkte Bemühen um soziale Reformen. Der Durchbruch bürgerlicher Sozialreform fällt in die Aufstiegsphase der Arbeiterbewegung. Allein aus diesem Zeitpunkt erklärt sich sowohl die propagierte Pazifizierungs- als auch die versuchte »Roll-back-«Taktik und Mentalität in diesen Zirkeln.[60] Hartmut Zwahr hat diesen Zusammenhang »zugespitzt« (so) formuliert: »Erst als sie [die Arbeiterklasse] Antibürgerlichkeit entwickelte, wurde sie der Verbürgerlichung wert«.[61] Für Erfurt ergeben sich aus dieser Entwicklung eine Vielzahl von Fragen. Welche organisatorischen Bestrebungen bestanden im vorgeblich »sozialpolitisch öden Erfurt«?[62] Wer waren ihre Trägergruppen? Bildeten sie ›Kampforganisationen‹ gegen die Sozialdemokratie oder waren die Organisationen zur Zusammenarbeit, um die soziale Lage der Arbeiter zu bessern, bereit? Welche sozialpolitischen Ansätze in der Kommunalpolitik lassen sich nachweisen? Schließlich ist danach zu fragen, welche Angebote von Seiten der Arbeiterbewegung bereit gestellt wurden, die eventuell für Teile des Bürgertums attraktiv sein konnten.

Generell zeigt sich bei den Einflüssen der Arbeiter auf das Bürgertum im Vergleich zu denen des Bürgertums auf die Arbeiter, dass erstere vor allem Konsequenzen auf organisatorischer, institutioneller Ebene hatten, den Alltag der Bürger aber nicht oder kaum betrafen, während die Auswirkungen auf die Arbeiter in erster Linie im Bereich der Lebensweise, übernommener Werte usw. zu suchen sind. Wie diese auf die organisatorische Seite rückwirkten, wird zu berücksichtigen sein.

Die Literatur zu Erfurt, um einen letzten Forschungsüberblick zu geben, ist umfangreich und äußerst heterogen; gleichzeitig weist sie erhebliche Lücken auf. Ein Meilenstein in der DDR-Stadtgeschichtsforschung stellt das Werk »Geschichte der Stadt Erfurt« dar, das über 1200 Jahre Stadtgeschichte in all-

58 *Bausinger*, S. 98–117.

59 Vgl. *Eisenberg*, Arbeiter, Bürger, S. 195 (für die Zeit 1850–1875). Durch Erfurts ›Verspätung‹ mit den entsprechend später einsetzenden Wandlungen.

60 Zu diesem Themenkomplex siehe *vom Bruch*, Weder Kommunismus. Vgl. zum sozialen Liberalismus: *Langewiesche*, Liberalismus in Deutschland, S. 192ff.

61 *Zwahr*, Konstituierung der Bourgeoisie, S. 167.

62 Tribüne. Sozialdemokratisches Organ für die Wahlkreise Erfurt, Nordhausen, Weimar, Eisenach, Jena, Sondershausen, Mühlhausen und Sangerhausen (künftig zitiert als: Tribüne), Nr. 235 vom 8. Oktober 1900.

gemein verständlicher Form darbietet. Methodisch aufgeschlossen werden soziale, wirtschaftliche und kulturelle Rahmenbedingungen beschrieben, der Schwerpunkt auf die Entwicklung der Erfurter Arbeiterbewegung gelegt – ohne die bürgerlichen Parteien völlig zu vernachlässigen.[63] Die in »Neuer Folge« erscheinenden »Mitteilungen des Vereins für die Geschichte und Altertumskunde von Erfurt« entwickelten sich zu einem wissenschaftlich fundierten Medium zur Stadtgeschichte, haben jedoch dem späten 19. Jahrhundert nur wenige, meist biographisch orientierte Beiträge gewidmet.[64] Steffen Raßloffs Studie zu Erfurts Bürgertum in der Weimarer Republik enthält einen Rückblick in die Zeit des Kaiserreichs mit Überblickscharakter.[65] Spezialuntersuchungen liegen vor allem auf wirtschaftshistorischem Gebiet sowie zur Geschichte der Erfurter Arbeiterbewegung vor. Die nur als Manuskript vorliegende Arbeit von Ulrich Heß sticht dabei heraus. Eine detailreiche Analyse der Organisation des sozialdemokratischen Erfurter Ortsvereins zwischen 1890 und 1906 legte Martina Trümper vor, die sozial- und kulturgeschichtliche Aspekte jedoch weitgehend ausblendete.[66] Die Mängelliste, die man angesichts dieses Bestandes schreiben könnte, wäre lang. Zwei Lücken seien genannt: Lediglich rudimentär beschrieben sind die sozialen Verhältnisse der Stadt im Kaiserreich. Eklatant ist das offensichtliche Fehlen eines sozialgeschichtlichen Ansatzes. Dies hat seine Ursache in der allgemeinen Forschungslandschaft der DDR, die den sozialhistorischen Ansatz spät aufgriff und mit Skepsis betrachtete.[67] Insgesamt gilt: Man betritt sozialgeschichtlich spannendes Neuland.[68]

63 Die Veröffentlichung der 2. Auflage des Buches fiel unmittelbar in den Herbst 1989, so dass sich Verlag und Herausgeber Willibald Gutsche zu einigen »notwendige[n] Bemerkungen« veranlasst sahen. Während H. Ohff den »Mut ... zum Bekenntnis, nicht genügend Mut gehabt zu haben«, lobte (Heinz *Ohff*: Martin Luther ohne Tintenfass, in: Der Tagesspiegel, Nr. 14.469 vom 14. Februar 1993), warf K.-H. Blaschke dem Herausgeber vor, sich zum Kritiker an der DDR-Hofberichterstattung zu machen, obwohl »er doch zu jenen SED-Historikern der oberen Ränge (gehörte), die in jahrzehntelanger Tätigkeit genau diesen ideologischen Leitungs- und Kontrollmechanismus innerhalb der Geschichtswissenschaft bestimmt haben« (*Blaschke*, S. 22, Anm. 10).

64 MVGAE, N. F. Heft 1ff. (54. Heft ff.), 1993ff.

65 *Raßloff*, S. 39–59, 65–126.

66 *Heß*, Sozialdemokratie; *Trümper*. Alle weiteren Arbeiten reichen an Heß´ und Trümpers Beiträge nicht heran: *Baum*, Tätigkeit; *Baum*, Ortsverein; *Dolleney*, Lossien.

67 Vgl. z. B. *Küttler*, S. 8; dort auch weitere Literatur zu diesem Thema. Eine Ausnahme bilden zum Teil die Beiträge in »Geschichte der Stadt Erfurt«.

68 *Heß*, Geschichte. Diese Lücke wurde auch nicht durch die zum Teil veraltete westdeutsche Forschung geschlossen. Vgl. *Patze/Schlesinger*. Andere Fragestellungen verfolgt auch die Arbeit von *Walter*, Hochburg, S. 21–39. Siehe allerdings jetzt *Hahn u. a.* (allerdings mit Schwerpunkt auf das frühe 19. Jahrhundert. Hinsichtlich der Bürgertumsforschung machen die Herausgeber ebenfalls auf erhebliche Lücken in der Regionalgeschichte aufmerksam); anregend, allerdings mit dem Schwerpunkt auf die Jahre der Weimarer Republik, auch *Matthiesen*, Bürgertum, sowie *Matthiesen*, Radikalisierungen, S. 32–62; siehe auch *John*, S. 25–44 sowie die Blätter des Vereins für Thüringische Geschichte Nr. 1ff (1991ff.).

Der zeitliche Rahmen, den diese Erforschung ausleuchten will, umfasst die Jahre des Kaiserreichs. Diese Begrenzung lässt sich sowohl aus regionalgeschichtlicher als auch überregionaler Sicht erklären. Eine direkte Folge der Reichsgründung 1871 war der Bedeutungsverlust Erfurts als preußischer Festungsstadt und deren Entfestigung nach 1873. Dieser Schritt setzte die eingangs erwähnten Wandlungsprozesse hin zur Industriestadt in Gang oder beschleunigte sie doch erheblich. Andererseits bedeutete die Entfestigung keine schlagartige Entfesselung des Prometheus, sondern ein allmähliches Wachsen, so dass in den 1870er Jahren noch immer die Gesellschaft und Struktur der Festungsstadt greifbar bleibt. Es sprechen daher gute Gründe dafür, die Untersuchung mit dem Beginn des Kaiserreichs einsetzen zu lassen. Die Analyse von Arbeiterschaft und Bürgertum nicht über die Zäsur 1914 hinauszuziehen, mag für andere Fragestellungen einen Verlust an Erkenntniswert zur Folge haben. Die revolutionierende Wirkung des Ersten Weltkrieges auf Gesellschaft und Politik Deutschlands ist aber so »unmittelbar evident«,[69] dass diese Studie mit dem Ausbruch des Krieges, der Kriegsbegeisterung, aber auch der Kriegsfurcht und -skepsis der Augusttage 1914 schließt, um sich nicht mit neuen Themen zu überlasten, aber auch, um ihre Ergebnisse durch die Ereignisse der Jahre 1914/18 nicht präjudizieren zu lassen.

Die Arbeit steht quellenmäßig auf den drei Säulen von Akten staatlicher bzw. städtischer Provenienz, prozessproduzierten Daten und zeitgenössischer Publizistik.[70] Mangel bestand an Material aus Firmenarchiven[71] sowie an Nachlässen, Autobiographien o.ä., so dass Fragen nach Erfahrungen, Übernahme oder Ablehnung bestimmter Werte nur über Sekundäranalysen zu klären sind.

Den vielfältigen Möglichkeiten, Ergebnisse von Stadtstudien vergleichend darzustellen, stehen auch Barrieren gegenüber. Von seiner Gewerbe- und Wirtschaftsstruktur her wird es schwer fallen, zu Erfurt eine vergleichbare – im Sinne einer ähnlich strukturierten – Stadt zu finden. Auf der Grundlage der Berufsstatistik von 1907 versuchte Hans Heinrich Blotevogel mit Hilfe von Clusteranalysen »funktionale Städtetypen« zusammenzufassen. Erfurt entzog

---

69 *Ritter/Tenfelde*, Arbeiter, S. 3.

70 Polizeiakten erlaubten Rückschlüsse auf bürgerliche und sozialdemokratische Vereine. Mitglieder der verschiedenen Vereine und Organisationen wurden in einer prosopographischen Datei erfasst. Mittels EDV analysiert wurden Daten der Wahlberechtigten zur Erfurter Stadtverordnetenversammlung sowie eine Liste sämtlicher katholischen Steuerpflichtigen Erfurts (siehe ausführlich Kapitel I.3). Die überlieferten Jahrgänge der »Thüringer Tribüne« (ab 1896 »Tribüne«) wurden ab 1893 komplett ausgewertet. Ich danke dem Archiv der Friedrich-Ebert-Stiftung für die freundliche Zusammenarbeit. Der Verbleib der Jahrgänge Herbst 1889–1893 konnte nicht ermittelt werden. Für die Jahre der Reichstagswahlen oder innerstädtisch wichtiger Ereignisse wurde außerdem eine selektive Durchsicht bürgerlicher Blätter vorgenommen.

71 Die Bedeutung dieser Quellengattung für die Arbeitergeschichte zeigen u. a. die Arbeiten von *Zumdick*; *Welskopp*, Arbeit und Macht sowie *Berghoff*, S. 167–204.

sich diesem Systematisierungsversuch und bildete alleine das Cluster mit dem Etikett »Multifunktionale Stadt mit Schwerpunkt Bekleidung, Versicherungen und Gärtnerei«.[72] Der Vergleich mit Erfurts Nachbarstädten, da sie im Gegensatz zu dem zu Preußen gehörigen Erfurt in den als liberal geltenden thüringischen Kleinstaaten lagen, scheiterte am Mangel geeigneter Untersuchungen, die entsprechendes Material und Daten aufgearbeitet hätten, um sie mit der vorliegenden Analyse der Erfurter Bevölkerungsgruppen in Beziehung setzen zu können. Stattdessen wird mit Hilfe von Sekundäranalysen bereits publizierter Stadtstudien an zentralen Stellen der Darstellung vergleichend auf den reformfreudigeren Süden des Deutschen Reichs (München, Augsburg[73]), auf den preußisch dominierten Norden (Göttingen, Bielefeld, Minden, Magdeburg[74]) sowie auf das sächsische Leipzig geblickt werden.[75]

Gliederungen sind sowohl für den Autor als auch für die Leser nützlich: zum einen um den Stoff zu ordnen, Zusammenhänge herauszustreichen, zum anderen um sich einen Überblick zu verschaffen. Gliederungen haftet aber auch etwas Starres und Statisches an. Es ist offensichtlich, dass Erfahrungen, die in Konflikten und Auseinandersetzungen gewonnen wurden (Kap. VI), unmittelbar auf die politischen Konstellationen der Arbeiterschaft und des Bürgertums einwirkten (Kap. IV). Die vorliegende Gliederung erweckt dagegen den Eindruck, Konflikte seien die Folge der Konstituierung der Klassen. Davon kann keine Rede sein. Ohne den Begriff der Wechselwirkungen kommt die Geschichtswissenschaft nicht aus, unilineare Erklärungsmodelle konnten noch nie wirklich überzeugen. Die Gliederung der Arbeit möchte also keine lineare Entwicklung vortäuschen, sondern dient der Ordnung des Stoffes.[76] In einem ersten Kapitel werden die Stadt, ihre Bevölkerung und Wirtschaft sowie ihre preußische Struktur vorgestellt und analysiert. Daran schließt sich die sozialstrukturelle Untersuchung der in der Stadt lebenden gesellschaftlichen Klassen an (Kap. II), ehe nach den Kontakten und der Kommunikation innerhalb der jeweiligen Sozialgruppen und zwischen ihnen gefragt wird (Kap. III). Dieses umfangreiche Kapitel gliedert sich in die Untersuchungsebenen von Betrieb, Familie und Stadtviertel sowie Verein, jeweils getrennt für die Kontakte in der Arbeiterschaft, im Bürgertum und den Kontakten zwischen ihnen. Es gilt zu fragen und zu analysieren, welchen Einfluss und welche Bedeutung die jeweiligen Kontakte hatten. Konnten sie feste Beziehungen herstellen? Auch gruppenüberschreitend. Unmittelbarer Ausdruck von Vergesellschaftungs- und Klassenbildungsprozessen sind – wie vorn gesagt – die Parteien. Deshalb wird ihr Entstehungsumfeld und ihre Entwick-

---

72 *Blotevogel*, Probleme, S. 250.
73 *Pohl*, Arbeiterbewegung; *Fischer*, Industrialisierung.
74 *V. Saldern*, Einwohner; *Ditt*, Industrialisierung; *Drechsler*.
75 *Adam*, Arbeitermilieu; *Lieske*.
76 Vgl. *Ritter/Tenfelde*, Arbeiter, S. 2.

lung im anschließenden vierten Kapitel ebenfalls untersucht. Ausgehend von der Überlegung, dass die politische Zusammenarbeit zwischen Bevölkerungsgruppen und Parteien mit unterschiedlichen Interessenlagen im kommunalpolitischen Rahmen leichter möglich war als auf Reichsebene,[77] wurde hier ein mögliches Konsensfeld analysiert (Kapitel V). Wie sich schnell herausstellte, gab es dazu in Erfurt nur eingeschränkte Handlungsräume. Die Fragen dieses Kapitels sollen deshalb erklären helfen, worauf sich die Verhärtung der Fronten zurückführen lässt. Ein weiteres Kapitel wird die Konflikt- und Konfrontationsfelder behandeln, soll fragen, ob die Auseinandersetzungen schärfer verliefen als in anderen Städten oder angesichts der klaren Fronten nach Alternativstrategien gesucht wurde (Kap. VI). Im anschließenden Kapitel VII wird das Feld der kulturellen Aktivitäten und Werte in den jeweiligen Milieus dargestellt. Gerade auf dem Gebiet der Kultur im Sinne von Kunst und Hochkultur einerseits, von Normen und Deutungsmustern andererseits gab es zwischen Arbeiterschaft, Arbeiterbewegung und Bürgertum zahlreiche Berührungspunkte, die sich vorschnellen Verallgemeinerungen entziehen und der genauen Beschreibung bedürfen. Die Frage nach der Eindringtiefe bürgerlicher, hegemonialer Kultur in die Arbeiterschaft ist zu erörtern. Im Schlusskapitel wird noch einmal die Frage aufgegriffen und zusammenfassend diskutiert, ob für die städtische Gesellschaft Erfurts von einer Klassengesellschaft gesprochen werden kann, in der sich die Klassen schroff gegenüberstanden, oder ob es Ebenen des Kontaktes und der Beziehungen, der Erfahrungen und Werte gab, welche die Klassenlinien verwischten.

---

77 Vgl. *Pohl*, Arbeiterbewegung, passim.

I. Konstellationen und Konfiguration

Erfurts Arbeiterschaft und Bürgertum wurden nach der Reichsgründung von vielfältigen Wandlungsprozessen beeinflusst. In der historischen Forschung über einzelne soziale Gruppen oder städtische Gesellschaften wurden diese gesellschaftsgeschichtlichen Veränderungen der Wirtschafts-, Bevölkerungs- und Sozialstruktur häufig einleitend unter dem Begriff der Rahmenbedingungen abgehandelt.[1] Sie steckten den Rahmen ab, innerhalb dessen gesellschaftliche Veränderungen sich vollzogen. Diese Vorstellung ist unbefriedigend, da der Einfluss dieser Entwicklungen auf die Gesellschaft leicht ins Hintertreffen gerät.[2] Deshalb wurde für dieses erste Kapitel einerseits der Ausdruck der Konstellation gewählt, um anzudeuten, dass die zu analysierenden Entwicklungen für die Mehrzahl der Bevölkerung als etwas schlechthin Gegebenes, nicht Veränderbares empfunden wurden. Andererseits wurde der Begriff der Konfiguration benutzt, um deutlich zu machen, dass es sich hier um »gestalterische Kräfte« handelt, deren Einfluss sich der Einzelne nicht entziehen konnte, die das Gesamtbild einer Gesellschaft formten und auf welche die Menschen mit ihrem Tun selbst einwirkten und ihre Umgebung prägten.

1. Die Erfurter Bevölkerung

Bevölkerungswachstum, Gebürtigkeit und Sterblichkeit. Bis sich die Erfurter Bevölkerung vor der Reichsgründung verdoppelte, vergingen rund fünfzig Jahre (1820: 20.517, 1871: 43.616 Einwohner). Die nächste Verdoppelung geschah dagegen schon innerhalb von ungefähr dreißig Jahren (1900: 85.190). Die Grenze zur Großstadt mit mehr als 100.000 Einwohnern wurde 1906 überschritten.[3] Trotz des Wachstumsprozesses hatte Erfurt mit den schnell wach-

---

1 Vgl. z. B. *Sachse*, S. 21.
2 Eine Ursache hierfür ist sicherlich darin zu sehen, dass diese Kapitel zwangsläufig mit statistischem Material arbeiten mussten. Nicht nur, dass bei diesem methodischen Vorgehen das Individuum völlig zurückgedrängt wird; hinzu kommt, dass trotz der Materialfülle oft wichtige Unterscheidungen – etwa hinsichtlich von Arbeiterschaft und Bürgertum – in den einzelnen Statistiken nicht getroffen wurden und immer nur eine abstrakte Gesamtheit übrig blieb.
3 *Raßloff*, S. 40.

senden Industriestädten des Ruhrgebiets oder anderen Großstädten nichts gemein. Auch die Wachstumsraten der anderen Großstädte in der Provinz Sachsen – Magdeburg und Halle – übertraf Erfurt erst nach der Jahrhundertwende; und im Vergleich zu einer Industriestadt wie Essen, dessen Bevölkerung zwischen 1871 und 1905 um das 4,5-fache stieg,[4] war Erfurts Entwicklung tatsächlich gemächlich. Die markante Bevölkerungszunahme zwischen 1885 und 1890, in der die Einwohnerzahl um annähernd 14.000 Personen auf 72.000 stieg, ist nicht aus der natürlichen Bevölkerungsbewegung, sondern aus einer verstärkten Wanderungsbewegung zu erklären.[5] Sie resultierte unter anderem aus der wirtschaftlichen Expansion einer der dominierenden Fabriken Erfurts – der Königlichen Gewehrfabrik.[6]

Die Entwicklungstendenz der Erfurter Bevölkerung in der Zeit des Kaiserreichs entsprach in ihren wesentlichen Zügen dem »demographischen Übergang« im letzten Drittel des 19. Jahrhunderts. Während die Geborenenziffern mit Werten um und über 3,5 Prozent pro Jahr und Einwohner sich noch bis Mitte der 1890er Jahre auf einem hohen Niveau hielten, begannen die Sterbeziffern bereits in den 1880er Jahren abzusinken.

Verbesserungen in der Ernährung, in den hygienischen Verhältnissen (durch städtische Infrastrukturmaßnahmen), in der Medikalisierung der Gesellschaft, der Rückgang der massenhaft auftretenden Infektionskrankheiten (noch 1866 hatte eine Choleraepidemie Erfurt heimgesucht) wirkten zusammen, um diesen Basisprozess in die Wege zu leiten und zu beschleunigen. Einer der wesentlichsten Gründe für den Rückgang der Sterblichkeit lag dabei in den größeren Überlebenschancen der Säuglinge.[7] Die Säuglingssterblichkeit in Erfurt nahm dabei im Zeitraum des Kaiserreichs einen typischen Verlauf und ging von 207 (1881/85) über 219 (1891/95) auf 164 (1906/10) im ersten Lebensjahr Gestorbene pro tausend Lebendgeburten zurück. Die Werte lagen tendenziell niedriger als in den anderen preußischen Städten. Im Zeitraum zwischen 1875/80 entsprach die Säuglingssterblichkeit noch fast dem niedrigen auf dem Land anzutreffenden Muster. Zwar führte die rasche Ausdehnung nach 1885 zu einem typischen Anstieg der Säuglingssterblichkeit,[8] doch bereits nach 1896 sank sie auf Werte, die Magdeburg und Halle erst zehn Jahre später erreichten.

---

4 *Wiel*, S. 17.

5 Einwohner 1867, 1871 nach: *Breslau*, (Gesamtbevölkerung); 1875: Ebd. (ab hier immer: ortsanwesende Bevölkerung); Statistisches Jb. dt. Städte 1897–1914. Geburten/Sterbefälle/Ehen: Eigene Berechnungen nach *Silbergleit*, S. 19 sowie Preußische Statistik, Bd. 74, 79, 86, 89, 94, 98, 107, 113, 117, 123, 127, 134, 138, 143, 149, 155, 160, 1645, 169, 178, 183, 190, 196, 200, 207, 213, 220, 224, 229, 233, 238, 245, 249.

6 Zum Beziehungsgeflecht von wirtschaftlicher Entwicklung, demographischen Veränderungen und Wanderungsverhalten vgl. *Reulecke*, Urbanisierung, S. 68f.

7 Vgl. *Wehler*, Gesellschaftsgeschichte, Bd. 3, S. 495ff.

8 *Marschalck*, S. 41.

Tabelle 1: Natürliche Bevölkerungsbewegung in Erfurt, Halle und Magdeburg
im Vergleich 1867–1910 (Angaben in Promille)

Jahr	Erfurt		Halle		Magdeburg	
	GBZ	STZ	GBZ	STZ	GBZ	STZ
1867	34,6	24,0	34,8	29,9	35,1	26,8
1871	30,6	30,7	33,2	30,3	40,3	45,5
1875	40,2	25,3	40,1	27,6	38,6	30,1
1880	37,9	23,0	37,9	27,5	37,0	27,2
1885	34,3	24,0	38,5	27,1	36,0	25,5
1890	36,1	22,8	38,1	24,7	40,1	24,3
1895	34,6	20,4	35,1	23,1	35,9	23,5
1900	32,4	19,0	36,3	23,7	32,5	21,7
1905	30,0	17,7	30,9	21,5	26,5	18,8
1910	27,8	17,7	27,3	18,3	24,4	16,3

Quelle: Eigene Berechnungen auf Grund der Volkszählungsergebnisse in der Preußischen Statistik. GBZ (Geborenenziffer) und STZ (Sterbeziffer) pro 1000 Einwohner.

Die geringere Sterblichkeit hatte zwar ein vergrößertes natürliches Bevölkerungswachstum zur Folge, allerdings trug sie nicht allein das Wachstum der Bevölkerung.[9] In den drei Phasen des größten Bevölkerungswachstums Erfurts entfielen lediglich 34,3 Prozent (1885/90), 43,3 Prozent (1901/05) und 55,3 Prozent (1906/1910) des Wachstums auf den Geburtenüberschuss. Vor allem dem Zuzug in die Stadt kam ein wichtiges Anschubmoment zu. Das traf sowohl für die Erweiterungsphase nach 1875 als auch für die Zeit von 1886 bis 1890 zu: Zwischen 1876 und 1880 resultierte das Bevölkerungswachstum zu 73 Prozent aus Wanderungsgewinnen. So gesehen trifft die pointiert formulierte Erklärung für diese Entwicklung zu: »Verstädterung entsteht in der Binnenwanderung«.[10] Allerdings belegen die angegebenen Werte des Geburtenüberschusses, dass für den Zeitraum nach 1900 der Wanderungsüberschuss eine geringere Rolle spielte.[11]

Zuwanderung und Eingemeindung. Die Zuwanderung in die Städte hatte vor allem Auswirkung auf die Altersstruktur der Bevölkerung. Da ein wesentlicher

9 Vgl. allg. *Bleek*, S. 39.
10 *Köllmann*, Bevölkerung, S. 130; vgl. *Ritter/Tenfelde*, Arbeiter, S. 26.
11 Vgl. *Matzerath*, Lokalgeschichte, S. 66, der darauf verweist, dass der Prozess der Verstädterung noch ungenügend geklärt sei.

Anreiz der Zuwanderung die wirtschaftliche Situation der Stadt war, kamen vor allem Menschen im arbeitsfähigen Alter in die Stadt. Die Zahl der Menschen im Alter zwischen 15 und 60 (bzw. 70) nahm zu, die relative Zahl der Kinder ging zurück. Erfurt war auch unter diesem Gesichtspunkt allmählich auf dem Weg zur Großstadt. Weitere und gegenteilige Konsequenz der Zuwanderung konnte ein Anwachsen der Kinderzahl sein, da die Zuziehenden noch ihr ländlich-generatives Verhalten mit hoher Gebürtigkeit in die Stadt brachten. Das traf vor allem für die jungen Industriestädte des Ruhrgebietes zu. Im Jahr 1905 etwa waren von tausend Einwohnern Erfurts 317 unter fünfzehn Jahre alt, in Gelsenkirchen belief sich diese Zahl auf 429. Damit nahm Erfurt eher wie andere schnell gewachsene Verwaltungsstädte – z. B. Düsseldorf – eine Mittelposition ein.[12]

Als letzten Faktor für die Verstädterung und das Bevölkerungswachstum Erfurts gilt es Eingemeindungen zu berücksichtigen. 1905 kam mit dem südöstlich des Stadtgebietes gelegenen Alt- und Neudaberstedt erstmals eine selbstständige Gemeinde zu Erfurt.[13] Erfurt war auch hier relativ verspätet, setzte die Eingemeindungswelle doch schon um 1885 als »massenhafte Erscheinung« ein.[14] Noch langwieriger gestaltete sich die Eingemeindung Ilversgehofens, das im Norden unmittelbar an das Stadtgebiet anschloss. Erst 1911 wurde der Ort an Erfurt angegliedert. Ilversgehofen war fast ausschließlich industriell geprägt und hatte einen rasanten Bevölkerungsanstieg von 932 Einwohner (1871) auf 12.593 Einwohner (1910) hinter sich.[15] Aus dieser letzten Eingemeindung vor dem Ersten Weltkrieg resultierte die Wachstumsrate in dem Zeitraum 1910/14.

Erfurt war den Weg zur Großstadt gegangen, ohne wie manches Ackerbürgerstädtchen im Ruhrgebiet von dieser Entwicklung überrollt worden zu sein.[16] Sowohl die Altersstruktur als auch die relativ niedrige Säuglingssterblichkeit belegen das. Erfurt behielt »noch viel von (seinem) Mittelstadt-Charme. Das Leben und Treiben vor den Schaufenstern des Angers, der reger gewordene Betrieb am Bahnhof und andere Erscheinungen des wirtschaftlichen Fortschritts standen in einer behaglichen Atmosphäre«.[17]

Militär und Konfession. Als ehemalige Festungsstadt streifte Erfurt allmählich sein militärisches Gepräge ab. Noch um die Mitte der 1850er Jahre waren 15,7 Prozent der Gesamtbevölkerung Militärpersonen gewesen. Nach 1870/71

12 Für Erfurt eigene Berechnungen nach Preußische Statistik, Bd. 206,1 (1908), S. 50; für Gelsenkirchen und Düsseldorf *Reulecke*, Urbanisierung, 76f., S. 209, Tabelle 7.3.

13 *Silbergleit*, S. 168. Es wurden 1.743 Personen eingemeindet.

14 *Matzerath*, Städtewachstum, S. 79; dagegen meint *Reulecke*, dass Eingemeindungen erst nach 1900 ihre »größte Bedeutung« erlangten (Urbanisierung, S. 78).

15 *Wiegand*, S. 139.

16 Vgl. *Reif*, Stadt, S. 177ff.

17 *Hummel*, S. 96 (für die Zeit um 1900).

30

verlor Erfurt als südlicher Festungspunkt des Königreichs schnell seine Bedeutung. 1875 machten die Militärpersonen nur noch 7,3 Prozent der Bevölkerung aus. Bei ständig weiterem Bevölkerungswachstum und Rückgang der Soldaten in der Stadt sank der Anteil der Militärpersonen im Lauf der Jahre immer weiter ab und lag 1895 bei 3,6 Prozent.[18]

Eine Besonderheit in der Provinz Sachsen stellten die Konfessionsverhältnisse in Erfurt dar. 1890 lebten in Erfurt doppelt so viele Katholiken wie in der Gesamtprovinz. Hier setzte sich eine vorpreußische Tradition fort, da Erfurt bis 1802 kurmainzisches Gebiet gewesen war, und im 18. Jahrhundert der Anteil der Katholiken in der Stadt bei rund 30 Prozent gelegen hatte.[19] Dom und Severikirche blieben markante, imponierende Zeugnisse dieser Tradition. Allerdings nahm der relative katholische Bevölkerungsanteil unter preußischer Herrschaft ständig ab, da sich die Zuwanderung vor allem aus protestantischen Gebieten speiste; 1910 lag er bei 11,3 Prozent. Der Anteil der jüdischen Bevölkerung an der Erfurter Einwohnerschaft bewegte sich um ein Prozent.

2. Die Erfurter Wirtschaft

Tradition und Wandel der Wirtschaftsstruktur. Festungsstadt – das bedeutete für das wirtschaftliche Leben Erfurts eine Fessel. Die Handelskammer klagte in ihrem Jahresbericht von 1871: »Um ... einen gewöhnlichen Schuppen für Arbeitszeug zu bauen, bedarf es der Einreichung von Situationsplänen, Zeichnungen pp. und man muss oft Monate lang warten, ehe die erbetene Bauerlaubnis eintrifft«.[20] Die per Reichsgesetz vom 20. Mai 1873 verfügte Entfestigung wurde in der Folgezeit allerdings in den Berliner Ministerien nur schleppend umgesetzt, dass sich der Magistrat im Januar 1875 genötigt sah, Erfurts ungünstige Situation Kriegsminister Kameke vor Augen zu führen: »Bei der gegenwärtigen Sachlage leiden die städtischen Interessen nach mannigfachen Richtungen hin ganz außerordentlich«.[21] Doch der Durchbruch gelang erst fünf Jahre nach der Entfestigungsentscheidung: Am 12. Juni 1878 wurde der Verkauf des Festungsgeländes an die Stadt für rund 120.000 Mark vollzogen.[22] Die Entfestigung beschleunigte und veränderte zwar die städtische Wirt-

18 Preußische Statistik, Bd. 148,1 (1897), S. 102.

19 Vgl. *Ernst*, S. 97.

20 Jahres-Bericht der Handels-Kammer Erfurt für das Jahr 1871, Erfurt o. J., S. 20, in: StAE 1–2/704–739.

21 Magistrat an Kriegsministerium, 26. Januar 1875, GStA PK, Rep. 87, Nr. 3350.

22 Regierung zu Erfurt an das Finanzministerium, 13. Juni 1878, GStA PK, Rep. 87, Nr. 3350.

schaftsstruktur, allerdings hatten sich bereits innerhalb der Festungsmauer und vor der Reichsgründung Wandlungsprozesse vollzogen.

Der Aufstieg der Bekleidungsbranche, der sich schon in den 1860er Jahren abzuzeichnen begann, setzte sich während des Kaiserreichs fort. 1882 arbeitete knapp ein Viertel aller Beschäftigten in diesem Bereich. 1907 lag dieser Anteil zwar nur noch bei 21,7 Prozent; dennoch war das Bekleidungsgewerbe immer noch der größte Wirtschaftszweig Erfurts. Nach der Jahrhundertwende verschoben sich die Gewichte innerhalb der Bekleidungsbranche. Dominierte 1895 noch eindeutig die Konfektionsindustrie, bestimmte nun die Schuhindustrie mit 58,5 Prozent aller in der Bekleidungsindustrie Arbeitenden das Feld.[23] Das war auch der Erfolg einer modernen Betriebsform: Die zentralisierte Schuhfabrikation hatte der hausindustriellen Damenmäntelfabrikation den Rang abgelaufen.[24] Paradigmatisch für diese Entwicklung steht die Lingel-Schuhfabrik, die der branchenfremde Kaufmann und Jungunternehmer Eduard Lingel mit Sinn für technische Innovationen 1872 in Erfurt gegründet hatte und die um 1880 bereits 300 Arbeiter und Arbeiterinnen zentralisiert beschäftigte.[25] Dieser neue Unternehmensgeist hatte für Deutschland durchaus Pioniercharakter, gehörte doch die Lingel-Fabrik 1875 zu einer der fünf motorbetriebenen Schuhfabriken Deutschlands.[26]

Kunst- und Handelsgärtnereibetriebe standen für Tradition und Kontinuität, quantitativ spielten sie jedoch eine untergeordnete Rolle im Wirtschaftsleben der Stadt,[27] in dem zwischen 8 Prozent (1882) und 4,4 Prozent (1907) aller Beschäftigten arbeiteten.[28] Allerdings gilt es zu berücksichtigen, dass das Kunst- und Handelsgärtnereigewerbe saisonal geprägt war und manche Betriebe in der Hauptsaison bis zu 1000 Mitarbeiter beschäftigten,[29] die zum großen Teil durch einen regen Stadt-Land-Austausch gewonnen wurden.[30] Aus der Tradition und regen Handelstätigkeit, die hauptsächlich auf den Export zielte, erwuchs eine ideelle Bedeutung dieses Gewerbezweiges. Erfurt wahrte den Ruf als »Blumenstadt« und warb mit ihm.

23 Alle Angaben beziehen sich auf die Gewerbezählung. Für 1882: Preußische Statistik, Bd. LXXXIII,2 (1885), S. 259; für 1895: SDR, Bd. 117 (1895), S. 211f.; für 1907: SDR, Bd. 217 (1907), S. 106ff.
24 Marquardt beschreibt für die Schuhindustrie den Zeitpunkt 1906/07 als Sieg der Fabrik über das Handwerk (*Marquardt*, S. 34).
25 *Lingel-Konzern*, S. 6f. Allgemein: *Schröder*, Arbeitergeschichte, S. 162–192.
26 *Schröder*, Arbeitergeschichte, S. 174.
27 Der Handelskammer-Bericht für 1871 beschreibt sie als »hervorragender Zweig unseres Handels« (Jahres-Bericht der Handels-Kammer Erfurt für das Jahr 1871).
28 Errechnet nach Preußische Statistik, Bd. LXXXIII,2 (1885), S. 259; SDR, Bd. 217 (1907), S. 106ff.
29 *Gutsche*, Gartenbau, S. 39. Gleich hohe Beschäftigungszahlen nennt Ernst für die Firmen E. Benary und I. C. Schmidt (*Ernst*, S. 102).
30 Vgl. *Tilly*, Zollverein, 74f.

Der Maschinen- und Apparatebau entwickelte sich in Erfurt nur langsam. Die Zahl der Hauptbetriebe stieg von 1,7 Prozent (1882) auf 2,2 Prozent im Jahr 1907. Doch war in dieser Gewerbebranche der Übergang zur Fabrikarbeit und zum Großbetrieb recht früh vollzogen, so dass in diesen wenigen Betrieben zwischen zehn (1882) und knapp 16 Prozent (1907) aller Beschäftigten Arbeit fanden.[31] Größter Arbeitgeber in dieser Branche war die Königliche Gewehrfabrik, die je nach Auftragslage zwischen einigen hundert und mehreren tausend Arbeitern beschäftigte.[32] Hinzu traten als weiterer Betrieb in diesem Bereich die Kgl. Eisenbahnwerkstätten mit mehreren hundert Beschäftigten. Der Maschinenbau als wichtiger Führungssektor im Kaiserreich[33] war vor der Jahrhundertwende in Erfurt ohne die staatlichen Auftraggeber nicht vorstellbar.[34] Das änderte sich erst nach 1900.[35]

Im Bereich des Handels und der Dienstleistungen (einschließlich des Schankgewerbes) arbeiteten 1882 20,1 Prozent aller Beschäftigten (»Gehilfen und Betriebsinhaber«).[36] 1907 lag der Anteil bei 25,5 Prozent. Hier hatte auch das Erfurter Wirtschaftsbürgertum seine Heimat. Von den fünfzehn wohlhabendsten Erfurtern im Jahr 1886 waren sechs Händler, zwei Bankiers und zwei Grundstücksmakler.[37] Eine besondere Rolle in Erfurts Dienstleistungssektor spielte das Versicherungsgewerbe. Diese Entwicklung zur Versicherungsmetropole wird jedoch erst im überregionalen Vergleich deutlich. Denn in der Versicherungsbranche Erfurts waren 1882 lediglich 197 Personen beschäftigt.[38] Doch damit nahm Erfurt in der Statistik »stark überrepräsentierter

---

31 SDR, Bd. Bd. 217 (1907), S. 106; 1895 waren 15,1% aller Erwerbstätigen im Erfurter Maschinenbau beschäftigt (SDR, Bd. 117 (1895), S. 211f.).

32 Grundrisse, Zeichnungen der Kgl. Gewehrfabrik, o.O. o.J., Bl. 59, in: (Ehemaliges) Betriebsarchiv Robotron-Optima Erfurt, ohne Signatur. Ich danke Josef Fronz, für die Einsicht in diese Unterlagen. Der herausragenden Bedeutung der Gewehrfabrik als Motor für das Wirtschaftsleben waren sich die Verantwortlichen bewusst. Als 1891 in der Gewehrfabrik, nach einem rasanten Anstieg von 800 (1888) auf 2.800 (1890) Mitarbeitern, Massenentlassungen anstanden (1891: 780 Mitarbeiter), löste dies rege Aktivitäten in den Gremien der Stadt aus. Eine Petition von 222 entlassenen Arbeitern wurde vom Magistrat und Regierungspräsidenten unterstützt. Wie die Beschäftigtenzahlen der Gewehrfabrik Erfurt allerdings zeigen, hatte die Intervention keinen großen Erfolg (GStA PK, Rep. 120 BB VII 1, Nr. 3b, Bd. 1 (Merseburg). Teile dieses Aktenbestandes finden sich als Kopie in: StAE 5/851–5).

33 Vgl. *Kiesewetter*, Revolution, S. 210ff.; *Wehler*, Gesellschaftsgeschichte, Bd. 3, S. 613.

34 Die zu geringe Quellenlage erlaubt für die Stadt Erfurt keine Antwort auf die oft diskutierte Frage des staatlichen Einflusses auf die Industrialisierung in Deutschland (*Fischer/Simsch*, S. 103–122). Offensichtlich kann aber festgestellt werden, dass die staatlichen Eingriffe in den Strukturwandel der Stadt einwirkten und dadurch moderne Gewerbezweige stärkten.

35 Siehe *Raßloff*, S. 42f.

36 Preußische Statistik, Bd. LXXXIII,2 (1885), S. 259.

37 *Heß*, Entwicklung, S. 292, Tabelle 16. Hinzu kamen vier Bierbrauereibesitzer und ein Eisengießereibesitzer.

38 Preußische Statistik, Bd. LXXXIII,2 (1885), S. 259.

Berufsgruppen« nach Gotha und Magdeburg den dritten Platz im Vergleich zu allen anderen Verwaltungskreisen des Kaiserreichs ein.[39]

Blicken wir abschließend auf die Wandlungsprozesse der einzelnen Sektoren in Erfurts Wirtschaftsleben (vgl. Tab. 2), wie sie sich in den Berufszählungen darstellen.

Tabelle 2: Verteilung der Erwerbstätigen auf die einzelnen Wirtschaftssektoren 1882–1907 (Berufszählung)[40]

Sektoren	1882		1895		1907	
	N	%	N	%	N	%
Primär	1.624	6,8	1.760	5,4	2.114	4,6
Sekundär	11.178	47,0	14.591	44,9	22.449	48,7
Tertiär						
- Handel/Versicherung	3.625	15,2	6.243	19,2	9.844	21,4
- Häusliche Dienste	646	2,7	1.743	5,4	985	2,1
- Militär	2.979	12,5	2.704	8,3	2.055	4,5
- Öff. Dienst/ Freie Berufe	1.102	4,6	1.758	5,4	2.247	4,9
Tertiärsektor insgesamt	8.352	35,1	12.448	38,3	15.131	32,9
Ohne Beruf	2.629	11,1	3.726	11,5	6.412	13,9
Summe	23.783	100,0	32.525	100,1	46.106	100,1

Quelle: Für 1882, 1895 und 1907 errechnet nach den jeweiligen Berufszählungen: Preußische Statistik, Bd. LXXVI,1 (1884), S. 339; SDR, Bd. 109 (1895), S. 202f.; SDR, Bd. 207 (1907), S. 105.

Erfurt war auf dem Weg zu einer durch den Dienstleistungsbereich stark geprägten Stadt. Als Hauptstadt des Regierungsbezirkes, in dem neben der Regierung auch die Oberpost- und Eisenbahndirektion ihren Sitz hatten, nahm Erfurt zentralörtliche Funktionen wahr. Nimmt man alle diese vielfältigen Erscheinungen des tertiären Sektors zusammen, ergibt sich, dass zwischen 1882 und 1907 rund ein Drittel aller Erfurter Berufstätigen hier ihren Arbeitsplatz hatten. Für die »Schwäche« des sekundären Sektors in der Mitte der

---

39 SDR, N.F., Bd. 2, (1884), S. 571.

40 Es existiert zwar auch eine Berufszählung für das Jahr 1875 (*Breslau*, S. 18f.), jedoch wurden für diesen Zeitpunkt die Berufsgruppen anders klassifiziert. So umfasste der Bereich »Persönliche Dienstleistungen« (tertiärer Sektor) neben Dienstboten und Gesinde auch Handarbeiter und Tagelöhner, die in den Statistiken ab 1882 zum sekundären Sektor gezählt wurden.

1890er Jahre zeichnen sich mehrere Gründe ab. Zum Ersten waren immer noch die Nachwehen der Massenentlassungen aus der Gewehrfabrik von 1891 zu spüren. Hinzu kam zweitens, dass im Jahrhundert von Eisen und Stahl die Metallverarbeitung über eine Randbedeutung nicht hinauskam. Hinzu kam drittens, dass Erfurt von der »zweite[n]‹ industrielle[n] Revolution«, dem Aufstieg der Chemie und der Elektroindustrie, unberührt blieb.[41] Aus der Gesamtlage dieser Wirtschaftsstruktur dürfte sich der leichte Rückgang des sekundären Sektors erklären.[42] Das Übergewicht der traditionellen Gewerbe- und Industriezweige – in der Bekleidungsbranche arbeiteten immer noch 30,8 Prozent aller im sekundären Sektor Beschäftigten – setzte den Expansionsmöglichkeiten deutliche Grenzen.[43]

Wohin ging unter solchen strukturellen Bedingungen Erfurts Weg nach der Jahrhundertwende? Wie Tabelle 2 zeigt, war der Übergang Erfurts zur Großstadt begleitet von einem Bedeutungszuwachs des industriell-gewerblichen Sektors. Zwischen 1882 und 1895 war der Anteil der in diesem Sektor Beschäftigten lediglich um 30,5 Prozent gestiegen, im folgenden Zeitraum bis 1907 jedoch um 53,9 Prozent. Der Erfolg der modernen Schuhfabriken und die Diversifizierung im Maschinenbau spielten hier eine wichtige Rolle.

Insgesamt gesehen hatte Erfurt mit Mühen und im wesentlichen unter Wahrung des traditionellen Wirtschaftskernes den Übergang zur Industriestadt vollzogen. Unverkennbar hatte sich dabei aber auch eine Verwaltungsstadt mit zentralörtlicher Funktion herausgebildet. Aus der einstigen preußischen Provinzstadt war eine moderne Stadt, eine thüringische Metropole geworden.[44] Versucht man Erfurts Weg in die Industriegesellschaft typologisch zu fassen, überwog der »handwerklich-industrielle Entwicklungsweg«, der von einem Unternehmertypus handwerklichen Ursprungs getragen wurde und dem eine stark durch das Handwerk geprägte Arbeiterschaft gegenüber stand. Der »großgewerblich-industrielle Entwicklungsweg« blieb auf die Spätphase des Kaiserreichs und einige wenige Fabriken beschränkt.[45] Der Gewehrfabrik als durchgängiges Großunternehmen kam als Staatsbetrieb eine Sonderrolle zu.

41 So charakterisiert von *Nipperdey*, Deutsche Geschichte 1866–1918, Bd. I, S. 234. Vgl. auch *Wehler*, Kaiserreich, S. 43f.; *Kiesewetter*, Revolution, S. 218f., 233f.

42 Auch wenn man die Sektoren nicht – wie allgemein üblich – nach der Berufszählung, sondern auf Grundlage der Gewerbezählung erstellt, spiegelt sich der Rückgang des produzierenden Gewerbes wider. Zwischen 1882 und 1895 ging der Anteil im sekundären Sektor von 75 auf 68,8 Prozent zurück, der tertiäre Sektor stieg von 17 auf 22,7 Prozent.

43 *Henning* weist darauf hin, dass die Zunahme der Erwerbstätigen im Bereich Textil, Bekleidung, Leder »weit« unter dem Durchschnitt der Zunahme der Beschäftigtenzahlen in Deutschland lagen (Industrialisierung, S. 220).

44 Vgl. jetzt *John*, S. 35ff.

45 Zur Begrifflichkeit vgl. *Gotthardt*, S. 37f.

Konjunkturen. Wirtschaftliche Konjunkturverläufe lassen sich im Allgemeinen nur mit Hilfe der Statistik und von aggregierten Daten beschreiben.[46] Für Erfurt liegen solche Daten jedoch kaum vor. Allerdings erlauben die Jahresberichte der Handelskammer einen Einblick in die wirtschaftliche Selbsteinschätzung der Erfurter Unternehmer und Handelstreibenden. Der Gründerkrach nach 1873[47] hatte auch seine Auswirkungen auf Erfurt: »[E]s erfolgten mehrere Fallissements, wodurch ein Theil der hiesigen Einwohnerschaft in Mitleidenschaft gezogen wurde«.[48] Für die Zeit nach 1880 wird in der Konjunkturforschung ein leichter Aufschwung der deutschen Wirtschaft konstatiert.[49] Auch in Erfurt konnte man 1881 befriedigt »die Entwicklung ... im Großen und Ganzen als eine gedeihliche und gesunde ... bezeichnen«.[50] Der Konjunkturverlauf für Deutschland und die Beurteilung der wirtschaftlichen Gesamtlage Erfurts durch die Erfurter Unternehmer sind auch für die folgenden Jahre deckungsgleich. Die Hochkonjunkturen zwischen 1895 und 1900 sowie 1902 und 1907 wurden ebenso wahrgenommen wie die Einbrüche in den Jahren dazwischen. Versucht man abschließend die nur rudimentär aus den Jahresberichten abzulesende konjunkturelle Entwicklung wirtschaftshistorisch einzuordnen, scheinen die kurzfristigen Wirtschaftsschwankungen von weitaus größerer Bedeutung für das Bewusstsein der Zeitgenossen gewesen zu sein als die »konjunkturpsychologische Bedeutung« der sogenannten ›langen Wellen‹.[51]

3. Die Erfurter Sozialstruktur

In einer sich herausbildenden Industriegesellschaft, in der die Lebensbedingungen wesentlich von der Stellung auf dem Arbeitsmarkt, von dem ausgeübten Beruf abhingen, ist es ein sinnvolles Verfahren, aus Berufsbezeichnungen ein Modell für Schichtzugehörigkeiten abzuleiten.[52] Die vereinzelt und zu

46 Vgl. *Spree*, Wachstumtrends, S. 21.

47 *Rosenberg.* Die wirtschaftshistorische Annahme langwelliger Konjunkturzyklen (Kondratieffs), die hinter diesem Buch steht, wird heute meist abgelehnt (Vgl. *Spree*, Wachstumtrends, S. 171); seine frühere Auffassung revidierend: *Wehler*, Gesellschaftsgeschichte, Bd. 2, S. 602. Positiv dagegen *Ritter/Tenfelde*, Arbeiter, S. 60).

48 Jahresbericht der Handelskammer zu Erfurt pro 1873, Erfurt o. J., S. 1.

49 *Kiesewetter*, Revolution, S. 87; *Ritter/Tenfelde*, Arbeiter, S. 62, *Wehler*, Kaiserreich, S. 42f., 51. Es handelt sich hierbei um in der Konjunkturforschung unumstrittene sechs- bis neunjährige Juglarzyklen (Auf- und Abschwung): vgl. *Spree*, Wachstumtrends, S. 172; *Wehler*, Gesellschaftsgeschichte, Bd. 2, S. 603.

50 Jahresbericht der Handelskammer zu Erfurt, 1881, S. 3.

51 *Ritter/Tenfelde*, Arbeiter, S. 60. Vgl. zur Diskussion auch *Wehler*, Gesellschaftsgeschichte, Bd. 3, S. 548f.

52 Dies lässt sich nur mit Hilfe prozessproduzierter Daten leisten, da die Kategorien der

forsch vorgetragene Kritik an dieser Vorgehensweise[53] ist heute durch neue und umfassende Kategorisierungsleistungen zum einen überholt,[54] zum anderen übersieht sie die schlichte Tatsache, dass der Beruf oft der einzige Anhaltspunkt ist, um überhaupt die Schichtung einer historischen Sozialstruktur vorzunehmen. Die Vielfalt, die sich etwa hinter der Berufsbezeichnung Schneidermeister verbarg – vom Einzelmeister bis zum agilen Geschäfts- und Kaufmann, der aber weder Nadel, Faden noch Nähmaschine anrührte – ist unbestritten; dennoch hatten die Meister in der Selbstständigkeit, im Besitz an den Produktionsmitteln ihre Gemeinsamkeiten. Und das Festhalten an der Berufsbezeichnung »Meister«, obwohl man längst von Verlegern und Zulieferern abhängig war, belegt die Relevanz auch für die Zeitgenossen: Man wollte sich von den abhängig Beschäftigten unterscheiden.

Massenquellen und Zuordnungsschemata. Insgesamt standen mehrere Massenquellen zur Verfügung, die sich für eine Sozialstrukturanalyse anbieten. Erstens waren das die Listen der Wahlberechtigten zu den Stadtverordnetenwahlen von 1876, 1886 und 1914, die den Namen, den Beruf, die Adresse sowie die erhobene Steuersumme enthalten.[55] Den gleichen Quellenwert hat zweitens eine Liste sämtlicher katholischer Steuerpflichtigen Erfurts aus dem Jahr 1904.[56] Da beide Quellengruppen nicht repräsentativ sind (das Kommunalwahlrecht bzw. die Konfessionsangehörigkeit wirkten als Auswahlraster), war es nötig, diese Quellen in Bezug zu allgemeineren Quellen zu

---

Berufs- und Gewerbezählungen des Reiches und der Einzelstaaten sich einem Schichtungsschema nicht zuordnen lassen (siehe auch *Liedhegener*, S. 292, Anm. 45).

53 Vgl. die übertriebene Kritik bei *Lenger*, Kleinbürgertum, S. 95: »Die Unzulänglichkeiten der benutzten Schichtungsmodelle erschöpfen sich allerdings keineswegs darin, dass sie die Aussagekraft der Berufsbezeichnungen überstrapazieren. Fast nie sind sie theoretisch hergeleitet und begründet, noch seltener wird nachgefragt, ob die vorgenommenen Klassifizierungen den Wertvorstellungen der Zeitgenossen entsprechen«.

54 Vgl. *Schüren*, S. 313ff. (Anlage 5); *Lundgreen u.a.*, Bildungschancen, S. 319ff. (Anhang II). Dort findet sich auch ein guter Vergleich mit älteren Schichtungsmodellen.

55 Wählerlisten in: StAE 1–2/042–1 (1876), StAE 1–2/005–7 (1886), StAE 1–2/042–52 (1914). Aus den beiden ersten Wählerlisten wurde jeweils eine Stichprobe von 21,4% gezogen. Damit wurden von den 3.961 Wahlberechtigten im Jahr 1876 846 Personen, von den 5.345 Wahlberechtigten 1886 1.148 Männer erfasst. Die Liste aus dem Jahr 1914 ist unvollständig. Zum einen enthält sie lediglich die Wahlberechtigten der III. Klasse. Zum anderen ist nur Bd. 2 der Liste überliefert, in der jene Wahlberechtigten verzeichnet sind, die in Straßen mit den Anfangsbuchstaben K (Körnergasse) bis Z (Zietenstraße) wohnten. Da es sich aber immer noch um rund 9.300 Männer (von insgesamt 19.132) handelte, wurde hier nur eine Stichprobe von 11% (N=1.031) gezogen. Diese Quellen sind bisher noch nicht systematisch ausgewertet worden, sondern wurden lediglich zur Illustration der Einkommen der reichsten Bürger Erfurts herangezogen (vgl. *Heß*, Entwicklung, S. 292).

56 Bistumsarchiv Erfurt C III 5 (1904). Diese Liste ist noch nie ausgewertet worden. Daher wurde hier eine Totalerhebung aller dort verzeichneten 1.820 Personen vorgenommen. Die Steuerliste hat den Vorteil, dass sie einen (geringen) Anteil Frauen verzeichnet.

setzten. Deshalb wurden drittens die Adressbücher der Jahre 1876, 1886 und 1906 ausgewertet.[57] Die Repräsentativität der Adressbücher ist aber im Verhältnis zur Gesamtbevölkerung ebenfalls eingeschränkt, da sie nur den sesshafteren Teil der Bevölkerung abbilden kann. Verheiratete Frauen und Kinder tauchen überhaupt nicht auf. Andererseits gilt, dass »weitgehend alle rechtlich selbstständigen Personen erfasst [sind]«.[58] Zum Vergleich mit den anderen erhobenen Daten ist daher das Adressbuch unverzichtbar. Für einen Mobilitätsdatensatz wurden viertens Kirchenbücher der Jahre 1875/79 und 1905/ 1909 herangezogen.[59]

Für sämtliche Quellengruppen erfolgte die Zuordnung auf der Grundlage des von Reinhard Schüren u. a. entwickelten Klassifizierungsschemas. Allerdings wurden einige geringfügige Modifikationen vorgenommen, die das Modell der Schichtzuordnung an sich aber nicht berühren.[60] Die Übernahme des Modells hat den Vorteil, dass die Ergebnisse zu anderen Städten in Beziehung gesetzt werden konnten.[61] In einem zweiten Schritt wurden ebenfalls in Anlehnung an Schüren einzelne Berufs- und Sozialgruppen gebildet.[62] Auch

57 Adressbücher der Stadt Erfurt 1876, 1886, 1906. Für 1876 wurden in einer Stichprobe 930 Personen erfasst, für 1886 1.030 und für das Jahr 1906 1.328 Personen. Bedingt durch die Spezifik der Quelle und die Tatsache, dass die meisten Frauen nicht mit einer Berufsbezeichnung, sondern als »Fräulein« oder »Witwe« verzeichnet waren, ist der Frauenanteil in der Auswertung sehr gering.

58 Die Diskussion um die Adressbücher ist alt. Vgl. zusammenfassend *Weichel*, Berufsstruktur, S. 51ff., dort auch das Zitat (S. 58). Die Zahl der Eintragungen im Adressbuch im Verhältnis zur ortsanwesenden Bevölkerung lag knapp unter (1876, 1906) und knapp über (1886) der 30%-Marke. Dies entsprach dem Durchschnitt anderer Städte (ebd., S. 54).

59 Archiv und Bibliothek des evangelischen Ministeriums Erfurt. Kirchenbücher der Augustiner-, Regler- und Thomaskirche. Für den Zeitraum 1875/79 wurden 402, für den Zeitraum 1905/09 wurden 857 Eheschließungen erfasst. Angesichts des hohen Zeitaufwandes zur Herstellung der Rohdatensätze wurden keine katholischen Kirchenbücher ausgewertet. Die Kirchen wurden so ausgewählt dass ihr Einzugsgebiet sich über das nördliche (Arbeiter)Viertel (Augustinerkirche), über einen Teil der Innenstadt (Reglerkirche) und über den privilegierten Südwesten des Stadtgebiets (Thomaskirche) erstreckte.

60 Modifikationen: a) Gewehrarbeiter, die in Erfurt ein hohes Ansehen genossen, über hohe Einkommen verfügten und gelernte Arbeiter in ihren Reihen hatten, wurden geschlossen der oberen Unterschicht zugeordnet; b) Rentiers wurden nicht pauschal der Oberschicht zugerechnet, sondern in einer eigenen Kategorie erfasst; c) Landwirte/Ökonomen wurden generell in der oberen statt in der unteren Mittelschicht platziert; d) Fabrikanten ohne nähere Bezeichnung wurden in der oberen Mittelschicht eingeordnet, da ihr Einkommen kaum höher lag als das erfolgreicher Handwerksmeister. Grundschema zur Kategorisierung der Berufe ist dabei folgende Anordnung: Untere Unterschicht (ungelernte Arbeiter); Mittlere Unterschicht (angelernte Arbeiter); Obere Unterschicht (gelernte Arbeiter, untere Angestellte und Beamte); Untere Mittelschicht (Handwerksmeister, mittlere Beamte und Angestellte, Kaufleute ohne nähere Angaben); Obere Mittelschicht (mittlere Unternehmer, Beamte des gehobenen Dienstes); Oberschicht (Großkaufleute, Großunternehmer, Akademiker).

61 Zum einen zahlreiche Städte bei *Schüren* selbst. Aber auch andere Historiker arbeiten mit oder nach diesem Modell (vgl. *Pohl*, Arbeiterbewegung; *Reif*, Stadt).

62 Vgl. die 15 Berufsgruppen bei *Schüren*, S. 321ff.

dieses Klassifikationsschema wurde für die vorliegende Arbeit leicht modifiziert, da die Quellen, die Angaben über die Steuern und damit über den Jahresverdienst enthielten, die Möglichkeit boten, Zuordnungsprobleme von bestimmten Berufsbezeichnungen teilweise aufzulösen. So konnten Berufe wie der des Kaufmanns[63] oder auch der des Handwerksmeisters, die durch ihre besondere Spannweite und Vielfalt schwer zuzuordnen sind, durch das Einkommen genauer erfasst werden.[64] Zum anderen war eine Neukategorisierung deshalb nötig, da bei Schüren die Oberschicht aus Großkaufleuten, Unternehmern, Akademikern und höchsten Beamten wegen ihrer geringen Zahl auch in der Berufsgruppen-Kategorisierung nicht weiter aufgeschlüsselt ist. Für die in dieser Arbeit zentrale Fragestellung nach den Kontakten im Bürgertum ist aber eine Unterscheidung in Wirtschafts- und Bildungsbürgertum unverzichtbar.[65]

Es ist wichtig, die beiden Schritte – Schichtzugehörigkeit und Berufsgruppenzugehörigkeit – strikt getrennt zu betrachten. Erstens ist der Schichtbegriff umfassender, schließt in der oberen Unterschicht gelernte Arbeiter und untere Beamtengruppen zusammen,[66] während sie im zweiten Schritt getrennt wurden. Zweitens ergibt sich daraus ein leichtes Ungleichgewicht in der Besetzung der einzelnen Schichtkategorien und der Berufsgruppen. Um die Vergleichbarkeit der Ergebnisse aus der Schichtanalyse nicht zu gefährden,

---

63 Vgl. speziell zu diesem Beruf die Diskussion in *Gall*, Stadt und Bürgertum im Übergang, S. 326, 332; siehe auch *Mergel*, Klasse, S. 17f.

64 Kaufleute, die die niedrigsten Steuersätze zahlten, konnten in einer eigenen Sozialgruppe mit anderen kleinen Selbstständigen zusammengefasst werden, während Kaufleute der mittleren Einkommensklasse von diesen getrennt ausgewiesen wurden. Die reichsten Kaufleute rechneten schließlich dem Wirtschaftsbürgertum zu. Bei diesem Verfahren bleibt ein unbestreitbarer Rest an Subjektivität. Für das Jahr 1876 und 1886 wurden für die Zuordnung der verschiedenen Berufe folgende Grenzen festgelegt: Für die Zuordnung zur Sozial- und Berufsgruppe Nr. 61 (siehe die folgende Anm.) war ein Jahressteuersatz über 180 Mk. (über 7.200 Mk Einkommen), für die Zugehörigkeit zur Großbourgeoisie über 504 Mk. Steuern (über 16.800 Mark Jahreseinkommen) festgesetzt. Für das Jahr 1904 wurden die gleichen Einkommensgrenzen festgesetzt (durch Steuerreform bei niedrigeren Steuerleistungen). Doch sei noch einmal betont, dass das Hauptzuordnungskriterium der Beruf blieb. Deshalb wurden die Einkommensgrenzen hoch gewählt. Diese Steuerleistungen und Jahreseinkommen dienten lediglich der Spezifizierung schillernder Berufsbilder.

65 Die so entstandenen Berufsgruppen verteilten sich folgendermaßen auf die Zuordnungsnummern: 10 = Ungelernte Arbeiter, Dienende; 20 = Angelernte Arbeiter; 30 = Gelernte Arbeiter; 40 = Handwerksmeister (keine weiteren Angaben); 50 = Untere und mittlere Beamte, Angestellte; 51 = Selbstständige I: Kaufleute (keine weiteren Angaben), Gastwirte; 60 = Beamte des gehobenen Dienstes, Angestellte; 61 = Selbstständige II: Mittlere Kaufleute/ Unternehmer, Großhandwerksmeister, Hoteliers; 70 = Wirtschaftsbürgertum, Bourgeoisie; 80 = (beamtetes) Bildungsbürgertum, freie Berufe; 81 = Hohe Militärs; 90 = Sonstige (v. a. Landwirte); 00 = keine Angaben, nicht zuordenbar (v. a. Rentiers, Witwen).

66 Vgl. zur Definition und Entwicklung des Schichtenbegriffs in der Forschung knapp zusammenfassend *Ritter/Tenfelde*, Arbeiter, S. 128; kritisch gegen *Ritter/Tenfelde* dagegen *Welskopp*, Klassenkonzept, S. 50.

flossen die aus der Berufsgruppenzuordnung gewonnenen Erkenntnisse *nicht* nachträglich in die Schichtzuordnung ein. Ein Handwerksmeister etwa, der durch seine hohen Einkünfte mit den mittleren Unternehmern auf einer Stufe stand (Berufsgruppe 61), wurde deshalb in der Schichthierarchie *nicht* neu und höher (von der unteren zur oberen Mittelschicht) eingestuft.

Schicht- und Berufsgruppenanalyse. Um zur Schichtung der Erfurter Bevölkerung allgemeingültige Aussagen treffen zu können, ist eine Beschränkung auf die Quellentypen der Adressbücher und der Kirchenbücher nötig.[67] Insgesamt verteilte sich demnach die Bevölkerung folgendermaßen (vgl. Tab. 3):

Tabelle 3: Schichten in Erfurt 1876–1905/09, Prozentangaben

Schicht	1876 A	1886 A	1906 A	1875–79 K	1905–09 K
keine Angaben	2,9	2,8	1,4	1,7	1,1
Untere US	15,7	13,2	11,5	10,0	5,6
Mittlere US	4,3	3,1	4,9	5,7	6,2
Obere US	34,2	42,0	42,5	52,5	41,9
Untere MS	29,1	25,1	26,7	21,4	30,1
Obere MS	9,7	9,4	8,7	7,5	10,0
Oberschicht	4,1	4,3	4,4	1,2	5,1
Summe	100,0	99,9	100,1	100,0	100,0
Anzahl	930	1.080	1.328	402	857

Quelle: SPSS-Auswertungen; A = Adressbuch, K = Kirchenbücher (Kirchenbücher: Bräutigamberufe). US = Unterschicht, MS = Mittelschicht.

Auffallend an diesen Daten ist zunächst der Unterschied zwischen Kirchenbuch- und Adressbuchauswertung für die 1870er Jahre. Die Differenz vor allem in der oberen Unterschicht hat ihren Hauptgrund darin, dass zu diesem frühen Zeitpunkt in der im wohlhabenden Südwesten des Erfurter Stadtgebiets gelegenen Thomaskirche nur wenige Brautpaare sich das Ja-Wort gaben. Daher waren die Eheschließenden in den nördlich des Stadtkerns gelegenen Wohngebieten, die sich in der Augustinerkirche trauen ließen, deutlich im Übergewicht.[68] Da in diesen Stadtteilen wiederum viele Arbeiter und Hand-

67 Die herausgehobene Gruppe der Wahlberechtigten Erfurts wurde unter anderen Fragestellungen berücksichtigt (siehe Kapitel V).
68 Um diese ungleiche Besetzung nicht zu extrem werden zu lassen, wurden sämtliche Eheschließungen in der Thomaskirche erfasst, während für die Augustinerkirche lediglich eine Stichprobe aller dort geschlossenen Ehen herausgegriffen wurde. Dennoch blieb das Missver-

werker wohnten, ist das Übergewicht der Unterschicht in der Kirchenbuchauswertung gegenüber den Adressbüchern erklärbar.

Lässt man die Daten der Kirchenbuchanalyse beiseite, ergibt sich als zweite
Auffälligkeit die Stabilität und Konstanz der Schichtungsverhältnisse innerhalb der Bevölkerung. Zwischen 54 und 58 Prozent der Bewohner Erfurts
rechneten demnach zur Unterschicht, rund 35 bis 40 Prozent zur Mittelschicht und vier bis fünf Prozent zur Oberschicht. Für eine Industriestadt im
Werden ist diese ausgesprochene Mittelschicht-Stärke sowie der Anteil der
Unterschicht von deutlich unter zwei Drittel ein auffälliges Merkmal. Andere
aufstrebende Städte wie Bielefeld, Ludwigshafen oder Oberhausen konnten
solche Verteilungsverhältnisse nicht aufweisen. Dort lag im Kaiserreich der
Anteil der Unterschichten zwischen achtzig und neunzig Prozent.[69] Die be-
schriebene Handelsstadttradition, die zentralörtliche Funktion Erfurts mit ih-
rer ›Tertiärisierung‹ hatten dazu beigetragen, eine starke Mittelschicht und
Oberschicht herauszubilden.[70] Dieses Erklärungsmuster hilft verstehen, dass
Erfurt sich in seiner Sozialstruktur eher der Residenz- und Landeshauptstadt
München als den Rhein-/Ruhrindustriestädten annäherte.[71]

Außer diesen beiden dominierenden Eindrücken lassen sich in der Fein-
analyse doch Wandlungen ablesen. Zum Ersten ist das der leichte, aber kontinuierliche Anstieg der Unterschicht. Erfurt war nicht nur Zentralort, sondern
auch Industriestandort; zum Zweiten musste die Mittelschicht als Ganzes einen Rückgang von vier Prozent verzeichnen. Eine Erklärung für die hiervon
stärker betroffene untere Mittelschicht liegt im Niedergang des Handwerks,
das zwischen 1876 und 1906 von 11,6 auf 6,3 Prozent zurückging. Dieser Niedergang des alten Mittelstands als Teil der unteren Mittelschicht konnte in der
frühen Phase noch nicht durch den sich entfaltenden neuen Mittelstand ausgeglichen werden. Der abgeschwächte Niedergang des Handwerks bis 1906
sowie der deutlichere Anstieg des öffentlichen Sektors stabilisierten nun wieder die untere Mittelschicht.

hältnis bestehen, da in St. Thomas zwischen 1875 und 1879 sich lediglich 76 Brautpaare trauen
ließen, während allein in die Stichprobe der Augustinerkirche 159 Brautpaare fielen. Für den
Zeitraum 1905/09 war durch das immense Anwachsen des Erfurter Südwestens diese Diskrepanz nicht mehr gegeben. Die Trauungen in der im Zentrum gelegenen Reglerkirche repräsentierten eine gemischte Struktur und wurden in beiden Zeiträumen komplett erfasst (175 bzw.
337 Brautpaare).

69 Vgl. die Daten bei *Schüren*, S. 144f., Tabelle 4.1 (erstellt nach Heiratsregistern, Anteile
der Bräutigame).

70 Der Anteil der Mittelschicht lag in den eben erwähnten Vergleichsstädten deutlich unter
zwanzig Prozent, der Anteil an der Oberschicht bei einem bis maximal zwei Prozent (*Schüren*,
ebd.).

71 Bei einer Adressbuchauswertung für das Jahr 1906 kommt *Pohl* zu folgendem Ver-
teilungsmuster: Unterschicht 44,1%, Mittelschicht 45,1%, Oberschicht 10.8% (Arbeiterbewegung, S. 83, Abb. 3).

Ein Vergleich der Ergebnisse der Schichtanalyse mit denen der Berufsgruppenuntersuchung bestätigt zunächst die Vermutung über die Veränderungen in der unteren Mittelschicht. In der Industrie- und Handelsstadt Erfurt mit zentralörtlicher Funktion spielten im späten Kaiserreich die Handwerksmeister relativ gesehen eine immer geringere Rolle, während die unteren und mittleren Beamten bzw. Angestellten immer zahlreicher wurden und ihr Anteil an der Adressbuchstichprobe von 13,9 Prozent (1876) auf 16 Prozent (1906) stieg. Innerhalb der Arbeiterschaft konnten die gelernten Facharbeiter ihre führende Rolle behaupten, während der Anteil der Ungelernten im Rückgang begriffen war. Erfurt war nicht mit den Bergbau- oder Schwerindustriestädten Bochum oder Oberhausen zu vergleichen.[72] Der Ausbau Erfurts zu einer leistungsfähigen Provinzhauptstadt sowie die zunehmende Versorgungs- und Dienstleistungsdichte begünstigten den Anstieg der akademisch ausgebildeten Beamten und des Bildungsbürgertums von 2,8 (1876) auf 3,9 Prozent (1906).

Definitionen und Begriffe. So wichtig differenzierende Aussagen in der Geschichtswissenschaft sind, um lineare Entwicklungsmodelle und Verlaufsvorstellungen zu vermeiden, so nötig sind synthetisierende, bündelnde Zugriffe. Im Hauptteil der Arbeit werde ich daher einerseits immer wieder auf die Einzelentwicklung von Berufsgruppen und ihr Verhältnis zueinander zurückkommen.[73] Andererseits erfolgen folgende begrifflichen Zusammenfassungen:[74] *Erstens* werden Handwerksmeister, untere Beamte bzw. Angestellte sowie die vielgestaltige Gruppe der kleinen Selbstständigen unter dem Begriff des Randbürgertums subsumiert. Obwohl beinahe synonym zu der Bezeichnung Kleinbürgertum gebraucht, wurde bewusst auf diesen Terminus verzichtet, da er pejorativ besetzt ist.[75] Der Begriff des Randbürgertums ist keineswegs wertneutral, da er ebenfalls eine Positionszuweisung vornimmt. Allerdings ist die Zuordnung relational zu den anderen bürgerlichen Gruppen und daher für die Frage nach Kontakten und Kommunikation analytisch gut einsetzbar.[76] *Zweitens* kristallisierte sich eine mittlere Gruppe innerhalb des Bürgertums heraus, die eine höhere Schulausbildung genossen hatten, ohne aber eine Universität besucht zu haben. Sie nahm in ihrem Berufsleben im öffentlichen Dienst Positionen des gehobenen Dienstes ein oder war in der

---

72 Vgl. die Daten bei *Crew*, S. 78 (allerdings auf anderer Quellengrundlage) sowie *Reif*, Stadt, S. 290: »Eine selbstbewusste, sozial distinkte gelernte Handwerker- und Facharbeiterschaft mit Überlegenheitsbewusstsein gegenüber den ungelernten Arbeitern gab es in Oberhausen nicht«.

73 Siehe auch *Schäfer*, Krise.

74 Allg. für das Bürgertum: *Kocka*, Muster, S. 9ff.

75 Besonders kritisch *Franke*, bes. S. 214ff.

76 Siehe auch *Ullmann*, Kaiserreich, S. 48: »Das Kleinbürgertum stand am Rand des Bürgertums«; ebenso S. 110 für das späte Kaiserreich.

Privatwirtschaft ein Teil der herausgehobenen Angestellten. Hinzu kamen jene Kaufleute oder Handwerksmeister, die einen Betrieb mit mehreren Arbeitern leiteten, damit weit entfernt von jenen Berufsgenossen waren, die sich als Einzelkaufmann oder Einzelmeister durchschlagen mussten, aber sich nicht mit den Großunternehmern messen konnten. Diese Gruppe der mittleren Selbstständigen wurde zusammen mit den Beamten und Angestellten unter dem Begriff des Mittelbürgertums zusammengefasst. Dieser Ausdruck ist in der Bürgertumsforschung selten anzutreffen, allerdings ist er als Verbindungs- und Rekrutierungsstück für das Verständnis und die Analyse ›des‹ Bürgertums unersetzlich. Problematisch an ihm ist, dass seine Abgrenzung gerade bei den Selbstständigen nur dort trennscharf vorgenommen werden kann, wo zusätzliche Daten etwa über das Einkommen oder die Größe des Betriebs bekannt sind. Im Rahmen dieser Stadtstudie konnten diese Daten für entscheidende Kontaktebenen erhoben werden. *Drittens* wurden wirtschafts- und bildungsbürgerliche Gruppen als Kernbürgertum zusammengefasst. Auf der lokalen Ebene der Vereine, des Schulwesens und der kommunalpolitischen Entscheidungsinstanzen zeigte sich, dass trotz aller unterschiedlichen Berufspositionen das Konstrukt Bildungsbürgertum für die Analyse seine Berechtigung hat[77] und darüber hinaus der soziale Kontakt zum Wirtschaftsbürgertum vorhanden war. Gemeinsame Interessen ließen Wirtschafts- und Bildungsbürgertum immer wieder zusammenfinden. Der Terminus Kernbürgertum ist daher sowohl rückprojizierende Analyseeinheit als auch ein reales soziales Gebilde des Kaiserreichs.[78] *Viertens* erfolgt die Analyse der Arbeiterschaft entsprechend ihrem Qualifikationsprofil. Diese Unterscheidungen sind zwar äußerst hilfreich, allerdings nicht einfach zu treffen, vor allem hinsichtlich angelernter Arbeiter.[79] Mindestens ebenso wichtig ist das konkrete berufliche Milieu, das auf das private und politisch-öffentliche Leben ausstrahlte. Daher wurden, wo dies möglich und nötig war, die einzelnen Branchen bei der Analyse der Arbeiterschaft berücksichtigt.

Schichtung nach Steueraufkommen. Die vorn dargestellten Ergebnisse der Schichtungsanalyse sind Konstrukt von gegenwärtigen sozialhistorischen Vorstellungen über die Gesellschaft des Kaiserreichs. Die Abgrenzungen und Zusammenfassungen orientieren sich zwar an den historischen Gegebenheiten, ohne aber mit Sicherheit sagen zu können, dass dieses Bild der Vorstellungswelt des späten 19. und frühen 20. Jahrhunderts entspräche. Ein anderer Schichtungsfaktor der Gesellschaft drang dagegen ins Bewusstsein der Zeitgenossen und

---

77 Vgl. die übertrieben scharfe Kritik bei *Bauer*, S. 288. Zurückhaltung bei dem Begriff Bildungsbürgertum empfiehlt *Kocka*, Bildungsbürgertum – Gesellschaftliche Formation, S. 17. Vgl. auch die Überlegungen von *Lepsius*, Vergesellschaftung, S. 8–18.
78 Vgl. zum Bild von Kern und Rand im Bürgertum auch *Schmuhl*, Herren, S. 39.
79 Vgl. knapp zusammenfassend *Schildt*, Arbeiterschaft, S. 79f., 82–86.

wurde als die Gesellschaft strukturierendes Merkmal wahrgenommen: die Steuerleistungen der städtischen Bevölkerung.[80] Diese Daten waren zudem öffentlich zugänglich, und an ihnen konnte Wandel oder Stagnation abgelesen werden (vgl. Tab. 4).[81]

Tabelle 4: Schichtung der Nominaleinkommen der physischen Zensiten Erfurts 1876–1912

Nominal-einkommen	1876		1886		1902		1912	
	N	%	N	%	N	%	N	%
420–660	4.165	32,5	4.515	33,0				
660–900	2.969	23,2	3.227	23,6				
900–1200	2.034	15,9	1.733	12,7	6.405	36,6	10.166	36,0
1200–1500	947	7,4	967	7,1	3.255	18,6	5.674	20,1
1500–2100	963	7,5	995	7,3	2.793	15,9	5.165	18,3
2100–3000	803	6,3	840	6,1	2.136	12,2	2.658	9,4
3000–6000	700	5,5	1.081	7,9	1.962	11,2	3.214	11,4
6000–10500/ 10800	179	1,4	231	1,7	557	3,2	735	2,6
über 10500/ 10800	49	0,4	112	0,8	415	2,4	602	2,1
Steuerzahler	12.809	100,1	13.701	100,2	17.523	100,1	28.214	99,9

Quelle: Breslau, S. 278f., 284 (für 1876); Verwaltungsberichte der Stadt Erfurt 1886, S. 55f.; 1902, S. 153f.; 1912, S. 106f

Auffällig ist zunächst die Zunahme der absoluten Zahl der Zensiten. Über den Gesamtzeitraum hinweg blieb der Anstieg der Steuerzahler zwar deutlich hinter der Bevölkerungszunahme zurück,[82] doch durch die Miquelsche Steuerreform von 1892, nach der Einkommen unter 900 Mark steuerfrei blieben

80 Die sozialdemokratische »Tribüne« rechnete 1908 anhand des Steueraufkommens vor, wie minimal der Anteil der Erfurter Bevölkerung war, die sich eine Miete von 700 Mark leisten konnten (Nr. 8 vom 10. Januar 1908).
81 Deswegen sind sie auch in der heutigen Forschung eine übliche Datengrundlage für Angaben über die Sozialstruktur einer Gesellschaft. Vgl. Hentschel, S. 66ff., Wehler, Gesellschaftsgeschichte, Bd. 3, S. 708–711; Pohl, Arbeiterbewegung, S. 79–81 sowie in zahlreichen weiteren Stadtstudien. Für eine ungefähre Einschätzung der Sozialstruktur Erfurts ist dieses Datenmaterial trotz methodischer Schwierigkeiten unerlässlich (früh bereits für Erfurt Horn, S. 34.). Siehe auch Heß, Entwicklung, S. 294. Dort findet sich eine sehr stimmige Gliederung von Jahreseinkommen und Klassen- bzw. Schichtzuweisung.
82 Während sich die Zahl der Steuerzahler zwischen 1876 und 1912 um 120% erhöhte, nahm im gleichen Zeitraum die Einwohnerzahl um fast 160 Prozent zu.

und damit die Masse der Steuerzahler der untersten Steuerklassen entfiel, ist diese Entwicklung, die als Wohlstandssteigerung interpretiert werden kann, beachtlich. In der Langzeitperspektive wird das Bild für die zweite Hälfte des Kaiserreichs sogar noch etwas heller.[83] Während im ersten Zeitintervall zwischen 1876 und 1886 die Zunahme der Zensiten mit sieben Prozent deutlich hinter der Bevölkerungsentwicklung (+27,3%) zurück blieb, kehrte sich die Situation nach der Jahrhundertwende um: Jetzt stieg die Zahl der Steuerzahler um 61 Prozent gegenüber einem Bevölkerungswachstum von nur noch rund 40 Prozent. Im Vergleich nahm Erfurt und seine Bevölkerung eine Mittelposition ein. Während in Oberhausen an der Jahrhundertwende 3,5 Prozent der Zensiten ein Einkommen von über 3000 Mark versteuerten, waren es in Erfurt 17,2 Prozent und in Charlottenburg 25,3%. Eine ähnliche Einkommensverteilung wie Erfurt wiesen die Rheinstädte Düsseldorf und Köln auf, wo 14,5 Prozent bzw. 16,0 Prozent der Zensiten mehr als 3.000 Mark versteuerten.[84]

Allerdings sollten diese Ergebnisse nicht zu einer zu optimistischen Sichtweise verleiten. Zum einen lassen die Festgrenzen, die durch Inflation und Lohnsteigerungen bedingte Flexibilität der Einkommensstruktur unberücksichtigt. Beachtet man diese Entwicklung, »brauchte es 1912 1.182 Mark, um den gleichen Bedarf zu decken, der 1895 für 900 Mark zu befriedigen gewesen war«.[85] Macht man zum anderen den Versuch, eine ungefähre Vorstellung von den Einkommensverhältnissen der großen Zahl der von der Steuer befreiten Personen zu bekommen, wird die finanziell schwierige Lage von Tausenden Erfurtern sichtbar. Nach der Veranlagung für die Gemeindeeinkommenssteuer verdienten nämlich in den Jahren 1895 und 1905 über elftausend bzw. dreizehntausend Menschen weniger als 900 Mark im Jahr.[86]

Synthese. Wie lassen sich abschließend die beiden gewonnenen Schichtungssysteme miteinander vereinbaren? Berufs- und damit verbunden Schichtposition standen in Wechselwirkung mit dem Einkommen. Je ein Zuordnungsmodell für das frühe und ein Modell für das späte Kaiserreich lassen sich entwerfen.[87] In den 1870er und 1880er Jahren sah die Situation folgendermaßen aus (vgl. Tab. 5):

---

83 Zwischen 1906 und 1913 stieg zudem die Zahl der Sparbücher mit Spareinlagen bis 300 Mark bei der Städtischen Sparkasse Erfurt von 25.808 auf 45.381, diejenigen mit Einlagen bis 3.000 Mark von 17.179 auf 22.358 (Jahres-Berichte der Handelskammer zu Erfurt 1906–1913).

84 Vergleich nach den Daten bei *Silbergleit*, S. 428f. (für 1900).

85 *Hentschel*, S. 65, auf Grundlage der Indizes bei *Desai*.

86 *Horn*, S. 34.

87 Vgl. zu den Möglichkeiten, über das zu versteuernde Einkommen Rückschlüsse auf die Lebensumstände zu ziehen, jetzt auch *Ullmann*, Bürger, S. 237. Er sah folgende Grenzen: 1895

Tabelle 5: Schichtung der Erfurter Bevölkerung nach Schichtzugehörigkeit und
versteuertem Einkommen 1876–1886, Angaben in Prozent

Schicht	1876 A	1886 A	1875/79 K	versteuertes Einkommen	1876	1886
Untere/mittlere US	20,0	16,3	15,7	420–660	32,5	33,0
Obere Unterschicht	34,2	42,0	52,5	660–1200	39,1	36,3
Untere MS	29,1	25,1	21,4	1200–3000	21,2	20,5
Obere Mittelschicht	9,7	9,4	7,5	3000–6000	5,5	7,9
Oberschicht	4,1	4,3	1,2	über 6000	1,8	2,5

Quelle: SPSS-Auswertung 1875/79, A = Adressbuchauswertung, K = Kirchenbuchauswertung
(ohne Sonstige/k. A.).

Im Vergleich wird deutlich, dass die Adressbuchanalyse der Berufe eine ›höher
geschichtete‹ Gesellschaft ans Tageslicht brachte, als die nach dem Einkommen strukturierte Erfurter Gesellschaft. Von der Unterschicht bis zur Oberschicht zeichnet sich die Tendenz ab, dass das Berufsprestige höher veranschlagt wurde als die Einkommenslage. Trotz ihres Status etwa als gelernte
Arbeiter oder untere Beamte scheinen diese Berufsgruppen einen spärlichen
Verdienst gehabt zu haben und sind daher in den untersten Einkommens-
klassen zu finden.

Ausgewogener gestaltet sich das Bild für die Jahre nach 1900. Folgendes
Zuordnungsschema bietet sich dabei an (vgl. Tab. 6):

Tabelle 6: Schichtung der Erfurter Bevölkerung nach Schichtzugehörigkeit
und versteuertem Einkommen 1902–1912, Angaben in Prozent

Schicht	1906 A	1905/09 K	versteuertes Einkommen	1902	1912
Unterschicht insg.	58,9	53,7	900–1500	55,2	56,1
Untere Mittelschicht	26,7	30,1	1500–3000	28,1	27,7
Obere Mittelschicht	8,7	10,0	3000–6000	11,2	11,4
Oberschicht	4,4	5,1	über 6000	5,6	4,7

Quelle: Siehe Tab. 4 und SPSS-Auswertung 1905/09, A = Adressbuchauswertung, K = Kirchenbuchauswertung (ohne Sonstige/k. A.)

war mit einem zu versteuernden Einkommen von 1.250 Mark (1912: 2065 Mk.) in »bestenfalls
›auskömmlichen‹ Verhältnissen« zu leben. Im gleichen Jahr garantierte ein Einkommen bis 6.000
Mark (1912: 7500 Mk.) eine »»mittelständische‹, bürgerliche Sicherheit« und erst jenseits dieser
Grenze begann die »Wohlhabenheit«.

46

Erzielt wurde diese größere Übereinstimmung zunächst dadurch, dass niedrigste Einkommen nicht mehr versteuert wurden (daher ist eine Aufgliederung der Unterschicht nicht mehr möglich), zum anderen hatten die Beamten aller Rangstufen eine deutliche Gehaltserhöhung bekommen, so dass Schichtzuordnung und Einkommensgruppe vor allem in der oberen Mittelschicht und der Oberschicht eher harmonierten als rund zwanzig Jahre vorher. In der unteren Mittelschicht war dagegen noch am ehesten die Tendenz zu erkennen, dass der Status der Selbstständigkeit als Handwerksmeister oder Kaufmann und damit die Zuordnung in die Mittelschicht nicht notwendigerweise eine materielle Besserstellung zur Folge haben musste.

Nimmt man abschließend zu den Steuerzahlern die von der Steuer befreiten Einwohner hinzu, ergibt sich eine Ungleichheitsstruktur, die keine auf Erfurt beschränkten Besonderheiten aufweist. Das klassische Bild der Pyramide kennzeichnet die Situation am besten.[88] Letztlich ist diese Charakterisierung und dieses Ergebnis nicht überraschend, denn ohne dieses fundamentale Ungleichheitsmuster, diese gravierende Verteilungsdisparität in der Industriegesellschaft, die in alle Lebens- und Herrschaftsbereiche ausstrahlte, hätte es wohl nie die sozialistischen, die kommunistischen Ideen und eine Arbeiterbewegung gegeben. In der Kombination von Schichten- und Steueranalyse wird aber auch deutlich, wie stark vor allem zwischen der oberen Unterschicht und der unteren Mittelschicht die Grenzen fließend waren und sich im zeitlichen Verlauf sogar noch weiter öffneten.

4. Erfurt als preußische Stadt in Thüringen

Thüringische Zuwanderung nach Erfurt. Kulturelle Traditionen und politische Herrschaftsmechanismen leiten sich zu einem erheblichen Teil aus regionalen Besonderheiten und Gegebenheiten ab.[89] Das politische System Preußens war durch das Dreiklassenwahlrecht, das jeder Demokratisierung des politischen Lebens entgegen lief, tief geprägt. Manche thüringische Staaten waren hier schon einen Schritt weiter gegangen.[90] Die Zuwanderer aus den thüringischen

---

88 Vgl. bildlich zur Pyramidenform *Ritter/Tenfelde*, Arbeiter, S. 130 sowie *Wehler*, Gesellschaftsgeschichte, Bd. 3, S. 711. Betrachtet man die aus den Adress- und Kirchenbüchern gewonnenen Schichtungsergebnisse, ist das Bild der Pyramide insofern falsch, da *untere* und *mittlere* Unterschicht eine eher schmale Basis bilden, auf der dann eine breite *obere* Unterschicht ruht. Nimmt man die drei Unterschichten zusammen, trifft das Bild der Pyramide allerdings zu.

89 Vgl. allg. *Best*, Regionen, S. 39–64.

90 Vgl. *Heß*, Geschichte. Ob man hieraus identitätsstiftend eine 175jährige Tradition herleiten kann, darf bezweifelt werden (vgl. *Thüringer Landtag*).

Staaten brachten hier andere Erfahrungen mit, als die ebenfalls nach Erfurt zuziehenden Bewohner anderer preußischer Gebietsteile.[91]

Vor allem für die höheren Beamten der Erfurter Regierung war der Umzug nach Erfurt gleichbedeutend mit der Überwindung einer großen Distanz, während die Arbeiterschaft eher kürzere Entfernungen bei ihrem Zuzug nach Erfurt zurücklegte.[92] Betrachtet man die Wanderungsströme nach Erfurt zeigt sich, dass die Zentrallage Erfurts und die wirtschaftliche Bedeutung die Stadt für die Bewohner der umliegenden thüringischen Staaten attraktiv machten. Doch das galt erst für die Zeit nach der Entfestigung. Vor diesem Zeitpunkt schottete der Festungswall die Stadt von ihrem Umland mit seinen Bewohnern ab. Nach der Volkszählung des Jahres 1867 hatten nur drei Prozent der Einwohner die Staatsangehörigkeit eines der thüringischen Fürstentümer, 95 Prozent die Preußens.[93] 1885 lag der Anteil der in einem der thüringischen Staaten Geborenen an der Erfurter Bevölkerung bei 15,7 Prozent. Dieser Bevölkerungsanteil stieg auf knapp zwanzig Prozent im Jahr 1905 an (vgl. Tab. 7). Wie keine andere Großstadt der Provinz Sachsen war Erfurt ein Zielpunkt der Wanderung von thüringischen Staatsbürgern. Auf der Grundlage der Volkszählungen von 1885 bis 1905 lässt sich die Verteilung der regionalen Gebürtigkeit der Erfurter ortsanwesenden Bevölkerung ermitteln.

Tabelle 7: Regionale Gebürtigkeit der Erfurter Bevölkerung 1885–1905, Angaben in Prozent

Gebiet	1885	1890	1900	1905
aus Preußen insgesamt	(80,3)	(79,2)	(76,5)	(75,2)
aus der Zählgemeinde	48,0	44,2	45,1	43,8
aus anderen Kreisen der Zählprovinz	23,9	25,1	22,7	22,6
aus anderen preußischen Provinzen	8,4	9,9	8,7	8,8
aus allen thüringischen Staaten	15,7	17,3	18,3	19,4
Sonstige Regionen	4,0	3,5	5,2	5,4
Summe	100,0	100,0	100,0	100,0
Ortsanwesende Bevölkerung (Anzahl)	58.386	71.360	85.202	98.852

Quelle: Preußische Statistik, Bd. XCVI (1888), S. 36–43; Bd. 121,1 (1893), S. 44–53; Bd. 177,2 (1903), S. 174–237; Bd. 206,2 (1908). S. 164–168, 216.

91 Vgl. Jahres-Bericht der Handelskammer Erfurt für das Jahr 1885, S. 3.

92 Vgl. *Langewiesche*, Wanderungsbewegungen, S. 34ff.; vgl. aus gesamteuropäischer Perspektive, die auch die Rolle der Fernwanderung berücksichtigt: *Bade*, S. 69ff., 92ff.

93 Preußische Statistik, Bd. XVI (1869), S. 190–192.

Nahwanderer stellten bei dieser thüringischen Wanderung das Gros. In all den Jahren kamen aus den beiden Staaten Sachsen-Weimar und Sachsen-Coburg-Gotha über zwei Drittel aller thüringischen Wanderer. Mit Abstand folgten dann Schwarzburg-Sondershausen (um 15%) und Sachsen-Meiningen (um 10%). Diese Rangfolge verschiebt sich, wenn man die Wanderungszahlen mit der Bevölkerungsgröße der Herkunftsländer in Verbindung bringt. An die erste Stelle tritt dann Schwarzburg-Sondershausen. 1885 kamen auf tausend Einwohner des Fürstentums Schwarzburg-Sondershausen 19 Erfurter Zuwanderer. Durch die Nähe Sondershausens zu Erfurt bleibt damit allerdings die generelle Feststellung bestehen: je näher Erfurt lag, desto größer war seine Attraktivität für die thüringische Bevölkerung.[94] Das gilt erst recht für Sachsen-Weimar-Eisenach und Sachsen-Coburg-Gotha, von wo zwölf bzw. elf Zuwanderer je tausend Einwohner aus ihrer jeweiligen Heimatregion kamen. Diese Rangfolge hatte sich auch zur Zeit um die Jahrhundertwende nicht verändert. Auf tausend Einwohner Schwarzburg-Sondershausens kamen nun 30 Zuwanderer nach Erfurt, aus Sachsen-Coburg-Gotha waren es 18 und aus Sachsen-Weimar-Eisenach 17.[95]

Übertroffen wurden die thüringischen Zuwanderer von Zuwanderern aus der Provinz Sachsen. Rund ein Viertel aller Zugezogenen kam aus diesem preußischen Gebiet. Leider ist die preußische Statistik in diesem Punkt nicht detailliert genug, um genauere Auskünfte zu geben. Da die beiden Großstädte Magdeburg und Halle kaum ins Gewicht fallen, dürfte auch hier der Grundsatz gelten, dass vor allem die Nähe Erfurts seine Attraktivität für die Bewohner des Landkreises begründete.

Thüringische bzw. preußische Besonderheiten oder Präferenzen können daher aus dem Wanderungsverhalten nicht abgeleitet werden. Erfurt war für beide Wanderungsgruppen gleich attraktiv, unabhängig von der Staatsangehörigkeit. Auffällig ist allerdings ein geschlechterspezifischer Unterschied je nach regionaler Herkunft. Während des gesamten Zeitraums kamen aus den thüringischen Staaten mehr Frauen als Männer. 1885 lag das Verhältnis von Frauen zu Männern bei 55 zu 45, 1905 immer noch bei 53 zu 47. Dagegen überwog aus den preußischen Gebietsteilen eindeutig der Männeranteil. Bei den aus der Provinz Sachsen stammenden Zuwanderern lag das Verhältnis bis zur Jahrhundertwende bei 53 Männern zu 47 Frauen und war nach 1900 ausgeglichen oder besaß einen leichten Frauenüberschuss. Unter den Zuwanderern aus den restlichen preußischen Gebieten überwog während des gesamten Zeitraums der Männeranteil, allerdings auch hier mit zurückgehender Tendenz. Da Erfurt zwar entfestigt, aber nach wie vor Garnisonsstandort war, dürfte der Männerüberschuss bei den preußischen Zuwanderern aus dem

94 Vgl. generell *Langewiesche*, Wanderungsbewegungen, S. 20.
95 Sämtliche Berechnungen nach: Preußischer Statistik, Bd. XCVI (1888), Bd. 121,1 (1893), Bd. 177,2 (1903), Bd. 206,2 (1908).

Zuzug der Rekruten und Offiziere zu erklären sein. Lässt man dieses militärspezifische Moment der Zuwanderung beiseite, fügt sich Erfurt mit der verstärkten Zuwanderung von Frauen zwischen zwei in der Forschung idealtypisch beschriebenen »urbane[n] Entwicklungstypen« ein. Als Stadt mit einer durch den tertiären Sektor mit geprägten Wirtschaftsstruktur sowie als ehemalige Textilstadt, die den Wandel zur Bekleidungsindustrie vollzogen hatte, war sie ein von Frauen besonders häufig angestrebtes Zuwanderungsziel.[96]

Dank der Zuwanderung sowie der Bevölkerungsentwicklung wuchs Erfurt zu *der* Großstadt in der Thüringer Region. 1885 lebten in Erfurt fünfmal mehr Menschen als in Jena und doppelt so viele wie in Gotha; und 1910 war die Erfurter Bevölkerung immer noch um fast das dreifache größer als in den beiden Vergleichsstädten.

Preußische Verwaltungsstadt, preußische Sozialdemokratie und preußische politische Kultur. In der Stadt spürte man überall den preußischen Einfluss. Mit dem Sitz der preußischen Provinzialregierung war ein wesentlicher Grundpfeiler gelegt. Eine Analyse von 46 Mitgliedern der Provinzialregierung aus den 1890er Jahren zeigt,[97] dass lediglich ein einziger Beamter aus der Provinz Sachsen stammte, alle übrigen aus anderen preußischen Provinzen kamen. Dieses Ergebnis kann angesichts der Versetzungspraxis und Karrierewege der höheren preußischen Beamten nicht überraschen. Auch sämtliche Oberbürgermeister der Stadt hatten vor ihrem Amtsantritt keine Kontakte zu Erfurt gehabt. Durch die Deckungsgleichheit von politischer Führungsspitze und gesellschaftlicher Elite war das bürgerliche Vereinsleben in seinen Vorständen ohne Mitglieder aus dem preußischen Staats- und Regierungsapparat nicht denkbar. Unter den 29 ordentlichen Mitgliedern der »Akademie der gemeinnützigen Wissenschaften«, die ihren Wohnsitz in Erfurt hatten, waren 1894 drei Regierungsräte verzeichnet, hinzu kamen acht Lehrer von staatlichen preußischen Schulen.[98] Auch in weniger offiziösen Vereinigungen wie der Erfurter Turnerschaft standen Regierungsangehörige in den Mitgliederlisten und waren im Vorstand aktiv.[99] Einerseits wird der Einfluss der preußischen Regierung auf das gesellschaftliche Leben offensichtlich, andererseits zeigt sich, dass im politischen und gesellschaftlichen Leben Erfurts darauf geachtet wurde, die preußischen Beamten in das bestehende Vereinsnetzwerk zu integrieren.[100]

---

96 Der dritte urbane Entwicklungstypus waren die montanindustriell geprägten Städte, in denen die Männer die deutliche Mehrheit unter den Zuwanderern stellten (*Bade*, S. 73).

97 Jahresnachweise der Kgl. Regierungsmitglieder, 1890, 1895, 1900, ThSTA Gotha, Regierung zur Erfurt, Nr. 7085, 7086.

98 Jahrbücher der Königlichen Akademie, XX (1894), S. 406.

99 Erfurter Turnerschaft. Jahresbericht für 1900/01, Erfurt o. J., in: ThSTA Gotha, Regierung zu Erfurt, Nr. 858.

100 Vgl. *Heß*, Geschichte, S. 504.

Auch bei der organisierten Arbeiterschaft trat das preußische Element deutlich hervor. Der lange Zeit unbestrittene Führer der Erfurter Sozialdemokratie im Kaiserreich, Paul Reißhaus, geboren in Burg bei Magdeburg, war 1880 aus Berlin ausgewiesen worden und hatte in der preußischen Provinz sein neues Zuhause gefunden.[101] Er knüpfte die Kontakte zu den Berliner Genossen und zu dem Erfurter Wahlkreiskandidaten der 1880er Jahre Wilhelm Hasenclever. In dem halbjährlichen Bericht der Erfurter Polizeiverwaltung an den Regierungspräsidenten vom März 1882 wurde hervorgehoben, »dass unter sämmtlichen aufgeführten S. D. [Sozialdemokraten] kein einziger in Erfurt geboren ist«[102]. Dies war Schönfärberei oder Unwissenheit, denn unter dem Einfluss des Schneidermeisters Franz Fahrenkamm – geboren in Erfurt – war es auch in Erfurt zu sozialdemokratischen Organisationsbestrebungen gekommen.[103] Dennoch: Die Berliner Sozialdemokraten (1881 war mit August Staupe ein weiterer Ausgewiesener aus Berlin eingetroffen) bestimmten nun das Geschick der sozialdemokratischen Organisation.[104] Für die späten 1890er Jahre lässt sich anhand der ständig wechselnden Redakteure der sozialdemokratischen »Tribüne« ein Bild von dem ›preußischen Einfluss‹ gewinnen. Von 19 Redakteuren, die zwischen 1897 und 1903 beschäftigt waren, stammten zwei aus Erfurt, einer aus Sömmerda, einer aus Mühlhausen, vier aus Berlin, acht aus verschiedenen preußischen Provinzen. Aus Süddeutschland hielt sich lediglich kurzfristig ein Redakteur aus Stuttgart in Erfurt auf.[105]

Im kommunalpolitischen Bereich stellte die Stadtverordnetenversammlung wegen des Dreiklassenwahlrechts, der Hausbesitzerklausel und der preußischen Staatsangehörigkeit *das* preußische Element und Bollwerk gegen die Sozialdemokratie dar.[106] Die aus den umliegenden thüringischen Gebieten zugezogenen Neu-Erfurter waren vom Wahlrecht ausgeschlossen. Appelle der Sozialdemokratie vor Stadtverordnetenwahlen, sich naturalisieren zu lassen, brachten nicht die gewünschten Erfolge. Bei einer Analyse der Zusammensetzung der Stadtverordnetenversammlung hinsichtlich der Stellung im Beruf wird darüber hinaus deutlich, wie die preußischen Verwaltungsorgane immer mehr Einfluss auf das Kollegium gewannen. Waren 1873 von 34 Stadtverordneten nur drei Beamte gewesen (8,8%), lag ihr Anteil nach 1900 durchgängig zwischen 17 und 21 Prozent. Entsprechend wirkte sich die Wahlbeteiligung dieser Berufsgruppe aus. Manche Abteilungen der Eisenbahndirektion gingen offenbar geschlossen zur Wahl, wie aus den Wahllisten zu ersehen ist. Die Sozialdemokraten haben dieses Problem durchaus erkannt. Redakteur Hülle

---

101 Halbjahresbericht der Polizeiverwaltung Erfurt an den Regierungspräsidenten, 7. März 1882, StAE 1–2/124–1, Bl. 236f., *Heß*, Sozialdemokratie, S. 39.
102 *Heß*, Sozialdemokratie, S. 39ff.
103 Ebd., S. 106.
104 Vgl. ebd., S. 39ff.
105 Polizeiberichte 1899ff., ThSTA Gotha, Regierung zu Erfurt, Nr. 414, 415, 417, 10023.
106 Vgl. *Hirsch/Lindemann*.

von der »Tribüne« meinte in einer Versammlung im Herbst 1894, dass für die Erfolge der bürgerlichen Liste »die in Erfurt anwesenden 5.000 Beamten ... bislang ausschlaggebend gewesen seien«.[107] Fünftausend Beamte lebten zwar 1894 nicht in Erfurt; aber in der Grundtendenz war die Darstellung Gustav Hülles richtig.

Erfurts preußische Tradition spiegelt sich auch im Festkalender. 1852 bereits hatte man die fünfzigjährige Zugehörigkeit zu Preußen feierlich begangen, 1861 die Königskrönung Wilhelms I. unter anderem mit »einer nächtlichen Illumination *bis in die entlegendsten Gassen* gefeiert«.[108] Betitelte sich Erfurt in seiner offiziellen Festzeitung zur 100-jährigen Zugehörigkeit zu Preußen als »Thüringens Hauptstadt«, ist der Inhalt doch ein einziger Lobgesang auf die »segensreiche« »Vereinigung mit dem Königreich Preußen« und der »Fürsorge des Hohenzollern-Hauses«.[109]

Aus der Sicht der benachbarten thüringischen Staaten war der Kontrast mit Händen zu greifen: »Die lebhafte Gemüthsart, die geistige Regsamkeit der Bevölkerung, die Theilung des Landes in kleine Herrschaften« ließen den Zeitgenossen die thüringischen Staaten als Hort liberaler Tradition erscheinen, die im Gegensatz zum »reactionären Preußen« standen.[110] Das traf einen wahren Kern. Die Wahl des Sozialdemokraten Wilhelm Bock zum Vizepräsidenten des Landtags in Sachsen-Coburg-Gotha mit Stimmen aus den bürgerlichen Reihen war für das preußische Herrenhaus wahrlich nicht vorstellbar.[111] Gleichzeitig boten die an Erfurt angrenzenden thüringischen Gebiete auch Rückzugsräume, gerade in der Zeit des Sozialistengesetzes. 1883/84 trafen sich Erfurter und thüringische Sozialdemokraten mehrmals im Thüringischen, da in den Herzogtümern Gotha und Coburg noch Vereins- und Pressefreiheit galten, und auch nach 1884 es nicht zu einem generellen »polizeiliche[n] Recht auf Versammlungsverbote« kam. Bei aller politischen Fortschrittlichkeit und Offenheit der thüringischen Staaten darf allerdings der Unterschied in den verschiedenen Fürsten- und Herzogtümern nicht vergessen werden, da etwa die Schwarzburger Fürstentümer in ihrem Vereinsrecht dem reaktionären preußischen um nichts nachstanden.[112]

---

107 Polizeibericht vom 5. Oktober 1894, ThSTA Gotha, Regierung zu Erfurt, Nr. 484, Bl. 177.

108 *Martin/Benl*, S. 272 (Hervorhebung im Original).

109 Offizielle Fest-Zeitung zum Andenken an die 100jährige Wiederkehr der Zugehörigkeit Erfurts zu Preußen, Erfurt 21. August 1902. Noch 1930 hieß es in einer Stellungnahme des Erfurter Oberbürgermeisters zum möglichen Zusammenschluss mit Thüringen: »Erfurt, die preußische Stadt, die einzige Großstadt im Bezirk des geographischen Thüringens, erbittet und erhofft den Schutz und die Fürsorge der preußischen Staatsregierung« (Erfurt und Thüringen, 1930, Vorbemerkung). Vgl. auch Kapitel VII.

110 Thüringer Volksblatt, Nr. 103 vom 17. Juni 1894.

111 *Heß*, Geschichte, S. 374.

112 *Heß*, Sozialdemokratie, S. 46f.; *Heß*, Geschichte, S. 223ff., bes. 231f.

Hatte Erfurt mit seinem Wirtschafts- und Bevölkerungswachstum den Makel einer preußischen Provinzstadt im Verlauf des Kaiserreichs abgestreift, waren auf hochkulturellem Gebiet kaum Wandlungen zu verspüren.[113] Gerade im Vergleich zu den immer noch repräsentierenden Fürsten- und Residenzstädten Gotha und Weimar mit ihrer Kulturtradition machte Erfurt den Eindruck biederer Geschäftigkeit. Auch die Sozialdemokraten zogen unter solchen Bedingungen in den 1880er Jahren das Weimarer Kulturleben vor.[114] Die Residenzstädte konnten zudem auch als Ansporn dienen. In der Festschrift aus dem Jahr 1894 anlässlich des fünfzigjährigen Bestehens der Erfurter Realschule wurde die Gründung der Schule unter anderem damit begründet, dass die »Thüringer Hauptstadt« ihren Nachbarstädten nicht nachstehen dürfe. Völlige kulturelle Öde und kulturpolitisches Desinteresse herrschten trotzdem keineswegs in Erfurt. 1883 wurde das Städtische Museum eröffnet, der Etatposten für »Bildungs- und Kunstinstitute« im Erfurter Haushalt verdreifachte sich zwischen 1888 und 1908 von rund 495.000 auf über 1,4 Millionen Mark.[115] Die städtischen Zuschüsse für das Theater stiegen von 12.750 M. (1900) auf 31.720 Mark im Jahr 1908; die im selben Jahr gegründete Stadtbibliothek zählte 70.000 Bände und erhielt einen Zuschuss von 11.350 Mark.[116] Mit dem Aufstieg zu einer Großstadt zeigte sich auch auf kulturellem Gebiet eine Wandlungsfähigkeit. Erfurt wurde offener, großstädtischer, moderner[117] – die preußische Hegemonie war dennoch nicht zu übersehen.

---

113 Vgl. auch *Heß*, Entwicklung, S. 317: »Man muss schon auf Größen dritten und vierten Ranges eingehen, will man das Erfurter Kunstleben dieser Jahrzehnte [1870–1900] schildern«.

114 »In der letzten Zeit ist Reißhaus sehr oft nach Weimar gereist und zwar mit seiner Ehefrau. Der Genannte hat dort nur das Theater besucht. In der Regel wird Reißhaus von einigen seiner Anhänger begleitet« (Polizeibericht vom 2. April 1887, StAE 1–2/124–2, Bl. 81).

115 *Silbergleit*, S. 484.

116 Ebd., S. 251.

117 Vgl. allgemein *Kaschuba*, 1900, bes. S. 73ff.

II. Komponenten der städtischen Gesellschaft

Wer lebte in der Zeit des Kaiserreichs in Erfurt? Die Adressbücher nennen Namen, Berufe und Adressen der einzelnen Bewohner, aus Kirchenbüchern lassen sich Geburts-, Heirats- und Todesdaten ermitteln, Steuerlisten vermitteln einen Eindruck von der Dimension sozialer Ungleichheit der Stadt, die Listen der Wahlberechtigten zur Stadtverordnetenwahl öffnen den Blick auf die eingeschränkte politische Partizipationsmöglichkeit am kommunalen politischen Leben. Mehr ist über die Masse der Erfurter, ist über den Einzelnen, das Individuum nicht zu erfahren – von den Tausenden, die nur kurz in Erfurt lebten und in den eben erwähnten Quellengruppen nie auftauchten, ganz zu schweigen. Eine Kombination dieser Materialien und ihre Auswertung durch die computergestützte Analyse bringt nicht ein Mehr an Individualität historischer Realität, ermöglicht aber den Blick auf die vielfältigen Strukturen der Stadt. Dadurch wird die beschriebene Stadt vergleichbar mit anderen Städten, lässt sich kategorisieren und einordnen. Für die städtische Gesellschaft gilt ähnliches. Es lohnt sich, den Weg zu beschreiten, ganze Berufs- und Einkommensgruppen zu analysieren. Die Individualität wird zugunsten der Kollektivität aufgelöst,[1] in übergreifenden Sinn- und Erfahrungszusammenhängen analysiert, um so am Ende zumindest eine Ahnung zu haben, was es etwa für die Brüder Heinrich und Wilhelm Flohr bedeutete, 1876 als Schuhmacher oder Maurer in Erfurt zu arbeiten. Darüber hinaus hat diese Vorgehensweise den Vorzug, dass über das gesellschaftliche Leben als Ganzes mehr zu erfahren ist. Man verliert sich nicht im Einzelnen, kann Erklärungsmodelle und Theorien heranziehen, die »Wirklichkeit« daran messen, Schlussfolgerungen ziehen. Es eröffnen sich dadurch Erkenntnisse für die später zu klärende Frage der Kontakte innerhalb von Arbeiterschaft und Bürgertum sowie zwischen den beiden Sozialgruppen.

Diesem Ziel muss man sich schrittweise nähern. Zunächst gilt es, sich die Größe und Zusammensetzung von Arbeiterschaft und Bürgertum bewusst zu machen, die materiellen und äußeren Lebensbedingungen zu rekonstruieren, auf die Arbeiter und Bürger in Erfurt trafen. Die strukturelle Form der Arbeitsmöglichkeiten und Arbeitsplätze sowie der Verdienstmöglichkeiten in ihrem Wandel stehen in diesem Kapitel im Mittelpunkt.

---

1 Zum Verhältnis von Individuum und Struktur s. a. *Rosenberg*, S. 17.

1. Zwischen Ausdifferenzierung und Homogenisierung: Die Arbeiterschaft

Was für die Arbeiterschaft des Kaiserreichs gilt, lässt sich auch für die Arbeiterforschung sagen. Beide sind geprägt von dem Gegensatzpaar Homogenität und Vielfalt. Nichts kennzeichnete auf den ersten Blick die Entwicklung der Arbeiterschaft stärker als ihre Homogenität. Lohnabhängigkeit, kein fester Arbeitsvertrag, Marktabhängigkeit, die Erfahrung der Arbeit in sich ständig ausbreitenden Großbetrieben, gleiche innerbetriebliche Herrschaftsverhältnisse teilten die Arbeiter. Die Wirkungsmächtigkeit des »Kommunistischen Manifests«, das die Spaltung der Gesellschaft »in zwei große, einander direkt gegenüberstehenden Klassen: Bourgeoisie und Proletariat« prophezeite,[2] rührte aus diesen Erfahrungen. Die holzschnittartige Einfachheit und Klarheit[3] dieser Vorstellungen wirkten auch auf Wissenschaftler anregend, polarisierend, ideologisierend.[4] Entweder ging es darum, den Weg zur Homogenität zu bestätigen oder ihn zu widerlegen.[5] Forschungsproduktiv waren beide Entwicklungen, so dass heute die Arbeiterschaft zu der besterforschten gesellschaftlichen Gruppe des Kaiserreichs gerechnet werden kann.[6]

In jüngerer Zeit sind vor allem die zahlreichen Unterschiede innerhalb der Arbeiterschaft herausgestrichen worden. Innerbetriebliche Produktionsmilieus und verschiedene Betriebsmilieus wurden verstärkt untersucht. Am ertragreichsten scheint jedoch, die unterschiedlichen Ansätze miteinander zu verknüpfen. Man arbeitet die vielfältigen Unterscheidungslinien innerhalb der Arbeiterschaft heraus, verliert dabei die vorhandenen Gemeinsamkeiten nicht aus den Augen und fragt danach, dank welcher Vermittlungsbedingungen und -instanzen möglicherweise eine gemeinsame Interessenartikulation erreicht wurde.[7]

Umfang der Erfurter Arbeiterschaft und allgemeine Charakterisierung. Der Versuch, sich anhand der überlieferten Statistik einen ungefähr zutreffenden Überblick über die Zahl der Arbeiter in Erfurt zu machen, stößt auf Schwierigkeiten.

---

2 *Marx/Engels*, Manifest, S. 11.

3 Siehe auch die Illustration der hier herangezogenen Ausgabe des »Manifests« mit Holzschnitten Franz Masereels.

4 Vgl. z. B. die Kritik Zwahrs an den Arbeiten Wolfram Fischers (*Zwahr*, Konstituierung des Proletariats, S. 21).

5 Marxistisch *Fricke*, Handbuch, Bd. 1, S. 6; dagegen *Fischer*, Unterschichten.

6 Es ist hier nicht der Raum für einen weiteren Forschungsüberblick. Grundlegend nach wie vor *Tenfelde*, Arbeiter und Arbeiterbewegung, sowie *ders.*, Geschichte der Arbeiter; vgl. auch *Welskopp*, Banner, S. 19.

7 Paradigmatisch *Nipperdeys* Anfang des Kapitels »Die Arbeiter«, in: Geschichte 1866–1918, Bd. 1, S. 291.

Deshalb soll hier von einer pragmatischen Definition von Arbeiterschaft als derjenigen Gruppe der Gesellschaft ausgegangen werden, die lohnabhängige Handarbeit verrichtete. Die Verknüpfung des Faktors Lohnabhängigkeit mit der Beschreibung der Arbeit als körperlicher Arbeit ist dabei zentral. Diese beiden bestimmenden Elemente lassen sich jedoch nicht trennscharf aus den Statistiken isolieren. Deshalb wurde für jedes Erhebungsjahr zwischen 1871 und 1907 zunächst nach allen abhängig Beschäftigten gefragt und anschließend diese Gruppe für das jeweilige Stichjahr auf die lohnabhängigen Handarbeiter eingeschränkt (vgl. Tab. 8).[8]

Sowohl die Zahl der abhängig Beschäftigten insgesamt als auch die der handarbeitenden Lohnarbeiterschaft nahm ständig zu. Es bestätigen sich aus dem Blick der amtlichen Statistik die Ergebnisse, die aus der Analyse der prozessproduzierten Daten gewonnen wurden: Die Selbstständigkeit als bestimmendes Merkmal im Berufsleben spielte eine immer geringere Rolle.

Tabelle 8: Wachstum der Erfurter Arbeiterschaft 1871–1907

	1871 Berufszählung		1882 Berufszählung		1907 Berufszählung	
	N*	%	N*	%	N	%
Abhängig Beschäftigte	9.167	41,8	12.497	52,6	24.850	53,9
handarbeitende Lohnarbeiter	6.900	31,4	9.600	40,4	19.781	42,9

Quelle: Verwaltungsbericht der Stadt Erfurt 1874, S. 84f.; *Breslau,* S. 18f., 66f.; Preußische Statistik, LXXVI,1 (1884), S. 339; SDR, Bd. 207 (1907), S. 105f., eigene Berechnungen. * einschl. Aufsichts- und Büro-Personal; %-Anteil an der Gesamtzahl der in den Statistiken erhobenen Personen.

Dennoch gilt es einige Besonderheiten und allgemeingültige Linien in diesem Entwicklungstrend hervorzuheben. Erstens bewegte sich Erfurt im Vergleich zu anderen Städten mit seinem Anteil an abhängig Beschäftigten in einem mittleren Spektrum. Weder erreichte es Anteile wie die im Westen gelegenen Industriestädte Barmen oder Bochum, in denen 1907 rund zwei Drittel abhängig beschäftigt waren, noch lag der Anteil entsprechend niedrig wie in Verwaltungs- und Residenzstädten mit äußerst diversifizierter Struktur wie München oder Dresden (beide um 50 Prozent). Am ehesten näherte sich Erfurt den preußischen Großstädten Halle und Magdeburg an, die eine Quote von 51

---

8 Bei den abhängig Beschäftigten handelt es sich um die in den Statistiken ausgewiesenen sog. »b-Personen« bzw. »c-Personen«. Für die Ermittlung der handarbeitenden Lohnarbeiter wurden die Beschäftigten im tertiären Sektor herausgerechnet.

bzw. 54 Prozent abhängig Beschäftigter aufwiesen.[9] Sowohl die Wirtschaftsstruktur Erfurts mit ihrem großen Anteil an der Bekleidungsindustrie, die
nach wie vor Formen der Selbstständigkeit erlaubte, als auch die zentralörtliche Funktion im Thüringer Raum erklärt diese Mittelstellung.

Zweitens entsprach der Wachstumstrend der Arbeiterschaft und der abhängig Beschäftigten der allgemeinen Entwicklung im Reich. Der Anteil der Arbeiter in den drei Hauptsektoren Landwirtschaft, Industrie sowie Handel/Ver-
kehr war im Kaiserreich zwischen 1882 und 1907 von 10,7 auf 17,8 Millionen
gestiegen. Dieser Anstieg um 66,3 Prozent wurde in Erfurt durch eine Ver-
dopplung der (errechneten) Arbeiterschaft sogar noch übertroffen.[10]

Drittens lag der Frauenanteil an der Gesamtzahl der in der Berufsstatistik
erfassten Personen in Erfurt – mit Ausnahme der beiden Städte München und
Dresden – höher als in allen Vergleichsstädten.[11] Der Entwicklungstrend der
Frauenbeschäftigung war in Erfurt ähnlich dynamisch verlaufen wie auf
Reichsebene. Zwischen der Berufszählung von 1882 und der von 1907 hatte
sich die Zahl der abhängig beschäftigten Frauen mehr als verdoppelt. In Industrie und Handwerk war die Zahl der Frauen um das fast 2,9-fache auf 4.111
Frauen gestiegen. Erfurt lag damit leicht über dem Reichstrend.[12] ›Reichs-
typisch‹ und ähnlich wie in den anderen Städten verteilten sich die Frauen auf
die Gewerbe Gärtnerei/Landwirtschaft, Textilgewerbe, Bekleidung, Reinigung, Handel und Gastwirtschaft. In diesen sechs Gewerbzweigen waren in
Erfurt 84,6 Prozent und in den Vergleichsstädten zwischen 53,1 (Dresden)
und 89,6 Prozent (Bochum) aller Arbeiterinnen beschäftigt.

Betrachtet man viertens trotz aller statistischen Unterschiede und Unzulänglichkeiten die Ergebnisse der Berufszählung von 1882 und 1907, war
Erfurts Arbeiterschaft durch ehemals, teilweise immer noch handwerks-
mäßige und heimgewerbliche Berufsfelder geprägt. Unangefochten stand das
Bekleidungsgewerbe mit der Schuh- und der Damenmäntelproduktion an der
Spitze. Trotz der Zunahme der Arbeitsplätze in der metallverarbeitenden Industrie und im Maschinenbau (eine Steigerung um 187 Prozent gegenüber
149 Prozent im Bekleidungs- und Reinigungsgewerbe) blieben diese Berufsgruppen in absoluten Zahlen auf dem zweiten Platz.[13]

Betriebsgröße und Arbeiterschaft. Die Größe und die Art eines Betriebes, in dem
ein Arbeiter oder eine Arbeiterin Arbeit fanden, waren vielfältig.[14] Sie bedeu-

---

9 SDR, Bd. 217 (1907), 97, 152,193, 249, 266; *Köllmann*, Sozialgeschichte, S. 97, Tab. 22.
Eigene Berechnungen.
10 *Ritter*, Zusammensetzung, S. 93.
11 SDR, Bd. 207 (1907), eigene Berechnungen.
12 Zahlen für das Reich nach *Wehler*, Gesellschaftsgeschichte, Bd. 3, S 774.
13 Preußische Statistik, LXXVI,1 (1882), S. 339; SDR, Bd. 207 (1907), S. 105.
14 Sämtliche in den folgenden Statistiken aufgeführten Zahlen von Mitarbeitern in den

teten für die einzelnen Arbeiter nicht nur unterschiedliche Produktions-
bedingungen und zum Teil völlig anders strukturierte Arbeitsabläufe; sie
brachten darüber hinaus auch unterschiedliche Erfahrungen, Traditionen und
Herkunftsmilieus innerhalb der Arbeiterschaft zum Tragen. Quantitativ
zeichnete sich die Erfurter Betriebsstruktur des Kaiserreichs durch ihre For-
menvielfalt aus. 1875 existierten in Erfurt 3.121 Gewerbehauptbetriebe.
Davon arbeiteten 185 mit mehr als »fünf Gehülfen« (5,9% aller Hauptbetriebe). Betriebe mit 51 und mehr Personen gab es lediglich 16 (0,5%).[15] 1882
existierten 2.692 Alleinbetriebe (60,2 Prozent aller Hauptbetriebe), in denen
18 Prozent aller Beschäftigten arbeiteten. Zwar machten die Betriebe mit
mehr als fünf Gehilfen nur 6,4 Prozent aller Betriebe aus, doch fanden in
ihnen über die Hälfte aller Beschäftigten Arbeit.[16] Im Jahr 1907 war die Zahl
der Alleinbetriebe (N=1.956) auf fast ein Drittel abgesackt. Dominierend
blieben die Kleinbetriebe mit zwei bis zehn Beschäftigte mit 53,6 Prozent aller
Betriebe. 1907 existierten nur 17 Großbetriebe mit mehr als zweihundert Beschäftigten in Erfurt (0,3%).[17]

Die prozentuale Bedeutung der Kleinbetriebe korrespondierte in keiner
Weise mit den in den verschiedenen Betriebsgrößenklassen Beschäftigten. Die
Arbeit im Kleinbetrieb war immer mehr zur Ausnahme geworden. Hatte 1875
noch über die Hälfte der Beschäftigten (N=4.883, 51,3%) in Kleinbetrieben
bis fünf Mitarbeiter gearbeitet, bot die Welt des Kleinbetriebs 1907 nur noch
Arbeit für 27,3 Prozent aller Beschäftigten.[18] In den beiden Fabriken mit mehr
als 1.000 Beschäftigten (Lingel-Schuhfabrik und Gewehrfabrik) fanden 1907
mehr Menschen ihre Arbeit und ihr Auskommen als in allen Alleinbetrieben.
Dennoch blieb die Betriebs- und die Betriebsgrößenstruktur vielfältig und
schaffte eine breite Plattform unterschiedlichster Erfahrungszusammenhän-
ge, da die Klein- und Mittelbetriebe sich halten konnten. Der Einzelbetrieb
dagegen spielte nur noch eine untergeordnete Rolle. Selbst im Bekleidungsgewerbe, einer traditionellen Bastion dieser Betriebsgröße, ging sein Anteil
kontinuierlich zurück.[19] Der Großbetrieb und die Großstadt prägten in der
Zeit nach 1900 die Erfahrung und wurden für die nach 1880/90 geborene
Generation zur Alltäglichkeit.[20] Aber die handwerklich-heimgewerbliche Welt
des Einzel- und Kleinbetriebs blieb in abgeschwächter Form erhalten. Für die
Generationen, die vor der Reichsgründung (teilweise auch noch im Reichs-

---

einzelnen Betriebsgrößenklassen beziehen sich auf die Gesamtzahl der Beschäftigten. Eine Isolierung von c-Personen oder gar von Arbeitern ist nicht möglich.

15 *Breslau*, S. 78.
16 Preußische Statistik, Bd. LXXIII,2 (1884), S. 339. Eigene Berechnungen.
17 SDR, Bd. 217 (1907), S. 106. Eigene Berechnungen.
18 *Breslau*, S. 78f.; SDR, Bd. 217 (1907), S. 106.
19 Preußische Statistik, Bd. LXXIII,2 (1884), S. 339; SDR, Bd. 217 (1907), S. 106.
20 Vgl. zum Zusammenhang von Großstadt und Großbetrieb auch *Mooser*, S. 43; *Ritter/
Tenfelde*, Arbeiter, S. 52.

gründungsjahrzehnt) geboren wurden, stellte diese Strukturverschiebung eine andere Erfahrung dar als für die Nachgeborenen.

Der Rückgang der Einzel- und Kleinbetriebe bedeutete indirekt aber auch, dass das Ideal handwerklicher Existenz, selbstständig als Meister zu arbeiten, nur noch für wenige zu realisieren war.[21] Diese Entwicklung konnte durch unterschiedliche Prozesse ausgelöst sein: zum einen durch das Abdrängen der Handwerksmeister in tatsächliche lohnabhängige Handarbeit, den Verlust der Selbstständigkeit, zum Zweiten durch die Sicherung des Betriebs in »prekärer Selbstständigkeit« oder zum Dritten durch die erfolgreiche Betriebsvergrößerung und damit der Verfestigung der Arbeits- und Berufsexistenz in einem Mittelbetrieb. Dass zwischen diesen unterschiedlichen Erfahrungen die Bruchstelle lag, in der es der Arbeiterbewegung entweder gelang, verstärkt in ehemals handwerklich geprägte Berufe einzudringen oder die Berufe durch ihre altbewährten Strukturen ›resistent‹ blieben und die Arbeiterbewegung vor verschlossenen Werkstatttüren stand, ist mehr als wahrscheinlich.[22]

Qualifikationsprofile. Die anhand der Charakteristika der Lohn- und Handarbeit beschriebene Arbeiterschaft, die daran anschließend nach Geschlecht, Generationen und nach unterschiedlichen betrieblichen Erfahrungswelten gegliedert wurde, war durch eine weitere Trennungslinie strukturiert. Sie betraf das Verhältnis zwischen Gelernten, An- und Ungelernten, das Rückwirkungen auf die materiellen Voraussetzungen zur Lebensgestaltung hatte und zum Teil unterschiedliche Kontaktsysteme begründen konnte. Auch nur eine ungefähre Gewichtung der Arbeiterschaft nach diesen Kategorien zu versuchen, ist angesichts der mangelnden Überlieferung schwierig.[23] Die Auswertung von Individualdaten, die aus den Kirchenbüchern, Adressbüchern und Steuerlisten gewonnen wurden, lassen zwar ungefähr eine Tendenz erkennen, können aber kein präzises Bild liefern. Durch die Spezifik der jeweiligen Quellen wurde eher ein zu hoher Prozentsatz gelernter Arbeiter erfasst.

Im Reichsdurchschnitt waren im Sektor von Industrie und Gewerbe 1895 rund 64,7 und 1907 57,4 Prozent der Arbeiter gelernt, ungelernt rund 34 bzw. 41 Prozent.[24] Selbst bei den beiden allgemeingültigsten Quellengruppen – Adressbücher und Heiratsregister – lässt sich diese Verschiebung zuungunsten

---

21 Siehe für das Schneiderhandwerk *Haupt/Crossick*, S. 64f. Vgl. allgemein zur Entwicklung der handwerklichen Betriebsweise *Kaufhold*, Einführung, S. 44ff.

22 Siehe *Welskopp*, Banner, S. 228.

23 Hinzu kommt, dass es sich, wie bei der Schichtanalyse bereits angesprochen, um ein nachträgliches Konstrukt handelt, das als einziges Kriterium zur Bestimmung die Berufsbezeichnung hat, die auf eine handwerkliche Lehre schließen lässt. Für einen Überblick über die Struktur der Arbeiterschaft ist dieses Kriterium dennoch nützlich, auch wenn sich im beruflichen Lebenslauf vielfache Verschiebungen ergeben haben können.

24 *Ritter*, Zusammensetzung, S. 105, Tab. III. Angelernte wurden nicht in der Reichsstatistik ausgewiesen. Bei Ritter werden diese Zahlen eingehend diskutiert (S. 102f.).

der gelernten Arbeiter am Erfurter Beispiel nicht erkennen.[25] Der Anteil der Gelernten an allen Arbeitern nahm im langfristigen Wandel eher leicht zu und lag zwischen 62 (1876) und 70 Prozent (1906).[26] Auch diese Entwicklung lässt sich teilweise mit der ausgeprägten Bekleidungsbranche Erfurts begründen, da reichsweit die Gewerbegruppe Bekleidung und Reinigung mit 88,6 Prozent (1895) und 76,6 Prozent (1907) die höchsten Zahlen an gelernten Arbeitskräften im Vergleich zu den anderen Gewerbezweigen aufzuweisen hatte. Da diese Branche in Erfurt weit verbreitet war, erklärt sich daraus der tendenziell höhere Anteil gelernter Arbeiter gegenüber dem Reichsdurchschnitt.[27] Mindestens ebenso entscheidend wird allerdings sein, dass in den Adressbüchern nur derjenige Teil der Arbeiterschaft erfasst wurde, der sich längerfristig in Erfurt aufhielt, eine relativ sichere Berufsposition innehatte und über höhere Qualifikationsmerkmale verfügte als die nur durchziehenden, vorübergehend Beschäftigten.[28]

Trotz dieser Unwägbarkeiten zeichnet sich als genereller Trend eine durch Berufstradition und Berufsqualifikation charakterisierte Arbeiterschaft ab, die keinesfalls ausschließlich unter der Kategorie der großen einheitlichen Masse an Fabrikarbeitern zu subsumieren ist. So sehr handwerkliche Qualifikationen im Industrialisierungsprozess umstrukturiert wurden und an Bedeutung verloren hatten, so sehr war auf der anderen Seite nach wie vor eine fachlich ausgebildete Arbeiterschaft anzutreffen, die je nach Branche, Beruf und Betrieb in verschiedenen Bezugsrahmen stand und völlig unterschiedliche Erfahrungen besaß, die nicht von vornherein zu gemeinsamer Interessenartikulation und -vertretung führen musste.

Löhne und Ausgaben im Arbeiterhaushalt. Innerhalb der einzelnen Berufsbereiche und einzelnen Betriebe bestand ein direkter Zusammenhang zwischen Qualifikationsprofil und Lohnhöhe und verstärkte damit die bereits bestehenden Trennungslinien. Die Vielfalt und Abgestuftheit des Lohnsystems wurde zu einer alltäglichen Erfahrung der Arbeiter. 1882 staffelten sich etwa die Arbeitslöhne in den Erfurter Lampenfabriken »bei elfstündiger täglicher Arbeitszeit und je nach der Leistung des Arbeiters pro Woche für Werkzeugschlosser bis

---

25 Wegen der (relativen) Exklusivität in den beiden anderen Quellengruppen (Wahlberechtigte 1876, 1886, 1914; steuerpflichtige Katholiken 1904) lag der Anteil der Gelernten entsprechend noch höher als in der Auswertung von Kirchen- und Adressbüchern.

26 SPSS-Berechnungen der Adressbücher. Nach den Kirchenbüchern (Bräutigamberufe) lag der Anteil der gelernten Arbeiter an allen Arbeitern sowohl 1875/79 als auch 1905/09 bei rund 76 Prozent.

27 SPSS-Auswertungen der Adressbücher.

28 Hinzu kommt auch die Schwierigkeit der Zuordnung der einzelnen Berufe zu den jeweiligen Qualifikationsgruppen. Vor allem angelernte Berufe sind aus ihren Berufsbezeichnungen kaum abzuleiten.

auf 24 Mark, für Maschinenschlosser bis auf 18 Mark, für Zusammensetzer bis auf 17 Mark, für Packer bis auf 16 Mark 50 Pfg.«.[29]

Neben dieser Vielfalt und Differenzierung gab es andererseits die Tendenz, dass sich Lohnhöhe und Qualifikation entkoppelten. Das ergab sich vor allem im Vergleich zwischen den Branchen und Berufen. So konnte es zwar durchaus sein, dass die Lohnspanne zwischen gelernten Fachkräften und Ungelernten innerhalb eines Fabrikbetriebs zu Beginn der 1890er Jahre bei einem Verhältnis von 1:3 lag;[30] andererseits erzielte ein gelernter Tischler in einer Möbelfabrik einen deutlich geringeren Lohn, als ein ungelernter Handarbeiter in einer Maschinenfabrik.[31] Die Unterschiede und Vielfalt, die in diesen Angaben zum Ausdruck kommen, lassen sich systematisch und im zeitlichen Ablauf nicht in aller Breite rekonstruieren. Daher sollen hier einige Trends dargelegt und mit der Erfurter Situation verglichen werden.

1. Die Nominallohnentwicklung wies in ihrer allgemeinen Entwicklung eine ständig steigende Tendenz auf. Daten zu einzelnen Berufszweigen Erfurts entsprechen im wesentlichen dem Reichstrend.[32] Im Bereich der kleingewerblich strukturierten Buchbinderei verdienten die Buchbinder 1874 wöchentlich 3 Taler 15 Silbergroschen (10,50 Mark), drei Jahre später 12 bis 13 Mark, 1884 im Durchschnitt 15,72 Mark und 1905 einen Mindestlohn von über 20 Mark.[33] Ähnlich lineare Steigerungsraten konnten die Arbeiter der Baubranche verzeichnen. 1882 verdienten Maurer bei 13stündiger Arbeitszeit 22 Pfg./h, 1896 bei zehnstündiger Arbeitszeit 34 Pfennig. 1907 erzielten sie einen Stundenlohn von 47 Pfg. bei nach wie vor zehn Stunden täglicher Arbeit.[34]

Diese kontinuierliche Lohnsteigerung ganzer Berufsgruppen darf nicht mit einer allgemeinen materiellen Besserstellung der Arbeiterschaft gleichgesetzt werden. Außer der noch zu behandelnden Reallohnentwicklung, waren gerade die heimindustriellen Gewerbe Lohnschwankungen ausgesetzt, die aus einer diskontinuierlichen Beschäftigungslage resultierten. Entsprechend unwägbar gestaltete sich etwa der Gesamtverdienst pro Beschäftigungssaison einer Näherin. Innerhalb eines Zeitraums von nur zwei Jahren konnte er um

29 Jahres-Bericht der Handels-Kammer zu Erfurt für das Jahr 1882, S. 13.

30 1891 lag die Spanne in den Erfurter Schuhfabriken zwischen einem wöchentlichen Mindestlohn von 12 Mark für einen Zwicker und einem Maximallohn von 40 Mark pro Woche für einen Maschinenarbeiter (Bericht des Oberbürgermeisters an den Regierungspräsidenten über Erfurter Wochenlöhne, 1891, ThSTA Gotha, Regierung zu Erfurt, Nr. 1863, Bl. 214f.).

31 Der Mindestlohn für einen gelernten Tischler in einer Möbelfabrik lag bei 13,50 Mark und damit 4,50 Mark unter dem Mindestlohn eines ungelernten Handarbeiters in einer Maschinenfabrik (ebd.).

32 *Ritter/Tenfelde*, Arbeiter, S. 475f.; *Wehler*, Gesellschaftsgeschichte, Bd. 3, S. 776.

33 Materialsammlung Steffen, StAE 5/850–2, Bd. 2, Bl. 23, 25, 42f.

34 Ebd., Bl. 137ff. Die Steigerungsrate von 74% zwischen 1873 und 1907 lag damit leicht über dem Anstieg im Baugewerbe im Reich. Dort betrug sie zwischen 1873 und (allerdings) 1913 67 Prozent (eigene Berechnung nach *Ritter/Tenfelde*, Arbeiter, S. 476).

über 160 Prozent steigen (1889/1891), um danach unter das Ausgangsniveau abzusinken (1891/1892).[35]

Die Schwankungen im Einkommen der Bekleidungsbranche trafen nicht nur Frauen, sondern mit Schuhmachern und Schneidern gerade jene Teile der Arbeiterschaft, die zu einem hohen Prozentsatz ihren Beruf gelernt hatten. Der Zusammenhang von höherer Qualifikation und höherem Verdienst verliert unter solchen Bedingungen an Schärfe.[36] Die modernen, starken, auch gewerkschaftlich durchdrungenen Betriebsmilieus boten finanziell bessere Aussichten als die traditionellen Berufe. Eine größere Mischung von unterschiedlichen Qualifikationsprofilen wurde dadurch ebenso erleichtert wie die Entscheidung zum Berufswechsel. Es entstanden Kontaktzonen, die in der berufsständisch-handwerklich geprägten Welt der frühen 1870er Jahre noch nicht bestanden hatten.[37]

2. So beeindruckend das Wachstum der Nominallöhne in den rund vierzig Jahren des Kaiserreichs ausgefallen ist, so wenig folgte daraus eine automatische Verbesserung der materiellen Lebenslage des Einzelnen. Zwei Entwicklungen waren hieran maßgeblich beteiligt. Zum einen stiegen mit den Nominallöhnen auch die Lebenshaltungskosten und wirkten sich auf die Reallöhne aus.[38] Haushaltsrechnungen, die vorliegen, kommen in vielen Fällen zu dem gleichen Ergebnis, dass der Lohn des Mannes nicht ausreichte, um sämtliche Ausgaben zu decken.[39] Die materiell mit kontinuierlichen Lohnsteigerungen scheinbar ausgezeichneten Maurer machten 1890 in einer Versammlung folgende Rechnung auf: Ein Maurer, der bei elfstündiger Arbeitszeit und 32 Pfg. Stundenlohn auf einen Jahreslohn von 827,50 Mark kam, musste folgende Ausgaben bestreiten: 180 Mark Miete, 11,40 Mark Steuern, 8,32 Mark Krankengeld, 624 Mark Wirtschaftsgeld, 150 Mark für Kleidung, 50 Mark für Licht und Heizung sowie sonstige Ausgaben mit 15 Mark. Den Einnahmen standen Ausgaben von 1.038 Mark gegenüber.[40] Es bedurfte des Zusatzverdienstes der Familienmitglieder, um die Ausgaben bestreiten zu können. Wie die Haushaltsstruktur von Erfurter Metallarbeitern aus dem Jahr 1908 zeigt, hielt sich in den rund zwanzig Jahren zwischen 1890 und 1908 die Ein- und Ausgabenstruktur recht konstant.[41] Das meiste Geld musste nach wie vor für Nahrungs-

---

35 *Lamm*, o. S. In der Wintersaison 1889 verdiente diese Näherin 195 Mark, in der Sommersaison 1899 399 Mark, um in der Wintersaison 1892 auf 179 Mark abzusinken.

36 Vgl. ebenso *Ritter/Tenfelde*, Arbeiter, S. 488.

37 Vgl. auch *Weinhauer*, S. 84 zur Relativierung des Gegensatzes von Qualifizierungsprofilen für das Organisations- und Aktionsverhalten der Arbeiter.

38 Ausführlich am Beispiel Münchens: *Pohl*, Arbeiterbewegung, S. 109ff.

39 Zu diesem Ergebnis kam sogar die offizielle Erfurter Statistik für die frühen 1870er Jahre (*Breslau*, S. 111f.).

40 Polizeibericht einer sozialdemokratischen Veranstaltung vom 15. Januar 1890, ThSTA Gotha, Regierung zu Erfurt, Nr. 493, Bl. 24f.

41 *Dowe*, Erhebung, S. 108f.

mittel ausgegeben werden; der Lohn des Mannes allein reichte nicht zur Existenzsicherung. Die Familie fungierte nicht nur als emotionale und soziale Institution, sondern musste gemeinschaftlich die materiellen Lebensgrundlagen erwirtschaften.[42]

Waren daher trotz aller generellen Steigerungsraten sowohl von Nominal- wie Reallöhnen die materiellen äußeren Bedingungen keineswegs für den Einzelnen rundherum kalkulierbar geworden, kam noch ein zweiter Faktor hinzu, der sich aus der Steigerung des Nominallohnes nicht ablesen lässt: die Schwankungen der Verdienstmöglichkeiten im Lebenszyklus der Arbeiter.[43] Der Altersabstieg, der meist schon Mitte des fünften Lebensjahrzehnts einsetzte, lässt sich in den Erfurter Lohnverhältnissen nicht erfassen. Ein Indiz verdeutlicht aber die Angst und Ungewissheit über das Lebensschicksal im Alter. Als in der Gewehrfabrik 1891 Massenentlassungen anstanden, war eines der Hauptargumente der Entlassenen, dass sie in ihrem Alter kaum noch Arbeit fänden und daher die städtischen Behörden um Unterstützung baten.[44]

Trotz aller Lohnsteigerung, trotz des Rückgangs der täglichen Arbeitszeit und der Verbesserung der materiellen Situation, konnte der Arbeiterschaft die Angst und Unsicherheit um ihre materielle Existenz nie genommen werden. In einer in mehrfacher Weise von Saisonarbeit geprägten Stadt (Schuh- und Damenmäntelbranche, Gärtnereien, häufig wechselnde Auftragslage in der Gewehrfabrik) war ein Großteil der Arbeiterschaft von diesem strukturellen Nachteil betroffen. Die Frage nach dem wöchentlichen Lohn und der täglichen Existenzsicherung wurde zwar je nach Qualifikation, Arbeitsplatz und Alter als unterschiedlich drohend empfunden und unterschiedlich gelöst, sie blieb aber zentral für alle Arbeitergruppen und daher ein einigendes Band.

Stammarbeiter und Hochmobile. In der Hauptversammlung des Erfurter Gewerbevereins vom 21. März 1904 wurde dem Buchbinder Hofmann zusammen mit 37 weiteren Arbeitern eine Medaille für seine fünfundzwanzigjährige, ununterbrochene Dienstzeit in der gleichen Firma überreicht, »wobei die Versammlung, einer Aufforderung des Vorsitzenden entsprechend, sich zu Ehren der Jubilare jedesmal von den Plätzen erhob«.[45] Ebenfalls am Montag, dem 21. März 1904 erhielten durch den »Verein gegen Hausbettelei« rund 25 Wandernde nach zweieinhalb Stunden Arbeit[46] »Naturalverpflegung« für ei-

---

42 Gleiches Ergebnis für die Zeit um 1900 bei *Kaschuba*, 1900, S. 77.

43 Grundlegend hierzu immer noch *Schomerus*, S. 146–154 sowie *Reif*, Lage, S. 1–94. Selbst eine herausgehobene Gruppe wie die Krupp-Stammarbeiterschaft war von diesem Phänomen betroffen (vgl. *Schmidt*, Stammarbeiterschaft, S. 15f.).

44 Begleitschreiben des Magistrats an den Regierungspräsidenten vom 21. Juli 1891 zur Petition von 222 entlassenen Arbeitern der Gewehrfabrik, StAE 5/851–5.

45 Gewerbe-Verein zu Erfurt. Jahres-Bericht 1903/04, S. 70f.

46 1884 wurde vom »Verein gegen Hausbettelei« die Arbeitspflicht eingeführt. Die Dauer der zu leistenden Arbeit, um Verpflegung zu erhalten, wurde ständig erhöht und lag 1907 bei

nen Tag und Unterkunft für eine Nacht in der »Christlichen Herberge zur Heimat«, ehe sie sich am nächsten Morgen wieder auf die Wanderschaft machten.[47] Den insgesamt 38 im Geschäftsjahr 1903/04 ausgezeichneten Jubilaren standen im selben Zeitraum 8.794 durchwandernde Arbeiter gegenüber. In diesem unterschiedlichen Größenverhältnis und in der unterschiedlichen Behandlung durch das Bürgertum wird eine weitere Trennungslinie der Arbeiterschaft sichtbar. Stammarbeiter und hochmobile Arbeiter bildeten zunächst zwei konträre Gruppen innerhalb der Arbeiterschaft. Während die einen fest in ihrem Betrieb und Wohnort verwurzelt waren, erlebten die anderen ein unstetes, wechselhaftes, ungesichertes Leben.

Stammarbeiter wurde man nicht allein aus eigener Entscheidung oder durch fachliche Qualifikation. Diese Position war das Resultat einer Betriebsführungsstrategie, in der ein relativ geringer Prozentsatz an Arbeitern fest an den Betrieb gebunden wurde, um den Produktionsprozess kontinuierlich und auf fachlichem Niveau durchführen zu können, und um Fachkräfte zur Verfügung zu haben, die bei Bedarf neue Arbeitskräfte schnell anlernen konnten.[48] Stammarbeiterpolitik in diesem Sinne war eine Herrschaftsform, die Bereitschaft zur Anpassung voraussetzte, die wiederum mit Privilegien belohnt wurde.[49] Welche Anpassungsleistungen man bereit war einzugehen und wo aus dem Anpassungsdruck Konfrontation statt Konsens erwuchs, lag im Ermessensspielraum des jeweiligen Arbeiters und der Flexibilität des Unternehmers.[50]

Die Möglichkeiten, eine Stammarbeiterpolitik zu betreiben oder zum Stammarbeiter aufzusteigen, waren je nach Branche höchst unterschiedlich. In der saisonal besonders anfälligen Damenmäntel- und Konfektionsindustrie fand sich diese Betriebspolitik selten, während sich in der Schuhbranche eine ausgeprägte Stammarbeiterpolitik feststellen lässt. In der Lingel-Schuhfabrik etwa gehörten im Jahr 1922 insgesamt 165 Arbeiter und Angestellte seit

---

drei Stunden (5. Jahresbericht 1883/84, S. 5, ThSTA, Gotha, Regierung zu Erfurt, Nr. 575; Oberbürgermeister an den Regierungspräsidenten, 4. November 1904, ThSTA Gotha, Regierung zu Erfurt, Nr. 1480; Jahresbericht 1907/08, ThSTA, Gotha, Regierung zu Erfurt, Nr. 1277). Wegen des Arbeitszwangs wurde von Seiten der Arbeiterbewegung diese Einrichtung immer wieder kritisiert.

47 25. Jahresbericht des Vereins gegen Hausbettelei in Erfurt, 1.4.1903 – 31.3.1904, S. 14f. Es handelt sich hier um eine Durchschnittszahl. Insgesamt wurden im Berichtszeitraum 8.794 Durchwandernde verpflegt.

48 Vgl. ausführlich zur Stammarbeiterthematik *Zumdick*, S. 332–356.

49 Im Jahr 1900 teilte die Maler- und Lackierer-Innung mit, dass »in den Geschäften aufgewachsene Arbeiter« 40 Pfennig und mehr Stundenlohn erhielten. Dies waren mindestens fünf Pfennig mehr als andere gelernte Arbeiter erhielten (Thüringer Zeitung, Nr. 75 vom 25. März 1900).

50 Vgl. zu diesem Spannungsfeld unten Kap. III.3.1; siehe auch *Schmidt*, Stammarbeiterschaft, S. 2–7.

mehr als 25 Jahren der Firma an.[51] Auch die Unternehmer der Lampen-industrie betrieben eine bewusste Stammarbeiterpolitik, da in einer Enquête mitgeteilt wurde, dass der »größte Theil der Arbeiter geborene Erfurter (sind). Dieselben treten als 14–15jährige junge Burschen in die Betriebe ein & werden zu Lackierern, Klempnern, Drückern und Schlossern ausgebildet. ... Dass die Leute sich zufrieden in ihrer Lage fühlen, beweist wohl am besten, dass der gute Stamm der Arbeiter fast nie wechselt«.[52]

Insgesamt stellten die langjährig an ein Unternehmen gebundenen Arbeiter eine Minderheit unter der Arbeiterschaft dar. Zwischen der Einführung der Medaillen für fünfundzwanzigjährige Betriebszugehörigkeit im Jahr 1896 und dem Jahr 1907 waren insgesamt 251 Arbeiter ausgezeichnet worden; und die 165 langjährig bei Lingel Beschäftigten machten lediglich 7,5 Prozent der Gesamtbelegschaft aus. Allerdings gilt es zu berücksichtigen, dass eine 25jährige Beziehung zu einem Unternehmen eine herausragende Besonderheit darstellte.[53] Versteht man Stammarbeiter – wie es die neuere Forschung definiert – als denjenigen Teil der Arbeiterschaft, der mindestens fünf Jahre in einem Betrieb beschäftigt war,[54] muss der Belegschaftsanteil dieser Arbeiter doch weit höher gewesen sein.

Stammarbeiter waren zum überwiegenden Teil Männer.[55] Das scheint auf den ersten Blick die einzige Gemeinsamkeit gewesen zu sein, die sie mit den

51 *Lingel-Konzern*, S. 22f. Auszählung der Namenslisten. Zwei Arbeiter waren seit fünfzig, 21 Arbeiter seit 40 Jahren im Unternehmen beschäftigt.

52 Enquête über die Lage eines Durchschnittsarbeiters in der Lampen-Industrie, 1898, S. 39, StAE 1–2/052–43.

53 Außerdem hing die langjährige Bindung an eine Firma auch stark von der Betriebspolitik ab. Bei der Tabakfabrik Hoffmann & Triebel waren 1880 zehn Prozent der Belegschaft seit über 20 Jahren bei dieser Firma beschäftigt (Magistrat der Stadt Erfurt an die Regierung zu Erfurt, 19. September 1880, ThSTA Gotha, Regierung zu Erfurt, Nr. 540).

54 *Zumdick*, S. 306f.

55 Unter den 106 erfassten Jubilaren war lediglich eine Frau: Therese Eisenbrandt, die seit 25 Jahren in der Wasch- und Plättanstalt von Frau Bastian beschäftigt war (Gewerbe-Verein Erfurt. Jahres-Bericht 1906/07). In der Schuhfabrik Lingel sah die Situation etwas anders aus. Dort waren unter den 165 Stammarbeitern 22 Frauen (13,3%). Legt man die für die Stammarbeiterschaft enge Definition von fünf Jahren Betriebszugehörigkeit an, so wird eine längerfristige Mitarbeit von Frauen in Schuhfabriken sichtbar. Zwischen 1892 und 1904 suchte die Lingel-Unternehmensleitung bei der Stadtverwaltung Erfurt immer wieder um Ausnahmegenehmigungen für Frauenarbeit an Samstagnachmittagen nach und reichte Namenslisten der betroffenen Arbeiterinnen ein (StAE 1–2/130–937). Ein Abgleich der erhaltenen Namenslisten ergibt folgendes Bild: Bei einem rund fünfjährigen Zeitraum (1894/96–1900) ließen sich 14 Frauen (24,1% aller Frauen in der Liste) wiederfinden, die bereits 1894/96 bei Lingel beschäftigt waren. Dies entsprach einem Anteil von rund zehn Prozent aller 1900 bei Lingel beschäftigten Frauen über 21 Jahre (Gesamtbelegschaftsziffern ab 1900 in: ThSTA Gotha, Gewerbeaufsichtsamt Erfurt, Nr. 228). Quellenkritisch gilt es anzumerken, dass die relativ hohe Kontinuität der Beschäftigungsverhältnisse auch daher rühren könnte, dass für die genehmigungspflichtige Samstagnachmittag-Arbeit lediglich besonders berufserfahrene und konsensorientierte Frauen von der Unternehmensleitung ausgewählt wurden. So problematisch dieses Quellenmaterial ist,

ständig die Arbeit und den Aufenthaltsort wechselnden Arbeitern teilten. Aber so wie die Stammarbeiter in die Obhut ihrer Unternehmer genommen wurden, nahmen der Magistrat und bürgerliche Unterstützungsvereine die Wandernden unter ähnlich patriarchalischen Vorstellungen unter ihre Fittiche. Waren die einen der Obhut wert, weil sie eine Stütze der Betriebe darstellten, wurden die anderen versorgt und beobachtet, weil sie einen nicht kalkulierbaren Teil der Gesellschaft bildeten. Aber zwischen dieser gemeinschaftlichen Obhuts-Erfahrung lagen Welten, wie überhaupt auf den ersten Blick nur die Unterschiede zwischen Stammarbeitern und Hochmobilen ins Auge fallen.

Im Gegensatz zu den Stammarbeitern waren die Wandernden, erstens, ein Massenphänomen. Der Strom der jährlich in Erfurt zu verpflegenden Arbeiter folgte in leichter Phasenverschiebung von ein bis zwei Jahren ziemlich genau den konjunkturellen Wellen der Wirtschaft. Der Höhepunkt lag im Jahr 1902/03 mit 10.480 versorgten Personen; am wenigsten Wandernde wurden in den Aufschwungjahren 1886 bis 1891 verpflegt (jährlich weniger als 5.000).[56] Wenn auch aus der zeitlichen Parallelität nicht notwendig auf eine kausale Abhängigkeit von Konjunktur und Wanderung geschlossen werden kann, ist der vermutete Zusammenhang doch plausibel. Zum einen gingen diese konjunkturellen Einbrüche mit Entlassungen einher, zum anderen waren die durch Erfurt Durchziehenden zu einem hohen Prozentsatz Ungelernte, die zuerst entlassen wurden.

Das markiert, zweitens, einen weiteren Unterschied zu der Stammarbeiterschaft. Das Qualifikationsprofil der Wandernden hatte ein anderes Aussehen als das der Stammarbeiter. Zwar war der Zusammenhang zwischen hoher Qualifikation und Dauer des Beschäftigungsverhältnisses allein keine hinreichende Bedingung, um in den Stammarbeiterstatus zu gelangen, doch erleichterte eine gute Ausbildung den Übergang zum Stammarbeiter erheblich.[57] Betrachtet man daher Berufs- und Branchenprofil der wandernden Arbeiter ergibt sich folgendes Bild. Die Zahl der Ungelernten stieg innerhalb von zwanzig Jahren von fünf Prozent (1886/87) auf 38 Prozent im Jahr 1905/06. Trotz der zunehmenden Bedeutung der Ungelernten sowie der Metallarbeiter unter den Gelernten, die vorwiegend in Fabriken nach Arbeit suchten, werden Handwerkstraditionslinien deutlich. Denn gerade die aus handwerklich strukturierten Betriebsverhältnissen stammenden Bäcker und Fleischer, die in

belegt es aber doch, dass eine Stammarbeiterschaft existierte, die zwar keine Jubiläumsmedaillen erhoffen konnte, die aber längerfristig an ein Unternehmen gebunden war und bei den Frauen mindestens zehn Prozent betrug. Vgl. zur Stabilität von Frauenberufen in der Textilindustrie *Canning*, Gender, S. 748f., 755f.

56 Jahresberichte des Vereins gegen Hausbettelei, Erfurt o. J. (1885ff.), in: ThSTA Gotha, Regierung zu Erfurt, Nr. 575, 576, 577, 1277, 1480.

57 Von den 106 ausgezeichneten Dienstjubilaren gaben lediglich 9,4% »Arbeiter« als Berufsbezeichnung an.

der Erfurter Gewerbelandschaft eine untergeordnete Rolle spielten, machten im Verhältnis dazu mit gemeinsam 15 Prozent (1886/87) und 8,6 Prozent (1905/06) einen großen Teil der Wandernden aus. Diese auch nach 1900 noch in weiten Teilen als klassisch zu bezeichnenden Handwerksberufe[58] verweisen auf die handwerkliche Tradition des Gesellenwanderns.

Damit ist – drittens – auf den Faktor der Jugendlichkeit dieser Arbeiter überzuleiten (vgl. Tab.9):

Tabelle 9: Alter der in Erfurt durchwandernden, verpflegten Arbeiter
1886/87–1905/06

Alter Jahr	bis 20		21–30		31–40		41–50		über 50		Sum- me
	N	%	N	%	N	%	N	%	N	%	N
1886	627	28,2	997	44,9	383	17,2	142	6,4	73	3,3	2.222
1898	1.523	33,0	1.463	31,7	737	16,0	498	10,8	397	8,6	4.618
1901	2.376	25,0	3.679	38,7	1.595	16,7	1.189	12,5	679	7,1	9.518
1903	2.011	22,9	3.402	38,7	1.622	18,4	1.127	12,8	637	7,2	8.799
1905	1.637	25,5	1.960	30,6	1.182	18,4	1.004	15,7	632	9,9	6.415

Quelle: Jahresberichte des Vereins gegen Hausbettelei 1885ff., ThSTA Gotha, Regierung zu Erfurt, Nr. 575–577, 1277, 1480.

Die Wanderexistenz konnten zum großen Teil nur jugendliche und junge Arbeiter auf sich nehmen. Sie waren weder an Familie oder Kinder gebunden, noch mussten sie auf ihre Arbeitssituation Rücksicht nehmen. Einerseits ständig von der Entlassung bedroht, konnten sie andererseits aus eigener Entscheidung den Arbeitsplatz wechseln und sich eine andere Beschäftigung suchen. Diese Ungebundenheit stellte eine Phase in ihrem Leben dar,[59] die sie mit dem dreißigsten, spätestens mit dem vierzigsten Lebensjahr in den allermeisten Fällen hinter sich ließen. Familiengründung, altersspezifisch andere Erfahrungen und Werte schlossen diesen Lebensabschnitt ab. Eine ›Rückkehr‹ in diese Lebensweise war jedoch, vor allem bei Ungelernten,[60] keineswegs ausgeschlossen.

Das Wanderdasein hatte für Kontakte und Kommunikation in der Arbeiterschaft zweierlei Auswirkungen. Zum einen trafen – vermittelt durch die Insti-

58 Siehe *Lenger*, Sozialgeschichte, S. 125.

59 Vgl. *Ritter/Tenfelde*, Arbeiter, S. 344f.

60 In den Jahren nach 1900, in denen der Anteil der Ungelernten wuchs, stieg auch der Anteil der über Fünfzigjährigen deutlich. Die Jahresberichte sind nicht präzise genug, um diesen Sachverhalt zu klären.

tutionen der »Christlichen Herberge zur Heimat« – Ungelernte und Gelernte auf engstem Raum zusammen, traten in direkten Kontakt und durchlebten eine gemeinsame Erfahrung, die durch die Generationszusammengehörigkeit noch verstärkt wurde. Unterschiede, wie sie durch Lohnhöhe und Qualifikationsprofil im Betrieb erlebt wurden, konnten unter solchen Bedingungen verwischt werden. Wenn der Buchbinder oder Schlosser sich seine Unterkunft für die Nacht verdienen wollte, blieb ihm wie dem ungelernten Arbeiter nichts anderes übrig, als für zwei oder drei Stunden Schubkarren zu schieben oder sonstige Hilfsarbeiten zu verrichten.[61] Die Arbeit und die Nacht in der Herberge stellten alle Arbeiter für eine kurze Zeit auf eine Stufe, die sie in so enger Gemeinsamkeit unter anderen Bedingungen nie gemeinsam betreten hätten.

Zum Zweiten bestand wegen des Übergangscharakters dieser Phase im Arbeiterleben auch eine Verbindung zu den ›sesshaften‹ Arbeitern. Der harte Kontrast von Stammarbeitern und »Flugsand« verwischt sich unter diesem Gesichtspunkt zu einem Bild des Hinübergleitens aus der Unstetigkeit in dauerhaftere Beschäftigungsverhältnisse, in die Familiengründung und in die Ortsfestigkeit. Viele der Stammarbeiter, die auf fünf oder mehr Jahre in einem Betrieb zurückblicken konnten, hatten die Jahre des Wanderns, der Aushilfstätigkeiten selbst als »lebenszyklischen Erfahrungshintergrund« durchlebt.[62] Gerade für die gelernten Arbeiter war diese Phase vielleicht auch ein Stück bewahrenswerter Freiheit und Unabhängigkeit, das nicht nur in düsteren Farben gezeichnet werden sollte, sondern Ausdruck einer selbstbestimmten Lebensweise der jungen Generation war. Doch müssen diese Überlegungen spekulativ bleiben, denn es fehlt an Quellen, um diese Erfahrungen weiter zu erhellen.

Zusammenfassung. Die eingangs erwähnten Brüder Heinrich und Wilhelm Flohr durchlebten und erfuhren eine Mischung aus Stabilität und Wandel. Beide blieben in ihren erlernten Berufen als Schuhmacher und Maurer beschäftigt, beide zogen allerdings in Erfurt mehrmals um. Der Schuhmacher Heinrich Flohr erlebte den Wandel seines Arbeitsumfeldes, das zunehmend von der Schuhindustrie geprägt wurde. Dennoch erwarb er sich noch den Meistertitel, wagte (möglicherweise) den Sprung in die Selbstständigkeit.[63] Der Maurer Wilhelm Flohr profitierte in den 1880er Jahren offensichtlich von der Expansion der Stadt und der zunehmenden Bautätigkeit, da er seinen Jahresverdienst zwischen 1876 und 1886 von rund 1.500 auf 1.800 Mark stei-

---

61 Bis in die 1890er Jahren war eine der Hauptbeschäftigungen das Abtragen der Festungswälle (siehe Buchbinder-Zeitung vom 10. Oktober 1885, StAE 5/850–2, Bd. 2).

62 *Ritter/Tenfelde*, Arbeiter, S. 345.

63 Es könnte sich auch um den Sohn von Heinrich Flohr handeln. Die Adressbuchangaben sind hierfür nicht präzise genug.

gern konnte. Beide hatten Berufe erlernt, die in Erfurt große Zukunftschancen besaßen und die sie deshalb ihr Leben lang allen Wandlungen zum Trotz ausüben konnten und ihnen ein sicheres Einkommen garantierten.

Was bleibt nach dieser Differenzierung der Arbeiterschaft als Gesamteindruck? Zunächst drängt sich das Bild der Einheit in der Vielfalt auf. Zum Ersten gab es die vielen Verbesserungen für die Mehrzahl der Arbeiter, die das Leben und Arbeiten erträglicher machten. Nominal- und Reallöhne stiegen, während gleichzeitig die Arbeitszeit sank und immer mehr Freizeit zur Verfügung stand. Zum Zweiten waren viele Phänomene, welche die Arbeiterschaft teilte, von einem zyklischen oder Übergangscharakter geprägt, so dass im Lebenslauf und im beruflichen Alltag trotz aller Unterschiede viele Arbeiter ähnliche Erfahrungen gemacht hatten. Der Wechsel aus Ungelernten- in Angelerntenpositionen im Betrieb, der Wandel vom wandernden Arbeiter zum Stammarbeiter, der Übergang vom Handwerksgesellen zum Fabrikarbeiter waren möglich und ließen eine gemeinsame Basis entstehen. Zum Dritten gab es ein einigendes Band der Angst und Unsicherheit. Der Verdienstrückgang im fünften Lebensjahrzehnt war weit verbreitet; dauerhaft oder gar lebenslang sichere Arbeitsplätze blieben die Ausnahme, und die Erfahrung der Straße und der Unstetigkeit drohte vielen.

Aber neben diesen Gemeinsamkeiten dürfen die Gräben innerhalb der Arbeiterschaft nicht vergessen werden. Durch die zahlenmäßige Ausdehnung der handarbeitenden Lohnarbeiterschaft, der nach der Jahrhundertwende über die Hälfte aller Erfurter Beschäftigten angehörten, war eine Vielfalt entstanden, die Verallgemeinerungen kaum zulässt. Es bleibt daher sinnvoll und unumgänglich, Einheit und Vielfalt der Arbeiterschaft zu betonen. Daraus leitet sich aber auch ab, dass eine Analyse, die den gemeinsamen Charakter der Arbeiterschaft stärker herausarbeiten will, das Bürgertum und seine einzelnen Sozialgruppen vergleichend und kontrastierend mit berücksichtigen muss. Erst so entsteht ein vollständigeres Bild von dem, was Arbeiter einte, wovon sie sich unterschieden und abgrenzten.

2. Zwischen Vielfalt und Gemeinsamkeiten: Das Bürgertum

Umfang und Abgrenzung kern- und randbürgerlicher Gruppen. Bei der Ermittlung der Größe des Erfurter Bürgertums stößt man sowohl auf statistische als auch auf definitorische Schwierigkeiten. Eine der Grundkategorien bürgerlichen Lebens stellte auf wirtschaftlichem Gebiet der Status der Selbstständigkeit dar. In der Früh- und Konstituierungsphase des Bürgertums zu Beginn des 19. Jahrhunderts hatte dieser Begriff eine zentrale Bedeutung und erlaubte, gerade in einer sich als Stadtbürgertum abzeichnenden Sozialgruppe die verschiedenen Lebens- und Arbeitswelten zu integrieren.[64] Wirtschaftsbürger und Bildungsbürger, die sich als Firmengründer, selbstständige Ärzte oder Anwälte niederließen fühlten sich diesem Wert verpflichtet. In der Diskussion um die Abgrenzung des Bürgertums, speziell für das letzte Viertel des 19. Jahrhunderts, ist diese Kategorie zur Definition bürgerlicher Gruppen in der Forschung kritisiert worden. Zu weit lag die Lebensgestaltung eines kleinen Handwerksmeisters und eines Großunternehmers auseinander, zu sehr war der Begriff und die Form der Selbstständigkeit ausgehöhlt, um auf derart heterogene Sozialgruppen integrierend wirken zu können.[65]

Andererseits sollte man die Beharrungskraft dieses Begriffs als Topoi, aber auch seine Bedeutung für die Selbstbestimmung des Bürgertums nicht unterschätzen.[66] Die Dauerhaftigkeit der Selbstständigkeitskategorie als umfassendes, verbindendes Merkmal unterschiedlichster Sozialgruppen manifestiert sich bis ins späte 19. Jahrhundert hinein: Die Verwaltungsberichte der Stadt Erfurt behielten bis 1895 in ihren statistischen Übersichten etwa über die »soziale Stellung« der Ehepartner als Kategorie die »in Besitz, Beruf und Erwerb selbstständige[n] Personen« bei.[67] Außerdem erlaubt diese Kategorie eine erste zahlenmäßige Konkretisierung derjenigen Personen, die im allerweitesten Sinne zum Wirtschaftsbürgertum zu rechnen sind. Nimmt man sämtliche Selbstständigen und Geschäftsleiter (in der Sprache der Reichsstatistik sog. »a-Personen«) zusammen, ist ein Bedeutungsverlust dieser Bevölkerungsgruppe unübersehbar, obwohl vom Schuhfabrikanten bis zum einfachen Tischlermeister alle Erfurter Selbstständigen subsumiert sind. Der Anteil der Selbstständigen an der Bevölkerung, die älter als zwanzig Jahre war, ging zwischen 1882 und 1907 von 14,9 auf 9,6 Prozent zurück.[68] Das ist das Resultat des vorhin beschriebenen Sterbens der Alleinbetriebe und des rasanten Anstiegs der abhängig Beschäftigten. Über diesen quantitativen Befund hinaus hatte diese Entwicklung einen qualitativen Effekt. Zum einen verlor Selbstständigkeit als konkret beschreibbare, ähnliche Erfahrung für ein zusammengehöri-

---

64 Vgl. zur Bedeutung der Selbstständigkeit im Stadtbürgertum z. B. *Tenfelde*, Stadt, S. 317; vgl. zum Neben- und Miteinander von Stadt-, Wirtschafts- und Bildungsbürgertum an der Jahrhundertwende vom 18. zum 19. Jahrhundert: *Kocka*, Bürgertum und Bürgerlichkeit, S. 21–63.

65 Siehe z. B. die Kritik Ute Freverts an Lothar Galls Prämisse von der Selbstständigkeit als »Brückenfunktion« zwischen den bürgerlichen Gruppen (*Frevert*, Bürgertumsgeschichte, S. 495). Vgl. *Kocka*, Obrigkeitsstaat, S. 107f.

66 Siehe auch Thüringer Zeitung, Nr. 5 vom 7. Januar 1874. Grundlegend und mit einer starken Betonung des Selbstständigkeitsgedankens innerhalb des Bürgertums: *Hettling*, Bürgerlichkeit; siehe auch *Siegrist*, Bürgerlichkeit, S. 581.

67 Verwaltungsberichte Erfurt 1877/78–1895.

68 *Breslau*, S. 18f., 66ff.; Preußische Statistik, LXXVI, 1(1884), S. 339; SDR, Bd. 207 (1907), S. 105f.; Statistisches Jb. dt. Städte 7 (1898), S. 275ff.

ges Stadt- und Wirtschaftsbürgertum an Bedeutung; zum anderen wurde Selbstständigkeit nun etwas Besonderes, was es zu verteidigen galt. Auch wenn über diese Kategorie keine *einheitliche* Sozialgruppe beschrieben werden kann, barg die Kategorie der Selbstständigkeit eine mobilisierende Funktion in sich, die vor allem gegen die Außenwelt der Unselbstständigen genutzt werden konnte. Die Brückenfunktion nach innen dagegen war brüchig, sie konnte die interne Differenzierung des Bürgertums nicht mehr überspannen – und die Brücke wurde, wie die Daten belegen, immer seltener beschritten.[69]

Die Definition über die Kategorie der Selbstständigkeit bietet allerdings einen zweiten Ansatz zur engeren Bestimmung des Erfurter Wirtschaftsbürgertums. Schließt man die Zahl der Inhaber von Alleinbetrieben als Randbürgertum aus dem Wirtschaftsbürgertum aus,[70] gehörten zum engeren Kreis des Wirtschaftsbürgertums 1.904 (1882), 2.275 (1895) und 3.459 Personen im Jahr 1907. Definiert man Wirtschaftsbürgertum über das Eigentum an größeren Betrieben und Geschäften mit mehr als fünf Beschäftigten, reduziert sich das Wirtschaftsbürgertum Erfurts auf einen Kern von einigen wenigen hundert Unternehmern. 1875 leiteten 229 Personen einen solchen Betrieb, 1882 waren es 285; bis 1895 hatte sich deren Zahl auf 610 mehr als verdoppelt, und 1907 gab es 899 Inhaber von Betrieben dieser Größe. Überragt wurden diese Gewerbetreibenden von jenen Großunternehmern, die Betriebe mit mehr als fünfzig Beschäftigten leiteten. Sie machten die wechselhafteste Entwicklung durch. 1875 gab es lediglich 16 Firmenchefs, die Betrieben dieser Größenklasse vorstanden. Bis 1895 war ihre Zahl auf 120 gestiegen, um danach wieder um fast ein Drittel auf 81 Unternehmer zu sinken (1907).[71]

In konzentrischen Kreisen lag um einen Kern des Wirtschaftsbürgertums eine Vielzahl von Firmenbesitzern, die unterschiedlich große Betriebe leiteten und durch ihre Selbstständigkeit miteinander verbunden waren. Zwar erlauben weder Selbstständigkeit noch die Betriebsgröße allein eine klare Definition des Wirtschaftsbürgertums, allerdings wurde deutlich, wie klein die Gruppe wirtschaftlich tätiger und potenter Bürger war. Grenzt man lediglich Allein- und handwerkliche Kleinbetriebe bis fünf Mitarbeiter aus, belief sich

---

69 Auch *Hettling* schränkt für die Zeit um 1900 den Einfluss der Kategorie Selbstständigkeit zur Bestimmung des Wirtschaftsbürgertums ein (Bürgerlichkeit, S. 346).

70 *Haupt* definiert Kleinbürgertum als Klasse, die über Produktionsmittel verfügt, aber für den Lebensunterhalt im Betrieb selbst mitarbeiten muss (*Haupt*, Bedeutung, S. 297) sowie *Haupt/Crossick*, S. 11ff.

71 Sämtliche Zahlenangaben in diesem Abschnitt beruhen auf den Gewerbestatistiken und beziehen sich auf die Sektoren A, B und C. Die Berechnungen gehen von der Hypothese aus, dass der Betrieb in Besitz eines einzelnen Unternehmers war. Die Berücksichtigung des landwirtschaftlichen Sektors A liegt darin begründet, dass es sich hier in den meisten Fällen um Geschäftsinhaber der Kunst- und Handelsgärtnereien handelt (Quellen: Verwaltungsbericht Erfurt 1875, S. 72f.; Preußische Statistik, Bd. LXXXIII, S. 250; Statistisches Jb. dt. Städte 7 (1898), S. 275; SDR, Bd. 217 (1907), S. 106).

der Anteil des Wirtschaftsbürgertums an allen Erwerbstätigen in den Sektoren Landwirtschaft, Industrie/Handwerk und Handel auf zwei bis drei Prozent.[72] Diese Werte lagen damit leicht unter den Durchschnittswerten wie sie für das gesamte Reich geschätzt wurden. Demnach gehörten zu den »oberen wirtschaftsbürgerlichen Klassen« 1870 zwischen drei und vier, 1913 zwischen vier und fünf Prozent der Erwerbstätigen.[73]

Aber wirtschaftsbürgerliche Kräfte waren nur der eine Teil eines umfassend verstandenen Bürgertums. Nicht Besitz, sondern Bildungspatente und erworbene Zugangsberechtigungen entschieden über die Zugehörigkeit zum Bildungsbürgertum. Wer über einen Hochschulabschluss verfügte, dem standen im wesentlichen zwei Berufsfelder offen: zum einen der Staatsdienst mit seinen Juristen- und Verwaltungs-, Pfarr- und Lehrerstellen, zum anderen die freiberufliche Tätigkeit etwa als Arzt, Rechtsanwalt oder Architekt. Die beiden Berufsfelder lassen sich in der statistischen Überlieferung zwar gemeinsam isolieren, allerdings ist eine Trennung zwischen öffentlichem Dienst und freien Berufen nicht möglich. Insgesamt verdoppelte sich zwischen 1882 und 1907 die Zahl der in diesen Bereichen Beschäftigten auf rund 2.200 Personen. 1907 wurden 40,8 Prozent von ihnen in der Kategorie »Staats- und Gemeindeverwaltung, Rechtspflege« erfasst, 28,1 Prozent arbeiteten im Bereich »Erziehung und Unterricht«.[74] Ohne Zweifel beförderte der infrastrukturelle Ausbau zur Großstadt und zur Leistungsverwaltung einen Anstieg bildungsbürgerlicher Berufsziele. Vor allem Ärzte und Lehrer wurden in der Großstadt gebraucht. Allerdings lag der Anteil des Bildungsbürgertums im Vergleich zu anderen Gruppen auf einem deutlich niedrigeren Niveau. Der Anteil der Bildungsbürger an der Erfurter Bevölkerung, die älter als 20 Jahre war, betrug um die Jahrhundertwende rund vier Prozent, der Anteil der (weit definierten) wirtschaftsbürgerlichen Kreise lag bei zehn Prozent.

Der Anteil des Bildungsbürgertums bedarf allerdings einer weiteren Einengung, da die Mehrzahl der im öffentlichen Dienst Beschäftigten nicht zum Kernbürgertum zu rechnen sind, etwa die zahlreichen Volksschullehrer, die keine Hochschule, sondern ein Lehrerseminar besucht hatten.[75] Unter diesen Voraussetzungen setzt sich, wie bei den Wirtschaftsbürgern, der Kern des Bildungsbürgertums aus einigen wenigen hundert berufstätigen Männern zu-

---

72 Diese Unternehmerzahlen machten im Verhältnis zu der in den Gewerbezählungen aufgeführten Gesamtzahl der Beschäftigten für 1875 2,4%, für 1882 1,9%, für 1895 3,0% und für 1907 2,8% aus (berechnet nach den Quellen in der vorangegangenen Anm.).

73 *Wehler*, Gesellschaftsgeschichte, Bd. 3, S. 712f. Dort allerdings keine Definition, wer unter »oberen wirtschaftsbürgerlichen Klassen« zusammengefasst wird. Etwas niedriger gibt *Kocka* die Zahlen ebenfalls auf Grundlage einer Definition über die Betriebsgröße an (Muster, S. 10, S. 56 mit Anm. 2 und 3).

74 *Breslau*, S. 18f.; SDR, Bd. 109 (1895), S. 203; SDR, Bd. 207 (1907), S. 112f.

75 Zur Rolle und Ausbildung von Volksschullehrern siehe *Handbuch der Bildungsgeschichte*, Bd. IV, S. 356 ff.; *Wehler*, Gesellschaftsgeschichte, Bd. 3, S. 1197ff.

sammen. Der Anteil an allen Erwerbstätigen lag damit bei rund einem bis eineinhalb Prozent. In dieser Größenordnung bewegt sich auch in der Bürgertumsforschung die Einschätzung über die Zahl des Bildungsbürgertums in Deutschland im 19. Jahrhundert.[76] Wichtig ist auch festzuhalten, dass das Erfurter Bildungsbürgertum einen stark beamtenzentrierten Einschlag aufzuweisen hatte. Ohne die zahlreichen Juristen, akademisch ausgebildeten Räte der Verwaltung hätte sich das Bildungsbürgertum im Sinn von Freiberuflern auf einige wenige Dutzend Personen beschränkt.

Trotz aller Unterschiede in den Arbeitsbereichen und Tätigkeiten erfolgte hier eine stufenweise Eingrenzung des Erfurter Bürgertums über die Arbeitswelt und die dort geforderten Merkmale: Selbstständigkeit und erworbene Bildungspatente. Die hier vorgestellte bürgerliche Welt war dabei vor allem eine Männerwelt. Frauen blieb in Preußen der Zugang zur Universität und damit der Erwerb von akademischen Bildungspatenten bis 1908 verwehrt.[77] Es gab für sie keine Möglichkeit, das für die Definition des Bildungsbürgertums herangezogene Bestimmungsmerkmal zu erwerben.[78] Im wirtschaftsbürgerlichen Bereich arbeiteten zwar zahlreiche Frauen als selbstständige Geschäfts- oder Ladeninhaberinnen, jedoch fast ausschließlich in einer randbürgerlichen Funktion.[79] Auch gegen Ende des Kaiserreichs hatte sich wenig zugunsten der Frauen geändert. Von den insgesamt 1.206 Frauen, die 1907 in der Landwirtschaft, in der Industrie, im Handwerk und im Handel als Geschäftsleiterinnen aufgeführt wurden (22,2% aller a-Personen), waren knapp die Hälfte (N=552) in dem kleingewerblich geprägten Bekleidungs- und Reinigungsgewerbe beschäftigt. Eine Unternehmensleiterin, die einem Großbetrieb vorstand, war unter solchen Bedingungen kaum zu finden. Im Bildungsbürgertum sah die Tendenz etwas freundlicher aus, da hier der Anteil der Frauen an sämtlichen a-Personen immerhin bei 30,7 Prozent (N=339) lag.[80] Allerdings markierten im Erziehungswesen die Mittel- und Bürgerschulen die Scheidegrenze, das Gymnasium und damit die klassisch bildungsbürgerliche Position blieb für Frauen als Lehrende verschlossen. Sie konzentrierten sich auf die niedrigeren Schultypen und da wieder auf die Volksschulen.[81] Auch hier galt: Frauen waren im bildungsbürgerlichen beruflichen Alltag auf die Randpositionen gedrängt, wollten sie sich jenseits von Haushalt und Familie verwirklichen.

76 *Kocka*, Muster, S. 9f.; *Wehler*, Gesellschaftsgeschichte, Bd. 3, S. 732.

77 Zur zeitlich unterschiedlichen Öffnungspolitik innerhalb Deutschlands und im internationalen Vergleich siehe knapp *Wehler*, Gesellschaftsgeschichte, Bd. 3, S. 1217f.

78 Vgl. auch *Soénius*, S. 29f.

79 Siehe auch *Haupt*, Bedeutung, S. 305.

80 Alle Angaben nach der Berufszählung von 1907, SDR, Bd. 207 (1907), S. 105ff.

81 Im Jahr 1903 waren an den Erfurter Mittel- und Bürgerschulen von den 32 vollbeschäftigten Lehrkräften nur sieben Frauen, an den Volksschulen Erfurts stellten die Frauen dagegen 73 von 178 Lehrern und Lehrerinnen (*Silbergleit*, S. 194, 196, Tab. 5 u. 6).

Dabei ist eine Definition und Abgrenzung des Bürgertums, die Frauen unberücksichtigt lässt, höchst unbefriedigend. Denn Bürgertum wurde wesentlich durch einen eigenen Lebensstil geprägt, in dem Frauen eine zentrale Rolle zukam. Kindererziehung, Haushaltsführung, Feier- und Festkultur, Wohnungseinrichtung, der Umgang mit dem Dienstpersonal – das waren zentrale Bestandteile bürgerlichen Lebens, die von Frauen organisiert wurden.[82] Dieser lebensweltliche Bereich liefert zwar ein sehr gutes Merkmal zur Bestimmung des Bürgertums, ist aber statistisch nicht fassbar.[83] Dass Bürgertum und gewisse Formen des Lebens unmittelbar zusammengehörten, war auch den Zeitgenossen klar. Der Erfurter Haus- und Grundbesitzer-Verein etwa beteiligte sich 1897 an einer Umfrage über die Miethöhe nach Wohnungsgrößen in deutschen Städten. Dabei erfolgte die Kategorisierung der Wohnungsgrößen nach folgenden Kriterien: Wohnungen mit weniger als drei Zimmern galten als »kleine Wohnungen«, Wohnungen mit drei bis fünf Zimmern und ein bis zwei Kammern wurden als »bürgerliche«, alle noch größeren Wohnungen wurden als »herrschaftliche Wohnungen« eingestuft.[84] Auch hier ist die Tendenz unverkennbar, die Grenzen bürgerlicher Lebensgestaltung möglichst umfassend und weit zu definieren. Legt man diese Umschreibung von Bürgerlichkeit zu Grunde,[85] hätten nämlich 1905 fast ein Drittel der Erfurter Einwohnerschaft in bürgerlichen 3–5-Zimmer-Wohnungen gelebt.[86] Den Kern des Erfurter Bürgertums hätten dagegen jene 7.496 Erfurter und Erfurterinnen gebildet (7,9%), die nach Meinung des Hausbesitzervereins gar nicht mehr bürgerlich, sondern »herrschaftlich« wohnten. So sehr Bürgertum sich durch klare Begriffe und Definitionen auf der einen Seite statistisch eingrenzen lässt, so sehr wurden andererseits die Abgrenzungsmerkmale instrumentalisiert und idealisiert. Daher franste das Bürgertum an seinen Rändern aus, wurde versucht, seine Grenzen fließend zu halten.

Denn über die sich an den Rändern einer potenten Großbourgeoisie ablagernden kleineren und mittleren Selbstständigen, über die in Kontakt zu dem engeren Kreis der Bildungsbürger stehenden mittleren Beamten, gab es eine große Berufsgruppe, die den Kriterien eines eng gefassten Bürgertumsbegriffs

82 *Soénius*, bes. S. 217ff.; *Budde*, Bürgerleben, S. 149ff.

83 Siehe hierzu Kap. III.2.2.

84 Erfurter Haus- und Grundbesitzerverein. Jahres-Bericht für das Vereinsjahr 1897/98, ThSTA Gotha, Regierung zu Erfurt, Nr. 857. Zur quantitativen Bestimmung bürgerlicher Schichten machten *Bruckmüller/Stekl* den Vorschlag, Wohnungsstatistiken als Bestimmungsfaktor heranzuziehen. Sie gehen – im Gegensatz zum Erfurter Hausbesitzerverein – davon aus, dass bürgerliches Wohnen erst ab mehr als fünf Wohnräumen beginnt (S. 170).

85 Vgl. generell zur Definition und Begrifflichkeit *Kocka*, Obrigkeitsstaat, S. 111; *Siegrist*, Bürgerlichkeit, S. 552ff.; der Bürgerlichkeitsbegriff mit dem Habitus-Konzept von Bourdieu verknüpft bei *Reitmayer*, S. 66–93.

86 Ermittlungen der Wohnungsverhältnisse der Stadt Erfurt gelegentlich der am 1. Dezember 1905 stattgefundenen Volkszählung, Erfurt o. J., S. 13 (StAE 3/311–6).

nicht entsprach, aber doch in enger Berührung zum Bürgertum stand: die Angestellten. Sie waren abhängig beschäftigt, hatten in den meisten Fällen keine Hochschulausbildung und waren weisungsgebunden. Andererseits gab es Merkmale, die sie in die Nähe der bürgerlichen Kerngruppen rückten (Gehälter, Pensionen, Weisungsbefugnis nach unten).[87] Die Ausdehnung des Arbeitsmarktes für Angestellte basierte auf zwei Entwicklungen. Zum einen boten die wachsende zentralörtliche Funktion Erfurts und die zunehmenden Verwaltungsaufgaben in den verschiedenen Ämtern wichtige Berufsfelder. Zum anderen stieg zwischen 1895 bis 1907 generell der Anteil des Verwaltungs-, Aufsichts- und technischen Personals in den Sektoren Landwirtschaft, Industrie/Handwerk und Handel von 1.950 auf 5.129 Angestellte an. Damit trug vor allem der Handel und die privatwirtschaftliche und nicht die öffentliche Verwaltung zum Bedeutungszuwachs von Angestelltenpositionen bei.[88]

Fasst man diese Trends in der Größenentwicklung der einzelnen bürgerlichen Gruppen zusammen, erhält das Bild vom Kern des Bürgertums seine Legitimation. Das Innere war dicht und stabil, nahm in der Größe auch leicht zu, ohne aber rund fünf Prozent der Erwerbstätigen zu überschreiten. Um diesen Kern wuchsen Schichten, die mit ihm in enger Fühlung standen, ohne dazu zu gehören. Am äußersten Rand schließlich lagerten sich Schichten an, die nur noch peripher und mittelbar mit dem Kern verbunden waren, aber doch noch im Kontakt zu ihm standen. Den Kern bildeten in Erfurt letztlich einige hundert bildungs- und wirtschaftsbürgerliche Familien, wobei letztere das Übergewicht ausmachten. Das Mittelbürgertum aus mittleren Beamten und Angestellten sowie Handwerksmeistern mit mittleren und größeren Betrieben machte mit seinen Familien rund zehn bis maximal fünfzehn Prozent der Erfurter Bevölkerung aus. Durch Industrialisierung, Bürokratisierung usw. waren auch sie gewachsen, ohne aber relativ an der Gesamtbevölkerung zuzulegen. Das Randbürgertum der unteren Beamten, Angestellten und kleinen Handwerksmeister stellte die größte Gruppe und hatte in zahlreichen Teilgruppen nicht nur Kontakte ins bürgerliche Lager, sondern auch in die Arbeiterschaft.

Einkommen und Ausgaben. Heterogen wie die Zusammensetzung war die materielle Lage dieser Bevölkerungskreise.[89] Der Unterschied zur Arbeiterschaft springt dabei ins Auge. Mochte die Spanne der Löhne noch so groß sein, selbst der qualifizierteste und privilegierteste Arbeiter kam am Beginn des Kaiserreichs kaum über 1.200 bis 1.500 Mark, gegen Ende des Kaiserreichs kaum

---

87 Siehe unten Kap. III.2.1. Der Arbeitsplatz. Vgl. zur Abgrenzung der Angestellten gegenüber der Arbeiterschaft: *Schulz*, Angestellten, S. 56ff.

88 Die ›Verspätung‹ des öffentlichen Dienstes bei den Beschäftigungszahlen auch bei *Schulz* konstatiert (Angestellten, S. 23f.).

89 Vgl. auch *Sarasin*, S. 260–265.

über zweitausend Mark hinaus.[90] Ganz anders sah dagegen die Situation bei den Selbstständigen aus. Für die ersten beiden Jahrzehnte des Kaiserreichs lässt sich die Spannbreite der Verdienstmöglichkeiten bei wirtschaftlicher Selbstständigkeit anhand der kommunalen Wählerlisten dokumentieren, da hier die Zuordnung zu einzelnen Wahlklassen vom Steueraufkommen abhing. Die Selbstständigen der Stichprobe (N=283, ohne Professionals/Freiberufler) verteilten sich 1876 auf die Wahlklassen folgendermaßen: 8,1 Prozent wählten in der Klasse mit dem höchsten Steueraufkommen, 24,4 Prozent in der mittleren und mehr als zwei Drittel in der niedrigsten Klasse mit dem geringsten Steueraufkommen. Diese Verteilung hatte sich zehn Jahre später kaum verändert (8,6% – 25,8% – 65,6%), allerdings mussten 1886 über hundert Mark mehr an Steuern gezahlt werden, um in der höchsten Wahlklasse wählen zu dürfen.[91] Die Spannweite der zu versteuernden Einkommen reichte in den 1870er und 1880er Jahren von über 84.000 Mark bei Eisengießereibesitzer Josef Bernhard Apell über rund 3.000 Mark bei Schuhmachermeister Christian Kilian, der nebenbei noch eine Viktualienhandlung unterhielt, bis rund 1.200 Mark bei Schuhmachermeister Gotthard Schatz.[92]

Bürgerliches Leben war mit 1.200 Mark gar nicht, mit 3.000 Mark nur mühsam zu verwirklichen. Letztlich bestätigt sich der Gedanke von Kern und Peripherie im Bürgertum. Aus materieller Sicht bestand der Kern des Wirtschaftsbürgertums zum einen aus jenen rund zehn Prozent Selbstständigen, die das Privileg hatten, in der ersten Klasse ihrem Wahlrecht nachgehen zu können, und zum anderen aus jenem geringen Prozentsatz an selbstständigen Bürgern, die nur knapp unter dem geforderten Steuersatz lagen.

Das Einkommen vor allem des verbeamteten Bildungsbürgertums bewegte sich im Gegensatz zu den Verdienstmöglichkeiten des Kerns des Wirtschaftsbürgertums auf einem niedrigeren Niveau.[93] Die Nominalgehälter selbst der Spitzen von staatlicher und städtischer Verwaltung lagen weit unter dem jährlichen Einkommen der Großbourgeoisie. Oberregierungsräte wie Alexander Henning oder Carl Lucanus, die bei der Kgl. Regierung Erfurts beschäftigt waren, kamen in den 1890er Jahren (einschließlich Zulagen) auf ein Jahresgehalt von 7.560 bzw. 6.660 Mark, der in der Rangfolge tiefer stehende Regierungsrat Carl Hermann Lindig erhielt 5.160 Mark Jahresgehalt. Das Gehalt des an der Spitze der Provinz stehenden Regierungspräsidenten v. Brauchitsch war mit 11.400 Mark (1890) zwar doppelt so hoch, aber selbst damit wäre der

---

90 Schätzungen bei *Breslau*, S. 112f.; *Schmidt*, Stammarbeiterschaft, S. 8f.

91 SPSS-Auswertung der Wählerlisten für die Stadtverordnetenwahl 1876 (StAE 1–2/042–1) und 1886 (StAE 1–2/005–7).

92 Rekonstruktion aus den Daten der Wählerlisten 1876/1886 und den Adressbüchern dieser Jahre. Umrechnung der Steueraufkommen nach *Breslau*, S. 279ff.

93 Siehe ausführlich zur Beamtenbesoldung: *Süle*, S. 108f., speziell zur Pfarrer-Besoldung, denen ab 1882 Mindestgehälter garantiert wurden, siehe *Janz*, S. 516f.

Regierungspräsident in den 1880er Jahren nicht in der höchsten Wahlklasse wahlberechtigt gewesen.[94] Noch niedriger fiel zunächst die Bezahlung des Bürgermeisters aus. Offiziell erhielt Oberbürgermeister Breslau zum 1. Juli 1874 lediglich eine Gehaltserhöhung von 2.530 auf 3.000 Mark,[95] ehe dann die Nominalgehaltsentwicklung eine deutliche Besserstellung für die Oberbürgermeister der Stadt brachte. Als Hermann Schmidt 1895 in Erfurt sein Amt antrat, erhielt er 9.000 Mark Grundgehalt. Am 1. April 1912 war sein Gehalt auf 17.000 Mark gestiegen.[96]

Trotz eines oft weit über dem niedrigen Nominalgehalt liegendem versteuerten Einkommen bei den verbeamteten Bildungsbürgern[97] war die Distanz zu wirtschaftsbürgerlichen Kreisen offensichtlich. Von 147 Beamten der Stichprobe der Wählerliste im Jahr 1876 konnten nur 5,4 Prozent, von 229 Beamten zehn Jahre später nur 3,1 Prozent in der höchsten Wählerklasse wählen. Auch die zweite Wählerklasse war für Beamte schwieriger zu erreichen als für selbstständige Wirtschaftsbürger: 1876 gehörten ihr 17 Prozent und 1886 18,8 Prozent aller Beamten an.[98] Doch das war nur der Oberbau der Juristen, Gymnasiallehrer und Pfarrer. Um sich den Abstand dieses Kerns bildungsbürgerlicher Berufe im öffentlichen Dienst von den mittleren und gar erst unteren Beamten bewusst zu machen, bieten die Nominallöhne für die Bahnbeamten der Erfurter Eisenbahndirektion einen guten Überblick. Demnach verdiente 1894 ein Betriebskassenrendant 3.200 Mark, ein Eisenbahnsekretär 2.100 Mark und ein Lokführer 1.200 Mark im Jahr. Die Gehälter der Unterbeamten, zu denen unter anderem Telegrafisten, Billetdrucker, Weichensteller, Bremser und Nachtwächter zählten, verdienten zwischen 700 und 1.200 Mark.[99] Auf dem schmalen Grat ›wirklicher‹ bildungsbürgerlicher Existenz bewegte sich eine kleine Schar von Gymnasialprofessoren und Juristen, die weniger als fünf Prozent aller Beamten ausmachten.

Da sich freiberuflich Beschäftigte sowohl von der Definition als auch von ihrem Berufsbild her außerhalb des öffentlichen Dienstes ihr Geld verdienten, ist in den Akten der Behörden nichts über ihre Verdienstmöglichkeiten überliefert. Die wenigen Freiberufler, die von den Stichproben der Wählerlisten

94 Jahresnachweis der Kgl. Regierungsmitglieder, 1890, ThSTA Gotha, Regierung zu Erfurt, Nr. 7085. Da Brauchitsch weiteres Vermögen versteuerte, konnte er dennoch bei einer jährlichen Steuerleistung von 950 Mark in der I. Wählerklasse wählen.

95 Personalakte Oberbürgermeister Heinrich Breslau, StAE 1–2/034–18351.

96 Personalakte Oberbürgermeister Hermann Schmidt, StAE 1–2/034–18352.

97 Dies macht ein Abgleich der Angaben aus den Personalakten und den gezahlten Steuern deutlich. Oberregierungsrat A. Henning, der nominell 1890 7.560 Mark incl. Zulagen verdiente, hatte schon vier Jahre vorher eine Steuerleistung erbracht, die einem Einkommen von 13.000 Mark entsprach (nach: Jahresnachweis der Kgl. Regierungsmitglieder, 1890, ThSTA Gotha, Regierung zu Erfurt, Nr. 7085 und StAE 1–2/042–1).

98 SPSS-Auswertungen Wählerlisten 1876, 1886.

99 Erfurter Tageblatt, Nr. 23 vom 28. Januar 1894.

von 1876 und 1876 erfasst wurden, verteilten sich von allen bisher beschriebenen bürgerlichen Kerngruppen am gleichmäßigsten über die nach Einkommenshöhe eingeteilten drei Wählerklassen zur Stadtverordnetenwahl. Waren 1876 ihre Einkommensverhältnisse noch so gestaffelt, dass 18,2 Prozent von ihnen in der ersten, 36,4 Prozent in der zweiten und 45,5 Prozent in der dritten Klasse wählen konnte, hatte sich 1886 fast eine Drittelung ergeben, wobei nun die Wählerklasse mit dem höchsten Einkommen von 37,5 Prozent der Freiberufler erreicht wurde.[100] Geht man diesem Ausdifferenzierungsprozess auf individueller Ebene nach, zeigt sich ein breites Spektrum. Auf der einen Seite standen Ärzte wie Eduard Brehme, der eine Augenklinik leitete und 1886 579 Mark Steuern gezahlt hatte (Jahreseinkommen rd. 22.000 Mark) oder Rechtsanwälte wie Karl Weydemann, der sein Jahreseinkommen (ca. 14.500 Mark) mit 365 Mark versteuern musste, auf der anderen Seite Künstler wie der Pianist Hermann Bauch, der 1886 2.800 Jahreseinkommen hatte (69 Mark Steuern).[101]

Die Randposition der Angestellten zum Kernbürgertum wird auch an ihrer materiellen Situation deutlich. Auf Grund ihres geringen Einkommens wählten sie zu über 87,7 Prozent (1876) und zu 92,2 Prozent (1886) in der dritten Klasse. Der marginale Anteil von rund einem Prozent in beiden Wahljahren, die in der höchsten Wählerklasse wählen konnten, waren Angestellte bei Bankhäusern oder Versicherungen, die zum engsten Kreis wirtschaftsbürgerlicher Kräfte Erfurts gerechnet werden müssen.

Diese Vielfalt der Gehälter führt zur Frage nach der Realeinkommenssituation im Bürgertum. Es wurden Teile des Vermögens in die Firmen gesteckt, repräsentative Villen mussten unterhalten, große Wohnungen bezahlt werden, man konnte nicht mit den Arbeitern dort kaufen, wo es am billigsten war. Über diese Seite bürgerlicher Lebensgestaltung liegen keine Erfurt-spezifischen Daten vor oder sie beziehen sich auf die randbürgerlichen Gruppen.[102]

100 SPSS-Auswertungen Wählerlisten 1876, 1886. Angesichts des geringen Anteils an Freiberuflern innerhalb der Gesellschaft und damit als Abbild in der Stichprobe, sind diese Ergebnisse vorsichtig zu bewerten. 1876 wurden lediglich elf, 1886 sechzehn Angehörige freier Berufe erfasst.

101 Rekonstruktion nach der Wählerliste von 1886.

102 1906 veröffentlichte die »Tribüne« eine »Aufrechnung über die Kosten der Lebenshaltung einer Familie« eines Unterbeamten, die einer Petition an den Reichstag entstammte. Für das Ehepaar mit vier Kindern beliefen sich die Ausgaben auf 450 Mark Miete, 1.641 Mark Lebensunterhalt (»für 6 Personen à 75 Pfennig für den Tag«), 300 Mark für Kleidung und 120 Mark für Heizung, Steuern usw. Diese Ausgaben lagen damit doppelt so hoch wie die Nominallöhne eines Eisenbahnunterbeamten 1894. Bemerkenswert ist der Aufwand für den Lebensunterhalt, der auf ein völlig anderes Konsumverhalten schließen lässt, als in der Arbeiterschaft. Bei den oben erwähnten Metallarbeiterfamilien mit Kindern lagen die täglichen Pro-Kopf-Ausgaben deutlich unter 50 Pfg. Der Versuch der Anpassung nach oben und Abgrenzung nach unten unter den Beamten wird deutlich. Vgl. auch allgemein, *Landau*, S. 60ff.; *Tenfelde*, Konsummuster, S. 245–266.

In diesem verweigerten Einblick in die Privatsphäre des bürgerlichen Hauses kam auch eine bewusste Einstellung zum Ausdruck. Pointiert zusammengefasst: Über Geld sprach man nicht, Geld hatte man; wenn man es nicht hatte, schwieg man erst recht.[103] Betroffen waren hiervon sowohl jene Teile der mittelverdienenden höheren Beamtenschaft, die sich von ihrer Ausbildung her und von ihrem äußeren Status von ihren Kollegen der mittleren Ebene abheben wollten und dabei durchaus an den Rand ihrer finanziellen Möglichkeiten stoßen konnten, als auch Beamte der mittleren und unteren Ebene.[104] Die Beamten der mittleren Ränge waren Teil des bürgerlichen Lebens, aber eben nicht im Kern. Durch die ihnen zugewiesenen Machtfunktionen erachteten sie eine Abgrenzung im Lebensstil nach unten für nötig, die nur schwer zu finanzieren war.

Zusammenfassende Aspekte. Ungefähre Größe und materielle Lage sowohl des Kerns des männlichen Bürgertums als auch seiner Randbereiche sind damit für die Erfurter Gesellschaft bestimmt. Welche zusammenfassenden Schlussfolgerungen lassen sich nach diesem ersten Schritt ziehen? Erstens ist die Doppelstruktur und jeweilige interne Untergliederung der im weitesten Sinne bürgerlichen Welt sichtbar geworden: Wirtschaftsbürger in den vielfältigsten Schattierungen, definiert durch die Stellung auf dem Markt als Selbstständige, wurden auf der einen Seite vorgestellt, und eine durch erworbene Bildungspatente bestimmte bildungsbürgerliche Gruppe auf der anderen Seite,[105] die durch ihren hohen Verbeamtungsgrad in engem Kontakt zu der gesamten Beamtenschaft stand. Diese beiden Gruppen grenzten sich durch zwei Aspekte nach unten ab. Zum einen markierten materielle Gesichtspunkte eine wesentliche Trennungslinie. Denn erst die vorhandenen finanziellen Spielräume ermöglichten bürgerliche Lebensweisen, Zutritt zu kommunikativen Räumen und gesellschaftlichen Verkehr.[106] Das schottete sowohl Wirtschaftsbürger *als auch* Bildungsbürger nach unten zu den randbürgerlichen Gruppen ab. Dieser Aspekt scheint mir in der kulturgeschichtlichen Bürgertumsforschung oftmals zu unterbelichtet. Deshalb wurde er hier in seinen vielfältigen Differenzierungen nachgezeichnet. Zum anderen wirkte die durch Besitz, Vermögen und sicheres Gehalt erschlossene Welt von »Bildung und Kultur« als »Deutungsmuster«[107] selbst differenzierend. Auch das unterstützte die Abset-

103 Siehe auch *Sarasin*, S. 144.
104 Zahlreiche Beispiele bei *Süle*. In Erfurt beantragte Polizeikommissar Rost etwa die Erstattung des Schulgeldes in Höhe von 26 Mark für eines seiner Kinder (Rost an Magistrat, 10. April 1885, StAE 1–2/030–5, Bl. 82).
105 Die Diskussion um die Zusammengehörigkeit und Verbindung zwischen Wirtschafts- und Bildungsbürgertum zusammengefasst bei *Soénius*, S. 25–34.
106 Mit Geld durfte allerdings auch nicht geprotzt werden, geriet man doch sonst in den Verruf des Parvenues (vgl. *Döcker*, S. 202).
107 Vgl. ausführlich *Bollenbeck*.

zung von Wirtschafts- *und* Bildungsbürgern nach unten, von letzteren aber in weit stärkerem Maße. Gymnasialprofessor und Volksschullehrer, Oberregierungsrat und Eisenbahnsekretär verkehrten in verschiedenen Kontaktsystemen, die auch aus dem unterschiedlichen Zugang zu kulturellen, kommunikativen Räumen resultierten.

Zweitens hatte dieser kommunikative Aspekt eine verbindende Kraft. Der Austausch unter Gleichgesinnten war in der Geburtsstunde »des« Bürgertums im späten 18. und frühen 19. Jahrhundert ein zentrales Konstituierungsmoment: »[D]er einzelne sann nach über sich und ließ andere teilhaben am täglichen und damit am Geistesleben. Vielleicht war es diese Gemeinsamkeit, welche die bürgerliche Kultur zu allererst begründete und unterhielt. Sie verwirklichte sich in der Teilhabe an Erfahrungen, in deren Kommunikation«.[108] In der sich wandelnden Welt des Kaiserreichs zur Massengesellschaft, wachsenden Disparitäten zwischen Wirtschafts- und Bildungsbürgertum geriet diese Form der Verständigung in Bedrängnis, behielt aber eine Ideal-, Instrumentalisierungs- und Vermittlungsfunktion bei.[109] Die Welt der Vereine im Kaiserreich wird aus dieser Sicht doppelt interessant.

Drittens darf dieser idealisierende Blick auf die Verständigungsmöglichkeiten der Kerngruppen des Bürgertums nicht die Unterschiede verwischen.[110] Denn in der äußeren Lebensgestaltung waren diese beträchtlich. Zwar lagen die Verdienstmöglichkeiten der Verwaltungsspitzen, Gymnasiallehrer und Pfarrer weit unter denen der Großindustriellen und Großhandelskaufleuten, dafür hatten sie ein festes und – zumindest in der Spätphase des Kaiserreichs – regelmäßig aufgestocktes Gehalt und einen sicheren Arbeitsplatz. Die Wachstums- und Niedergangsschübe von Besitzern Erfurter Großbetriebe machen dagegen die Unwägbarkeiten wirtschaftsbürgerlichen Lebens deutlich. Dafür hatten die Wirtschaftsbürger ihrerseits wiederum einen festen Platz in der städtischer Gesellschaft, konnten nicht einfach den Standort wechseln, waren in gewisser Weise auf ihre Stadt angewiesen, während viele der verbeamteten Bildungsbürger das Beamtenschicksal der häufigen Versetzung teilten und oftmals nicht dauerhaft im städtischen Leben wurzeln konnten.[111]

Viertens ergibt sich damit für die folgenden Kapitel eine mehrdimensionale Perspektive. Es wird immer sowohl nach den größten Bestandteilen der bürgerlichen Gruppen als auch nach dem Kern gefragt. Dabei werden unter dem Kern des Wirtschaftsbürgertums jene Selbstständigen verstanden, die einen Großbetrieb (über 50 Mitarbeiter) leiteten und/oder deren materiellen Res-

---

108 *Killy*, S. 10f.
109 Siehe *Tenfelde/Wehler*, Vorwort, S. 9.
110 Vgl. auch meine Kritik an *Killys* Ansatz in: ZfVK, 93. Jg., 1997, S. 295–297.
111 Diese Unterscheidungen auch bei *Frevert*, Bürgertumsgeschichte, S. 496. Siehe ausführlich Kap. III.2.1.

sourcen so groß waren, dass sie im kommunalen Dreiklassenwahlrecht stets zur höchsten Wahlklasse zählten[112] oder knapp darunter lagen. Als Kern des Bildungsbürgertums wird jener Teil zusammengefasst, der über ein Hochschulstudium verfügte.

Fünftens ist die hier beschriebene Welt des Bürgertums aus Arbeit, Geld und Macht eine Männerwelt. Gerade im Vergleich zur Arbeiterschaft, wo Frauen zum Familieneinkommen einen wichtigen Beitrag leisteten, wo überhaupt Arbeiterinnen auf dem Arbeitsmarkt präsent waren, fällt das auf. Zwar drangen immer mehr Frauen in den Randbereichen des Bürgertums in Angestellten- und Lehrerinnenberufe vor, im Arkanbereich bürgerlicher Tätigkeit waren sie dagegen nicht vertreten. Jedoch kam den Frauen in der bürgerlichen Welt eine zentrale Rolle zu, die allerdings nicht über die Arbeit, sondern über die Familie und ihre dortigen Aufgaben definiert wurde. Daher blieben sie in diesem Kapitel noch stark im Hintergrund und sollen in anderen Zusammenhängen nach vorne treten.

Am Ende des Kapitels über die Größe, Zusammensetzung und finanzielle Lage der Arbeiterschaft stand das Bild von der Einheit in der Vielfalt, das aber über Brüche innerhalb der Arbeiterschaft nicht hinwegtäuschen konnte. Am Schluss dieses Abschnitts dreht sich für das Bürgertum die Situationsbeschreibung um. Spannweite der Einkommen von einigen wenigen tausend bis über 100.000 Mark im Jahr, eine Vielzahl an Berufs-, Ausbildungs- und Aufstiegsmöglichkeiten ließen eine komplexe, in sich differenzierte Sozialgruppe entstehen, der gegenüber die Arbeiterschaft ein fast geschlossenes Bild abgab. Andererseits rechneten sich in ihrer Selbstwahrnehmung große Teile der Erfurter Bevölkerung zum Bürgertum, waren aber weit davon entfernt, aus heutiger Rückschau dazu gezählt zu werden. Von daher war Bürgertum weniger *eine* »eigenständige Sozialgruppe«, sondern bestand aus einem klar strukturierten Kernbereich, der mit Werten und Normen ausgestattet war,[113] die mindestens bis in die randbürgerlichen Gruppen ausstrahlen konnten und in den folgenden Kapiteln näher betrachtet werden.[114]

112 Aus der Masse der Privatiers, zu denen 1907 über 4.300 Personen zählten (SDR, Bd. 207 (1907), S. 112f.), kommen einige Rentiers in Betracht, die von ihrem Vermögen lebten.

113 Wolfgang J. *Mommsen*: Die neue Lektüre der Vergangenheit, in: Frankfurter Rundschau, 3.12.1993, S. ZB 3. Mommsen bezeichnet dort das Bürgertum »als eigenständige Sozialgruppe mit einem besonderen Ethos, getragen von einer spezifischen bürgerlichen Kultur«.

114 Die Ausstrahlungskraft des deutschen Bürgertums wird bisher eher skeptisch eingeschätzt (*Kocka*, Muster, S. 49f.).

III. Kontakte und Kommunikation: Strukturen und Erfahrungen

1. Kontakte und Kommunikation in der Arbeiterschaft

1.1 Der Arbeitsplatz

Das Bild der zu Hunderten in zentralisierten Betrieben zusammengefassten Arbeitern und Arbeiterinnen regte die Vorstellung von der homogenisierenden Wirkung dieser Arbeitssphäre an. Aus Sicht der Behörden und Beamten wurde die Fabrik als der Ort der Agitation ausgemacht und misstrauisch beobachtet. Umstandslos stufte die Erfurter Polizeiverwaltung nach dem Wahlerfolg des Jahres 1890 mehr als ein Drittel der in der staatlichen Gewehrfabrik beschäftigten Arbeiter als »daselbst beschäftigte Sozialdemokraten« ein.[1] Man sah auf den Betrieb als Ganzes, betrachtete von außen eine »black box«, die aus Arbeitern, wenn nicht Sozialdemokraten, so doch sozialdemokratische Wähler formte. Die bürgerlichen Kreise rezipierten damit Vorstellungen, wie sie auch bei den Arbeitern und der Sozialdemokratie verbreitet waren. Das aus der Marxschen Entwicklungsperspektive abgeleitete Bild der »überall aufschießenden Riesenbetriebe«, welche »die Kleinbetriebe immer mehr in den Schatten« stellen würden,[2] war einflussreich und stilbildend. Der politisch und ideologisch aus einer anderen Richtung kommende Evangelische Arbeiterverein Erfurts bediente sich ebenfalls dieser Metaphorik bei der Beschreibung der Gefahren für den Mittelstand.[3] Dabei war der Großbetrieb, wie gezeigt wurde, in der Wirtschaftsstruktur Erfurts eher die Ausnahme. Unübersehbar ist auch, dass die Vermittler und Funktionsträger des sozialdemokratischen Milieus zum überwiegenden Teil aus dem städtischen Handwerk kamen, Erfahrungen und Traditionen mitbrachten, die gerade nicht aus der Welt der Fabrik stamm-

---

1 Polizeiverwaltung an den Regierungspräsidenten, 11. April 1890, 1–2/120–4, Bl. 21, 21 RS.

2 Tribüne, Nr. 87 vom 14. April 1899; einschränkend wird den Kleinbetrieben eingeräumt, dass sie »zum Teil ein zähes Leben« hätten.

3 Arbeiter-Zeitung. Organ des Evangelischen Arbeiter-Vereins zu Erfurt, Nr. 10 vom 10. März 1894.

ten.[4] Um sich über Orientierungen und Verhaltensweisen innerhalb der Arbeiterschaft Klarheit verschaffen zu können, ist es notwendig, ihre Arbeitswelt, ihren Arbeitsplatz, den Betrieb in den Blick zu nehmen. Zum einen war hier das System von Machtausübung von oben und Abhängigkeit der Arbeiter unmittelbar spürbar, traf auf das Verhältnis von Handwerksgesellen und Handwerksmeister ebenso zu, wie auf das Verhältnis von Heimarbeitern und Verlegern oder von Fabrikarbeitern und Betriebsleitern;[5] zum anderen war es der primäre Ort, an dem die Arbeiter untereinander Kontakte schlossen.

Außerdem wird mit der Beschreibung der Betriebs- und Arbeitsabläufe der Blick »auf die Routinebeziehungen in der Produktion unter kapitalistischen Systembedingungen« gelenkt.[6] Hinzu kommt: Der Betrieb und der Arbeitsplatz bildeten den Kernbereich, der die vielfältige Differenzierung der Arbeiterschaft ›leistete‹, der Betrieb und die dort erfüllten und zugewiesenen Aufgaben entschieden darüber, wie hoch der Lohn ausfiel, unter welcher Berufskategorie der einzelne Arbeiter sich einordnen konnte – unter welcher Bezeichnung und unter welchem Erfahrungszusammenhang er in den Quellen für den Historiker erkennbar wird. Einerseits wirkten gerade in diesem Kontaktfeld direkter und spürbarer die Unterschiede innerhalb der Arbeiterschaft auf die einzelnen Beschäftigten. Andererseits ermöglicht der Blick auf den Arbeitsplatz und die Arbeitsprozesse Rückschlüsse über die Möglichkeiten der Arbeiter, sich zusammenzuschließen und gemeinsam zu handeln. Die Grundfrage lautet daher: Wie wirkte sich das Fehlen oder das Vorhandensein von Kontakten in der Arbeitswelt auf die Möglichkeit des Zusammenschlusses aus? Unter welchen betrieblichen Voraussetzungen und Arbeitsbedingungen wirkten Kontakte am Arbeitsplatz eher zersplitternd oder integrierend?[7] Drei Dimensionen, um die Dichte des Beziehungsgeflechtes innerhalb der Arbeiterschaft beschreiben und bewerten zu können, sind dabei gesondert zu betrachten. Zum Ersten ist das die Frage nach den direkten beruflichen Kontakten, das bedeutet vor allem eine Auseinandersetzung mit dem Problem des Verhältnisses von Heimarbeit/Alleinarbeit zu Gemeinschaftsarbeit. Zweitens lagen die Kommunikationsmöglichkeiten in den einzelnen Berufen höchst unterschiedlich. Neben den äußeren Arbeitsbedingungen (Lärm – Ruhe, Überwachung – Unabhängigkeit) traten Formen der Arbeitsproduktion (Teamarbeit, isolierte Maschinenarbeit) hinzu. Drittens schließlich wurde das Beziehungsgeflecht durch Traditionen entweder verstärkt oder konnte bei fehlenden Traditionslinien geschwächt werden. Die für Erfurt dominierenden Berufsgruppen sollen unter diesen drei Dimensionen betrachtet werden.

4 Siehe *Grebing*, Deutsche Arbeiterbewegung, S. 42; *Schröder*, Arbeitergeschichte, S. 97; als »Zwischenbilanz« siehe den Literaturbericht von *Ditt*, Fabrikarbeiter.

5 Diesen in sich vielfach gestuften und variierenden Ausdrucksformen von Herrschaft und Macht wird in Kapitel III.3.1 nachgegangen.

6 *Welskopp*, Betrieb, S. 121, 125.

7 Vgl. früh bereits *Uhen*, allerdings auf einer eher allgemeinen Ebene.

Wie nachhaltig und unterschiedlich der Arbeitsplatz und die vielfältig mit ihm verknüpften Erfahrungen und Traditionen auf die politische Orientierung der Arbeiter wirkten, belegen einige wenige Zahlenbeispiele. 1895 wurden bei der Berufszählung in Erfurt 1.243 Schneider und Schneiderinnen gezählt, gewerkschaftlich organisiert waren lediglich achtzig Männer und zehn Frauen. Noch eklatanter stellte sich das Missverhältnis in den Kunst- und Handelsgärtnereien dar. Zwar waren in diesem Wirtschaftsbereich 1895 über 1.200 Menschen beschäftigt, doch eine Vertretung durch die Freien Gewerkschaften kam erst im Jahr 1904 zustande, ohne jemals mehr als eine hauchdünne Minderheit erfassen zu können. In den Druckereien sah dagegen die Situation ganz anders aus: Dort arbeiteten 1895 in Erfurt 345 Menschen, von denen immerhin 48 (13,9 Prozent) in der Druckergewerkschaft organisiert waren. Dieses Missverhältnis zwischen den einzelnen hier vorgestellten Berufen blieb im Lauf der Jahre bestehen, da auch noch 1907 13,7 Prozent aller abhängig beschäftigten Schneiderinnen und Schneider freigewerkschaftlich organisiert waren, der Organisationsgrad unter den Buckdruckern fast die 40-Prozent-Marke erreicht hatte. Wie wandlungsfähig sich die Verhältnisse innerhalb der einzelnen Wirtschaftssektoren gestalten konnten, belegt die ebenfalls zum Bekleidungsgewerbe zählende Schuhindustrie. 1895 hatten sich erst 8,2 Prozent der dort Arbeitenden organisiert, zwölf Jahre später hingegen war dieser Anteil auf 24,1 Prozent angestiegen.[8]

Diese Zahlen belegen es: Auch eine Studie, deren Untersuchungsrahmen eine einzelne Stadt ist, kann nicht auf die Ebene des Betriebs verzichten. Dabei wird auch auf Quellenmaterial zurückgegriffen, das nicht speziell aus dem Erfurter Umfeld stammt. Zum einen waren die archivalischen Lücken zu groß, zum anderen folgen Arbeitsabläufe, Betriebsstruktur und Betriebsorganisationen allgemeingültigen ›Regeln‹, so dass die Einarbeitung anderen Quellenmaterials nicht nur notwendig, sondern auch sinnvoll ist.[9]

Schneiderei und Konfektion. Die in Erfurt zweigleisig fahrende Bekleidungsbranche (Kleidung und Schuhe) war unterschiedliche Wege gegangen und hatte verschiedene Betriebsstrukturen geschaffen. Das Damenmäntel- und Kleidungsgewerbe produzierte überwiegend in verlegter Heimarbeit und be-

---

8 SDR, Bd. 109 (1895), S. 262 (Berufszählung). Organisationsstärke nach Materialsammlung A. Steffen, StAE 5/850–2, Bd. 2. Für 1907 wurden die Daten der sogenannten c-Personen aus der Berufszählung von 1907 (SDR, Bd. 207 (1907), S. 105ff.) sowie der Mitgliederbestand der Freien Gewerkschaften Erfurts am 1.1.1908 (Jahres-Bericht des Erfurter Gewerkschafts-Kartells und Arbeiter-Sekretariats vom 1. Januar bis 31. Dezember 1907) zugrunde gelegt. Vgl. zu den Gewerkschaften Kapitel VI.1.

9 Dennoch können die im Folgenden vorgestellten Ergebnisse keine umfassenden Betriebsstudien ersetzen. Siehe zum Potenzial dieser Forschungsrichtung, um nur zwei Beispiele zu nennen, die Arbeiten von *Grüttner* und *Welskopp*, Arbeit und Macht. Kritik an der Betriebsblindheit vieler »community studies« übt *Welskopp*, ebd., S. 28.

hielt dieses Produktionssystem während des Kaiserreichs schwerpunktmäßig bei. Als Typen von Hausgewerbetreibenden traten dabei einerseits verlegte Handwerker und andererseits hausindustrielle Heimarbeiter in Erscheinung.[10] Aus den Berufsbezeichnungen der Quellen ist die sozialgeschichtlich relevante Unterscheidung zwischen Handwerksgesellen, verlegten Handwerkern, selbstständigen oder von Magazinen abhängigen Handwerksmeistern nicht zu erkennen. Der Erfurter Gewerberat Neubert umschrieb im Jahr 1889 die Vielschichtigkeit der Abhängigkeitsverhältnisse: »Einige Konfektionäre beschäftigen in ziemlichen Umfang kleine Schneidermeister, welche die Arbeit mit Beihilfe ihrer Familienmitglieder oder noch anderer weiblichen Gehilfinnen (den sog. Konfektionsarbeiterinnen) in ihrer Wohnung verfertigen«.[11] Aus Sicht der in Heimarbeit beschäftigten Menschen hatte dieses Beschäftigungsverhältnis Vor- und Nachteile,[12] die sich in den Gegensatz von Autonomie und Teilselbstständigkeit einerseits, materieller Unsicherheit und Ausbeutung andererseits fassen lassen. Die so beschäftigten Schneider und Schneiderinnen waren während ihrer Arbeit isoliert.[13] Die Möglichkeit von Kontakten beschränkte sich auf die Familienangehörigen, oder man war als Näherin völlig auf sich alleine gestellt. Selbst die Momente, in denen sich Kommunikationsmöglichkeiten boten, wurden in der alltäglichen Arbeitspraxis nur wenig genutzt oder wandelten sich gar in ihr Gegenteil. Die festgelegten Tage, an denen die gefertigten Kleidungsstücke abgegeben werden mussten, waren durch eine Atmosphäre von Hektik, Anspannung und Zeitdruck geprägt, da den Heimarbeiterinnen wertvolle Arbeitszeit verloren ging und die Hausarbeit liegen blieb.[14]

Andererseits war es weiten Teilen der in der Kleiderindustrie beschäftigten Arbeiterschaft leicht möglich, sich von organisatorischen und gewerkschaftlichen Bestrebungen fern zu halten, ihren gewohnt individualistischen Weg zu gehen, sich den Marktbedingungen anzupassen: Als 1886 eine Erhebung der in den einzelnen Erfurter Stadtbezirken arbeitenden Näherinnen durchgeführt wurde, erklärten sich von 546 Frauen nur fünf Frauen bereit, einen »gemeinsamen Speiseraum« zu nutzen, »wenn [er] vorhanden wäre«.[15] Es bestand kein Bedarf, die Isolation am Arbeitsplatz zu durchbrechen.[16]

10 Siehe zur Differenzierung *Kocka*, Arbeitsverhältnisse, S 267–269.

11 *Neubert*, S. 126f.

12 Siehe *Schröder*, Arbeitergeschichte, S. 105.

13 Siehe *Karpf*, S. 24 sowie *Grandke*, S. 241f: »Hier [im Zwischenmeistersystem] ist die einzelne [Heim-]Arbeiterin vollständig isoliert.«; siehe auch Protokoll über den Schneiderkongress in Erfurt, 5.–7. August 1888, StAE 3/111–5, Bl. 183.

14 *Grandke*, S. 158; *Karpf*, S. 18; Beispiele bei *Beier*, S 113.

15 Zahl der Näherinnen nach Polizeirevieren (ohne Datum, Februar 1886), StAE 1–2/120–2, Bl. 51.

16 Noch 1905 musste die »Tribüne« resigniert feststellen, dass der Besuch einer öffentlichen Versammlung »für alle Frauen und Mädchen« der Konfektionsbranche, in der Ottilie

Es ist bezeichnend, dass der Erfurter Schneiderverband in seinem Gründungsjahr (1888) »ausschließlich Herrenmassschneider« zu seinen Mitgliedern zählte.[17] Damit war eine Schneiderelite organisiert, die auf handwerks-
mäßige und organisatorische Traditionen zurückblicken und darauf aufbauen
konnte.[18] Die Isolierung, welche die Konfektionsbranche strukturierte, war
hier aufgebrochen. Die Maßschneider, eingebunden in ein Netzwerk beruflicher Kontakte, hatten die Möglichkeit, sich in den Betriebswerkstätten abzu-
sprechen und Kontakt zu den zuarbeitenden Heimarbeitern aufzunehmen.
Die Erhebungen des Verbands der Schneider, Schneiderinnen und Wäschearbeiter für die Jahre 1911 und 1912 bestätigen diese Sichtweise. 1912 arbeiteten von den 259 Erfurter Mitgliedern 179 in der Maßschneiderei (vermutlich
nur Männer), aus dem Bereich der Konfektion waren dagegen nur 80 Frauen
organisiert.[19] Bedenkt man das Übergewicht, das die Arbeitskräfte in der Konfektion gegenüber der Maßschneiderei hatten, wird der Unterschied offensichtlich.

Kommunikation am Arbeitsplatz wurde in der Schneiderbranche durch
äußere Umstände erleichtert. Bis auf die schon seit den 1870er Jahren verbreitete Nähmaschine war der Maschineneinsatz gering.[20] Versuche, die Nähmaschinen mit Dampf motorisch zu betreiben, waren erfolglos geblieben.[21] Im
Gegensatz zu den mechanisierten Schuhfabriken und erst recht im Gegensatz
zu den metallverarbeitenden Betrieben herrschte in den Werkstätten der
Schneider eine gewisse Ruhe, die in Verbindung mit einer »weitgehende(n)
Habitualisierung der Arbeitsverrichtung ... Gespräche« während der Arbeit
ermöglichte.[22] Denn das Medium, das die Vermittlung leisten sollte und konnte, war das persönliche Gespräch. Kommunikationshemmend wirkte sich da-

Baader aus Berlin ein Referat hielt, »viel zu wünschen übrig ließ« (Tribüne, Nr. 83 vom 7. April
1905). Siehe auch *Ritter/Tenfelde*, Arbeiter, S. 232.

17 Materialsammlung A. Steffen, StAE 5/850–2, Bd. 2, Bl. 6 (Brief des Deutschen Beklei-
dungsarbeiter-Verbandes an A. Steffen, 21.11.1922); vgl. auch *Lenger*, Handel, S. 85, wo er darauf hinweist, dass beim Streik der Schneider im Jahr 1905 sich lediglich die »für die Maß-
geschäfte arbeitenden Werkstattarbeiter« beteiligten.

18 *Boch* rechnete Schneider und Schuhmacher zu jenem Typus des Handwerks, der »die
geringste Kontinuität zwischen Tradition der Zunft und der frühen Gewerkschaftsbewegung«
gehabt habe (Zunfttradition, S. 44). Zumindest für die hier beschriebene Schneiderelite scheint
mir diese These der Diskontinuität zweifelhaft. Die Rolle handwerklicher Tradition betont dagegen *Ehmer*, Traditionen, S. 278, für Schneider und Schuhmacher jedoch eingeschränkt (S.
283). Die weitere These Bochs, dass die Gewerkschaftsbewegung der Schneider und Schuhmacher »unter sozialdemokratischer Obhut« gegründet wurde, trifft zwar im wesentlichen zu,
übersieht jedoch die enge personelle Verflechtung zwischen Gewerkschafts- und Parteiorganisation auf lokaler Ebene. Differenziert auch *Welskopp*, Banner, S. 273.

19 *Weicker*, Mitglieder 1911; ders., Mitglieder 1912, S. 174ff.

20 Tribüne, Nr. 10 vom 13. Januar 1900, *Winter*, S. 10.

21 *Winter*, S. 9.

22 *Renzsch*, S. 105.

gegen der Arbeitsprozess und die Arbeitsorganisation innerhalb einer Werkstatt aus. Denn »selbst in der feinsten« Maßarbeit setzte sich »auch ab und zu eine recht weitgehende Arbeitsteilung« durch.[23]

Für die Kleiderindustrie ergibt sich zusammengefasst folgendes Bild. Auf der einen Seite stand die weibliche Konfektionsheimarbeiterschaft. Fehlende Kontakte, geringe Kommunikationsmöglichkeiten, fehlende organisatorische Wurzeln kennzeichneten die Situation. Diese Frauen entsprachen dem Typus des »hausindustriellen Teilarbeiters in der Stadt«.[24] Eine Organisation gelang nur spärlich und wurde angesichts einer von Ehr- und Standesdünkel geprägten Fachvereins- und Verbandsorganisation nur unzureichend versucht.[25] Auf der anderen Seite gab es eine organisatorische Traditionslinie der Schneider in Erfurt, die durch gemeinsame Kontakte am Arbeitsplatz verstärkt und überlagert wurde, die wiederum auf die Organisationsfähigkeit rückwirkte. Ein Durchbruch zu einer Massenbewegung gelang allerdings auch in der Maßschneiderei nicht, da dem die stark isolierenden, hierarchisierenden Arbeitsabläufe in der Schneiderwerkstatt entgegenstanden.

Drei Austauschprozesse lassen sich zwischen den verschiedenen Bereichen von Schneiderei und Konfektion erkennen. Zum einen wurde der Übergang von der Maßschneiderei bzw. vom gelernten Schneider in die Konfektionsbranche in der Form des Zwischenmeisters vollzogen. Bruno Lamm betonte in seiner Arbeit über die Erfurter Damenmäntelindustrie, dass die Zwischenmeister zum überwiegenden Teil ihr Handwerk in der Maßschneiderei gelernt hätten.[26] Ein zweiter Weg führte gelernte Schneider in eine Teilselbstständigkeit und erlaubte ein Pendeln zwischen Konfektion und Maßarbeit.[27] Der dritte Weg des Austauschprozesses zwischen Konfektion und (Maß)Schneider war das Niedergangsszenario vom gelernten Schneider oder gar Schneidermeister in die Unselbstständigkeit und völlige Abhängigkeit des Konfektionärs.[28] Es gibt für diese Form in Erfurt keine quellenmäßigen Hinweise, wahrscheinlich ist, dass sie nur vereinzelt vorkam. Denn die eben skizzierten Austauschprozesse trafen auf eine Trennungslinie, die den markanten Unterschied zwischen Maßschneiderei und Konfektion ausmachte und von einer geschlechterspezifischen Separation überlagert wurde. Dadurch, dass die Konfektion in hohem Maße von Frauen dominiert wurde, hatte sich eine

---

23 *Winter*, S. 10.

24 *Kocka*, Arbeitsverhältnisse, S. 268f.

25 Vgl. *Canning*, Gender, S. 759.

26 Diese Beobachtungen Lamms bezogen sich auf die Situation in Erfurt um 1920. Andererseits gibt es Hinweise, dass auch in Erfurt – wie in Berlin – Fachfremde als Zwischenmeister fungierten (Bericht des Regierungspräsidenten Erfurts, 1887 (Stenogr. Berichte über die Verhandlungen des Reichstags, VII: Legislaturperiode, I. Session 1887, 1. Anlagebd. – Drucksachen), zitiert nach GStA PK Dahlem, Rep. 120 BB VII 1, Nr. 133, Bd. 1, Bl. 66 (Merseburg).

27 Tribüne, Nr. 10 vom 13. Januar 1900; ebenso für Prenzlau: *Mayer*, Konfektion, S. 132.

28 So für Prenzlau *Mayer*, Konfektion, S. 119–144.

niedrige Lohnstruktur herausgebildet, die aus der Konfektion nur einen Nebenverdienst erwirtschaften ließ. Verstärkt durch ein männliches Ehrgefühl war es für gelernte Schneider unattraktiv, wenn nicht unmöglich, hier Arbeit zu suchen: Entweder man blieb als gelernter Schneider in der Maßschneiderei oder man wechselte die Branche.

Schuhherstellung. Für Erfurts Schuhmacher sah die Situation anders aus, da »der mechanische Großbetrieb eine früher stark vertretene hausindustrielle Marktschuhmacherei aufgesogen« hatte.[29] Die ursprüngliche Stärke der Hausindustrie wiederum resultierte aus dem ausgeprägten Verlagssystem in der Erfurter Schuhbranche. Bereits 1857 arbeiteten neben 364 Meistern mit 354 Gesellen und Lehrlingen 218 Arbeiter in fünf »Fabriken«.[30] Diese Fabriken waren allerdings noch als Heimarbeiter-Koordinationsstellen angelegt: Der Vorgang des Zuschneidens des Leders für die Schäfte wurde hier durchgeführt, alle anderen Arbeiten nach außerhalb vergeben.[31] Die Form der Heimarbeit in der Schuhindustrie war dabei im Gegensatz zu der Konfektion noch von handwerklichen Fähigkeiten geprägt und damit den verlegten Handwerkern im Schneidergewerbe ähnlich. Auch fanden Frauen hier nur als Mithelfende Beschäftigung. Der Übergang zur Herstellung von Massenware hatte demnach zwischen 1850 und 1870 durchaus konservierende Wirkung auf handwerkliche Qualifikation und Tätigkeit der Schuhmacher.[32] Allerdings war die Betriebsform nicht mehr der Meisterbetrieb, sondern die Heimarbeit.

Im letzten Viertel des 19. Jahrhunderts vollzog sich für die Masse der in der Schuhbranche Beschäftigten der Wechsel hin zur Fabrikarbeit. Zwischen 1875 und 1907 stieg der Anteil der Schuhmacher, die in Betrieben mit mehr als fünf Beschäftigten arbeiteten, von 32,6 Prozent auf rund 90 Prozent.[33] 1907 fertigten mindestens zweitausend Erfurter Schuhmacher Schuhe in Betrieben mit mehr als 50 Beschäftigten. Da mithin der Mittel- und Großbetrieb die Kontaktzone für Schuhmacher darstellte, soll die Arbeit in der Schuhfabrik und

---

29 *Francke*, S. 34.

30 *Marquardt*, S. 50, Tab. I. Die handschriftlich überlieferten Ergebnisse der Gewerbezählung von 1861 (StAE 1–2/052–2) registrierten vier Jahre später in der »Tabelle der Fabriken und der vorherrschend für den Großhandel beschäftigten Gewerbe-Anstalten« keine einzige ›Schuhfabrik‹; vgl. aber *Kocka*, Arbeitsverhältnisse, S. 257.

31 Die Firma Lingel fügte sich damit in »die Fabrikationsweise des damals in Erfurt üblichen ein« (*Lingel-Konzern*, S. 3–5).

32 »In den mechanischen Schuhfabriken findet man ungelernte Arbeiter selten. Nicht nur, dass die Bedienung der Maschine erlernt sein will, auch der Rohstoff, das Leder, bedingt, dass der Arbeiter zumeist gelernter Schuhmacher sein muss.« (*Kanter*, S. 32).

33 *Breslau*, S. 74f. (Gewerbezählung 1875); Preußische Statistik, Bd. LXXXIII,2, S. 250 (Gewerbestatistik 1882); SDR, Bd. 217 (1907), S. 111 (Gewerbliche Betriebsstatistik 1907). In SDR Bd. 217 ist lediglich die Anzahl der Betriebe, nicht die Zahl der darin Beschäftigten angegeben (siehe oben Kapitel II.1). Völlig anders war dagegen die Wiener Schuhbranche strukturiert (*Ehmer*, Traditionen, S. 304).

ihre Auswirkungen auf Kontaktmöglichkeiten vorgestellt werden.[34] Der Prozess der Arbeitszerlegung in der Fabrik geschah in enger Anlehnung an die im Handwerk praktizierten Arbeitsschritte.[35] Dabei schälten sich zwei Arbeitsbereiche heraus, die ein hohes Maß an handwerklichem Können voraussetzen, ausschließlich von Männern ausgeübt wurden und trotz aller technischen und maschinellen Änderungen in der Schuhproduktion ihre zentrale Funktion beibehielten: die Zuschneide- und die Zwickarbeiten.

Das Ausschneiden der Oberlederteile für den Schuh wurde bis zu Beginn des 20. Jahrhunderts in der Lingel-Schuhfabrik »ausschließlich unter Zuhilfenahme von mit Metall eingefassten Modellen mit einem Hand-Zuschneidemesser ausgeführt«.[36] Die manuelle Geschicklichkeit, vor allem die kompetente Auswahl des Leders und seine ökonomisch sinnvolle Verwendung begründeten die herausgehobene Stellung des Zuschneiders. Die Umstellung bei Lingel von minderwertigen, sogenannten durchgenähten Schuhen auf Rahmenschuhe im Jahr 1892/93 führte zur Verwendung »bedeutend feinerer Leder«.[37] Damit stieg gleichzeitig die Verantwortung für den Zuschneider. Auch die Einführung der Oberleder-Stanzmaschine nach 1900 führte nicht zu einem Dequalifizierungsprozess der Zuschneider. Zwar wurde in »der Zuschneiderei ein rationelleres Arbeiten ermöglicht«,[38] aber die fachliche Kompetenz und Einschätzung der Ledersorten und des günstigen Ausschneidens lag nach wie vor in seiner Hand.[39] Verbunden mit diesem Arbeitsprozess war in der manuellen Phase ein enges Miteinander der Arbeiter, da sie einzeln an einer Art Stehpult in unmittelbarer Nachbarschaft zu den Kollegen standen. In der ›manuellen Phase‹ der Zuschneiderei herrschte Ruhe, die Zuschneider arbeiteten gesondert in einem eigenen Zuschneiderraum. Das erleichterte die Kommunikation untereinander[40] – außer es herrschte unter Aufsicht des Zuschneidemeisters Redeverbot, was allerdings angesichts der herausgehobenen, selbstbewussten Stellung der Zuschneider und ihres Qualifikationsprofils kaum durchgesetzt werden konnte. In der nach 1900 beginnenden maschinellen Phase verschlechterten sich zwar die kommunikativen Rahmenbedin-

---

34 Ausführlich behandelt in *Schröder*, Arbeitergeschichte, S. 162–185, bes. S. 175–185. Für Erfurt zentral die Festschrift des *Lingel-Konzerns* sowie *Marquardt*, S. 40–69. Bis heute fehlt eine »neuere Untersuchung zum Schuhmachergewerbe insgesamt« (*Kocka*, Arbeitsverhältnisse, S. 605, Anm. 20). Um dies zu leisten, müsste man mehrere Schuhzentren in Deutschland berücksichtigen, umfangreiches Betriebsmaterial zur Verfügung haben und international vergleichend etwa die Schuhstädte Leicester und Lynn/Mass. berücksichtigen.

35 *Schröder*, Arbeitergeschichte, S. 176; *Marquardt*, S. 36.

36 *Lingel-Konzern*, S. 26.

37 Ebd., S. 10.

38 Ebd., S. 25 f.

39 Ähnliche Einschätzung über die Qualifikation der Zuschneider bei *Schröder*, Arbeitergeschichte, S. 178.

40 Fotointerpretation *Lingel-Konzern*. Anderer Auffassung ist dagegen *Schröder*, Arbeitergeschichte, S. 178.

gungen, die herausgehobene Stellung der Zuschneider blieb aber unangetastet. Die Zuschneider standen am Anfang des Fertigungsprozesses eines Schuhes. Männerarbeit, hohe fachliche Kompetenz, Isolation in eigenen Zuschneiderräumen innerhalb der Gesamtbetriebsorganisation, seit Beginn der fabrikmäßigen Produktion zentral in der Fabrik beschäftigt, kommunikative Vermittlungsakte untereinander charakterisieren diesen Arbeitsplatz.

Dem Zuschneiden des Leders durch die Männer folgte das Steppen, das in der Schuhindustrie fast ausschließlich Frauen erledigten.[41] Anders als das Zuschneiden war das Steppen zunächst aus der zentralen Produktion ausgegliedert und geschah in Heimarbeit. Diese Tradition wurde in den Schuhfabriken Schritt für Schritt aufgegeben und die Stepperei im Betrieb zentralisiert. Die Frauen verrichteten hier eine qualitativ hochwertige Arbeit, mussten allerdings nach der Jahrhundertwende eine Dequalifizierung hinnehmen. Vorreiter dieser Entwicklung in Erfurt war wiederum die Lingel-Schuhfabrik. Bis 1906 lag die »Herstellung jedes Schaftes ... noch im gesamten Hergang in der Hand der einzelnen Arbeiterin«. Für diese anspruchsvolle Aufgabe war es »(früher) stets schwer gewesen, die für die Stepperei erforderlichen Arbeitskräfte zu gewinnen und mühselig anzulernen«. Ab 1906 wurde die Schaft-Arbeit »in Teilarbeiten zerlegt und diese auf Gruppen von Arbeiterinnen verteilt, so dass die einzelne Arbeiterin dauernd nur die gleiche, bestimmte Spezialarbeit zu verrichten hatte«. Das erleichterte »ein Anlernen in den einzelnen Spezialarbeiten ... wesentlich«.[42] Kommunikative Vermittlungsakte bei ständig ratternden Nähmaschinen sowie der Eigenverantwortung und -haftung für den gesteppten Schaft waren schwierig zu bewerkstelligen. Erschwerend kam die isolierte Tätigkeit an der Einzelmaschine bei gleichzeitigem Einsatz einer Vielzahl von Frauen hinzu. Sofern es der Arbeitsrhythmus zuließ, boten sich lediglich in kurzen Arbeitspausen Gesprächsmöglichkeiten mit den Nachbarinnen. Andererseits deutet die Schwierigkeit der Arbeitskräfterekrutierung darauf hin, dass die Frauen der Stepperei bis 1906 eine gewisse Machtposition innehatten. Gestärkt wurde ihre innerbetriebliche Situation dadurch, dass die Heimarbeiterinnen-Konkurrenz in Erfurt immer weiter in den Hintergrund gedrängt wurde.

Der Arbeitsprozess der Zwicker innerhalb der Schuhfabrikation war ebenfalls durch technisch-maschinelle Veränderungen geprägt, allerdings gelang die Sicherung des Qualifikationsprofils. »Das Zwicken ist eine der schwierigs-

---

41 Siehe auch *Ehmer*, Traditionen, S. 310.
42 *Lingel-Konzern*, S. 11, 13. Vgl. auch Tribüne, Nr. 107 vom 9. Mai 1907, Beilage: »Bei der Entwicklung vom handwerksmäßigen zum maschinellen Fabrikbetrieb der Schuhmacherei sei die Frau, ohne dass ihr daraus ein Vorwurf gemacht werden könne, zum Lohndrücker geworden«. Dass mit dieser negativen, männerzentrierten Argumentation von Adelheid Poppe, die diesen Vortrag über »Frauenarbeit in den Schuhfabriken« in Erfurt hielt, weder das Selbstbewusstsein der Frauen, noch unbedingt deren Organisationsbereitschaft gesteigert wurde, ist mehr als wahrscheinlich.

ten Arbeiten, denn von ihr hängt die Schönheit und Passform des Schuhwerks ab«.[43] Dabei wird das Oberleder des Schaftes um den Leisten gelegt und dann an der Brandsohle befestigt (gezwickt). Bis zu Beginn der 1890er Jahre wurde dieser Arbeitsprozess generell in der Schuhindustrie in Handarbeit mit der Zwickzange durchgeführt.[44] Die Pionierrolle für ganz Deutschland kam in der Maschinisierung dieses Arbeitsvorgangs der Firma Lingel zu. Eine aus den USA importierte Zwickmaschine wurde für die eigenen Zwecke umgebaut und kam 1891 zum Einsatz. Da diese Maschine wie ihre Nachfolgemodelle in ihren Ausführungen »der Handmethode ziemlich gleich kam«, war eine qualifizierte Ausbildung an der Maschine sowie allgemeiner Schuhmachersachverstand unerlässlich.[45] Fachliche Kompetenz ging nicht einfach verloren, sondern konnte transformiert werden und in neuer Form Bedeutung erlangen.[46] Durch den immer umfangreicher werdenden Maschineneinsatz waren die äußeren Umstände zwar ungünstig für kommunikative Vermittlungsakte, allerdings gestaltete sich der Kontakt der verschiedenen Arbeitergruppen besonders eng und man war auf die Zusammenarbeit angewiesen. Mochten sich die Zwicker als Arbeiterelite auch als herausgehoben empfunden haben, so hing die Qualität des fertiggestellten Schuhs doch von der Qualität der Arbeit der nachgeordneten Schuharbeiter ab.[47]

Im Vergleich zur Konfektionsindustrie war in der Schuhindustrie die Zerlegung des Arbeitsprozesses in eine Vielzahl von Teilarbeiten weit fortgeschritten. Auf Heimarbeit wurde zunehmend verzichtet und zentral produziert.[48] Die Zerlegung in Teilarbeiten hatte keineswegs zu einer allgemeinen Dequalifizierung der Schuharbeiter geführt.[49] Die Unternehmensleitung legte – abgesehen von der Stepperei – Wert auf die Gewinnung von gelernten Schuhmachern. Nach verschiedenen Schätzungen betrug der Anteil gelernter Schuhmacher an der Belegschaft einer Schuhfabrik meist mehr als ein Drittel.[50] Diese Doppelstruktur der Entwicklung – Zerlegung des Arbeitsprozesses einerseits, Zentralisierung des Produktionsprozesses andererseits – schuf trotz aller Abstufungen innerhalb der Arbeiterschaft eine solide Basis für Kontakte, betriebliche Absprachen und überbetriebliche Organisationsformen.

---

43 *Marquardt*, S. 46.

44 Siehe *Schröder*, Arbeitergeschichte, S. 88f., 184.

45 *Lingel-Konzern*, S. 10, 28; *Marquardt*, S. 42; *Schröder*, Arbeitergeschichte, S. 184.

46 Siehe auch *Breuilly*, Arbeiteraristokratie, S. 512, wo fachliche Kompetenz als persönlich variable Qualität vorgestellt wird.

47 Vgl. allgemein *Welskopp*, Ende, S. 582.

48 Dieser Prozess wird unterschiedlich beurteilt. Bei *Kanter* werden für Breslau die Vorteile für die Unternehmer durch Heimarbeit dargestellt (S. 50), während in der Lingel-Festschrift die Heimarbeit als veraltete Betriebsform beschrieben wird, die man möglichst schnell überwinden musste (*Lingel-Konzern*, S. 5).

49 Vgl. *Kanter*, S. 32.

50 *Schröder*, Arbeitergeschichte, S. 185; *Marquardt*, S. 56.

Unter diesen Bedingungen war die gewerkschaftliche Organisationsmöglichkeit der Schuhindustrie gegenüber der Schneiderei und Näherei im Vorteil. Hinzu kam, dass sie auf einen starken Traditionshintergrund blicken konnte. Neben den Schneidern gehörten die Schuhmacher Erfurts zu den Pionieren der Gewerkschaftsbewegung. Ende 1868 wurde in Erfurt auf Anregung von Theodor York eine Ortsgruppe des Allgemeinen Deutschen Schuhmachervereins gegründet.[51] Zu dieser Zeit war – wie vorn gezeigt – die Schuhindustrie noch überwiegend hausindustriell im Sinn verlegter Handwerksarbeit geprägt. Anregungen und Erfahrungen aus handwerklicher Tradition dürften daher bei dieser ersten Gründung eine wichtigere Rolle gespielt haben als die Erfahrung in der zentralisierten Fabrik.[52]

Eine Mitgliederliste von insgesamt 292 Männern und 58 Frauen, die 1898 in der Lingel-Schuhfabrik beschäftigt waren, erlaubt der Frage nachzugehen, inwieweit Kontakte am Arbeitsplatz mit gewerkschaftlichem Engagement zusammenhingen. In der Liste ist die Belegschaft des Zwicksaals getrennt ausgewiesen. Im Zwicksaal arbeiteten 52 Männer und drei Frauen.[53] Vergleicht man diese namentlich bekannten Schuharbeiter mit den Mitgliedern des 1891 gegründeten Gewerkschafts-Schuhmachervereins,[54] ergibt sich folgendes Bild: Zehn Zwickarbeiter hatten sich bereits 1891 gewerkschaftlich organisiert; drei von ihnen waren bereits 1886 als ›bekennende‹ Sozialdemokraten hervorgetreten.[55] Annähernd zwanzig Prozent der Zwicker des Zwicksaals gehörten also der Gewerkschaft an. Angesichts des zeitlichen Abstands zwischen Vereins- und Betriebsliste ist dieser hohe Organisationsgrad beeindruckend. Zwei Erklärungsmöglichkeiten für die organisatorische Dichte bieten sich an: 1891 waren die ersten erfolgreichen Versuche mit der Zwickmaschine bei Lingel abgeschlossen, dass möglicherweise aus dem Bedrohungsgefühl, durch die Maschine ersetzbar zu werden, sich eine mobilisierende Wirkung ergab und eine kollektive Interessenvertretung den Zwickern als vorteilhaft erschien.[56] Mindestens ebenso wichtig für den Erfolg im Zwicksaal war zum anderen die

---

51 *Schneiderheinze*, S. 74.

52 Vgl. zur Diskussion über die Rolle der Gesellenkassen für die Tradition zusammenfassend *Boch*, Zunfttradition, S. 42, Anm. 14.

53 Liste der Arbeiter- und Arbeiterinnen bei Lingel von 1898, StAE 1–2/130–937, Bl. 147–152.

54 Mitgliederverzeichnis des Vereins deutscher Schuhmacher, Januar 1891, ThSTA Gotha, Regierung zu Erfurt, Nr. 482, Bl. 252–258. Als Hauptproblem bleibt, ob die Vereinsmitglieder auch 1891 schon bei Lingel gearbeitet haben. Allerdings lässt sich für einen Teil der Mitglieder nachweisen, dass sie zur Stammbelegschaft gehörten (vgl. *Lingel-Konzern*, S. 22f.) und daher der Betriebszugehörigkeit auch schon 1891 bestand.

55 Es handelt sich um die drei Schuhmacher Carl Mieth, Carl Baumgart und Wilhelm Pix, die bei der Stadtverordnetenwahl 1886 für den sozialdemokratischen Kandidaten Paul Reißhaus stimmten (Wählerliste in StAE 1–2/005–7).

56 Andererseits behielten die Zwicker ihren innerbetrieblichen Status bei. Allerdings war dies zum Zeitpunkt der Einführung der Zwickmaschine noch nicht abzusehen.

zentrale Position von drei aktiven Sozialdemokraten und ihr direkter Einfluss und Kontakt am Arbeitsplatz. Das enge kommunikative Geflecht und der persönliche Kontakt am Arbeitsplatz steigerten die gewerkschaftliche Organisationsbereitschaft. Der Arbeitsplatz erscheint unter diesen günstigen Arbeits- und Rahmenbedingungen als wichtige Vermittlungsinstanz für die Ideen kollektiver Interessenvertretung der Arbeiterschaft.[57]

Gewehrherstellung. Die Anfertigung von Gewehren war bis in die Mitte des 19. Jahrhunderts durch ein hohes Maß an Handarbeit geprägt gewesen. Schaft- und Laufherstellung erforderten Präzision und umfassende solide Fachkenntnisse. Zuverlässigkeit und perfektes handwerkliches Können waren unabdingbare Voraussetzungen für Büchsenmacher.[58] Die handwerkliche Frühphase spielte in der Erfurter Gewehrfabrik allerdings keine Rolle mehr. Als diese 1862 – nach ihrer Verlegung von Saarn – ihre Fabrikhallen in der Regierungsbezirkshauptstadt öffnete, war kurz zuvor in der Schaftbearbeitung der technische Durchbruch zur maschinellen Herstellung gelungen. Außerdem wurde durch neu entwickelte Fräsmaschinen die Handarbeit am Lauf »erheblich eingeschränkt« und mit der Fertigung des Infanteriegewehres 71 fast vollständig verdrängt.[59] Die Maschinen hierzu wurden aus den USA beschafft und zum Jahreswechsel 1872/73 konnte die Produktion beginnen: »[Den Betriebsinspektoren] fiel die überaus schwierige Arbeit zu, die Anlernung und Zuteilung der zahlreichen neu eingestellten Arbeiter zu überwachen und die Verteilung und Einteilung der vielen Arbeiter in die richtigen Wege zu leiten. Hierbei zeigte sich wieder der grosse Vorteil der amerikanischen Maschinen, deren Bedienung in den meisten Fällen so einfach war, dass sie von jedem Arbeiter ohne Vorkenntnisse sehr rasch erlernt werden konnte. Es wurden daher verhältnismässig wenig fachmännisch ausgebildete Arbeiter wie Dreher, Schlosser, Feiler, Schmiede, Schäfter usw. gebraucht«.[60] Anders wäre der schlagartige Mehrbedarf an Arbeitskräften nicht zu organisieren gewesen. Innerhalb eines Jahres wurde die Belegschaft der Erfurter Gewehrfabrik von 890 auf 1.630 Arbeiter fast verdoppelt.

Dass dieses Großunternehmen neben den kurzfristig beschäftigten Arbeitern dennoch über eine Vielzahl an hochqualifizierten Fachkräften verfügen

57 Insgesamt waren von den 292 Lingel-Schuharbeitern 45 Mitglieder im Verein deutscher Schuhmacher (15,4%). Von den 410 männlichen Vereinsmitgliedern waren damit allein 11 Prozent bei Lingel beschäftigt; von den neun Frauen im Verein arbeitete keine bei Lingel.

58 Die folgende Darstellung der Arbeitsprozesse und des technischen Wandels bezieht sich auf *Gothsche*. Die Abhandlung ist von patriotischem Stolz und Pflichterfüllungsethos getränkt, besitzt aber sehr genaue Beschreibungen über die Wandlungen des Maschineneinsatzes und des damit verbundenen wechselnden Qualifikationsprofils. Bei den Zitaten wurden die zahlreichen Tippfehler ohne Kenntlichmachung korrigiert. Die Blattangaben beziehen sich im folgenden lediglich auf von mir ergänzte Seitenzahlen.

59 *Gothsche*, Bl. [7].

60 Ebd., Bl. [13f.].

musste, wird daran deutlich, »dass für einen einzelnen Gewehrteil bis zu 100 verschiedene Einspannvorrichtungen und bis 120 verschiedene Werkzeuge als Fräser, Bohrer usw. erforderlich« waren.[61] Die Einstellung der Maschinen konnte nur von Fachkräften durchgeführt werden. Außerdem benötigte man gelernte Maschinenbauer oder andere Metallfacharbeiter für die »Instandsetzung und Herstellung der Mess- und Leergeräte für die Untersuchung der Gewehre« sowie für die »Fertigung aller erforderlichen Werkzeuge«.[62] Zum Teil wanderten diese Facharbeiter aus der traditionellen thüringischen Waffenschmiede Suhl nach Erfurt zu.[63] So standen in der Gewehrfabrik Erfurts zwei Gruppen Arbeiter nebeneinander: langfristig beschäftigte, gut ausgebildete Fach- und Stammarbeiter einerseits, ein kurzfristig zur Massenproduktion eingestelltes Heer Ungelernter andererseits.[64]

Die Betriebsorganisation und das Arbeitssystem fügten diese höchst heterogene, zerklüftete Arbeiterschaft zusammen. Die einzelnen Arbeitsschritte wurden nicht in einem linear verlaufenden Produktionsprozess hintereinander geschaltet, sondern in ein enges, modern anmutendes teamartiges Geflecht eingebunden. An der Spitze eines Teams stand ein Meister: »Jede Meisterschaft hatte bestimmte Gewehrteile zu fertigen, z. B. den Lauf, den Schaft oder bestimmte Arbeitsvorrichtungen vorzunehmen, z. B. das Schmieden der Teile oder das Zusammensetzen der Gewehrteile und Gewehre«.[65] Das Team innerhalb eines Betriebes bildete den Kristallisationskern für die verschieden ausgebildeten und qualifizierten Arbeiter. Der Gelernte war damit von den Fähigkeiten der zugeordneten Un- bzw. Angelernten abhängig. Absprache, Koordination aber auch Konflikte wegen unterschiedlicher Leistungen waren unvermeidlich. Dieses fortschrittliche Betriebssystem hatte unverkennbar Wurzeln in handwerklicher, eher sogar heimindustrieller Tradition. Denn die Arbeiter und der Meister waren nicht als gesamte Einheit einer übergeordneten Abteilung oder höheren Verwaltungseinheit zugeordnet. Vielmehr »empfing (der Meister) die Gewehrteile und das zur Bearbeitung erforderliche Material und die Werkzeuge vom Magazin gegen Bezahlung und lieferte die bearbeiteten Teile, zusammengesetzten Gewehre usw. ebendahin ab. ... Die Stücklöhne waren genau vorgeschrieben, so dass eine Schädigung der Arbeiter durch den Meister unmöglich war«.[66]

---

61 Ebd., Bl. [16].

62 Ebd., Bl. [15].

63 Jahres-Bericht der Handels-Kammer Erfurt für das Jahr 1886.

64 »In Bezug auf die Stücklohnarbeiter wird unterschieden zwischen Arbeitern die handwerksmäßig oder auf Fachschulen ausgebildet sind, und solchen, die eine solche Vorbildung nicht haben« (Tribüne, Nr. 18 vom 22. Januar 1908, Beilage); siehe auch Lohnklassenübersicht in Militäreinrichtungen, 1907, ThSTA Gotha, Gewerbeaufsichtsamt, Nr. 236.

65 *Gothsche*, Bl. [3].

66 Ebd. Dies in der Heimindustrie unter dem Stichwort des Zwischenmeisters bekannte System wird in einer regierungsamtlichen Stellungnahme noch deutlicher: »Die Akkordabma-

Fasst man die hier gewonnenen Erkenntnisse unter dem Aspekt der Kontakte und Kommunikation innerhalb der Arbeiterschaft am Arbeitsplatz zusammen, ergibt sich folgendes Bild:

1. Ein Dequalifizierungsprozess im Betrieb fand nicht statt. Da die hochgradige Maschinisierung der Arbeitsabläufe mit der Gründung der Fabrik in Erfurt weit fortgeschritten war, gab es entweder die Un- bzw. Angelernten, die isolierte Maschinenarbeit verrichteten, oder die ausgebildeten Maschinenbauer und Facharbeiter, die für die Einstellung und Reparatur der Maschinen zuständig waren. Verbunden damit lief ein Riss durch die Arbeiterschaft, der sich als Trennlinie zwischen Verschiebemasse und Stammarbeiterschaft charakterisieren lässt. Denn die Gewehrfabrik blieb auf einen Stamm bewährter Arbeiter angewiesen, um »die zu jeder Zeit zu gewärtigende Ordre ›die Fabrik in vollen Betrieb zu setzen‹, sofort zur Ausführung bringen zu können«.[67] Im Jahr 1907 gehörten von 921 Arbeitern, von denen Angaben vorlagen, 80 Prozent der Gewehrfabrik seit mehr als fünf Jahren an, 58,4 Prozent arbeiteten sogar seit mehr als zehn Jahre in der Gewehrfabrik.[68] Diesem stabilen Kern oblag es nach Kriegsausbruch, den Tausenden im Werk Arbeitenden die Bedienung der Maschinen zu vermitteln.

2. Die waffentechnischen Hochkonjunkturen 1874/75, 1885/86 und 1889/90 erforderten die schnelle Einstellung Hunderter von Arbeitern. Diese Mobilisierung wurde durch extreme Lohnanreize erreicht.[69] In Erfurt verdienten angeblich selbst 18-jährige zum Teil Monatslöhne von 300 Mark.[70] Mit dem Eintritt in die Gewehrfabrik verließen viele Handwerker und Facharbeiter ihr ursprüngliches Berufsumfeld. 1890 etwa wechselten so viele Schuhmacher und Arbeiter aus den Erfurter Schuhfabriken in die Gewehrfabrik, dass dort Arbeitskräftemangel herrschte.[71] Für die in der Gewehrfabrik beschäftigten Arbeiter entstand so eine zeitlich befristete berufsübergreifende Fabrikerfahrung.

---

chungen werden nicht mit den einzelnen Arbeitern abgeschlossen, sondern die Werkmeister treten der Direktion der Gewehrfabrik gegenüber gewissermaßen als Unternehmer auf, indem sie sich zur Fertigstellung einer bestimmten Arbeitsleistung innerhalb einer gewissen Zeit verpflichten und dann ihrerseits für Beschaffung der erforderlichen Arbeitskräfte und Verteilung des Akkordlohnes zu sorgen haben, wenn auch nominell die Einstellung und Löhnung der Arbeiter seitens der Direktion vollzogen wird.« (Regierungspräsident von Danzig an Minister für Handel und Gewerbe, 14. Januar 1892, GStA PK, Rep. 120 BB, VII 1, Nr. 3b, Bd. 1 (Merseburg)).

67 Erfurter Tageblatt, Nr. 285 vom 4. Dezember 1892, Beilage.

68 Tribüne, Nr. 183 vom 22. Januar 1909 (für das Jahr 1907 nach einem Regierungsbericht).

69 Siehe am Beispiel der Danziger Gewehrfabrik: Regierungspräsident von Danzig an den Minister für Handel und Gewerbe, 14. Januar 1892, GStA PK, Rep. 120 BB VII 1, Nr. 3b, Bd. 1 (Merseburg).

70 Erfurter Tageblatt, Nr. 285 vom 4. Dezember 1892, Beilage.

71 Jahres-Bericht der Handels-Kammer Erfurt für das Jahr 1890.

3. Das Meistersystem integrierte beide beschriebenen Arbeitergruppen in ein enges Team. Die übergeordneten (Werk-)Meister standen als Subunternehmer außerhalb der Arbeiterschaft. Die Kommunikation am Arbeitsplatz war zwar durch diese Teamarbeit erleichtert, allerdings stand dem die Vielzahl der an getrennt aufgestellten Maschinen durchzuführenden Arbeitsverrichtungen und die starke Lärmentwicklung entgegen. Kommunikationshemmend konnten außerdem die unterschiedlichen beruflichen Erfahrungshintergründe wirken.

4. Angesichts einer Arbeiterelite der Maschinenbauer und Metallfacharbeiter boten sich für gewerkschaftliches Handeln günstige Voraussetzungen. Dem stand aber die noch zu behandelnde Unternehmenspolitik entgegen. Auch nur der leiseste Verdacht gewerkschaftlicher oder sozialdemokratischer Unterstützung führte zur sofortigen Entlassung.[72] Angesichts des gewerkschaftsfreien Raums war der Weg der Petition, wie er 1891 bei einer Massenentlassung gegangen wurde, vor allem für die älteren Stammarbeiter die einzig logische Konsequenz. Für die auf die Straße Geworfenen bestand dagegen die Möglichkeit, bei Wahlen für die Sozialdemokratie zu stimmen und auf diesem Weg ihrer Frustration Luft zu machen.[73]

Kunst- und Handelsgärtnereien. Grundlegender Unterschied zu den bisher behandelten Arbeitergruppen ist bei den Gärtnern und Gartenarbeitern zunächst, dass sie nicht zum gewerblich-industriellen Sektor gehörten. Entsprechend anders gestalteten sich daher auch ihre Arbeitsbedingungen. Sie arbeiteten die meiste Zeit unter freiem Himmel, hatten kaum Maschinen zu bedienen, verrichteten vor allem Handarbeit. Saisonale Beschäftigung prägte die Arbeitsabläufe, entsprechend mobil war die Arbeiterschaft. Untersuchungen des »Allgemeinen Deutschen Gärtnervereins« (ADGV) ergaben für den Sommer 1904 und den Sommer 1910, dass rund die Hälfte der befragten Erfurter Mitglieder seit maximal einem halben Jahr in einer der Erfurter Gärtnereien arbeiteten.[74] Feste kommunikative Bindungen oder gar ein reger Kontakt und Austausch am Arbeitsplatz waren praktisch ausgeschlossen.

Das Rekrutierungspersonal für diese nur kurzfristig zu besetzenden Stellen dürfte aus zwei Quellen gespeist worden sein, die zu einer weiteren Fragmentierung der hier beschäftigten Arbeiterschaft beitrugen. Zum einen bot die

---

72 Die Gesinnungsschnüffelei war durchgängige Praxis in den preußischen Staatsbetrieben – auch bei den Kgl. Eisenbahnwerkstätten Erfurts (vgl. etwa Gemeinsame Grundsätze über die Annahme usw. der im Bereich der Preußischen Staatseisenbahn-Verwaltung beschäftigten Arbeiter, Erfurt 1888, ehem. Reichsbahnarchiv Erfurt A 2789); siehe allgemein *Saul*, Staat, S. 315–336.

73 Vgl. auch Kapitel III.3.1.

74 Tabellenanhang bei *Jansson*; *Holzapfel*, S. 18f. Unter allen befragten Mitgliedern gaben knapp zwei Drittel an, erst ein halbes Jahr in einer Gärtnerei zu arbeiten.

landwirtschaftlich geprägte Art der Arbeit den in der Umgebung Erfurts lebenden Männern und Frauen in den Monaten März bis September einen Zusatzverdienst. Der virulente Stadt-Land-Gegensatz,[75] die abendliche Heimkehr in das Dorf oder in die Stadt standen einem Zusammengehörigkeitsgefühl entgegen. Zum Zweiten spricht einiges dafür, dass Etappenwanderer aus den polnischsprachigen Gebieten Preußens für eine Übergangzeit in Erfurt Station machten. 1907 berichtete die »Tribüne« in einem Artikel, dass »sehr oft eine Reiberei zwischen den so zahlreich hier vertretenen verschiedenen Nationalitäten« bestehe.[76]

Trugen Fluktuation und unterschiedliche regionale Herkunft der Gartenarbeiter zu den wenig tragfähigen Strukturen dieser Arbeitergruppe bei, kamen weitere Schwierigkeiten hinzu. Im Gegensatz zum Männlichkeit ausstrahlenden Berufs des Schmiedes oder des modernen Maschinenbauers war der Gärtnerberuf als gelernter Beruf zwar durch seine gestalterischen Möglichkeiten und körperlichen Anstrengungen ebenfalls männlich dominiert. Aber der Garten, noch dazu der Blumengarten – und in Erfurt herrschte gerade die Blumensaat-Anzucht vor – war traditionell als ›außerhäusliche Hausarbeit‹ den Frauen zugeteilt. Entsprechend häufig fanden Frauen in diesem Gewerbe einen Arbeitsplatz. In den Erfurter Betrieben waren von insgesamt 1.055 »einheimischen Arbeitern« 360 »Frauen und Mädchen« (34,1%), 385 Männer (36,5%) und 310 Schulkinder (29,4%). Zu der Kategorie der Gehilfen (das sind die gelernten Gärtner) rechneten dagegen ausschließlich Männer.[77] Der gelernte Gärtnerberuf blieb eine Männerdomäne, doch drangen in die Branche als Ganzes immer mehr Frauen ein.

Die Arbeit in den Gärtnereien war außerdem von extremer Jugendlichkeit gekennzeichnet. Rund die Hälfte (1910) bis fast Dreiviertel (1904) der im Sommer 1904 und 1910 befragten Erfurter Mitglieder des Allgemeinen Deutschen Gärtnervereins hatten noch nicht das 23. Lebensjahr erreicht. Entsprechend dieser Jugendlichkeit waren 1904 von den 47 Befragten 46 noch ledig; 1910 lebten 20 der 25 Befragten als Junggesellen.[78] Verstärkt wurde die Jugendlichkeit durch den erwähnten hohen Beschäftigungsanteil an Schulkindern. Diese strukturelle Erfahrung wurde dabei im Leben als persönliche Ungleichheitserfahrung wahrgenommen: Louis Eckardt behielt in Erinnerung, dass er schon als kleiner Junge auf die Gartenfelder musste, während »die Bergeasie [sic] in die Ferien fahren« konnte.[79]

75 Vgl. *Ritter/Tenfelde*, Arbeiter, S. 274.

76 Tribüne, Nr. 273 vom 22. November 1907, Beilage.

77 Tribüne, Nr. 271 vom 19. November 1907, Beilage

78 *Jansson*, S. 23; *Holzapfel*, S. 18f.

79 Erinnerungen von Louis Eckardt, StAE 5/850–8. Wann Eckardt (geb. 1882) seine Erinnerungen an die Ereignisse vom Mai 1898 (siehe unten Kap. VI.4) niederschrieb, lässt sich nicht mehr feststellen. Das Stadtarchiv erwarb das Material 1964. Die Kinderarbeit in den Gärtnereien

Mochten sich die gelernten Gärtner durch das ständige Hineinströmen von Frauen, ungelernt Durchziehenden sowie durch die Beschäftigung von Kindern in ihrem Beruf bedroht fühlen, konnten sie andererseits aus einer traditionellen Stärke dieser Branche in Erfurt Selbstbewusstsein und Berufsstolz gewinnen. Ihre Tätigkeit war es, die der Stadt in ganz Deutschland den Ruf als Garten- und Blumenstadt einbrachte. Durch die Gärtnervereine »Flora«[80] und »Einigkeit«, sowie durch die Mitgliedschaft in zahlreichen Verschönerungs- und Gartenbauvereinen konnten die Gärtner auf eine jahrzehntelange Vereinstradition und -kultur blicken. Aber die Vereine zeichneten sich durch hohe Standesgrenzen aus. In den Verein »Flora« wurden nur gelernte Gärtner aufgenommen. Eine Interessenvertretung der Mitglieder wurde vor allem durch konfliktfreie und konsensorientierte Strategien versucht. In den Statuten verpflichteten sich die Mitglieder des Vereins »Flora«, »häusliche und geschäftliche Verhältnisse gärtnerischer Firmen« nicht zu kritisieren.[81] Es wurden aus einem traditionellen Standesbewusstsein heraus Übereinkünfte mit den Unternehmern ausgehandelt. In vielen Gärtnereibetrieben wurde diese Strategie noch durch den weit verbreiteten Kost- und Logiszwang der Gärtner verstärkt.[82] Es ist daher kein Wunder, dass der Verband der Gärtner und Gartenarbeiter 1922 zusammenfassend schrieb: »[D]ie gewerkschaftliche Organisation (konnte) in Erfurt nur schwer Fuß fassen, trotzdem Erfurt von jeher ein Hauptsitz unseres Berufes war. Ein Einfluss auf die Lohn- und Arbeitsbedingungen konnte deshalb in Erfurt nicht ausgeübt werden«.[83]

Das skizzierte Bild über die Erfahrungen und Prozesse am Arbeitsplatz der Gärtner konzentrierte sich – quellenbedingt – auf das späte Kaiserreich. Über einen prozessualen Wandel, der in allen anderen behandelten Berufsgruppen von Wichtigkeit war, konnte hier nichts ausgesagt werden. Zumindest zu diesem Zeitpunkt war die Arbeiterschaft des Gartengewerbes erstens hochgradig segregiert. Dies geschah (noch stärker als in der Konfektion) durch die Geschlechtertrennung, (noch intensiver als in der Gewehrfabrik) durch die radikale Trennung von Stammarbeitern und hochmobilen Hilfsarbeitern,[84] durch die durch den Arbeitsprozess und -qualifikation tiefgreifende Trennung von Gelernten und Ungelernten und durch die unterschiedliche regionale Her-

war ein ständiger Kritik- und Agitationspunkt in der sozialdemokratischen Presse (siehe Tribüne, Nr. 173, vom 27. Juli 1911, Beilage).

80 Vgl. StAE 5/721–1.

81 Tribüne, Nr. 273 vom 22. November 1907, Beilage.

82 *Fritz*, S. 5. Fritz erwähnt, dass der Kost- und Logierzwang vor allem in Handelsgärtnereien zu finden sei. Dagegen gaben die 1904 befragten 47 Erfurter Mitglieder des ADGV an, nicht in Kost und Logis zu stehen (*Jansson*, S. 23).

83 Materialsammlung Steffen, StAE 5/850–2, Bd. 2, Bl. 76 (Schreiben des Verbandes der Gärtner und Gartenarbeiter an A. Steffen, 4. November 1922).

84 Vgl. zu der Unterbringung der Hilfs- und Saisonarbeiter in teils unmenschlichen Massenunterkünften die Abbildungen bei *Fritz*.

kunft. Zweitens boten sich wegen diesen Fragmentierungen kaum Möglichkeiten, ein Kontakt-, Beziehungs- und Kommunikationsnetz aufzubauen.
Statt Absprachen und gemeinsamem Konfliktaustrag stand angesichts der Jugendlichkeit der Arbeiter das Weiterziehen oder der Wechsel des Arbeitsplatzes im Vordergrund. Drittens blieb durchgehend eine starke Traditionslinie
erhalten, die allerdings eher Standes- als Arbeiterinteressen verfolgte und daher nur minimale Ansätze für gewerkschaftliche Organisationen bieten konnte.

Zusammenfassende Aspekte. Vier Berufsgruppen, ihre Arbeitsplätze und Arbeitsverrichtungen, die dort vorhandenen Möglichkeiten, Kontakte zu schließen
und in Kommunikation zu treten, standen im Mittelpunkt. Welches Bild ergibt sich zusammenfassend aus dieser Darstellung? Zunächst gilt es noch
einmal die unterschiedliche Bedeutung und Entwicklung dieser Berufe für
das Leben und Wirtschaften in Erfurt herauszustreichen. Die Schwankungen
der Rüstungskonjunktur sorgten dafür, dass in den Jahren des Rüstungsbooms
das Arbeitsleben zumindest im Maschinenbau von der Gewehrfabrik bestimmt wurde, wohingegen in den Jahren der Flaute Arbeitsplätze hier rar
gesät waren. Der Gartenbau litt unter ähnlichen Schwankungen. Dominierend blieb das Bekleidungsgewerbe. Vor allem für Schuhmacher und Schuh-
macherfacharbeiter war durch die Expansion ihres Gewerbes die Chance groß,
innerhalb ihres Berufs dauerhaft beschäftigt zu bleiben, während dies für die
Schneider angesichts nominell nur schwach steigender Zuwachsraten und
relationeller Rückläufigkeit – gemessen an der Gesamtzahl der Beschäftigten –
kaum zu erwarten war.

Im Bekleidungsgewerbe arbeiteten auch die meisten Frauen. Ein Drittel
aller erwerbstätigen Frauen in Landwirtschaft, Industrie und Handwerk fanden 1882 in der Schneiderei ihren Arbeitsplatz. 1907 waren es zwar nur noch
knapp zwanzig Prozent, dafür arbeiteten nun rund 15 Prozent der Frauen in
der Schuhbranche (gegenüber 8,6 Prozent im Jahr 1886).[85] Insgesamt kennzeichnete eine fragmentierte Arbeiterschaft das Schuhmacher- und das
Schneidergewerbe, die zu Hause, in der Werkstatt oder in der Fabrikhalle arbeitete. Die Gewichtsverlagerung innerhalb der Beschäftigungsstruktur bei
Schneidern und Schuhmachern zugunsten der Schuhindustrie ließ gemeinsame Arbeitserfahrungen allmählich in den Vordergrund drängen. Damit forcierte sich der Transformationsprozess von der handwerklichen Produktion
über die verlagsmäßig organisierte Heimarbeit hin zur zentralisierten Produktion im Großbetrieb. Vor allem die Heimarbeit und das Verlagswesen hatten
ihre zentrale Rolle – selbst in der Schneiderei – eingebüßt.[86] Allerdings behielt

85 Preußische Statistik, Bd. LXXXIII,2 (1882), S. 250; SDR, Bd. 217 (1907), S. 107ff.
86 Vgl. allgemein zum Bedeutungsverlust des Verlagswesens *Haupt*, Bürger, S. 261. Daten
für Erfurt in: Preußische Statistik, Bd. LXXXIII,2 (1882), S. 250; SDR, Bd. 217 (1907), S. 439f.

trotz dieses unübersehbaren Trends der Klein- und Einzelbetrieb im Bekleidungsgewerbe eine gewisse Bedeutung. Das Nebeneinander der verschiedenen Betriebsformen charakterisiert die Entwicklung ebenso wie der Weg hin
zum Großbetrieb.

Die Gewehrfabrik Erfurts blieb trotz aller Schwankungen *das* Großunternehmen schlechthin. Hier fanden vor allem die Metallarbeiter einen
Arbeitsplatz; es war eine militärisch geprägte Männerwelt. Durch die waffen-
technisch bedingten Konjunkturen dieses Unternehmens wurde die Gewehrfabrik zu einem Umschlagsplatz der verschiedensten Berufe und Qualifikationen. Dieser Arbeitsbereich löste durch seinen innerhalb kürzester Zeit zu
stillenden Massenbedarf an Arbeitern in Erfurt wohl am stärksten berufsspezifische Sozialisationen auf.

Der Kunstgärtnerei Erfurts, die als Arbeitgeber einen Bedeutungsverlust
hinnehmen musste, kam eine solche tiefgreifende Funktion nicht zu, obwohl
auch hier durch die Saisonarbeit eine hohe Fluktuation, ein starker Umschlag
an Arbeitskräften zu verzeichnen war. Dieser Bereich bot für handwerklich
geprägte Erfurter keine wirkliche Alternative; es war die Arbeitswelt der Jungen und der Durchziehenden.

Wie sah unter diesen Konstellationsbedingungen die Möglichkeit für Kontakte und Kommunikation am Arbeitsplatz aus? Die heimindustrielle Schneiderei litt unter Kontakt- und Kommunikationsarmut, war aber auch eine Form
der (erzwungenen oder freiwilligen) individuellen Lebensgestaltung. Formen
der Selbstständigkeit blieben für manchen Handwerksmeister gewahrt; für
Frauen war es oft die einzige Möglichkeit eines Verdienstes. In der Werkstatt-
und Maßschneiderei befanden sich die Arbeiter in einer günstigeren Position.
Der Arbeitsprozess erleichterte kommunikative Vermittlungsakte und den
Erfahrungsaustausch. Die heftige Konkurrenz der heimindustriell Arbei-
tenden drängte sie gleichzeitig zusammenzuhalten. Dieser Strategie waren
Grenzen gesetzt, da die Maßschneider und Werkstattarbeiter durch dieses
Bedrohungspotenzial bis zum Ende des Kaiserreichs ›verwundbar‹ blieben.

In der Schuhindustrie ergaben sich durch die zunehmende Zentralisation
immer mehr Kontakt- und Kommunikationsmöglichkeiten. Die Erfahrungen
am Arbeitsplatz glichen sich an, gemeinsame Interessen konnten formuliert
und verbreitet werden. Die Maschinisierung führte zwar zur Dequalifizierung
einzelner Berufe, andererseits bildete sich an den Maschinen ein Stamm
an Facharbeitern. Die verbliebenen einzelnen Schuhmacher-Berufseliten
schließlich sonderten sich in Erfurt nicht ab, sondern wirkten integrierend auf
die Belegschaft. Unter diesen Bedingungen konnte sich zunehmend ein Verständnis von einer umfassenden Schuharbeiterschaft ausbilden, das auch die
Frauen einschloss. Es gelang, Einfluss auf die Arbeitsbeziehungen im Betrieb
zu gewinnen, wie die nach der Jahrhundertwende regelmäßig stattfindenden
Betriebsversammlungen im Lingel-Unternehmen zeigen. Diesem Trend ent-

gegen stand eine zunehmende Zergliederung des Arbeitsablaufs in repetitive Teilarbeit und isolierte Maschinenarbeit, so dass von diesem Prozess längst nicht alle Schuhmacher erfasst wurden. Selbst in diesem herausgehobenen Fall günstiger Organisationsbedingungen ist die These einer Homogenisierung der Arbeiterschaft nur mit Vorsicht zu benutzen.[87]

Die Gewehrfabrik war eine eigene Welt, in der für kurze Zeit durch ein Arbeitsgruppensystem eine dichte Verflechtung von angesehenen, kompetenten Stammarbeitern einerseits und kurzfristig angelernten Arbeitern andererseits entstand. Die sprunghafte Waffenkonjunktur riss diese Verbindungen aber schnell wieder auseinander. Der Stammbelegschaft blieb unter den Bedingungen der Betriebsherrschaft eines Staatsunternehmens nichts anderes als Anpassung und eine nichtgewerkschaftliche Interessenvertretung. Für die Durchgeschleusten blieb die Fabrikerfahrung und die (vorübergehende) Herauslösung aus dem gelernten Beruf. So stellte die Erfurter Gewehrfabrik die zentrale Plattform berufsübergreifender Kontakte dar.

Eine ebenso zweigeteilte Arbeitswelt bildete sich in den Gärtnereien. Doch war hier die Situation noch verschärft, da Fluktuation und Saisontätigkeit, die Unstetigkeit und Jugend der Hilfskräfte keinerlei Bindungen entstehen ließen, auf denen ein gemeinsamer Erfahrungsaustausch hätte aufbauen können. Die etablierten, gelernten Gärtner grenzten sich von diesen Hilfskräften ab, profitierten von einer funktionierenden Vereinsstruktur, die berufsständische Einstellungen beförderte und meilenweit von der Idee einer gemeinsamen Arbeiterschaft der Gärtnereien entfernt war.

1.2 Wohnen und privates Leben

Wohnen hatte und hat sowohl eine öffentliche als auch eine private Seite. Im Vergleich zu heute waren diese beiden Bereiche im Kaiserreich noch oft vermischt – vor allem im Hinblick auf die Arbeiterschaft. Für die Darstellung gilt es allerdings zunächst äußere und innere Formen des Wohnens getrennt zu analysieren.[88]

87 Vgl. auch *Welskopp,* Arbeit und Macht, S. 22f.

88 Fragestellungen, Themen und Daten zu diesem Themenkomplex sind in den letzten zwanzig Jahren ständig ausdifferenziert und erweitert worden. Vgl. als Literaturüberblick *Zimmermann,* Urbanisierung, bes. S. 13–19; *Lenger,* Urbanisierungsgeschichte, S. 376–422; vgl. ferner die Sammelbände von *Teuteberg,* Städtewachstum; *Hardtwig/Tenfelde;* ferner *v. Saldern,* Häuserleben; *Reulecke,* Geschichte des Wohnens, Bd. 3. Als detaillierte Fallstudie *Wischermann,* Wohnen. Im Vergleich mit anderen Städten wurde Erfurt mit Aachen, Halle, Hannover, Karlsruhe, Straßburg, Kiel, Düsseldorf, Elberfeld, Köln Frankfurt/Main und Mannheim einem Städtetypus zugeordnet, der eine »vergleichsweise geringe Bebauungs- und Wohndichte«, einen geringen Anteil Mietwohnungen sowie eine multifunktionale Wirtschaftsstruktur aufwies (*Wischermann,* Wohnen, S. 402).

Sozialräumliche Viertel- und Milieubildung. »Wie eng die Gäßchen, wie klein die Plätze. Um dieses alte Erfurt schießt nun von allen Seiten das neue empor: im Westen und Süden das Villenviertel, im Osten und Norden Fabriken, Arbeiter-, Schlacht-, Lager- und Krankenhäuser«, so beschrieb 1901 Karl Emil Franzos für die »Vossische Zeitung« seinen Blick über die Stadt.[89] Sozialräumliche Segregation, die in dieser Beschreibung deutlich wird, war scheinbar etwas Naturgegebenes, unterlag aber doch Wandlungen, blieb Regelungs- und Steuerungsmechanismen unterworfen, die sich auf natürliche Gunst- und Ungunstlagen auswirkten und sie verstärkten oder abschwächten.[90] Der Blick auf die Viertel und ihre unterschiedliche Entwicklung und Zusammensetzung war daher den Zeitgenossen so vertraut wie er für Historiker sinnvoll und nützlich ist.

Die Erfurter Stadtverwaltung sah trotz des ständigen Wachstums der Stadt keinerlei Notwendigkeit, die innerstädtischen Bezirksgrenzen neu einzuteilen. Über fast ein Jahrhundert hinweg lassen sich Entwicklungen und Veränderungen auf Grundlage klar umrissener Gebietseinheiten ablesen. Die vierzehn Bezirke legten sich spiralförmig um die Stadt. Obwohl diese Grenzen im täglichen Leben fließend waren, vereinzelt sogar Straßen durchschnitten (die Johannesstraße beispielsweise lag im vierten, fünften, sechsten und siebten Bezirk), soll für die Untersuchung diese Stadtgliederung beibehalten werden.[91]

Wo wohnten die Arbeiter? Hatte Karl Emil Franzos mit seiner Charakterisierung recht? Ja und nein. Denn zum einen war es ein langwieriger Prozess, bis es zu dieser relativ deutlichen Ausdifferenzierung kam, zum anderen gab es durchaus Viertel mit Überlappungs- und Kontaktzonen zwischen Arbeiterschaft und Bürgertum, die in einem späteren Kapitel untersucht werden sollen.

Durch die Festungswälle war der sozialräumlichen Differenzierung in den 1870er und 1880er Jahren Grenzen gesetzt. In den vier innerstädtischen Kernbezirken VI bis IX, die rund um die Hauptgeschäftsstraße Anger lagen, lebten 1875 noch 32,5% aller Erfurter. Zehn Jahre später war dieser Anteil auf 28,3 Prozent zurückgegangen, ehe er dann bis 1895 auf knapp unter zwanzig Pro-

---

89 *Franzos*, S. 175.

90 Gut zusammengefasst die Debatte bei *Bleek*, S. 77–85; vgl. auch *Reif*, Stadt. Zur Definition des Begriffes siehe *v. Saldern*: Soziale Segregation ist »eine räumliche Häufung von Menschen, die sich in einer ähnlichen sozialen Lage befinden, wodurch der Raum selbst einen bestimmten Sozialcharakter erhielt. ... Segregation ist ferner Ausdruck gesellschaftlicher Ungleichheit; er trägt vielfach zu einer tatsächlichen sowie symbolischen Verfestigung bestehender Gesellschaftsstrukturen bei« (Häuserleben, S. 17).

91 Siehe auch den Plan von 1905 auf S. 386f. Die alternative Methode, den Stadtkreis besonders fein aufzugliedern, z. B. nach Straßen, und auf dieser Grundlage erst die Viertel und Quartiere zu bestimmen (siehe *Fritzsche*, S. 193–216 sowie dazu: *Lenger*, Urbanisierungsgeschichte, S. 407) wurde nur für spezielle Fragestellungen herangezogen.

zent absank.[92] Dieser Bereich »mit seinen kleinen unansehnlichen Häusern, engen und krummen Gassen« bot gerade der Arbeiterschaft günstige und zentral gelegene Wohnmöglichkeiten.[93] Zwar waren die Arbeiter im gesamten Zeitraum leicht unterrepräsentiert, doch lebten 1876 und 1886 nach der Adressbuch-Stichprobe rund dreißig Prozent aller Arbeiter in diesem Stadtgebiet. Denn nicht nur das Wohnangebot machte diese Gegend – zumindest vom finanziellen Aspekt her – attraktiv, sondern auch die Nähe zu den Arbeitsplätzen. Die Schuhfabrik Lingel hatte in ihrer Frühphase noch ihren Produktionsstandort mitten in der Stadt, auch die Gewehrfabrik war (und blieb) – im Schatten des Doms – für Arbeiter, die im Stadtkern wohnten, schnell zu erreichen.

Neben diesem in den beiden ersten Jahrzehnten am stärksten bewohnten Stadtteil schälte sich aber bereits zu diesem Zeitpunkt das nördliche Gebiet des vierten und vierzehnten Stadtbezirks als Arbeiterwohngebiet heraus. Der Anteil der dort wohnenden Arbeiter an allen Arbeitern Erfurts belief sich in den 1870er und 1880er Jahren auf über zwanzig Prozent.[94] Ab der zweiten Hälfte des Kaiserreichs wurden diese städtischen Randbezirke zu *der* Wohngegend der Arbeiterschaft. Mit dieser Entwicklung setzte auch eine deutliche Ausdifferenzierung der Wohngegenden ein. 1906 wohnten rund 45 Prozent aller Arbeiter in den beiden Bezirken IV und XIV nördlich des Stadtkerns, während es in der Innenstadt nur noch 14 Prozent waren. Daneben kristallisierte sich als weiterer Schwerpunkt der östliche III. Stadtbezirk heraus, wo nun 14,6 Prozent aller Arbeiter lebten. Karl Emil Franzos' Beobachtung aus der Zeit der Jahrhundertwende hatte sich bestätigt, wenn auch in einem langwierigen Ausdifferenzierungsprozess.

Was aber führte zu diesen Wandlungen und zu dieser Konzentration? Im Rahmen des City-Bildungsprozesses wurde im Stadtkern die Zahl der Häuser, in denen man günstig Kleinwohnungen mieten konnte, immer geringer.[95] Hinzu kam, dass die Qualität dieser Altstadtwohnungen hinter den Standards der neu entstandenen Mietwohnungen zurückblieb und man bestrebt war »die winkeligen, ungesunden Wohnungen in der Innenstadt mit Luft und Licht in den neuen Wohnvierteln an der Weichbildgrenze zu vertauschen«.[96] Durch die Verbesserung der innerstädtischen Infrastruktur konnten die Arbeiter die aus den Umzügen entstandenen größeren Distanzen zu den Arbeits-

92 *Breslau*; ThSTA Gotha, Regierung zu Erfurt, Nr. 215; StAE 1–2/052–20; StAE 1–2/052–33; StAE 1–2/052–12; Verwaltungsbericht 1885/86, S. 8 (Ergebnisse der Volkzählung).

93 Denkschrift Bau- und Sparverein (1912), S. 9, in: ThSTA Gotha, Gewerbeaufsichtsamt, Nr. 165. Siehe auch die Beschreibung in: Neuer Führer durch Erfurt, 1897, S. 10.

94 Sämtliche und die folgenden Angaben nach SPSS-Auswertung Adressbücher 1875/79 und 1905/1909.

95 Vgl. z. B. Tribüne, Nr. 107 vom 9. Mai 1900.

96 Tribüne, Nr. 78 vom 1. April 1911, Beilage.

plätzen leichter überwinden.[97] Außerdem kristallisierte sich der Norden Erfurts und der nördliche Vorort Ilversgehofen immer mehr als Industriestandort heraus,[98] so dass die Wohn- und Arbeitsstätten durch den Umzug in den Norden wieder enger aneinander rückten. Die beiden Bezugspunkte Betrieb und Bezirk berührten sich in ihrer sozialräumlichen Ausprägung. Entscheidend wurde aber das immer breitere Angebot an günstigen Mietwohnungen in den Außenbezirken. Im Jahr 1905 befanden sich in den beiden Stadtbezirken IV und XIV 36,9 Prozent aller Wohnungen, die für eine Jahresmiete bis 200 Mark zu beziehen waren.[99]

Nicht nur dieser zeiträumliche Wandlungsprozess prägte das Stadtbild, sondern generell eine hohe innerstädtische Mobilität; die Bewohner der Stadt waren ständig in Bewegung: »Schwerfällig dahinrollende Möbelwagen, Kohlenwagen, die in Möbelwagen umgewandelt sind, hochbepackte Handwagen und Männer, Frauen und Kinder, die in allen möglichen Verpackungen, den, ach gar oft so armseligen, Hausrat aus der alten in die ›neue‹ Wohnung transportieren« beschrieb die »Tribüne« das »›moderne(n)‹ Straßenbild« Erfurts »mitten in einem der jährlichen Hauptumzugstermine«.[100] Mit 22.532 Personen wurde 1884 die niedrigste und mit 28.350 Personen im Jahr 1887 die höchste Zahl an Umziehenden registriert. Theoretisch bedeuteten diese Zahlen, dass fast die Hälfte der Bevölkerung Erfurts im Lauf eines Jahres umgezogen wäre. In der Forschung wird allgemein angenommen, dass die Zahl der umziehenden Personen eine viel zu hohe Mobilität vorspiegelt, da sehr viele Personen mehrmals im Jahr umzogen.[101] Besonders hoch war unter diesen Wandernden der Anteil der Arbeiterschaft. Das ergibt sich indirekt aus der Wohndauer: 1905 lebten in dem überwiegend von Arbeitern bewohnten IV. Bezirk ein Viertel aller Wohnungsinhaber seit maximal einem halben Jahr in ihrer derzeitigen Wohnung, im Bezirk XIV lag dieser Anteil bei 20 Prozent.[102]

Angesichts dieser hohen innerstädtischen Mobilität stellt sich die Frage, ob es Sinn macht, einzelne Stadtbezirke oder Stadtteile zu untersuchen? Hierfür gibt es allerdings eine Reihe wichtiger Argumente. Erstens hat die neuere Forschung nachgewiesen, dass Umzüge sich eher über kürzere Distanzen er-

97 Vgl. *v. Saldern*, Häuserleben, S. 67ff.

98 Siehe *Raßloff*, S. 42f.

99 Von allen in den beiden Bezirken gelegenen Wohnungen gehörten dreißig Prozent in die Kategorie der günstigen Wohnungen mit einer Jahresmiete bis 200 Mark. Zum Vergleich: Im ersten Bezirk lag dieser Anteil bei 10,2% (Ermittlungen der Wohnungsverhältnisse 1905, S. 11, in: StAE 3/311–6).

100 Tribüne, Nr. 78 vom 1. April 1911, Beilage. Der 1. April und der 1. Oktober waren die Hauptumzugstermine. Diese Termine konnten in manchen Orten sogar in »ritualisierter Form« vonstatten gehen und Festcharakter annehmen (vgl. *Korff*, 1. Mai, S. 267ff.).

101 Die Stadt Erfurt führte in ihren Verwaltungsberichten die innerstädtischen Umzüge nur zwischen 1877 und 1887 auf. Vgl. *Bleek*, S. 33f.

102 Ermittlungen der Wohnungsverhältnisse 1905, S. 61f. Zum Vergleich: Im privilegierten I. Bezirk wohnten nur 13,9 Prozent erst seit einem halben Jahr in ihrer Wohnung.

streckten und die Wohnungssuchenden versuchten, innerhalb eines gewohnten Bezugsrahmens eine neue Unterkunft zu finden.[103] Vor allem setzten das Wohnungsangebot und der Mietpreis klare Grenzen, die den Wechsel in andere Wohngebiete erschwerten oder sogar unmöglich machten. Das Mietgefälle in Erfurt von Süd nach Nord kanalisierte und gruppierte die Umziehenden nach ihren finanziellen Möglichkeiten.[104] Die Fremdeinschätzung konnte der innerstädtischen Mobilität schnell Grenzen ziehen, »weil den Hauswirten die Familie dem Aeußeren nach nicht ›fein‹ genug erschien«.[105] Sozialräumliche Segregation bedeutete nicht nur eine im Nachhinein rekonstruierte statistische Ungleichheitsverteilung, sondern für viele eine alltägliche Erfahrung. So lose die Beziehungen zum Stadtbezirk und Stadtviertel scheinbar waren, so engmaschig und dicht verknüpft stellten sie sich dar, wenn man die sich bietenden Möglichkeiten des Wohnungswechsels in Betracht zieht.

Zweitens entstanden durch die Konzentration preiswerter Wohnungen und durch den Zuzug von Arbeitern besondere Stadtviertel, deren Wohnumfeld und Wohnqualität herausstachen. Im nördlichen IV. und XIV. Bezirk Erfurts befanden sich 1905 die wenigsten Wohnungen, die ein eigenes Badezimmer zu bieten hatten, hier lebten die meisten Schlafgänger, obwohl in diesen Bezirken auch die Masse der Kleinwohnungen lag.[106] Aus Sicht der umziehenden Einzelnen oder der umziehenden Familie war es daher klar, dass sie im vierten Bezirk keine wesentlich anderen Verhältnisse antreffen würden als im vierzehnten. Sie konnten aber absolut sicher sein, wieder auf Mitbewohner zu treffen, die einen ähnlichen Erfahrungshintergrund hatten als sie: als Mieter auf dem Sprung.

Drittens entstand aus dieser Mobilität, aus der Dichte der Verflechtungen, aus der Struktur des Wohnumfelds von qualitativer Verbesserung (gegenüber der Altstadt) und Benachteiligung (gegenüber anderen Wohnstandorten) ein kommunikationsförderndes Milieu. Dazu trugen weitere Faktoren bei. Die Straße und die Nachbarschaft bildeten wichtige Teilbereiche des Wohnens, entwickelten sich zu Sozialisations- und Lernorten für die Kinder.[107] »Von der Schule aus ist das Fußballspiel nicht betrieben worden, jedoch haben die Knaben aus sich selbst in den engen Grenzen des Spielplatzes der katholischen Volksschule und nach der Schule auf dem Spielplatz der Stadt leidenschaftlich Fußball gespielt. ... Wohl klagten einige Eltern über zu starken Verschleiß der Schuhe ... und Versäumnis der häuslichen Arbeiten, weil die Knaben aus der

---

103 *Rosenbaum*, Familien, S. 166; *Bleek*; *v. Saldern*, Häuserleben, S. 79; *Leopld-Rieks*.
104 Mietpreise nach Bezirken in: Ermittlungen der Wohnungsverhältnisse 1905, S. 11.
105 Tribüne, Nr. 94 vom 23. April 1898.
106 Ermittlungen der Wohnungsverhältnisse 1905, S. 7, 13. Die insgesamt 634 übervölkerten 1-Zimmer-Wohnungen machten 55 % aller in Erfurt gezählten Zimmer dieser Kategorie aus.
107 Siehe auch *Bleek*, S. 248–266; *Behnken*.

Schule sich sofort zum Spiel begeben und erst gegen Abend die elterlichen Wohnung aufsuchten«.[108] Es war eine außerhäusliche Kindheit, welche die Arbeiterkinder erlebten, gemeinsam mit einer Vielzahl möglicher Spielkameraden: Im IV. Stadtbezirk lebten nämlich fast viertausend sechs- bis vierzehnjährige Kinder, wohingegen es im I. Bezirk lediglich knapp 1.400 Kinder dieser Altersgruppe gab.[109]

Letztlich war die Straße nicht nur als Sozialisationsort für die Jugendlichen entscheidend, sondern trat generell in das Bewusstsein ihrer Bewohner. Die Straße übernahm eine Mittlerfunktion für das Viertel und eine Vermittlerfunktion zwischen sozialem und politischem Leben. Die Kontaktaufnahme mit den Arbeitern geschah keineswegs ausschließlich am Arbeitsplatz, sondern auch über das Viertel und das Wohnumfeld. Auch den Behörden fiel die Konzentration der Sozialdemokratie auf bestimmte Bezirke auf. 1890 fügte die Erfurter Polizeiverwaltung nach dem erdrutschartigen Wahlerfolg der Sozialdemokratie im Stadtkreis ihrem Bericht auch eine Liste »derjenigen Stadttheile« bei, »woselbst die Sozialdemokraten hauptsächlich wohnen«. Die Viertel wurden nach den hauptsächlich dort wohnenden Arbeitergruppen knapp charakterisiert.[110] Das Stadtviertel per se erhielt Erklärungskraft für das Wahlverhalten.

War die Straße für die Kinder und Jugendlichen Alltag, für die Erwachsenen Treffpunkt und Kommunikationsort, für die politisch Tätigen Vermittlungsstelle und Kontaktadresse, kamen weitere Vermittlungsinstanzen im Viertel hinzu. Tagsüber waren Frauen die »hauptsächlichen Träger der quartiersbezogenen sozialen Netzwerke«.[111] In den beiden nördlichen Arbeiterbezirken IV und XIV lebten 1905 über 8.000 Frauen gegenüber rund 7.000 Männer. Ausgehend von einer Beschäftigungsquote der Frauen von einem Drittel,[112] traf man während des Tages über fünftausend Frauen in den beiden Bezirken an. Sie erledigten die Hausarbeiten, kümmerten sich um die Kleinkinder, die noch nicht zum Spielen auf die Straße geschickt werden konnten. Die Frauen trafen sich beim Waschen, regelten in nachbarschaftlicher Hilfe – teils gegen Bezahlung – die Obhut der Kinder berufstätiger Frauen,[113] besorgten die Ein-

108 Kgl. Kreisschulinspektor an den Minister der geistigen und Unterrichts-Angelegenheiten, 22. Mai 1912, Bistumsarchiv Erfurt III. F. 1. Dies ist eine Beschreibung aus Langensalza. Allerdings berichtete auch die »Tribüne« vom »Fußballspiel in der Straße, eine in Erfurt in großem Umfange zu beobachtende Unsitte« (Tribüne, Nr. 117 vom 21. Mai 1914, Beilage).

109 Ermittlungen der Wohnungsverhältnisse 1905, S. 58. Im Bezirk XIV waren es 2.693 Kinder im Alter von 6 bis 14 Jahren. In beiden Stadtbezirken IV und XIV lebten damit 43 Prozent aller Erfurter Kinder dieser Altersstufe.

110 Magistrat an den Regierungspräsidenten, 22. April 1890, ThSTA Gotha, Regierung zu Erfurt, Nr. 459, Bl. 93ff.

111 *V. Saldern*, Häuserleben, S. 90.

112 Der Frauenanteil unter allen Erwerbstätigen betrug 1907 28,9%, der Anteil der erwerbstätigen Frauen von allen ortsanwesenden Frauen knapp 25 % (SDR, Bd. 207 (1907).

113 *Mehner*, S. 314.

käufe. In den Läden des Viertels tauschten sie Neuigkeiten aus, erfuhren von den günstigen Angeboten, mussten mit dem Kaufmann an der Ecke ihre Kreditwürdigkeit aushandeln. Der Laden stellte den Kommunikations- und Geselligkeitsort dar, an dem Frauen erfahren konnten, wie es um die soziale Situation ihrer Nachbarn bestellt war.[114]

Eine Fluchtmöglichkeit vor den beengten Wohnbedingungen bot für die Männer die Kneipe,[115] die nicht nur Kommunikationsort für politische Themen war, sondern half, alltägliche Erfahrungen zu vermitteln und auszutauschen. Der Erfurter Überwachungsapparat machte mit seiner Charakterisierung verschiedener Lokale sowohl die Vermittlerfunktion für die Bewohner im Viertel deutlich, zeigte aber auch, wie die Lokale ihrerseits von dem sie umgebenden Wohnviertel beeinflusst wurden. Der »Verkehr im Restaurant ›Zur Rudelsburg‹« (im südwestlichen II. Bezirk) bestand »in der Hauptsache aus Landleuten, Eisenbahnern und Mitgliedern der ›Baugenossenschaft Schmidtstedt‹, dessen Vorsitzender Stadtverordneter Topf, ist«. Dagegen verkehrten in Hilmar Schrickels »Zum alten Moritz« im XIV. Bezirk nach Polizeieinschätzung »minderes Publikum und sozialdemokrat[ische] Mitglieder«.[116] Unter diesen Bedingungen waren die Kneipen auch für die politische Vermittlung von großer Bedeutung. Zentraler Einflussbereich der Sozialdemokratie war der IV. und der XIV. Bezirk. Bereits in den 1890er Jahren konnte die sozialdemokratische Zeitung »Tribüne« in über 130 Erfurter Lokalen gelesen werden. Ein knappes Viertel lag in den beiden nördlichen Bezirken.[117] Arbeiterwohnen, Arbeitererfahrungsaustausch und Arbeiterbewegung verdichteten sich so in milieuhafter Mischung.[118]

So offensichtlich diese von der Arbeiterschaft als Ganzes dominierten Stadtgebiete waren, gab es Grenzen der Homogenisierung. Denn es existierten daneben ›Submilieus‹ von einzelnen Arbeitergruppen, die entweder nicht in diesen Vierteln anzutreffen waren oder eigene Bereiche bildeten. Die bei der Bahn beschäftigten Arbeiter etwa suchten, wenn möglich, ihre Wohnungen in der Nähe des Bahnhofs.[119] Rund um »Friedr[ich]-Wilh[elm]-Pl[atz], Brühler Str. u. angrenz[ende] Straßen« wohnten »größtenteils« die Gewehrarbeiter der Kgl. Gewehrfabrik.[120] Dieses berufsbezogene Wohnverhalten der Gewehrarbeiter löste sich jedoch allmählich auf. Während 1876 in den Stadtbezirken X

---

114 Vgl. *Haupt/Crossick*, S. 162, 241.

115 Vgl. am Hamburger Beispiel *Evans*, Kneipengespräche, S. 20ff.; *Bleek*, S. 266–269.

116 Aktenvermerk, 24. Mai 1913, StAE 1–2/132–103, Bl. 196 ff. (Verzeichnis der Gastwirte etc.).

117 Tribüne, Nr. 198 vom 25. August 1895, Beilage.

118 Vgl. auch Kapitel IV.2.

119 Diese Tendenz ist für viele Städte nachzuweisen. Vgl. *Sachse*, S. 226; für Münchens Westend (*Bleek*, S. 139ff.) sowie für Ludwigshafen (*Weidner*, S. 129).

120 Magistrat an den Regierungspräsidenten, 22. April 1890, ThSTA Gotha, Regierung zu Erfurt, Nr. 459, Bl. 93ff.

und XI, in denen die eben genannten Straßen und Plätze lagen, noch die Hälfte der in der Stichprobe erfassten Gewehrarbeiter (N=26) wohnten, ging diese Konzentration auf ein Drittel im Jahr 1906 zurück.[121]

Eine völlig neue Form des Miteinanderwohnens von Arbeitern entstand gegen Ende des Kaiserreichs durch die Baugenossenschaften.[122] Der 1898 gegründete Spar- und Bauverein konnte 1911 seinen Mitgliedern 44 Häuser mit insgesamt 326 Wohnungen anbieten, die alle im XIV. Bezirk lagen. Entsprach das Qualifikationsprofil der fast ausschließlich von Arbeitern bewohnten Siedlung (95%) mit 11,4% ungelernten Hand- und Fabrikarbeitern noch durchaus dem allgemeinen Trend (1906: 11,4% Ungelernte, Adressbuch), war das besondere an dieser Arbeitersiedlung die dauerhafte Ortsbindung ihrer Bewohner. Zwischen 1911 und 1914 blieben rund achtzig Prozent der Hauptmieter in den Genossenschaftswohnungen ununterbrochen wohnen, vereinzelt lassen sich Umzüge innerhalb der Siedlung nachweisen.[123] Hier lebte eine Arbeiterelite,[124] die über geregelte Einkünfte verfügte, auf jahrelange Verbundenheit mit der Stadt blicken konnte. Dieses Viertel, das seine Entstehung einer von bürgerlichen Honoratioren ins Leben gerufenen Baugenossenschaft verdankte, entwickelte sich wegen der privilegierten Lage der Arbeiter zu *der* sozialdemokratischen Hochburg in Erfurt im späten Kaiserreich.

Privates Wohnen. Die Vermittlungsfunktion, die äußere Form, die öffentliche Seite des Viertels und Stadtmilieus wurden eben sichtbar. Doch wie sahen die inneren Wohnformen aus, wie entwickelten sie sich? Die Quellenbasis lässt nur Antworten für die Zeit nach der Jahrhundertwende zu. Drei Entwicklungen zeichnen sich dabei vor allem ab. Erstens ist dies eine qualitative Verbesserung der Wohnsituation; zweitens sind Orientierungen im Wohnstil auf bürgerliche Wohnformen erkennbar; drittens – diese Entwicklungen retardierend – blieb die Form der ›halboffenen Familienstruktur‹ bestehen.

Zunächst bot der 1908 neu geschaffene institutionelle Rahmen der Wohnungsinspektion die Möglichkeit, erreichte Standards zu halten und weitere Verbesserungen einzuleiten. Die »Tribüne« räumte ein, dass sich seit Einführung der Wohnungsaufsicht eine »fortschreitende Besserung der Wohnungsverhältnisse bemerkbar« gemacht habe.[125] Bemerkenswert ist auch die Ent-

---

121 SPSS-Auswertung der Adressbücher.

122 Überblick für die Zeit um 1900 bei *Albrecht*, S. 1–85, für Erfurt S. 68f.

123 Abgleich der Mieterlisten in: Denkschrift Bau- und Sparverein, 1911, S. 27–38, ThSTA Gotha, Gewerbeaufsichtsamt, Nr. 165 mit den Angaben in den Erfurter Adressbüchern 1911–1914.

124 Regierungs- und Gewerberat Rittershausen urteilte 1914 über die Genossenschaftsbauten, dass die Mietpreise immer noch so hoch lägen, »dass auf diesem Wege nur der besser gestellte Teil der Arbeiterschaft erfasst werden konnte« (ThSTA Gotha, Regierung zu Erfurt, Nr. 1599, Bl. 22).

125 Tribüne, Nr. 9 vom 11. Januar 1913, Beilage. Auch sonst war der Kommentar zu dieser

wicklung, welche die von der Polizei verfolgten Anzeigen und Klagen wegen verschiedener Wohnverhältnisse nahmen. In den 1880er und 1890er Jahren trafen die Polizisten bei ihren Inspektionen noch häufig auf deprimierende Elendsbilder, etwa in dem Haus Reglermauer 4, in dem 1886 rund dreißig Menschen unter katastrophalen Bedingungen lebten, darunter »Witwe Stolze nebst 4 Kindern in einer Kellerwohnung, welches nur ein aus Brettern zusammengestelltes, höchstens zu Kohle, Kartoffeln oder anderen Sachen zum Aufbewahren dienender Raum ist. Auch enthält [die] Wohnung keinen Ofen, und ist bloß so groß, dass nur ein Bett darin stehen kann«.[126] Nach 1900 ging es dagegen in der überwiegenden Zahl der Fälle nicht mehr um sozial bedingtes Wohnungselend, sondern um Lärm- und Geruchsbelästigungen durch die Umwelt oder um die akute Gefährdung der Einwohner.[127] Die häusliche Wohnsituation hatte sich soweit entspannt, dass man nun daran gehen konnte, das äußere Umfeld zu beeinflussen und zu verändern.

Auch das Wohnen selbst, die Einrichtung der Wohnung, die kulturelle Seite des Wohnens, wurde verändert und neuen Maßstäben unterworfen. Es kann hier nicht darum gehen zu untersuchen, wie viele Arbeiter die Möglichkeiten hatten, sich diesen neuen Stil zu leisten, sondern es gilt, Bilder und Gestaltungsmuster zu rekonstruieren, die auf habituelle Verhaltensweisen der Arbeiter einwirkten. Das wiederum war nur durch die tendenziell materielle Besserstellung der Arbeiterschaft möglich geworden. Aber auch die Bedürfnisstruktur hatte sich geändert, und der Konsumanreiz stieg. Nach der Jahrhundertwende konnten die Leser und Leserinnen der sozialdemokratischen »Tribüne« vor den Weihnachtsfeiertagen nicht seitenlang Reichstagsprotokolle, sondern Annoncen studieren.

Ein Teil der Arbeiter richtete sich die gute Stube als Heiligtum ein, und der weniger begüterte Teil der Arbeiterschaft erkämpfte sich das Recht auf eine Privatsphäre mit einer Gardine.[128] Das Streben nach Respektabilität wurde von der sozialdemokratischen Arbeiterkultur mit geschmacksbildenden Wandschmuckausstellungen unterstützt.[129] Mit dieser Entwicklung wurde aber die

städtischen Einrichtung überaus positiv, allerdings forderte man größere Kompetenzen für diese Behörde.

126 Polizeibericht vom 21. September 1886, StAE 1–2/620–934, Bl. 1.

127 »In das Grundstück Taschengasse 2 ist der Fabrikant Friedrich Heim eingezogen. Derselbe hat auf dem Hof offen Säureflaschen und grössere Säuregefässe stehen, deren gesundheitsschädliche Dämpfe sämtliche Räumlichkeiten des Hauses durchziehen« (Schreiben der 1. Thüringer Manometer-Fabrik an die Gewerbepolizei, 16. August 1910, StAE 1–2/620–785).

128 Weil ein Arbeiter seine Miete nicht gezahlt hatte, beschlagnahmte der Vermieter »die noch am Fenster hängenden Gardinen, die einen Wert von 5–6 Mark repräsentierten«. Vor Gericht verteidigte sich der Arbeiter gegen dieses Vorgehen, da ihm »die Gardinen unentbehrlich gewesen (seien), denn die von ihm bezogene Wohnung sei so gelegen, dass die Anwohner von allen Seiten hineinsehen könnten«. Der Arbeiter bekam Recht (Tribüne, Nr. 86, vom 11. April 1911).

129 Vgl. zu den Themen »gute Stube« und »Wandschmuckausstellungen« Kapitel VII.

Kontakt- und Kommunikationszone des Wohnens in doppelter Weise brüchig. Zum einen waren die vermittelten Bilder der Arbeiterbewegung nicht mehr auf die Arbeiterschaft als Ganzes übertragbar, Lebensstil und Lebensführung begannen auseinander zulaufen. Was der sozialdemokratische Reichstagsabgeordnete Paul Reißhaus in seiner Feuerversicherung versichern ließ, passte nur in eine große »gute Stube«.[130] Zum anderen förderte diese Vorstellungswelt individuelles, zumindest aber familienbezogenes Verhalten.[131] Die Straße, die Kneipen als Vermittlungsinstanzen des Milieus verloren an Bedeutung; damit einher ging eine Differenzierung in jüngere, ledige und ältere, verheiratete Arbeiter. Der Mobilisierungseffekt, der durch das Wohnviertel hervorgerufen werden konnte, schwand.

Aber auch nach der Jahrhundertwende lebte die Arbeiterfamilie keineswegs als abgeschlossene Eltern-Kinder-Gemeinschaft in ihrer Wohnung. Mochte das Leitbild auch diese Form als wünschens- und erstrebenswert erscheinen lassen, war die Möglichkeit zur Umsetzung begrenzt. Zwischen 1885 und 1905 blieb der Anteil der Schlafgänger in Haushalten mit zwei und mehr Mitgliedern in Erfurt ständig auf ungefähr dem gleichen Niveau. 1885 kamen auf 100 Familienangehörige 3,6 Schlafgänger, 1900 und 1905 waren es 3,5 bzw. 3,7.[132] Diese Form des Zusammenlebens blieb auf Arbeiterfamilien beschränkt und schuf eine »halboffene, proletarische Familienstruktur«.[133] 1905 lebten von insgesamt 3.005 Schlafleuten weit über die Hälfte in den überwiegend von Arbeitern bewohnten Stadtbezirken III, IV und XIV.[134] Bedenkt man ferner, dass fast ausschließlich im Erfurter Norden die übervölkerten Wohnungen lagen, wird deutlich, dass Arbeiterfamilien unter offeneren, beengteren Bedingungen leben mussten als ihnen lieb war. Die Familie wurde so für Außenstehende Auffangbecken und Anlaufstelle, Kontaktbörse, die das Einleben in der neuen Umgebung erleichterte.[135] Freilich darf auch das Konfliktpotenzial

---

130 Feuerversicherung über 15.000 Mark: »Möbel, Spiegel, Uhren, Haus- und Küchengeräte 3.450// Kleidung, Wäsche, Betten 6.350// Teppiche, Decken, Vorhänge, Stickereien 650// Gemälde, Skulpturen, Gegenstände von künstlerischen Wert 300// Kunstgewerbliche Gegenstände, Bilder, Ledersachen, Galanterieartikel 200// Schmucksachen, Silberzeug, Goldsachen, Taschenuhren 600// Porzellan, Geschirr, Lampen 500// Gedruckte Bücher, Musikalien, Bilderwerke, Karten 750// Musikinstrumente, Spielwerke 150// Vorräte für Haushalt, Heizungsmaterial 300// Gegenstände zum persönlichen Gebrauch 975, 1 Schmetterlingssammlung 375 Mk« (StAE 5/850–10, die Feuerversicherung stammt allerdings aus dem Jahr 1919).

131 Siehe *Ehmer*, Traditionen, S. 194.

132 Angaben zu den Schlafgängern finden sich in den Volkszählungsergebnissen der Preußischen Statistik, Bd. XCVI (1888), S. 14f.; 121,1 (1893), S. 18f.; 148,1 (1898), S. 19f.; 177,1 (1903), S. 38ff.; 206,1 (1908), S. 38ff. Im Gegensatz zu Halle und Magdeburg, wo der Anteil der Schlafgänger auf 100 Familienangehörige kontinuierlich zurückging, blieb er in Erfurt konstant.

133 Grundsätzlich *Niethammer/Brüggemeier*, S. 61–120; zusammengefasst bei *Mooser*, S.142ff.; *Ritter/Tenfelde*, Arbeiter, S. 582ff.; *Sieder*, S. 184.

134 Ermittlungen der Wohnungsverhältnisse 1905, S. 58f.

135 *Ehmer* beschreibt dagegen die Kontakte der Schlafgänger zu ihren Vermietern als lose

dieser Lebensformen nicht übersehen werden. Die Bedeutung der Kneipe als Fluchtort für die Männer erklärt sich auch aus diesem Zusammenhang.

In der Mehrzahl der Haushalte lebten jedoch die Arbeiter ausschließlich mit ihrer Familie in der Wohnung zusammen. Von insgesamt 7.730 Mehrpersonenhaushalten in den Bezirken IV und XIV bestanden 79,5 Prozent ausschließlich aus Familienangehörigen.[136] Die Familie wurde mehr und mehr zu einer Rückzugsmöglichkeit für die Arbeiter. Das bedeutete aber auch, dass verheiratete Arbeiter und Arbeiterinnen zwar im Milieu der Arbeiterviertel lebten, aber nicht mehr so häufig damit in Kontakt traten.[137] Da die Familie aber eine zentrale Sozialisationsinstanz darstellt, gilt es der Frage nach Familienbildern und Familienwirklichkeiten nachzugehen.

Familienbilder – Familienwirklichkeiten. Traditionelle Vorstellungen, aber auch Ängste trieben 1882 einen Kommentator des liberalen »Erfurter Tageblatts« um, als er sich mit dem Problem frühzeitigen Heiratens beschäftigte. In diesen »Notehen« sei die soziale Lage der Brautpaare »derart, dass sie oft nicht einmal den Trau-Anzug haben, sondern ihn auf Borg nehmen müssen«. Dabei machte der Beobachter diese Ehen ausschließlich in Arbeiter- und Handwerkerkreisen und dem eben beschrieben Wohnumfeld aus: »Aber kaum dem Lehrlingsstande entwachsen, mussten sie [die »jungen Burschen«] doch eine ›Braut‹ haben, und für die 17jährigen Mädchen war es auch zu schön, einen ›Bräutigam‹ zu besitzen, mit dem sie vergnügt leben kann. Gewöhnlich entwickelt sich das Verhältnis zwischen Schlafbursche und Wirthstocher oder Mitbewohnerin des Hauses und die Folgen nöthigen dann zur Ehe«. Bilder einer heilen Welt, in der nur ein beruflich selbstständiger, finanziell abgesicherter Mann eine Frau heiratete (heiraten durfte), in der das Bevölkerungswachstum im überschaubaren Rahmen blieb und soziale Fürsorge sich auf eng umgrenzte Personenkreise beschränkte, standen hinter dieser Klage. Stattdessen brächte »dieser arge Krebsschaden« der Frühehen in seinem Gefolge »die Uebervölkerung in den Städten mit ihren Schattenseiten«, die »Entwerthung der Arbeitsleistung« und die »Verringerung der Konsumtionskraft« und sei überhaupt »Urgrund der städtischen Finanznöthe«.[138] Hier waren in bemerkens-

---

(Traditionen, S. 92). Dennoch darf meiner Ansicht nach die Gastfamilie als Orientierungspunkt und Informationsquelle nicht unterschätzt werden.

136 Ermittlungen der Wohnungsverhältnisse 1905, S. 55. Durch die Vielzahl an Dienstboten traf dies im wohlhabenden I. Bezirk nicht einmal auf die Hälfte der Mehrpersonenhaushalte zu.

137 Vgl. *Rosenbaum*, Familien, S. 63; ähnlich auch *v. Saldern*, Häuserleben, S. 85.

138 Erfurter Tageblatt, Nr. 41 vom 17. Februar 1882. Vgl. auch die Äußerungen des Vorstands des Evangelischen Arbeitervereins, Wilhelm Kott, aus dem Jahr 1898: »Nicht Jahre lang wirbt der moderne Jüngling um die Braut; im Ball- oder Vergnügungssaale treffen sich kaum den Kinderschuhen entwachsen Männlein und Fräulein, eine kurze Bekanntschaft, dann zum Standesamt und das Drama beginnt« (Evangelischer Arbeiterbote, Juli 1898, zitiert nach GStA PK, Rep. 120 BB, VII, Nr. 11, Bd. 11, Bl. 162 ff. (Merseburg)).

werter Verquickung Vorstellungen eines Robert Malthus genauso zu finden wie Vorstellungen von Dorfpfarrern Anfang des Jahrhunderts, die mit der industriellen Entwicklung konfrontiert waren.[139] Letztlich blieben diese Vorwürfe gegen die Arbeiterschaft mit ihrem unvernünftigen, unreifen und unerfahrenen Heiratsverhalten eine Konstante in der Beurteilung der Arbeiterfamilien. Nicht nur aus der bürgerlichen Ecke, sondern auch aus Kreisen der ›aufgeklärten‹ Arbeiterbewegung war diese Kritik zu vernehmen.

Das Ideal eines »›respektablen‹ Familienmodells«[140], in dem der Familienvater durch seine Arbeit die Familie anständig und ausreichend – allein – versorgte und daraus sein männliches Selbstwertgefühl ableitete, während die Ehefrau als souveräne, sparsame Haushaltsmanagerin auftrat, lebte weiter und wies auf sozialmoralische Vorstellungen hin. Widersetzten sich viele Arbeiter wirklich diesem Modell, wie die Äußerungen des Redakteurs vom »Tageblatt« suggerierten? Inwieweit deckten sich deren Vorstellungen und Beobachtungen mit der gelebten Praxis? In welchem Alter heirateten Arbeiter? Wo lagen die Unterschiede in den einzelnen Berufsgruppen, in den verschieden qualifizierten Arbeitergruppen? Wie entwickelten sich diese Umstände im Kaiserreich?

Die Vorstellung von einer Braut, die mit 17 Jahren ihren »Schatz« gefunden hatte und wegen einer Schwangerschaft vor den Traualter treten musste, war an den Haaren herbeigezogen. Zwischen 1875 und 1879 heirateten in der Regler-, Thomas und Augustinerkirche gerade einmal fünf Mädchen (1,2%), die 17 und jünger waren. Insgesamt gesehen hatte die Vorstellung von der Jugendlichkeit der heiratenden Frauen allerdings ihren wahren Kern. Im Durchschnitt waren *alle* Bräute (N = 393) bei ihrer Eheschließung 25,2 Jahre alt, jede fünfte Braut zwanzig Jahre und jünger, über die Hälfte nicht älter als 23.[141] Wie sehr frühes Heiraten vor allem Frauen aus der unselbstständigen (Lohn)Arbeiterschaft betraf, lässt sich indirekt nachweisen. Da für die heiratenden Frauen keinerlei Angaben über ihre ausgeübten Berufe vorliegen, kann ihr Heiratsalter nur hinsichtlich ihrer Herkunft (Brautvater) analysiert werden. Im Zeitraum 1875/79 heirateten 56,3 Prozent aller Bräute, deren Väter ihr Geld als Arbeiter bzw. Geselle verdienten, im Alter von unter 23 Jahren. Damit waren sie deutlich überrepräsentiert, da der Anteil aller heiratenden Frauen in den beiden jüngsten Heiratsaltersgruppen bei 50,6 Prozent lag. Die gemeinsa-

---

139 In dem Vorarlberger Dorf Lustenau klagte 1827 der Pfarrer in fast gleicher Weise wie der Erfurter Kommentator mehr als fünfzig Jahre später (vgl. *Mantl*, S. 9); vgl. auch *Bacci*, S. 132.

140 Vgl. *Ehmer*, Traditionen, S. 199ff.

141 SPSS-Auswertung der Kirchenbücher 1875–1879. Danach auch alle folgenden Angaben. Von den insgesamt 402 erfassten Hochzeiten waren nicht bei allen Ehepartnern das Heiratsalter zu ermitteln. Methodisch präzise wird das Heiratsalter nach den Erstehen berechnet. Dies war aus den Quellen nicht eindeutig zu ersehen, daher sind die Heiratsaltersdaten nach Altersgruppen aussagekräftiger. Den Vorteil der Untersuchung nach Heiratsaltersgruppen betont auch *Glück-Christmann*, S. 138ff.

me Erfahrung des frühen Heiratens stellte ein qualifikationsübergreifendes Phänomen dar, ja, die jungen Ehefrauen waren zum überwiegenden Teil Töchter von gelernten Arbeitern und damit deutlich überrepräsentiert.[142]

Noch deutlicher wird frühes Heiraten als Arbeiterphänomen, wenn man sich den Ehemännern zuwendet. Zwar heirateten *alle* Bräutigame im Durchschnitt deutlich später als die Frauen (28,3 Jahre) und die jüngsten Altersgruppen der Heiratenden waren schwächer besetzt (1,5% bis 20 Jahre, 16,9% bis 23 Jahre). Die wenigen ›jugendlich‹ Heiratenden bis 20 Jahre (N=6) stammten aber ausschließlich aus der Arbeiterschaft, die Bräutigame in der nächsthöheren Altersgruppe bis 23 Jahre (N = 61) zu über 90 Prozent. Jedoch blieb das Phänomen der Heirat unter 20 Jahren, wie es die Beobachter drastisch vor Augen führten, auf eine Minderheit von 2,3 Prozent aller Arbeiter beschränkt. Zwischen den verschieden qualifizierten Arbeitergruppen bestanden hinsichtlich des Zeitpunkts der Familiengründung keine Unterschiede.[143]

Bevor in einem nächsten Schritt diese Ergebnisse mit der Zeit gegen Ende des Kaiserreichs verglichen werden, zunächst eine Zwischenbemerkung. In den von Zeitgenossen vorgebrachten Klagen wurde indirekt ein Eindruck erweckt, dass Heiraten zu einem Massenphänomen und damit – trotz des Festcharakters für den Einzelnen – zu einer alltäglichen Erfahrung der Bewohner Erfurts geworden sei. Das war aber nicht der Fall. Am Anfang des Kaiserreichs kennzeichnete Ledigsein fast genauso häufig wie Verheiratetsein den Familienstand der Erfurter Bevölkerung. Kontinuierlich nahm der Anteil der Verheirateten an der Bevölkerung zu. 1871 waren 42,9 Prozent aller Erfurter Einwohner, die über 14 Jahre alt waren, verheiratet. 1885 betrug dieser Anteil 47,2 Prozent und stieg dann über 48,5 (1890) und 50,7 (1900) auf 52,1 Prozent im Jahr 1910 an.[144] Rechnet man für das Jahr 1910 zu den Verheirateten noch die Geschiedenen und Verwitweten hinzu, hatten sechzig Prozent aller über 14-jährigen Erfurter Eheerfahrung. Das entsprach in etwa den Verhältnissen im Reich.[145] Wie die lohnabhängige Handarbeiterschaft an dieser Entwicklung teilhatte, lässt sich aus den Angaben nicht ablesen. Es zeigt sich aber ein Phänomen, das bereits beim Wohnen betont wurde: Die »Familienförmigkeit der

142 SPSS-Auswertung der Kirchenbücher 1875/79.

143 Alle Angaben nach SPSS-Auswertung der Kirchenbücher 1875/79.

144 Eigene Berechnungen nach den Volkszählungsergebnissen. Quellen: Verwaltungsbericht Erfurt 1874, S. 80; Preußische Statistik, Bd. XCVI (1888), S. 182; Bd. 101,1 (1893), S. 129, 175; Bd. 177,1 (1903), S. 308, 356; Bd. 234,1 (1913), S. 228, 276. Mit einer Verheiratetenquote von 37,3 Prozent an der Gesamtbevölkerung lag Erfurt 1910 leicht vor Wien (*Ehmer*, Traditionen, S. 193).

145 *Tenfelde*, Arbeiterfamilie, S. 181. Im Reich waren es 62,9 Prozent der »Bevölkerung im Alter von mehr als 15 Jahren«. Für den gesamten Regierungsbezirk Erfurt stellt Ehmer für 1880 im reichsweiten Vergleich eine besonders niedrige Ledigenquote und ein niedriges Heiratsalter fest (*Ehmer*, Heiratsverhalten, S. 103,114).

Gesellschaft im Kaiserreich« wurde immer ausgeprägter.[146] Dass hieran die zahlenmäßig ständig wachsende Arbeiterschaft einen entscheidenden Anteil hatte, ist mehr als wahrscheinlich.

Der Trend zur Eheschließung führte nicht zu früheren Heiraten. Konstant bewegte sich das Heiratsalter nach der Jahrhundertwende auf dem gleichen Niveau wie zu Beginn des Kaiserreichs: Bei allen Bräuten (N=818) lag das durchschnittliche Alter immer noch bei 25,2 Jahren, bei allen Bräutigamen (N=820) war es sogar leicht auf 28,9 Jahre gestiegen. Während im allgemeinen Trend des 19. Jahrhunderts das Heiratsalter »bei Männern von etwa 30 auf 27, für Frauen von 28 auf 25 Jahre« sank,[147] war Erfurt von dieser Entwicklung ausgenommen. Entscheidend dürfte hierfür sein, dass die Einwohner der Stadt mit ihren urbanen Lebensmöglichkeiten diesen Entwicklungstrend bereits früher abgeschlossen hatte und im Kaiserreich keine größeren Veränderungen mehr eintraten.

Frühes Heiraten konzentrierte sich am Ende des Kaiserreichs allerdings nicht mehr nur auf die Arbeiterschaft. Zwar heirateten Töchter aus Arbeiterfamilien relational gesehen – im Verhältnis zu ihrem Anteil an dem Gesamtsample – immer noch früher als Frauen aus den verschiedenen bürgerlichen Kreisen. Aber die Überrepräsentativität war zurückgegangen: 52,7 Prozent aller Arbeitertöchter (gegenüber 56,3% 1875/79) heirateten im Alter von unter 23 Jahren, während der Anteil aller Bräute, die unter 23 heirateten, bei 49,8 Prozent lag.[148]

Nach der Jahrhundertwende hatten sich für junge Frauen vielfältige Tätigkeitsfelder eröffnet, dass es in ihrem eigenen Interesse war, eine Heirat für einen späteren Zeitpunkt in ihren Lebenslauf einzuplanen.[149] In dieser Alternative lag sicherlich ein Grund, dass das durchschnittliche Heiratsalter der Frauen nicht weiter absank. Mit diesem neuen selbstständigen Profil gerieten aber Familienbilder und Wunschvorstellungen über die Familie ins Wanken. Die Geschlechterverhältnisse waren nicht mehr eindeutig ausgerichtet. Vor allem, wenn Frauen nach der Heirat weiter arbeiten wollten (oder mussten), ließ sich das Ideal vom »häuslichen Glück«[150] und von der Rolle, die der Frau dabei zugedacht war, nicht aufrecht erhalten, weil die Frau nicht »zu Hause bleiben, sich ihrem Kinde, welches der Liebe und Pflege der Mutter so sehr bedarf, widmen« konnte.[151]

---

146 *Tenfelde*, Arbeiterfamilie, S. 183.

147 Ebd., S. 184. Vgl. die Daten zum langfristigen Wandlungsprozess beim Heiratsalter in *Imhof*, S. 168f.

148 SPSS-Auswertung der Kirchenbücher 1905/09.

149 In den Sektoren A, B und C stieg die Frauenerwerbsquote von 11,6% (1871) (Verwaltungsbericht Erfurt, 1874, S. 84f.) auf 23% im Jahr 1907 (SDR, Bd. 207 (1907), S. 105).

150 Tribüne, Nr. 98 vom 27. April 1913, Beilage.

151 So in einem feuilletonistischen Artikel der Tribüne, Nr. 249 vom 24. Oktober 1907, Beilage. Könnte diesem Artikel nach die Frau zu Hause bleiben, »dann wäre sie zufrieden«. In

Da mochte in sozialdemokratischen Kreisen die Gleichberechtigung von Frauen in der Arbeitswelt noch so sehr gefordert werden,[152] im Privatbereich der Familie sollten Männer- und Frauenrollen klar getrennt sein.[153] Wie bei der »guten Stube« zeichneten sich Wunschvorstellungen ab – ob diese Gedanken der Frau, allein mit dem Kind zu Hause, auch tatsächlich ihren Wünschen entsprachen, muss offen bleiben[154] –, die der bürgerlichen Vorstellungswelt stark ähnelten. Der Wunsch nach Respektabilität,[155] nach Abgrenzung nach unten wird wieder sichtbar. Dabei darf man die ambivalente Situation nicht unterschätzen. Für viele Männer und Frauen war die Aussicht, dass die Ehefrau sich ausschließlich um den Haushalt kümmern konnte, ein wünschenswerter Fortschritt. Wie die Untersuchung zur materiellen Lage der Arbeiterschaft aber gezeigt hat, war dieser für viele Arbeiter nur schwer zu verwirklichen. Andererseits verstellte eine rigide Auslegung der Vorstellung von der Frau am Herd Frauen Entwicklungs- und Selbstverwirklichungsmöglichkeiten außerhalb der eigenen Wohnung. Von daher überformten sozialmoralische Vorstellungen aus der Arbeiterbewegung die reale Vielfalt der Arbeiterfamilien; statt einen einigenden ›Deutungsrahmen‹ zu schaffen, strichen sie eher Unterschiede heraus.

Überhaupt schliff sich eine spezifisch proletarische Familiengründungsphase im Lebenslauf ab. Frühes Heiraten war nicht mehr nur allein auf die Arbeiterschaft beschränkt. Zwar stellten die Arbeiter immer noch weit über die Hälfte der früh heiratenden Ehemänner, aber die Ausschließlichkeit der 1870er Jahren war durchbrochen.[156] Hatten 1875/79 nur drei Prozent aller Bräutigame außerhalb der Arbeiterschaft im Alter von unter 23 Jahren geheiratet, stieg dieser Anteil für den Zeitraum 1905/09 auf 10,4 Prozent. Unter allen Arbeitern ging der Anteil derjenigen, die in dieser Altersgruppe heirateten, von 24 Prozent (1875/79) auf 21 Prozent (1905/09) zurück.[157]

Gelernte Arbeiter wagten den Sprung in die Familiengründung früher als un- und angelernte Arbeiter. Unter allen Heiratenden unter 23 Jahren stellten die gelernten Arbeiter 55,3 Prozent, während ihr Anteil am Gesamtsample lediglich bei 38,9 Prozent lag. Sie waren damit unter den jung Heiratenden deutlich überrepräsentiert. Möglicherweise lag hier eine Absetzung nach un-

seiner Preisschrift für die Erfurter Kgl. Akademie der Wissenschaften beschreibt der Rektor der Merseburger Volksschule, Hermann Irgang, genau dieses Szenario der Doppelbeschäftigung von Mann und Frau, während das Kind bei Verwandten untergebracht ist, als die wirkliche Gefahr für die Familie (*Irgang*, S. 11f.).

152 Siehe den Artikel von Heinrich Schulz: Arbeit und Erziehung, in: Tribüne, Nr. 110 vom 12. Mai 1900, Beilage; siehe auch *Schulz*, Mutter.

153 Vgl. *Lerch*, Sozialisation, S. 246ff.; *Schildt*, Arbeiterschaft, S. 90f.

154 Vgl. *Sieder*, S. 187, 190.

155 Siehe *Rosenbaum*, Familien, S. 273, 277.

156 Vgl. zu den dahinterstehenden Veränderungen im Bürgertum Kap. III.2.2.

157 SPSS-Auswertung der Kirchenbücher.

ten vor; die gelernten Arbeiter wählten den Übergang in die Respektabilität des Familienvaters früh und sahen das als Zeichen der Statusverbesserung. Wahrscheinlich waren die materiellen Voraussetzungen für diese gelernten Arbeiter günstiger, sie bewegten sich in einem sichereren Arbeitsplatzumfeld und konnten sich daher früher zur Heirat entschließen, waren aus Sicht der Frauen auch ›heiratswürdiger‹ als unstete Handarbeiter.[158] Diese Erfurter Ergebnisse widersprechen Trends in der Forschung, die auf Reichsebene unqualifizierten Arbeitern eine besonders frühe Heirat bescheinigen.[159] Allerdings wird die These über das frühere Heiraten bei gelernten Erfurter Arbeitern in Abhängigkeit von der positiven beruflichen Situation durch die Analyse einzelner Berufsgruppen gestärkt. Während die in der gut bezahlten Metallbranche beschäftigten gelernten Arbeiter (N=40) im Durchschnitt 25,6 Jahre alt waren, heirateten die den saisonalen Schwankungen unterworfenen, als arm geltenden Schneider (N=25) mit 29,7 Jahren deutlich später. Es bestätigt sich das Fortwirken eines handwerklichen Heiratsmusters, das Heiraten von dem Erreichen bestimmter Qualifikationsniveaus und materieller Grundsicherungen abhängig machte.[160]

Unübersehbar strahlte die Arbeitswelt auf die private Lebenswelt aus, beeinflusste Gestaltungsmöglichkeiten und reproduzierte Ungleichheiten. Andererseits stellte die Familie mehr und mehr einen autonomen Bereich dar. Als in innerparteilichen Auseinandersetzungen der Sozialdemokratie Vorwürfe gegen Paul Reißhaus laut wurden, er habe seinem Schwiegersohn eine Redakteursstelle zugeschoben, warf Reißhaus seinem Kritiker vor, wie er sich »erdreiste[n]« könne, »über seine Familienverhältnisse zu sprechen«. Reißhaus brachte unmissverständlich zum Ausdruck, dass die Familie einen abgeschlossenen Raum bildete, der die Außenwelt nichts anging. Von daher war sie als Kontakt- und Vermittlungsinstanz zwischen den einzelnen Arbeitergruppen schwer einsetzbar.[161] Insgesamt verlor im Verlauf des Kaiserreichs der private Bereich der Familie und des Wohnens von seiner kommunikativen Kontakt- und Vermittlungsfunktion für das gesamte Milieu. Halboffene Familienstrukturen mit Haushalten, die Schlafgänger beherbergten, waren zwar ein reines Arbeiterphänomen, aber (der offiziellen Statistik nach) ein Minderheitsphänomen geworden, die Familien begannen sich in ihren eigenen vier Wänden abzuschließen. Der Versuch der Arbeiterbewegung, dieser Individualisierung entgegen zu treten, wirkte fast hilflos: In der Familie sei es »Aufgabe der Frau« dafür zu sorgen »dass die bürgerlichen Blätter aus den Arbeiter-

---

158 Anders dagegen *Tenfelde*, Arbeiterfamilie, S. 191, allerdings in Bezug auf jene Berufsgruppen, in denen ein hoher Anteil an Un- und Angelernten zu vermuten ist, ohne exakte Trennung zwischen den einzelnen Qualifikationsprofilen.

159 Ebd., S. 191f.; *Ritter/Tenfelde*, Arbeiter, S. 558.

160 Vgl. auch *Ehmer*, Traditionen, S. 50f.

161 So auch ebd., S. 194.

wohnungen verschwinden«, und sie müsse »den Mann dazu anhalten, zur nächsten Reichstagswahl an die Wahlurne zu treten, damit er seine Stimme den sozialdemokratischen Vertretern gibt«.[162] Das »Modell der modernen Kleinfamilie« begann sich durchzusetzen; in der Arbeiterschaft erkämpfte man sich ein Recht auf Privatheit.[163]

»Heiratsmärkte« und Heiratskreise in der Arbeiterschaft. Weit wirkungsmächtiger, um Milieustrukturen zu erzeugen, sich bewusst zu werden, mit wem man in Kontakt treten konnte, vor allem aber eigene Grenzen wahrzunehmen, war die Partnerwahl. Sie ist der »acid test«[164] auf privater Ebene, um Netzwerke persönlicher Beziehungen, Homogenität, Identität, Integration – oder eben Abgrenzung und Isolation – sichtbar zu machen. Generell stand eine Vielzahl von Heiratsmärkten zur Verfügung. Das nach außen gerichtete Arbeitermilieu erleichterte in ungezwungener Atmosphäre auf der Straße, beim sonntäglichen Spaziergang oder der sonntäglichen Wanderung das Kennenlernen. Vereinsaktivitäten, Familienfeiern, Feste wie das traditionelle Vogelschießen in Erfurt – es gab zahlreiche Möglichkeiten. Diese Treffpunkte waren (in den noch zu schildernden Grenzen) sozial offen, machten beim Zusammentreffen von Mann und Frau zunächst keine Unterschiede nach Qualifikation und Herkunft der Arbeiter. Etwas anders gestaltet sich die Situation bei einem indirekt vermittelnden Heiratsmarkt: dem Arbeitsplatz.[165] Hier ist nicht an jene Bereiche gedacht, in denen Frauen und Männer zusammen arbeiteten wie in der Schuhindustrie, sondern an solche, bei denen berufsbezogene Strukturen auf außerbetriebliche Kontaktbereiche ausstrahlten. Besonders deutlich lässt sich das in Arbeiterkreisen, die bei der Eisenbahn beschäftigt waren, nachweisen. Sowohl im Zeitraum 1875/79 als auch dreißig Jahre später 1905/09 tauchten immer wieder Brautpaare auf, in denen Bräutigam und Brautvater bei der Kgl. Eisenbahndirektion arbeiteten. Das waren geschlossene, exklusive Arbeiterkreise, in denen Berufsstolz, Vertrauen in das berufliche Umfeld, möglicherweise auch gezielte Heiratsstrategien zum Ausdruck kamen. Verallgemeinern lassen sich diese aus dem Einzelfall abgeleiteten Überlegungen nicht. Daher

162 Polizeibericht vom 9. Dezember 1906 über eine öffentliche Frauenversammlung, Sozialdemokrat Kniese, StAE 5/851–1, Bd. 3.
163 Vgl. *Kaschuba*, Lebenswelt, S. 87. Kaschuba weist auch darauf hin, dass dieses Privatheitsstreben nicht mit der ›klassischen‹ bürgerlichen Trennung von Öffentlichkeit und Privatsphäre zusammenfiel (ebd., S. 86f.). Das zeigt auch das Verhalten von Paul Reißhaus, der sich gegen seine Kritiker damit rechtfertigte, dass er seine Kinder »gut und als gute Socialdemokraten erzogen« habe. Es sei »sein einziger Wunsch gewesen, dass sich seine Töchter auch mit Genossen verheiraten möchten« (Polizeibericht vom 5. August 1904, ThSTA Gotha, Regierung zu Erfurt, Nr. 464); siehe auch *Gestrich*, S. 25.
164 *Mosse*, S. 3.
165 Vgl. allgemein zum Verhältnis von Familie und Arbeitsplatz: *Hareven*, S. 22.

muss für weitere Überlegungen zur Partnerwahl auf abstraktere Daten zum Heiratsverhalten geblickt werden.

Dazu wurden Bräutigam und Brautvater nach ihrer Berufsgruppenzugehörigkeit gegenübergestellt. Um ein möglichst übersichtliches, aber dennoch differenziertes Bild über die Heiratsmuster in der Arbeiterschaft zu erhalten, wurden Abstrom- und Zustromquote (Zeilen- und Spaltenprozente) nicht gemeinsam in die Tabellen übernommen.[166] Analysiert werden daher lediglich die Abstromquoten – die Heiratskreise, in welche die Bräutigame einheirateten.[167]

Tabelle 10 macht die Außengrenzen der Arbeiterschaft überdeutlich. Eine Heirat, die über randbürgerliche Kreise des Handwerksmeisters hinausging, war praktisch ausgeschlossen. Im geringen Umfang, besonders bei höher qualifizierten Arbeitern, kamen für die Bräutigame noch Töchter von unteren Angestellten und Beamten in Betracht. Bei den Kontakten innerhalb der Arbeiterschaft, die in diesem Kapitel im Vordergrund stehen, tritt die Offenheit der einzelnen Qualifikationsniveaus hervor. Während die Qualifikationsunterschiede die interne Schichtung der (männlichen) Arbeiterschaft am Arbeitsplatz prägten, wurden sie im privaten Leben weitgehend zurückgedrängt. Zwar waren die Bräutigame aus der gelernten Arbeiterschaft, die eine Tochter heirateten, deren Vater ebenfalls diesen Status beanspruchen konnte, überrepräsentiert; das galt aber im gleichen Maße für den Fall, dass diese Arbeiter eine Frau heirateten, deren Vater als Ungelernter beschäftigt war. Ein gravierender Unterschied bestand vor allem bei jenen Eheschließungen, in denen Arbeiter Töchter heirateten, deren Väter aus der Landwirtschaft stammten. Hier könnten unterschiedliche Herkunftsmuster eine entscheidende Rolle gespielt haben. Während die gelernten Arbeiter schon langfristig in der Stadt lebten, hatten ungelernte Arbeiter, die vom Dorf in die Stadt zuwanderten, noch persönliche Beziehungen zu ihrer Heimat, die sich in einer deutlich höheren Partnerwahl von Frauen, die vom Land stammten, niederschlug.[168]

---

166 Den besten Einstieg zur Analyse von Kreuztabellen bietet *Herz*, speziell zum Unterschied von Abstrom- und Zustromquote S. 161–166.

167 Lesebeispiel für Tab. 10: Von 40 ungelernten Arbeitern heirateten 9 eine Tochter, deren Vater ebenfalls ungelernt war (22.5%). Gegenüber dem Anteil der Ungelernten am Gesamtsample (10%) waren sie damit deutlich überrepräsentiert. Der Wert kann allerdings nicht verallgemeinert werden, da sonst z. B. die Einheirat von Gelernten in Gelernten-Familien unüblich wäre (25% zu 50,7%). Erst der einfach Mobilitätsindex zeigt, dass die Heirat zwischen gelernten Arbeitern durchaus typisch war, da der Wert über 1 lag (25,0/20,6 = 1,21). Der Mobilitätsindex ist der Quotient aus der Abstromquote geteilt durch die Spaltenprozente der Randverteilung. Der Wert für die Heirat von Ungelernten in ungelernte Familien liegt demnach bei 1,64. Unberücksichtigt bleibt aus Platzgründen die Zustromquote – sozusagen die Quelle, aus der sich die neuen Familienkreise der Brautväter speisten.

168 So auch bei *Mooser*, S. 133 (mit Bezug auf Bielefeld).

120

Tabelle 10: Heiratskreise der Erfurter Arbeiterschaft: Bräutigam – Brautvater 1875/79 (Abstromquote)

Brautvater \ Bräutigam	k. A.	Ungelernte	Angelernte	Gelernte	Handwerksmeister	untere Ang./ Beamte	kleine Kaufleute	Mittelbürgertum	Kernbürgertum	Sonstige (v. a. LW)	Summe
Ungelernte	8 / 20,0	9 / 22,5	1 / 2,5	9 / 22,5	3 / 7,5	3 / 7,5	1 / 2,5	0	0	6 / 15,0	40 / 10,0
Angelernte	2 / 8,7	4 / 17,4	2 / 8,7	4 / 17,4	5 / 21,7	0	0	0	0	6 / 26,1	23 / 5,7
Gelernte	27 / 13,2	39 / 19,1	5 / 2,5	51 / 25,0	39 / 19,1	13 / 6,4	9 / 4,4	3 / 1,5	1 / 0,5	17 / 8,3	204 / 50,7
Summe Arbeiter	37 / 13,9	52 / 19,5	8 / 3,0	64 / 24,0	47 / 17,6	16 / 6,0	10 / 3,8	3 / 1,1	1 / 0,4	29 / 10,9	267 / 66,4
Bürgerliche	16 / 11,9	3 / 2,2	0	19 / 14,1	26 / 19,3	19 / 14,1	10 / 7,4	15 / 11,1	12 / 8,9	15 / 11,1	135 / 33,6
Gesamt	53 / 13,2	55 / 13,7	8 / 2,0	83 / 20,6	73 / 18,2	35 / 8,7	20 / 5,0	18 / 4,5	13 / 3,2	44 / 10,9	402 / 100,0

Quelle: SPSS-Auswertung der Kirchenbücher 1875/79. Ang. = Angestellte, LW = Landwirtschaft.

Trotz Austauschprozessen und enger Verwobenheit der unterschiedlich ausgebildeten Arbeiter sollten die in den vorangegangenen Kapiteln herausgearbeiteten Differenzierungen nicht unterschätzt werden. Auf der Mikroebene des Heiratsverhaltens der Männer tauchen diese Unterschiede in abgeschwächter Form wieder auf. Untersucht man, erstens, die Gruppe der un- und angelernten Arbeiter wird eine deutliche Trennungslinie sichtbar. Während ungelernte »Handarbeiter« (N=20) in fast der Hälfte der Fälle eine Tochter heirateten, deren Vater ebenfalls ungelernt war, sah der Kontakt- und Heiratskreis un- und angelernter »Bahnarbeiter« (N=18) offener aus. Sie heirateten in einem Drittel der Fälle Frauen aus Familien, in denen der Brautvater auf ein gelerntes Berufsprofil blicken konnte. Das bestätigt die bereits getroffene Charakterisierung der Bahnarbeiter als besondere Gruppe innerhalb der Arbeiterschaft.[169] Ihre relativ sicheren Posten bei dem Staatsbetrieb (mit der Hoffnung, eventuell später einmal verbeamtet zu werden) machten sie attraktiver als die übrigen Un- und Angelernten.

Die Existenz der feinen Unterschiede kommt auch in den Blick, wenn man, zweitens, das Heiratsverhalten nach einzelnen Berufen und Branchen differenziert. Demnach heirateten positiv privilegierte Berufsgruppen (materielle Sicherheit, Status) aus der Metall- und Lebensmittelbranche weit häufiger wieder Töchter aus Familien gelernter Arbeiter als gelernte Arbeiter aus dem unstabilen, unsicheren Bekleidungssektor. Gelernte Schlosser, Schmiede, Dreher (N=41) heirateten zwischen 1875 und 1879 lediglich in siebzehn Prozent aller Fälle die Tochter eines Un- und Angelernten, Schuhmacher und Schneider (N=28) dagegen zu fast dreißig Prozent.[170]

· Nach der Jahrhundertwende hatten sich die Außengrenzen zwar für einzelne Arbeiter geöffnet; dennoch lagen die Heiratskreise der Arbeiterschaft insgesamt hauptsächlich in ihrer eigenen Herkunftsgruppe (vgl. Tab. 11).

Den Heiratsmöglichkeiten zwischen Arbeitersöhnen und Arbeitertöchtern waren keine Grenzen gesetzt. Die Zunahme von Hochzeiten zwischen ungelernten Arbeitern und Töchtern aus ungelerntem Arbeiterhaushalt, die zunächst für eine deutlichere Abschließung dieser nichtqualifizierten Arbeiterkreise spricht, wird dadurch neutralisiert, dass es einem annähernd gleich großen Anteil gelang, Frauen aus der gelernten Arbeiterschaft zu heiraten. Auch auf der Mikroebene der Branchen und Berufe zeichnete sich ein Abschleifen traditioneller, hierarchisierter Heiratsmuster ab. Unter den gelernten Arbeitern etwa ebneten sich die Unterschiede ein. Weder Schuhmacher noch Schneider heirateten zu einem überproportional höheren Anteil Frauen aus Ungelernten- oder Angelernten-Arbeiterfamilien als Metallarbeiter oder Bäcker und Fleischer.[171]

169 Siehe auch *Ehmer*, Traditionen, S. 147f.
170 SPSS-Auswertung der Kirchenbücher 1875/79.
171 SPSS-Auswertung der Kirchenbücher 1905/09. Ein besonderes Heiratsverhalten wiesen

Tabelle 11: Heiratskreise der Erfurter Arbeiterschaft 1905/09: Bräutigam – Brautvater (Abstromquote)

Brautvater / Bräutigam	k. A.	Unge-lernte	Ange-lernte	Ge-lernte	Hand-werks-meister	untere Ang./ Beamte	kleine Kauf-leute	Mittel-bürger-tum	Kern-bürger-tum	Sonstige (v. a. LW)	Summe
Ungelernte	5 / 10,4	16 / 33,3	4 / 8,3	15 / 31,3	3 / 6,3	2 / 4,2	2 / 4,2			1 / 2,1	48 / 5,6
Angelernte	7 / 13,2	9 / 17,0	3 / 5,7	23 / 43,4	3 / 5,7	3 / 5,7	2 / 3,8	1 / 1,9		2 / 3,8	53 / 6,2
Gelernte	29 / 8,7	42 / 12,5	9 / 2,7	115 / 34,3	43 / 12,8	33 / 9,9	17 / 5,1	10 / 3,0	2 / 0,6	35 / 10,4	335 / 39,1
Summe Arbeiter	41 / 9,4	67 / 15,4	16 / 3,7	153 / 35,1	49 / 11,2	38 / 8,7	21 / 4,8	11 / 2,5	2 / 0,5	38 / 8,7	436 / 50,9
Bürgerliche	57 / 13,5	10 / 2,3	4 / 0,9	47 / 11,2	32 / 7,6	66 / 15,7	65 / 15,4	70 / 16,6	48 / 11,4	22 / 5,2	421 / 49,1
Gesamt	98 / 11,4	77 / 9,0	20 / 2,3	200 / 23,3	81 / 9,5	104 / 12,1	86 / 10,0	81 / 9,5	50 / 5,8	60 / 7,0	857 / 100,0

Quelle: SPSS-Auswertung der Kirchenbücher 1905/09. Ang. = Angestellte; LW = Landwirtschaft.

Zugespitzt formuliert lassen sich diese Beobachtungen als ein Wandlungsprozess von einer eher traditionellen, nach Standesbewusstsein, Ehrgefühl,
der Vorstellung von der Nahrungssicherung beeinflussten Partnerwahl hin zu
proletarischen Heirats- und Kontaktkreisen interpretieren. Keineswegs galt
dabei unumschränkt der Grundsatz, wo die Liebe hinfällt, wurde geheiratet,
sondern es galt viel mehr: Gelegenheit macht Liebe – und die Gelegenheiten
hatten sich erheblich verbreitet. Durch die materielle Besserstellung vieler
Arbeiter waren dabei auch ursprüngliche Barrieren aus dem Weg geräumt
worden. Aus diesem Blickwinkel wird die widersprüchliche Entwicklung von
Familienbildern und Familienwirklichkeiten noch einmal neu beleuchtet.
Während Ideen und Wunschvorstellungen, die sich unverkennbar an bürgerliche Familienvorstellungen anlehnten, von außen an die Arbeiterschaft her-
angetragen wurden und in ihrem Innern rezipiert und (wahrscheinlich) gerne
umgesetzt worden wären, sah die reale Lebensgestaltung der Partnerwahl und
der Heiratskreise eben anders, geschlossener aus. Die Ideen liefen der Wirklichkeit weit voraus.

1.3 Öffentliches Leben und Vereinsleben

»Eine besonders sorgfältige Behandlung wird das Vereinswesen bedürfen«,
meinte 1878 Regierungspräsident Ludwig von Kamptz in einer Denkschrift,
nachdem das Sozialistengesetz erlassen worden war.[172] Als Mitglied in mehreren Erfurter Vereinen, als Repräsentant der bürgerlichen Gesellschaft, wusste
er, welche zentrale Rolle Vereine für das öffentliche Leben einer Stadt und
ihrer Gesellschaft spielten. Begeistert berichtete die »Thüringer Zeitung« 1889
über die »490 amtlich anerkannten Vereine« der Stadt.[173] Die Vereinsöffentlichkeit stellt allerdings nur einen Aspekt eines umfassend verstandenen, in
der bürgerlichen Gesellschaft wurzelnden Prinzips von Öffentlichkeit dar.
Versammlungsöffentlichkeit als Teilaspekt der Vereinslandschaft, aber auch

---

hier lediglich die Staatsarbeiter der Gewehrfabrik auf. Kein einziger von ihnen (N = 12) heiratete
eine Tochter, deren Vater un- oder angelernt war. Wegen der geringen Fallzahl kann diese Besonderheit allerdings nur vermerkt, aber nicht weiter verallgemeinert werden. Zumindest stützt
sie die Argumentation im vorausgegangenen Arbeitsplatzkapitel.
172 Regierungspräsident an Oberbürgermeister Breslau, 21. September 1878, StAE 1–2/
120–1, Bl. 61.
173 Es handelte sich um 151 gesellige Vereine, 20 Handwerker-Vereine, 18 sonstige Vereine
(z. B. Hausbesitzer-, Lotterieverein), 11 Fechtschulen, 12 Musikvereine, 17 wissenschaftliche
Vereine, 33 Krieger- und Militärvereine, 2 Schützenvereine, 9 gymnastische Vereine, 20 land-
und volkswirtschaftliche Vereine, 12 wohltätige Vereine, 3 Innungen, 8 politische Vereine, 16
religiöse Vereine, 101 Gesangsvereine, 58 Fachvereine [Summe: 491 sic!], (Thüringer Zeitung,
Nr. 225 vom 26. September 1889, zitiert nach ThSTA Gotha, Regierung zu Erfurt, Nr. 847).

Presse- und Straßenöffentlichkeit waren weitere zentrale Bestandteile dieses Strukturmerkmals der Gesellschaft. In einer weiten Auslegung des Öffentlichkeitsbegriffs konnten scheinbar private Belange wie Kindererziehung und Eheschließung (wie vorher bereits deutlich wurde) im öffentlichen Interesse stehen, ja, als Teil der Öffentlichkeit selbst gesehen werden.[174] Für das folgende Kapitel soll allerdings die ›klassisch-bürgerliche‹ Teilung von privatem und öffentlichem Leben bevorzugt werden.[175] Im Mittelpunkt steht das öffentliche Leben, wie es sich in den Vereinen und Versammlungen abspielte.[176]

Definitionen und Abgrenzungen. Aufstieg und Ausbreitung des Assoziationswesens übten eine Faszination auf Zeitgenossen wie auf heutige Forscher aus.[177] Entsprechend dem Aufbau dieses Gesamtkapitels stehen im Mittelpunkt dieses Abschnitts Arbeitervereine, die von Arbeitern initiiert, organisiert und geleitet wurden und deren Mitgliederbasis aus Arbeitern im oben definierten Sinn bestand (s. Kap. I.3 und II.1). Unberücksichtigt bleiben damit Vereine, deren Träger und Initiatoren aus bürgerlichen Berufsgruppen stammten (diese Vereine werden in Kapitel III.3.3 behandelt).[178] Unter diese eng gefasste Arbeitervereinsdefinition fallen immer noch eine Vielzahl von Vereinsfunktionen: Vereine, die den Bereich der Kultur bedienten (Bildung, Geselligkeit, Freizeit), Vereine, die sich auf das berufliche Leben und die Produktionssphäre bezogen (Fach- und Unterstützungsvereine, Gewerkschaften) und schließlich Vereine, die auf das politische und sozioökonomische Leben ausgerichtet waren. Dies führt zu Abgrenzungs- und Definitionsproblemen, die sich nur forschungspragmatisch lösen lassen: Die folgenden Ausführungen werden eindrücklich belegen, dass jede dieser Organisationen verschiedene Funktionen wahrnahm.[179] Der Gesangverein »Morgenstern« fungierte unter dem Sozialistengesetz *auch* als Tarnorganisation für politische Kontaktaufnahmen; im Unterstützungsverein feierte man *auch* rauschende

174 Vgl. mit weiterführender Literatur, *Budde*, Das Öffentliche, S. 58.
175 Grundsätzlich aus soziologischer Sicht immer noch *Habermas*; ebenfalls anregend, wenn auch teilweise im Jargon der ›linken frühen 1970er Jahre‹: *Negt/Kluge*, Öffentlichkeit. Siehe z. B.: »Dadurch, dass sie (die Repräsentanten der Arbeiterbewegung) die Mechanismen der bürgerlichen Öffentlichkeit für ihre Sache nutzen wollen, werden sie objektiv zu Verrätern an der Sache, die sie vertreten.« (S. 26)
176 Vgl. zur Straßenöffentlichkeit die Kapitel zum 1. Mai und zu den Unruhen von 1898. Zur Presseöffentlichkeit siehe *Groschopp*, Beredsamkeit, S. 147–168; für Erfurt: *Trümper*, allerdings mit stark organisationsgeschichtlichem Bezug.
177 *Nipperdey*, Verein, S. 174–205; siehe auch *Tenfelde*, Entfaltung, 55–114; für das 19. Jahrhundert allgemein *Best*, Vereine. Für die frühe Arbeitervereinsbewegung umfassend *Welskopp*, Banner.
178 Siehe zur Unterscheidung der Vereinslandschaft nach ihren Trägern allgemein *Ritter/ Tenfelde*, Arbeiter, S. 820f.; *Kaschuba*, Lebenswelt, S. 116f.
179 Ebenso *Matthiesen*, Bürgertum, S. 19; anders dagegen *Banti*, S. 110. Da die Parteien und Gewerkschaften eine besondere Vergesellschaftungsform darstellen, werden sie in eigenen Kapiteln noch einmal näher beleuchtet werden (vgl. Kapitel IV und VI.1).

Stiftungsfeste, die allen Arbeitern offen standen, und der sozialdemokratische Verein bot vom Mozart-Abend bis zur Wahlversammlung Aktivitäten an, die sich an eine breite Öffentlichkeit richteten.[180] Keine dieser Assoziationsformen erfüllte daher »nur begrenzte Zwecke«,[181] sie waren Teil und Träger einer proletarischen Öffentlichkeit, Subsystem eines proletarischen Milieus, das möglichst viele Arbeiter, Handwerker und kleine Selbstständige an sich zu binden versuchte. Wie einzelne Arbeiter und die Arbeiterschaft auf diese Angebote reagierten, wo Grenzen und Möglichkeiten der Mobilisierung und Integration lagen, soll dieses Kapitel beleuchten. In einem ersten Schritt wird den Motiven und Hemmnissen auf individueller Ebene nachgegangen, die zum Weg in die (Vereins)Öffentlichkeit führten. Daraufhin werden strukturelle Bedingungen, die diesen Schritt befördert oder behindert haben, vorgestellt. Es folgt ein Blick in das Innere der Vereine, in das Vereinsleben und auf die Funktionen, die sie wahrnahmen. Abschließend wird die Kontakt- und Kommunikationsebene in und zwischen den Vereinen untersucht.[182]

Individuelle Motive, strukturelle Bedingungen und Hemmnisse beim Vereinsbeitritt. Individuelle Motive und strukturelle Bedingungen für den Beitritt in einen Verein unterlagen engen Wechselbedingungen. Angesichts fehlender autobiographischer Überlieferungen seitens der Erfurter Arbeiterschaft ist eine Gewichtung der beiden Faktoren nicht möglich.[183] Generell band man sich mit dem Vereinsbeitritt enger an bestimmte Ideen, war von außen kategorisierbar und konnte ausgegrenzt werden. Unter den Verfolgungsbedingungen des Sozialistengesetzes hatte dieses Dilemma eine existenzbedrohende Dimension – vor allem wenn es sich um sozialdemokratische Vorfeldorganisationen handelte. Selbst im späten Kaiserreich, als ein sozialdemokratisches Milieu bestand, barg der Schritt speziell hin zu den politisch ausgerichteten Vereinen immer noch eine besondere Qualität. 1909 fragte die sozialdemokratische »Tribüne« ihre Leser: »Bist du Sozialdemokrat?« und gab sich selbst die Ant-

---

180 Diese Argumentation trifft genauso auf die bürgerlich initiierten Arbeitervereine zu. Der Evangelische Arbeiterverein wie der katholische Gesellenverein waren politische Beeinflussungsmaschinen, die daneben ein breitgefächertes kulturelles Angebot bereitstellten.

181 So in der äußerst trennscharfen Definition bei *Eisenberg*, Arbeiter, Bürger, S. 189f. Nach dieser Definition wird unter Verein eine Organisationsform verstanden, die Einzelpersonen zusammenfasst, die im Verein über gleiches Stimmrecht verfügen. Die Vereine erfüllen dabei »nur begrenzte Zwecke«, die »Aktivitäten der Vereinsmitglieder (sind) weitgehend Selbstzweck«. Der bürokratische Aufwand spielt eine untergeordnete Rolle und das Verwaltungspersonal ist »meist unentgeltlich tätig«. Diese Definition erwies sich für die hier zugrunde gelegten Kontakt- und Kommunikationskriterien als zu eng.

182 Versucht wird, mit dieser Vorgehensweise Bedingungen zu rekonstruieren, die zu Arbeiterhandeln führten, ohne dabei eine sozialpsychologische Analyse leisten zu wollen. Vgl. *Weinhauer*, S. 80f.

183 Vgl. zur Motivationsstruktur beim Parteibeitritt *Loreck*, bes. S. 159–254; *v. Saldern*, Wer ging in die SPD?, S. 161–183.

wort: »Gewiss!‹ wird der Leser antworten. ›Ich bin auf die ›Tribüne‹ abonniert, ich gehöre auch der Gewerkschaft an, bei allen Wahlen kann die Sozialdemokratie auf meine Stimme rechnen! Ganz sicher, ich bin Sozialdemokrat!‹ ›Da bist du also auch Mitglied des Sozialdemokratischen Vereins?‹ ›Das gerade nicht, aber...‹«.[184]

Welche Voraussetzungen erleichterten auf individueller Ebene den Vereinsbeitritt? Zunächst setzte es persönliche, sozialisationsbedingte Entscheidungsprozesse voraus, die sich aus den Quellen der Vereine kaum erschließen lassen. Zum Zweiten waren die Motive zu einem Vereinsbeitritt (oder zur Distanz) einem zeitlichen Wandlungsprozess unterworfen. Drittens hing der Anschluss an einen Verein von dessen Funktion und den dabei vertretenen Interessen oder angebotenen Aktivitäten ab. Diese drei Motivbündel standen ihrerseits untereinander in Beziehung. In der Frühphase des Kaiserreichs, als nur berufs- und gesellschaftsbezogene Vereine zur Verfügung standen, war das Motiv relativ klar umrissen, damit aber auch eine feste Grundüberzeugung für den sich engagierenden Arbeiter nötig. Soziales Bewusstsein, ein Empfinden für soziale Ungerechtigkeit und daraus resultierend ein Interesse und Bedürfnis, die eigene (materielle) Lage gemeinsam zu verbessern,[185] bildeten aus Sicht des Einzelnen die entscheidende Grundmotivation, ohne die jeder Vermittlungsakt und jeder Anreiz von vornherein zum Scheitern verurteilt war.[186] Der Appell an solidarisches Verhalten und das soziale Gewissen, die Aussicht auf materielle Besserstellung für alle durch alle Arbeiter zusammen, legen im Rückschluss auf das Verhalten der Beitretenden einen wesentlichen Mobilisierungskern für den Gewerkschaftsbeitritt bloß.[187] Dem einzelnen Arbeiter standen dabei in Form der liberalen Gewerkvereine alternative Organisationen zur Verfügung.[188] Doch spätestens in dem Moment, in dem ab den

184 Tribüne, Nr. 85 vom 11. April 1909, Beilage. Vgl. knapp zusammenfassend zum Missverhältnis zwischen Wählerschaft und Mitgliederzahl in Bezug auf die »Parteiprovinz«: *v. Saldern*, Wer ging in die SPD?, S. 178f. Da die Erfurter Sozialdemokratie mit ihrer ausgeprägten Kommunikationsstruktur nicht unbedingt als »Parteiprovinz« anzusehen ist, stellt sich die Frage, ob dies nicht als generelles Phänomen zu betrachten ist; als allgemeines Charakteristikum überzeugend beschrieben bei *Mooser*, S. 188.

185 Vgl. ähnlich *Ruppert*, Ständen, S. 42f. Eine überspitzte Interpretation, die auch bei den individuellen Motiven die Entstehung der Arbeiterbewegung und der Gewerkschaften fast ausschließlich aus politischen Motiven herleitet, findet sich dagegen bei *Gotthardt*, S. 403f., abgeschwächt S. 224.

186 Materialsammlung Steffen, StAE 5/850–2, Bd. 2 (Allgemeine Buchbinder-Zeitung vom 16. Mai 1874).

187 1908 fassten die Erfurter Buchdrucker in ihrer Festschrift den Schritt zum Gewerkschaftsbeitritt so zusammen: Der Beitritt in eine Gewerkschaft und der Organisationswille sei kein »plötzlicher Entschluss«, sondern das Ergebnis »einer langsamen Entwicklung, deren Keime in der Erkenntnis der Ohnmacht des einzelnen liegen« (Gedenkschrift des Ortsvereins Erfurt, 1908, S. 5).

188 Siehe Statuten des Gewerkvereins der Maschinenbau- und Metallarbeiter Erfurts, 1886, ThSTA Gotha, Regierung zu Erfurt, Nr. 457, Bl. 174 ff.

1890er Jahren die freien Gewerkschaften zum Siegeszug ansetzten, war die individuelle Beitrittsmotivation prädisponiert zugunsten dieser Organisationsform: Sie bot die größte Aussicht auf Erfolg.

Bisher standen Vereinsbeitritt und Organisationen vor allem in Form der berufsbezogenen Vereine im Vordergrund. Daneben gab es seit den 1880er, verstärkt seit den 1890er Jahren Freizeitvereine von Arbeitern für Arbeiter. Mit diesem neuen Angebot konnte individuellen Bedürfnissen jenseits der Arbeitswelt Rechnung getragen werden.[189] Für die einzelnen Arbeiter wuchs die Möglichkeit, sich im Vorfeld einer Partei zu bewegen und ihr Organisationsgeschick zu nützen, ohne sich vollständig der parteipolitischen Mitgliedschaft zu verschreiben, wobei sich die Mitglieder sicherlich des engen Zusammenhangs zwischen Partei und Freizeitvereinen bewusst waren. Die Motive zum Vereinsbeitritt gestalteten sich hier dennoch weicher, unterlagen den privaten Interessen. In dieser scheinbaren Beliebigkeit war ein Motiv aber für alle Vereine gleich: man entschied sich, nur unter und mit Seinesgleichen seine Freizeit zu verbringen. Denn im Bereich der Freizeitgestaltung existierten Organisationen auf bürgerlicher Seite, die Teile der Arbeiterschaft an sich banden. 1905 rechnete die »Tribüne« ihren Lesern vor, dass von den rund 4000 gewerkschaftlich organisierten Arbeitern lediglich rund vierhundert in den bestehenden fünf Erfurter Arbeitergesangvereinen vertreten seien, während ein Gutteil der Arbeitersänger noch »den bürgerlichen Gesangvereinen« angehörten.[190] Die Unterschiede in den Mitgliederzahlen – wie auch die Reaktionen der Parteipresse – machen es deutlich: Eine die Arbeiterschaft als Ganzes umfassende von der Wiege bis zur Bahre in das sozialdemokratische (Vereins-)Milieu eingebettete Gemeinschaft hat es auch in der Phase der Blüte und des Erfolgs nicht gegeben. Es lohnt sich daher nach den persönlichen Motiven des Vereinsbeitritts auf die individuellen Hemmnisse einzugehen.

Zunächst war es nicht jedermanns Sache »(j)eden Dienstag abend 9 Uhr« in »Schramm's Restaurant« in die Gotthardtstraße zu gehen, um dort im Gesangverein »Harmonie« zu üben,[191] wenn man sich am nächsten Morgen in aller Frühe auf den Weg zur Arbeit machen musste. Genauso wie für viele Arbeiter der Verein und die Kneipe zur Flucht aus beengten Wohnverhältnissen genutzt werden konnte, war es für viele Arbeiter möglich, ihre freie Zeit zu Hause in der Familie oder im Bett zu verbringen. Verallgemeinern lassen sich keine der beiden Einstellungen, man sollte aber nicht von einer übermäßig engagierten Arbeiterschaft ausgehen. Die Initiatoren der Erfurter Konsumgenossenschaft

---

189 Zur Sportbewegung in Erfurt ab 1893 siehe *Lossien* (Ms., StAE 5/360 – L 3). 1893 wurde in Erfurt der Arbeiter-Turnverein gegründet, 1896 folgte der Arbeiter-Radfahrverein »Solidarität«; nach der Jahrhundertwende weitere Vereinsgründungen in diesem Bereich.

190 Tribüne, Nr. 101 vom 30.4.1905, Beilage. Diese Klagen über Doppelmitgliedschaften wiederholten sich in der »Tribüne« regelmäßig (vgl. Nr. 193 vom 19. August 1908).

191 Tribüne, Nr. 221 vom 22. September 1906, Vereinskalender.

mussten im November 1901 diese Erfahrung machen: »Meistens erhielten unsere Betriebsvertrauensleute die Antwort: ›*Fangt nur erst an, dass mann [sic] etwas von der Sache sieht, dann sind wir auch schon da.*‹ Damit war uns freilich wenig gedient, denn wir wollten es ja umgekehrt anfangen«.[192] Die Arbeiter und Arbeiterinnen hielten sich an ihre Maxime: Als sich die Idee als Erfolg herausstellte, wurde die Konsumgenossenschaft zum Massenverein. Da für den Arbeiter oder die Arbeiterin mit dem Beitritt in den Konsumverein der materielle wie der ideelle Aufwand gering war, der Nutzen in den meisten Fällen aber hoch, wurden die anfänglichen Hemmnisse rasch beiseite gewischt.

Diese optimale Mischung aus geringem Ressourceneinsatz und privatem materiellen Vorteil konnten die Freizeit- und Bildungsvereine nicht bieten. Daher gelang es ihnen nicht, die Trägheit der Vielen zu überwinden. Zum einen ließen nach wie vor drängende alltägliche Sorgen wenig Raum für solche kulturellen Aktivitäten, zum anderen, in Ergänzung und Umkehrung hierzu, gab es immer mehr Alternativen. Was in der Arbeiterbewegung gegen die Vergnügungssucht vorgebracht wurde, war Reaktion auf das Verhalten derjenigen, die sich außerhalb der Idealvorstellung eines Arbeitervereinsmitglieds bewegten. In einer Versammlung des sozialdemokratischen Vereins klagte Mitglied Straßner: »Dem Sport ergebene Personen haben oft nur für ihre Liebhaberei Interesse und vernachlässigten ihre staatsbürgerlichen Pflichten«.[193] Derart belehrende Äußerungen machten die Arbeitervereine nicht unbedingt zum bevorzugten Ort, um dort seinen Freizeitaktivitäten nachzugehen.

Damit sei auf ein letztes individuelles Hemmnis hingewiesen, das bereits unmittelbar auf die folgenden strukturellen Hemmnisse überleitet. Welchem vereinsmäßig organisiertem Freizeitvergnügen man in einem von Arbeitern initiierten, organisierten und geleiteten Verein auch nachgehen wollte, es verlangte vorher die politische Festlegung auf die Sozialdemokratie,[194] bzw. es galt, wer einem solchen Verein beitrat, wusste, dass er von bürgerlichen Gruppen zum sozialdemokratischen Milieu gerechnet wurde. Damit sind wir wieder am Ausgangspunkt dieser Überlegungen angelangt: Der Beitritt in einen Arbeiterverein als Schritt vom privaten ins öffentliche Leben hatte eine besondere Qualität und war als individuelle Entscheidung eng mit strukturellen Vorgaben verknüpft.[195]

192 Materialsammlung Steffen, StAE 5/850–2, Bd. 3, Bl. 20f. (Erinnerungen des Mitbegründers der Erfurter Konsumgenossenschaft Hermann Rex aus dem Jahr 1922, Hervorhebung durch den Verf.). Zwar bestätigt sich hier die These, dass die »Ausbreitung der konsumgenossenschaftlichen Bewegung« nach 1890 »überwiegend auf dem Weg der Arbeiterselbsthilfe (geschah)« (*Prinz*, S. 255); Initiatoren und Vereinsgründer stammten allerdings aus der Arbeiterbewegung und waren direkt mit Partei und Gewerkschaft verknüpft.

193 Tribüne, Nr. 59 vom 11. März 1900.

194 Vgl. *Lidtke*, Alternative Culture, S. 36.

195 »Das Dilemma«, in »welcher Beziehung ... die reinen Vergnügungsmotive zur Interes-

Wollte man mit einigen Gleichgesinnten nicht selbst einen Verein gründen, war eine wesentliche strukturelle Voraussetzung für einen Vereinsbeitritt, die einfache Tatsache der Existenz- bzw. Nichtexistenz von Vereinen: Denn ein Vereinswesen, das zu allererst die Kommunikation und Kontaktanbahnung zwischen Arbeitern beförderte, von Arbeitern ins Leben gerufen worden war und von ihnen geleitet wurde, war erst seit den 1870er Jahren häufiger anzutreffen.[196] Keine zehn bis fünfzehn Jahre vorher war dies praktisch ausgeschlossen.[197] Mit der (partei)politischen Trennung zwischen bürgerlichen und Arbeiter-Organisationen in den 1860er Jahren hatte sich dieses Potenzial der eigenen Interessenwahrnehmung zwar (neu) gebildet und ausgebreitet,[198] von einem umfassenden Vereinsnetz, das die unterschiedlichsten Interessen auffing und kanalisierte, konnte zu diesem frühen Zeitpunkt in Erfurt noch keine Rede sein. Ausgangspunkt für die Arbeiter war die Erfahrung am Arbeitsplatz; daher boten sich vor allem Gewerkschaftsvereine seit dem Ende der 1860er Jahre als Anlaufstellen an.[199] Je nach Beruf war hierbei allerdings mit den unterschiedlichsten Schwierigkeiten zu rechnen. Wie das Arbeitsplatz-Kapitel gezeigt hatte, übten Art, Form und Organisation der Arbeit Einfluss auf die Möglichkeit der Absprache und Kontaktanbahnung aus. Hinzu kamen weitere strukturelle Hemmnisse oder Beschleunigungsfaktoren.[200] Während Berufe wie die der Schneider und Schuhmacher, die unter bedrängenden Veränderungsprozessen agieren mussten, ihre traditionellen Organisationserfahrungen in neue Formen der Assoziation umzusetzen wussten und damit zu den Pionieren der (Erfurter) Gewerkschaftsbewegung gehörten,[201] konnten (und

sengebundenheit« bei den »individuellen Motiven und Absichten« bei einem Vereinsbeitritt stehen, wird sich wohl nicht befriedigend klären lassen (*Krey*, S. 171). Durch den Aspekt der Fremdeinschätzung verbietet sich auch die schlichte, aber zunächst plausible Vermutung, wer nur einmal in der Woche zum Singen kam, aber sonst keinem anderen Verein angehörte, war nur am Vergnügen interessiert.

196 Parteipolitische Mitgliedschaften des ADAV und VDAV bestanden in Erfurt allerdings mit geringer Mitgliederzahl bereits vorher (siehe *Schneiderheinze*, S. 38 und passim sowie *Heß*, Sozialdemokratie, S. 19ff.).

197 Vgl. *Eisenberg*, Arbeiter, Bürger, S. 200: »Der wichtigste und im Grunde einzige Assoziationstyp, der deutschen Arbeitern Mitte der 1860er Jahre zur Verfügung stand, war der Bildungsverein unter bürgerlicher Patronage«.

198 Siehe aber die Ausnahmesituation der späten 1840er Jahre und die dortigen Vereinsgründungen und Friktionen zwischen Meistern und Gesellen (zusammenfassend bei *Wehler*, Gesellschaftsgeschichte, Bd. 2, S. 731ff. sowie *Kocka*, Lohnarbeit, S. 174ff.). In der Revolutionszeit blieb in Erfurt allerdings eine Allianz zwischen Handwerksmeistern, liberalem Stadtbürgertum und Gesellen bestehen (vgl. *Heß*, Sozialdemokratie, S. 14ff.).

199 Vgl. *Schönhoven*, Die deutschen Gewerkschaften, S. 29ff., 39ff. Zur Diskussion über den Zusammenhang zwischen Gewerkschaftsgründungen und dem Einfluss der politischen Parteien auf diesen Organisationsprozess siehe Kapitel VI.1.

200 Ein wichtiges Moment spielten Streiks, in deren Folge die Mitgliederzahlen oft ebenso schnell anstiegen wie sie danach wieder abschmolzen. Siehe Kapitel VI.1.

201 Vgl. *Schönhoven*, Die deutschen Gewerkschaften, S. 25; *Schneiderheinze*, S. 113 (1870

wollten) sich die Arbeiter bzw. Gesellen in Berufen, die von einer starken traditionellen Innungsidee dominiert und nur eingeschränkt einem Veränderungsdruck ausgesetzt waren, erst mit jahrzehntelanger Verspätung in eigenen Gewerkschaftsvereinen organisieren. Erst im Sommer 1890 wurde für Erfurt eine Zahlstelle des »Verbandes deutscher Barbier-, Friseur- und Perückenmacher« etabliert, die jedoch bereits nach wenigen Monaten wieder einging: »Dann war lange Zeit unter den Gehilfen in Erfurt Kirchhofsruhe«.[202]

Der Entschluss, sich einem Verein bzw. Verband anzuschließen, der die Arbeitsplatzinteressen seiner Mitglieder vertrat, setzte die geschilderten persönlichen Grundkonstellationen voraus, wurde aber von strukturellen Bedingungen überlagert. Dies wird deutlich, wenn man den Entwicklungstrend der Erfurter Gewerkschaften analysiert. Die Zahl der Erfurter Männer und Frauen, die in Gewerkschaften organisiert waren und der Sozialdemokratie nahe standen, stieg von einigen wenigen Hundert in der Zeit des Sozialistengesetzes auf über 10.000 im Jahr 1914 an. Die Zahl der Mitglieder der Hirsch-Dunckerschen Gewerkvereine dagegen schwankte zwischen 1896 und 1912 lediglich um hundert; und die christlich-nationalen Gewerkschaften organisierten nach der Jahrhundertwende nur eine verschwindende Minderheit.[203] Die Dominanz einer Richtung im Gewerkschaftsleben gab die Option praktisch vor: Eine realistische Abwägung der besten Interessenvertretung musste die Entscheidung zugunsten der freien Gewerkschaften beeinflussen.[204]

Des weiteren wirkten sich Tradition und Qualifikation als strukturelle Bedingungen auf die individuellen Entscheidungsprozesse aus. Während die Elite der Buchdrucker und Setzer während des Kaiserreichs ununterbrochen (wenn auch mit Kompromissen und politischer Zurückhaltung) eine eigene Vereinskultur für ihre Berufskollegen zur Verfügung stellen konnte, waren die keinem spezifischen Berufsbild zuordenbaren, aus ihrer ursprünglichen Berufswelt herausgerissenen Fabrikarbeiter in gewisser Weise traditionslos. Häufiger Arbeitsplatzwechsel, fehlende Ansprechpartner und Organisationskerne taten ihr übriges dazu, dass der Verband der Fabrikarbeiter erst nach 1906 Fuß fassen konnte.

Gründung einer Erfurter Ortsgruppe der Internationalen Gewerksgenossenschaft der Schuhmacher unter maßgeblicher Vermittlung der Erfurter Schneider [sic!]); *Heß*, Sozialdemokratie, S. 30f.

202 Materialsammlung Steffen, StAE 5/850–2, Bd. 2, Bl. 73 (Mitteilung des Arbeitnehmerverbandes der Friseur- und Haargewerbe an A. Steffen, 1. Dezember 1922). Die Neugründung erfolgte erst siebzehn Jahre später im Jahr 1908.

203 Materialsammlung Steffen, StAE 5/8850–2, Bd. 1.

204 Bereits in den 1880er Jahren wurde dieses Argument benutzt, um Arbeiter zu gewinnen. Auf einer Volksversammlung der Lederarbeiter meinte Paul Reißhaus: »Da könnten die Fachvereine ganz andere Erfolge aufweisen [als die Gewerkvereine] und müsse er (Reißhaus) daher die Anwesenden vor dem Beitritt zu den Gewerkvereinen warnen« (Polizeibericht vom 24. August 1886, StAE 1–2/120–2, Bl. 106).

Ein weiteres Merkmal, das den Beitritt in einen berufsbezogenen Verein maßgeblich beeinflusste, stellt das Geschlecht dar. Frauen waren in den freien Gewerkschaften immer eine Minderheit. Im Jahr 1906, in dem der Frauenanteil in den Gewerkschaften erstmals zu ermitteln ist, lag der Anteil bei 2,8 Prozent, stieg aber bis Jahresende 1913 auf 11,5 Prozent (1.191 Mitglieder).[205] Für die Heimarbeiterinnen und das fast völlige Versagen des Schneiderverbandes bei der Organisation dieser Frauen sind bereits wesentliche Gründe angesprochen worden. Allgemein kamen für Frauen weitere Hemmnisse hinzu. Die Doppelbelastung in Haushalt und Beruf ließ kaum Zeit, um sich noch außerhäuslich und -beruflich zu engagieren; den oft geringen Verdienst wollte man nicht auch noch für einen Vereinsbeitrag opfern; die unregelmäßigen Beschäftigungsverhältnisse ließen einen Beitritt nicht sinnvoll erscheinen; die Gewissenskonflikte und Auseinandersetzungen mit den Eltern oder dem Ehemann über die Rolle der Frau in Familie und Gesellschaft taten ihr übriges; die Ressentiments der männlich dominierten Gewerkschaftsvereine wirkten abstoßend. Der Schritt in die Öffentlichkeit wurde den Frauen mehr als schwer gemacht. Allerdings sollte man diese Ungleichheit zwischen den Geschlechtern in den Gewerkschaftsvereinen nicht auf ein von männlicher Seite geschürtes, diskursives Missverständnis über die »weibliche Eigenart« am Arbeitsplatz zuspitzen.[206] Zwar lassen die Verhältnisse im Bereich der Schneiderei und Konfektion solchen Überlegungen durchaus ihre Berechtigung, doch zeigt das Beispiel in der Schuhbranche, dass die kommunikativen Bedingungen am Arbeitsplatz, die dort geleisteten Vermittlungsanstrengungen und aufgebauten Kontakte dazu beitrugen, Männer *und* Frauen zum Schritt in die Öffentlichkeit zu bewegen. Die Ungleichheiten wurden damit zwar nicht generell beseitigt, aber ein strukturelles Hemmnis, das jahrzehntelang Bestand gehabt hatte, wies in den zehn Jahren vor Ausbruch des Weltkriegs deutliche Auflösungserscheinungen auf.

Hemmnisse staatlicherseits, die einen Vereinsbeitritt befördern oder behindern konnten, wurden ebenfalls Stück für Stück abgebaut. Nach der Zeit des Sozialistengesetzes waren derart existenzielle Bedrohungen für die Vereinslandschaft nicht mehr aufgetaucht, wenngleich für manche, die das Sozialistengesetz erlebt hatten, bei bestimmten politischen Erscheinungen des wilhelminischen Kaiserreichs die Gefahr virulent zu bleiben schien.[207] Doch das waren – in das Rückschau betrachtet – Nachhutgefechte, die keinen Arbeiter mehr von einem Vereinsbeitritt abhalten mussten; am Anfang des 20. Jahrhunderts war die Heroisierung der Verfolgungszeit in vollem Gang, so dass öffent-

205 Jahresberichte des Gewerkschaftskartells/Arbeitersekretariats Erfurt für die Jahre 1906 und 1913.

206 Vgl. *Canning*, Gender, S.761ff. (Hervorhebung im Original).

207 Vgl. z. B. die Vorgänge um die Umsturzvorlage 1894 und die Zuchthausvorlage (*Wehler*, Gesellschaftsgeschichte, Bd. 3, S. 1007).

liches Engagement als Selbstverständlichkeit erschien.[208] Das Vereinsgesetz von 1908 schuf zudem eine Basis für die politische Partizipation der Frauen.

Resistenter gelten gemeinhin religiöse Überzeugungen in Form des Katholizismus.[209] Für Erfurt scheint allerdings dieses Strukturmerkmal schwächer ausgeprägt gewesen zu sein. Zwar galt auch für Erfurt, dass die Mehrzahl der Aktiven der Arbeiterbewegung dem protestantischen Glauben angehörten oder angehört hatten. So waren 1890 von zweiundzwanzig als »Führer und Agitatoren« bekannte Sozialdemokraten, alle – deren Konfession zu ermitteln war (N = 11) – evangelischen Glaubens. Mit Eduard Smykalla, Karl Heber und Friedrich Heße standen im Jahr 1885 jedoch auch drei Katholiken drei Fachvereinen vor (Schneider, Maurer, Tischler).[210] Offensichtlich nutzte und akzeptierte ein Teil der katholischen Arbeiter in Erfurt die sozialdemokratischen Arbeitervereine. Das lag auch daran, dass das katholische Moment in der Erfurter Gesellschaft als strukturelles Prägemittel weniger präsent war als in anderen Regionen.[211] Die Organisationserfolge unter den Handwerkern und Arbeitern blieben bescheiden.[212]

Strukturelle Hemmnisse wie Geschlecht, Konfession oder staatliche Repression behinderten die Entwicklung der Gewerkschaften ebenso wie die der Freizeitorganisationen. Doch während sich die Vereine, die den Arbeitsplatzinteressen galten, eine Massenbasis aufbauten, blieben die Freizeitaktivitäten auf Minderheiten beschränkt. Der mit rund hundert Mitgliedern 1893 gegründete Erfurter Arbeiterturnverein bewegte sich auch nach der Jahrhun-

---

208 Vgl. die »Erinnerungen eines Schleusinger Parteiveteranen« (Christian Weiß, Goldlauter) in der Jubiläumsnummer der »Tribüne«: »Wenn uns das Sozialistengesetz auch gar manche Unannehmlichkeit gebracht hat, mit den ständigen Ueberwachungen, den Nachtfahrten mit Gendarmen und Spitzeln auf den Fersen, in Schneestürmen auf den Bergen, mit den Zusammenkünften im Wald, alten Burgen und Burgkellern, gar manche schlaflose Nacht uns brachte, es hatte doch seinen eigenen Reiz, und nach getaner Arbeit, war man reichlich entschädigt durch das beseligende Gefühl, für das Wohl der gesamten Menschheit und besonders der unterdrückten Arbeiterschaft sein alles eingesetzt zu haben. Ende der achtziger Jahre aber hatte das Schandgesetz wie überall in Deutschland auch in Thüringen seinen Schrecken verloren und wir begannen, um mit dem Genossen Bracke zu reden, darauf zu pfeifen« (Tribüne, Jubiläumsnummer vom 1. Januar 1914, S. 11).

209 Siehe *v. Saldern*, Wer ging in die SPD?, S. 177 sowie mit einem knappen Überblick zum katholischen Milieu *Tenfelde*, Milieus, bes. S. 256ff. sowie allgemein zur Bedeutung »von religiösen Wertmustern und Bindungen«: *Kaschuba*, 1900, S. 82.

210 Anklageschrift gegen E. Smykalla, K. Heber, F. Heße, 8. April 1884, StAE 1–2/120–2, Bl. 155–165.

211 *Mergel*, Klasse.

212 Festschrift zum 50-jährigen Jubiläum des katholischen Gesellen-Vereins zu Erfurt, Erfurt 1903, Bistumsarchiv Erfurt III.F.1. Mitgliederverzeichnis/Statuten, 1898, ThSTA Gotha, Regierung zu Erfurt, Nr. 857, Bl. 170; Halbjahresbericht der Polizeiverwaltung, 9. September 1909, ThSTA Gotha, Regierung zu Erfurt, Nr. 465, ohne Bl.-Nr. Bei diesen katholischen Vereinen handelt es sich allerdings um Organisationen, die nicht von Arbeitern/Gesellen gegründet und geleitet wurden. Im »Schutzvorstand« des Gesellenvereins war kein einziger Geselle vertreten.

dertwende in seiner Mitgliederstärke in ungefähr diesem Rahmen,[213] und der Arbeitersängerchor konnte 1912 220 aktive sowie 30 bis 40 passive Mitglieder verzeichnen, der Frauen- und Mädchenchor rund 140 Mitglieder.[214] Für die Arbeiter, die sich einem Verein anschließen wollten, blieb die Hoffnung auf die Verbesserung der materiell-sozialen Lage die treibende Kraft; hier waren die Gemeinsamkeiten am stärksten ausgeprägt, eine Verständigung über anzustrebende Ziele am ehesten möglich.[215] Im Freizeitbereich zerfaserte die Interessenidentität, traten die individuellen Hemmnisse stärker in den Vordergrund und machten den Vereinsbeitritt eher zur Ausnahme statt zur Regel. Das Verhältnis von Struktur und Individuum blieb in einer latenten Spannung. Die Erfahrung von Ungleichheit und Ungerechtigkeit wurde je nach Beruf, den man ausübte, höchst unterschiedlich verarbeitet oder von manchen anscheinend gar nicht als handlungsrelevant wahrgenommen.[216] Viele blieben in dem Korsett struktureller Hemmnisse gefangen, andere wagten den Ausbruch. Durchaus im Sinne zweckrationalen Handelns fand dabei die Mehrheit den Weg zu den Gewerkschaften oder den Konsumvereinen. Der Mobilisierungseffekt kultureller Angebote verpuffte dagegen weitgehend. Möglicherweise gab das Vereinsleben hierfür den Ausschlag.

Vereinsleben. Je nach Zweck und Funktion des jeweiligen Arbeitervereins lag der Schwerpunkt seiner Aktivitäten anders. Gleichzeitig war das Vereinsleben multifunktional und bot Geselligkeit, Bildung, Kultur und Politik. Darüber hinaus existierten weitere übergreifende, funktionsunabhängige Merkmale, etwa die hohe Mitgliederfluktuation. Um einen Kern ortsfester, etablierter Arbeiter lagerten sich andere Arbeiter an, die je nach äußeren Bedingungen oft nur für Monate im jeweiligen Verein verweilten. Sowohl die Vereinsführung als auch die einzelnen Vereinsmitglieder mussten davon ausgehen, bei Versammlungen ständig auf fremde Kollegen zu treffen. Besonders betroffen hiervon waren vor allem die berufsbezogenen Vereine. Der Erfurter Ortsverein der Holzarbeiter etwa registrierte im Jahr 1905 insgesamt 176 neu hinzugewonnene Mitglieder. Fast genauso viele verließen in diesem Jahr den Verein, da die Gesamtzahl der Mitglieder am Jahresende lediglich um zehn Ar-

---

213 *Lossien*, S. 15, 17; Aktenvermerk, 23. Dezember 1894, StAE 1–2/124–8, Bl. 2 RS. Vgl. die Halbjahresberichte der Polizeiverwaltung, ThSTA Gotha, Reg. zu Erfurt, Nr. 458ff.
214 Halbjahresbericht vom 9. Dezember 1912, ThSTA Gotha, Regierung zu Erfurt, Nr. 466, ohne Bl.-Nr. Sechs Jahre früher waren im Thüringer Arbeiter-Sängerbund 2.030 aktive und 705 passive Mitglieder in 62 Vereinen in 49 Orten zusammengeschlossen (Flugblatt des Thüringer Arbeiter-Sängerbundes, 17. März 1906, ThSTA Gotha, Regierung zu Erfurt, Nr. 415).
215 Dieser Ansatz hebt im Gegensatz zu Welskopp, der das politische Partizipationsbedürfnis als Motivationsfaktor herausstreicht, auf die soziale Komponente bei der Mobilisierung und Partizipation der Arbeiterschaft ab (*Welskopp*, Banner, 2000).
216 Vgl. *Welskopp*, Mensch, S. 39–70.

beiter angestiegen war. Diese Mobilität fiel je nach Beruf durchaus unterschiedlich aus. 1907 gehörten von den knapp 800 organisierten Erfurter Schuhmachern ein Viertel noch nicht einmal ein Jahr der Gewerkschaft an, während es bei den organisierten Buchdruckern 15 Prozent waren. Insgesamt hatte die Buchdrucker-Organisation einen stabileren Kern, da fast die Hälfte der Mitglieder seit mehr als fünf Jahren dem Verein angehörten – gegenüber nur 26 Prozent bei den Schuhmachern.[217] Das Vereinsinnere spiegelte die äußere, strukturelle Situation der Arbeiterschaft. Der Unterschied zwischen Schuhmachern und Buchdruckern reproduzierte auf Vereinsebene unterschiedliche berufliche Voraussetzungen. Der Unterschied zwischen stabilem Kern und fluktuierenden Arbeitern verwies auf die unterschiedlichen Lebensbedingungen der Arbeitergenerationen wie auch der einzelnen Berufsgruppen.[218]

Die Mobilität der Arbeiter, die auf das Vereinsleben durchschlug, hatte weitere vereinsinterne Konsequenzen. Im Verlauf des Kaiserreichs bedeutete das Aufeinandertreffen von Kern und mobilen Arbeitern immer mehr einen Generationenkonflikt. Unterschiedliche Sozialisationsbedingungen drangen damit in den Verein ein und bestimmten manche interne Auseinandersetzung. Vor allem seit den 1890er Jahren war das eine nicht zu unterschätzende Konfliktlinie. Denn die Entscheidung zum Vereinsbeitritt wurde in der Regel früh im dritten Lebensjahrzehnt getroffen. Das Durchschnittsalter der 67 neu eingetretenen Mitglieder des Schneider-Unterstützungsvereins lag 1890 bei 24 Jahren, während die acht ›Veteranen‹, die bereits seit 1886 dem Verein angehörten, durchschnittlich 34 Jahre alt waren.[219] Damit trafen die jungen Neuankömmlinge, die im Kaiserreich groß geworden waren, die oft losgelöst vom handwerklichen Hintergrund ihre beruflichen Erfahrungen gesammelt hatten, auf eine Gruppe älterer Kollegen, die seit Jahren das Vereinswesen der Stadt bestimmten und leiteten.[220] Dieses bestehende Netzwerk, das wiederum aus den Verfolgungsbedingungen des Sozialistengesetzes unter den Älteren seine Legitimation erhielt, wurde nun von den Jungen als »Cliquenwirtschaft« empfunden.[221] Hier trafen unterschiedliche Vorstellungen aufeinander, die nicht allein aus parteipolitisch unterschiedlichen Einstellungen resultierten: Etablierte, in Erfurt aufgewachsene oder inzwischen integrierte Vorstände auf

217 Jahresbericht Gewerkschaftskartell/Arbeitersekretariat 1907, S. 32; Gedenkschrift des Erfurter Ortsvereins, 1908, Mitglieder-Verzeichnis (eigene Berechnung).

218 Vgl. *Langewiesche/Schönhoven*, Einleitung, S. 25.

219 Mitgliederliste der Schneider, 1890, StAE 1–2/124–24 (mit Geburtsdaten).

220 Siehe auch Münzenberg, der bei der Gründung des Vereins »Freie Jugend«, die »feindselige Haltung der Alten« beklagte (*Münzenberg*, Lebenslauf, S. 21; Front, S. 22).

221 Vgl. die Kritik des neu nach Erfurt zugezogenen Heinrich Schulz, an dem »schädlichen Cliquenwesen« im sozialdemokratischen Verein. H. Schulz, bereits erfahrener und älterer Aktivist der Sozialdemokratie, gelang es zu diesem Zeitpunkt, die Debatte zu entpersonalisieren und zu versachlichen (Tribüne, Nr. 27 vom 31. Januar 1899).

der einen Seite, in der Großstadt sozialisierte, ihre Angebote nutzende junge Arbeiter auf der anderen Seite.[222]

Die Mobilität der Arbeiter, die sich hier mit generationell unterschiedlichen Erfahrungen und Vorstellungen verband, war im Vermittlungsprozess der Milieubindung daher ambivalent. Einerseits förderte die Fluktuation den Austausch von Informationen. Mitglieder aus anderen Orten konnten neue Anregungen für das Organisationsverhalten, für die Präsentation nach außen oder für die Mitgliederwerbung einbringen.[223] Andererseits blieben sich durch die häufige Fluktuation die einzelnen Mitglieder fremd,[224] konnten die oftmals nur von einem Bruchteil der Mitglieder besuchten Versammlungen keine dauerhafte Brücke zwischen den beiden Gruppen bilden. Schließlich blieb die Masse der durch Erfurt Wandernden, die in der »Herberge zur Christlichen Heimat« gegen Arbeit verpflegt wurden (siehe Kapitel II.1), für die Gewerkschaften unerreichbar.[225] Das Vereinsleben reproduzierte daher sozialindividuelle Ungleichheitsebenen der Arbeiterschaft.

Auf den ersten Blick erschwerend kam hinzu, dass kaum ein festes Vereinslokal zur Verfügung stand. Von daher waren die Arbeiter, die sich zusammenschließen wollten, auch innerhalb der Stadt immer wieder auf ›Wanderschaft‹. Doch diese Lokalfrage hatte auf der anderen Seite einen stabilisierenden Einfluss. Denn gerade das Lokalverbot verdeutlichte den Arbeitern die Ausgrenzung aus der städtischen Gesellschaft, ließ ihnen gar keine andere Möglichkeit als den Rückbezug auf die eigenen Kreise.[226] Die Milieustabilisierung war schließlich perfekt, als sich ein zentrales Vereinslokal gefunden hatte. Mit

222 Siehe auch die massiven Auseinandersetzungen im sozialdemokratischen Verein zwischen dem Veteran Paul Reißhaus und dem Newcomer Leonhard Kesselring (Polizeibericht vom 5. August 1904, ThSTA Gotha, Regierung zu Erfurt, Nr. 464, o. Bl.-Nr.). Zu den »persönlichen Auseinandersetzungen« im sozialdemokratischen Verein siehe *Trümper*, S. 258. Bei den Konflikten müssen allerdings auch politische Meinungsverschiedenheiten mit berücksichtigt werden (Massenstreikdebatte 1904/05); vor allem in diese Richtung interpretiert bei *Trümper*, S. 64ff. Siehe auch die kritische Bemerkung des Zuschneiders Straßner in der Mitgliederversammlung vom 30. Januar 1899: »Die leichtfertige Wahl zu jugendlicher Genossen, die vielleicht ein oder zweimal in Versammlungen den Mund voll genommen haben, sei eben so verwerflich wie die Drückebergerei älterer, befähigter Genossen« (Tribüne, Nr. 27 vom 31. Januar 1899).

223 In einer Analyse über das »Schuhgewerbe in Württemberg« wurde darauf hingewiesen, dass »die aus Erfurt und Mainz nach Stuttgart gezogenen Lederarbeiter die einheimischen Arbeiter zu höheren Lohnforderungen« angeregt hatten (*Nüdling*, S. 268).

224 Für die Früh- und Konstituierungsphase sieht Eisenberg in dem Wanderzwang und der Mobilität eines der Haupthindernisse für die Entwicklung berufsbezogener Gewerkschaften in Deutschland (*Eisenberg*, Gewerkschaften, S. 208, 259). Für die Entstehungs- und Gründungsphase in Erfurt lässt sich aber zeigen, dass es wandernde Gesellen waren, die zumindest organisatorische Anregungen in die Arbeiterschaft der Stadt trugen.

225 Siehe *v. Saldern*, Wer ging in die SPD?, S. 166.

226 Das Verbot für Militärpersonen, sozialdemokratische Lokale zu betreten, wurde erst am 21. August 1914 per Garnisonsbefehl aufgehoben, StAE 1–2/132–103, Bd. 2. Vgl. allg. zur Lokalfrage *Groschopp*, Bierabend, S. 31f.

dem neuen Wirt Karl Leidel, »haben auch die sozialdemokratischen Vereine dort Einzug gehalten«, lautete der Kommentar der Polizeiverwaltung über die Besucher des »Tivoli« im April 1902. Ein dreiviertel Jahr später konnte sich der Erfurter »Volkshausverein« auflösen, da das »Tivoli« zum zentralen Vereinslokal bestimmt worden war und sich der Neubau eines Volkshauses erledigt hatte.[227] Vereinswesen und Parteipolitik verbanden sich miteinander. Als Arbeiter sich in Verbindung mit organisierten Arbeitern zu setzen, hieß nun, als Sozialdemokrat angesehen zu werden. Die Arbeiterpartei ihrerseits schuf eine zentrale Anlaufstelle, stellte Räume der Geselligkeit und der Zusammenkunft bereit. Erreicht wurden damit immer mehr Arbeiter, aber das Missverhältnis zwischen der großen Zahl an Gewerkschaftsmitgliedern und der eher geringen Zahl in Freizeitvereinen Organisierten blieb bestehen, erst recht das Missverhältnis zwischen sozialdemokratischen Wählern und dem geringen Anteil derjenigen, die parallel dazu sich in der Öffentlichkeit der Vereinslandschaft engagierten. Die direkte milieuspezifische Prägung ging über einen bestimmten Kreis nicht hinaus,[228] die Strahlkraft der materiellen Belange sowie der politische Vertretungsanspruch waren dagegen kräftiger.

Ein Blick in das Versammlungsleben hilft, dieses Missverhältnis aufzuklären. Zunächst galt: Das Leben im Verein bestand keineswegs nur aus internen Streitigkeiten, ständigem Mitgliederaustausch und ständiger Suche nach geeigneten Räumlichkeiten. Den Mitgliedern wurde in jeder Hinsicht etwas geboten.[229] Drei Formen der vereinsinternen und vereinsübergreifenden Kommunikation sollen im folgenden vorgestellt werden: vereinsinterne Kurse und Versammlungen, öffentliche Versammlungen und schließlich Feiern in öffentlicher und geschlossener Form.

Durchaus in der Tradition der unter bürgerlicher Leitung gegründeten Arbeiterbildungsvereine der nachrevolutionären Zeit standen Veranstaltungen, in denen fachspezifisches Wissen vermittelt wurde. Sie blieben den Vereinsmitgliedern vorbehalten, konnten auf der Haben-Seite des Vereinsbeitritts verbucht werden. Mitte der 1880er Jahre bot der Fachverein der Tischler seinen Mitgliedern einen Buchführungskurs an, und der Schneiderverband organisierte in den 1890er Jahren immer wieder Zuschneidekurse.[230] Diese Angebote zielten auf die berufliche Selbstständigkeit und verdeutlichen die

---

227 Aktenvermerk, 16. April 1902, StAE 1–2/132–103, Bl. 27 RS; Auflösungsbeschluss, 14. Januar 1903, StAE 1–2/124–10.

228 Siehe auch *Mooser*, S. 164.

229 Vgl. *Welskopp*, Banner, Teil II.

230 Flugblatt des Fachvereins der Tischler Erfurts, 1885, ThSTA Gotha, Regierung zu Erfurt, Nr. 478, Bl. 226f.; Polizeibericht über eine Schneiderversammlung, 3. November 1890, StAE 1–2/124–24, Bl. 79. Für den Kurs schrieben sich an diesem Abend sofort 26 Mitglieder ein. Aus einer Versammlung vom 25. Oktober 1896 geht hervor, dass diese Kurse in den folgenden Jahren fortgeführt wurden (ebd. Bl. 193).

handwerklichen Leitbilder in diesen Arbeiterorganisationen.[231] Angesprochen wurde damit aber nur ein kleiner Kreis. In diesen Zirkeln bildete sich zwar eine starke Binnenhomogenität und hohe Kommunikationsdichte aus, die Wirkung nach außen war allerdings begrenzt. Mit den wirtschaftlichen Veränderungsprozessen seit den 1890er Jahren und durch die abweichenden Erfahrungen der jungen Arbeiter hatte sich diese Form der vereinsinternen Kommunikation überlebt.

Blieb man in den Kursen unter sich, so galt dies satzungsgemäß auch in den nichtöffentlichen Versammlungen, in denen sich jedoch nur ein begrenzter Teil der organisierten Arbeiterschaft traf. Das Mobilisierungspotenzial der vereinsinternen Versammlungen blieb begrenzt. Von den über 2000 Mitgliedern der Schuhmachergewerkschaft im Jahr 1910 waren zu jeder der 22 Mitgliederversammlungen »im Durchschnitt 206 Mitglieder« erschienen.[232] Es stellt sich daher die Frage, ob die vereinsinterne Öffentlichkeit wirklich einen Geselligkeitsanspruch erheben konnte und eine Geselligkeitsfunktion inne hatte.[233] Mir scheint es eher so, dass die vereinsbezogene Öffentlichkeit von Anfang an als Ort der Meinungsbildung und Interessenartikulation, aber auch als Ort der Selbstvergewisserung und *vereinsmäßigen* Verständigung fungierte.[234] Hier wurde »Politik gemacht« und man versuchte, auf das gesellschaftlich-öffentliche Leben einzuwirken; dass man dabei auch einige Bier trank, war ein angenehmer Begleitumstand, aber nicht die Funktion nichtöffentlicher Vereinsversammlungen.[235] Vor allem nach der Jahrhundertwende blieb für Geselligkeit in nichtöffentlichen Versammlungen kaum noch Platz:[236] Auf Referate wurde häufig verzichtet, »da die zu erledigenden regelmäßigen Parteiangelegenheiten den Vereinsabend voll ausfüllen«.[237] Eben deshalb, weil es in dieser Beziehung so trocken zuging, waren nur Teile der Arbeiterschaft zu

231 Siehe den Aspekt der Selbstständigkeit aus der Perspektive der Familiengründung bei *Ehmer*, Heiratsverhalten, S. 206f.

232 Jahres-Bericht für das Jahr 1910. Arbeiter-Sekretariat und Gewerkschafts-Kartell Erfurt, S. 60f.

233 *Groschopp*, Bierabend, S. 28ff. betont die zunehmende »Trennung des Politischen vom Geselligen« in den Arbeitervereinen, geht also davon aus, dass Geselligkeit zunächst ein wesentlicher Aspekt im Vereinsleben darstellte.

234 Der Begriff der »*Fundamentaldemokratisierung*« ist andererseits aber auch sehr hoch angesiedelt für die Funktion und Bedeutung im Vereinsleben (*Tenfelde*, Entfaltung, S. 111, Hervorhebung im Original).

235 Selbst unter den Mitgliedern des sozialdemokratischen Vereins wusste man seine gesellige Freizeit anders zu nutzen, wie eine Äußerung J. Simons auf einer Mitgliederversammlung vermuten lässt: »[D]er gesellige Verkehr [der sozialdemokratischen »Anhänger«, d. Vf.] ist höchst primitiv, treffen sich drei oder vier, so wird Skat gekloppt.« (Tribüne, Nr. 27 vom 31. Januar 1899).

236 Anders in der frühen Arbeitervereinsbewegung (vgl. *Welskopp*, Banner, S. 300ff.).

237 Jahresbericht des sozialdemokratischen Vereins 1900/01, in: Tribüne, Nr. 87 vom 14. April 1901.

erreichen und es trafen sich diejenigen, die ohnehin das öffentliche Leben im Verein bestimmten.[238] Viele konnten mit dieser Art der Zusammenkünfte, der Diskussion, der argumentativen Auseinandersetzung, der Konflikte mit und um Worte (aber auch um Personen) nichts anfangen und verweigerten die Teilnahme. Der mangelnde Zuspruch an Vereinsversammlungen führte dabei weniger zu einer Korrektur der eigenen Versammlungspraxis,[239] sondern mündete eher in eine Anstandsschule für die Arbeiter: »Eine der hässlichsten Angewohnheiten der Arbeiter ist es, nicht nur in großen politischen, sondern auch oft in Vereins-, Krankenkassen-, Konsum- und sonstigen Versammlungen, wo sie als gleichberechtigte Besucher zu gelten haben, wenn sie sich scheu *in die Ecken und Winkel eines Saales* drücken. Es erweckt immer den Anschein, als ob es ihnen noch an dem nötigen Selbstbewusstsein mangele, oder als ob sie sich schämen müssten, inmitten des Saales gesehen zu werden. ... Bei längeren Vorträgen ... sollten die Arbeiter unbedingt darauf sehen, dass vor und während des Vortrages das *Rauchen eingestellt* wird«.[240]

Öffentliche Versammlungen, in denen (tages)politische, soziale, unterhaltende oder allgemeinbildende Themen auf der Tagesordnung standen, bildeten von Anfang an wichtige Versuche, Arbeiter zu mobilisieren und für die Anliegen und Ideen der Arbeiterbewegung zu gewinnen.[241] Generell lassen sich dabei folgende Hauptformen unterscheiden: Wahlkampfversammlungen (von der Reichstags- bis zur Stadtverordnetenwahl); öffentliche Mitgliederversammlungen (vor allem bei den Gewerkschaften), um mit fachspezifischen Themen die eigene Basis zu verbreitern; allgemeinbildende, kulturelle Themenabende, um neue Publikumskreise anzusprechen bzw. den eigenen Mitgliedern neue Horizonte zu öffnen, aber auch um sie identitätsstiftend enger an die Vereinsöffentlichkeit zu binden. Den höchsten Besucherandrang erlebten Wahlkampfveranstaltungen in Jahren, in denen Reichstagswahlen stattfanden, aber auch Versammlungen zu Stadtverordnetenwahlen konnten über tausend Zuhörer anlocken. Besonders zahlreich besucht wurden ebenfalls

---

238 Noch kritischer *v. Saldern*, Arbeiter-Reformismus, S. 233.

239 Vgl. aber die interne Kritik am Versammlungswesen: »Gegenseitige Anrempeleien, an denen nur zwei oder drei Personen interessiert sind, werden mit einer Ausdauer, die wirklich einer besseren Sache wert, behandelt. Dazwischen erfolgen Geschäftsordnungsdebatten, die schier gar nicht abreißen wollen. Ein Teil der Versammelten verlässt nach und nach den Saal« (Tribüne, Nr. 96 vom 25. April 1895).

240 Tribüne, Nr. 288 vom 10. Dezember 1907, Beilage (Hervorhebung im Original).

241 Das Themenspektrum von fast hundert öffentlichen »Volksversammlungen«, die zwischen 1875 und 1878 gehalten wurden, reichte von einem »Vortrag des Agitators Klute über die wahren Bestrebungen des Jesus von Nazareth und des Christentums der Jetztzeit. Hierauf Entgegnung des Diakonus Scheibe« bis zur Frage nach der »Stellung der Frau zum heutigen Staate und zum Sozialismus« (Tagesordnungen bei den vom 9. März 1875 bis zum 25. März 1878 in Erfurt abgehaltenen Volksversammlungen, Anlage zum Bericht der Polizeiverwaltung Erfurt, 12. August 1878, StAE 1–2/124–1, Bl. 40/41).

Veranstaltungen, in denen Reichstagsabgeordnete von außerhalb einen Vortrag hielten.[242]

Öffentliche Versammlungen, die kulturell-unterhaltende, allgemeinbildende Themen zur Tagesordnung hatten, sollten sowohl den Alltag der Versammlungen als auch den Alltag der Arbeiter aufbrechen. Den Teilnehmern wurde etwas geboten, das sie für einige Zeit die Arbeit vergessen ließ. Die Vielgestaltigkeit der Vereinsfunktionen wird hier deutlich. Im November 1889 sprach Paul Reißhaus in einer öffentlichen Schneiderversammlung über die Pariser Weltausstellung sowie »über Paris selbst und das Tun und Treiben in dieser Stadt«.[243] Themen zu Bildung und Kultur gewannen allerdings erst in der Zeit nach 1890 an Bedeutung, ohne sich in der Masse der Versammlungen quantitativ in den Vordergrund zu schieben. Mit der Institutionalisierung dieser Bildungsbestrebungen – zunächst in Form eines Bildungsausschusses des sozialdemokratischen Vereins sowie ab 1906/07 einer gemeinsamen Bildungskommission des Vereins, des Gewerkschaftskartells und der Zentralbibliothek – wurde der Bereich der Unterhaltung und Allgemeinbildung weiter ausgebaut.[244] So konnte der Bildungsausschuss 1911 auf einen erfolgreichen Vortragskurs über »Die Geschichte unserer Erde« blicken: »Je Abend« kamen um die vierhundert Besucher, von denen über die Hälfte jünger als dreißig Jahre waren.[245] War mit diesen populär(wissenschaftlich)en Themen offensichtlich noch ein relativ breites Spektrum an Teilnehmern zu erreichen,[246] hielten sich die Mobilisierungseffekte im Ganzen gesehen dennoch in Grenzen. Angesichts der geringen Teilnehmerzahl wurde in einer öffentlichen Versammlung des Schneiderverbands im Dezember 1896 resigniert der erste Punkt »Volksbildung der Arbeiterbewegung« wegen zu schwacher Beteiligung sogleich von der Tagesordnung abgesetzt«, und man ging zu politischen Themen über.[247] Bei der Vermittlung von ›Hochkultur‹ taten sich immense Schwierig-

---

242 Im Oktober 1884 konnte Reichstagsabgeordneter Grillenberger in einer öffentlichen Versammlung vor 1.100 Menschen über das Unfallversicherungsgesetz sprechen (StAE 1–2/ 124–1, Bl. 282–88). Ein halbes Jahr später hatte Reichstagsabgeordneter Bock aus Gotha im Kaisersaal rund 2.000 Zuhörer, als er über das Arbeiterschutzgesetz sprach. Vgl. allgemein *v. Saldern*, Arbeiter-Reformismus, S. 194–197.

243 Halbjahresbericht der Polizeiverwaltung, 7. März 1890, StAE 1–2/124–2, Bl. 265–277.

244 Siehe Jahresbericht des sozialdemokratischen Vereins Erfurt 1905/06 (Tribüne, Nr. 162 vom 15. Juli 1906, Beilage), Jahresbericht 1906/07 (Tribüne, Nr. 162, 14. Juli 1907, Beilage). Siehe auch Kapitel VII.

245 Jahres-Bericht für das Jahr 1911 vom Arbeiter-Sekretariat und Gewerkschafts-Kartell Erfurt, 1911, S. 12.

246 Zwei Jahre später konnten bei der Vortragsreihe »Wirtschaftliche Grundlagen des Sozialismus« lediglich durchschnittlich 123 Besucher pro Abend registriert werden, wobei die prozentuale Verteilung nach Altersgruppen unverändert blieb (Die Gewerkschaftsbewegung in Erfurt im Jahre 1913. Gewerkschaftskartell Erfurt, S. 25).

247 Polizeibericht vom 6. Dezember 1896, StAE/124–24, Bl. 202. An jenem Abend waren nur 26 Teilnehmer erschienen; der zweite Punkt betraf die Landagitation.

keiten auf. 1905 lehnte das Gewerkschaftskartell »eine vom Vorstand geplante Schillerfeier« schlicht ab und 1909 wurde bedauert, »dass auch die Schiller-Feier am 10. November 1909 (150. Geburtstag Schillers) nur schwach besucht war«.[248]

Da man sich aber innerhalb der Arbeiterschaft durchaus bewusst war, dass »durch Heben der Geselligkeit de[r] Zusammenhalt zu fördern« war,[249] gewannen ungezwungene Feste, frei von kulturpolitischen Vorgaben, eine große Bedeutung.[250] Selbst mitten in der Verfolgungszeit des Sozialistengesetzes blieb Zeit für Momente der Abwechslung, des Vergnügens, der Freude und der Geselligkeit: »Am Sonntag den 17. d. Mts. [Juni 1883] von Nachmittags 3 Uhr bis Nachts 12 Uhr haben hiesige Socialdemokraten mit ihren Frauen und Kindern in dem Lokale des ›Gasthofs zur Henne‹ sich vergnügt durch Kegelspiel, Sackhüpfen pp. und Abends durch Tanz, wobei die Windischholzhausener Musikanten aufgespielt«.[251] Wie bei den Versammlungen ist auch hier eine Unterscheidung in vereinsinterne und öffentliche Formen sinnvoll. Denn erstere waren in ihrer Gestaltung eher auf Identifikationsfindung und Binnenhomogenisierung, auf das unbeschwerte »Unter-sich-Sein« gerichtet. Es musste nicht agitiert werden und man musste keine Botschaft vor sich her tragen.

Eine andere Funktion hatten dagegen öffentliche Feste. Hier wollte man etwas bieten, sich nach außen repräsentieren, offen sein für andere, im Spektakulären in gewisser Weise das Unspektakuläre der Arbeiterbewegung demonstrieren, den Arbeitern damit die Ängste nehmen, Kontaktbarrieren abbauen und Anknüpfungs- und Berührungspunkte schaffen.[252] Anders als bei

248 Jahresberichte Gewerkschaftskartell/Arbeitersekretariat, 1905, S. 4; 1909, S. 23; 1910, S. 33. Als Gründe für den Niedergang wurden u. a. das Fehlen eines geeigneten Saales (obwohl das Vereinsheim »Tivoli« längst existierte!) sowie die »Vereinsmeierei« der Mitglieder und Arbeiter genannt (Jahresbericht 1910, S. 33). Es gab aber auch Lichtblicke: Der Mozartabend im Jahr 1910 wurde von 830 Menschen besucht (ebd.).

249 So interpretierte zumindest ein Vertreter des Erfurter »Verbands der Buchbinder und Papierarbeiter Deutschlands« im Jahr 1922 die Tatsache, dass ab den 1880er Jahre vermehrt Berichte über das Vereinsleben der Buchbinder in der Buchbinder-Zeitung auftauchten (Materialsammlung Steffen, StAE 5/850–2, Bd. 2, Bl. 31 [Schreiben des Verbandes der Buchbinder und Papierarbeiter Deutschlands an A. Steffen, 20.11.1922]).

250 Vgl. für die Feste der frühen Arbeitervereinsbewegung *Welskopp*, Banner, S. 339ff.

251 Polizeibericht vom 22. Juni 1883, StAE 1–2/124–1, Bl. 262.

252 Welche starke Anziehungs- und Ausstrahlungskraft von diesen neutralen Festen ausging, zeigt ein Garnisonsbefehl vom Juni 1889: »Das Garnisonskommando in Erfurt verbietet auf Anregung der Polizeiverwaltung allen Unteroffizieren und Mannschaften die Theilnahme an dem am 23.6.1889 auf dem Auenkeller stattfindenden Sommervergnügen des Gesangsvereins ›Morgenstern‹, weil die Mitglieder dieses Vereins Socialdemokraten sind« (Garnisonskommando an Polizeiverwaltung, 22. Juni 1889, StAE 1–2/120–3, Bl. 232). Dabei waren diese Feste keineswegs nur als politische Veranstaltungen ausgelegt: Auf dem Sommerfest 1887 des Gesangvereins gab es »keine Reden[,] nur Koncertaufführungen und Tänze« (Polizeibericht vom 9. Juli 1887, ebd., Bl. 84).

einem Vereinsbeitritt war in diesem Feld am unverbindlichsten eine Verknüpfung zwischen Arbeiterschaft und Arbeiterbewegung möglich. Im Vergleich zu den anderen öffentlichen Kontaktebenen war dies die schwächste Verbindungslinie, aber die quantitativ erfolgreichste: Etwa wenn 1887 bei einem Ball des Unterstützungsvereins der Buchdrucker Erfurts, der im »I. Theil« mit dem »Harzburger Marsch« und Walzern aus Johann Strauß' »Wiener Blut« eingeleitet wurde, der beobachtende Polizist vermeldete, dass »sehr viele junge Leute theil nahmen, welche nicht Mitglieder waren«.[253] Dabei konnte man je nach Gelegenheit und Bedarf durchaus politische Botschaften einstreuen. Paradigmatisch für die Verknüpfung der verschiedenen Funktionsebenen steht das vom sozialdemokratischen Verein organisierte »Große Volksfest« vom 19. Juli 1891. »Instrumental- und Vokalkonzert. Tanz. Belustigungen für Erwachsene und Kinder. Blumenverlosung. Massengesang. Grosse Zaubervorstellung. Brilliant-Feuerwerk« standen auf dem Programm. Mit »Alpenklänge[n], Ländler[n], Marsch-, Walzer- und Potpourri-Musik« war hier die leichte Muse angesagt; lediglich mit einem Lied aus Richard Wagners Oper »Tannhäuser« wagte man einen kurzen Ausflug ins ›ernste Fach‹. Der Erfolg gab den Organisatoren recht: Rund 3000 Menschen fanden sich in und um das »Tivoli« zusammen, um das Volksfest zu feiern. Wer von den Besuchern die 15 Pfennig für das gedruckte Festprogramm ausgab, erhielt auch einige politische Anregungen. Versprach das »Trutzlied« noch einen heiteren Beginn: »Nun, Genossen, lasst das Sorgen / Ausserm Spiel beim frohen Fest, / Der ist klug, der nächst dem Morgen / Auch das Heute gelten lässt /«, folgte die politische Aufklärung auf den Fuß: »Auch die anti-ti-semitschen/ Weltreformer nenn' ich euch: / Sie verpesten mit mephit'schen / Dünsten noch das ganze Reich. / Käme Lessing heute wieder / Und der Schiller noch dazu, / Und der Goethe erst, sie schlössen / Jenen gleich die Thüre zu. // Seht ihr aber uns're Leute / Unaufhaltsam vorwärts geh'n, / Kühnen Muts, im Bettlerkleide / Nach der Menschheit Höhen späh'n, / Strömt euch wieder durch die Glieder / Neue Hoffnung, Lebenslust«.[254] Deutlich wird die Funktion derartiger Veranstaltungen, die bei allem Vergnügungsanspruch nie das politisch-agitatorische aus den Augen ließen. Möglicherweise gelang es über diese ironisierende Form, verbunden mit den gebotenen sinnenfrohen Genüssen, mehr Menschen in ihrer alltäglichen Erfahrung anzusprechen und sie für den intellektuell-ideengeleiteten Anspruch (siehe die Referenzpersonen Lessing, Schiller, Goethe) zu gewinnen.[255]

253 Im gleichen Jahr gelang es dem »Unterstützungs-Verein deutscher Schuhmacher« zur musikalischen Untermalung die Kapelle des 71. Regiments zu gewinnen und damit viele Gäste anzulocken (Schreiben vom 27. Juli und 1. August 1887, StAE 1–2/120–2, Bl. 312).
254 Programm zum Grossen Volksfest am 19. Juli 1891, StAE 1–2/124–3, Bl. 66ff.; Teilnehmerzahl nach Polizeibericht vom 20. Juli 1891, ebd. Bl. 65.
255 Vgl. zur Rezeption idealer Normen bei den ›kleinen Leuten‹ *Blessing*, S. 363f.

Im zeitlichen Verlauf drohte den übergreifenden Veranstaltungen jedoch eine dreifache Gefahr.[256] Zum einen bedrohten private, familiale Freizeitaktivitäten die von Arbeitern für Arbeiter organisierte Freizeit; zum zweiten zogen die neuen Vergnügungen der Massenkultur ein immer größeres Publikum an,[257] und zum dritten gefährdete die sozialdemokratische Milieustabilisierung (etwa durch das Vereinshaus) die relative Offenheit. Dennoch bewahrten die Feste insgesamt ihre Attraktivität und boten Gewähr für eine relative Breitenwirkung. Für beide Festformen mit ihren unterschiedlichen Kontaktebenen galt nämlich, dass sie außerhalb des sozialdemokratischen Festkalenders (März-, 1. Mai-, Lassalle-Feier) stattfanden.[258] Sie standen eher für das volkskulturelle Erbe, zeigten Seelenverwandtschaft zu der Masse der kleinen Leute. Bei allen Erfolgen dieser Öffentlichkeitsarbeit, bei diesem Bestreben, die Arbeiterbewegung nicht nur als politische Institution und erfolgreiche Interessenvertretungspartei darzustellen, sondern sie auch populär zu machen, bleibt das Gesamtresultat ernüchternd.[259] Das sozialdemokratische Milieu blieb ein Arbeiter- und Handwerkermilieu, aber nur ein (großer) Teil der Arbeiter, Handwerker und kleinen Selbstständigen war mit dem sozialdemokratischen Milieu so tief verwurzelt, dass es über die Stimmabgabe bei Reichstagswahlen (schon nicht mehr bei Landtags- oder gar Stadtverordnetenwahlen) oder über die Mitgliedschaft in einer Gewerkschaft oder einem Konsumverein hinausging.

Kontakt- und Kommunikationsschienen in Öffentlichkeit und Verein. Die Vielzahl der Vereine bedurften zu ihrer Stabilisierung und Vernetzung Knotenpunkte der Vermittlung. Unverzichtbar war die personelle Kommunikations- und Kontaktebene, die sich sowohl diachron als auch synchron beschreiben lässt. Im ersten Fall gilt es, die personelle Tradition über die vier Jahrzehnte des Kaiserreichs hinweg zu rekonstruieren, im zweiten Fall handelt es sich darum, Doppel- und Mehrfachmitgliedschaften innerhalb der Vereinslandschaft zu beschreiben. Während der erste Punkt Rückschlüsse auf die Träger und Elite der Arbeitervereine zulässt, bietet der zweite Untersuchungsschritt Möglichkeiten, über Reichweite und Einfluss des Arbeiterbewegungsmilieus zu reflektieren.

---

256 Siehe auch Tribüne, Nr. 85 vom 11. April 1909, Beilage.
257 Siehe *Blessing*, S. 373 sowie umfassend *Kift*, passim.
258 Siehe *Ritter/Tenfelde*, Arbeiter, S. 833.
259 Die Dichtigkeit der Grenzen des sozialdemokratischen (und katholischen Arbeiter-) Milieus um und nach der Jahrhundertwende betont *Tenfelde*, Milieus, bes. S. 259; siehe zur begrenzten Integrationskraft des soziokulturellen Organisationsmilieus der SPD an der Wende zum 20. Jahrhundert *Welskopp*, Banner, S. 507f. Dagegen betont die neuere Freizeitforschung, die sich des Alltags der kleinen Leute annimmt, eher das Aufbrechen der Milieus durch die Massenkultur.

Eine Kontinuitätslinie zwischen den 1860er Jahren, als in Erfurt eine ADAV-Ortsgruppe, ein liberal dominierter Handwerkerverein und erste Gewerkschaftsorganisationen gegründet wurden,[260] und den 1870er Jahren ist weder für die Basis noch für das Leitungspersonal der Arbeitervereine zu belegen. Da mit Johann Moritz Hirsch, der es bis in den Vorstand des ADAV gebracht hatte, die zentrale Figur Erfurt 1871 verließ,[261] stand die Erfurter Arbeitervereinsbewegung vor einem Neuanfang.[262] Drei Männer schoben sich dabei in den 1870er Jahren in den Vordergrund. Nur bei ihnen lässt sich ein durchgängiges öffentliches Engagement von den Anfängen des Kaiserreichs bis 1912/14 in Erfurt erkennen: Gottfried Dunker, Franz Fahrenkamm und Friedrich Stegmann. Alle drei arbeiteten sowohl in der frühen (partei)-politischen wie der gewerkschaftlichen Vereinsbewegung und leisteten eine aktive Koordination der beiden Ebenen. Dunker war 1878 Vorsitzender des »Allgemeinen Schneider-Vereins«. Stegmann hatte Mitte der 1870er Jahre in Erfurt eine »Filialexpedition« der »in Gotha erscheinenden Thüringische Volkszeitung« übernommen, die 300 Abonnenten in Erfurt hatte.[263] Fahrenkamm als Jüngster war (allerdings erst 1887) sowohl Vorsitzender des »Kranken-Unterstützungsbundes der Schneider« als auch des Gesangvereins »Morgenstern«.[264] Diese drei integrierten die aus Berlin, Hamburg oder Leipzig ausgewiesenen Sozialdemokraten. Während viele Sozialdemokraten sich nur für einige Wochen oder Monate in Erfurt aufhielten,[265] ließen sich die beiden Schneidermeister Paul Reißhaus und August Staupe 1880 bzw. 1881 dauerhaft in Erfurt nieder.[266] Die Generation der in den 1840er und 1850er Jahren Geborenen stand nun an der Spitze; sie kam nach wie vor aus der Welt des (verlegten) Handwerks und blieb zunächst auch noch darin verwurzelt.[267] Hinzu kamen weitere Arbeiter und Handwerker, die sich aktiv bei der Verteilung von Flugblättern und bei Wahlkampfveranstaltungen beteiligten.[268] Dieser über-

260 Siehe *Heß*, Revolution, S. 277–280; *Offermann*, Arbeiterbewegung, S. 528.

261 *Heß*, Entwicklung, S. 302; *Offermann*, Arbeiterpartei, S. 265–268.

262 Hinzu kamen strukturelle Probleme im Zusammenhang mit der Reichseinigung, als die Arbeiterparteien als »Vaterlandsfeinde« verunglimpft wurden (siehe allgemein *Groh/Brandt*, S. 20–25).

263 Bericht der Polizeiverwaltung an den Regierungspräsidenten, 12. August 1878, StAE 1–2/124–1, Bl. 53–57. Die »Thüringische Volkszeitung« nannte sich in ihrem Untertitel »Organ des arbeitenden Volkes« und wurde von der Polizeiverwaltung als sozialdemokratisches Blatt eingestuft.

264 Mitteilung an die Polizeiverwaltung, 12. September 1887, StAE 1–2/124–2, Bl. 105–107.

265 StAE 1–2/154–1, Bl. 26, 35; StAE 1–2/124–1, Bl. 236f.

266 Siehe *Trümper*, S. 164–166.

267 Nach ihrer Ankunft machten sich Staupe und Reißhaus nicht selbstständig, sondern arbeiteten als abhängig Beschäftigte in verschiedenen Schneiderwerkstätten, bis ihr politisch-gewerkschaftliches Engagement sie zum Schritt in die Selbstständigkeit zwang.

268 Durchsicht der Akten ThSTA Gotha, Regierung zu Erfurt, Nr. 486, 487, 488. Siehe auch die tabellarische Darstellung in *Schmidt*, Milieus, 1999, S. 239.

schaubare Kern von rund 25 Personen hatte zum größten Teil Handwerksberufe erlernt (entsprechend der Erfurter Wirtschaftsstruktur und des Verän-
derungsdrucks waren vor allem Schneider und Schuhmacher vertreten); zu
einem hohen Prozentsatz waren diese Männer Familienväter. Sie bildeten den
ortsfesten, stabilen, ›anlagerungsfähigen‹ Kern. Der innere Führungskern der
Erfurter Arbeitervereinsbewegung hatte sich unter den Verfolgungsbedingungen des Sozialistengesetzes ausgebildet und behielt über das Ende des
Sozialistengesetzes hinaus Leitungsfunktionen innerhalb der verschiedenen
Vereine. Damit gewann die Führungs- und Funktionärsebene in den folgenden Jahrzehnten an Stabilität. Dies lässt sich am Beispiel einer aus dem Jahr
1906 überlieferten Liste »führender Sozialdemokraten« nachzeichnen. Demnach waren von diesen 40 im Stadtkreis Erfurt aktiven Sozialdemokraten 23
bereits in den späten 1880er und frühen 1890er Jahren vor allem in Fach- und
Unterstützungsvereinen in Leitungspositionen tätig oder zumindest Mitglied
gewesen.[269]

Dieser traditionelle Kern, dessen Mitglieder nach der Jahrhundertwende
über 50 Jahre alt waren, wurde nach 1900 ergänzt. Die Ausdifferenzierung des
Vereinswesens, die ständig steigenden Aufgaben innerhalb des Arbeiterbewegungsmilieus machten diese Ausweitung nötig. Die neuen Mitglieder, die
Leitungsaufgaben übernahmen, rekrutierten sich aus drei Gruppen. Als erstes
gelang es Arbeitervereinsführern ihr Engagement an die Söhne zu vermitteln
(über die Töchter ist nichts zu erfahren[270]). Gegenüber der Schulausbildung
ihrer Eltern bekamen diese Kinder bessere Startbedingungen geboten. Die
Kinder von Paul Reißhaus, Gottfried Dunker, Friedrich Stegmann, Hugo
Böhm und Friedrich A. Dünnebeil besuchten nicht die elementare Volksschule, sondern wurden von ihren Eltern in die nächsthöhere Schulstufe, auf die
Bürgerschule, geschickt.[271] Die Söhne von Reißhaus und Stegmann erlernten
denn auch nicht mehr das Schneiderhandwerk ihrer Väter, sondern waren

269 Abgleich folgender von der Erfurter Polizeiverwaltung geführten Listen: a) Liste der in
Erfurt »wohnhaften sozialdemokratischen Agitatoren«, Oktober 1884: 14 Personen, davon 5
Schneider/-meister, 3 Schuhmacher (StAE 1–2/120–1, Bl. 234); b) Liste der in Erfurt »vorhande-
nen sozialdemokratischen Führer und Agitatoren«, April 1890: 22 Personen, davon 7 Schneider/
-meister, 6 Schuhmacher/-meister, 3 Zigarrenarbeiter/-macher (StAE 1–2/120–4, Bl. 10–18 und
ThSTA Gotha, Regierung zu Erfurt, Nr. 459, Bl. 93ff.); c) »Verzeichnis der führenden Sozialdemokraten in Stadt- und Landkreis Erfurt«, Januar 1906: 40 Personen für den Stadtkreis, davon 8
Schneider/-meister, 3 Schuhmacher/-meister, 6 Buchdrucker/Setzer, 2 Tabak-/Zigarrenarbeiter
(StAE 5/851–1, Bd. 3).
270 Siehe aber die folgende Anmerkung.
271 Das lässt sich aus einer »Liste ungetaufter Kinder an Erfurts Schulen« aus dem Jahr 1890
erkennen. Wie tief die unterschiedliche Auffassung über die Rolle der Geschlechter verwurzelt
war, lässt sich daran ablesen, dass Reißhaus von seinen drei Kindern zwar keines taufen ließ, die
Söhne Oswald und Walter allerdings auch dem Religionsunterricht fernblieben, während die
Tochter Hildegard den Religionsunterricht besuchte (ThSTA Gotha, Regierung zu Erfurt, Nr.
847).

gelernte Schriftsetzer und übernahmen Redakteursposten bei der »Tribüne«. Ihre Integration in das sozialdemokratische Milieu, die als vererbte Milieu-bildung beschrieben werden kann,[272] verlief erfolgreich.

Überhaupt bildeten die Redakteure der sozialdemokratischen Zeitung einen zweiten Führungskreis seit den 1890er Jahren.[273] Das waren bis auf wenige Ausnahmen keine studierten Intellektuellen, sondern sie hatten noch einen Handwerksberuf erlernt (vor allem im Druckgewerbe). Ihre Geburtsdaten, die in den 1860er und 1870er Jahren liegen, zeigen, dass sie das Sozialisten-gesetz nicht mehr direkt in seiner Härte (außer vielleicht in der Verhaftung oder Repression der Väter) erlebt hatten. Dafür mussten viele von ihnen jetzt für Artikel, in denen der Strafbestand der »Majestätsbeleidigung« festgestellt worden war, ihren Kopf hinhalten. Möglicherweise liegt in dieser Erfahrung der Willkür einer der Gründe, dass die Redakteure (in den meisten Fällen) eher geneigt waren, radikale statt reformerische Haltungen zu vermitteln und damit auch hohe Anforderungen an ihr Publikum und ihre Rezipienten stellten.[274] Verstärkt wurde diese Tendenz dadurch, dass sie sich ›auf die Sache selbst‹ konzentrieren konnten. Sie trafen auf vorhandene urbane wie vereins-mäßige Infrastrukturen und konnten damit umgehen. Sie übernahmen die Koordination und Leitung zwischen politischen und kulturellen Vereinen, waren jedoch kaum in Gewerkschaftsvereinen aktiv.[275] Vor allem kam ihnen die Funktion zu, öffentliche Veranstaltungen zu organisieren, zu leiten und dort Referate zu halten. Sie waren an erster Stelle Meister des Wortes, nicht mehr Meister in der Produktion. Ihr Denken war nicht mehr nur auf die un-mittelbare Lebenswelt und Arbeitssituation der Arbeiterschaft gerichtet.[276]

Die Vermittlungsfunktion zwischen den Redakteuren und den Lesern ge-staltete sich daher zweischneidig. Gerade die Redakteure brachten rhetori-sches Talent und Überzeugungskraft mit, andererseits richteten sie hohe Er-wartungen an das Vereinsleben, dass die Verständigung mit der Basis nur eingeschränkt gegeben war. Ein Beispiel über die Berichterstattung aus dem Vereinswesen mag dies zeigen. Vernichtend fiel die Kritik über ein Fest des

272 Vgl. *Tenfelde*, Milieus, S. 257.

273 ThSTA Gotha, Regierung zu Erfurt, Nr. 503, 414, 415, 417, 10023; Tribüne, Jubiläums-Nr. vom 1. Januar 1914; *Trümper*, S. 168f., 185f., 246. Insgesamt konnten 30 Redakteure berück-sichtigt werden, die längerfristig in Erfurt arbeiteten.

274 Siehe zum Beispiel: »Die ›Tribüne‹ muss aber auch Rekruten werben, sie muss ein Agitationsorgan sein. Sie soll die von ewiger kapitalistischer Frohn stumpf und denkträge ge-machten Massen wecken .... Aber die Arbeiterschaft soll nicht nur denken, sondern auch *richtig* denken, *historisch* denken lernen. Sie darf ihr Ziel nicht in der Lösung kleiner Augenblicksauf-gaben erblicken, die oft drohen, ihre ganze Kampfkraft in Anspruch zu nehmen« (Tribüne, Nr. 188 vom 13. August 1905). Vgl. auch die Einschätzung Rosa Luxemburgs zur Erfurter Tribüne als »linksgerichtet« (zitiert nach *Fricke*, Handbuch, S. 552, S. 1199).

275 Siehe die Zusammenstellung bei *Trümper*, S. 250–253. Hinzu kamen weitere Tätigkeiten in den Preß-, Agitations- und Kontrollkommissionen des Vereins (ebd., 253–257).

276 Siehe etwa Tribüne, Nr. 182 vom 8. August 1906.

Arbeiterturnvereins aus: »Im zweiten Teile produzierten sich Turner als eine internationale Damenriege am – Reck. ... Hier verfiel man aber, bei der Sucht etwas neues zu bieten, in den Fehler, diese Turnübungen in Damenkostümen ausführen zu lassen. Diese Geschmacklosigkeiten gegenüber einem Publikum, das zum größten Teil aus Familien besteht, verdient auf das schärfste gegeißelt zu werden. Bei den folgenden Programmnummern ... wurde dem Publikum alles Mögliche, nur nichts Gutes geboten«.[277] Auf Grund unterschiedlicher Erwartungshaltungen konnten die Redakteure mit dem derben Humor der Vorführung nichts anfangen. Die Kluft tat sich auch deshalb auf, weil nicht mehr die gemeinsame Erfahrung des Arbeitsplatzes im Vordergrund stand, sondern unterschiedlich interpretierbare Werte und Normen, unterschiedliche Vorstellungen wie wirkliches Arbeitervereinsleben auszusehen habe.[278]

Diese Diskrepanz erklärt sich auch daraus, dass der Führungszirkel sich zunehmend aus sich selbst reproduzierte, die Redakteure, nachdem sie in diese Funktion gekommen waren, von einem sozialdemokratischen Presseorgan zum nächsten wechselten, ohne noch den gemeinsamen Erfahrungshintergrund mit der Arbeiterschaft zu teilen. Es gab als dritte Ergänzungsgruppe seit den 1890er Jahren einen reichsweiten Personen-Pool, aus dem sich die lokale Arbeiterbewegung bedienen konnte, um zentrale Leitungspositionen zu besetzen. Die Stelle des Erfurter Arbeitersekretärs etwa wurde nicht mehr mit einem Erfurter Mitglied besetzt, sondern mit Heinrich Schrader, der in Hamburg die entsprechenden Erfahrungen gesammelt hatte und die organisatorischen und rechtlichen Kenntnisse und Kompetenzen für diese Stelle mitbrachte.[279]

Spannungen und Brüchen zwischen Basis, Führungsgruppen und Vermittlern wurden offensichtlich. Im gleichen Maße wie das Angebot der Arbeitervereine nach 1890 wuchs, nahm die Auseinandersetzung darüber zu, was ihre ›richtigen‹ Aufgaben sein sollten. Es stellt sich daher die Frage, wie dennoch die – insgesamt gesehen – beeindruckenden organisatorischen Erfolge zustande kamen, welche Qualifikation die Vermittler mitbrachten und wie der Kommunikationsprozess in Gang gehalten werden konnte. Unverzichtbar war erstens kommunikative Kompetenz.[280] Paul Reißhaus hatte Anfang der 1880er Jahre den Nimbus »mit allen hervorragenden Führern [der Sozialdemokratie] in Verbindung« zu stehen und sich in Berlin organisatorische Fähigkeiten er-

277 Tribüne, Nr. 41 vom 17. Februar 1899, Nr. 50 vom 28. Februar 1899.
278 Vgl. *v. Saldern*, Arbeiter-Reformismus, S. 232f. Dort wird allerdings meiner Ansicht nach das Auseinanderfallen der unterschiedlichen Wahrnehmungen von Arbeitern und Vermittlern zu stark hervorgehoben.
279 Tribüne, Nr. 161 vom 13. Juli 1907. Insgesamt hatten sich 27 Personen um die Stelle beworben. Zum Vorstellungsgespräch eingeladen waren Keidel aus Pirmasens, Nehrkorn aus Erfurt und Heinrich Schrader. Siehe allgemein *Tenfelde*, Arbeitersekretäre.
280 Ebenso *Welskopp*, Banner, S. 748.

worben zu haben.[281] Dank seines rednerischen Geschicks gelang es ihm 1889, statt der Gründung eines Arbeiterbildungsvereins die Gründung eines Wahlvereins durchzusetzen.[282] Heinrich Schrader konnte sich in dem Auswahlverfahren zum Arbeitersekretär auch deshalb durchsetzen, weil er »in sehr beredter Weise« ein einstündiges Referat über ein vorgegebenes Thema hielt, während sein Erfurter Konkurrent in seinem dreiviertelstündigen Vortrag das Thema lediglich »(ausführlich) … verbreitete«.[283] Erworben wurden die Fähigkeiten vor allem im Selbststudium, in der Lektüre. Wilhelm Bock resümierte: »Das Lesen und Studieren der sozialistischen Broschüren und Bücher machte mich zum begeisterten Anhänger der Sozialdemokratie. Jeden Abend las ich bis 11 Uhr und bis Mitternacht«.[284]

Zweitens spielten Erfolg und Erfahrung im Berufsleben bei den aus handwerklichen Kreisen stammenden Kommunikatoren eine wichtige Rolle. Gerade bei den berufsbezogenen Vereinen musste der Gewerkschafter wissen, wovon er sprach, wollte er vor den versammelten Kollegen Wirkung erzielen.[285] Es war entscheidend zu wissen, was sich in den Werkstätten oder Fabrikhallen abspielte, um neue Mitglieder zu erreichen, sie in ihrer alltäglichen Arbeitserfahrung anzusprechen. Überzeugen konnte nur der, der tagsüber im Betrieb ›seinen Mann stand‹, um am Abend selbstbewusst aufzutreten und zu erklären, dass die persönliche Fähigkeit, der persönliche Erfolg nicht ausreichte, um die eigene Situation wie die Lage aller Kollegen zu verbessern.

Drittens repräsentierten die Spitzen der Arbeitervereinsbewegung positiv besetzte Werte, die Ausstrahlungskraft auf Teile der Arbeiterschaft hatten. In einem Flugblatt des sozialdemokratischen Vereins Erfurt vom Februar 1890 hieß es: »Herr Reißhaus hat es durch Geschicklichkeit, Reellität [sic], Pünktlichkeit und unermüdlichen Fleiß soweit gebracht, um sich ein Haus – das er zum Betriebe seines umfänglichen Geschäfts haben musste – kaufen zu können«.[286] Der Bezug auf diese Werte machte die Vermittlung zu Handwerker-

281 Polizeipräsident von Berlin an Polizeiverwaltung Erfurt, 6. Juli 1881, StAE 1–2/154–1, Bl. 35.

282 Polizeibericht vom 2. November 1889, StAE 1–2/124–3, Bl. 1f.

283 Tribüne, Nr. 161 vom 13. Juli 1907.

284 *Bock*, S. 11. Dieses Leseabenteuer hat in der autobiographischen Literatur geradezu Topos-Charakter (siehe *Loreck*, S. 159ff.).

285 Nachdem die Ausgewiesenen Reißhaus, Staupe und Erpel, in Erfurt Arbeit gefunden hatten, wurden sie auch »seitens ihrer Arbeitgeber … als fleißige und ordentliche Arbeiter gelobt« (Polizeiverwaltung an den Regierungspräsidenten, 8. September 1881, StAE 1–2/124–1, Bl. 234 f.).

286 Flugblatt des sozialdemokratischen Vereins Erfurt, Februar 1890, StAE 1–2/120–3. Reißhaus und der Verein reagierten damit auf Vorwürfe, Reißhaus habe, nachdem er sich selbstständig gemacht hatte, als Arbeitgeber die bei ihm beschäftigten Schneider und Schneiderinnen ausgebeutet. Vgl. zusammenfassend *Heß*, Sozialdemokratie, S. 82, allerdings mit einseitiger Interpretation (politisch habe sich Reißhaus gewissermaßen schon auf dem direkten Weg zum MSPD-Mann 1918/19 befunden; psychologisch: »Überbetonung seiner Person, … Geringschätzung anderer«). *Trümper*, S. 258 übernimmt diese Sichtweise.

Arbeitern, zu kleinen selbstständigen Handwerksmeistern, zu ortsfesten (Fabrik)-Arbeitern und ähnlichen Kategorien einfacher als zu den unsteten, jugendlichen Berufsgruppen.[287]

Schließlich errangen die Vermittler dadurch Kompetenz, Vertrauen und Anerkennung, dass sie kompromisslos ihr Leben für die von ihnen vertretenen Inhalte einsetzen. Viele von ihnen nahmen den Verlust ihres Arbeitsplatzes in Kauf, wenn sie im Betrieb ihre Kollegen ansprachen oder eine Partei- oder Gewerkschaftszeitung verteilten; prominente Arbeiterführer und die Journalisten der »Tribüne« gingen für ihre Überzeugung ins Gefängnis. Diese konsequente Haltung bestärkte innerhalb des sozialdemokratischen Milieus die Anhänger von der Richtigkeit ihrer Kritik an Herrschaft und Macht und wirkte für die lose mit dem Milieu verkoppelte Arbeiterschaft solidarisierend. Im bürgerlichen Lager stieß diese Kompromisslosigkeit auf Unverständnis und verstärkte die gegenseitige Außenabgrenzung.

Die persönlichen Voraussetzungen und Kompetenzen machen die überragende Bedeutung der Vermittler selbst deutlich. Für die Arbeiter waren Ungleichheit, Lohnabhängigkeit, die unterschiedlichen Machtverhältnisse im Betrieb, in der Gesellschaft und Politik – kurz: die Strukturen – unverzichtbarer Resonanzboden, aber es bedurfte des Anschlages, um ihn zum Schwingen zu bringen. Das bedeutet keinesfalls eine Heroisierung oder Personalisierung dieser Vorgänge (die »Agitatoren« waren ja – meist – Kinder dieses Umfelds und dieser Strukturen), aber dieses Modell hilft verstehen, wie die Vermittlung zwischen Struktur und Individuum im kommunikativen Prozess und durch die unterschiedlichen Kontaktmöglichkeiten zustande kam. Außerdem macht es deutlich, wo die Grenzen der Vermittlung lagen, welche Gruppen damit nicht erreicht wurden. Vor allem die politische Arena blieb ein Feld, auf dem nur eine Minderheit agierte. Obwohl das Beziehungsgeflecht zwischen Gewerkschaftsbewegung und sozialdemokratischer Arbeiterbewegung eng war, gelang nie eine vollständige Vernetzung. Die Gewerkschaftsvereine waren nicht einfach das Reservoir für den politischen Verein. Unter den gewerkschaftlich organisierten Schneidern etwa machte 1890 der Anteil der im sozialdemokratischen Arbeiterverein Erfurts Organisierten 18 Prozent (N=14) aus, bei den Schuhmachern lag der Anteil bei 9 Prozent (N=36) – und das waren die am stärksten ›politisierten‹ Gewerkschaften um 1890.[288] Generell gesprochen war die Wahrscheinlichkeit auf ein Parteimitglied zu treffen, das ebenfalls gewerkschaftlich organisiert war, weit höher, als unter Ge-

---

287 Man propagierte Werte, die auf die zahlreich in Erfurt anzutreffenden Arbeitergruppen abgestimmt waren (siehe Kapitel I.3 und II.1).

288 Mitglieder-Verzeichnis der Schneider, 1890, StAE 1–2/124–24, Bl. 85–87, 77 Mitglieder; Mitgliederverzeichnis des Vereins deutscher Schuhmacher, Januar 1891, 419 Mitglieder, ThSTA Gotha, Regierung zu Erfurt, Nr. 482, Bl. 252–258.

werkschaftsmitgliedern Angehörige des politischen Vereins zu treffen. 1905 gaben bei einer Umfrage unter 371 Mitgliedern des Erfurter Metallarbeiterverbandes nur 20 Prozent (N=74) an, ebenfalls dem sozialdemokratischen Verein anzugehören.[289] So wenig das sozialdemokratische Arbeitermilieu die gesamte Arbeiterschaft erfassen konnte, so wenig erreichte das sozialdemokratische Parteimilieu bei allen Vermittlungserfolgen die Dichte, die sich die politische Führungsspitze und ihre Kommunikatoren erhofft hatten.

Ergebnisse der Kontakte, Kommunikation und Vermittlung. Der Eintritt in einen Verein oder das Fernbleiben von ihm wie es zu Beginn dieses Kapitels als individuelles und strukturelles Problem beschrieben wurde, kann als Milieubildungsprozess im Kaiserreich interpretiert werden. Als »Rückgrat« der Milieus übernahm das Vereinswesen zahlreiche Funktionen.[290] Als erstes stellte es Möglichkeiten zur Kontaktaufnahme bereit, um sich diesem Milieu anzunähern oder anzuschließen. Das Angebot reichte von den weitgehend bedingungsfreien, ungezwungenen öffentlichen Festveranstaltungen bis zu öffentlichen politischen Versammlungen, vom Arbeitsplatz mit den dort aktiven Vermittlern bis zu den Lokalen oder Vereinsheimen im Stadtviertel. Medien der Vermittlung waren das informelle Gespräch am Kneipentisch genauso wie der zweistündige Vortrag im Wahlkampf oder das gedruckte Wort auf Flugblättern und in der Presse. Aus dieser Sicht stellten sich Vereine als Teil des öffentlichen Lebens und des jeweiligen Milieus offen dar, schließlich war ihnen daran gelegen, ihre Basis zu erhalten und zu vergrößern.[291]

Andererseits hatten die Vereine die Funktion, ihren Mitgliedern das Gefühl der Zusammengehörigkeit und des Zusammenhalts zu vermitteln. Das zentrale Erlebnis war, unter Seinesgleichen gleichberechtigt seine Zeit zu verbringen und dabei ähnliche Zwecke und Ziele zu verfolgen. Mit diesem Trend zur Binnenhomogenisierung im Verein – wie im gesamten Milieu – ging die Tendenz einher, maßregelnd auf die Mitglieder einzuwirken, ja, soziale Kontrolle auszuüben.[292] Diese konnte von der berechtigten Sanktion gegenüber Mitgliedern, die Vereinsinterna nach außen trugen,[293] über die an die staatliche Überwachungspraxis gemahnende Kontrolle der Wahlbeteiligung bei Stadtverordnetenwahlen, die Verdrängung nichtorganisierter Arbeiter von ihrem

289 Tribüne, Nr. 287 vom 8. Dezember 1905, Beilage. 8,1% gehörten dem Gesangverein, 4,3% dem Konsumverein, 3,2% dem Turnverein und 1,6% dem Arbeiter-Radfahrer-Verein an. Inwieweit sich hinter den einzelnen Vereinszugehörigkeiten wieder Doppel- und Mehrfachmitgliedschaften verbergen, lässt sich nicht feststellen, da die Daten nur in dieser aggregierten Form vorliegen.

290 *Tenfelde*, Milieus, S. 251.

291 Siehe auch *Kaschuba*, 1900, S. 84.

292 Ähnlich *Bleek*, S. 174.

293 Polizeibericht vom 27. August 1889, StAE 1–2/124–24, Bl. 28.

Arbeitsplatz[294] bis zu den immer wiederkehrenden Versuchen reichen, die Mitglieder zur ›richtigen‹ Lebens- und Freizeitgestaltung zu erziehen.[295] Die Mechanismen sozialer Kontrolle zeigen, dass das sozialdemokratische Milieu weder ein umfassendes Arbeiterschaftsmilieu bildete noch für alle Arbeiter attraktiv war. So beeindruckend und weitreichend der Emanzipationsprozess der Arbeiterbewegung und ihrer Anhängerschaft zu einer von der bürgerlichen Lebenswelt fast autonomen Sphäre im langfristigen Wandel verlief, traf er doch auf individuelle Widerstände, auf Arbeiterverhalten, das nicht in diese Entwicklung einzuordnen ist. Wesentliche Ursache hierfür war sowohl die Kontaktorientierung von Teilen der Arbeiterschaft zur bürgerlichen Seite als auch die abgrenzend wirkende milieuspezifische Prägung der Arbeiterbewegungswelt.

Drittens übernahmen die Vereine im öffentlichen Leben eine Aufgabe, die zwar in ihnen angelegt war, aber vor allem von außen – sowohl von den Mitgliedern als auch von Seiten der Gesellschaft – zugetragen wurde. Sie integrierten ihre Mitglieder in doppelter Weise in die Gesellschaft.[296] Zum einen boten sie in einer sich urbanisierenden Welt einen Fluchtpunkt für den Einzelnen, der sich außerhalb der Familie (oder der dörflichen Welt) bewegen musste;[297] zum anderen wiesen die Vereine ihren Mitgliedern einen Platz im Gefüge der Gesellschaft zu. Gerade weil in diesem Punkt die Grenzen im Kaiserreich klar gezogen waren, gelang es den Vereinen, die von Arbeitern gegründet, organisiert und geleitet wurden, nicht, die Arbeiterschaft insgesamt zu integrieren. Vor allem in den beiden ersten Jahrzehnten des Kaiserreichs musste hier (bedingt auch durch die politisch-staatlichen Rahmenbedingungen) von den Arbeitern eine Hemmschwelle aus Zurückhaltung und Angst überwunden werden, da das öffentliche Engagement einem Bekenntnis gleichkam. In dem Maße, in dem das Milieu seine Massen- und Breitenwirkung entfaltete, konnten diese Hemmnisse abgebaut werden. Das Wachsen und der interne Zusammenhalt signalisierten ein Machtgefühl, vor allem aber vermittelten sie den Eindruck des Allgegenwärtigen, fast Alltäglichen.

In gewisser Weise lag denn auch in der Abschottung nach außen und der Ausgrenzung von außen eine wesentliche Ursache für den Erfolg, da die

294 Im Januar 1906 lehnten die gewerkschaftlich organisierten Maurer die Zusammenarbeit mit nichtorganisierten Kollegen ab und traten in den Streik (Polizeibericht an den Regierungspräsidenten, 27. Januar 1906, ThSTA Gotha, Regierung zu Erfurt, Nr. 1504, zitiert nach StAE 5/851–1, Bd. 3).

295 »In allen möglichen Vergnügungsvereinen wird so manch kostbare Stunde, so mancher Obolus geopfert – für nichts und wieder nichts. Diese Zustände müssen in der Arbeiterschaft beseitigt werden« (Flugblatt, Oktober 1899, ThSTA Gotha, Regierung zu Erfurt, Nr. 462, zitiert nach StAE 5/851–1, Bd. 3).

296 In diese Richtung zielt auch das seit einiger Zeit in den Vordergrund geschobene Konzept der »sociabilité« bei der Analyse von Vereinen (siehe hierzu *Krey*, S. 172 sowie *Tenfelde*, Stadt, S. 347, Anm. 34).

297 Siehe *Kaschuba*, Lebenswelt, S. 80f.

Arbeitervereine und das Arbeitermilieu ein Potenzial an internen Kontakten und ›Andockstellen‹ aufgebaut hatten, trotz aller Misstöne die Führungskreise die Sprache der Arbeiter sprachen, ihre Ängste und Nöte kannten (und teilten) und dabei Ideen und Zukunftsperspektiven vermittelten, die über die von bürgerlicher Seite angebotenen Integrationsleistungen in die Gesellschaft hinausreichten und attraktiv waren. Von daher umfasste das eben beschriebene Netzwerk aus Vereinen und Kommunikatoren doch große Teile der Arbeiterschaft. Dieser Mobilisierungs- und Partizipationserfolg war keineswegs ausschließlich in Form einer »negativen Integration« vonstatten gegangen. Vielmehr hatte er durch den Transfer bürgerlicher Werte und Vorstellungen genauso wie durch die Ausbildung eines Selbstbewusstseins der Arbeiter für die Gesellschaft des Kaiserreichs stabilisierend gewirkt. Dadurch, dass die politische Gleichberechtigung verhindert wurde, blieb es bei einer partiellen Integration.[298]

298 Vgl. zu diesem anregenden, zur Kontroverse reizenden Konzept *Groh*, Negative Integration, sowie die Kritik von *Lidtke*, Alternative Culture, S. 4f.

2. Kontakte und Kommunikation im Bürgertum

2.1 Der Arbeitsplatz

Eine Geschichte der Arbeiterschaft Erfurts zu schreiben, ohne die Betriebe und die dort von den Arbeitern und Arbeiterinnen verrichtete Arbeit zu analysieren, wäre unmöglich. Eine Geschichte des Erfurter Bürgertums zu schreiben und dabei ihre Arbeit berücksichtigen – muss das sein? Bürgertum, das ist keine Klasse, die sich über eine ähnliche oder gar einheitliche Klassenlage definiert.[299] Die Unterschiede zwischen Beamten, Freiberuflern, Kaufleuten und Fabrikanten sind unübersehbar. Gerade im Vergleich zur Arbeiterschaft ist es dennoch lohnend, einen Blick auf die Arbeitsplätze und Arbeitsprozesse der verschiedenen bürgerlichen Gruppen zu werfen. Das breite Spektrum und die Verschiedenheit der Arbeitsprozesse ist Indiz für die Heterogenität des Bürgertums, gleichzeitig lassen sich aber auch Gemeinsamkeiten und Ähnlichkeiten erkennen.[300]

Acht Aspekte zur Beschreibung bürgerlicher Arbeitsplätze. 1. Zentral ist zunächst die Unterscheidung zwischen manueller und nichtmanueller Arbeit. Sie erlaubt eine großzügige und umfassende Definition bürgerlicher Berufsgruppen, die den Kernbereich des Wirtschafts- und Bildungsbürgertums ebenso einschließt wie die Angestellten. Ausgeklammert bleiben hierbei jene Handwerksmeister, die in den Arbeitsprozess integriert blieben. Ohne die Mitarbeit des Meisters ließ sich der Betrieb nicht aufrecht erhalten. Der Chef konnte sich keineswegs auf buchführerische, planerische Tätigkeiten beschränken. Nahm die meisterliche Mitarbeit immer umfangreichere Formen an und geriet der Meister – was im Bekleidungssektor Erfurts häufig der Fall war – dann noch in Abhängigkeit eines Verlegers, blieb er zwar formell in seiner Selbsteinschätzung unabhängig, aber sowohl was die Form der Arbeit als auch die Art seiner Selbstständigkeit betraf, kann man ihn nicht mehr zum Bürgertum rechnen, selbst wenn man dieses sehr weit definiert. Konnten sich dagegen die Handwerks-

---

299 *Kocka*, Muster, S. 11.

300 Die Quellen- und Literaturlage speziell zu den Arbeitsabläufen in den Kontoren, Kanzleien, Praxen und Chefetagen ist spärlich. Das ansonsten umfassende Buch von *Soénius* über die Unternehmerfamilie Scheidt aus Kettwig streift diesen Aspekt nur am Rande (S. 113ff.).

meister immer weiter aus dem Produktionsprozess zurückziehen und sich als Organisatoren und Verteiler von Arbeit nichtmanuellen Beschäftigungen zuwenden, zählten sie zu bürgerlichen Kreisen. Erleichtert wurde das dadurch, dass diese Meister über mehr Kapital, mehr Einkommen, mehr materielle Ressourcen und damit auch mehr soziales und kulturelles »Kapital« verfügten als der im eigenen Betrieb mitarbeitende Handwerksmeister.

Die Unterscheidung in Handarbeit und Nicht-Handarbeit hatte allerdings nicht nur materiell unterschiedliche Konsequenzen, sondern war auch eine kulturell prägende und symbolisch höchst überfrachtete Trennlinie. Der in Erfurt praktizierende Arzt Max Weitemeyer veröffentlichte 1900 in den Jahrbüchern der Akademie einen Aufsatz über »Die Arbeit und ihre soziale Bewertung«. Hatte er zunächst noch betont, dass die Trennung zwischen körperlicher und geistiger Arbeit nicht allzu scharf begriffen werden solle, da auch »der Former in einer Fabrik, der Lokomotivführer auf der Maschine, der Zimmermaler, der nicht nur nach der Schablone thätig ist, ... seine geistigen Kräfte genügsam zu Hilfe nehmen« müsse,[301] so wird die unterschiedliche Wertschätzung bald deutlich: »Die körperliche Arbeit, die zur Herstellung einer modernen Schnellzuglokomotive nötig ist, ist ein Kinderspiel gegen die Summe der geistigen Leistungen, welche heute in einer solchen Maschine verkörpert sind«.[302]

2. Im Gegensatz zum (verallgemeinert gesprochen) Kommunikation fördernden, Gemeinschaft stiftenden Arbeitsplatz in Industrie und Handwerk war der Arbeitsplatz der bürgerlichen Gruppen oft isoliert, individualisiert.[303] Trotz des Wachstumstrends fand eine Konzentration, eine enge Zusammenarbeit am Arbeitsplatz mit den Kolleginnen und Kollegen in den zentralen bürgerlichen Berufen nicht statt, sondern blieb auf das Randbürgertum beschränkt.[304] In den freien Berufen arbeitete der Rechtsanwalt alleine in seiner Kanzlei, die in Erfurt erscheinenden Zeitungen kamen in der Frühphase des Kaiserreichs noch mit einem Redakteur, ab den 1890er Jahren dann mit zwei bis drei Redakteuren aus. Der Unternehmer traf die Entscheidungen in sei-

---

301 Max Weitemeyer: Die Arbeit und ihre soziale Bewertung, in: Jahrbücher der Königlichen Akademie, Heft XXVII, 1900, S. 163–186, hier S. 171.

302 Ebd., S. 179.

303 Der Bildungsbürger par excellence Victor Klemperer, Professor für Romanistik in Dresden, sah 1936 im Rückblick auf die russische Revolution als wesentliche Konsequenz für das russische Bürgertum, dass es »entindividualisiert und proletarisiert« worden sei (Klemperer, Bd. I, S. 283, Hervorhebung durch d. Vf.). Vgl. umfassend zum Spannungsverhältnis von Individuum und Vergesellschaftung im Bürgertum Hettling, Bürgerlichkeit.

304 Aber selbst hier muss man sich die Größenverhältnisse – im Vergleich zur Arbeiterschaft – klar machen. Einer Umfrage des Bezirksverbandes Thüringen des »Verbandes deutscher Bureaubeamten« zufolge, arbeiteten in 102 Rechtsanwaltskanzleien Thüringens (einschließlich Erfurt) nur zwischen einem und maximal 14 Angestellte pro Kanzlei (Tribüne, Nr. 183 vom 8. August 1905, Beilage).

nem Kontor selbst,[305] trug alleine die Verantwortung und hatte – etwa bei Fragen der Zollpolitik – andere Interessen als sein Unternehmerkollege aus einer anderen Branche. Diese individuelle Gestaltung des Arbeitsumfeldes entsprang einem Leistungsdenken, das Erfolg aus individuellen Fähigkeiten und persönlichem Einsatz ableitete.[306] Dabei konnte im Verlauf des Kaiserreichs und je nach persönlicher Prägung diese Einstellung unterschiedliche Formen annehmen. Der Wahlspruch der Erfurter Großhandelsfamilie Lucius »Non dormire« beschreibt die Bereitschaft, sich bis auf das Äußerste für seine Sache einzusetzen. Es beschreibt aber auch die Konkurrenzsituation zu den anderen Kaufleuten: Entwicklungen nicht zu verschlafen, sich nicht von Konkurrenten übervorteilen zu lassen. Unter solchen Bedingungen war der Weg zu Rechtfertigungsideologien im Gewand sozialdarwinistischer Verformungen mit ihren Kampf- und Überlebensbildern nicht weit. Es kann daher nicht überraschen, dass der Arbeitsplatz für Kontakte und Kommunikation innerhalb des Bürgertums weitgehend ausfiel. Es mussten Foren außerhalb des Betriebs gefunden werden, um sich zu verständigen und auszutauschen. Auch für die wenigen bildungsbürgerlichen Berufe, die schon relativ früh in größerer Zahl ausgeübt wurden, galt, dass die Arbeit vor allem alleine verrichtet wurde. Die Lehrer nahmen nach Schulschluss ihre Arbeiten mit nach Hause, und selbst Verwaltungsbeamte des höheren, erst recht des gehobenen Dienstes erledigten oftmals ihre Arbeit zu Hause oder sie hatten ihre von den Unterbeamten klar abgegrenzten Büroräume, die ihnen allein zur Verfügung standen.[307]

Wenn man sich das Bild des an seinem Schreibtisch arbeitenden Rechtsanwalts, des in seiner Praxis tätigen Arztes, des Fabrikbesitzers in seinem Büro oder des Kaufmanns in seinem Kontor vergegenwärtigt, werden die Ähnlichkeiten und Unterschiede zu den randbürgerlichen Gruppen klar. Arbeitsprozesse wie die der Schriftlichkeit, Planung oder Berechnung sowie die Abgrenzung vom Produktionsprozess fanden sich sowohl im Kern- als auch im Randbürgertum. Daraus bezogen Angestellte ihren Berufsstolz. Jedoch war diese privilegierte Position und äußerliche Nähe zum Kernbürgertum Wandlungen unterworfen und dadurch gefährdet. Am Beginn des Kaiserreichs stellten die Angestellten eine Minderheit dar, die – je nach Sektor, in dem sie arbeiteten – Spezialisten waren, die manchmal alleine oder mit wenigen Kollegen ihrem Vorgesetzten zuarbeiteten. Sie hatten eine wichtige Funktion innerhalb des Betriebs inne. Mit der zunehmenden Geschäfts- und Verwaltungstätigkeit dehnte sich die Angestelltenschaft aus. Es wurden immer mehr Mitarbeiter

305 In Großunternehmen kamen Vorstände und Leitung auch gemeinsam zu Entscheidungen.
306 Siehe z. B. *Mahnkopf*, S. 55; *Kocka*, Muster, S. 17f.
307 *Wunder*, S. 164f. (allerdings für die Frühneuzeit).

nötig, die immer enger zusammenarbeiteten.[308] Arthur Born, der 1894 seine Lehre in der Erfurter Generalagentur der Norddeutschen Feuerversicherungsgesellschaft antrat, erlebte dieses enge Miteinander gleich in mehrfacher Weise deprimierend: »Der Kontrast zwischen Schule und Lehre – hier war er für mich um so größer, als [der Geschäftsführer] junge Leute jeder Schulausbildung, von der Volksschule bis zum Realgymnasium einstellte. Ein solches Mixtum, für Schüler höherer Schulbildung unerfreulich, sollte durchaus vermieden werden, der Unterhaltungston mancher Volksschüler war – ich kann es nicht anders sagen – frivol und abstoßend«.[309] Angestelltenpositionen verloren einen Teil ihrer Exklusivität. Die ähnliche Form einer individuellen Arbeitsweise sowohl im Kern- als auch im Randbürgertum entwickelten sich zu einer bloßen Äußerlichkeit, welche die Unterschiede in den Hierarchieebenen nicht überwinden konnte. Denn die Angestellten blieben weisungsgebunden, ihre Entscheidungsbefugnisse waren begrenzt, sie arbeiteten nicht als Selbstständige, sondern als Gehaltsempfänger. Kern- und Randgruppen des Bürgertums lassen sich damit klar umreißen.

3. Der dritte Aspekt bürgerlicher Berufstätigkeit betraf umfangreiche Teile des Bürgertums, da er auch auf die Handwerkermeister ausgreift. Es handelt sich um das Moment der Herrschaft und Macht, das im Betrieb ausgeübt werden konnte.[310] Trotz zahlreicher staatlicher Regulierungsinstanzen, die im Kaiserreich bestanden oder sich nach und nach bildeten, war sowohl der Handwerksmeister als auch der Unternehmer und Großhandelskaufmann Herr im Haus. Sie bestimmten nicht nur die Leitlinien des Unternehmens, sondern auch über ihre Arbeiter und Angestellten. Diese Herrschaftsfunktion hatte bereits in der Idee des »ganzen Hauses« und im Meister-Gesellen-Verhältnis bestanden.[311] Sie wirkte in der Welt der Industrie fort, legitimierte sich zum Teil über die ständisch-feudalen Wurzeln.[312] Innerbetrieblich entwickelte sich dabei ein abgestuftes System, das Herrschaftsfunktionen auf leitende Angestellte und vor allem Werkmeister übertrug. Gerade letztere wurden in der sozialdemokratischen Presse als korrumpierte »Antreiber« oftmals schärfer angegriffen als die Unternehmer.[313] Herrschaft war aber auch zentraler Bestandteil der anderen Berufsgruppen innerhalb des Bürgertums. Beamte übten bis in die unterste Ebene diese Funktion aus. Edwin Redslob schildert dieses ambivalente System zwischen Herrschaftsausübung einerseits und serviler Unterordnung unter Autoritäten andererseits: »Als ich mit dem Stolz des

---

308 Vgl. als Indiz dieser Entwicklung die ständige Erweiterung der Versicherungszweige bei der Thuringia (*75 Jahre*, S. 41f.).
309 Erinnerung von Arthur Born, StAE 5/110 – B 3, Ms., S. 251f. (verfasst 1944/52).
310 Vgl. hierzu ausführlicher Kapitel III.3.1.
311 Vgl. *Ehmer*, Traditionen, S. 264–267 und passim.
312 So *Mahnkopf*, S. 35.
313 Tribüne, Nr. 101 vom 3.5.1906, Beilage (ein Beispiel von vielen).

jungen Vaters auf dem [Erfurter] Standesamt die Geburt unserer ersten Tochter anmelden wollte, legte der Beamte sein Frühstücksbrot beiseite und fragte barsch: ›Is das Gind läbend oder dot? Wenn es nämlich dot is, müssen Sie an den anderen Schalter.‹ Ich war sichtbar am Bösewerden wegen dieser Art der Abfertigung. Da kam aus dem Hintergrund ein anderer Beamter und flüsterte seinem Kollegen zu: ›Es ist der Herr Museumsdirektor.‹ Darauf devotes Einschwenken und schnelle Erledigung«.[314] In dieser Verfügung über Macht und Weisungsbefugnis lag ein wesentliches Merkmal vieler staatsnaher bürgerlicher Berufe. Zudem war in Teilen des Bürgertums »Führung zum Beruf geworden«;[315] und je stärker einem die Möglichkeit zu führen zu Gebote stand, desto tiefer wurzelte man im Kern des Bürgertums.

4. Dieser Machtanspruch war verkoppelt mit einem vierten im Bürgertum positiv besetzten Berufs- und Persönlichkeitscharakteristikum, das seinerseits in Wechselwirkung mit dem bürgerlichen Leistungsethos stand. Der Arbeitsplatz und der Beruf bildeten zentrale Momente im Selbstwertgefühl des Bürgertums. Man trug Verantwortung für das Ganze: das Unternehmen, den Staat, die Gesellschaft. Beamte fühlten sich teilweise von ihrem Beruf »umklammert«.[316] In der Familiensphäre wurde der Vater von den Kindern als »Berufsmensch« wahrgenommen.[317] In manchen bürgerlichen Haushalten war die Trennung von Arbeit und Familie aufgehoben, etwa in Pfarrhäusern, wo die Institution des Pfarrhauses beide Lebenssphären eng miteinander verband und der Pfarrer sich in einer »totale(n) Berufsrolle« fühlte.[318] Wenn der vereinsmeierische Tausendsassa Pfarrer Richard Bärwinkel zwar mit leicht ironischem Ton seine gesamten Vereins- und politischen Aktivitäten unter seine »Tätigkeit zum Bau des Reiches Gottes auf Erden« subsumierte, kommt darin trotz der religiösen Legitimierung sein umfassender bürgerlicher Anspruch zum Ausdruck, den er an sein Amt und seine Lebensaufgabe stellte.[319] Dieses Verantwortungsgefühl gegenüber dem größeren Ganzen, das noch Anklänge an das bürgerliche Ideal der »Ganzheitlichkeit« mitschwingen ließ,[320] garantierte jedoch wie die anderen vorher genannten Aspekte eine Abstufung innerhalb der bürgerlichen Kreise. In einer hierarchisch geordneten Unternehmens- und Verwaltungsstruktur war klar, dass der Werkmeister – nach diesem Kriterium – nur eingeschränkt, der Lohnbuchhalter gar nicht, der Regierungssekretär bestimmt, der Subalternbeamte bestimmt nicht in die bürgerlichen Zirkel gehörte. Das subjektive Gefühl der Umklammerung durch

314 *Redslob*, S. 126. Siehe *Süle*, S. 93–107, bes. 104.
315 *Tenfelde*, Stadt, S. 338.
316 *Süle*, S. 173.
317 Vgl. *Budde*, Bürgerleben, S. 159. Siehe auch Kapitel III.2.2.
318 *Janz*, S. 40ff. (zum Pfarrhaus), Zitat S. 232.
319 *Bärwinkel*, S. 103.
320 Vgl. *Hettling/Hoffmann*, Wertehimmel, S. 353f.

den Beruf (das ja auf der anderen Seite die Arbeiterschaft genauso empfand, nur andere Konsequenzen daraus zog), das aus der umfassenden Verantwortung resultierte, hatte aber andererseits auch wieder einigende, zumindest aber ausgrenzende Wirkungen. Indem nämlich bis hinunter zur Stufe der unteren Angestellten und Beamten diese in das Gesamtsystem eingebunden waren und Teilverantwortung trugen, blieben sie lose mit dem Kern des Bürgertums verknüpft. Da außerdem sowohl die Gesamt- als auch die noch so geringe Teilverantwortung symbolisch positiv besetzt war, trug dieses Geflecht zu einer Verständigung bei, welche die individuelle, isolierte Arbeitssphäre kompensierte und in gewisser Weise abstrakte Kontaktebenen schuf.

5. Doch auch im Arbeitsprozess finden sich zum Teil Gemeinsamkeiten. Da der Schwerpunkt der Tätigkeiten im nichtmanuellen Bereich lag, war die Form der Arbeit deutlich unterschieden von derjenigen der Arbeiter. Selbst dem Handwerksmeister, der im Kleinstbetrieb arbeitete, fielen Planungs-, Rechnungs- und Schreibarbeiten zu, wollte er sich in einer wandelnden Wirtschaft behaupten. Diejenigen Handwerksmeister, die sich in dieses System nicht einfügen konnten, blieben auf der Strecke und – in den Worten der Forschung – den Strukturen des alten Stadtbürgertums verhaftet. Der Lebenslauf des Erfurter Kommerzienrats Paul Schneider beleuchtet diesen Formenwechsel. Mit Unverständnis blickte der angesehene Wirtschaftsbürger auf die handwerkliche Welt seines Vaters: »Ich habe während meiner Lehrzeit (1866–1869) meinen Vater nicht einmal genau berechnen sehen, was ihm eigentlich ein Paar Stiefel kostete. ... Von allgemeinen Unkosten hatte er ebensowenig eine Idee wie die Mehrzahl seiner Kollegen, es gab ja in ihren Augen keine«.[321] Das Zitat macht in der Beschreibung all dessen, was der Sohn an der Arbeit seines Vaters im Rückblick vermisst, deutlich, was eine (wirtschafts)bürgerliche Tätigkeit auszeichnete. Die kaufmännische, planerische Arbeit stand im Zentrum. Die Vorstellungen des Sohnes entsprachen in stärkerem Maße bürgerlichen Werten als die seines Vaters. Der Sohn vertrat die Ansicht eines zweckrationalen, auf den Erfolg des Betriebes gerichteten Denkens. Lohn, Leistung und Produkt mussten kalkuliert und berechnet werden. Nur so war eine betriebswirtschaftliche Organisation der Firma gewährleistet.[322]

6. Diese Geschäftstüchtigkeit charakterisierte vor allem wirtschaftsbürgerliche Kreise. Schrift und Sprache waren dagegen für alle bürgerlichen und randbürgerlichen Berufsgruppen im Arbeitsprozess unverzichtbar. Durch die hohe Alphabetisierungsquote im Kaiserreich (um 1890 lag die Zahl der Analphabeten unter einem Prozent) war die Fähigkeit zu lesen und zu schreiben in

---

321 Schneider, Mein Lebenslauf, zitiert nach *Marquardt*, S. 33. Siehe zur Tradition des Handwerksmeisterhaushalts, der in der Kategorie der ausreichenden »Nahrung« und nicht in der des »Profits« dachte, auch *Sieder*, S. 105.

322 Vgl. *Reitmayer*, S. 75f.; Paul Schneider gehörte als »alleiniger Inhaber der Eisenwarenhandlung Schneider & Becker« zu den Millionären Erfurts (*Gutsche*, Veränderungen, S. 355).

alle Bevölkerungsschichten eingedrungen.[323] Aber im Bürgertum gehörten diese Fähigkeiten zum alltäglichen (beruflichen) Miteinander. Mit Schreib- und Kopierarbeiten verdienten sich einfache Angestellte ihr Gehalt, in Stenographiervereinen vervollkommneten sie ihre Fähigkeiten rund um die Schrift. Freiberufler waren überhaupt nur über sprachliche und schriftliche Kompetenz in der Lage, sich weiterzubringen.[324] Für Management und Unternehmensleitung schließlich gehörte das Interpretieren von Zahlen und Statistiken, das Auswerten von Geschäfts- und Handelskammerberichten, das Aushandeln von Verträgen mit Geschäftspartnern oder Zulieferfirmen zur alltäglichen Geschäftsroutine. Dabei mussten diese Tätigkeiten keineswegs ›hochgeistige‹ Arbeiten sein. Das seitenlange Führen von Tauf-, Geburts- und Heiratsregistern in den Kirchenbüchern war durchaus eine repetitive Arbeit, die wenig mit der ideellen Hochschätzung des Pfarrerberufs gemein hatte.[325] Angesichts dieser Konzentration auf den Schreibtisch, die Feder, das Blatt Papier kann man dieser Art der Tätigkeit durchaus symbolhafte Bedeutung beimessen, über die eine allgemeine Verständigung und Wertschätzung im Bürgertum erzielt wurde. Aus der Isoliertheit am Arbeitsplatz entstand auf abstrakter Ebene eine verbindende Gemeinsamkeit, welche die fehlenden persönlichen und direkten Kontakte am Arbeitsplatz aber nicht ausglich. Wie am Beispiel der Unterscheidung manueller und nichtmanueller Tätigkeit wird auch in diesem Zusammenhang wieder die Randständigkeit bestimmter Berufsgruppen des Bürgertums deutlich: der Handwerksmeister und kleinen Kaufleute.

Der Wandlungsprozess rund um Sprache und Schrift übte in den Randbereichen des Bürgertums, bei den Angestellten, unmittelbaren Einfluss aus. Hier setzte – durchaus parallel zur Entwicklung in der Arbeiterschaft – eine Maschinisierung der Arbeitsabläufe ein. Vor allem die Verbreitung der Schreibmaschine führte zu entscheidenden Strukturveränderungen, wobei »das Schreibmaschinenfräulein (überall rasch) die männliche Konkurrenz verdrängte«.[326] Das war aber nur die offensichtlichste Seite eines allgemeinen Ausdifferenzierungsprozesses der Arbeitsvorgänge in den Kontoren des späten

323 *Wehler*, Gesellschaftsgeschichte, Bd. 3, S. 1193.

324 Vgl. auch die Definition bei *Siegrist*, Rechtsanwalt, S. 93: »Zweitens werden jene als bürgerlich bezeichnet, die sich mit Werten identifizieren (können) und *kompetent* mit *sprachlich vermittelbaren* und durch das Verhalten wirkenden Symbolen umgehen, die als bürgerlich gelten und das gemeinsame Denken und Handeln des Bürgertums begründen« (Hervorhebung durch d. Vf.). Es bleibt die Frage, ob es sich bei Siegrists Definition um einen ›Zirkelschluss‹ handelt: Als Bürgerliche werden jene bezeichnet, die mit Symbolen umgehen, die »als bürgerlich gelten«.

325 Siehe *Bärwinkel*, S. 24.

326 *Beyer*, Setzmaschine, S. 81. Siehe allgemein zur scharfen Abgrenzung von männlichen und weiblichen Angestellten den Beitrag von *König*, Angestellte, S. 235.

19. und frühen 20. Jahrhunderts, der diese immer mehr zum Arbeitsplatz für Frauen werden ließ.[327]

7. Trotz der relativen Stabilität innerhalb des Arbeitsprozesses unterlagen die Arbeitsverhältnisse im Bürgertum einer bemerkenswerten Mischung aus Unsicherheit und Veränderung einerseits, Planbarkeit und Dauerhaftigkeit andererseits. Davon waren die beiden Kerngruppen des Bürgertums – Wirtschaftsbürger und (verbeamtete) Bildungsbürger – in unterschiedlicher Weise betroffen. Für verbeamtete Bildungsbürger galt generell eine hohe materielle Sicherheit durch Gehalt, Pensionsregelungen und Alterszulagen. Diese Stabilität war allerdings mit einer hohen Mobilität verbunden. Vor allem Verwaltungsbeamte des höheren Dienstes und karriereorientierte Beamte mussten häufige Ortswechsel in Kauf nehmen. Von insgesamt 56 höheren Beamten, die zwischen 1890 und 1900 bei der Kgl. Regierung zu Erfurt arbeiteten, war kein einziger in Erfurt geboren. Während ihrer Ausbildung und ihres Karrierewegs hatten sie in ganz Preußen gearbeitet und in der Regel zwischen zwei und zehn Jahre an einem Ort verbracht. Regierungspräsident Heinrich v. Brauchitsch war während seiner 37-jährigen Dienstzeit an sechs verschiedenen Orten im Einsatz gewesen; der erst seit vierzehn Jahren im Dienst stehende Regierungsrat Max von Bork hatte bereits Breslau, Berlin und Oppeln für mehrere Jahre kennengelernt, bevor er 1887 zur Kgl. Regierung nach Erfurt berufen wurde.[328] Insgesamt hielten sich im Jahr 1890 zwanzig Beamte, deren Aufenthaltsdauer sich ermitteln ließ (vgl. Tab. 12), seit durchschnittlich knapp sieben Jahren in Erfurt auf, wobei die Spannbreite zwischen einem Jahr und 25 Jahren lag:

Tabelle 12: Dienstalter und Aufenthaltsdauer in Erfurt von 20 höheren Beamten, Stichjahr 1890

Dienstalter	37	41	41	36	38	49	28	15	14	14
Aufenthalt	6	9	13	6	10	8	7	10	3	3
Dienstalter	12	11	10	8	7	34	41	42	39	24
Aufenthalt	1	1	3	3	1	25	9	5	9	4

Quelle: ThSTA, Gotha, Reg. zu Erfurt, Nr. 7085, 7086. Angaben in Jahren.

---

327 Siehe *Hoock*, S. 58f.; vgl. zu den Konflikten und Kontroversen um diese Entwicklung *Planert*, S. 64ff.

328 Verzeichnis der Mitglieder der Kgl. Regierung Erfurts, ThSTA Gotha, Regierung zu Erfurt, Nr. 7085, 7086. Siehe allgemein *Süle*, passim.

Gleichzeitig gab es Beamte und Freiberufler, die mit Erfurt fest verwurzelt waren; vor allem bei Lehrern lässt sich eine Tendenz zur Ortsfestigkeit feststellen. Sie konnten zum einen ihre Karrierewege innerhalb einer Schule bis zum Professorentitel zurücklegen; zum anderen waren Aufstiegspositionen in anderen Schulen ebenfalls rar und von einheimischen Lehrern besetzt. Von insgesamt 49 Erfurter Lehrern, deren aktive Dienstzeit im Kaiserreich zu ermitteln war und die in das Untersuchungssample fielen,[329] arbeiteten nur vier weniger als zehn Jahre in Erfurt. Prof. Johannes Biereye, der mit vier Jahren die kürzeste Dienstzeit der untersuchten Lehrer hatte, war auch prompt derjenige, der eine Direktorenstelle an einem Gymnasium in Roßleben erhielt. In seiner Beständigkeit sticht dagegen der Lebenslauf von Gustav Schubring heraus. Er wurde 1843 in Wörlitz als Sohn eines Geistlichen geboren, besuchte das Gymnasium und die Universität in Halle, erhielt 1870 seine erste Anstellung am Erfurter Realgymnasium, wo er bis 1909 beschäftigt blieb und 1898 den Professorentitel verliehen bekam.[330] Dieses Berufsverlaufsbild entsprach insgesamt weit eher der (gehobeneren) Erfurter Lehrerschaft als das Beispiel Biereyes: Die durchschnittliche Dienstzeit der Lehrer betrug 22,3 Jahre. Diese stabile Gruppe an beamteten Bildungsbürgern bildete einen Kristallisationskern, um den sich der mobilere Teil der Beamtenschaft scharte.[331]

Zeichnete sich das verbeamtete Bildungsbürgertum durch hohe materielle Stabilität bei gleichzeitiger regionaler Mobilität aus, war das Verhältnis beim Wirtschaftsbürgertum genau umgekehrt. Ihr materielles Wohl hing von den wechselnden Konjunkturen des Marktes ab, dafür waren sie in ihrer Stadt zumeist verwurzelt.[332] Schließlich konnte weder eine Fabrik noch eine Warengroßhandlung einfach verschoben werden; entweder man gab das Geschäft, den Betrieb auf und setzte sich zur Ruhe oder war – allein schon wegen des Immobilienwertes – an seinen Wohnort gebunden. Diese Aspekte des beruflichen Alltags im Bürgertum verdeutlichen damit sowohl die unterschiedlichen Kontaktdimensionen in Wirtschafts-, Bildungsbürgertum und Beamtenschaft, sie verdeutlichen aber zum Zweiten die Randständigkeit anderer Berufsgruppen. Denn für die einfachen Angestellten und für einen Teil der Handwerksmeister galt, dass sie weder auf eine materielle Sicherheit hoffen

---

329 Es handelt sich um eine prosopographische Auswertung der rund tausend politisch und vereinsmäßig aktiven Bürger Erfurts, die für diese Arbeit systematisch erfasst worden sind. Ein Vergleich mit den Daten zu den höheren Verwaltungsbeamten ist nicht möglich, da sich die Aufenthaltsdauer auf den gesamten Zeitraum des Kaiserreichs und nicht auf ein Stichjahr stützt und nur eine Teilgruppe der Erfurter Lehrerschaft erfasst wurde.

330 Nekrolog auf G. Schubring, in: Jahrbücher der Akademie, N. F. Heft XXXVII, Erfurt 1911, S. 237–239.

331 Siehe *Süle*, S. 167 mit Klagen von Beamten über ihr aus der Versetzungspraxis resultierendes »Nomadentum«. Das Problem schlug auch auf die bürgerliche Vereinslandschaft durch. Vgl. Kap. III.2.3.

332 Diesen Unterschied hebt *Frevert* hervor: Bürgertumsgeschichte, S. 496.

konnten, noch die Garantie hatten, in ihrer Stadt dauerhaft leben zu können.[333] Sie waren dem Arbeitsmarkt weit stärker unterworfen als der engere Kreis des Bürgertums.

8. Eine weitere Trennungslinie in der bürgerlichen Arbeitswelt verlief zwischen Kern- und Randbürgertum und betraf die Mitarbeit von Frauen. Hier gilt der Satz: Je stärker sich die Frauen an der Arbeit des Mannes beteiligten und dadurch – oder durch andere Arbeit – Geld mitverdienen mussten, umso deutlicher waren diese Berufsgruppen am Rand des Bürgertums angesiedelt. Besonders traf das auf Frauen zu, die mit Handwerkern verheiratet waren. Bäckermeister Fiedler etwa beschrieb seinen Start in die Selbstständigkeit: »Pünktlich 6 Uhr früh machte mein junges Frauchen den Laden auf und stellte sich der Kundschaft als Frau Meisterin vor«.[334] Auch in der Beamtenschaft traf man häufig auf Zuverdienst von Frauen. Sie übernahmen Stick-, Strick- und Häkelarbeiten in Heimarbeit.[335] Allerdings wurden diese Tätigkeiten im stillen Kämmerlein durchgeführt, damit das Mitarbeiten nicht nach außen drang.[336] Denn die Rolle der Frau in der bürgerlichen Gesellschaft definierte sich gerade nicht über einen Beruf, sie hatte andere Aufgaben wahrzunehmen.[337] Die Mithilfe der Frau war in den bürgerlichen Kernberufen entweder durch die Art der Beschäftigung des Mannes gar nicht möglich oder – was viel entscheidender war – gar nicht vorgesehen, da Männerwelt und Frauenwelt bei der Arbeit strikt getrennt betrachtet wurden.[338] Im Rahmen der 1894 in Erfurt stattgefundenen Thüringer Gewerbe- und Industrieausstellung waren »unter der liebenswürdigen Leitung der Freifrau v. Tettau ... fünfhundert Damen gewonnen [worden], welche eine reizende Ausstellung von Werken des weiblichen Hausfleisses hervorgezaubert« hatten.[339] Besser konnte das Nebeneinander männlicher und weiblicher Tätigkeit nicht charakterisiert werden. Auf der einen Seite die Männerwelt von Gewerbe und Industrie, auf der anderen Seite die Frauenwelt des Heimschmucks und der Verschönerung des Reproduktionsbereichs. Die Welt hinter der Ladentheke, hinter der sich »Frau Meisterin« Fiedler befand und vor der sich die Tochter eines Celler Ober-

---

333 Vgl. *Haupt*, Bürger, S. 273: »Eine weitere Grenze bürgerlicher Einflussnahme ist in der Struktur des Kleinbürgertums selbst zu suchen. Es handelte sich ... um ein höchst fluides Milieu, in dem Bewegung die Regel, Stabilität die Ausnahme war.« Ausführlich auch *Haupt/Crossick*, S. 57ff., 91ff.

334 *Fiedler*, S. 23. Siehe auch Kapitel III.2.2.

335 Hausindustrie und Heimarbeit im Bereich der Gewerbeinspektion Erfurt I, ca. 1909, ThSTA Gotha, Gewerbeaufsichtsamt Erfurt, Nr. 69.

336 Siehe *Süle*, S. 114, 122, bes. 124.

337 Vgl. *Budde*, Bürgerleben, S. 150ff.; *Planert*, S. 29; *Soénius*, S. 217ff.

338 Siehe *Frevert*, Bürgertumsgeschichte, S. 496. Vgl. auch *Schröder*, Wohlfahrt, S. 376 (dort auch Hinweise auf Versuche, diese Trennung zu überwinden).

339 Eröffnungsrede des Rechtsanwalts Dr. Weydemann, 1. Mai 1894, in: Gewerbe-Verein zu Erfurt. Jahres-Bericht 1893/94, S. 78 (Freifrau v. Tettau war die Ehefrau des Erfurter Landrats).

landesgerichtspräsidenten fürchtete, als sie einen Bremer Großkaufmann heiratete,[340] entsprach nicht den in (männlichen) bürgerlichen Kreisen vertretenen Vorstellungen von Frauentätigkeit. Frauen aus dem Bürgertum mussten sich ihren Platz in der Arbeitswelt als Lehrerin oder Sekretärin erkämpfen.

Die bürgerliche Arbeitswelt, die – wie die Arbeitswelt der Arbeiterschaft – Einheit stiftete und Differenzierungen schuf, war nicht gelöst vom bürgerlichen Gesamtkontext. Kontakte und Kommunikation in der Arbeitswelt des Kernbürgertums bestanden, wie betont wurde, eher sporadisch, konnten jedoch etwa bei Geschäftspartnern sehr intensiv, aber auch konfliktorientiert sein, und hatten einen anderen Stellenwert als in der Arbeiterschaft. Individualität wurde betont, vergemeinschaftende Strukturen am Arbeitsplatz zeichneten sich nicht ab. Für das Randbürgertum galt das in weit geringerem Maße. Die Ausdehnung der Angestelltenschaft und damit verbunden die Zusammenarbeit in größeren Büros, eine gewisse Entindividualisierung der Arbeit angesichts wiederkehrender Arbeitsabläufe bei der Sachbearbeitung schufen innerhalb dieses Segments des Randbürgertums Verhältnisse besonderer Art. Die zunehmende Vertretung ihrer Interessen und Ansprüche durch Organisationen sind Indizien für diese Entwicklung. Die Arbeitswelt der Ladenbesitzer und kleinen Handwerksmeister wiederum war individualisiert, zum Teil noch vom Ideal einer bürgerlichen Ganzheitlichkeits-Vision durchdrungen, in welcher der Eigentümer Alleskönner und Herr über seine eigene Arbeit war.

2.2 Wohnen und privates Leben

Viertelbildung und Exklusivität. Mitte der 1880er Jahre beschrieb Freiherr von Tettau in seiner »vergleichenden Topographie« Erfurts die Ausdifferenzierung der einzelnen Stadtviertel. Seiner Meinung nach hatte sich am Rand der südwestlichen Innenstadt das privilegierteste Wohngebiet Erfurts entwickelt. »Die dort neu entstandenen oder doch erst jetzt vollständig mit Häusern besetzten Strassen ... bilden jetzt ohne Zweifel den, wenn nicht schönsten und interessantesten, doch jedenfalls elegantesten und anmuthigsten Theil der Stadt«. Dieses »sog. Geheimrathsviertel« im I. Bezirk – und »nicht mehr der Anger« – galten 1885 als »die vornehmste Stadtgegend«.[341] Das »Geheimratsviertel« war ausschließlich zur »landhausmäßige[n] Bebauung« vorgesehen, während in den übrigen Teilen des I. Bezirks in »offene(r) Bebauung« Häuser errichtet

340 *Haupt*, Bürger, S. 262. Zugleich belegt dieses Beispiel die völlige Unkenntnis in bildungsbürgerlichen Kreisen über die Tätigkeit von Großkaufleuten!
341 *Tettau*, S. 13, S. 22.

werden konnten. Diese zwar aufgelockerte Bauweise erlaubte den Bau drei-
geschossiger Häuser bis zu einer Länge von 36 Metern.[342] Die Bauverordnung
aus dem Jahr 1905 ließ diese Einteilung unverändert.[343]

Soziale Exklusivität und soziale Mischstruktur lagen daher im I. Bezirk
dicht zusammen, und feine Unterschiede bildeten sich heraus.[344] Dennoch
zeigte der Bezirk insgesamt in der sozialen Zusammensetzung eine herausgehobene Stellung. Seit Mitte der 1880er Jahre konzentrierte sich im I. Bezirk
unverkennbar die Spitze der Gesellschaft. Das Geheimratsviertel wurde dabei
immer mehr zu einem Kommerzienratsviertel. Geschäftsinhaber, Prokuristen
und Direktoren wohnten nicht mehr in unmittelbarer Nähe zu ihrer Firma.
Ernst Bielschowsky etwa, dessen Schuhfabrik in Norden in der Magdeburger
Straße lag, wohnte in privilegierter Lage am Richard-Breslau-Ufer. Deutlich
wird die sozialräumliche Trennung von Wohnen und Arbeiten auch bei den
mittleren Kaufleuten, die sich nach der Jahrhundertwende immer häufiger
hier niederließen. Die mittleren Angestellten und Beamten ihrerseits hatten
den I. Bezirk bereits früh als beliebtes Wohndomizil für sich entdeckt. Insgesamt stammten 1906 knapp zwanzig Prozent aller im I. Bezirk lebenden
Einwohner aus dem Kernbürgertum, während sie an der Gesamtbevölkerung
lediglich 5,3 Prozent ausmachten. Im Mittelbürgertum lagen diese Verhältniszahlen bei 23 zu 8,1 Prozent.

Durch die räumliche Zweiteilung des Bezirks mit einer Landhaus- und einer offenen Bebauung blieb für untere Angestellte und Beamte sowie für kleine Kaufleute – sie hatten hier zum Teil auch ihr Geschäft – dieses Wohngebiet
ebenfalls attraktiv, während die Arbeiterschaft unterrepräsentiert blieb. In der
Regel lebten die randbürgerlichen Gruppen und Arbeiter jedoch in den sel-
tensten Fällen im unmittelbar als Geheimratsviertel bezeichneten Milieu,
sondern in dem durch die Mehrfamilienhäuser geprägten Teil des Bezirks.[345]
Die Dorotheenstraße etwa war eine solche Wohngegend, in der nach der
Jahrhundertwende vom Rand- bis zum Kernbürgertum die Menschen in unmittelbarer Nachbarschaft wohnten. In dem Haus Dorotheenstraße 24 lebte
im ersten Stock Medizinalrat Dr. Heydloff und führte hier auch seine Praxis;
nur wenige Häuser weiter hatte Ernst Kreutzberger, Professor am Realgymnasium, im zweiten Stock sein zu Hause und in Haus Nr. 33 lebte im dritten
Stock der im Ruhestand befindliche Postsekretär Wilhelm Elschner, dessen

342 Bau-Polizeiverordnung für die Stadt Erfurt, Erfurt o. J. (1896), S. 20ff.
343 Vgl. *Kain*, S. 43.
344 Vgl. allgemein auch *Budde*, Bürgerleben, S. 71.
345 Die aus der Stichprobe gewonnenen Daten wurden auch nach Straßen korreliert (siehe
den Vorschlag von *Reif*, nicht einzelne Viertel, sondern kleinere Einheiten zu untersuchen: Arbeiter, S. 152). Die einzelnen Zellen waren dabei allerdings so gering besetzt, dass die gewonnenen Ergebnisse unberücksichtigt blieben.

Tochter Antonie als Telegrafengehilfin arbeitete. Am Anfang der Straße lebte das Mittel- und Randbürgertum.[346]

Wie mit den Arbeitervierteln im Norden hatte sich am südlichen Stadtrand ein spezifisches Wohnumfeld gebildet. Während der Norden Erfurts sich durch Enge, Nähe und Schlichtheit des Wohnens auszeichnete, trafen auf dieses Viertel die gegensätzlichen Beschreibungen zu: Weite, Privatheit, Abgrenzung und Exklusivität. Die Ergebnisse der Wohnungsstatistik aus dem Jahr 1905 verdeutlichen das. Das Badezimmer – mit rund fünf Prozent ein unbekannter Luxus in den östlichen und nördlichen Stadtbezirken – war hier in jedem fünften Haushalt zu finden, achtzig Prozent der Haushaltungen hatten eigene Toiletten, in den nördlichen Vierteln kam dies bei maximal einem Viertel bis Drittel der Haushalte vor. Knapp 36 Prozent aller Wohnungen im I. Bezirk waren seit mehr als fünf Jahren bewohnt.[347]

Aber im Gegensatz zu den Arbeitervierteln war das Wohnumfeld als Vermittlungsort, Kommunikations- und Kontaktzone für die bürgerlichen Gruppen von geringerer Bedeutung. Das Besondere an der Wohn-, Lebens- und Familienweise des Bürgertums war seine betonte Abgrenzung nach außen.[348] Die milieuhafte Konstituierung über Straße und Lokale als Medien spielte hier kaum eine Rolle. Es entstand eine Form des Zusammenlebens, die auf Repräsentation und symbolische Selbstdarstellung zielte. Das Viertel brachte bürgerliche Werte zum Ausdruck und zeigte an, wer sich den Kreisen zurechnen konnte (oder in ihrer Nähe stehen wollte), verband also sehr wohl Privates mit Öffentlichem.[349] Aber dieses Umfeld selbst führte nicht aus sich heraus zur Vermittlung und Verständigung wie bei den Arbeitern.[350] Entscheidend war hier, was hinter den Mauern geschah.[351] Ob diese Zusammenkünfte in den Häusern nun in einer auf Etikette orientierten großen abendlichen Gesellschaft oder im privaten, informellen Kreis stattfanden, ist dabei sekundär. Ent-

346 Sämtliche Angaben rekonstruiert nach dem Adressbuch von 1906.

347 Wohnverhältnisse der Stadt Erfurt 1905, S. 13, 60ff.

348 Vgl. *Kocka*, Muster, S. 18. Klassisch die Formulierung bei der Festrede des Regierungspräsidenten v. Brauchitsch anlässlich der Eröffnung der Thüringer Gewerbe- und Industrieausstellung: »... thut es doch unserem Volke not, sein Glück vorzugsweise in der eigenen Häuslichkeit zu suchen und in der Familie seine reinsten und besten Freuden zu finden« (Jahres-Bericht des Gewerbe-Vereins Erfurt 1893/94, S. 80). Budde beschreibt dagegen die Offenheit der bürgerlichen Häuser. Allerdings löst sie den Widerspruch nicht auf, wie diese Offenheit mit dem zwanghaften Bemühen der Aufrechterhaltung einer Scheinwelt bei abendlichen Veranstaltungen in Einklang zu bringen ist (*Budde*, Bürgerinnen, S. 262f.). Wahrscheinlich muss man zeitlich differenzieren. Auch Mettele betont, dass gegen Ende des 19. Jahrhunderts »unerwarteter Besuch zunehmend unerwünscht« gewesen sei (*Mettele*, S.164).

349 Vgl. *Gall*, Bürgertum in Deutschland, S. 417.

350 Siehe *Weichel*, Villenkultur, S. 247.

351 Siehe z. B. Richard Bärwinkels Bericht über die Gründung des Evangelischen Bundes in Erfurt 1886: »*Nachdem am Vorabend in meiner Wohnung im engsten Kreise ... ein provisorisches Programm entworfen war*«, fand am nächsten Tag der öffentliche Gründungsakt statt (*Bärwinkel*, S. 72, Hervorhebung durch d. Vf.).

scheidend ist, dass die Form der Zusammenkünfte selektiv war.[352] Stehen nicht Erinnerungen, Tagebücher und andere Quellengruppen zur Verfügung,[353] muss offen blieben, ob das dichte Zusammenwohnen von Wirtschaftsbürgern und Bildungsbürgern auch zu Kontakten und Kommunikation führte und Gemeinsamkeiten im privaten Raum schuf. Trotz der Kritik über die sich ständig ausbreitende Steifheit der Zusammentreffen schufen Soireen und Kunsterlebnisse im privaten Kreis Gemeinsamkeiten, vermittelten zwischen Wirtschaftsbürgertum, Bildungsbürgertum und Staatsbeamten.[354] Über moderne Kunst liefen nach 1912 die Vermittlungsstränge zwischen Museumsdirektor, Stadtoberhaupt und Fabrikantendynastie zusammen: Edwin Redslob fand in Oberbürgermeister Schmidt eine Hauptstütze für den geplanten Museumsneubau, und den Schuhfabrikanten Heß führte Redslob an die moderne Malerei heran.[355]

Um überhaupt der Vermittlerfunktion gerecht zu werden, musste bürgerliches Wohnen in seiner inneren Form speziellen Anforderungen genügen. Es bedurfte der Beschäftigung von Dienstmädchen sowie geräumiger Wohnungen oder Häuser.[356] Im I. Bezirk war dies in vielen Haushalten gewährleistet. Allein im I. Bezirk fanden sich über 63 Prozent aller Wohnungen, die mehr als fünf heizbare Zimmer aufzuweisen hatten. Außerdem war der I. Bezirk auch die Wohngegend, in der die meisten Dienstmädchen und -boten im Haushalt mitwohnten. Von den im I. Bezirk insgesamt gezählten 3.120 Haushalten konnte man fast in jedem dritten Haushalt (N = 1.139) Dienstpersonal antreffen.[357] Unter diesem Aspekt betrachtet war bürgerliches Wohnen in quantitativer Hinsicht fast genauso offen wie in den Arbeiterfamilien. Im bürgerlichen Bezirk lebten in den Haushalten 2.802 Dienstboten, in den Arbeiterbezirken fanden 3.501 Schlafleute Unterkunft in fremden Haushalten. Qualitativ lag zwischen diesen beiden offenen Familienstrukturen allerdings ein erheblicher Unterschied. Mochte in der Arbeiterschaft das Zusammenleben zwischen Wohnungsbesitzer und Schlafgänger auch prekär sein,[358] es war nicht von ei-

---

352 Vgl. *Mettele*, S. 155–169.

353 Grundlegend *Budde*, Bürgerleben, passim.

354 Vgl. zu der Beziehung Bildungsbürger – bildende Kunst *Schlink*, S. 76f.

355 *Redslob*, S. 128, 154f.

356 In einem Beitrag des Regierungsbaumeisters Beisner über »Die Kunst im Hause, soweit sich dieselbe auf die Ausschmückung unserer Wohnungen bezieht« aus dem Jahr 1879 wird die Vorstellung über die Weitläufigkeit und Spezialisierung bürgerlicher Wohnungen sichtbar: »Es werden auch [hinsichtlich der Ausschmückung, d. Vf.] andere Bedingungen zu erfüllen sein, je nachdem die Räume zu Gesellschafts- oder Schlafzimmern, zur Herren- oder Damenwohnung, zum Salon- oder Speisezimmer bestimmt sind« (Jahres-Bericht des Gewerbe-Vereins 1879, S. 31).

357 Wohnungsstatistik der Stadt Erfurt 1905, S. 64ff. (Wohnungsgröße), S. 60 (Dienstpersonal).

358 Vgl. oben Kap. III.1.2.

nem Herrschaftsverhältnis überlagert.[359] In der Arbeiterschaft stellte die Unterbringung von Schlafgängern einen Einnahmefaktor dar, in den bürgerlichen Familien war die Beschäftigung der Dienstmädchen ein Ausgabenposten.

Die Wohncharakteristika – Dienstpersonal, Wohnungen mit fünf und mehr Zimmern – traf man nur im Kern des Bürgertums an. Die nach der Jahrhundertwende ins Viertel zuziehenden mittleren Beamte und Kaufleute waren zu diesem repräsentativen Lebensstil kaum oder gar nicht in der Lage. Selbst einem Leutnant, der sich in Erfurt ›Stück für Stück nach oben wohnte‹, blieb dieses Viertel und die Repräsentativität versagt. Leutnant Georg Hummel fand 1906 in der Innenstadt in dem Haus Lange Brücke 52 eine dauerhafte Bleibe: »Hier standen mir vier Räume, die Burschenstube und eine Küche zur Verfügung. Die Räume waren klein, aber behaglich«. Hingegen wohnten »fast traditionell bedingt ... die Stabsoffiziere in und um die Arnstädterstrasse« und die verheirateten Offiziere »zum größten Teil in der Steigerstraßengegend« – beides Wohnquartiere im I. Bezirk.[360] Hier kommt ein Aspekt zum Ausdruck, der zentral für das Selbstverständnis des Bürgertums war. Erst mit der Eheschließung und Familiengründung hatten Bürger und Bürgerinnen die Voraussetzungen erfüllt, ein bürgerliches Leben zu führen, waren Vorstellungen und gelebtes Leben im Einklang.[361]

Familienbilder – Familienwirklichkeiten. Rudolf Eucken, Professor in Jena, trug am 27. November 1895 in einer öffentlichen Versammlung der Kgl. Akademie gemeinnütziger Wissenschaften »Philosophische Erörterungen über das Problem der weiblichen Bildung« vor. Beiläufig streifte er das Thema Familiengründung und meinte, dass Männer, »sofern sie den gebildeten Ständen angehören, erst verhältnismässig spät« heirateten.[362] Eucken hatte Recht. Das Heiratsalter der zwischen 1875 und 1879 heirateten Bildungsbürger lag mit 35,8 Jahren weit über dem Durchschnitt aller heiratenden Männer. Gymnasium und Studium als zentrale Bestandteile im Lebenslauf der Männer, ihre schrittweise Karriereentwicklung (im öffentlichen Dienst) erklären diese späte Familiengründung. Doch auch Wirtschaftsbürger heirateten mit 31,1 Jah-

359 Vgl. ausführlich *Budde*, Bürgerleben, S. 275ff. Budde zeigt auch eindrücklich, wie sich das Verhältnis im Lebenslauf wandelte: »Jede Freundschaft zwischen Bürgermädchen und Dienstmädchen hatte spätestens dann ein Ende, wenn die Tochter des Hauses gezwungen wurde, ... von der Rolle der Haus*tochter* in die der Haus*herrin* zu schlüpfen« (S. 239, Hervorhebung im Original).

360 *Hummel*, S. 98f. und Adressbuch der Stadt Erfurt 1906. Hummel hatte zunächst in der Rudolphstraße gewohnt, deren »Lieblosigkeit der Bauweise« und »hässliche Backsteinfassade« ihn abgeschreckt hatten.

361 Vgl. zum Ledigseins im Bürgertum *Kuhn*; knapp *Budde*, Bürgerinnen, S. 256.

362 Rudolf Eucken: Philosophische Erörterungen über das Problem der weiblichen Bildung, in: Jahrbücher der Kgl. Akademie, N. F. Heft XXII, Erfurt 1896, S. 272.

ren zu einem relativ späten Zeitpunkt. Je näher man dem Kern des Bürgertums kam, um so später wurde in diesen Berufsgruppen geheiratet. Entsprechend dieser Verteilung waren denn auch Handwerksmeister bei der Eheschließung im Durchschnitt 28,3 Jahre alt, untere Beamte bzw. Angestellte 29,8 Jahre und mittlere Beamte/Angestellte 33,1 Jahre alt. Die Unterschiede zur Arbeiterschaft sind überdeutlich.[363]

Es gab allerdings eine bemerkenswerte Gemeinsamkeit mit der Arbeiterschaft. Waren die heiratenden Männer aus kern- und randbürgerlichen Berufen bedeutend älter als heiratende Arbeiter, so traf diese schichten- und berufsspezifische Unterscheidung auf die Bräute keineswegs so eindeutig zu. Gruppiert man das Heiratsalter der Frauen nach ihrer Herkunft (Beruf des Vaters), zeigt sich, dass 1875/79 immerhin knapp ein Fünftel aller Bürgertöchter bereits im Alter von 20 Jahren verheiratet waren. Die Töchter aus Handwerker- und unteren Angestellten- bzw. Beamtenfamilien stellten zwar siebzig Prozent aller bürgerlichen Frauen, die bis 20 Jahre heirateten, gemessen an ihrer Gesamtzahl aller Bürgertöchter im Sample (67,1%) waren sie nur unwesentlich überrepräsentiert. Auch wenn die kernbürgerlichen Gruppen nur schwach besetzt und daher Verallgemeinerungen Grenzen gesetzt sind, wird deutlich, dass frühes Heiraten bei den Töchtern aus Pfarr- und Professorenhäusern, aus Rechtsanwalts- und Arztfamilien, aber auch aus Unternehmerfamilien nichts Ungewöhnliches darstellte. Zehn Prozent aller Töchter aus dem Kernbürgertum heirateten im Alter von unter 20 Jahren, während ihr Anteil an der Gesamtzahl der Bürgertöchter bei 7,1 Prozent lag.[364] Insgesamt heirateten die Töchter aus allen bürgerlichen Sozialgruppen am häufigsten in der Altersgruppe von 20 bis 26 Jahren. Hier unterschied sich lebensweltliches Verhalten kaum oder gar nicht von den randbürgerlichen Berufsgruppen. Es liegt die Erklärung nahe, dass geschlechterspezifische Erziehungsvorstellungen und -modelle bürgertumsumfassend wirkten und zu einer Parallelführung der Lebensläufe unter den jungen Frauen unabhängig von ihrer gesellschaftlichen Stellung führten. Das lag auch daran, dass ein Arbeitsmarkt für Frauen aus dem Kern des Bürgertums und dem Randbürgertum noch nicht ausgeprägt war. Um an diese Konstellation weitere Überlegungen anschließen zu können, muss allerdings zunächst auf die Familiengründungsphase und das Heiratsalter am Ende des Kaiserreichs geblickt werden.

Bei den heiratenden Männern galt nach 1900 immer noch: je höher die soziale Stellung, desto höher das Heiratsalter. Wirtschaftsbürger heirateten im Durchschnitt mit knapp 32 Jahren, Bildungsbürger mit knapp 31 Jahren. Handwerksmeister waren mit 28,7 Jahren deutlich jünger. Mit Blick auf die

363 SPSS-Auswertung der Kirchenbücher 1875/79.
364 Ebd.

Altersgruppen zeigt sich, dass ab der Altersgruppe der über 29-Jährigen die rand- und kernbürgerlichen Berufsgruppen ständig überrepräsentiert, in den unteren Altersgruppen dagegen unterrepräsentiert blieben. Während damit der Unterschied zur Arbeiterschaft offensichtlich ist, sind die Unterschiede innerhalb der bürgerlichen Gruppen eher gradueller Natur.[365]

Wie zu Anfang des Kaiserreichs lässt sich auch nach 1905 ein bürgerliches Familiengründungsmuster erkennen, das eine starke Ausstrahlungskraft besaß. Sowohl in den im vorigen Kapitel geschilderten Berufswegen als auch in der Unterordnung unter das Ziel der Selbstständigkeit dürften die Haupterklärungsgründe für dieses Verhalten liegen.[366] Sozialmoralische Wertvorstellungen und materielle Absicherungspraktiken gingen hierbei eine Symbiose ein und ließen eine relativ langdauernde Ledigenphase entstehen, der aber fast durchgängig die Heirat folgte. 1907 waren denn auch von allen selbstständigen männlichen Erwerbstätigen (a-Personen) in Landwirtschaft, Industrie, Handwerk und Handel zwischen 80 Prozent (Holzindustrie) und 96,3 Prozent (Textilindustrie) verheiratet; bei den im öffentlichen Dienst Beschäftigten traf dies auf 80 Prozent zu.[367] Diese enge Verknüpfung von wirtschaftlich gesicherter Stellung und privatem Lebenszuschnitt spiegelte eine Idealvorstellung, welche die Kassandrarufe aus bürgerlichen Kreisen gegen das Heiratsverhalten der Arbeiterschaft inspiriert hatte.

Dem Idealbild und zum größten Teil der Realität nach, hatte der heiratende Mann aus dem Bürgertum sich im Wirtschaftsleben etabliert, stand mit beiden Beinen im Leben und hatte sich Respekt und Ansehen erworben, bevor er mit seiner Auserwählten vor den Traualtar trat.[368] Der zukünftigen Gattin dagegen schrieb die Konvention ganz andere Rollen zu, und sie war weit jünger als ihr künftiger Ehemann. Das Durchschnittsalter lag mit 26 Jahren bei Frauen, die aus bildungsbürgerlichen Häusern stammten, und knapp 24 Jahren bei Töchtern aus wirtschaftsbürgerlichen Häusern deutlich unter dem Heiratsalter der Männer. Unabhängig von der jeweiligen beruflichen Herkunftsgruppe waren weit über die Hälfte der heiratenden Frauen in den Heiratsaltersgruppen unter 26 Jahren zu finden, allerdings war der Anteil der besonders früh heiratenden Töchter (bis 20 Jahre) gegenüber 1875/79 deutlich von zwanzig auf rund 13

---

365 SPSS-Auswertung der Kirchenbücher 1905/09.

366 Vgl. für das Handwerk *Ehmer*, Traditionen, S. 50, 132ff.

367 SDR, Bd. 207 (1907), Tab. 2, S. 422–426 (eigene Berechnungen). Der öffentliche Dienst ist dort nicht aufgegliedert. Für den Verheiratetenanteil wurden 1.900 in der Regel unverheiratete Soldaten der Mannschafts- und Unteroffiziersgrade ausgeklammert.

368 Dass Realität und Idealbild nicht immer zusammen passten, zeigt sich im Einzelfall: Erfurts Stadtarchivar und erster Museumsdirektor Alfred Overmann hatte im Alter von 30 Jahren in Berlin geheiratet. Er hatte zu diesem Zeitpunkt lediglich eine Assistentenstelle am Bezirksarchiv Straßburg inne und war daher »auf die Großzügigkeit des Schwiegervaters und der Familie seiner Frau angewiesen«. Overmanns Frau Mathilde Klara Elisabeth Bloch stammte aus einer jüdischen Berliner Bildungsbürgerfamilie (*Velten*, S. 109).

Prozent zurückgegangen. Sowohl in der Altersgruppenverteilung als auch in den Durchschnittszahlen zeigen sich zwischen den Frauen aus den rand- und mittelbürgerlichen Gruppen keine gravierenden Unterschiede zu den heiratenden Frauen aus den kernbürgerlichen Berufsgruppen. Töchter aus Handwerksmeisterfamilien waren knapp 26, die heiratenden Frauen aus den Berufsgruppen der Beamten, Angestellten und Kaufleute zwischen 24 und 26 Jahre alt.[369]

Vergleicht man die Altersgruppen mit den Daten aus den Jahren 1875/79, lässt sich dreierlei feststellen. Zum Ersten waren lediglich Töchter aus Handwerksmeisterfamilien und aus unteren Angestellten-/Beamtenfamilien nun etwas stärker in den beiden jüngsten Altersgruppen vertreten als 1875/79. Der Aspekt des sich ausbildenden Dienstleistungssektors mit seinem Arbeitsplatzangebot für Frauen gerade aus diesen Kreisen hatte auf das Heiratsverhalten also keinen sichtbaren Einfluss. Das Heiratsalter verschob sich nicht nach oben. Zweitens kann von einem unterschiedlichen Heiratsverhalten in den kernbürgerlichen Gruppen aus Sicht der Frauen nicht ausgegangen werden. Überhaupt überwog drittens sowohl in kern- wie randbürgerlichen Berufsgruppen der gemeinsame Trend. Generell waren sie in den höheren Altersklassen nach wie vor überrepräsentiert, heirateten später als Frauen aus der Arbeiterschaft. Da nun die Männer aus den verschiedenen bürgerlichen Berufsgruppen ebenfalls später heirateten, blieb dadurch ein deutlicher Altersunterschied zwischen Mann und Frau bestehen. Innerfamiliar konstituierte sich ein »Autoritätsgefälle«,[370] das in den Jahren des Kaiserreichs nicht abgeschliffen wurde. Hier waren stabile Traditionslinien eines Familienmodells sichtbar, die trotz aller Wandlungen in Wirtschafts- und Gesellschaftsstruktur in vierzig Jahren nicht gebrochen wurden.

Der innerfamiliare Altersunterschied, der schichtenübergreifend bis in die Arbeiterschaft anzutreffen war (dort allerdings nicht so deutlich ausgeprägt), stellte eine einheitliche Grunderfahrung der Frauen dar. In der alltäglichen Praxis der Frau konnte er die gesellschaftlichen Unterschiede jedoch nicht verwischen. Vielmehr verdeutlichen die Rollenzuschreibung an die Frau und ihre Aufgaben erst Distinktion und Abgrenzung. In den randbürgerlichen Gruppen war die Mithilfe der Frau oft unumgänglich und ermöglichte so von der materiellen Seite her erst ein bürgerliches Leben. Erst die Mitarbeit seines »junge[n] Frauchen[s]« ermöglichte Bäckermeister Fiedler die Statusverbesserung: »Wir arbeiteten nun gemeinsam weiter, so dass das Geschäft von Tag zu Tag zunahm und ich in die angenehme Lage versetzt wurde, am 1. Januar 1882 bereits das Haus kaufen zu können«.[371] In den kernbürgerlichen

---

369 SPSS-Auswertung der Kirchenbücher 1905/09.
370 *Budde*, Bürgerleben, S. 41.
371 So der aus Erfurt stammende Bäckermeister Karl *Fiedler* (S. 23).

Familien dagegen war die Frau vom Geldverdienen völlig freigestellt. Sie leistete vor allem einen Beitrag zur gesellschaftlichen Sicherung des erreichten Status. Gefragt waren dabei die Fähigkeiten als Kultur-Managerin in zweifacher Hinsicht: zum einen in der Organisation des gesellschaftlichen Verkehrs, zum anderen in der Organisation des Haushalts.[372] Ihre Domäne sollte das Haus sein. Zwar gab es durchaus fortschrittliche Stimmen, die für Frauen berufliche, auch akademische Bildungsmöglichkeiten forderten – etwa Rudolf Eucken in seinem Vortrag vor der Erfurter Akademie. Doch wie in maßgeblichen Teilen des Erfurter Bildungsbürgertums die Haltung zu diesem Thema aussah, lässt sich erahnen, wenn man die von der Akademie ausgewählten und preisgekrönten Arbeiten betrachtet, die auf die Frage: »Wie lässt sich die Erziehung der weiblichen Jugend in den höheren Berufsklassen unseres Volkes vom 15. bis zum 22. Lebensjahr am zweckmässigsten gestalten?« antworteten. Luise Hagen, Schriftstellerin aus Berlin, erkannte zwar, dass »selbstständige Erwerbsthätigkeit« für Frauen »auch in den höheren Berufsklassen fast unbedingte Pflicht und Lebensfrage ist«, sah jedoch die Basis in der »hauswirtschaftliche[n] Bildung« und der »treuen Erfüllung einfacher häuslicher Pflichten«.[373] Die Rollenverteilung von Mann und Frau war festgelegt. Dabei zeichnet sich die Situation ab, dass Frauen aus dem Wirtschafts- und Bildungsbürgertum begannen, aus dieser Zuweisung auszubrechen, während randbürgerliche Gruppen und Teile der Arbeiterschaft bzw. der Arbeiterbewegung (Männer?) begannen, das Rollenideal der bürgerlichen Familie als erstrebenswertes Ziel zu erachten.[374]

So sehr frühes Heiraten, innerfamilialer Altersunterschied und Idealvorstellungen der Rolle der Frau in der Familie ein gemeines Band von Erfahrungen und Ideen schuf, mit denen man sich auseinandersetzen konnte, so sehr war das tatsächlich privat gelebte Leben je nach sozialem Status verschieden.

»Heiratsmärkte« und Heiratskreise. Spiegelbildlich zu den in der Arbeiterschaft bestehenden Außengrenzen beginnt die Partnerwahl des Bürgertums in einer Schärfe sondergleichen erst jenseits der un- und angelernten Arbeiter, in der Mehrzahl jenseits der Arbeiterschaft (vgl. Tab. 13). Über diese Außenabgrenzung hinaus sind deutliche Binnendifferenzierungen unübersehbar. Für Handwerksmeister, Angestellte und Beamte des unteren Dienstes war die Heirat in das Kernbürgertum völlig ausgeschlossen, während eine Verflechtung mit den mittelbürgerlichen Gruppen häufiger zustande kam. Vor allem die Heirat zwischen Angestellten und Beamten des unteren Dienstes mit Töchtern, deren Väter, dem mittleren Dienst angehörten, deutet auf durch

---

372 Vgl. *Budde*, Bürgerleben, S. 150ff. Dort auch ein plastisches Zitat über den Hausarbeitsalltag der Stadtratsgattin Helene Weber nach dem Umzug von Erfurt nach Berlin (S. 178).

373 *Hagen*, S. 13, 33f., 35. (Hervorhebung im Original). Siehe auch Kapitel III.2.3.

374 Vgl. auch *Sieder*, S. 184, 187.

Tabelle 13: Erfurter Heiratskreise außerhalb der Arbeiterschaft: Bräutigam – Brautvater 1875/79 (Abstromquote)

Brautvater ↓ / Bräutigam →	k.A.	Unge-lernte/ Ange-lernte	Ge-lernte	Hand-werks-meister	unt. Ang./ Beamte	kleine Kauf-leute	mittl. Ang./ Beamte	mittl. Kauf-leute	Wirt-schafts-bürger	Bil-dungs-bürger	Sons-tige (v. a. LW)	Sum-me
Handwerks-meister	2 / 7,7	1 / 3,8	6 / 23,1	6 / 23,1	4 / 15,4	3 / 11,5	0	1 / 3,8	0	0	3 / 11,5	26 / 6,5
untere Ang./ Beamte	3 / 7,3	0	7 / 17,1	10 / 24,4	5 / 12,2	3 / 7,3	5 / 12,2	2 / 4,9	0	0	6 / 14,6	41 / 10,2
kleine Kaufleute	4 / 15,4	0	1 / 3,8	3 / 11,5	4 / 15,4	2 / 7,7	3 / 11,5	2 / 7,7	2 / 7,7	4 / 15,4	1 / 3,8	26 / 6,5
mittl. Ang./ Beamte	1 / 8,3	0	1 / 8,3	1 / 8,3	3 / 25,0	1 / 8,3	1 / 8,3	1 / 8,3	1 / 8,3	1 / 8,3	1 / 8,3	12 / 3,0
mittlere Kauf-leute	2 / 33,3	0	0	3 / 50,0	0	0	0	0	0	1 / 16,7	0	6 / 1,5
Wirtschaftsbürger	3 / 42,9	0	0	1 / 14,3	0	1 / 14,3	0	0	1 / 14,3	1 / 14,3	0	7 / 1,7
Bildungsbürger	1 / 25,0	0	0	1 / 25,0	1 / 25,0	0	0	0	0	1 / 25,0	0	4 / 1,0
Arbeiter	37 / 13,9	60 / 22,5	64 / 24,0	47 / 17,6	16 / 6,0	10 / 3,8	0	3 / 1,1	0	1 / 0,4	29 / 10,9	267 / 66,4
k. A./ Sonstige	0	2 / 15,4	4 / 30,8	1 / 7,7	2 / 15,4	0	0	0	0	0	4 / 30,8	13 / 3,2
Summe	53 / 13,2	63 / 15,7	83 / 20,6	73 / 18,2	35 / 8,7	20 / 5,0	9 / 2,2	9 / 2,2	4 / 1,0	9 / 2,2	44 / 10,9	402 / 100

Quelle: SPSS-Auswertung der Kirchenbücher 1875/79. Ang. = Angestellte; LW = Landwirtschaft.

171

den Beruf geschaffene persönliche Kontaktebenen hin, war aber möglicherweise auch der Tatsache geschuldet, dass gerade im öffentlichen Dienst im Lauf des Berufslebens weitere Karriere- und Aufstiegsmöglichkeiten folgen würden.

Diese beruflichen Voraussetzungen fehlten, um zwischen Rand- und Kernbürgertum miteinander in Kontakt zu treten. Dazu trugen die im vorangegangenen Abschnitt beschriebenen familialen Abschließungen, die Wohnviertelbildung, die Kontrolle und Exklusivität der Zusammenkünfte im privaten Kreis und in den Vereinen, die Frauen offen standen, bei.

Gegen diese Tendenz der Abschließung spricht scheinbar aus Tabelle 13 der hohe Anteil an unteren und mittleren Selbstständigen aus Kaufmanns- oder Gasthofsbesitzerfamilien, die in wirtschafts- und bildungsbürgerliche Kreise heirateten. Dies erklärt sich zum einen aus der geringen Fallzahl (mittlere Kaufleute), zum anderen bietet die Einzelfallprüfung eine Erklärung. Denn diese Kaufleute oder »Restaurateure«, die ihrer unspezifischen Berufsbezeichnung nach den randbürgerlichen Berufen zugeordnet wurden, waren in ihrer materiellen Lage mittleren Unternehmern oder sogar Wirtschaftsbürgern im einzelnen ebenbürtig. So war die gesellschaftliche und finanzielle Stellung des Restaurateurs Wilhelm Zieser – Pächter des im I. Bezirk gelegenen Gasthofs »Silberhütte«, der 1886 259 Mark Steuern gezahlt hatte – nur wenig unterschieden von der Familie seiner Braut: Sie stammte aus der Fabrikantenfamilie Böttger, die sich auf die Fertigung von Geldschränken und landwirtschaftliche Maschinen spezialisiert hatte und deren Besitzer um 350 Mark Steuern zahlten.[375] Die finanzielle Ebenbürtigkeit unter den Heiratenden bestätigt auf eine sehr handfeste Weise die Rangabstufungen und unterschiedlichen Kontaktzonen. Kaufmann war nicht gleich Kaufmann und der Besitzer eines kleinen Ladens in einem der Arbeiterquartiere würde kaum in Berührung mit einer Tochter aus einer Fabrikantenfamilie wie die der Böttgers kommen.

Durch die geringe Fallzahl der Heiratenden aus Wirtschafts- und Bildungsbürgertum können keine Rückschlüsse auf die Beziehungen zwischen diesen beiden Berufsgruppen gezogen werden. Schließt man die eben geschilderten Hochzeiten auf Grund der in der Einzelanalyse gewonnenen Ergebnisse in die Kerngruppen mit ein, ergibt sich ein offener und flexibler Austauschprozess. Geschäftsbeziehungen der Wirtschaftsbürger erleichterten das Heiraten un-

---

375 Rekonstruktion nach dem Adressbuch der Stadt Erfurt 1886, Wählerlisten zur Kommunalwahl 1886 (StAE 1–2/042–1 (1876), 1–2/005–7 (1886). Waren die Heiratenden oder deren Väter nicht in der Wählerliste verzeichnet und somit keine Rückschlüsse auf die finanzielle Lage möglich, gab es weitere Hinweise auf die Ebenbürtigkeit der Heirateten. So lag z. B. das Geschäft des Kaufmanns Carl Hermann Meißner, der die Pastorentochter Albertine Lange heiratete, in der Hauptgeschäftsstraße des Angers. Diese Ergebnisse im Einzelnen zeigen die Grenzen von aggregierten Daten auf, können allerdings die generellen Erkenntnisse durch die SPSS-Analyse nicht ersetzen.

tereinander, etwa wenn Friedrich Ed. Schnabel, Mitinhaber einer »Garn-handlung en gros«, die Tochter eines Tuchfabrikanten heiratete. Aber die Hochzeiten zwischen dem Sohn eines Kunstgärtnerei-Besitzers und der Tochter eines praktischen Arztes oder zwischen einem Kaufmann und einer Pastorentochter deuten die Vielfältigkeit der Heiratsbeziehungen innerhalb des Kerns des Bürgertums zumindest an.

Zwar lassen sich diese Einzelfälle nicht verallgemeinern, doch zeigen die Ergebnisse für die Jahre 1905/1909, dass das Heiraten zwischen diesen beiden Kreisen sich ausdehnte (vgl. Tab. 14).

Vor allem Fabrikanten und Großunternehmer wiesen am Ende des Kaiser-reichs ein sozial offeneres Verhalten hinsichtlich ihrer Partnerinnenwahl auf als mit Bildungspatenten ausgestattete Bürger.[376] Wirtschaftsbürger heirateten zu einem etwa gleich großen Teil sowohl Frauen aus ihrer eigenen Berufs-gruppe als auch Frauen aus bildungsbürgerlichen Familien. Dagegen waren die Heiratskreise der Bräutigame aus dem Bildungsbürgertum zu einem viel höheren Prozentsatz auf ihr eigenes Berufs- und Sozialumfeld konzentriert.[377] Allerdings sollten diese Relationen nicht überinterpretiert werden. Sehr viel wichtiger konnte die Ausstrahlungskraft einer Hochzeit wie die Fritz Wolffs sein: Als Sohn eines der reichsten und einflußreichsten Unternehmern Er-furts – sein Vater ausgestattet mit dem Titel des Kommerzienrats – heiratete er 1909 in der erst wenige Jahre vorher im wilhelminischen Repräsentationsstil erbauten Thomaskirche die Tochter eines Landgerichtsrates. Die Durch-mischung der Verkehrskreise im Kern des Bürgertums verdeutlicht denn auch die Heirat eines Doktors der Philosophie, Sohn eines Berliner Senatsprä-sidenten, mit der Tochter des in Erfurt angesehenen Stadtrats a. D. und Apo-thekenbesitzers Bucholz.

Betrachtet man einen der glänzendsten öffentlichen Anknüpfungs- und Kontaktpunkte, den Theaterbesuch, wird das enge Miteinander deutlich. Der »Sollersche Musikverein« verteilte an seine Mitglieder Abonnementplätze für Oper und Theateraufführungen. Diese Sitzplatzverteilung liest sich wie ein »Who's who« der städtischen Führungsschicht. In der Orchesterloge traf die wirtschaftliche Spitze der Stadt wie die Geheimen Kommerzienräte Lucius und Benary mit dem Kgl. Musikdirektor Zuschneid und dem Hofkapell-meister Büchner zusammen. In der 1. Reihe auf dem Balkon saßen neben Bankier Friedemann, Oberlehrer Dr. Gutsche, die Frau des Regierungsrates

---

376 Gleicher Befund bei *Kaelble*, Bürgertum, S. 128; siehe auch *Ziegler*, S. 118f.

377 Die scheinbare Offenheit der bildungsbürgerlichen Schicht nach unten löst sich erst in der Einzelfallprüfung auf. Bei allen Bräutigamen, die Frauen aus der Arbeiterschaft oder aus Handwerker- und unteren Angestelltenkreisen heirateten, handelt es sich um Musiker bzw. Schauspieler, deren Positionierung im Schichtungsschema schwierig ist. Obwohl sie (je nach Art ihrer Darbietung) zur Vermittlung bürgerlich-kultureller Güter beigetragen haben, macht ihre Partnerwahl erst deutlich, dass diese »Provinzkünstler« nicht dem Kern des Bürgertums zugerechnet werden können.

Tabelle 14 *Tabelle 14:* Erfurter Heiratskreise außerhalb der Arbeiterschaft: Bräutigam – Brautvater 1905/09 (Abstromquote)

Brautvater / Bräutigam	k.A.	Ungelernte/ Angelernte	Gelernte	Hw.-mstr.	unt. Ang./	kleine Ang./ Beamte	mittl. Ang.-/ Beamte	mittl. Kauf- leute	Wirt- schafts- bürger	Bil- dungs- bürger	Sons- tige	Summe
Hw.-Mstr.	2 / 9,5	1 / 4,8	1 / 4,8	2 / 9,5	6 / 28,6	0	2 / 9,5	2 / 9,5	0	0	5 / 23,8	21 / 2,5
untere Ang./ Beamte	20 / 14,5	5 / 3,6	23 / 16,7	14 / 10,1	29 / 21,0	21 / 15,2	12 / 8,7	5 / 3,6	1 / 0,7	4 / 2,9	4 / 2,9	138 / 16,1
kleine Kaufleute	14 / 12,4	4 / 3,5	15 / 13,3	10 / 8,8	19 / 16,8	28 / 24,8	10 / 8,8	6 / 5,3	2 / 1,8	1 / 0,9	4 / 3,5	113 / 13,2
mittl. Ang./ Beamte	9 / 15,3	0	2 / 3,4	2 / 3,4	6 / 10,2	8 / 13,6	19 / 32,2	4 / 6,8	5 / 8,5	2 / 3,4	2 / 3,4	59 / 6,9
mittlere Kaufleute	1 / 14,3	0	1 / 14,3	0	1 / 14,3	2 / 28,6	0	1 / 14,3	0	1 / 14,3	0	7 / 0,8
Wirtschaftsbürger	3 / 15,0	0	0	0	1 / 5,0	4 / 20,0	2 / 10,0	0	4 / 20,0	5 / 25,0	1 / 5,0	20 / 2,3
Bildungsbürger	5 / 13,5	2 / 5,4	1 / 2,7	1 / 2,7	3 / 8,1	2 / 5,4	2 / 5,4	1 / 2,7	5 / 13,5	14 / 37,8	1 / 2,7	37 / 4,3
Arbeiter	41 / 9,4	83 / 19,0	153 / 35,1	49 / 11,2	38 / 8,7	21 / 4,8	6 / 1,4	5 / 1,2	1 / 0,2	1 / 0,2	38 / 8,7	436 / 50,9
k. A./ Sonstige	3 / 11,5	2 / 7,7	4 / 15,4	3 / 11,5	1 / 3,8	0	4 / 15,4	0	2 / 7,7	2 / 7,7	5 / 19,2	26 / 3,0
Summe	98 / 11,4	97 / 11,3	200 / 23,3	81 / 9,5	104 / 12,1	86 / 10,0	57 / 6,7	24 / 2,8	20 / 2,3	30 / 3,5	60 / 7,0	857 / 100,0

Quelle: SPSS-Auswertung der Kirchenbücher 1905/09. Ang. = Angestellte; LW = Landwirtschaft.

Werneburg, Pastor Winkler, der Geheime Kommerzienrat Fritz Wolff sowie weitere Spitzen des Wirtschafts- und Bildungsbürgertums. Hier hatten verheiratete Frauen ihre repräsentative Funktion sowie unverheiratete Frauen ihren Platz. Alle unverheirateten »Fräulein«, deren Adresse angegeben waren, wohnten im I. Bezirk. Erst wenn man Loge und Balkon verließ, traf man auf mittelbürgerliche Gruppen der Angestellten und Beamten. Im I. Rang saßen Steuersekretäre, Lehrer, Stationsassistenten zusammen mit (wenigen) Kaufleuten. Handwerksmeister waren auch hier noch nicht anzutreffen, sie tauchten vereinzelt erst im Parterre und auch dort eher in den hinteren Reihen auf.[378]

In symbolhafter Verdichtung zeigt sich in dieser Sitzplatzverteilung die Konstruktion und der Zusammenhalt des Bürgertums. Über das kulturelle Erlebnis wurden große Teile des Bürgertums zusammengeführt. Gleichzeitig bestanden in dieser Gemeinsamkeit Hierarchien und Differenzen, welche die unterschiedlichen Heiratskreise, aber auch generell die Existenz eines Kerns und eines mehrschichtigen Rands verdeutlichten. Für keine jener Töchter oder Söhne, die ihre Eltern ins Theater begleiteten und mit ihnen in der Loge oder auf dem Balkon saßen, kam eine Heirat mit jenen in Betracht, auf die sie im Parterre niederblickten. Von daher ging von diesem kulturellen Interaktionsmuster ein sozialformativer Impuls aus.[379]

Daher blieb auch die Partnerwahl jener Bräutigame, die diesen randbürgerlichen Schichten angehörten, auf ›ihresgleichen‹ beschränkt. Kein einziger Handwerksmeister heiratete eine Tochter aus den kernbürgerlichen Gruppen, und auch die kleinen Selbstständigen heirateten mit 2,7 Prozent nur schwach in den Kern des Bürgertums ein. Für die unteren Angestellten und Beamten sah es nicht viel anders aus (3,6 Prozent). Allerdings waren das tatsächlich gruppenübergreifende Hochzeiten. In den zwölf Fällen, in denen die Bräutigame eine der unteren oder mittleren Angestellten- und Beamtenpositionen inne hatte, heirateten sie tatsächlich in die Kerngruppe des Bürgertums ein. Waren gewisse Standards erbracht, öffneten sich die bildungs- und wirtschaftsbürgerlichen Kerngruppen der Einheirat. Diese Beobachtung lässt sich aber durchaus geschlechterspezifisch aus der unterschiedlichen Rolle von Sohn und Tochter innerhalb der bürgerlichen Familie interpretieren.[380] Während es dem Sohn in die Wiege gelegt war, über Studium und Ausbildung den Wegen des Vaters zu folgen (und damit auch die Heiratskreise exklusiver wur-

---

378 Diese Differenzierung wurde von der an Kultur und Bildung interessierten Arbeiterbewegung genau registriert: »Für viele Damen und Dämchen ist nämlich das, was man fürs Theater anzieht, viel anziehender als die Kunst, die im Theater geboten wird ... Man will nicht nur auf der Bühne etwas sehen, man will auch gesehen werden« (Tribüne, Nr. 220 vom 20. September 1910, Beilage).

379 Vgl. die Diskussion bei *Kaschuba*, Bürgerlichkeit, S. 17.

380 Lebensweltlich belegt bei *Budde*, Bürgerleben, S. 193–253.

den), war den Töchtern – in Grenzen – ein größerer Spielraum gegeben, ein Statusverzicht möglich.

Durch diese Heiratsmöglichkeiten wurde einem kleinen Teil des Randbürgertums der Zugang zum Kernbürgertum ermöglicht. Die Durchlässigkeit darf man keinesfalls überschätzen. Bei den einheiratenden Bräutigamen handelte es sich vor allem um Beamte des öffentlichen Dienstes (nur ein Angestellter aus der Privatwirtschaft war darunter). Lehrer waren dabei stärker vertreten als die Beschäftigten aus anderen Bereichen des öffentlichen Dienstes. Die einheiratenden Lehrer standen zum Zeitpunkt der Eheschließung erst am Anfang ihrer beruflichen Karriere, laufbahnrechtliche Beförderungen standen noch bevor. Möglicherweise hatten sie, wenn es sich nicht um Volksschullehrer handelte, eine akademische Ausbildung absolviert. Unter diesen Vorzeichen reduzierten sich die Austauschprozesse qua Einheirat zwischen Rand- und Kernbürgertum auf Einzelfälle, zwischen Mittel- und Kernbürgertum auf eine überschaubare Minderheit.

Hatten sich innerhalb der Arbeiterschaft in den Heiratskreisen deutliche Austauschprozesse abgezeichnet, waren im Bürgertum die Barrieren verfestigt worden. Der Kern reproduzierte sich zum wesentlichen aus sich selbst, hielt Kontakt zu den nächsten Schichten, während die anderen Randbereiche keinen Zugang hatten. Innerhalb der randbürgerlichen und der mittelbürgerlichen Berufsgruppen gab es dagegen rege Verbindungslinien, während die Grenze zur Arbeiterschaft durch einen Kontaktbruch gekennzeichnet war. Zwar heirateten in absoluten Zahlen gesehen untere Beamte und Angestellte und kleine Selbstständige keineswegs selten in die gelernte Arbeiterschaft ein. Relativ gesehen blieben sie dennoch deutlich unterrepräsentiert und heirateten hauptsächlich in Nicht-Arbeiterkreisen.

2.3 Öffentliches Leben und Vereinsleben

Getrennte Wege. Ein demonstrativer Akt institutioneller Trennung von Bildungs- und Wirtschaftsbürgertum in Erfurt hatte sich lange vor Beginn des Kaiserreichs vollzogen. Er war vordergründig ehrenvoll und bürgergemäß vonstatten gegangen – man gründete einen neuen Verein: 1827 ging aus der 1754 gegründeten »Akademie nützlicher/gemeinnütziger Wissenschaften« der Erfurter Gewerbeverein hervor. Was sich nach außen als harmonisch ablaufende Entwicklung darstellte, glich jedoch eher einem Hinauswurf. Betroffen waren davon weniger einzelne Mitglieder, sondern ein Bildungsgedanke. Nicht »nützliches« Wissen sollte im Rahmen der Akademie vermittelt werden, sondern reine Wissenschaft betrieben, ›wahre Bildung‹ gefördert werden. Mit dem Gewerbeverein wurde aus der Akademie der »Nützlichkeitsaspekt *ausge-*

schieden«. Dem Gewerbeverein kam die Rolle zu, »die unmittelbar ins bürgerliche Leben eingreifenden Naturwissenschaften zum Gemeingut aller Klassen der bürgerlichen Gesellschaft, insbesondere der Gewerbetreibenden [zu] machen«.[381] Die radikale Trennung von Akademie und Gewerbeverein, von Bildung und Wissen, von Geistes- und Naturwissenschaften entsprach den bildungsbürgerlichen Vorstellungen des 19. Jahrhunderts[382] und wurde auch noch 1904 in Erfurt verteidigt.[383]

Die Akademie war seitdem ein exklusiver Ort, den nur befugt war zu betreten, wer sich mittels erworbener Bildungspatente oder herausragender wissenschaftlicher eigenständiger Arbeit qualifiziert hatte.[384] In den 1860er Jahren und am Beginn des Kaiserreichs gehörten noch einige Apotheker und Kunstgärtner zu den ordentlichen, in Erfurt wohnenden Mitgliedern. Doch mit deren Wegzug oder Tod verschwanden die ursprünglichen gemeinsamen Wurzeln von Wirtschafts- und Bildungsbürgertum in diesem Verein. Die stadtbürgerliche Einheit war von Anfang an prekär gewesen und nicht per se der Kristallisationskern, um den sich Bürgertum konstituierte.[385] Das galt erst recht für das Kaiserreich mit seinen Ausdifferenzierungsprozessen. Es gab ein differenziertes, eindeutig hierarchisiertes Vereinsleben, in dem Brüche und Trennungslinien sichtbar, in dem Zugangschancen und Kontaktmöglichkeiten kontrolliert wurden.

Im Unterschied zum Kapitel über die Arbeitervereine steht hier nicht die individuelle Beitrittsmotivation im Vordergrund, sondern es gilt der Frage nachzugehen, inwieweit die in den vorangegangenen Kapiteln zum Bürgertum aufgezeigten Fragmentierungen sich im Vereinswesen spiegelten und/oder wie sie sich durch das Vereinswesen aufhoben oder zumindest abschwächten. Daher werden in einem ersten Schritt die Differenzierungen innerhalb und zwischen kern- und randbürgerlichen Gruppen herausgearbeitet, ehe dann die verschiedenen Vermittlungsebenen dargestellt werden.

381 Rede des Akademiedirektors Gottfried Christoph Werneburg, 4. Juli 1827, zitiert nach Jahrbücher der Kgl. Akademie, N. F. XXXI, Erfurt 1905, S. XXXIII. Vgl. allgemein *Bollenbeck*, bes. S. 180 für den Hintergrund dieser Einstellung im Erfurter Bürgertum.

382 Siehe *Hübinger*, S. 180: »Schwach blieb die Aufmerksamkeit gegenüber den Naturwissenschaften. Ihr allgemeiner Bildungswert wurde erheblich in Zweifel gezogen«.

383 Ansprache von Richard Thiele, 2. Juli 1904, in: Jahrbücher der Kgl. Akademie, Heft XXXI, 1905, S. XXXIII. Die Aufgabenteilung sei 1827 »zum Glück noch zur rechten Zeit erkannt« worden«, hieß es in der Rede Thiele zum 150jährigen Bestehen der Akademie.

384 § 7 der Geschäftsordnung, 1818/19 und überarbeitete Fassung vom 12.12.1894: »Bei der Ernennung der Mitglieder kommen in erster Linie Männer in Betracht, welche ihre wissenschaftliche Vorbildung auf Hochschulen erhalten und ihre wissenschaftliche Tüchtigkeit durch wertvolle Veröffentlichungen bewiesen haben« (Jahrbücher der Kgl. Akademie, Heft XXI, 1895, S. 157).

385 Vgl. die Diskussion um die Einheit des Bürgertums in *Gall*, Stadt und Bürgertum im Übergang, S. 333f. Die unterschiedliche Sicht auf die Rolle des Stadtbürgertums in der ersten Hälfte des 19. Jahrhunderts knapp zusammengefasst in: *Hein/Schulz*, Einleitung, S. 11f. sowie *Mergel*, Bürgertumsforschung, S. 515–525.

Die Radikalität des Bildungsgedankens, wie sie bei der Vereinsgründung des Gewerbevereins zum Ausdruck kam, markiert eine erste Trennungslinie. Sie konnte mit einer nicht zu unterschätzenden Überheblichkeit und Arroganz einhergehen, etwa wenn Gymnasialprofessor Thiele sein Desinteresse, wenn nicht Unverständnis gegenüber wirtschaftsbürgerlichen Zielen und Interessen zum Ausdruck brachte: »Jeder wahre Fortschritt der Menschheit findet nicht am rauchenden Schlote und durch die tosende Arbeit der Maschinen in der Fabrik statt, sondern in der Studierstube des Gelehrten, im Zimmer des Erfinders!« Es war das Bild des intellektuellen Einzelgängers, der ideelle Werte schuf, keiner körperlichen Arbeit nachging und bei seiner Beschäftigung nicht Gewinnmaximierung im Kopf hatte, sondern an den kulturellen »Fortschritt der Menschheit« dachte.[386] Die unterschiedlichen Vorstellungen über den Beitrag, den die einzelnen bürgerlichen Gruppen zur Bildung leisteten, mussten einerseits auf die soziale Zusammensetzung der Vereine rückwirken, andererseits konnte die unterschiedliche Zusammensetzung der Vereine selbst die Trennungslinie noch weiter verschärfen. Gewerbeverein und Akademie zeigten unter diesen Voraussetzungen zwei völlig unterschiedliche Mitgliederstrukturen. Bildungs- und Wirtschaftsbürger waren relativ säuberlich auseinander dividiert.

Dem Gewerbeverein als Institution gewerblicher Interessenvertretung waren vor allem mittlere und kleine Selbstständige des Handels sowie Handwerksmeister verbunden. Zwischen 1876 und 1914 stieg der Anteil dieser Berufsgruppen unter allen Mitgliedern (1876 gehörten 655 Männer, dem Verein an, 1914 hatte er 906 Mitglieder) von knapp der Hälfte auf zwei Drittel. Beamte und beamtetes Bildungsbürgertum, die mit ihrem hohen Anteil von 18 Prozent der Mitglieder im Jahr 1876 noch an die gemeinsamen Wurzeln mit der Akademie erinnerten, spielten nach der Jahrhundertwende nur noch eine geringe Rolle (8,6% aller Mitglieder). Dennoch zeigt ihre Anwesenheit im Verein, sowie die von rund elf Prozent Angestellten, dass es nicht nur um Interessenvertretung ging, sondern sich mit der Mitgliedschaft auch ein Prestigegewinn verband und man sich bestimmten bürgerlichen Kreisen zugehörig fühlte.[387]

Die soziale Zusammensetzung der Akademie sah dagegen anders aus. Lehrer und Beamte dominierten sie während des Kaiserreichs (vgl. Tab. 15).

386 Ansprache von Richard Thiele, 2. Juli 1904, Jahrbücher der Kgl. Akademie, Heft XXXI, 1905, S. XXV–XLV, hier S. XLIII.

387 Zuordnung und eigene Berechnung nach den namentlichen Mitgliederlisten in den Jahresberichten des Gewerbevereins Erfurt 1876, 1914. Aufgrund der dichteren Quellenlage (Steuersummen in den Wahlberechtigtenliste) war für 1876 eine genauere Zuordnung bei den Mitgliedern des Gewerbevereins möglich. Für die späteren Zeitpunkte konnte ausschließlich nach den Berufsbezeichnungen die Zuordnung erfolgen. Daraus resultiert vor allem das starke Ansteigen der »kleine Selbstständigen« (d. h. vor allem Kaufleute ohne nähere Bezeichnung).

Tabelle 15: Soziale Zusammensetzung der Akademie der Wissenschaften
Erfurt 1863–1914

Beruf/Berufsgruppe	1863		1894		1914	
	N	%	N	%	N	%
Apotheker	3	7,7	1	2,7	0	0,0
Kunstgärtner	2	5,1	0	0,0	0	0,0
Lehrer	17	43,6	18	48,7	29	39,7
(– davon: Oberlehrer)	(5)		(2)		(4)	
(– davon: Professoren)	(4)		(9)		(18)	
(– davon: Direktoren)	(4)		(5)		(5)	
Beamte, v. a. Räte	7	18,0	6	16,2	12	16,4
Ärzte	4	10,3	4	10,8	9	12,5
Rechtsanwälte	0	0,0	0	0,0	2	2,7
Kommunalbeamte	2	5,1	1	2,7	6	8,2
Kommerzienräte/ EB-Direktoren	1	2,6	1	2,7	2	2,7
Militärs	3	7,7	1	2,7	3	4,1
Pfarrer	0	0,0	4	10,8	7	9,6
Künstler	0	0,0	1	2,7	1	1,4
Sonstige	0	0,0	0	0,0	2	2,7
Summe	39	100,1	37	100,0	73	100,0

Quelle: Jahresberichte der Akademie. Erfasst wurden nur die ordentlichen, d. h. in Erfurt woh-
nende Mitglieder.

Vor allem in den ersten zwanzig Jahren des Kaiserreichs fristete die Akademie
nur ein Schattendasein; Impulse gingen von ihr kaum aus.[388] Das lag auch
daran, dass eine Universität mit ihren ideellen Anregungen und personellen
Möglichkeiten nicht zur Verfügung stand. Nach 1890 gelang es zwar, namhaf-
te Wissenschaftler von außerhalb sowohl als Mitglieder wie auch als Vortra-

---

[388] Die Akademie selbst erklärte sich den Niedergang folgendermaßen: »Nach der *Er-
kämpfung der politischen Einheit* durch die beispiellosen Waffenerfolge auf den Schlachtfeldern
Frankreichs wandte sich unser Volk notgedrungen in höherem Maße, als es früher geschehen
war, der Lösung der großen *realen politischen, wirtschaftlichen und sozialen Fragen* zu. Kein Wunder,
wenn in den folgenden 20 Jahren die wissenschaftliche Leistungskraft unter dem Druck der
gewaltigen politischen, kirchlichen und wirtschaftlichen Kämpfe der Zeit etwas erlahmte«
(*Heinzelmann*, Beiträge, S. 295, Hervorhebung im Original). Sehr viel konkretere Ursachen finden sich in der Gedenkrede auf W. Heinzelmann knapp zwei Jahre später, in der Heinzelmanns
Vorgänger im Amt des Sekretärs der Akademie, Ferdinand Koch – wenn auch indirekt – sein
Versagen vorgeworfen wird (*Oergel*, S. 290f.).

gende zu gewinnen,[389] doch nach 1910 konzentrierte sich die Akademie vorwiegend auf die »Erforschung der Heimat« unter geographischen und naturwissenschaftlichen Gesichtspunkten.[390] Die soziale Relevanz – sowohl im Sinne einer umfassenden Gelehrtengemeinschaft nach innen als auch einer auf das (städtische) Gemeinwesen ausgerichteten Vordenkergruppe (wie sie sich ansatzweise in den verschiedenen Preisfragen der 1890er Jahre artikuliert hatte[391]) – war verspielt. Die geisteswissenschaftliche Fixierung hatte sich als Einbahnstraße entpuppt. Hatte am Anfang des 19. Jahrhunderts der in der Akademie vertretene Bildungsgedanke klare Trennungslinien geschaffen, war die Institution mit ihren Mitgliedern am Anfang des 20. Jahrhunderts selbst ins Abseits geraten und zu einer gesellschaftlichen Integrationsleistung nicht mehr fähig.

Gekoppelt mit dieser Entwicklung ist eine weitere Trennungslinie. Denn der Geist in dieser Akademie – wie auch der dort vermittelte Bildungsbegriff – war durch und durch protestantisch. Bei den Pfarrern, die Mitglieder der Akademie waren, handelte es sich um protestantische, nicht katholische Geistliche. In einem öffentlichen Vortrag der Akademie über »Die Hohenzollern und die Toleranz« behauptete Superintendent Richard Bärwinkel : »[N]och während des Kulturkampfes war Wilhelm I. durchaus tolerant gegen die Katholiken«.[392] Protestantische Unverfrorenheit und Geschichtsklitterung gingen hier mit dem preußisch-deutschen Herrscherhaus über die Kulturkampfzeit hinaus eine Symbiose ein, die innerhalb der kernbürgerlichen Gruppe die konfessionelle Trennung als tiefe Kluft erahnen lassen.[393]

Das öffentliche Leben der Vereine hielt weitere Spannungen parat. Hatten sich Akademie und Gewerbeverein institutionell und in ihrer sozialen Trägerschaft auseinander entwickelt, traf dasselbe auf wirtschaftlichem Gebiet für das Verhältnis von Gewerbeverein und Handelskammer zu. Während in der Handelskammer Erfurts ein kleiner Kreis von Großindustriellen und Großkaufleuten Weichen für das Erfurter Wirtschaftsleben stellte, war der Gewerbeverein mehr und mehr in die Rolle gedrängt, mittelständische und Handwerkerinteressen wahrzunehmen.[394] Auch wenn Konflikte zwischen

389 Vgl. knapp *Kiefer*, S. 453f.
390 Jahrbücher der Kgl. Akademie, N. F. XXXVI, 1910, S. 345.
391 So auch im Selbstverständnis der Akademie-Mitglieder: Siehe Thieles Jubiläumsrede von 1904, in der er darauf hinwies, dass mit den Preisfragen Anregungen zur Lösung der sozialen Frage gegeben werden sollten (Jahrbücher der Kgl. Akademie, N. F. XXXI, 1905, S. XXXVIII).
392 Öffentlicher Vortrag Richard Bärwinkels, 26. Januar 1908, Jahrbücher der Kgl. Akademie, XXXIV, 1908, S. 301–304, hier S. 301.
393 Siehe auch Kapitel VII.
394 Vgl. knapp zur Handelskammer *Heß*, Entfaltung, S. 233. Der Handelskammer Erfurt gehörten zwischen 1871 und 1914 zwölf bis fünfzehn Mitglieder an. Diese Männer standen an der Spitze von Großunternehmen. Personelle Kontinuität und eine geschickte Rekrutierungspolitik kennzeichneten diesen wirtschaftlichen Machtkern Erfurts. Siehe allgemein *Haupt*, Bürger, S. 272f.

diesen unterschiedlichen wirtschaftsbürgerlichen Gruppen kaum nach außen drangen, belegen doch einzelne Indizien latente Spannungen, etwa wenn sich die in der Handelskammer vertretenen Konfektionärsindustrie über Initiativen der Schneiderinnung beschwerte, ungelernte Arbeiterinnen wie Lehrlinge im Sinne der Reichsgewerbeordnung zu behandeln.[395] Angesichts der auch materiellen Auseinanderentwicklung zwischen diesen verschiedenen Gewerbetreibenden dürften die Spannungen im Verlauf des Kaiserreichs wohl keinesfalls geringer geworden sein. Im Konflikt um die Zollgesetzgebung um die Jahrhundertwende konnten die im Gewerbeverein organisierten Inhaber kleinerer Betriebe den Schutzzollvorstellungen durchaus ihre positiven Seiten abgewinnen,[396] während die Mehrzahl der überwiegend im Konsumgüterbereich tätigen Erfurter Großindustriellen und Großkaufleute »keinen Werth auf die Erhöhung der Eingangszölle« legten.[397]

Die hier skizzierten unterschiedlichen wirtschaftlichen Interessen entsprachen hierarchisch gegliederten materiellen Lebenslagen. Diese wiederum konnten auf ideell-geistiger Ebene reproduziert und verfestigt werden – die Hierarchie fand nicht nur in der Lebenswelt, sondern auch in den Köpfen statt: Die Spannungsbögen versteiften sich. Luise Hagen, Schriftstellerin in Berlin, brachte es in ihrer Antwort auf die Preisfrage der Akademie von 1896 auf den Punkt: »Die deutsche Handwerkstochter von heute hält sich verpflichtet, ›geistreich‹ und ›bedeutend‹ zu sein. Fühlt sie sich von diesem Ideal allzu weit entfernt, so tröstet sie sich mit etwas sentimentaler Herzensbildung. Eine Pflicht der Charakterbildung kennt sie nicht, weil sie das Wenige davon, was etwa auch der Gartenlaubenroman noch anerkennt, nicht recht verdauen kann«.[398] Die Exklusionsmechanismen zwischen Kern und Rand des Bürgertums wurde auf neuer Ebene in ›Meta-Werten‹ verfestigt. Jeder hatte seine Reservate und Refugien abgegrenzt, die Rangabfolgen waren einzuhalten.[399]

Die soziale Konsequenz dieser Geisteshaltung wird in der Mitgliederstruktur einer Vielzahl von (geselligen) Vereinen deutlich. Die Sitzplatzverteilung, die der Sollersche Musikverein verwaltete, machte *innerhalb* eines Vereins dieses Verhältnis klar (siehe Kapitel III.2.2). Aber auch *zwischen* den Vereinen wird diese Hierarchisierung sichtbar. An der Spitze stand die Erfurter »Ressource«,

395 Jahres-Bericht der Handelskammer zu Erfurt für das Jahr 1888.
396 Vgl. allgemein *Georges*, S. 194f.
397 Jahres-Bericht der Handelskammer zu Erfurt für das Jahr 1901, S. 18–22 (Zitiert wurde hier die Einschätzung der Erfurter Eisen- und Maschinenindustrie, die im Gesamttenor von allen anderen befragten Industriezweigen geteilt wurde). Vgl. allgemein *Hentschel*, S.174–204; *Kiesewetter*, Revolution, S. 108f.; *Wehler*, Gesellschaftsgeschichte, Bd. 3, S. 660f.
398 *Hagen*, S. 9.
399 Siehe auch die Festrede Richard Thieles, Jahrbücher der Kgl. Akademie, N. F. Heft XXXI, 1905, S. XXXIX. Mitte der 1890er Jahre hatte man in der Akademie die Vorträge in die späten Abendstunden gelegt, um ein größeres Publikum zu erreichen. »[D]adurch »entfremdeten (wir) uns aber das gewohnte Publikum«, und man gab den Versuch auf.

am untersten Ende die Freiwillige Turnerfeuerwehr: Sie war – gegründet 1862 – Produkt eines stadtbürgerlichen Verantwortungsgefühls, dem sich Eisenbahnbeamte, Realschullehrer, Handwerksmeister, Kaufleute und Handwerker/Arbeiter verpflichtet wussten.[400] Durch ihre wichtige Aufgabe für die Stadt und unter dem Protektorat der Stadt(verwaltung) war sie ein zentraler Bestandteil jeder städtischen bürgerlichen Gesellschaft gewesen.[401] In dem Maße aber, in dem die Feuerwehr ihre bürgerschaftliche Freiwilligkeit und damit einen Teil ihrer gesellschaftlichen Bedeutung verlor und eine quasi-berufsmäßig, professionell betriebene Institution darstellte, wurde sie sozial an den Rand des bürgerlichen Kerns, ja selbst aus den bürgerlichen Randgruppen gedrängt. Zwar war der Oberbürgermeister auch 1912 noch Ehrenmitglied – das einzige Mitglied aus den bürgerlichen Kerngruppen –, ansonsten stammten die Mitglieder seit den 1880er Jahren geschlossen aus dem Arbeiter- und Handwerkermilieu. Die wenigen verbliebenen Handwerksmeister waren jene aus dem Anfangsjahrzehnt der Freiwilligen Turner-Feuerwehr. Die Söhne der Gründerväter aus Fabrikanten-, Kaufmanns- oder Beamtenfamilien hatten mit diesem randbürgerlichen, ›proletarisierten‹ Verein nichts mehr zu tun.[402] Die Aufsplitterung des Erfurter Vereinssystems in annähernd fünfhundert Vereine im Jahr 1889 lag keineswegs nur an einer immer vielfältigeren Interessenbeliebigkeit, sondern half mit, Distinktionen herauszustreichen und aufrecht zu halten.[403]

Das galt auch für das Verhältnis von Frauen und Männern im öffentlichen Leben. Rollenklischees, Abgrenzungs- und Ausgrenzungspraktiken beherrschten das Feld.[404] War es in der »Akademie der Wissenschaften« ansonsten Usus, den Gewinner der Preisfrage als Mitglied in die Gemeinschaft aufzunehmen, blieb für die Gewinnerinnen Luise Hagen und Anna Beyer die Tür verschlossen.[405] Auch die Erfurter »Ressource« duldete keine Frauen in ihren Reihen. Es entstand dabei eine merkwürdig zwiespältige Situation. Auf der einen Seite genoss man beim Clubabend »gewissermaßen Männlichkeit ›pur‹«[406], auf der anderen Seite nahm man sich frauenspezifischer Themen an. In letzter Konsequenz wurde aber der emanzipatorische Impetus gekappt. Im November 1895 einigten sich zwar die Akademiemitglieder auf die Preisfrage über »die Erziehung der weiblichen Jugend in den höheren Berufsklassen«

---

400 Die Geschichte der freiwilligen Turner-Feuerwehr zu Erfurt von 1862–1912, (1912), Mitgliederlisten für die Jahre 1862 und 1863, S. 9f., 12ff.

401 Vgl. *Zunkel*, S. 279.

402 Geschichte der freiwilligen Turner-Feuerwehr zu Erfurt, 1912, S. 92–95.

403 Aus der Analyse völlig anderer Quellen (Manieren- und Anstandsbücher) kommt Ulrike *Döcker* zu ähnlichen Ergebnissen (S. 64, 283). Zahl der Vereine nach Thüringer Zeitung, Nr. 225 vom 26. September 1889, siehe Kap III.1.3).

404 Vgl. *Hausen*, Polarisierung, S. 363–393.

405 Siehe *Kiefer*, S. 454f.

406 *Frevert*, Männergeschichte, S. 37.

und ließen sich Ende des gleichen Monats von dem Jenaer Philosophie-professor Rudolf Eucken belehren, dass die Schweiz als Vorbild dienen könne, da dort »die Advokatenlaufbahn der Frau bereits geöffnet ist«. Den Frauen »sollte auch bei uns überall die Möglichkeit gegeben werden, ihre besonderen Gaben zu entfalten«.[407] Im folgenden Jahr zeichnete man jedoch zwei Arbeiten aus, die das traditionelle Rollenbild verfestigten. Luise Hagen meinte, »dass *eine tüchtige, in der Familie erlangte hauswirtschaftliche Bildung* jedem weiblichen Wesen die Grundlage für Erfolg im Erwerbsleben sichert«[408] – eine Vorstellung, die letztlich in der »reizende[n] Ausstellung von Werken des weiblichen Hausfleisses« auch offensiv propagiert wurde.[409] Dem Mann kam die Aufgabe zu, mit »Tatenlust und Tatendrang« die »Welt geistig [zu] erobern und zum Höchsten [zu] streben«. Dagegen stand die Rolle der Frau: »Ihre Welt ist das Haus, wo sie durch Dienen herrscht und doch wieder an den Stärkeren voll Vertrauen sich anlehnt. Sie findet an den kleinen Dingen und der bunten Außenseite des Lebens ihre Freude; grau ist ihr die Theorie, doch grün des Lebens goldner Baum«.[410] Es drängt sich der Eindruck auf, dass die Akademie-Mitglieder geschlechterspezifische Fragen aufgriffen, um ihre Positionen zu verteidigen, um im persönlichen Kontakt unter sich zu bleiben. Ausgeschlossen blieben die Frauen aber auch, weil das Bild vom ewig sich im Kampf befindenden Mann zumindest in Zweifel gezogen werden konnte, wenn sie gleichberechtigt mit Frauen umgehen mussten, denen das Rollenbild der Vermittlung, des Ausgleichs, des »Ideal[s] der *harmonischen Ergänzung*« zugeschrieben wurde.[411] Die durch die Erfurter Akademie ausgezeichneten Arbeiten belegen die Vermutung, dass sich im Verlauf des 19. Jahrhunderts die geschlechterspezifischen Rollenklischees verfestigten.[412]

Gemeinsame Wege. Wenn die hier dargestellten Spannungen drastisch die Unterschiedlichkeit der oben in der Strukturanalyse vorgestellten Gruppen bestätigen, stellt sich umgekehrt die Frage, worin gleichwohl der Zusammenhalt

407 Rudolf Eucken, öffentlicher Vortrag vom 27. November 1895, Jahrbücher der Kgl. Akademie, N. F. XXII, 1896, S. 272, 273.
408 *Hagen*, S. 35.
409 So in der Festrede des Rechtsanwalts Weydemann bei der Eröffnung der Erfurter Gewerbeausstellung 1894, Gewerbe-Verein zu Erfurt. Jahres-Bericht 1893/94, S. 76.
410 *Irgang*, S. 42. Irgang war Rektor der Volksschulen in Merseburg.
411 *Döcker*, Ordnung, S. 271. Wie tief eingegraben die Rollenbilder und Hierarchisierung der Geschlechterverhältnisse war, belegt auf individueller Ebene die Trauer Karl Beyers, Oberlehrer der städtischen Realschule und Stadtarchivar, über den Tod zwei seiner Kinder. Von vier Töchtern und einem Sohn waren eine Tochter und der Sohn früh gestorben: »[E]r sprach oft sein tiefes Bedauern aus, dass es ihm nicht vergönnt gewesen sei, einen Sohn als Erben seines Namens und Fortsetzer seines Lebenswerkes zu hinterlassen« (Nachruf auf Karl Beyer von Georg Oergel, in: Mittheilungen des Vereins für die Geschichte und Alterthumskunde von Erfurt, 22. Heft, 1901, S. 1–16, hier S. 14).
412 Vgl. zusammenfassend *Mergel*, Bürgertumsforschung, S. 531f.

bestand und wodurch zwischen ihnen vermittelt wurde; denn die eben skizzierten Konfliktfelder führten nicht zu einem völligen Kontaktbruch. So fragmentiert die Vereinslandschaft auf der einen Seite war, so unverkennbar war ihre Kontakt- und Kommunikationsfunktion. Sie funktionierte in klar abgestuften Bereichen, brachte es aber doch auf erstaunliche stabilisierende und harmonisierende Leistungen. Die »Ressource«, erheblich begünstigt durch die eben geschilderte ›männerbündische Praxis‹, konnte in einer entscheidenden Integrationsleistung Männer von Bildung und Besitz zusammenführen. Schloss fehlende Bildung von der »Akademie« aus, öffnete umgekehrt akademische Bildung die Tür zu den exklusiven Kreisen der wohlhabendsten Erfurter. An einem Januarabend des Jahres 1873 und an einem Novemberabend des Jahres 1881 hatten sich 114 bzw. 101 Mitglieder der »Ressource« in den Clubräumen am Anger eingefunden, um per Ballotage[413] über die Neuaufnahme von Mitgliedern abzustimmen. Die anwesenden Herren unterschieden sich in ihrer sozialen Zusammensetzung deutlich von denjenigen der »Akademie«. Zu beiden Zeitpunkten waren über 50 Prozent selbstständige Gewerbetreibende in Industrie und Handel, rund ein Viertel waren Beamte, knapp zehn Prozent stellten die Freiberufler, Handwerksmeister spielten mit drei Prozent und Militärs mit einem Prozent kaum eine Rolle, die übrigen Mitglieder waren Rentiers.[414] Während die Gewerbetreibenden so reich waren, dass sie bei Stadtverordnetenwahlen durchgängig in den beiden höchsten Wahlgruppen wählen konnten, handelte es sich bei denjenigen Bürgern, die in der niedrigsten, dritten Klasse wählen mussten (1873: N= 8, 10,4% aller anwesenden Mitglieder, deren Wahlklasse zu ermitteln war; 1881: N=11, 13,8%), zu jeweils rund zwei Dritteln um (akademisch ausgebildete) Beamte. Staat und Markt, Bildung und Besitz waren keine unüberbrückbaren Gegensätze mehr. Darüber hinaus konnte die »Ressource«, die auch im kommunalpolitischen Leben eine entscheidende Rolle spielte,[415] weitere Konflikt-

413 Die Ballotage war das übliche Verfahren in solchen exklusiven Vereinen, das – neben den hohen Mitgliederbeiträgen – eine gezielte Aufnahme- und Auslesepolitik garantierte (siehe auch *Sobania*, S. 177f.; *Hein*, S. 156).

414 Abstimmung über die Aufnahme von Kreisgerichtsrat a. D. Teichmann vom 11. Januar 1873, Abstimmung über die Aufnahme von Buchdruckereibesitzer Lange und Gymnasiallehrer Zschimmer vom 19. November 1881 (StAE 5/760–7, Bd. 3). Die drei Männer wurden aufgenommen. Da in den beiden Listen nur die Namen verzeichnet sind, wurden Beruf, Adresse und das Steueraufkommen der Mitglieder in den Adressbüchern bzw. in den Wahlberechtigtenlisten von 1876 rekonstruiert. Eine eindeutige Zuordnung war für 1873 bei 88 und für 1881 bei 93 Mitgliedern möglich.

415 Vgl. Tribüne, Nr. 270 vom 18. November 1898; dort allerdings mit dem unvermeidbaren agitatorischen Impetus: »[D]ie Gemeindevertreter der damaligen Zeiten [1870er/80er Jahre] überließen es willig der Ressourcepartei – wie man komischerweise die beiden führenden Geister [Oberbürgermeister Breslau, Bankier Hermann Stürcke] mit ihrem Anhang drum und dran nannte – über das Wohl und Wehe zu entscheiden«. Aber auch das linksliberale »Erfurter Tageblatt« bestätigt die Existenz einer »Ressource-Partei« innerhalb der Stadtverordnetenversammlung (Nr. 307 vom 31. Dezember 1892).

linien entschärfen. Zum einen war sie konfessionell offen und nahm Juden, Katholiken und Protestanten in ihre Reihen auf, zum anderen führte sie die Mitglieder sowohl des Gewerbevereins wie auch die Mitglieder der Handelskammer zusammen. Dass die Mitglieder nicht nur auf der Mitgliederliste eines geselligen Vereins standen, sondern diese Männer sich tatsächlich trafen und die Abende miteinander in den Klubräumen verbrachten, belegen die Abstimmungen eindrücklich.[416]

In einer anderen Hinsicht waren die Vereine ebenfalls geeignet, Trennungslinien nicht zu krass erscheinen zu lassen. Gerade für das Vereinsleben benötigten die Vereine Anregungen von außen. Mochte man im Gewerbeverein an den gemeinsamen Abenden vorrangig Wert auf leichte Unterhaltung legen und sich über das Leben der Eskimos informieren, oder interessierte sich für technische Entwicklungen wie der Elektrizität – immer wieder wurden aber auch Mitglieder der Akademie der gemeinnützigen Wissenschaften zu Vorträgen eingeladen. Etwa hielt Realgymnasialdirektor Zange im Dezember 1889 einen Vortrag zum Thema »Wie können Schule und Haus beitragen zur Erzeugung eines tüchtigen Gewerbestandes«; 1903 sprach Akademie-Mitglied Johann Axmann, praktischer Arzt über die »Einwirkung des Lichtes auf den Menschen«.[417]

Darüber hinaus blieben Doppelmitgliedschaften nicht nur auf die noch zu beschreibenden einzelnen Kommunikatoren und Vermittler beschränkt, sondern erreichten eine gewisse Breitenwirkung. Immerhin waren 1894 von den 37 Erfurter Mitgliedern der »Akademie« mehr als ein Viertel (N = 10) ebenfalls Mitglied im Gewerbeverein. Im zeitlichen Ablauf nahm diese Verknüpfung zwischen Bildung und (mittleren) Besitz sogar noch zu. Von den 56 Akademiemitgliedern aus dem Jahr 1907 gehörten nun 32 Prozent (N = 18, davon vier Gymnasialprofessoren) gleichzeitig dem Gewerbeverein an.[418] Verkoppelt wurde hierbei allerdings weniger ein akademisch-humanistisches Bildungsbürgertum mit dem Wirtschaftsbürgertum, sondern jene Männer gingen aufeinander zu, die über ihre juristisch-akademische Laufbahn in die Verwaltungsspitzen von Stadt und Provinzialregierung gelangt waren und sich über die wichtige Rolle der Unternehmer im Klaren waren.

Über die Vereinslandschaft wurden auch Kontaktmöglichkeiten zwischen kern- und randbürgerlichen Gruppen bereit gehalten. Vor allem in einer Zeit, in der die Arbeiterbewegung sowohl politisch als auch sozial in die rand-

---

416 StAE 5/760–7, Bd. 3. Abgleich der Abstimmungsliste vom 19. November 1881 mit der Mitgliederliste des Gewerbevereins 1886/87 sowie mit der Mitgliederliste der Handelskammer 1881. Dass an weniger ›spannenden‹ Abenden der Andrang in den Klubräumen geringer gewesen sein dürfte, ist zwar möglich, kann aber dieses Argument nicht beeinträchtigen.

417 Gewerbe-Verein zu Erfurt. Jahres-Berichte 1889/90, S. 33ff. (Zange); 1903/04, S. 7ff. (Axmann).

418 Namensabgleich der Mitgliederlisten der Akademie und des Gewerbevereins.

bürgerlichen Bereiche einzudringen versuchte (und eindrang), mussten Verbindungsmöglichkeiten gewährleistet bleiben, um die bürgerlichen Deutungsmuster von Staat und Gesellschaft, von der Rolle und den Aufgaben des Individuum vermitteln zu können. Das Turnwesen bot hierzu ein dankbares Feld. Im Gegensatz zur Feuerwehr, die sich in ihrer sozialen Zusammensetzung proletarisiert hatte, wurden im Erfurter Männer-Turnverein – bedingt durch die zunehmenden Konkurrenzorganisationen der Arbeiterbewegung – die Arbeiter mehr und mehr in den Hintergrund gedrängt. Machten die 162 gelernten und zwei ungelernten Arbeiter 1885 im Verein noch 47,7 Prozent aller Mitglieder (N = 344) aus, sank ihr Anteil auf 32,6 Prozent im Jahr 1910 (N = 775). Es kam im Turnverein zu einer Konzentration randbürgerlicher Gruppen, die sich aus der unteren Angestellten- und Beamtenschaft sowie aus kleineren Selbstständigen zusammensetzten. Aus diesen Berufsgruppen zusammen stammte 1885 35,5 Prozent aller Mitglieder, 1910 schon 43,6 Prozent.[419] Allerdings hatte das Turnwesen einen stadtbürgerlichen Kern, den es beibehielt. An der Gründergeneration, die schon vor 1870 dem Turnverein beigetreten war und dem Verein noch 1885 angehörte, lässt sich dies erkennen: Die deutliche Mehrheit dieser 27 Mitglieder übte zwar den Beruf des Handwerksmeisters aus (37%), aber zu den Veteranen zählte auch eine starke wirtschaftsbürgerliche Fraktion aus Fabrikanten (11%) und mittleren Selbstständigen (19%). Beamte und sonstige Bildungsbürger – bedingt durch deren häufigen Ortswechsel – waren dagegen kaum noch auszumachen (8%). Diese stadtbürgerliche Tradition wurde beibehalten und gepflegt. Immerhin zählten 1910 mit drei Gymnasialprofessoren Vertreter des ›klassischen‹ Bildungsbürgertums, die sich ebenfalls in der »Akademie« engagierten, zu den Vereinsmitgliedern. Vertreter aus dem Wirtschaftsbürgertum, die ihrerseits zum Teil der Handelskammer angehörten, kamen hinzu. Erleichtert wurde den kernbürgerlichen Gruppen die Zugehörigkeit zu diesem Verein durch die programmatischen Vorgaben, die das Turnwesen bestimmten. Entsprechend dem nationalen Rahmen hatten sich die Erfurter Turner »die Aufgabe gestellt, das deutsche Turnen, das alle vernünftige und edle Leibesbildung in sich zusammenfasst, als ein wichtiges Mittel unserer Volkserziehung, als Mittel zur körperlichen und sittlichen Kräftigung zu pflegen und das deutsche Volksbewusstsein und vaterländische Gesinnung unter Ausschluss aller politischen Parteibestrebungen zu fördern«.[420] Die Vertreter der kernbürgerlichen Gruppen demonstrierten, wie aktiv oder inaktiv sie im Alltag des Vereinslebens auch sein mochten, mit ihrem Auftauchen in den Mitgliederlisten signal- und symbolhaft, dass die randbürgerlichen Berufsgruppen sich nicht verlassen

---

419 ThSTA Gotha, Regierung zu Erfurt, Nr. 440 (1885); StAE 1–2/464–869 (1910).
420 Männer-Turn-Verein zu Erfurt. Jb. mit dem Bericht über das Vereinsjahr 1910, StAE 1–2/464–869.

zwischen der Arbeiterschaft/-bewegung und der der Exklusivität frönenden Elite fühlen mussten. Der immense Mitgliederaufschwung gerade in der Gruppe der unteren Beamten und Angestellten sowie der kleinen Kaufleute belegt, dass sie hierin recht erfolgreich waren (und Turnen ein akzeptierter bürgerlicher Breitensport darstellte).

Die Doppel- bzw. Mehrfachmitgliedschaft in Vereinen als symbolischer Akt (oder tatsächlich ausgelebtes Eigeninteresse) wurde durch gelebte Vermittlungstätigkeit von einzelnen Kommunikatoren wesentlich verstärkt. Hinzu kam darüber hinaus ein ganz praktischer Aspekt. Wie in der Arbeiterbewegung hatten auch bürgerliche, erst recht randbürgerliche Vereine, mit hohen Fluktuationen zu rechnen. So gehörten beispielsweise 1885 dem Erfurter Männer-Turn-Verein 44,2 Prozent seiner Mitglieder (N=152) erst ein bis zwei Jahre an;[421] und der Erfurter Geschichtsverein beklagte sich über die Mitgliederfluktuation, die durch die hohe ›Versetzungsmobilität‹ der Beamten verursacht würde.[422] Auch von daher waren Männer, die Kontinuität und Vermittlung garantierten, unerlässlich.

Drei Männer taten sich hier im Kaiserreich hervor. Zunächst war da Wilhelm Johann Albert Freiherr von Tettau, geboren 1804 in Marienwerder. Er hatte Rechts- und Staatswissenschaften in Königsberg, Berlin und Göttingen studiert; danach die üblichen Karriereschritte in der preußischen Verwaltung absolviert, die ihn nach Marienwerder, Elbing, Konitz und Liegnitz führten, ehe er 1847 im Rang eines Oberregierungsrats nach Erfurt zur dortigen Provinzialverwaltung, Abteilung des Innern, kam. Nicht nur im Verein, sondern auch im Privaten lebte er die ›Kernschmelze‹ von akademisch gebildetem, staatstragendem Bildungsbürgertum und Wirtschaftsbürgertum vor und heiratete 1859 Adolfine Herrmann, Tochter des Erfurter Bankiers und Stadtrats H. Herrmann.[423] »Die Zahl der im engeren Sinne gemeinnützigen Vereine, welchen Tettau als Mitglied angehörte, war Legion«, fasste Gymnasialprofessor Heinzelmann in seiner Gedenkrede auf Tettau dessen Aktivitäten zusammen. Hinzu kamen kirchliches Engagement sowie aktive Mitgliedschaft im Geschichtsverein, in der Akademie und in der Historischen Kommission für die Provinz Sachsen.[424] Neben der persönlichen Veranlagung für solche umfassenden Tätigkeiten gehörte unbestreitbar ein rhetorisches Naturtalent und kommunikative Kompetenz zu dieser Herkulesarbeit: Er konnte »die reichen Schätze seines Wissens in einer gebildeten und gemeinverständlichen

---

421 Festschrift zur 25jährigen Jubelfeier des Erfurter-Männer-Turnvereins am 9. und 10. August 1885, Erfurt 1885, S. 45–54, ThSTA Gotha, Regierung zu Erfurt, Nr. 440 (eigene Auswertung der im Mitgliederverzeichnis aufgeführten Eintrittsdaten).

422 Mittheilungen des Vereins für die Geschichte und Alterthumskunde von Erfurt, 12. Heft, Erfurt 1885, S. XXVII. Siehe auch Kapitel III.2.1.

423 *Hoffmann,* Verein, S. 3ff.; *Heinzelmann*: Grabrede, S. 43–70.

424 *Heinzelmann*, Grabrede, S. 51ff.

Sprache für ein weiteres Publikum flüssig und fruchtbar ... machen«.[425] Tettau stand mit diesen Fähigkeiten für dreierlei. Zum einen vermittelte er aktiv Bildung nach unten und half, Barrieren zwischen den kern- und randbürgerlichen Gruppen zu überwinden; zum Zweiten war er Vermittler zwischen Bildung und Besitz, in dem er nicht nur demonstrativ eine extensive Kunst- und Sammlerleidenschaft vorlebte, sondern diese Begeisterung an andere begüterte Bürger weiter gab und der bürgerlichen Öffentlichkeit zur Verfügung stellte.[426] Drittens leistete er Maßgebliches für die Vermittlung zwischen Staat und Bürgertum (so wie er damit selbst Zeuge, ja fast Typus für die Staatsnähe des deutschen Bildungsbürgertums wurde). Mochte er in dieser Eigenschaft, da er 1848 an der Niederschlagung der Revolution beteiligt war, in liberal-demokratisch denkenden Kreisen nicht besonders beliebt gewesen sein, spielte dieser ›Makel‹ in seinem weiteren gesellschaftlichen Wirken im Kaiserreich keine Rolle mehr.[427]

Fast eine Generation später als Tettau wurde Richard Bärwinkel am 3. Juli 1840 in dem Dorf Dallmin in der Prignitz geboren. Er besuchte von 1853–1859 das Gymnasium in Torgau, studierte dann Philologie in Bonn und Theologie in Halle. 1862 kam er als Lehrer an die Erfurter Realschule und wurde 1868 Prediger an der Reglerkirche. Wie Tettau heiratete auch Bärwinkel eine Frau aus wirtschaftsbürgerlichen Kreisen: Agnes Stürcke stammte aus einem der reichsten Häuser Erfurts. 1890 wurde Bärwinkel zum Superintendenten befördert, machte dann aber keine weitere innerkirchliche Karriere und wirkte an der Reglerkirche bis zu seinem Tod 1911.[428] Bärwinkel profitierte von einem organisatorischen Erfahrungsschatz, den er sich mit sechs Vereinsgründungen in seiner Kirchengemeinde angeeignet hatte. Neben seinen Mehrfachmitgliedschaften in der »Ressource«, in der »Akademie«, im Gewerbe-, Gefängnis- und Musikverein wirkte Bärwinkel vor allem dahin, über die protestantische Konfession ideologisch-politische Brüche innerhalb des bürgerlichen Kerns zu überwinden.[429] Dies tat er in zweierlei Weise. Zum einen gelang es ihm, den von ihm 1886 mitinitiierten, reichsweit aktiven »Evangelischen Bund« auch im lokalen Rahmen Gewicht zu verleihen und über andere einflussreiche Persönlichkeiten (darunter unter anderem von Tettau) mit dem bürgerlichen Vereinsnetz zu verknüpfen.[430] Zum anderen versuchte er direkt

425 Ebd., S. 56, 61.

426 Ebd., S. 59f.

427 In der Kommission zur Vorbereitung der Thüringer Gewerbeausstellung von 1894 war er genauso vertreten wie die eher linksliberal stehenden Karl Weydemann (Rechtsanwalt) und Ludwig Möller (Ingenieur), Erfurter Tageblatt, Nr. 83 vom 9. April 1893.

428 *Bärwinkel*. Nekrolog auf Richard Bärwinkel in: Jahrbücher der Kgl. Akademie, N. F. XXXVII, 1911, S. 228–236.

429 Vgl. *Kuhlemann*, Bürgertum, S. 303f.

430 Vgl. *Fleischmann-Bisten*, bes. S. 563–573 (insgesamt aber eher unkritisch diesem Radikalprotestantismus gegenüber); umfassend zum Evangelischen Bund *Müller-Dreier*.

auf politischer Ebene zu vermitteln und Konflikte zwischen Konservativen und Nationalliberalen aufzulösen. Bei den Reichstagswahlen 1903 unterstützte Bärwinkel nicht mehr die Konservativen, sondern die Nationalliberale Partei. In »wiederholten Briefen an den Vorstand des Konservativen Vereins« wies Bärwinkel darauf hin, dass es »bedenklich (sei), wenn die Differenzen zwischen den Konservativen und Nationalliberalen zu einer gegenseitigen Feindschaft führten, da bei einer wohl zu erhoffenden Stichwahl beide aufeinander angewiesen sein würden«.[431]

Für die andere christliche Konfession stand die Familie Lucius. Als alteingesessene Erfurter Handelsfamilie (im Gegensatz zu den beiden zugezogenen Bildungsbürgern insofern typisch) waren es hier nicht nur Einzelpersönlichkeiten, sondern eine Familienstruktur, die zahlreiche Verbindungslinien schuf.[432] Aus der Ehe zwischen Sebastian Lucius (1781–1857) und Marianne Hebel (1795–1862) gingen elf Kinder hervor, von denen vier im Kindesalter bzw. im jungen Erwachsenenalter starben. Die Heiratskreise dieser Familie waren innerhalb des kernbürgerlichen Rahmens sehr offen. Die Töchter Elisabeth Maria und Maria Anna heirateten in den 1830er und 1840er Jahren Beamte der Erfurter Provinzialverwaltung, die im Lauf ihrer Karrieren von Regierungsassessoren zu Geheimen Regierungsräten aufstiegen. Ferdinand und Nikolaus Eugen Lucius heirateten 1859 bzw. 1860 mit Minna Wirth, Tochter eines promovierten Philologen, und Maximiliane Becker, Tochter eines Malers, in bildungsbürgerliche Kreise ein. Henriette Marie und Robert Lucius heiraten innerhalb des Wirtschaftsbürgertums, wobei Henriettes Heirat 1845 mit Gustav Buhlers eine Verknüpfung zur ländlichen Elite darstellte, da Buhlers zunächst als Kaufmann und Gutsbesitzer tätig gewesen war, ehe er ab 1852 in die Tuchhandelsfirma Lucius übernommen wurde. Robert heiratete in ein englisch-französisches Großhandelsunternehmen ein.[433] Vor allem die Familien Robert und Ferdinand Lucius' sollten maßgeblichen Einfluss auf Erfurt in der Zeit des Kaiserreichs ausüben und innerhalb des Bürgertums wichtige Vermittlungsfunktionen übernehmen. Ihre Scharnier- und Kontaktfunktion (sowie die ihrer Geschwister) wirkte in doppelter Weise: Zum einen traten sie als katholische Familie für bürgerliche Werte ein, lebten vor, dass Katholik *und* Bürger zu sein, auch im Kaiserreich nicht immer ein Widerspruch bedeuten musste.[434] Zum anderen stand die Lucius-Familie privat wie öffentlich für die Verknüpfung von Wirtschafts- und Bildungsbürgertum.

---

431 *Bärwinkel*, S. 86f. Bärwinkel datiert die Wahl falsch auf das Jahr 1904.
432 Vgl. ausführlich StAE 5/350 – W 22: Wiegand, Die Familie Lucius, 1972 (Ms.). Diese umfangreiche Datensammlung zur Familie wurde von *Gutsche* ansatzweise ausgewertet (Veränderungen, bes. S. 363f.).
433 StAE 5/350 – W 22: Wiegand, Die Familie Lucius, 1972 (Ms.), Bl. 6ff. Adressbücher 1876, 1886.
434 Vgl. *Mergel*, Klasse, passim, bes. S. 5f.

Durch die persönlichen Familienverhältnisse entstand ein eng gespanntes Netz zwischen den kernbürgerlichen Gruppen, wie es die eingangs vorgestellten Spannungen kaum für möglich hatten erscheinen lassen.[435] Wirtschaftliche Potenz und eine politisch ›richtige‹ Gesinnung öffneten den Lucius' die Türen zu sämtlichen relevanten Vereinen Erfurts. Ferdinand Lucius war auch der einzige Wirtschaftsbürger, der seit 1893 die Ehre hatte, Mitglied der »Akademie gemeinnütziger Wissenschaften« zu sein. Nun ließe diese exorbitant herausgehobene Stellung einer katholischen Familie die Vermutung zu, dass Ferdinand Lucius sich vom katholischen Vereinsleben völlig gelöst hatte. Doch behielt Lucius auch zu diesem Milieu Kontakt. So war er unter anderem förderndes Mitglied des katholischen »Albertus-Magnus-Vereins«.[436]

Verstärkt wurde die doppelt vermittelnde Wirkung dadurch, dass Robert und Ferdinand Lucius im Gegensatz zu ihrem Bruder August, der in Düsseldorf für das Zentrum Partei ergriffen hatte, für die Freikonservative Reichspartei aktiv waren. Sie verhinderten für Erfurt damit (zum Teil) das Eindringen des politischen Katholizismus in kernbürgerliche, katholische Kreise und bildeten damit ein ideales Scharnier mit den protestantisch eingefärbten rechtsliberalen und konservativen Kräften Erfurts. Auch auf Reichsebene waren die Brüder Lucius maßgeblich daran beteiligt, die politischen Spannungen zwischen dem Zentrum und Bismarck abzubauen.[437] Letztlich wurden konfessionelle Spannungen innerhalb des Erfurter Kernbürgertums dadurch entschärft, dass es für das (protestantische) Bürgertum keine Schwierigkeit darstellte, einen Katholiken in den Reichstag zu wählen.[438]

Allen Fragmentierungs- und Auflösungserscheinungen bürgerlicher Einheit im Kaiserreich zum Trotz, bestand um die eben beschriebenen Kommunikatoren eine stadtbürgerliche Führungsgruppe fort, die mit ihren Mehr-

435 StAE 5/350 – W 22: Wiegand, Die Familie Lucius, 1972, (Ms.), Bl. 28. Die Kinder von Robert Lucius, der seit den 1860er Jahren nicht mehr in Erfurt, sondern auf seinem Gut in Ballhausen lebte, heirateten anscheinend exklusiver, allerdings sind hier die Daten bei Wiegand zu ungenau.

436 Mitgliederverzeichnis des Albertus-Magnus-Vereins 1909/10, Bistumsarchiv Erfurt III C 6. Aufgabe des Vereins war es, »unbemittelte(n) Abiturienten« und Studenten ihr Studium zu finanzieren.

437 Siehe *Hübschmann*, S. 417. Wie früh diese gegen den allgemeinen Trend gerichteten Versuche einsetzten, ist nur im gesamtstaatlichen Rahmen zu ermessen und daher um so erstaunlicher (vgl. *Motzkin*, S. 165, der diesen Trend auf Reichsebene erst für die Zeit um die Jahrhundertwende konstatiert).

438 Dass die Spannungen in der Kulturkampfzeit aber auch innerhalb des katholischen Wirtschaftsbürgertums vorhanden waren, zeigt sich in der Person Carl Walthers, der mit seiner am Fischmarkt gelegenen Eisenhandlung in finanzieller Hinsicht nicht viel hinter Lucius' Handelsunternehmen zurückstand, aber zwischen 1877 und 1884 aktiv für die katholische Zählkandidatur Windthorsts in Erfurt eintrat. Bei den Wahlen zum Preußischen Abgeordnetenhaus 1898 gehörte er allerdings zu den Wahlmännern Lucius' (Wahlmänner-Empfehlung des Lucius-Wahlkomitees für die Landtagswahl 1898, Thüringer Zeitung, Nr. 249 vom 24. Oktober 1898, Beilage).

fachmitgliedschaften, Vortragstätigkeiten und ihrer gelebten kulturellen Bürgerlichkeit einen Einheitsgedanken beförderte und ein solides Netzwerk zwischen den Vereinen am Leben erhielt, als befände sie sich noch im Vormärz oder hätte eine ungebrochene Tradition aufzuweisen.[439] Diese Ungleichzeitigkeiten zwischen Fragmentierung und dauerhaftem Streben, die Kluft nicht zu groß werden zu lassen, legt es nahe, die »Krise des Bürgertums« nicht in die Zeit des Kaiserreichs zu verlegen. Im städtischen Rahmen lässt sich eine »kommunale Elitenkonstanz« im öffentlich-sozialen Bereich belegen, die den politischen Transformationsprozessen sowie den (partei)politischen Interessen- und Konfliktlagen eine bemerkenswerte Beharrungskraft entgegenzusetzen wusste.[440]

Vereinnahmungen und Bekenntnisse. Öffentlich wirksam waren aber nicht nur Institutionen und Kommunikatoren selbst, sondern auch Ideen, Werte und Zielsetzungen.[441] Allerdings ließen sich letztere nicht per se dauerhaft tradieren, sondern bedurften der vorher beschriebenen beiden Vermittlungsebenen.[442] Wichtig war darüber hinaus, dass bestimmte Vorstellungen und Deutungsmuster genutzt wurden, um einerseits in und zwischen der (Vereins-)Öffentlichkeit vermittelnd zu wirken und andererseits über und durch die Vereine einem möglichst großen Teil der Gesellschaft Integrationsangebote zur Verfügung zu stellen.

Hierzu gehörte die Propagierung und Akzeptanz des Gutes Bildung. Bildung meinte hier sowohl die akademische Ausbildung als auch den Umgang mit kulturellen Gütern und alltäglichen Umgangsformen bzw. Kommunikationspraktiken. Dieser doppelte Bildungsbegriff befand sich im Verlauf des Kaiserreichs in ständiger Diversifikation. Einerseits expandierte die Erfahrung des Universitätsstudiums: Immer mehr Wirtschaftsbürger schickten ihre Kinder (Söhne) auf die Universität;[443] durch die zunehmende Bedeutung von Technik und Naturwissenschaft verloren diese Fächer an den Universitäten ihre Minderwertigkeit,[444] konnten auch Ingenieure eine akademische Ausbildung vorweisen. Andererseits wurde von wirtschaftsbürgerlicher Seite Bildung und Kultur aktiv rezipiert und das Wirtschaftsbürgertum dadurch selbst immer mehr zum Kristallisationspunkt, an dem der Austausch über diese

439 Zu diesem Verhalten im Vormärz siehe *Hein*, S. 172.

440 Siehe *Kocka*, Muster, S. 36; *Tenfelde*, Stadt, S. 318, 341 (Anm. 3); *Mergel*, Bürgertumsforschung, S. 537.

441 Siehe auch *Raßloff*, S. 98ff.

442 Vgl. *Bollenbeck*, S. 167.

443 Vgl. das ambivalente Ergebnis bei *Wehler*, Gesellschaftsgeschichte, Bd. 3, S. 1215.

444 Die Berufungspraxis für auswärtige Mitglieder zur Erfurter Akademie belegt diese Tendenz ansatzweise, da vor allem nach der Jahrhundertwende auch Naturwissenschaftler in die Akademie aufgenommen wurden (Vgl. die Liste auswärtiger Mitglieder, in: Jahrbücher der Kgl. Akademie, N. F. Heft 40, 1914, S. 322ff.; *Kiefer*, S. 455).

Güter im privaten, halbprivaten und öffentlichen Verkehr ermöglicht wur-de.[445] In letzter Konsequenz wusste man in bildungsbürgerlichen Kreisen, dass den »materiellen Gütern« ein Platz neben den kulturellen Gütern zugestanden werden musste, dass der Kern des Bürgertums nur in einem Miteinander von Bildung und Besitz zu bewahren war: »Und zu diesen geistigen Gütern ... gesellen sich endlich die materiellen Güter jeglicher Art und jeglichen Besit-zes, welche das natürliche Bedürfnis befriedigen, Wohlstand und Behagen begründen und verbreiten, das Leben in dieser Welt auch äusserlich angenehm und lebenswert – schön gestalten«.[446] Während die Diversifikation des Bil-dungs- und Kulturwertes in der neueren Forschung als Verlust der Inte-grationskraft dieses Deutungsmusters interpretiert wurde,[447] zeigt sich ande-rerseits darin eine Strahlkraft, die nicht auf das Bildungsbürgertum beschränkt blieb, sondern eine wichtige Brücke zum Wirtschaftsbürgertum bildete – eben auch, weil die Wirtschaftsbürger nun selbst an der kulturellen Sinnproduktion beteiligt waren.

Neben gemeinschaftlichen, ideellen Zielen, gab es praktisch-pragmatische, handfeste Interessen, die verschiedene Fraktionen des Bürgertums zusam-menführen konnten und ihren Niederschlag im Vereinswesen fanden. Das traf wie beim beschriebenen Turnverein auf das Freizeitverhalten zu, war aber noch ausgeprägter beim Haus- und Grundbesitzerverein (gegründet 1880) zu beobachten. Die Arbeiterschaft spielte in diesem Interessenverein mit Mas-senbasis – er hatte 1897/98 1.100 Mitglieder – im Vergleich zum Turnwesen nur eine untergeordnete Rolle (10,5 Prozent aller Mitglieder). In der ganzen Breite ihrer sozialen Existenz fanden dagegen die Erfurter Selbstständigen im Hausbesitzerverein zusammen. Über ein Viertel der Mitglieder waren Handwerksmeister, ein Fünftel kleine Kaufleute und Ladenbesitzer. 7,5 Pro-zent führten mittlere Geschäfte oder Läden. Kaum vertreten war hingegen das Kern-Wirtschaftsbürgertum (1,7 Prozent) und das Bildungsbürgertum (1,1 Prozent). Auch Angestellte und untere Beamte tauchten selten im Verein auf, während Rentiers und Witwen ein weiteres Fünftel der Mitglieder stellten und – gemessen an ihrem Anteil an der Adressbuchanalyse von 1906 – stark über-repräsentiert waren (dort machten sie nur 1,4 Prozent aus).[448] Die Überreprä-sentation von Handwerksmeistern, Selbstständigen und Rentiers hatte meh-

445 Vgl. oben die Sammlertätigkeit des Schuhfabrikanten Heß. Siehe auch *Mergel*: »Besitz und Bildung: Diese Formel beschrieb keine zwei Gruppen des Bürgertums, sondern eine Forde-rung des Bürgertums an sich selbst, möglichst beides zu vereinen« (Bürgertumsforschung, S. 526). Dass diese Formel durchaus Friktionen produzieren konnte, wurde eingangs dieses Kapi-tels dargestellt.
446 *Hartung*, S. 10. Hartung war Direktor des Kgl. Gymnasiums.
447 *Bollenbeck*, S. 242.
448 Zuordnung und Berechnung auf Grund der namentlichen Mitgliederliste in: Erfurter Haus- und Grundbesitzerverein. Jahres-Bericht für das Vereinsjahr 1897/98, ThStA Gotha, Regierung zu Erfurt, Nr. 857 (ohne juristische Personen).

rere Gründe. Zunächst war Hausbesitz ein erstrebenswertes, traditionelles Gut, das Macht, Herrschaft und Abgrenzung symbolisierte. Die Mitglieder des Haus- und Grundbesitzervereins stellten die Traditions- und Fortsetzungslinie des mit dem Bürgerrecht ausgestatteten Stadtbürgertums klassischer Prägung dar.[449] Betont wurde damit zweitens der Aspekt der Selbstständigkeit. Drittens blieb der Hausbesitz gerade für das Randbürgertum ein eminent wichtiger Beitrag für die eigene materielle Sicherheit und Unabhängigkeit. Dies traf für die zahlreich vertretenen Witwen zu – der Frauenanteil im Verein lag immerhin bei neun Prozent (N=99), war aber auch für die Handwerksmeister und kleinen Kaufleute ein entscheidender Aspekt. Schließlich verband sich für die Männer im Verein mit dem Hausbesitz der Zugang zur Kommunalpolitik und lokalen Macht (Hausbesitzerklausel).[450] Indirekt drückten die randbürgerlichen Gruppen durch die Zugehörigkeit zum Verein und durch ihren Hausbesitz aus, dass sie sich zu der gesamtgesellschaftlichen Gruppe des Bürgertums rechneten. Sie hatten (oder wollten) nichts gemeinsam haben mit proletarischen Handwerksmeistern oder ›Pseudokaufleuten‹, die heute hier und morgen dort ihr Geschäft eröffneten. Sie bildeten jene »in bürgerlichen Weisen lebenden Inseln im Kleinbürgertum«,[451] die durch ihren Hausbesitz und (damit im Zusammenhang stehend) ihre traditionelle Ortsgebundenheit einen Anspruch auf Bürgerlichkeit erhoben – und den das Kernbürgertum respektieren musste, wollte es sich auf (kommunal)-politischer Ebene eine Macht- und gewisse Massenbasis sichern. (Wirtschafts)-bürgerliche Werte gingen daher mit direkter Interessenpolitik in dem Verein eine Symbiose ein, wobei die Interessenvertretung im Vordergrund stand. Der Haus- und Grundbesitzerverein war im Gegensatz zum Gewerbeverein oder zur Ressource nicht in erster Linie geselliger Natur,[452] so dass die Kontakt- und Verständigungsmöglichkeiten eine andere Ebene tangierte: Der Verein funktionierte als eine vorpolitische Institution (auf kommunaler Ebene), die zur Vermittlung zwischen rand- und kernbürgerlichen Berufsgruppen beitrug.

Gemeinsame Interessen vereinten auch die verschiedenen kernbürgerlichen Fraktionen, als es um die Ausrichtung der ersten Thüringer Gewerbeaus-

---

449 Vgl. zur Diskussion dieser Traditionslinie und ihrer Bedeutung für das Bürgertum, *Hein/Schulz*, Einleitung, S. 11f.; *Mergel*, Bürgertumsforschung, S. 515, 518.

450 Siehe Tribüne, Nr. 271 vom 19. November 1898. Bei den Wahlen zur Stadtverordnetenversammlung 1898 waren mindestens zwei Drittel der Kandidaten für die II. Klasse im Haus- und Grundbesitzerverein, für die III. Klasse waren es 80%. Von den Unterzeichnern des Wahlaufrufs gehörten rund 40 Prozent dem Verein an (Thüringer Zeitung, Nr. 272 vom 21. November 1898, Wahlaufruf: Zu den Stadtverordneten-Wahlen; Namensabgleich zwischen dem Wahlaufruf und dem Mitgliederverzeichnis). Vier der fünf Kandidaten (III. Abteilung) dieser Liste wurden auch mit deutlichem Vorsprung gewählt (Tribüne, Nr. 277 vom 26. November 1898).

451 *Haupt*, Bürger, S. 266.

452 Zur Jahreshauptversammlung im September 1897 hatten sich von den rund tausend Mitgliedern lediglich 50 in »Kohls Restaurant« getroffen (Tribüne, Nr. 227 vom 17. September 1898).

stellung im Jahr 1894 ging. Für dieses auf preußischem Boden stattfindende Prestigeprojekt fanden sich die städtischen Eliten in den Vorbereitungskommissionen schnell zusammen, um Erfurter Lokalinteressen gegenüber Weimarer oder Gothaer Ansprüchen durchzusetzen. Den Vorsitz der Vorbereitungskommission hatte der (linksliberale) Rechtsanwalt Karl Weydemann inne. Den Finanzausschuss übernahmen mehrere Fabrikanten und Kaufleute, den Ehrenausschuss bildete die führende Beamtenschaft von Stadt- und Provinzialverwaltung; im Hauptausschuss saßen die beiden Reichstagsabgeordneten Lucius und Jacobskötter mit zahlreichen Wirtschaftsbürgern.[453] Nicht nur wirtschaftliche Interessen ließ diese Männer zusammenfinden, sondern ein anderer sinn- und einheitsstiftender Wert, der Lokalpatriotismus: »Unsere Erfurter Ausstellung sei besonders dadurch ausgezeichnet, dass sie ohne jeden Staatszuschuss zustande gekommen sei; darauf könne der Gewerbe-Verein besonders stolz sein«.[454] Erfurt, das mit dem Etikett der Thüringer Hauptstadt als preußische Provinzstadt in Konkurrenz mit den Thüringer Residenzstädten stand, hatte mit der Ausstellung einen symbolischen Sieg errungen und seinen Bürgern eine Identifikationsmöglichkeit geschaffen.

Dieser symbolische öffentliche Vermittlungsakt von Lokalstolz wurde auch durch das Vereinswesen befördert. Der 1863 – unter maßgeblichem Einfluss Wilhelm v. Tettaus – gegründete »Verein für die Geschichte und Altertumskunde von Erfurt« sah hierin, neben der wissenschaftlichen und forschenden Arbeit, eine wichtige Aufgabe.[455] In den 1880er Jahren war man noch eher skeptisch, da die häufigen Umzüge der beamteten Bildungsbürger einer Integration im Wege standen und »deren Interesse für den hiesigen Ort und dessen Vergangenheit doch nie so ein unmittelbares und tiefgehendes sein kann, wie bei den eingeborenen Geschlechtern«. Gegen Ende des Kaiserreichs zeigte man sich dagegen optimistischer.[456]

Integration und Vermittlung zwischen Ortsfremden und Ortsansässigen konnte sich der Verein zurecht auf die Fahnen schreiben. Von der Idee der Tradition, der Wahrung und Erforschung des »gute[n] Alte[n]«, neben »dem schönen Neuen« ging eine Faszination aus, die Wirtschafts- und Bildungsbürgertum zusammenführte. In einer Zeit, in der das soziale und politische Leben sich immer weiter aufspaltete und verkomplizierte, in der auch in der Kunst um die Jahrhundertwende neue Strömungen massiv in die Öffentlichkeit drangen und zu heftigen Auseinandersetzungen führten,[457] war der Bedarf an

453 Gewerbe-Verein zu Erfurt. Jahres-Bericht 1893/94, 1895/96. Zu der Funktion der Gewerbeausstellungen siehe knapp *Mommsen*, Kultur, S. 14f.

454 Rede von Dr. Richard Loth, 9. März 1896, in: Gewerbe-Verein zu Erfurt. Jahres-Bericht 1895/96, S. 53.

455 Vgl. zu den Geschichtsvereinen im Kaiserreich *Kunz*.

456 Mitteilungen des Vereins für die Geschichte und Altertumskunde von Erfurt, 34. Heft (1913), S. 52f.

457 Siehe *Mommsen*, Kultur, S. 97–110.

Halt und Identifikation, sinngebender Ordnung groß.[458] Davon profitierte der Verein und die Mitgliederzahl stieg seit den 1890er Jahren – auch durch das Engagement seines neuen Vorsitzenden bedingt – auf über 200 Mitglieder. Der Verein, der anders als die »Akademie« sich satzungsgemäß offen zeigte,[459] erreichte trotz seiner thematisch bildungsbürgerlich ausgerichteten Stoßrichtung ein offenes Sozialprofil. 1913 gehörten von den 253 Erfurter Mitgliedern 11,9 Prozent dem Wirtschaftsbürgertum an, hinzu kamen weitere 17,5 Prozent, die ebenfalls gewerblich wirtschafteten. Das Bildungsbürgertum stellte allerdings mit 43,2 Prozent die Mehrzahl der Vereinsmitglieder. Die meisten waren Lehrer (18,2 Prozent), gefolgt von Freiberuflern (10,7 Prozent) und sonstigen verbeamteten Bildungsbürgern (9,9 Prozent). Das Randbürgertums fand sich kaum im Verein (6,4 Prozent aller Mitglieder).[460] Der Lokalpatriotismus in seiner institutionalisierten Form erwies sich daher vor allem als integrale Klammer von Wirtschafts- und Bildungsbürgertum und bot darüber hinaus Möglichkeiten des gesellschaftlichen Austauschs – im kleinen Kreis wie in großer Öffentlichkeit: An die häufigen Vorträge im Verein knüpften sich »meist lebhafte Diskussionen, und das gesellige Beisammensein am Schluss brachte manche fruchtbare Anregung«;[461] und während die Generalversammlung des Gesamtvereins deutscher Geschichtsvereine in Erfurt tagte, ließ es sich »die Stadt Erfurt« nicht entgehen, am Abend des 29. September 1903 »die Teilnehmer nach der Ressource zu einem Feste« zu laden, »an dem etwa 300 Personen, darunter viele Erfurter Damen, sich beteiligten«.[462]

Bisher wurden Vermittlungs- und Identifikationsangebote auf lokaler Ebene dargestellt. Keine dieser Kontaktzonen war völlig vom nationalstaatlichen Rahmen gelöst – besonders traf dies aber auf die Idee der Nation, des Nationalismus zu. Mit der Reichseinigung von oben und der Gründung des Kaiserreichs 1871 war ein fester staatlich-politischer Rahmen vorgegeben, von dem aus operiert werden konnte. Als Integrations- und Vermittlungsidee war dieses Gedankengebilde deshalb besonders geeignet, da es – scheinbar – trennscharfe Abgrenzungsdefinitionen erlaubte, von denjenigen, die dazu gehörten (gehö-

---

458 Bericht über die kunstgewerbliche Ausstellung 1903, S. 26, 27. E. Redslobs Erzählung über die Schwierigkeiten, den Industriellen Heß an die Werke des Expressionismus heranzuführen, zeigt wie tief diese Einstellungen im Bürgertum verwurzelt waren.

459 »Zum Eintritt in den Verein ist jeder befugt, welcher sich für die Angelegenheiten desselben interessiert und zur Zahlung« des vorstehend gedachten Beitrages verpflichtet« (§ 5 der Statuten des Vereins für die Geschichte und Altertumskunde von Erfurt, rev. Fassung v. 13.5.1874). Der Jahresbeitrag blieb im Kaiserreich bis 1910 unverändert und lag bei einem Thaler bzw. 3 Mark, danach bei 4 Mark (Mittheilungen des Vereins für die Geschichte und Altertumskunde von Erfurt, 10. Heft (1882), S. 356, ebd., 34. Heft (1913), S. 51).

460 Mitteilungen des Vereins für die Geschichte und Altertumskunde von Erfurt, 34. Heft (1913), S. XIII-XXIX (ohne juristische und auswärtige Mitglieder).

461 Bericht über die Tätigkeit des Vereins im Jahr 1897, in: Ebd., 19. Heft (1898), S. 3.

462 *Hoffmann*, Verein, S. 48.

ren sollten) und von denen, die ausgegrenzt wurden (werden sollten).[463] Träger und vor allem Vermittler in diesem Prozess war das Bildungsbürgertum. Von 47 Erfurtern, die zwischen 1890 und 1912/15 in den *Leitungsgremien* der verschiedenen nationalistisch gesinnten Vereine tätig waren, hatten rund zwei Drittel (N=30) ein Studium absolviert, etwas mehr als ein Fünftel war promoviert.[464] Neben ihrer Führungsfunktion in den Vereinen kam ihnen die Weitervermittlung in vertikaler und horizontaler Richtung zu. Zu Gute kam ihnen dabei – erstens – ihre zahlreichen Vereinsaktivitäten. Zum Beispiel gehörten elf Mitglieder der Erfurter Akademie auch dem »Alldeutschen Verband« an. Dabei waren sie nicht nur passive Mitglieder, sondern vermittelten im Verein ihre Vorstellungen. Augenarzt Max Weitemeyer, Vorstandsmitglied im Erfurter Zweigverein des »Alldeutschen Verbands«, hatte mit seinen Kampf- und Überlebensbildern einer klassischen, von der nationalistischen Ideologie instrumentalisierten Metapher Ausdruck gegeben: »Man kämpft um des Lebens Notdurft und um des Lebens Luxus, um Brot und Obdach, Stellung und Ehre, Vergnügen und Lust, Geld und Macht. Das ganze Sein ist ein Kampfplatz«.[465] Diese durch darwinistische Trivialisierung entstandene, zum Lebensprinzip erhobene Einstellung wurde nicht nur als Rechtfertigungsideologie und Ersatzreligion in einer kapitalistischen Konkurrenzgesellschaft genutzt, sondern von den gleichen Kreisen in den gleichen Kreisen auch auf die politische Ebene transformiert. Im November 1905 hielt Pastor Dr. Gerhard Fischer, Vorstandsmitglied im »Deutschen Ostmarkenverein« (1902), in einer öffentlicher Sitzung der »Akademie« einen Vortrag über »Die Polenfrage und das deutsche Volk« und »schilderte aus eigener vieljähriger Erfahrung die Zustände in unseren Ostmarken, wo das Deutschtum in gerechtem, aber schwerem Kampfe gegen die anwachsende Macht des Polentums steht«.[466]

Dieses Gedankengebräu blieb keineswegs in den Zirkeln der Erfurter Intellektuellen. Denn diese Bildungsbürger standen an der Spitze der staatlichen Sozialisationsinstanzen und hatten dementsprechend – zweitens – Einfluss auf Kirchenbesucher, Schulkinder, Studenten und Soldaten. Kaisergeburtstage, Sedanfeiern waren Gelegenheiten, um den Schülern und Abiturienten ge-

---

463 Es geht hier und im Folgenden nicht um die Entstehung und geschichtliche Entwicklung des Nationalismus, sondern um seine Wirkung als einheitsstiftende Idee, aber auch um seine Instrumentalisierung zu diesem Zweck sowie um die sozialen Träger und Vermittler dieser Ideologie im lokalen Rahmen. Die Nationalismusforschung hat zur Zeit Hochkonjunktur, vgl. allg. *Weichlein*, Nationalismus, S. 171–200; *Haupt/Tacke*, S. 255–283; *Wehler*, Nationalismus, 2001. Siehe auch Kapitel VII.

464 Ich danke Prof. Roger Chickering, Georgetown University Washington, D. C, dass er mir sein Originaldatenmaterial zur Verfügung gestellt hat. Siehe *Chickering*, We Men.

465 M. Weitemeyer, Die Arbeit und ihre soziale Bedeutung, in: Jahrbücher der Kgl. Akademie, N. F. XXVI (1900), S. 165.

466 G. Fischer: Die Polenfrage und das deutsche Volk, in: Jahrbücher der Kgl. Akademie, N. F. XXXII (1902), S. XI f. Siehe zur Ausgrenzung der Polen *Gosewinkel*, S. 263ff.

radezu ritualisiert die gleichen Bilder in den Kopf zu pflanzen.[467] Die Schüler des (Erfurter) Gymnasiums erhielten im Kindesalter jene Argumentations-linien und Weltsicht an die Hand geliefert, um sie später als vollwertige Bil-dungsbürger wieder in neue Generationen pflanzen zu können. Heinrich Neubauer beispielsweise. Geboren 1866 in Erfurt besuchte dort das Gymnasi-um und machte zu Ostern 1884 sein Abitur. Bestimmt hatte er im Lauf seiner Schülerjahre zahlreiche Reden seines Direktors Albert Hartung (in Erfurt zwischen 1882 und 1887 im Amt) wie diejenige aus dem Jahr 1885 zu Gehör bekommen. Sozialdarwinistische Kampfbilder tauchen darin in ihren viel-fältigsten Varianten auf. Sie dienten zunächst dazu, den Wettstreit der Natio-nen (um Kolonien) zu rechtfertigen: »Denn wer seines Volkes geschichtlichen Beruf wirklich erkannt, der weiss auch, dass jedes andere seine eigene Rolle hat im Drama der Völker, dass, was die anderen leisten im friedlichen Wettkampf, dem eigenen zu Segen gereicht und zum Gewinn.« Doch in einer ständigen Zuspitzung der Argumentation wurde der Verständigungsgedanke in den Hintergrund gedrängt. Gegen Ende der Rede sprach der Schuldirektor nicht mehr vom Segen des gegenseitigen Miteinanders, sondern es ging in radikal-nationaler Wendung, gestützt auf göttliche Autorität, nur noch um die Vertei-digung des Erlangten gegen die inneren wie die äußeren »Reichsfeinde«: »Mit Gott können wir alles – ohne ihn nichts; mit ihm haben wir über den Welschen obsiegt und werden mit ihm – aber auch nur mit ihm – über alle Feinde draussen und drinnen im Kampf gewinnen – und den Sieg behalten«.[468]

Zurück zum Abiturienten Heinrich Neubauer. Er hatte solche und ähnliche »dämonisiert[en] Klischeevorstellungen« auch während seiner Schulzeit ver-nommen. Sein Vater, Direktor der höheren Erfurter Bürgerschule, war zwi-schen 1890 und 1894 Vorstandsmitglied im Erfurter Ortsverein der »Deut-schen Kolonialgesellschaft« gewesen, die »Repräsentanten eines hochfahrend selbstbewussten Nationalismus« in ihren Reihen versammelte.[469] Welche Vor-stellungen würde er wohl vermitteln, in seiner Tätigkeit als wissenschaftlicher Hilfslehrer am Erfurter Gymnasium, die er ab 1896 inne hatte?[470] Es ist nicht unwahrscheinlich, dass er den Worten seines fast gleichaltrigen Kollegen Johannes Biereye – geboren 1860, ebenfalls Gymnasiast in Erfurt[471] und ab

---

467 Siehe auch *François u. a.* sowie die Beiträge von *Schellack* und *Siemann*, Krieg.

468 *Hartung*, alle Zitate aus der ersten Rede, S. 3, 6. In der Rede zum Sedantag ging es ›gleich zur Sache‹, waren die Fronten klar abgesteckt, »[D]a der feindselige Nachbar nicht müde wird, mit seinem faden Rachegeschrei uns zu reizen und sich wie ehedem in seinem lächerlichen oder verwegenen Hochmut geberdet [sic], als ob der friedliche Besitz und Genuss unserer im ehrli-chen Ringkampf gewonnenen Güter von seiner eingebildeten Langmut eher abhinge als von unserer vorhandenen Kraft« (Ebd., S. 12). Siehe auch die Arbeit von *Wetzker*, S. 32–37. Zum Feindbild des »Welschen« siehe *Schneider*, Erfindung, S. 35–51.

469 *Wehler*, Gesellschaftsgeschichte, Bd. 3, S. 1067, 1072.

470 *Brünnert*, S. 16.

471 *Hoffmann*, Verein, S. 50.

1908 Direktor des Erfurter Gymnasiums – zugestimmt hätte, als der im Mai 1914 am »Tag des Roten Kreuzes« den »Geist unserer Ahnen von 1813, de[n] Geist der Opferfreudigkeit und Vaterlandsliebe« beschwor und die Schüler auf »eine[n] zukünftigen Kriege – und jeden Tag kann der Krieg ausbrechen –« vorbereitete.[472]

Wenn vom »Glanz und Elend eines deutschen Deutungsmusters« (G. Bollenbeck) gesprochen werden kann, dann traf dies nicht nur auf Kultur und Bildung, sondern auch auf den Nationalismus und seinen Wandel von einer Emanzipationsidee zu einer aggressiven Ausgrenzungsideologie zu. Das Bildungsbürgertum leistete dabei entscheidende Vermittlungsarbeit. Nicht nur unter seinesgleichen, sondern durch seine Kontakte auch unter dem Wirtschaftsbürgertum. Heinrich Neubauer, senior war eben auch Mitglied der gesellschaftlichen Vermittlungsstelle »Ressource« und des Gewerbevereins, in dem er Vorträge hielt. Der Jubiläumsvortrag des Gewerbevereins anlässlich seines sechzigjährigen Bestehens im Jahr 1888 war denn auch dem Thema »Die wirschaftliche Verwertung unserer Kolonien« gewidmet. Alfred Kirchhoff, Professor für Geographie an der Universität in Halle, schilderte darin in euphorischer, unrealistischer Argumentation[473] das angeblich riesige Potenzial der deutschen Kolonien, das im Lauf der Jahre eine Teilautarkie bei wichtigen Gütern garantieren sollte. Dieser vorgebliche Rationalitäts-Expansionismus griff in seiner Argumentation auf gängige Formeln, Bilder und Metaphern der nationalistischen Ideologie zurück, um das einheitstiftende Band des Nationalismus um das Wirtschaftsbürgertum zu schlingen: »Seit Alters erklingt bei uns der Ruhm für jeden, der Gut und Blut opfert, um des Vaterlands heiligen Boden gegen den andringenden Feind zu schirmen. Wir sollten neue Lorbeerkränze denen flechten, die uns das heimische Glück, des Vaterlandes Stärke für ferne Zukunft sichern in unsern Kolonien mit offener Hand, mit deutscher Kraft und Treue«.[474]

Der Radikalnationalismus war im Kernbürgertum etwas ›Normales‹ – kann man das eben Dargestellte zusammenfassen und als Synthese aus Thomas Nipperdeys und Hans-Ulrich Wehlers Analyse des Nationalismus formulieren.[475] Weil dem so war, wäre im Kaiserreich ein Ausbrechen aus diesen Denk-

---

472 Rede von Direktor Johannes Biereye, 9. Mai 1914, in: Schulnachrichten des Kgl. Gymnasiums, 1915, S. 15.

473 »Gerade also die von der Natur am ärmlichsten ausgestattete unserer Kolonien [Deutsch-Südwestafrika] scheint am ehesten berufen zu sein, durch mannichfaltige [sic] Bewirtschaftung schon jetzt Rente abzuwerfen, auch wenn wir noch gar nicht die künstliche *Straussenzucht* in Betracht nehmen, welche nicht minder raschen Gewinn in Aussicht stellt« (*Kirchhoff:*, S. 59, Hervorhebung durch den Vf.).

474 Ebd., S. 65.

475 Vgl. *Wehler*, Gesellschaftsgeschichte, Bd. 3, bes. S. 1067ff. (Radikalnationalismus) und *Nipperdey*, Geschichte 1866–1918, Bd. 2, S. 597ff. (Normalnationalismus) Vgl. auch die Kritik von *Chickering*, Geschichte, S. 83f.

strukturen für Menschen, die innerhalb dieser gesellschaftlichen Gruppen sozial verankert waren, einer Herkulesarbeit gleichgekommen. Wenn diese Ritualisierung und Fixierung auf nationalistische Ideen – ähnlich wie Bildung und Kultur, aber auch der Lokalpatriotismus – als Integrationsideologie, als jederzeit nutzbare Kontaktchiffre funktionierte, um das soziale Milieu des Bildungsbürgertums selbst zu stabilisieren und den Brückenschlag zu den wirtschaftlichen Eliten der Stadt zustande zu bringen, stellt sich die Frage nach der Tiefenwirkung dieser Ideologie in die randbürgerlichen Gruppen und nach der Rolle des Kernbürgertums dabei.

Die propagierten nationalistischen Ideen waren in mehrfacher Hinsicht ›nach unten‹ anschlussfähig. Erstens wurden sie durch die bildungsbürgerlich besetzten, staatlichen Sozialisationsinstanzen vom Kern bis an den Rand des Bürgertums (und darüber hinaus) vermittelt. Was blieben dem gescheiterten Realgymnasiasten Arthur Born, der als Büroangestellter in einer Versicherungsagentur untergekommen war, für Bilder haften, als er seine wenig geliebte Lehre antrat? Die überall kultivierten ›Sozialdarwinismen‹: »[W]em nicht ein Bauernhof oder ein Großgrundbesitz in die Wiege gelegt wird, der muss den Lebenskampf aufnehmen. Den Kampf um die Futterplätze, der von Generation zu Generation schwerer wird.« Und womit hatte er seinen ersten publizistischen Erfolg? Mit einem nationalistisch inspiriertem Festgedicht im konservativen »Thüringer Volksblatt«.[476] Und was bekamen die Schüler (und deren Eltern) der durch das abgestufte Berechtigungswesen gerade im Rand- und Mittelbürgertum äußerst beliebten (Ober)realschule in den Festvorträgen ihres Direktors zu hören: Propaganda des nationalistischen Flottenvereins.[477] Das Gemeingut nationalistischen Denkens kannte keine Grenzen und drang über die Vereine und ihre aktiven Vermittler in alle bürgerlichen Gruppen ein. Über die Kriegervereine erreichte diese Ideologie zweitens auch weite Teile des Kleinbürgertums sowie Teile der Arbeiterschaft und war im öffentlichen Leben der Stadt präsent,[478] wie der Marsch des Erfurter Landwehrvereins im Mai 1883 anlässlich seines 35. Stiftungsfestes durch die gesamte Innenstadt zeigt.[479]

Es war ein dichtes Beziehungsgeflecht und Interpretationsangebot geschaffen worden, das einerseits instrumentell eingesetzt werden konnte, um den randbürgerlichen Gruppen die Gelegenheit zu bieten, sich dem Kern zugehörig zu fühlen. Gewährleistet war andererseits eine Anschlussfähigkeit in zentripedaler Richtung, da der Bezug auf die Nation dem Randbürgertum die

---

476 StAE 5/110- B 3 (Erinnerungen Arthur Born). Es lässt sich nicht sagen, wann Born diese Kampfmetaphern niederschrieb.
477 *Venediger*, Geschichte, S. 6f.
478 Vgl. allgemein *Rohkrämer*, S. 35f.; siehe auch Kapitel III.3.3.
479 Vorstand des Landwehrvereins an die Polizeiverwaltung, 27. Mai 1883, StAE 1–2/124–35, Bl. 177.

Möglichkeit bot, mit dem Kern des Bürgertums in Kontakt zu treten und mit ihm über die gleichen Werte zu kommunizieren. Keine Ideologisierung funktionierte alleine auf der Einbahnstraße von oben nach unten, vom Kern zum Rand.[480]

Insgesamt blieb der innere Widerspruch der nationalistischen Ideologie bestehen, dass man in einem übersteigerten, hemmungslosen Stolz auf die eigenen Werte und die eigene Nation lebte, daraus aber kein mündiges Selbstbewusstsein zog, sondern der Mobilisierung innerer wie äußerer Feinde bedurfte, um das Konstrukt aufrecht und wirkungsmächtig zu erhalten. Innergesellschaftlich bildete bei fast allen der hier beschriebenen Integrationsbestrebungen die organisierte Arbeiterschaft die Kontrastfolie. War sie auf parteipolitischer Ebene der entscheidende Antagonist, um die bürgerlichen Parteien auf einen einheitlichen Kurs zu bringen, gab es mit dem zunehmenden Bedrohungspotenzial nach 1900 auch auf der Vereinsebene Bewegung. Die jahrzehntelange Propagierung des inneren Feindes und vaterlandslosen Gesellen wurde mit den zunehmenden Erfolgen der Sozialdemokratie in Erfurt (bei Reichstagswahlen im Jahr 1903 war sie mit 46,5% knapp wie nie zuvor am Gewinn des Wahlkreises gescheitert) immer handlungsleitender und in eine eigenständige Assoziation transformiert: Die Ortsgruppe des »Reichsverbands gegen die Sozialdemokratie« wurde 1905 gegründet; ihren Aktivitäten schrieb man den Erfolg der bürgerlichen Parteien im Wahljahr 1907 zu.[481] Eine wichtige Rolle kam Amtsgerichtsrat Paul Hagemann, der gleichzeitig die Erfurter Nationalliberalen im Reichstag vertrat, zu. Hagemann war nicht nur vor Ort aktiv, sondern hatte auf Reichsebene das Amt des stellvertretenden Vorsitzenden inne. In Erfurt vereinigte kurz vor Ausbruch des Weltkrieges der Verband noch einmal die Fraktionen des Bürgertums. Die ›Vordenker‹ aus dem Bildungsbürgertum – Pfarrer und Lehrer – waren 1913 zahlreich vertreten, ebenso die akademisch ausgebildeten hochrangigen Vertreter aus Justiz und Verwaltung. Allein diese drei Berufsgruppen machten mehr als ein Fünftel der Mitglieder aus. Sowohl kleine Kaufleute als auch mittlere Unternehmer waren mit jeweils rund 16 Prozent vertreten. Fünf Prozent der Mitglieder kamen aus dem Kern-Wirtschaftsbürgertum. An den äußersten Rand des Bürgertums – zu den Handwerksmeistern (2,6 Prozent) und unteren Angestellten und Beamten (6,9 Prozent) – drang diese Organisation gegen die Sozialdemokratie kaum mehr.[482] Nach 1912/13 musste der Verband einen Bedeutungs- und

---

480 Siehe auch *Rohkrämer*, S. 17.

481 Tribüne, Nr. 35 vom 9. April 1905, Beilage. Zum Erfolg des Reichsverbands bei den Reichstagswahlen 1907 in Erfurt vgl. *Grießmer*, S. 152.

482 Zuordnung und Berechnung nach der namentlichen Mitgliederliste der Ortsgruppe Erfurt, StAE 5/781–1 (ohne korporative Mitglieder). Auch organisatorisch zeigt sich die Grenze der Eindringtiefe, da der Erfurter Hansa-Bund, in dem sich sehr viele Angestellte sammelten und der auf eine Vermittlungspolitik setzte, 1911 erklärte: »Der Hansa-Bund lehnt es ab, sich die

Mitgliederverlust hinnehmen und geriet in eine Krise,[483] da zum Ersten binnen Jahresfrist die beiden Vorsitzenden und Kommunikatoren, der ehemalige Reichstagsabgeordnete und Landgerichtsrat Hagemann sowie Waisenhausdirektor Wilhelm Kott – parallel Vorsitzender des evangelischen Arbeitervereins – gestorben waren. Zum Zweiten hatte der Verein den ersten Wahlerfolg der Sozialdemokratie im Erfurter Wahlkreis 1912 nicht verhindern können. Drittens schließlich zeigten die Vereinsmitglieder außer der Zahlung ihres Mitgliedsbeitrags keinerlei Aktivitäten mehr. Der provisorische Vorsitzende, Oberbahnassistent Haage erklärte, »wenn die Erfurter Industrie an einem *gemeinsamen* Kampfe gegen die Sozialdemokratie und an der Zurückgewinnung des Wahlkreises kein Interesse habe, so fühle er als Beamter sich nicht verpflichtet, seine Person für diesen Kampf in die Schanze zu schlagen«.[484] Daraufhin wurde vom anwesenden Generalsekretär der Ortsverein aufgelöst. Doch Fabrikant Fritz Wolff teilte der Geschäftsstelle des »Reichsverbands« bereits eine Woche später mit, er habe »mit verschiedenen Herren gesprochen, welche alle meiner Ansicht waren, *im stillen* für den Verband mit weiter zu arbeiten«.[485] Knapp zwei Monate später konnte dann die Wiedergründung des Vereins erfolgen. Von den 49 Mitgliedern hatten knapp drei Viertel (N = 35) bereits der Vorläuferorganisation angehört. Der Anteil des Bildungsbürgertums hatte weiter zugenommen, die Wirtschaftsbürger waren weiter in den Hintergrund getreten, hauptsächlich auf Grund des Rückgangs von Inhabern kleinerer und mittlerer Firmen. Innerhalb kürzester Zeit war der Kern der Bewegung wieder zusammengefügt. Ob der Mitgliederrückgang auf ein Fünftel der ursprünglichen Stärke Ausdruck von Fatalismus, Anerkennung gesellschaftlicher Wandlungsprozesse oder ein Verschwinden des Bedrohungsgefühls innerhalb der verschiedenen Gruppen bedeutete, kann nicht beantwortet werden. Dass innerhalb eines so kurzen Zeitraums ein derartig tiefgreifender Bewusstseinswandel stattfand, ist allerdings unwahrscheinlich. Meinte doch Prof. Alfred Overmann Anfang Mai 1914 in einer Versammlung der vielfältig mit dem »Reichsverband« verflochtenen Erfurter Nationalliberalen, dass bei den Landtagswahlen mit ihrer offenen Stimmabgabe die Sozialdemokratie »den allergrößten und *schwersten Terrorismus ausübe*«.[486] Die im »Reichsverband« manifesten Ängste und Zurückdrängungsstrategien waren in

Kampfesweise des Reichsverbandes gegen die Sozialdemokratie zu eigen zu machen« (Tribüne, Nr. 283 vom 3. Dezember 1911). Allg. zum Hansa-Bund siehe *Mielke*.

483 Vgl. für die Krise auf Reichsebene *Grießmer*, S. 192ff., 288f.

484 Generalsekretär des Reichsverbandes, Geschäftsstelle Halle an Fritz Wolff, 12. März 1914, StAE 5/781–1 (Hervorhebung im Original).

485 Fritz Wolff an die Geschäftsstelle Halle, 18. März 1914, ebd. (Hervorhebung im Original).

486 Tribüne, Nr. 104 vom 6. Mai 1914, Beilage (Hervorhebung durch d. Verf.). Die »Tribüne« zitiert einen Versammlungsbericht aus dem »Allgemeinen Anzeiger«.

den bürgerlichen Kerngruppen nach wie vor virulent – auch wenn man dem »Reichsverband« nicht angehörte.[487]

Was wog innerhalb und zwischen den bürgerlichen Gruppen stärker: Fragmentierung oder Zusammengehörigkeitsgefühl? Deutlich wurde die Struktur des Bürgertums und seiner materiell, gesellschaftlich und kulturell bedingten Hierarchisierung und Abgrenzung. Immer stärker schob sich bei der Beschreibung und Analyse der in der Öffentlichkeit stehenden Vereine das enge Beziehungsgeflecht innerhalb des Kernbürgertums in den Vordergrund. Auf lokaler Ebene erwiesen sich akademisch ausgebildete Beamtenschaft, Freiberufler, Vertreter der städtischen Verwaltung, Fabrikanten, Großkaufleute und teilweise weitere mittlere Unternehmer als vielfältig miteinander verflochten und beherrschten die Szene – nicht mehr unumschränkt, aber nach wie vor als städtische Elite.[488] Mag dieses Ergebnis angesichts einer noch relativ überschaubaren Einheit wenig überraschen, lag das Überraschende – außer der intensiven Verflechtung in diesen Führungszirkeln – vor allem darin, dass die Führungsgruppe einen Bezug zu den randbürgerlichen Gruppen behielt. Es war nicht nur die Integrität und Aktivität der Vermittler und Kommunikatoren, sondern es lag auch an den Struktur- und Machtverhältnissen in der Gesellschaft. Wollte diese Elite ihre Position bewahren, musste sie sich zumindest offen zeigen, den Kontakt wahren und kommunikativ vermittelbare Sinn- und Weltdeutungen zur Verfügung stellen. Obwohl der soziale und gesellschaftliche Kontakt vom Rand zum Kern sehr dünn war, gelang über die Wertevermittlung der Aufbau eines Zusammengehörigkeitsgefühls bis ins Randbürgertum, wenn dies gewisse Mindeststandards an kulturellem, materiellem und sozialem Kapital zur Verfügung hatte wie Selbstständigkeit, finanzielle Ressourcen, die deutlich über das lebensnotwendige hinausgingen, Identifikation mit Stadt und Staat und vor allem Distanz zur Sozialdemokratie.

---

487 Eine wesentliche Ursache für den Mitgliederrückgang lag darin, dass es in der kooptativ verknüpften Führungsspitze von Evangelischem Arbeiterverein und Reichsverband Ende 1913 zu einer Unterschlagung gekommen war (Brief der Ortsgruppe Erfurt vom März 1914, StAE 5/781–1; Tribüne, Nr. 279 vom 28. November 1913, Beilage).

488 Siehe auch *Schmuhl*, Herren.

3. Kontakte und Kommunikation zwischen Arbeitern und Bürgern

3.1 Der Arbeitsplatz

Herrschaft in allen Facetten. »Sobald es geläutet bezw. gepfiffen« hatte, schlossen die Pförtner der Königlichen Gewehrfabrik zu Beginn des Arbeitstages die Eingänge des Betriebs. Jeden Morgen entschieden die Pförtner darüber, wen sie zu Beginn der Schicht noch im letzten Moment durch das Tor lassen wollten, damit der Arbeiter seine Kontrollmarke noch rechtzeitig abgeben konnte. Der morgendliche Signalton, die Kontrollmarke und der Pförtner symbolisierten die Unterordnung unter die betrieblichen Diszipin- und Herrschaftsregeln, wollten die Arbeiter nicht gleich den Arbeitstag mit einer empfindlichen Geldstrafe beginnen.[489] Macht und Herrschaft im Betrieb und am Arbeitsplatz begannen in einem großen Unternehmen weit unterhalb der Ebene von Produktionsmittelbesitzern und lohnabhängig Beschäftigten.

Die routinierten Arbeitsabläufe prägten die Alltagserfahrung, man ging seiner Arbeit nach, empfing am Ende der Woche den Lohn. Macht und Herrschaft verschwanden hinter einem notwendigen, nicht weiter reflektierten Produktionsablauf. Das direkte Erlebnis von Macht und Herrschaft blieb die Ausnahme, das Außeralltägliche. Literarisch überhöht hat Willi Münzenberg seine erste Zeit in der Schuhfabrik Lingel in Erfurt so wahrgenommen: »Die ersten Jahre in der Fabrik verbringe ich wie in einem Dämmerzustand, ein Tag reiht sich in gleicher Eintönigkeit und im gleichen Grau an den anderen. Am Morgen haste ich in Gemeinschaft mit vielen Hunderten nach der Fabrik, am Abend müde nach Hause. Nie kommt mir der Gedanke, ja ich glaube, sogar nie der Wunsch, dass es anders sein könnte, einmal anders werden. ... Meine Welt ist mein Arbeitsplatz«.[490] Macht und Herrschaft prägten das Leben tief und einschneidend, wie Willi Münzenberg beim gleichen Arbeitgeber nur wenige Jahre später leidvoll erfahren musste, als er »eine Sammelliste für den schwedischen Generalstreik zirkulieren« ließ: »Der Chef kam herauf und er-

---

489 Arbeitsordnung der Kgl. Gewehrfabrik, o. J., ThSTA Gotha, Gewerbeaufsichtsamt Erfurt, Nr. 236. Die Geldstrafen reichten je nach Verspätung und Tagelohn bis zu 50 Pfg.; außerdem wurde für jede versäumte Stunde ein Zehntel des Tagelohns einbehalten. Vgl. auch *Biernacki*, S. 93–144. Biernacki weist darauf hin, dass bei der Zeitkontrolle von den Unternehmern gerne ehemalige Soldaten beschäftigt wurden (S. 121).

490 *Münzenberg*, Lebenslauf, S. 21f.

klärte meinem Vorarbeiter: ›Nach seiner Rede in der Versammlung bedeutet das Krieg, und Krieg bedeutet: Raus!‹ Am Abend bekam ich meine Papiere«.[491] Macht und Herrschaft konnten demnach im Betrieb – sogar von ein und derselben Person – völlig unterschiedlich wahrgenommen und erfahren werden. Für die einen blieben sie abstrakt, nicht spürbar, wurden nicht weiter reflektiert; für die anderen waren sie hautnah und existenziell fühlbar.

Erfurts Oberbürgermeister Hermann Schmidt meinte im März 1914 während einer Sitzung der Stadtverordnetenversammlung, in der über Lohnerhöhungen für die städtischen Arbeiter debattiert wurde: »Das altpatriarchalische Verhältnis habe für die Arbeiter nichts Niederdrückendes und sollte noch recht lange erhalten bleiben«.[492] Für die Arbeitgeber – und das war im Falle der kommunalen Arbeiter der Magistrat und der Oberbürgermeister – stand noch am Vorabend des Ersten Weltkriegs fest, dass Macht und Herrschaft unmissverständlich und ausschließlich in ihre Hand gehörten, von einer Mitbestimmung der Arbeiter war man noch weit entfernt.

Die drei Beispiele verdeutlichen die Komplexität des Beziehungs-, Kontakt- und Kommunikationsgeflechts zwischen Arbeitern und Bürgern am und rund um den Arbeitsplatz. Je nach Betriebsgröße, Branche, politischer und moralischer Einstellung der Arbeitgeber differierte die Situation von Betrieb zu Betrieb. Hinzu kamen die innerbetrieblichen Hierarchieebenen. Zudem können die in den vorangegangenen Kapiteln herausgearbeiteten verschiedenen bürgerlichen Sozialgruppen und Arbeitergruppen auf der Ebene des Betriebs nicht in einem simplen bipolaren Bourgeoisie-Proletariat-Klassenmodell zusammengefasst werden. Wirtschaftliche, rechtliche, gesellschaftliche und politische außerbetriebliche Einflussfaktoren kommen hinzu, will man diesem »interdependenten Geflecht« aus Kommunikation, Kooperation, Konflikt, Macht und Herrschaft im Betrieb nachgehen.[493] Das kann und will dieser Abschnitt nicht leisten; weder stehen hierfür die nötigen Quellen zur Verfügung, noch ist im Rahmen einer Stadtstudie diese Konzentration auf *eine* Beziehungsebene möglich und sinnvoll. Ihre Stärke ist ja gerade die Analyse der verschiedenen Kommunikations- und Kontakteinheiten einer Gesellschaft. Im Folgenden geht es vielmehr darum, idealtypisch verschiedene Herrschaftsformen und -mittel herauszuarbeiten, das Wechselspiel zwischen Kooperation und Konfrontation zu verdeutlichen sowie Vermittlungsagenturen zwischen Arbeitgebern und Arbeitnehmern in den Blick zu nehmen. Dieses Themenspektrum bringt es mit sich, dass hier das Wirtschaftsbürgertum und

---

491 *Münzenberg*, Front, S. 49.
492 Allgemeiner Anzeiger vom 14. März 1914, zitiert nach StAE 5/851–1, Bd. 4. Oberbürgermeister Schmidt war bereits 1906 zum Ehrenmitglied des Vereins der städtischen Arbeiter ernannt worden (Tribüne, Nr. 231 vom 4. Oktober 1906, Beilage).
493 Vgl. *Welskopp*, Betrieb, S. 125; *Ritter/Tenfelde*, Arbeiter, S. 390–425, hier S. 406.

die Angestellten der Betriebe im Zentrum des Interesses stehen, während das Bildungsbürgertum unberücksichtigt bleibt.[494]

Eines der grundlegenden, traditionell verhafteten und langlebigen Herrschaftsmuster ist mit dem Begriff des Patriarchalismus umschrieben worden. Unter »Rückgriff auf traditionale, familiale und obrigkeitlich-autoritäre Herrschaftsformen« diente es dazu, »innerbetriebliche Herrschaft über Belegschaften zu stabilisieren und nach innen und außen zu legitimieren«.[495] In symbolhafter Form wird dieses Legitimationsmuster an Sinnsprüchen deutlich, die »sich zur Anbringung in Arbeitsspeiseräumen eignen dürfte[n]«: »Arbeit ist des Bürgers Zierde, / Segen ist der Mühe Preis. / Ehret den König, seine Würde, / Ehret uns der Hände Fleiss«. Arbeit- und Strebsamkeit sowie der Bezug auf die monarchische Tradition zeichneten diese Sprüche aus, welche die betriebliche Herrschaft legitimieren sollten.[496] In ihnen kam das gängige im Kernbürgertum verbreitete Erziehungsideal für die Arbeiterschaft zum Ausdruck: »berufliche Tüchtigkeit« und »Einsicht in den Zusammenhang der Interessen aller und des Staates« zu verbreiten.[497]

Patriarchalische Strukturen konnte man sowohl im Handwerksbetrieb als auch im Großbetrieb finden. Die abhängig Beschäftigten versprachen, Disziplin zu halten, Arbeitsleistungen zu erbringen und die Herrschaft des Firmenbesitzers zu respektieren; im Gegenzug erhielten sie Lohn oder Kost und Logis. Legitimiert wurde diese Grundkonstellation durch Eigentumsrechte von Besitz und Nichtbesitz an Produktionsmitteln sowie die hausväterliche Macht als Familien- und Betriebsoberhaupt. Waren im handwerklichen Betrieb die Gesellen sogar in den Haushalt des Meisters einbezogen, verlängerte sich die Kontrolle des Arbeitgebers in die Freizeit- und Reproduktionssphäre des Arbeitnehmers. Jedoch hatte dieses Abhängigkeitsverhältnis seine ›Blütezeit‹ im Kaiserreich hinter sich, der Prozess der Herauslösung der Gesellen aus dem Meisterhaushalt war in den meisten Gewerben – Ausnahmen gab es in der Lebensmittelbranche – im wesentlichen abgeschlossen. Gleichzeitig nutzten die Arbeitgeber ihre Macht, um Norm- und Disziplinvorstellungen für einen reibungslosen Ablauf der Produktion durchzusetzen. Der Erfurter Steinmetzmeister Walther hielt in seinem Betrieb immer »streng auf Zucht und Ordnung«. Als er im Februar 1905 einen seiner Arbeiter am Arbeitsplatz mit einer Bierflasche erwischte, wurde dem Steinmetz gekündigt.[498]

494 Vgl. auch *Frevert*, Bürgertumsgeschichte, S. 496.

495 *Ritter/Tenfelde*, Arbeiter, S. 410. Den Begriff diskutiert *Berghoff*, S.167–172.

496 Der Erfurter Gewerberat Niemeyer hatte nach der Jahrhundertwende bei der »Centralstelle für Arbeiterwohlfahrtseinrichtungen« eine Broschüre von Sinnsprüchen angefordert und eine entsprechende Zusammenstellung erhalten (ThSTA Gotha, Gewerbeaufsichtsamt, Nr. 165).

497 *Kerschensteiner*, S. 16.

498 Tribüne, Nr. 35 vom 10. Februar 1905 (Die Tribüne berichtet, dass es am Arbeitsplatz

Viele dieser Vorstellungen, die Vorläufer in der Denkfigur des »ganzen Hauses« hatten, flossen in die Herrschaftsordnungen der frühindustriellen Unternehmen ein und entwickelten sich geradezu naturwüchsig. Die Betriebsführung in den Staatsbetrieben lässt sich diesem »echten Patriarchalismus« zuschreiben; denn der Staat stellte die zentrale Institution dar, in der Fürsorge, Schutz und Sicherheit dem Einzelnen garantiert wurden; und dieser Einzelne erkannte als Gegenleistung staatliche Herrschaftsansprüche an und trat für den Staat ein. Dieses Modell und diese Rechtfertigungsideologie muss man sich vergegenwärtigen, wenn man auf die in Erfurt besonders stark vertretenen Staatsbetriebe blickt. Waren unter diesen Auspizien die Herrschaftsformen in den Staatsbetrieben überhaupt als bürgerlich zu bezeichnen? Sicherlich sind hier Abstriche zu machen, und das Moment des Befehlens und Gehorchens, wie es das Militärmodell vorsah, spielten in den Gewehrfabriken eine zentrale Rolle.[499] Wie jedoch die Beschreibung der Arbeitsplätze in der Gewehrfabrik gezeigt hatte, waren die Verhältnisse komplexer. Ein zweiter Aspekt, für die Bürgerlichkeit des deutschen Wirtschaftsbürgertums wenig erfreulich (die französischen Unternehmer verhielten sich nicht viel anders), kommt hinzu: Die Herrschaftsmechanismen in vielen bürgerlichen Betrieben wurden durch ähnliche Strukturen geprägt.[500] Am Beispiel der Staatsbetriebe zeigt sich auch, dass eine Trennungslinie zwischen einem »echten« und einem »Pseudopatriarchalismus« nicht immer klar zu ziehen ist.[501] Der Staat als Unternehmer übertrug seine zentrale Rolle als Sicherheit garantierende und Disziplin fordernde Agentur in den Betrieb; der Bürger als Unternehmer sah sich in einer ähnlichen Funktion und Herrschaftsposition.

Was hatten Arbeiter zu erwarten, welche Gegenleistungen mussten sie erbringen, wenn sie bei der Kgl. Gewehrfabrik oder der Kgl. Eisenbahn in Erfurt arbeiten wollten? Ein zentraler Anreiz in die Gewehrfabrik einzutreten, stellten die hohen Löhne dar. Hinzu kamen betriebliche Sozialleistungen, die vor allem für die langfristig beschäftigten Arbeiter von Bedeutung waren. Hierzu zählten etwa Pensions- und Krankengeldansprüche. Das Krankengeld betrug 60 Prozent des Lohns.[502] Problematisch stellten sich die Pensionsregelungen dar. Die Beiträge wurden von der Unternehmensleitung vom Lohn abgezogen; anspruchsberechtigt war man jedoch erst nach jahrzehntelanger Zugehörigkeit. Wer seinen Arbeitsplatz verlor, verlor auch seine Pensionsansprüche.[503]

---

kein Trinkwasser gegeben habe; außerdem habe Walther einen gewerkschaftlich organisierten Steinmetz entlassen, da er immer seine Kollegen aufgehetzt habe).

499 Sämtliche der Betriebsleitung zuzurechnenden Personen hatten militärische Dienstgrade.

500 Vgl. *Fridenson*, S. 65–91.

501 Siehe die Trennung bei *Ritter/Tenfelde*, Arbeiter, S. 410f.

502 Tribüne, Nr. 18 vom 22. Januar 1909, Beilage.

503 Tribüne, Nr. 114 vom 20. Mai 1894, Beilage (berichtet wird in der »Tribüne« von mehreren Arbeitern, die schon mehr als acht Jahre in der Gewehrfabrik gearbeitet hatten und entlas-

Die disziplinierende und auf die Bildung eines Arbeiterstamms ausgerichtete Betriebspolitik wird hier deutlich. Einen besonderen Anreiz für langfristig beschäftigte Arbeiter hatten die Eisenbahnwerkstätten parat. Hier bot sich, wenn auch nur für eine Minderheit und erst spät im Berufsleben, die Chance des Übergangs in Unterbeamtenstellen, die wiederum zur Pensionsberechtigung führten. Ähnliches galt für die bei den Kommunen beschäftigten Arbeiter: »Die städtischen Arbeiter [Erfurts] haben nach 10jähriger Dienstzeit und befriedigender Führung Anwartschaft auf eine Pension von 15/60 des Jahreseinkommens, welche mit jedem weiteren Dienstjahre um 1/60 bis zum Höchstbetrage von 45/60 steigt«.[504] Der öffentliche Dienst wurde von vielen Arbeitern als Arbeitgeber wahrgenommen, der Sicherheit, Planbarkeit und dauerhafte Beschäftigung versprach. Im Jahr 1907 suchten denn auch »871 Arbeiter und 1 Arbeiterin um Einstellung in der Gewehrfabrik« nach: »574 wurden abgewiesen, 297 wurden in die Bewerberliste eingetragen«.[505]

Entschied man sich für den staatlichen Bereich und wurde eingestellt, bedeutete das den Verzicht auf politisches und gewerkschaftliches Engagement. Wer sich nicht an diese Grundregel hielt, musste in der Gewehrfabrik wie in den Werkstätten der Eisenbahndirektion die Konsequenzen tragen. Noch im Januar 1908 schrieb der Präsident der Königlichen Eisenbahndirektion Erfurt an alle »Herren Vorstände« der Eisenbahnbetriebe: »Eine Verteilung von Drucksachen sozialdemokratischen Inhalts auf Bahngebiet, insbesondere auch in Werkstätten und auf Arbeitsstellen ist mit allem Nachdruck seitens der Dienstvorsteher zu verhindern. Arbeiter, welche derartige, offenbar sozialdemokratischen Zwecken dienenden Kundgebungen und Bestrebungen zu fördern suchen, sind unter Einhaltung der Kündigungsfrist zu entlassen«.[506] Die erhalten gebliebenen »Akten betr. Arbeiter-Entlassungen« demonstrieren, dass es Arbeiter gab, die sich diesen Normen widersetzten; sie mussten dann allerdings auch die Konsequenzen tragen. Am 2. Mai 1891 etwa teilte der Leiter der Eisenbahnwerkstatt dem Erfurter Direktorium mit, »dass der bisher in der Hauptwerkstätte zu Erfurt beschäftigt gewesene Schlosser August Schulze, geboren am 27. August 1863 zu Denstädt bei Weimar[,] wegen Kundgebung socialdemokratischer Gesinnungen aus der Arbeit entlassen worden ist«.[507] Eine weitere Konsequenz dieser Herrschaftspraktiken im Arbeiter-

sen wurden, da sie an der abendlichen Veranstaltung zur 1.-Mai-Feier teilgenommen hatten). Es ließ sich nicht ermitteln, ob die in den waffentechnischen Hochkonjunkturphasen nur vorübergehend eingestellten Arbeiter ebenfalls automatisch diese Pensionsbeiträge von ihrem Lohn abgezogen bekamen.

504 *Silbergleit*, S. 220*.

505 Tribüne, Nr. 18 vom 22. Januar 1909, Beilage.

506 Präsident der Kgl. Eisenbahndirektion Erfurt, 8. Januar 1908, Reichsbahnarchiv Erfurt, Akten betr. Arbeiter-Entlassungen (G II b 94 I).

507 Schreiben an die Kgl. Eisenbahndirektion Erfurt, 2. Mai 1891, Reichsbahnarchiv Erfurt, Akten betr. Arbeiter-Entlassungen (G II b 94 I), Bl. 133.

verhalten konnte die Anpassung oder die Unterwerfung unter die bestehenden Machtverhältnisse sein, um den Arbeitsplatz nicht zu verlieren. Wilhelm Wackernagel, Hilfsarbeiter in den Erfurter Eisenbahnwerkstätten, schrieb im Oktober 1891 an die Eisenbahndirektion: »Es ist richtig, dass ich Abonnent der Thüringer Tribüne war, auch habe ich mitunter einige Exemplare mit zur Arbeit gebracht, welche ich den übrigen aus Gefälligkeit mitgebracht habe, aber kolportiert habe ich die Thüringer Tribüne nicht. Es mag nicht zu billigen sein, dass ich diese Unvorsichtigkeit beging, aber eine böse Absicht hat mir stets ferngelegen«. Daher bat er, angesichts der »jetzigen flauen Geschäftszeit und meinen Familienverhältnissen (ich habe 5 Kinder im Alter von 1 1/4 bis 13 Jahren)«, die Kündigung zurückzunehmen. Wackernagel wurde daraufhin vor eine Untersuchungskommission geladen, welche die Kündigung zurücknahm. Wackernagel dankte »für die milde Beurtheilung« und versprach, »nicht allein die Vorschriften der Werkstätten-Ordnung in allen Stücken aufzukommen [sic], sondern auch, sich in und außer der Arbeit eines Werkstätten-Arbeiters würdig zu betragen«.[508]

Die beschriebenen Herrschaftsverhältnisse resultierten aus den gesamtpolitischen und gesamtstaatlichen Rahmenbedingungen, sie spiegelten das Verhältnis zwischen Staat und organisierter Arbeiterschaft und übertrugen diese spannungsgeladene Beziehung auf die betriebliche Herrschaftsebene. Zweckrationales, auf Gewinn orientiertes Unternehmerhandeln stand nicht hinter diesen Prozessen. Jene Teile der Belegschaft, die freiwillig oder erzwungenermaßen auf »jede Betätigung des freien Staatsbürgerrechts« – so die »Tribüne«[509] – verzichteten, blieben von Machtkollisionen mit der Unternehmensleitung verschont.

Auf Arbeitgeberseite fand sich diese Doppelstrategie von Ausgrenzung gegen die Sozialdemokratie und Gewerkschaften sowie Fürsorglichkeit für ausgewählte Arbeitergruppen auch in den privatwirtschaftlichen Unternehmen. Das Angebot der Arbeitgeber an die Arbeiterschaft, um sie an den Betrieb zu binden und die eigene Kooperationsbereitschaft zu demonstrieren, umfasste je nach Betrieb ein unterschiedliches Spektrum. In einer Erfurter Maßschneiderei mischte sich geradezu vorindustriell anmutende Fürsorglichkeit mit modernen Wohlfahrtseinrichtungen. In diesem Geschäft gab es jeden Tag einen »warmen Nachmittagskaffee«, die Arbeitgeberfamilie verteilte ihre abgetragene Kleidung unter ihrer Belegschaft, und die Arbeiter erhielten ein kleines Weihnachtsgeschenk. Diese symbolhaft aufgeladene, altpatriarchalische Sozialpolitik wurde durch kapitalintensivere Angebote ergänzt. Zum einen

---

508 W. Wackernagel an die Eisenbahndirektion Erfurt, Mitte Oktober 1891 sowie Protokoll vom 2. Dezember 1891, Reichsbahnarchiv Erfurt, Akten betr. Arbeiter-Entlassungen (G II b 94 I), Bl. 179 f.

509 Tribüne, Nr. 18 vom 22. Januar 1909, Beilage (über die Gewehrfabrik).

bestand eine für die Arbeiter eingerichtete Sparkasse, zum anderen wurde einigen herausgehobenen Arbeitern »Kapital zum Ankauf von Häusern vorgestreckt«. Angesichts dieser Verhältnisse stellte die »Tribüne« resigniert fest, dass in diesem Betrieb »der Gedanke der Organisation nur mühsam Fuß fassen kann«.[510]

Diese gezielte, auf einige wenige Arbeiter zugeschnittene betriebliche Sozialpolitik konnte in den Großunternehmen so nicht betrieben werden. Hier bedurfte es ausgefeilter und verallgemeinerbarer Regelwerke, um die Arbeitsbeziehungen zwischen Belegschaften und Unternehmensleitungen nach patriarchalischen Vorstellungen zu gestalten. Solche Dimensionen, wie sie in den Wohlfahrtseinrichtungen der Schwerindustrie des Ruhrgebiets und des Saarlands anzutreffen waren, erreichte die betriebliche Sozialpolitik in Erfurt nicht. Dafür war die stark auf den Konsumgütersektor ausgerichtete Erfurter Wirtschaftsstruktur viel zu kleingliedrig ausgerichtet. Dennoch hatten auch die Erfurter Unternehmen Angebote für die Arbeiterschaft parat. Neben einer Betriebskrankenkasse bestand für langjährige Betriebsangehörige der Lingel-Schuhfabrik die Möglichkeit, auf Kosten des Unternehmens »einige Tage in die Ferien« zu fahren.[511] In der Lampenfabrik Klöpfel und Sohn, die zwischen vierzig und hundert Arbeiter beschäftigte,[512] existierte eine Unterstützungskasse, aus der die Arbeiter – nachdem sie sechs Jahre eingezahlt hatten – ein Weihnachtsgeschenk im Wert von 5 Mark erhielten, »das jährlich um weitere 5 Mark steigt«. Da unter den Arbeitern eine beträchtliche Zahl seit mehr als zwanzig Jahren beschäftigt war, profitierten sie von dieser Regelung.[513] Gleichzeitig wurde eine Stiftung mit einem Kapitalstock von 10.000 Mark eingerichtet, aus der Arbeiter bei 25-jähriger Betriebszugehörigkeit »mit Sparkassenbriefen in nennenswerthen Beträgen ... belohnt« wurden.[514]

Die Gegenleistung für diese unterschiedlich ausgeformten Wohlfahrtseinrichtungen bestand in der Anerkennung des Leitungsanspruchs der Arbeitgeber. Da die Unternehmer dieses Anrecht weniger durch individuelles Arbeiterhandeln, sondern durch kollektive Organisation bedroht sahen, äugten sie ebenso kritisch wie die Unternehmensleitungen der Staatsbetriebe auf Ge-

510 Tribüne, Nr. 10 vom 13. Januar 1900.

511 Tribüne, Nr. 166 vom 19. Juli 1905. Im Jahr 1911 wurde der Anspruch für sechs Ferientage von zehn auf sechs Jahre ununterbrochene Beschäftigung gesenkt. Außerdem erhielten ab diesem Jahr die Männer für diese Woche Ferien 20 Mark, Frauen 12 Mark Feriengeld. »Die Gesamtsumme betrug in diesem Jahr 12.000 Mk., die zu diesem Zweck aufgewandt wurde«. Das hieße, dass mindestens 600 Arbeiter eine Woche Ferien machen konnten! Andere Schuhfabriken schlossen sich dieser Regelung an, allerdings zahlten sie kein Urlaubsgeld (Jahresbericht des Arbeitersekretariats und Gewerkschaftskartells, 1911, S. 35).

512 ThSTA Gotha, Gewerbeaufsichtsamt Erfurt, Nr. 239. Im Geschäftsjahr 1913/14 arbeiteten lediglich fünfzig Personen in der Lampenfabrik, 1911/12 waren es 109 Personen gewesen.

513 Tribüne, Nr. 17 vom 21. Januar 1910, Beilage.

514 Jahresbericht des Kgl. Regierungs- und Gewerberat für den Regierungsbezirk Erfurt 1882, ThSTA Gotha, Regierung zu Erfurt, Nr. 1597.

werkschafter und Sozialdemokraten. Allerdings trafen hier betriebswirtschaftliche Anforderungen mit ideologischen Einstellungen schärfer aufeinander als etwa in der Gewehrfabrik. Zwar wird man sich auch in der Gewehrfabrik in Zeiten, in denen Hunderte von Arbeitern schnell (und vorübergehend) eingestellt werden mussten, mit einem Lippenbekenntnis, nicht mit sozialdemokratischen Organisationen in Verbindung zu stehen, zufrieden gegeben haben. In der Privatwirtschaft mit ihren konjunkturellen Unwägbarkeiten und den für Erfurts Wirtschaft typischen saisonalen Schwankungen mussten sich die Unternehmensleitungen pragmatisch zugunsten eines kontinuierlichen Produktionsablaufs entscheiden, Arbeiter unabhängig von ihren politischen Haltungen einzustellen. Mancher Sozialdemokrat konnte dabei in dem einen oder anderen Betrieb seine Heimat finden. Denn wie die aus dem Jahr 1922 stammende Liste der Stammarbeiter der Lingel-Schuhfabrik, die seit mehr als 40 Jahren dem Betrieb angehörten, zeigt, gehörten von diesen zwanzig Arbeitern und drei Arbeiterinnen mit Johann Krämer, Karl Baumgardt, Wilhelm Pix und Karl Mieth gleich vier Beschäftigte zum sozialdemokratischen und gewerkschaftlichen ›Urgestein‹ Erfurts.[515] Letztlich konnte angesichts ständig steigender Mitgliederzahlen der Gewerkschaften und Wahlerfolge der Sozialdemokratie kein Unternehmer mehr behaupten, bei seinem Betrieb handele es sich um einen gewerkschafts- und sozialdemokratiefreien Raum.

Personalpolitische Unternehmensentscheidungen hingen auch von den politischen Rahmenbedingungen ab. Wie die Entlassungswelle nach Erlass des Sozialistengesetzes zwischen 1878/1881 zeigte, nutzten viele Unternehmer die Gelegenheit, sich von unliebsamen Mitarbeitern zu trennen.[516] Das Beispiel Lingels, das in den 1880er Jahren Sozialdemokraten einstellte, illustriert jedoch die ganze Spannbreite und Autonomie unternehmerischer Personalentscheidungen. Diese erwiesen sich hier wesentlich »wirtschaftsbürgerlicher« als die in den Staatsbetrieben. Insgesamt erreichte der Legitimierungsapparat betrieblicher Herrschaft durch sozialfürsorgliche Projekte der Unternehmer jedoch nur einen geringen Teil der Arbeiterschaft. Die Kehrseite der Medaille, die Anerkennung der Macht der Unternehmer, mussten alle Arbeiter akzeptieren – außer sie traten gemeinsam in den Ausstand.[517]

---

515 *Lingel-Konzern*, S. 22. Sie waren Wähler der sozialdemokratischen Kandidaten bei der Stadtverordnetenwahl von 1886 und Gewerkschaftsmitglieder in den 1880er und 1890er Jahren.

516 Vgl. die Antworten verschiedener Erfurter Firmen auf eine entsprechende Anfrage der Erfurter Polizeiverwaltung im Juli 1878 (StAE 1–2/124–1, Bl. 58 ff.).

517 Vgl. unten Kapitel VI.1. Individuelle Widerstandsformen kamen hinzu. Aber auch wer den Betrieb verließ, traf im nächsten Großbetrieb auf die gleichen Grundstrukturen. In diesem Kapitel geht es auch nicht darum, individuelles, eigensinniges Arbeiterverhalten zu rekonstruieren, das sich den disziplinierenden Vorschriften und Arbeitsabläufen in den Großbetrieben entgegenstellte (vgl. hierzu *Lüdtke*, Eigen-Sinn sowie *Machtan*, Innenleben).

Arbeiterhandeln und Vermittlungsinstanzen. Grundsätzlich galt, dass in den Großbetrieben sich Arbeitnehmer und Unternehmensleitung nur noch in den sel-
tensten Fällen direkt gegenüber standen. Das fing schon bei der Einstellung
an. In den Eisenbahnwerkstätten gab es hierfür klare Richtlinien: Während die
»Arbeiter in den Haupt- und Neben-Werkstätten durch den Vorstand derselben« eingestellt wurden, erfolgte die Einstellung für die »bei den Direktions-
und Betriebsämtern beschäftigten Arbeiter durch die betreffenden Büreau-
vorsteher ..., der übrigen Arbeiter durch die unmittelbaren Dienstvorsteher
(Betriebswerksmeister, Güterexpeditionsvorstände, Materialverwalter, Bahn-
meister)«. Die beiden letzten Vorgesetztengruppen hatten »der vorgesetzten
Stelle den Eintritt des Arbeiters anzuzeigen«.[518] In der Lingel-Schuhfabrik
hatten die Werkmeister eine herausgehobene, mit hoher Weisungsbefugnis
ausgestattete Stellung inne: »Sämmtliche Arbeiter der Fabrik sind dem Werk-
führer (Meister, Vorarbeiter) unmittelbar untergeordnet und haben den
Anforderungen [sic] derselben im Dienste unbedingt Folge zu leisten«.[519]
Demnach bestand ein entsprechend großes Konfliktpotenzial zwischen den
Arbeitern und den Angestellten des Betriebs, das sich immer wieder am Verhältnis zu den Werkmeistern entlud,[520] jedoch auch in alltäglichen Situationen
zum Ausbruch kommen konnte:

»Der Zuschneider H. ... stand eines Tages nach der Frühstückszeit mit einem Kollegen
noch im ruhigen Gespräch über die Vorkommnisse in der Fabrik zusammen, als ein
im Betrieb angestellter Kaufmann – sein Name ist Klein – ihn in einem dem Herrn gar
nicht anstehenden Tone anfur, ob er nicht wisse, dass das Frühstück vorbei sei. Das
konnte nun der Arbeiter H. deshalb nicht wissen, weil die Fabrikklingel nicht überall
zu hören ist. Das sagte H. dem Klein und auch das noch, dass die Fabrik eine ordentliche Klingel anschaffen möge, dann könnten sich die Arbeiter auch darnach einrich-
ten. Dann fügte H. noch eine etwas drastische Aeußerung hinzu, mit der er dem Klein
plausibel machen wollte, dass er, also H., wohl zu hören vermöge. Diese Aeußerung
fasste nun Herr Klein, obwohl sie ihm nichts anging, als persönliche Beleidigung auf
und er veranlasste die Kündigung des H.«[521]

Diese Innenansicht einer Erfurter Schuhfabrik aus dem Jahr 1910 ist in mehrfacher Hinsicht aufschlussreich. Sie verdeutlicht die alltäglichen Kommunikationsmöglichkeiten am Arbeitsplatz, die unterschiedlichen Hierarchieebenen und Einflussmöglichkeiten. Deutlich wird außerdem, dass An-

518 Gemeinsame Grundsätze über die Annahme u.s.w. der im Bereich der Preußischen
Staatseisenbahn-Verwaltung beschäftigten Arbeiter, Erfurt 1888, S. 3, Reichsbahnarchiv Erfurt
A 2789.
519 Arbeits-Ordnung für die Arbeiter der Schuhfabrik von Eduard Lingel in Erfurt, Erfurt
1892, StAE 1–2/130–937.
520 Die Werkmeister der Erfurter Schuhfabriken seien »willige, gefügige Werkzeuge« zur
Lohndrückerei, hieß es in einem Artikel der Tribüne (Nr. 107 vom 9. Mai 1907, Beilage).
521 Tribüne, Nr. 169 vom 22. Juli 1910, Beilage.

weisungen befolgt wurden – sie mussten allerdings von der befugten Person kommen. Dem kaufmännischen Angestellten, der in einem der Kontore arbeitete, wurde dieses Recht innerhalb des Produktionsbereichs nicht zuerkannt. Der Konflikt erreichte eine breitere Öffentlichkeit, da der Zuschneider H. Mitglied des Arbeiterausschusses im Betrieb war und seine Kündigung damit in Zusammenhang gebracht wurde. Die individuelle Konfliktlinie überschnitt sich mit der grundsätzlichen Entscheidungsmacht der Unternehmensleitung, die darüber bestimmte, was im Betrieb erlaubt war und was nicht.[522] Gerade weil aber die Zuschneider innerhalb des Produktionsprozesses ihrerseits über eine starke Machtposition verfügten[523] und mit dem Arbeitsausschuss eine Kommunikationsebene innerhalb der Belegschaft existierte, bestand die Möglichkeit, sich solidarisch zu zeigen und sich gegen die Kündigung des Zuschneiders H. und den Machtanspruch der Unternehmensführung gemeinsam zu wehren.[524]

Die abgestuften Hierarchieebenen und die je nach Branche und Betrieb variierenden autonomen Spielräume der Belegschaft relativieren das starre Muster eines »Oben« und »Unten«, eines Befehlens und Gehorchens.[525] Das in der Gewehrfabrik praktizierte Gruppenmodell, in dem der Meister zwar an der Spitze stand und quasi als Subunternehmer agierte, die ihm unterstellten Arbeiter jedoch ihre Mindestlöhne von der Firmenleitung garantiert bekamen, schaffte den Arbeitern Freiräume und ermöglichte autonomes Handeln. Aus dieser selbstbewussten Stellung innerhalb des Fertigungsprozesses wird auch klar, weshalb sich die Arbeiter nicht als Schlosser oder Dreher bezeichneten, sondern als »Gewehrarbeiter«.[526]

Jenseits dieses aus den Arbeitsprozessen abgeleiteten Austestens der Machtverhältnisse im Betrieb existierten übergreifende Plattformen für innerbetriebliche Organisationsformen und autonomes Belegschaftshandeln. Hierzu zählten vor allem Arbeitsausschüsse und Betriebsversammlungen. Derartige Modelle lassen sich in den unterschiedlichen Branchen und Betrieben finden. Selbst in der Gewehrfabrik existierten Arbeiterausschüsse. 1889 bestand ein »von den Arbeitern gewählter Aufsichtsrat«, der bei der Kontrolle der Kantine mitbestimmen konnte.[527] In der Maschinenfabrik J. A. John in Ilversgehofen bildete sich 1908 ein Arbeiterausschuss, der »wegen Gewährung einer Teuerungszulage« »bei der Direktion vorstellig« wurde. Doch statt einer Lohn-

---

522 In der bürgerlichen Presse wurde über die Auseinandersetzung unter der Überschrift »Ein Streit, wer Herr im Hause ist!« berichtet.

523 Siehe oben Kapitel III.1.1.

524 Über den Ausgang des Konflikts ist nichts bekannt. Die Interpretation des Vorgangs wurde ausschließlich aus der Schilderung der »Tribüne« abgeleitet.

525 Vgl. *Welskopp*, Arbeit und Macht, S. 55.

526 Die mit dem Begriff verbundenen Attribute von Männlichkeit, Militär und Macht machten den Begriff noch attraktiver für die Männer.

527 Erfurter Tageblatt vom 29. November 1889, zitiert nach StAE 5/851–1, Bd. 2.

erhöhung, bekamen die Delegierten nur zu hören, dass ihre »Fabrikversammlung als eine Dreistigkeit der Arbeiter« angesehen werde und man zur Diskussion nicht bereit sei.[528] Günstiger entwickelten sich die Kommunikationsbeziehungen zwischen Arbeiterschaft und Unternehmensführung in der Schuhindustrie. Bei der Schuhfabrik Lingel konnte seit 1910 ein Arbeiterausschuss von der Belegschaft gewählt werden, der mit der Betriebsleitung über Lohnforderungen und Arbeitszeitverkürzungen verhandelte. Ein Jahr später wurde diese Vermittlungsagentur und Interessenvertretung auf andere Schuhunternehmen ausgeweitet.[529] Angesichts der saisonalen Produktionsschwankungen, denen die Schuhfabrikanten ausgesetzt waren, mussten sie sich kooperationsbereit zeigen, wollten sie sich ihrerseits auf die Einsatzbereitschaft ihrer Belegschaft verlassen. Die anfallende zusätzliche Arbeit in der Hauptsaison ließ sich nur in einem einigermaßen austarierten, auf Konsens ausgerichteten Herrschaftsverhältnis durchsetzen. Wie paternalistisch-fürsorglich das Verhältnis zwischen Unternehmern und Belegschaft sich auch 1914 noch darstellte, zeigt ein Brief von Eduard Lingel vom August 1914: »Nur die eine Versicherung von mir bitte ich heute noch entgegenzunehmen, dass ich seit Jahrzehnten stets ein warmes Herz für die bei mir beschäftigten Personen hatte und dass ich deshalb ausserordentlich befriedigt wäre, wenn eine der schätzbaren Folgen des gegenwärtigen Krieges darin bestände, dass ein erfreulicher Zustand zwischen Arbeitgeber und Arbeitnehmer dauernd hergestellt würde«.[530]

Das breite Spektrum unternehmerischer Machtausübung, das sich von einer harten »Herr-im-Haus«-Haltung und Kommunikationsblockade bis zu von Kooperation geprägten Betriebsmodellen erstreckte, wurde sichtbar.[531] Arbeits- und Produktionsprozesse übten hier ebenso Einfluss aus wie die politischen Rahmenbedingungen, etwa die des Sozialistengesetzes. Gleiches galt für Handlungsweisen und Abwehrreaktionen auf der Belegschaftsseite, die sich zumindest in manchen Branchen ihre Frei- und Spielräume erkämpfte.

Zwei Aspekte in diesem Themenbereich innerbetrieblicher Herrschaft sollen hier noch diskutiert werden. Kathleen Canning zeigte am Beispiel der rheinischen Textilindustrie die Herausbildung spezifisch weiblicher Verhaltens- und Widerstandsmuster innerhalb des Betriebs und der darin herrschenden Machtstrukturen.[532] Die Schaffung einer weiblichen Stammarbeiter-

---

528 Tribüne, Nr. 56 vom 6. März 1908, Beilage.

529 Jahresbericht des Arbeitersekretariats und Gewerkschaftskartells 1910, S. 59f.; ebd., 1911, S. 34f.

530 Eduard Lingel an den Gewerberat von Erfurt, 27. August 1914, ThSTA Gotha, Gewerbeaufsichtsamt, Nr. 228. Lingel reagierte damit auf im Schuhmacherfachblatt laut gewordene Klassenkampf-Rhetorik.

531 Die Vielgestaltigkeit jenseits der Großbetriebe schließlich kannte keine Grenzen (siehe auch *Welskopp*, Betrieb, S. 140. Anm. 45).

532 *Canning*, Languages, bes. S. 216ff., 233ff.

schaft, die Diskussion um unsittliches Verhalten junger lediger Arbeiterinnen, die Diskriminierung verheirateter älterer Frauen, die wegen der Arbeit ihre Familien und Kinder vernachlässigten, die Vorwürfe der Arbeiterbewegung, Frauen ließen sich als Lohndrückerinnen und Streikbrecherinnen einspannen, die Entstehung einer sehr selbstbewussten weiblichen Arbeiteridentität, in der Privatheit und Arbeit nicht getrennt, sondern als miteinander verschränktes Persönlichkeitscharakteristikum gelebt wurden – viele dieser zentralen Motive im Arbeits- und Herrschaftsalltag bestanden auch für Frauen der Erfurter Bekleidungsindustrie. Die weibliche Stammarbeiterschaft der Schuhindustrien etwa, Willi Münzenbergs Erschrecken über die groben sexuellen Anzüglichkeiten unter den Frauen, die Vorwürfe Adelheid Poppes über die Lohndrückerei der Frauen in Erfurts Schuhfabriken, die großzügige Niederschlagung eines Verfahrens gegen einen Werkmeister der Lingel-Schuhfabrik wegen sexuellen Missbrauchs deuten in diese Richtung.[533] Aber es sind zu wenige Fakten, um sie systematisch auszuleuchten. Dennoch zeichnet sich hier ab, dass die Klassenbeziehungen zwischen Arbeitgebern und Arbeitnehmern zumindest in der Bekleidungsindustrie Erfurts von geschlechterspezifischen Spannungen überlagert wurden, die das Missverhältnis der gewerkschaftlichen Organisationsdichte unter Frauen erklären helfen.[534]

Schließlich die Lage der Angestellten, insbesondere derjenigen, die in direktem Kontakt mit den Arbeitern standen innerhalb des Machtgefüges des Betriebs: Sie standen zwischen den Fronten, waren einerseits weisungsgebunden, mussten die schlechten Nachrichten über Lohnkürzungen, Arbeitszeitverlängerungen, Sonntagsarbeit usw. überbringen. Andererseits übten sie selbst Macht nach unten aus. Inwieweit die in der sozialdemokratischen Presse genüsslich aufgebrachten Beispiele über Fehlverhalten und Machtmissbrauch der unteren Angestellten verallgemeinerbar sind, muss offen bleiben. Genauso gut ist es möglich, dass man sich arrangierte und jeder danach trachtete, seine Arbeit zu erledigen und den Tag hinter sich zu bringen – so wie es Willi Münzenberg schilderte. Denn viele der Vorarbeiter und Werkmeister, wie die Lingel-Stammarbeiter zeigen, hatten ursprünglich selbst als Arbeiter im Betrieb begonnen und schließlich den Aufstieg geschafft. Dennoch blieb der

---

533 *Münzenberg*, Lebenslauf, S. 24: »Der Betrieb der Schuhfabrik bringt es mit sich, dass Frauen & Mädchen mit Männern und Burschen in einem Saal arbeiten. Die unzüchtigsten Reden wurden dann tagsüber gewechselt und die Witze waren schon nicht mehr derb, sondern zynisch, frech und gemein. Und die Frauen zahlen mit gleicher Münze und im gleichen Jargon heim«. Tribüne, Nr. 107 vom 9. Mai 1907, Beilage (Vortrag Adelheid Poppes über »Die Notwendigkeit der gewerkschaftlichen Organisation für die Schuhfabrikarbeiterinnen«). Zum Vorgang der sexuellen Belästigung zweier 15-jähriger Mädchen durch den Werkmeister Stade, sowie zu den Reaktionen der Behörden, die den Fall auf sich beruhen ließen, da er angeblich politisch motiviert sei, um den scharf antisozialdemokratisch eingestellten Werkmeister zu schaden, siehe ThSTA Gotha, Gewerbeaufsichtsamt, Nr. 228.
534 Siehe auch Kapitel VI.1.

Arbeitsplatz, der Betrieb und die hier erfahrenen Machtverhältnisse für die Arbeiterschaft eine der zentralen Ungleichheitsebenen, verstärkte die Kontakt- und Kommunikationsebene der Arbeiter untereinander, machte die Abgrenzung und Blockade ›nach oben‹ spürbar und trug entscheidend dazu bei, Gruppenidentitäten, aber auch übergreifende Arbeiter- und Klassenidentitäten zu formen.

Gewerbegericht und Arbeitsamt. Zwei außerbetriebliche Vermittlungsagenturen zwischen Arbeitgebern und Arbeitnehmern dürfen nicht vergessen werden: das Gewerbegericht und das Arbeitsamt. Für München stellte Karl Heinrich Pohl diese Institutionen geradezu als ›Harmonietransmitter‹ bürgergesellschaftlicher Gemeinsamkeiten dar.[535] Davon war das preußische Erfurt doch weit entfernt. Sicher kann man auch hier kein kräftiges Schwarz-Weiß-Bild zeichnen. Schon die Gründungsversammlung des Arbeitsamtes im Jahr 1893 zeigt die Vielschichtigkeit. Während Oberbürgermeister Schneider dieses keinesfalls in den Zuständigkeitsbereich des Gewerbegerichts legen wollte, da dann der Einfluss der Sozialdemokratie zu groß würde, argumentierte Pastor Lorenz, Vorsitzender des evangelischen Arbeitervereins, »[e]s wäre nur gut, wenn auch Sozialdemokraten mit herangezogen würden, ein großer Teil von Arbeitern gehöre ja zu ihnen. Würde diese Heranziehung unterbleiben, so erwecke man dadurch nur Misstrauen und werde das Unternehmen misslingen«.[536] Nachdem sich auch die Sozialdemokraten auf ein städtisches Arbeitsamt einigen konnten, stand dieser Institution nichts mehr im Wege.[537] An dieser Einrichtung konnte fast kein Arbeiter mehr vorübergehen, wollte er in der Stadt einen Arbeitsplatz finden. Je nach konjunktureller Lage fragten jährlich über achttausend Männer und achttausend Frauen nach vorhandenen Arbeitsplätzen; die Arbeitgeber boten ihrerseits jährlich Tausende von Stellen über das Arbeitsamt an.[538]

Das Gewerbegericht verhalf den individuellen Ansprüchen der Arbeiter zu ihrem Recht und stärkte so das Vertrauen in staatliche Institutionen.[539] Gleichzeitig wurde die Sozialdemokratie in den Staat und seine Rechtsprechung integriert.[540] Der Erfurter Arbeitersekretär sprach in seinem Jahresbericht für 1908 sogar davon, »dass wir wiederum an einzelnen Stellen in der anerken-

535 *Pohl*, Arbeiterbewegung, S. 303.
536 Tribüne, Nr. 255 vom 31. Oktober 1893.
537 Tribüne, Nr. 263 vom 9. November 1893.
538 Vgl. Verwaltungsberichte der Stadt Erfurt 1894ff.
539 »Auch die Arbeiter haben theilweise Vertrauen gewonnen. Die Ueberzeugung bricht sich immer mehr Bahn, dass die Gewerbeinspektoren die vertraulichen Mittheilungen streng geheim halten, uneigennützigen Rath ertheilen und berechtigten Beschwerden Abhülfe zu schaffen bemüht sind« (Bericht des Regierungs- und Gewerberat Ritterhausen für den Regierungsbezirk Erfurt, 1901, S. 1f., ThSTA Gotha, Regierung zu Erfurt Nr. 1598).
540 *Ritter u. a.*, Diskussion, S. 445.

nenswertesten Weise Entgegenkommen gefunden haben, so u.a. bei dem Vorsitzenden des hiesigen Gewerbegerichts«.[541] Seit der Jahrhundertwende beherrschten die Sozialdemokraten nicht nur die Arbeitnehmer-, sondern sogar die Arbeitgeberseite des Gerichts.[542] Aber hier begannen dann wieder die Abgrenzungen, da sich offensichtlich die Arbeitgeber nur spärlich beteiligten; und der Schwerindustrielle und ZDI-Mitglied Schwade meinte, nie mehr Chef seiner Firma sein zu wollen, wenn ihm »die Schmach zugemuthet würde, event. vor einem Gerichtshof erscheinen zu müssen, dessen Organe in der Majorität aus socialistisch-organisierten Personen« bestünden.[543] Auch die Stadtverordnetenversammlung bewilligte keine Gelder, wenn Gewerbegerichtsmitglieder den Verbandstag deutscher Gewerbe- und Kaufmannsgerichte besuchen wollten.[544] Von Regierungsseite wiederum erhob man Einspruch gegen die Praxis, Stellenanzeigen des Arbeitsamtes in der »Tribüne« zu veröffentlichen: »Trotz der von den pp. angeführten Zweckmäßigkeitsgründen kann ich es nicht billigen, dass ein sozialdemokratisches Parteiorgan als Publikationsmittel für kommunalamtliche Veröffentlichungen – wenn auch unentgeltlich – benutzt wird«, schrieb im September 1900 der Regierungspräsident an den Erfurter Magistrat.[545] Das Schwarz der preußisch-politischen Kultur übermalte in dieser Hinsicht dann doch das Bild des sozialverträglichen Miteinanders.

3.2 Wohnen und privates Leben

Karl Emil Franzos schrieb Anfang des 20. Jahrhunderts in seinen feuilletonistischen Reisenotizen Erfurt einen zweifelhaften Superlativ zu: »Erfurt ist die banklöseste Stadt Deutschlands«. Zwar könne man hin und wieder »Reste« von Bänken entdecken, »aber die meisten sind entfernt und neue nicht hinzugekommen«.[546] Diese für Touristen wenig erfreuliche Tatsache führt ins Zen-

541 Jahresbericht des Arbeitersekretariats und Gewerkschaftskartells für 1908, S. 5.

542 Tribüne, Nr. 278 vom 28. November 1903, Beilage: »Von den 44 Sitzen des Erfurter Gewerbegerichts sind somit 41 von sozialdemokratischer Seite besetzt. Die diesmaligen Wahlen brachten einen Zuwachs von 6 Mandaten und zwar Arbeitgebermandate«. Siehe auch Tribüne, Nr. 254 vom 10. November 1900, Beilage: In diesem Jahr wurden bis auf eine Gewerbegruppe auf Arbeitgeberseite alle Mandate gewonnen.

543 Otto Schwade an den Regierungspräsidenten, 12. November 1900, ThSTA Gotha, Regierung zu Erfurt, Nr. 1576.

544 Jahresbericht des Arbeitersekretariats und Gewerkschaftskartells für 1908, S. 61f.; ebd., 1910, S. 37.

545 Schreiben des Regierungspräsidenten an den Erfurter Magistrat, 2. Oktober 1900, ThSTA Gotha, Regierung zu Erfurt, Nr. 462.

546 Franzos, S. 180.

trum dieses Abschnitts. Knapp zehn Jahre vorher hatten die Erfurter Stadtverordneten über die Gestaltung des Hirschgartens vor dem Regierungspräsidium debattiert. Stadtverordneter Döhler sprach sich dagegen aus, neue Bänke aufzustellen: »Jetzt seien die dort befindlichen Bänke z. B. stets durch Dienstmädchen dicht besetzt, die alle Vorübergehenden durchhechelten. Viele Damen gingen aus diesem Grunde gar nicht mehr am Denkmal vorüber«.[547] Öffentlicher und privater Raum stießen hier symbolhaft zusammen, ein Ereignis, das den bürgerlichen Idealvorstellungen zuwider lief. Die Dienstmädchen, eingebunden in die Privatsphäre bürgerlicher Haushalte und vertraut mit Familieninterna, trafen sich mit ihresgleichen an einem öffentlichen Ort, um ihre Erfahrungen auszutauschen. Sie stellten eine Gefahr für die auf Abschottung zielenden bürgerlichen Familienstrategien dar. Ihre Herrschaften mieden daher diesen Bereich. Hier traf man auf Sphären, die durch Kontaktblockaden und einseitige, verzerrte Wahrnehmungen geprägt wurden. Durch die offensichtliche sozialräumliche Segregation mit schlichten Miethäusern im Norden und Osten Erfurts sowie Villenbebauung im Südwesten als polarisierende Strukturmerkmale der Stadtlandschaft, durch die völlig unterschiedlichen Heiratsmärkte und Heiratskreise, durch die Abschließung der bürgerlichen Familie sowie durch die völlig unterschiedlichen materiellen Voraussetzungen zur Gestaltung des Familienlebens trafen Gegenwelten aufeinander.

Gab es dennoch, um die Fragestellung für dieses Kapitel wieder aufzunehmen, Mischzonen, in denen miteinander oder doch zumindest nebeneinander gelebt wurde? Existierten Vermittlungsinstanzen, die realistischere Einblicke in das jeweils unterschiedlich gelebte Familienleben ermöglichten? Wie scharf waren die Heiratskreise markiert, wo fanden Verschmelzungen zwischen Arbeiterschaft, Randbürgertum, Mittel- und Kernbürgertum statt? Auch wenn man mit diesen Fragen den Blickwinkel um 180 Grad dreht und nicht mehr nach dem Trennenden, sondern nach dem Gemeinsamen fragt, fördern die Ergebnisse alles andere als eine offene Gesellschaft zu Tage, leuchten aber Randbereiche aus, in denen sich die Klassengesellschaft und die Klassenmilieus nicht ganz so schroff gegenüberstanden.

Wohnen. Wenn Jakob Kaufhold im Jahr 1886 seine Wohnung in der Glockenstraße 15 verließ und die Nordseite der Glockenstraße entlang Richtung Andreasstraße lief, um in einem der Maler- oder Baugeschäfte Erfurts seiner Arbeit als Tüncher nachzugehen, bewegte er sich in einem der alten Arbeiterviertel Erfurts. In diesem Straßenzug lebten 1886 fast zwei Drittel Arbeiter, hinzu kamen elf Prozent Handwerksmeister, die zwar keineswegs wohlhabend waren, aber mit einem versteuerten Jahreseinkommen von bis zu drei-

547 Thüringer Zeitung, Nr. 162 vom 8. April 1893.

tausend Mark ihr Auskommen hatten. Nikolaus Funke, »Kassendiener und Vollziehungsbeamter«, war der einzige untere Angestellte, der in den Häusern der nördlichen Straßenseite lebte. Heinrich Leichner führte einen kleinen Viktualienladen, Georg Adam Reuter versorgte – nicht nur – das Viertel mit Brot und verdiente dabei mit einem versteuerten Jahreseinkommen von über 12.000 Mark offensichtlich sehr gut. Zusammen mit Ludwig Natz, der eine Viktualienhandlung und ein Lokal führte, sowie dem Landwirt Heinrich Luhn waren sie die einzigen wirklich Wohlhabenden in dieser Straße.[548] Reuter gehörte dem Haus- und Grundbesitzerverein an und wurde 1893 bei den Wahlen zum preußischen Abgeordnetenhaus als Wahlmann für Ferdinand Lucius nominiert.[549] Verließ der Tüncher Jakob Kaufhold auf seinem Weg zur Arbeit die enge Glockengasse und betrat die Andreasstraße, änderte sich das Straßenbild und die Zusammensetzung der Bewohner deutlich. Richtung Norden lebten die beiden Unternehmer Max Pinkert und Julius Stübgen, Richtung Süden folgte ein Geschäft dem nächsten, eine Gastwirtschaft der anderen, ihre Besitzer verdienten gut. Dennoch entstammte in dem Häuserabschnitt der Andreasstraße zwischen der Nordhäuserstraße und der Andreaskirche ein Viertel aller Bewohner der Arbeiterschaft. Auf kleinstem Raum traf man von einer Straße, die von Arbeitern und Handwerksmeistern dominiert wurde, auf einen Straßenzug mit einer vielfältigen sozialen Zusammensetzung.[550]

An diesem unmittelbaren Nebeneinander hatte sich auch zwanzig Jahre später wenig geändert. Während einer Debatte in der Stadtverordnetenversammlung stand die Glockengasse im Mittelpunkt des Interesses. Die Auseinandersetzung erlaubt indirekt einen Einblick in die Wohnsituation in dieser Straße und vermittelt einen Eindruck, wie innerhalb des Bürgertums über Arbeiterwohnen diskutiert wurde. Stadtverordneter Finkelmeyer forderte angesichts der engen, verwinkelten Wohnverhältnisse die Stadt dazu auf, »mit den in solchen Gassen bestehenden Zuständen aufzuräumen ..., indem benachbarte Grundstücke angekauft und durch Niederlegung der selben Licht und Luft geschaffen würden«. Stadtrat Stenger meinte dagegen, »es bestehe kein Anlass für die Stadt, in solchen Gassen Grundstücke aufzukaufen, um an deren Stelle Mietskasernen zu setzen. Kinderreiche Familien ... wären immer noch froh, solche Wohnungen zu bekommen, weil sie sonst schwer anderswo Unterkommen finden«. Stadtverordneter Wellendorf fragte spitz: »Die Büßlebergasse habe man saniert, warum nicht auch die Glockengasse, wenn auch nicht so feines Publikum im Andreasviertel verkehre?«[551]

548 Sämtliche Angaben rekonstruiert nach den Wohnungsangaben im Adressbuch 1886 und den Steuersummen in den Wählerlisten von 1886 (StAE 1–2/005–7).
549 Abgleich der Daten mit der prosopographischen Datei.
550 Es fehlten in der Andreasstraße allerdings Vertreter aus bildungsbürgerlichen Gruppen; Beamte und Angestellte in mittleren Positionen fanden sich ebenfalls nur wenige.
551 Tribüne, Nr. 49 vom 27. Februar 1907, Beilage.

Die Glockengasse hatte sich tatsächlich zwischen 1886 und 1906 noch weiter ›proletarisiert‹. Außer drei Kleinsthändlern, zwei Schneidermeistern und einem Postschaffner, der gleichzeitig Hauseigentümer war, lebten nur noch Arbeiter und Arbeiterinnen in der Straße.[552] Das Haus von Bäckermeister Reuter hatte der Kaufmann Louis Jacobskötter aufgekauft, der aber selbst im prestigeträchtigen Dalbergsweg wohnte. Die angrenzende Andreasstraße wiederum hatte ihre Mischstruktur behalten. Zum einen blieben die Geschäfte und Lokale erhalten, vermehrt traf man auf mittlere Angestellte und Beamte. Der inzwischen zum Stadtrat avancierte Unternehmer Pinkert war zwar in den Erfurter Südwesten umgezogen, jedoch lebte sein Sohn nun in dem Haus Andreasstraße 3. Selbst in unmittelbarer Nachbarschaft zu allein von Arbeitern geprägten Straßenzügen konnte der Spaziergänger, wenn er gewissermaßen einmal um die Ecke bog, bereits wieder auf Straßen mit einem anderen ›Ansehen‹ treffen. Außerdem: Selbst im privilegierten Dalbergsweg lebten 1886 unter 105 Bewohnern immer noch zwölf Arbeiter sowie zusammen neun Handwerksmeister, kleine Kaufleute und untere Angestellte aus dem Randbürgertum.[553]

Hinter diesen Überschneidungen und Gemeinsamkeiten im unmittelbaren Umfeld stand oft nur ein äußeres Nebeneinander, das über flüchtige Kontakte nicht hinauskam. Zwei weitere bürgerliche Einflussfaktoren, die wesentlich stärker wirkten, kamen hinzu. Zum einen baute die ausschließlich von bürgerlichen Gruppen beherrschte Kommunalverwaltung die Infrastruktur für die Arbeiterviertel aus bzw. stellte sie überhaupt erst zur Verfügung. Zum anderen existierten mit der Einrichtung einer Wohnungsinspektion Möglichkeiten, die Wohnsituation für die Arbeiterschaft zu verbessern, aber auch sozialdisziplinierend auf sie einzuwirken.

Der Bau von Genossenschaftswohnungen stellte einen entscheidenden Beitrag dar, bürgerliche Wohnnormen in die Arbeiterschaft hineinzutragen. Die Ausgestaltung des Wohnviertels rund um die Karl-, Adalbert- und Auenstraße mit günstigen kleineren und mittleren Wohnungen, Spielplätzen und einem Kindergarten nach der Jahrhundertwende ist Indiz dieser Entwicklung. Die Errichtung des Nordparks, die Einbindung der neuen Arbeiterviertel in das Erfurter Straßenbahnnetz stellten Errungenschaften dar, die von den Arbeitern genutzt wurden und ihnen demonstrierten, dass Sozialreform nicht nur eine hohle Phrase war, sondern sich damit reale Verbesserungen der

552 Sämtliche Angaben nach Adressbuch 1906. Sowohl 1886 als auch 1906 lebte ein beträchtlicher Anteil Witwen unter den Bewohnern und Bewohnerinnen der Glockengasse (1886: 16%, 1906: 17%).

553 Der Dalbergsweg wurde gegen Ende des Kaiserreichs jedoch zunehmend exklusiver; vor allem die Vertreter aus dem Randbürgertum konnten es sich kaum noch leisten, hier zu wohnen. Lediglich in dem großen Mehrfamilienhaus Dalbergsweg 16 lässt sich noch eine Mischstruktur wie 1886 erkennen (sämtliche Angaben nach Adressbücher 1886 und 1906).

Lebenswelt verbanden.[554] Erfurt übernahm in dieser Entwicklung sicher nicht die Vorreiterrolle,[555] aber jene Teile der Arbeiterschaft, die es sich leisten konnten, in diesem Umfeld zu leben, bekamen Rahmenbedingungen von bürgerlicher Seite geboten, die ihnen die Adaption bürgerlicher Wohnweisen erleichterten.[556]

Die Reformbestrebungen hatten manches in Bewegung gebracht, aber die Klischees und Rollenbilder der bürgerlichen Beobachter nicht beseitigt, etwa wenn im Lehrplan für Fortbildungsschulen für die aus der Volksschule entlassenen Mädchen vorgesehen war, alles abzuweisen, »was dem unseligen Tand dient, der in der Wohnung kleiner Leute häufig unangenehm ins Auge fällt, weil er den Anschein einer höheren Lebenshaltung erweckt, als er in der Tat vorhanden ist«.[557] Ergänzt und überlagert wurden diese Bilder schließlich durch einen Sittlichkeitsdiskurs von bürgerlicher Seite. Hierin bot die Welt der Schlafburschen und überfüllten Wohnungen eine Projektionsfläche, auf die alle moralischen Vorurteile geworfen wurden: »Ja man kann geradezu sagen: Alles was die Volksschule an sittlicher und körperlicher Erziehung geleistet hat«, meinte Georg Kerschensteiner 1901 in den Jahrbüchern der Kgl. Akademie Erfurts, »alles was eine gute Meisterlehre im Bunde mit einer guten Fortbildungsschule in der Festigung des Charakters unserer Zöglinge weiter zu leisten im stande ist, das können schlechte Wohnungsverhältnisse völlig niederreissen [sic]«.[558] Die tatsächlichen Veränderungen des Arbeiterwohnens wurden in den Hintergrund gedrängt. Stattdessen schlug Kerschensteiner in seinem Aufsatz soziale Kontrollmechanismen und für nicht bei den Eltern lebende Arbeiter und Arbeiterinnen die Trennung der Geschlechter in Gesellen- und Mädchenheime vor.[559]

Als ambivalent entpuppte sich ebenfalls das Kontrollmittel der Wohnungsinspektion. Polizei, städtische und bürgerliche Autoritäten und Beobachter nahmen sich bzw. hatten bereits vor der rechtlichen und institutionellen Fixierung einer Wohnungsinspektion das Recht, in die Wohnungen der Arbeiterschaft zu blicken. Der umgekehrte Blick von Arbeitern in bürgerliche Woh-

554 Zum Nordpark: Tribüne, Nr. 282 vom 2. Oktober 1910, Beilage. Zur Straßenbahn siehe den Streckenplan von 1905 (Tribüne, Nr. 20 vom 24. Januar 1905) sowie *Gutsche*, Straßenbahn.

555 Herausragend war in dieser Hinsicht Frankfurt am Main (*Roth*, 624ff.); allgemein zur sozialen Ausrichtung der deutschen Kommunalpolitik *Lenger*, Eliten, S. 313–337, hier S. 327; anders dagegen *Schäfer*, Bürgertum, S. 178–232, hier S. 232.

556 Zur Verbürgerlichungsdebatte siehe Kapitel VII; siehe auch *Nipperdey*, Aspekte, S. 49f.

557 *Irgang*, S. 61.

558 *Kerschensteiner*, S. 24f. Zu Kerschensteiner, der in München den gemäßigten Flügel des Nationalliberalismus vertrat, siehe auch *Pohl*, Arbeiterbewegung, S. 485, 488.

559 Ebd. Das fehlende Schamgefühl wurde von bürgerlicher Seite also keineswegs nur den Frauen unterstellt, sondern generell der Arbeiterschaft (vgl. *Canning*, Languages, S. 299ff., zum angeblich fehlenden Schamgefühl der Arbeiterinnen, zur getrenntgeschlechtlichen Unterbringung von Textilarbeitern und -arbeiterinnen und der kasernenmäßigen Unterkunft von jungen Arbeiterinnen in Wohnheimen).

nungen jenseits des Randbürgertums hätte eine Revolution vorausgesetzt. Die Wohnungsinspektion half sicherlich in vielen Fällen, Missstände zu beseitigen; sie konnten jedoch auch einseitige Bilder produzieren. Erfurts Waisenhausdirektor Wilhelm Kott, gleichzeitig Vorsitzender des Evangelischen Arbeitervereins, hielt in einer Versammlung des Erfurter Mietervereins 1900 einen Vortrag über »Häuslichkeit«: »Nicht selten führt mich meine Pflicht in Wohnungen mit qualmenden Oefen, seit Jahren nicht gestrichenen Decken, an den Wänden nur Fragmente von ehemaliger Tapezierung ... Und der Grund zu solchem Elend? Nicht immer, meine Herren, ungenügender Erwerb, nein, entsetzliche Liederlichkeit und jeder Mangel an Ordnungsliebe. Hier ist die schärfste Zucht am Platze«.[560] Es war eine Crux. Nie konnten die Arbeiter es den bürgerlichen Beobachtern recht machen. Waren ihre Wohnungen überfüllt und schmutzig, warf man ihnen sittliche Verfehlungen und »Liederlichkeit« vor; begannen die Arbeiter ihre Wohnungen auszuschmücken, zu arrangieren, sich ihrer Respektabilität selbst zu versichern und zu demonstrieren, hielten ihnen die gleichen Beobachter Gefallsucht, Tand, falsche Ausnutzung ihrer Wohnungen vor. Das galt auch für die in Erfurt seit 1908 institutionalisierte Wohnungsinspektion.[561] Jedes Jahr schauten die Kommunalbeamten in mehrere tausend Wohnungen von Arbeitern, machten auf bauliche Mängel oder Gesundheitsgefährdungen aufmerksam[562] – und reproduzierten die Vorurteile gegen das Arbeiterwohnen: »Der Kampf gegen die ›gute Stube‹ ist immer noch eine wichtige Aufgabe der Wohnungsaufsicht«.[563] In diesen bürgerlichen Maßnahmen lief – wie bei den Herrschaftstechniken der Unternehmer – neben dem Unterstützenden immer das Disziplinierende mit. Dass in den von bürgerlicher Seite kritisierten Verhaltensweisen der Arbeiter gerade das Besondere, das Eigene, die arbeiterkulturelle Identität und das Selbstbewusstsein lag, wurde nicht registriert.

Familie. Mit dem Blick in die Wohnungen verband sich immer auch der Blick in die Familie der Arbeiter. Tendenzen der Angleichung der proletarischen Familie an bürgerliche Familienmodelle sowie die klaren Unterschiede und Trennungslinien wurden in der Forschung herausgearbeitet.[564] Wichtig ist

560 Mittheilungen des Erfurter Mietervereins, Nr. 9 vom 3. Mai 1900.
561 Kommunales Jb. 2 (1909), 1. Teil, S. 203.
562 1911 wurden von 30.641 in Erfurt vorhandenen Wohnungen 4.511 (14,7%) von der Wohnungsinspektion kontrolliert (Statistisches Jb. dt. Städte 20 (1914), S. 138ff.).
563 Kommunales Jb. 5 (1912/13), S. 272. Das »Kommunale Jahrbuch« war ein kommunalpolitisches Organ der Sozialdemokratie und folgte hier nicht nur den bürgerlichen Beobachtern, sondern einer in der SPD häufig zu findenden Linie (vgl. Kapitel VII).
564 *Lerch*, Sozialisation, S. 160ff.; vgl. zu *Lerchs* These von der »Imitation kleinbürgerlicher Formen (im proletarischen Alltag) ..., ohne dass damit auch eine ›geistige Verbürgerlichung‹ einherging« (S. 159) auch unten Kapitel VII. Grundlegend außerdem *Rosenbaum*, Familien, bes. S. 277ff.; *Ritter/Tenfelde*, Arbeiter, S. 537ff.

zudem, sich bewusst zu machen, dass es *die* Arbeiterfamilie nicht gab. Nicht nur die ungleichen materiellen Ressourcen schufen unterschiedliche Familienstrukturen, auch Einstellungen und Werthaltungen prägten das Familienleben der Arbeiterschaft. In Bezug auf die Väterrolle hat Heidi Rosenbaum drei Arbeiterfamilientypen herauskristallisiert: einen traditionellen, einen sozialdemokratischen und einen kleinbürgerlich-individualistischen Typus. Diese Charakterisierung hat zwar für dieses eingegrenzte Themenspektrum eine überzeugende Plausibilität, für ein umfassendes Familienbild ergeben sich jedoch bereits wieder vielfältige Überschneidungslinien. Der in der sozialdemokratischen »Tribüne« verbreiteten Kritik an den arbeitenden Frauen lagen traditionelle Vorstellungen über Geschlechterrollen zu Grunde; und die Platzierungsstrategien und Ausbildungsmöglichkeiten, die Erfurter Sozialdemokraten wie Paul Reißhaus, Franz Fahrenkamm oder Gottfried Duncker ihren Söhnen mit auf den Weg gaben, entsprachen durchaus Verhaltensweisen wie sie in dem »kleinbürgerlich-individualistischen« Familienmodell von Heidi Rosenbaum ebenfalls zu beobachten waren.

Diese internen Differenzierungen muss man sich bewusst gemacht haben, bevor allgemein über Einflüsse zwischen Arbeiterschaft und Bürgertum gesprochen werden kann. Ähnlichkeiten zwischen Arbeiter- und Bürgerfamilien zeichneten sich zum Ersten darin ab, dass in Arbeiterhaushalten die familiale Abschließung in der Kernfamilie einen immer größeren Stellenwert erhielt. Dies bedeutete wie im bürgerlichen Haushalt eine »starke Orientierung der meisten Arbeiter auf ihre Familie«.[565] Zum Zweiten blieben traditionelle geschlechterspezifische und patriarchalische Rollenverteilungsmuster bestehen. Ottilie Baader beschrieb in ihren Lebenserinnerungen die dominierende Rolle des Vaters und ihre langwierige Emanzipation von diesem Patriarchen.[566] Zum Dritten wurden bürgerliche Normen in der Kindererziehung und der Familienvaterrolle übernommen.[567] Viertens gab es strukturelle Ähnlichkeiten und Anpassungen, etwa im auch in Arbeiterfamilien zu findenden altersbedingten Autoritätsgefälle zwischen Mann und Frau oder im nachweisbaren Rückgang der Kinderzahl.[568] Sämtliche hier beschriebenen Prozesse setzten eine Grundausstattung an materieller Sicherheit und stabilen Strukturen hinsichtlich der Verdienstmöglichkeiten, der Dauer der Beschäftigung wie der Ortsfestigkeit voraus. Erleichtert wurde die ›Kommunizierbarkeit‹ bürgerlicher Vorstellungen dadurch, dass in der »Separierung der Familie vom Produktionsbereich« strukturelle Grundähnlichkeiten vorlagen.[569] Hinzu kam der Einfluss der sekundären Sozialisationsinstanzen wie Schule, Fortbildungs-

---

565 *Rosenbaum*, Familien, S. 277.
566 *Baader*, S. 23, 29.
567 *Lerch*, Sozialisation, S. 316.
568 *Ritter/Tenfelde*, Arbeiter, S. 561ff.; *Spree*, Ungleichheit, S. 78ff.
569 *Rosenbaum*, Familien, S. 281.

schulen oder Militär. Die von der Erfurter Kgl. Akademie gestellten Preisfragen und als preis- und veröffentlichungswürdig erachteten Antworten verdeutlichen ja, dass hier von bürgerlicher Seite versucht wurde, Einfluss auszuüben und gestalterisch einzugreifen.

Diese Übernahme und Parallelschaltung von familialen Verhaltensweisen in Bürgertum und Arbeiterschaft liefen in der Arbeiterschaft nicht auf eine bloße Imitation hinaus. Zum einen wurden die Familienverhältnisse an die eigene Situation angepasst und umgeformt – wie die oben beschriebenen Reaktionen auf die Wohnverhältnisse deutlich machten –, zum anderen wurden die bürgerlichen Wertemuster durch das Prinzip der Vermittlung von Solidarität ergänzt und überlagert – wie dies vor allem Edith Lerch betont hat.[570] Paul Reißhaus' Äußerungen, seine Kinder zu echten Sozialdemokraten zu erziehen, verweisen für die sozialdemokratische Seite darüber hinaus auf die politische Sozialisationsfunktion innerhalb von Arbeiterfamilien. Es gelang daher trotz aller materiellen Unwägbarkeiten aufs Ganze gesehen den Arbeiterfamilien, sowohl einen Beitrag zur Integration in die bürgerliche Gesellschaft als auch zur Integration in das Arbeitermilieu zu leisten.

Neben diesen ›weichen Faktoren‹ der Werte und Normen gab es auch konkrete Formen des Kontaktes zwischen Arbeiterfamilien und Bürgertum. Minna Armstroff etwa wohnte 1906 in einer Parterrewohnung in dem Haus Dalbergsweg 3. Sie lebte in einem der angesehensten bürgerlichen Häuser Erfurts: Als Köchin war sie bei Ferdinand Lucius und seiner Familie angestellt. Dienstpersonal, vor allem Dienstmädchen hatten, wie die eingangs zitierte Debatte in der Erfurter Stadtverordnetenversammlung gezeigt hatte, den unmittelbarsten Einblick in bürgerliche Familien und Haushalte. Da der Beruf des Dienstmädchens im Lebenslauf recht früh ergriffen wurde, bestand die Möglichkeit, nach der Heirat das im bürgerlichen Haushalt erlernte Wissen, die dort verinnerlichten Werte in die eigene Familie zu transformieren. Da die Heiratskreise der Dienstmädchen sich im wesentlichen auf die Arbeiterschaft beschränkten, und die Heirat des bürgerlichen Märchenprinzen den Hintertreppenromanen überlassen blieb, fungierten die verheirateten Dienstmädchen als wichtige Vermittlungsinstanzen zwischen Arbeiterschaft und Bürgertum. Diese ›Transmitterfunktion‹ bedarf jedoch der zweifachen Einschränkung. Zum einen übten in der Arbeiterfamilie – wie oben beschrieben – die Männer in vielen Fällen die Autorität aus, so dass die Ausgestaltung des Familienlebens nach bürgerlichen Vorbildern von den Durchsetzungsfähigkeiten der Frau und dem Lernprozess der Männer abhing. Zum anderen hing die Bereitschaft, das im bürgerlichen Haushalt Erlebte in der eigenen Familie zu praktizieren, von den persönlichen Erfahrungen der Dienstmädchen und des

---

570 *Lerch*, Sozialisation, S. 157.

Dienstpersonals ab.[571] Andauernde Schikanen, das Beobachten des Lebens in geheuchelten Scheinwelten konnte in letzter Konsequenz auch die Abkehr von bürgerlichen Familienvorstellungen zur Folge haben.[572] Schließlich bestanden vielfältige Familienkontakte zwischen Randbürgertum und Arbeiterschaft. Diese Kontakt- und Kommunikationsdimension soll im Zusammenhang mit dem Themenkreis der Heiratskreise und Heiratsmärkte dargestellt werden.

Heiratsmöglichkeiten. Das vorn untersuchte Heiratsverhalten hatte eine Trennungslinie zwischen Arbeiterschaft und Bürgertum erkennen lassen. Diese verlief scharf markiert am Übergang zum Mittel- und Kernbürgertum. Dazwischen befand sich die große Misch- und Grauzone von Arbeiterschaft und Randbürgertum. Untersucht man die konnubiale Mobilität nach Zustromquoten, erhält man einen Einblick in die Geschlossenheit der Heiratskreise in den jeweiligen Sozialgruppen.[573] Die Ergebnisse dieser Zustromanalyse ergänzen und bestätigen das Bild, das aus den Analysen der Abstromquoten gewonnen wurde. Folgende vier Ergebnisse seien hervorgehoben. 1. Kern- und Mittelbürgertum blieben gegenüber den heiratenden Arbeitern verschlossen. In der Spätphase des Kaiserreichs 1905/09 zeichneten sich in den mittelbürgerlichen Gruppen leichte Öffnungstendenzen ab, ohne einen Strukturwandel einzuleiten. 2. Sowohl in der Frühphase als auch in der Spätphase des Kaiserreichs lassen sich deutliche Kontaktzonen zwischen Arbeiterschaft und Randbürgertum feststellen. Es zeichnet sich hier eine hohe Kontinuität der Sozialkontakte zwischen den beiden Sozialgruppen ab. 3. Diese Kontinuität gilt teilweise auch für die Zusammensetzung der randbürgerlichen Gruppen. Handwerksmeister waren sehr offen vor allem zur gelernten Arbeiterschaft, und ihre Töchter heirateten häufig gelernte Arbeiter. Das galt sowohl in den 1870er Jahren als auch in der Zeit nach der Jahrhundertwende. Dagegen lebten die Kleinhändler und unteren Angestellten oder Beamten stärker abgeschottet von der Arbeiterschaft – mit steigender Tendenz gegen Ende des Kaiserreichs. 4. Konnten demnach die Arbeiterbräutigame in das Randbürgertum durchaus häufig einheiraten, kam der umgekehrte Fall kaum vor. Sowohl

571 Selbst die »Tribüne« meinte: »Denn wir wissen, dass es Herrschaften gibt, bei denen es die Mädchen wirklich gut haben, wo ihrem Wohlergehen menschliche Teilnahme bewiesen wird«. Danach schildert die »Tribüne« jedoch Fälle, in denen Dienstmädchen ungerecht behandelt wurden (Tribüne, Nr. 44 vom 22. Februar 1910, Beilage).

572 Vgl. zu diesem gesamten Thema *Budde*, Dienstmädchen, S. 148–175. Zur Rolle der Dienstmädchen als Vermittlerinnen zwischen Bürgertum und Arbeiterschaft ebd., S. 174 sowie *dies.*, Bürgerleben, S. 291.

573 *Herz*, S. 164f.; siehe zur intergenerationellen Mobilität Kapitel III.3.4. Die zusätzliche Analyse der Zustromquote ist auch sinnvoll, um Verzerrungen zu vermeiden, die entstehen können, wenn man sich nur auf eine Mobilitätsrate verlässt (siehe *Kaelble*, Mobilitätsforschung, S. 159). Siehe auch *Kocka*, Social Mobility, S. 208–230.

1875/79 als auch 1905/1909 heirateten Bräutigame aus dem Randbürgertum kaum Töchter aus Arbeiterfamilien.

Vor allem in der Welt des Handwerks bestanden dichte Beziehungen zwischen selbstständigen Handwerksmeistern und gelernten Arbeitern. Gelernte Facharbeiter aus Handwerksbetrieben oder aus Fabriken hatten sich unter den Handwerksmeistern eine große Respektabilität erworben. Diese wiederum hing davon ab, in welcher Situation sich der Handwerksmeister befand. Die Heirat eines Arbeiters mit der Tochter eines relativ wohlhabenden, in das Vereinsnetz der Stadt integrierten Handwerksmeisters war unwahrscheinlicher als die Heirat mit einem allein arbeitenden Handwerksmeister. Dennoch zeigen die zahlreichen Übergänge in Handwerksmeisterfamilien an, dass auf dieser sozialen Ebene zahlreiche Kontakte bestanden.[574] Dieses Miteinander musste keinesfalls mit Aufstiegsdenken parallel gehen, da sich die Einheiratenden der prekären Lage vieler selbstständiger Handwerksmeister (und Ladenbesitzer) durchaus bewusst waren – und möglicherweise früher selbst in solchen Stellungen gearbeitet hatten.[575]

Gab es, abschließend gefragt, einen Einfluss von Arbeitern auf die bürgerliche Privatsphäre? Ich kann derartige Tendenzen nicht erkennen. Das von Budde geschilderte enge Miteinander von Dienstmädchen und den Kindern in den bürgerlichen Familien ist zwar ein solches Indiz. Jedoch ging es hier um ein geschlechterspezifisches und nicht soziales Miteinander, das mit dem Älterwerden der Kinder meist abbrach. Die selbstständige Arbeit der Arbeiterfrauen diente der bürgerlichen Frauenbewegung gerade nicht als Argumentation für ihre eigenen Emanzipationsbemühungen. Die Familie und das Private scheinen daher jene Bereiche gewesen zu sein, in denen tatsächlich unterschiedliche Lebenswelten nebeneinander existierten. Im Betrieb prallten die Sozialgruppen aufeinander, und es musste über Vermittlungsagenturen nach Ausgleich gesucht werden; aber im privaten Feld blieben Arbeiterschaft und Bürgertum getrennt.

---

574 Dieses Ergebnis steht nicht im Widerspruch zu den Ergebnissen von *Haupt/Crossick*, die einen »[z]unehmende[n] Abstand« zwischen Arbeitern und Kleinbürgern konstatieren, da sie an dieser Stelle ausschließlich politische Argumente für die Entfremdung zwischen Arbeiterschaft und Randbürgertum ins Feld führen (S. 250–253).

575 Vgl. die übertrieben kritischen Bemerkungen zur sozialen Mobilität von *Haupt/Crossick*, S. 107–119.

3.3 Öffentliches Leben und Vereinsleben

Für organisatorische Versuche, Arbeiterschaft und Bürgertum unter dem gemeinsamen Dach eines Vereins zusammenzuführen, bestand die Möglichkeit, auf traditionelle Wurzeln zurückzugreifen. Zum Ersten konnte – für das staatstragende Bürgertum wenig ansprechend – auf gemeinsame Erfahrungen in der Revolution von 1848 zurückgeblickt werden, in denen Arbeiterschaft und Teile des Bürgertums gemeinsam für demokratische Veränderungen gekämpft hatten.[576] Zum Zweiten boten sich die auf liberaler Initiative beruhenden Arbeiterbildungsvereine der 1860er Jahre als Anknüpfungspunkt an. Diese waren nicht nur als abstrakte Idee, sondern als real vor Ort vorhandene Tradition greifbar.[577] Schließlich gab es eine dritte Variante in Form des »Centralvereins für das Wohl der arbeitenden Klassen«, der in reformkonservativer Absicht gegen das Problem des Pauperismus im Vormärz vorgegangen war.[578]

Bürgerliche Angebote an die Arbeiter. Für das Kernbürgertum hatte sich mit der Niederschlagung der Revolution und dem Einsetzen der Restauration einerseits und der eigenständigen Gründung von Arbeiterparteien im Verlauf der 1860er und 1870er Jahren andererseits die beiden ersten Varianten erledigt. Sie waren Geschichte. Weniger personell[579] als vielmehr ideell bestand eine Beziehung zwischen dem »Centralverein« und dem in Folge des »neuen Kurses« 1890 gegründeten »Evangelischen Arbeitervereins«.[580] Dieser Verein war ein von bürgerlicher Seite initiiertes Angebot an die Arbeiterschaft, aus der sozial-

---

576 Von der Sozialdemokratie wurde diese Tradition immer wieder auf ihren Märzfeiern propagandistisch hervorgeholt: »Und in der That. Erfurt ... hat eine revolutionäre Tradition. Erfurt, der Hort kleinstädtischen Philistertums und der abgestandenen bezopften Spießbürgermoral, hat alle Ursache, mit berechtigtem Stolz auf jene Tage zurückzublicken, wo wehrfähige Bürger bereit waren, für die Erringung politischer Rechte und Freiheit zu kämpfen« (Tribüne, Nr. 71 vom 25. März 1897). Die Einschätzung der Revolution innerhalb des Bildungsbürgertums sah dagegen ganz anders aus. Robert Huth, Lehrer, meinte: »Das Jahr 1848 mit seinen Märzstürmen ließ *leider* auch Erfurt nicht unberührt« (*Huth*, S. 51, Hervorhebung durch d. Vf.).

577 Vgl. *Offermann*, Arbeiterbewegung. Der in Erfurt 1860 gegründete Handwerkerverein hatte 1861 684, ein Jahr später 526 Mitglieder. Neben den verschiedenen Handwerkerberufen waren auch 33 Kaufleute (6,3%) und 15 »Beamte, Gelehrte« (2,9%) organisiert (ebd., S. 520, 528). Er stand mit seinem Zweck, »allgemeine Bildung unter den gewerbetreibenden und arbeitenden Klassen Erfurts zu verbreiten« allem von Liberalen ins Leben gerufenen Arbeiterbildungsvereine (siehe *Schneiderheinze*, S. 17).

578 Für das frühe 19. Jahrhundert grundlegend *Reulecke*, Sozialer Friede; für die Zeit des Kaiserreichs (und des Niedergangs) *v. Bruch*, Bürgerliche Sozialreform, hier S. 84ff.

579 In den 1870er Jahre gehörte aus Erfurt lediglich die Direktion der Thüringischen Eisenbahngesellschaft dem Verein an (Innere Angelegenheiten des Central-Vereins für das Wohl der arbeitenden Classen, Berlin 1879, ThSTA Gotha, Regierung zu Erfurt, Nr. 438).

580 Vgl. allgemein *Hofmann*, Arbeitervereinsbewegung; *Beyer*, Arbeit; *Hinsche*; *Müller-Dreier*; *Grießmer*, S. 267ff.

226

demokratischen Arbeiterbewegung auszuscheren und sich unter dem Dach bürgerlicher Deutungsmuster wie denen der Nation, der Religion und der Klassenharmonisierung zu organisieren. Die Satzung des Erfurter Evangelischen Arbeitervereins hob an erster Stelle die wirtschaftsfriedliche Vermittlung zwischen Arbeitgebern und Arbeitnehmern hervor und machte an zweiter Stelle dem Verein zur Aufgabe, »den Mitgliedern nach Möglichkeit Arbeitsgelegenheiten zu verschaffen und dieselben nach Kräften zu unterstützen«; diesen eher praktischen Zwecken folgten die ideellen, die in der »sittliche[n] Hebung und allgemeinen Bildung«, in der »Liebe zum Vaterlande« und in der Stärkung »des evangelischen Bewusstseins« lagen.[581]

Für eine erfolgversprechende Vereinsgründung schien es wenig Ansatzpunkte zu geben. Da war zunächst die unmissverständliche Frontstellung gegen die Sozialdemokratie, die das Potenzial innerhalb der Arbeiterschaft einschränkte. In einer (auch sprachlich) beeindruckenden Analyse des »reißende[n] Fortschritts« der sozialdemokratischen Arbeiterbewegung und ihrer Anhänger wird diese Grundhaltung im Verein deutlich:

»Die Industriearbeiter der Städte, die kleinen Handwerker, die Baugewerke folgen der roten Fahne fast Mann für Mann. In Fachvereinen eng gebunden, durch gegenseitige Kontrolle überwacht, durch die sozialdemokratischen Blätter geistig beherrscht, durch die Parteiführer, die durch das verderbliche Sozialistengesetz zum Vorteil der Partei mit der Ausweisung zugleich auch den Nimbus des Martyriums und die Gelegenheit zur Propaganda erhielten, geleitet, geführt und verhetzt, innerlich losgelöst von der Kirche und vom Christenglauben, eine unter Umständen furchtbare katilinarische Phalanx, sobald der Taumel der Macht die gegen alle Autorität trotzige Menge zur Unbesonnenheit fortreißt – so stehen die sozialdemokratischen Arbeiterbataillone der bestehenden Gesellschaftsordnung gegenüber«.[582]

In der hier zur Sprache gebrachten Verquickung von bürgerlichen Ängsten und Faszination einerseits, christlichem Missionierungseifer und Machterhalt andererseits lagen die Hauptmotive für die Gründung des Evangelischen Arbeitervereins. Als sich mit den Reichstagswahlen im Februar 1890 in Erfurt noch dazu die Zahl der sozialdemokratischen Wähler gegenüber den letzten Wahlen mehr als verdoppelt hatte, war der letzte Impuls gegeben.[583] Unter

581 Satzung des Evangelischen Arbeiter-Vereins zu Erfurt, Erfurt, o. J. (1890), ThSTA Gotha, Regierung zu Erfurt, Nr. 847, Bl. 87ff. Im Gegensatz zum Evangelischen Arbeiterverein nannte die Satzung des Katholischen Arbeitervereins »die Förderung der Religiosität« ihrer Mitglieder an erster Stelle (Satzungen des Katholischen Arbeiter-Vereins zu Erfurt, 1898, ebd., Nr. 857, Bl. 171ff.).

582 Pastor Dr. Lorenz: Die evangelischen Arbeitervereine, in: Denkschrift der Thüringer Konferenz für Innere Mission für das Jahr 1889/90, Erfurt 1890, S. 42–48, hier S. 42, ThSTA Gotha, Regierung zu Erfurt, Nr. 499.

583 Wie tief der Schock der Reichstagswahlen saß, wird auf der Gründungsversammlung vom 24. März 1890 deutlich: »In seiner einleitenden Rede wies der Senior Pastor Bärwinkel auf die Arbeiterfrage ... so wie auf die jüngsten Reichstagswahlen hin, welche mit furchtbarer Deut-

diesen Voraussetzungen hatte sich der Verein den Weg zu großen Teilen der Arbeiterschaft verbaut und war damit aus Sicht der Arbeiterschaft, die im Umfeld des sozialdemokratischen Milieus stand, nicht attraktiv. Als weiteres hemmendes Moment kam hinzu, dass die organisatorischen Wurzeln des Vereins für Erfurt im Evangelischen Bund zu suchen waren.[584] Diese vor allem religiös und nur nebenrangig sozial ausgerichtete Organisation bot für die zukünftigen Aufgaben eines Arbeitervereins wenig Erfahrungspotenzial.[585]

Unter diesen ungünstigen Bedingungen startete der Evangelische Arbeiterverein dennoch fulminant. Zum einen gelang es den Initiatoren auf Anhieb, Kontakte zum Wirtschaftsbürgertum und zu Arbeitern herzustellen und beide Gruppen für die Leitungsgremien im Verein zu gewinnen.[586] Im Gegensatz zu den Vereinen in Württemberg wurde in Erfurt darauf geachtet, dass im Vorstand eines Arbeitervereins auch Arbeiter vertreten waren.[587] Zwischen 1890 und 1892 lag deren Anteil bei einem Drittel bis fast der Hälfte aller Erfurter Vorstandsmitglieder. Der Vorsitz blieb bis 1895 allerdings wie in anderen Städten fest in der Hand der Pfarrer; in Erfurt übernahm Ottomar Lorenz diese Position.[588] Über die Einflussmöglichkeiten ist mit der starken Repräsentation von Arbeitern im Vorstand zwar nichts ausgesagt, allerdings signalisierte der Verein nach außen, die Meinung seiner ›Klienten‹ berücksichtigen zu wollen. Zum anderen traf der Verein auf Anhieb auf eine breite Resonanz. 1891 hatte

lichkeit die Gefahren habe erkennen lassen, die für Staat, Kirche und Gesellschaft aus der gegenwärtigen Arbeiterbewegung hervorgehen könnte, wenn diese Frage nicht auf friedlichem Wege gelöst werden könne« (Magdeburgische Zeitung, 26. März 1890, GStA PK, Rep. 120 BB VII 1, Nr. 30 Bd. 1 (Merseburg)).

584 Pastor Dr. Lorenz: Die evangelischen Arbeitervereine, in: Denkschrift der Thüringer Konferenz für Innere Mission für das Jahr 1889/90, Erfurt 1890, S. 44, ThSTA Gotha, Regierung zu Erfurt, Nr. 499. Zur Gründungsversammlung siehe *Bärwinkel*, S. 98–100.

585 So auch die Einschätzung bei *Beyer*, Arbeit, S. 368.

586 Überliefert sind nur die Vorstandsmitglieder der Gründungsphase (ThSTA Gotha, Regierung zu Erfurt, Nr. 847, Bl. 97, 129, 178). Von Vorteil waren neben den guten Kontakten der Initiatoren auch die des ersten Vorsitzenden Ottomar Lorenz. »Dr. Lorenz erfreut sich hier in Erfurt allgemeinen Ansehens, auch bei den höheren Ständen und sogar in Fabrikantenkreisen« (R. Bärwinkel an Generalsuperintendent Textor, 7. November 1895, AEvK, MD, Rep. D, L 383). Ottomar Albert Hugo Lorenz, geboren am 25. Januar 1855 in Wettin an der Saale, 1881 Diakon in Staßfurt, 1882 Diakon an der Reglerkirche Erfurt, 1889 Pfarrer an der Michaeliskirche Erfurt, ab 1896 Oberpfarrer und Superintendent in Weißenfels, dreimal verheiratet: 1884 Heirat mit Rosalie Louise v. Voss, Tochter des Landgerichtsdirektors v. Voss, Erfurt; 1898 Heirat mit der Schwester seiner ersten Frau, Witwe des Regierungsrats Bischoff; 1910 dritte Ehe mit Sophie Ebeling, geb. Oelze (geboren 18.2.1872), verwitwet. Lorenz starb am 1.5.1928 in Weißenfels (AEvK, MD, Personalakte Ottomar Lorenz).

587 Vgl. *Hinsche*, S. 41.

588 Nach Beschluss des Evangelischen Oberkirchenrats mussten sich 1895 alle Geistlichen aus ihren sozialpolitischen Ämtern zurückziehen. Der Erfurter Vorsitzende Ottomar Lorenz gab deutlich verstimmt diesem Beschluss nach (O. Lorenz: Der Erlass des Evangelischen Oberkirchenrats und die Evangelischen Arbeitervereine, Thesen, 1895/96, AEvK, MD, Rep. D, L 383). Siehe *Wehler*, Gesellschaftsgeschichte, Bd. 3, S. 1197.

der Verein 1.550 Mitglieder, während der Zweigverein im größeren Halle nur 380 Mitglieder aufweisen konnte.[589] Nachdem der Verein 1893 sein eigenes Presseorgan gegründet hatte, zog er eine erste Bilanz. Rund 2.000 Mitglieder gehörten ihm an: »Die verschiedensten Berufsklassen und Stände sind im Verein vertreten, doch besteht der Verein zum meisten aus Arbeitern, Handwerkern und kleineren Beamten. Dem Arbeiterstande gehören circa 75% der Mitglieder an. Die ›nichtgelernten‹ Arbeiter (Handarbeiter) fühlen sich mehr zum ev. Arbeiterverein als zur Socialdemokratie gezogen, die ›gelernten‹ (Facharbeiter) dagegen werden durch die Organisationen ins Schlepptau der Socialdemokratie genommen«.[590] Sowohl Grenzen als auch Möglichkeiten des konfessionellen Arbeitervereins waren seinen Initiatoren bewusst. So konnte der Verein bis ins erste Jahrzehnt des 20. Jahrhunderts seine Mitgliederzahl über tausend halten, doch der Anteil der gelernten Arbeiter lag nie höher als zwanzig Prozent; der Anteil der Mitglieder, die nicht zur Arbeiterschaft gehörten (»verschiedene Berufe«), lag bei rund vierzig Prozent.[591] Ab 1910 begann der Niedergang: 1914 wurden nur noch 379 Mitglieder gezählt.[592]

Deutlich sichtbar ist die entgegengesetzte Entwicklungslinie zwischen konfessioneller und sozialdemokratischer Arbeiterbewegung. Während die Sozialdemokratie in den 1890er Jahren nur eine schmale Mitgliederbasis aufwies, brachte es der evangelische Arbeiterverein aus dem Stand zu einer Massenbasis, die allerdings Stück für Stück abbröckelte, während nun die Sozialdemokratie im Vereinswesen an den Konfessionellen vorbeizog. Entsprechend dieser Entwicklung setzte in den frühen 1890er Jahren eine massive Propaganda der sozialdemokratischen Vereine gegen diese bürgerlichen Bestrebungen ein. Auf die Gründungsversammlung des Evangelischen Arbeitervereins reagierte Paul Reißhaus bereits wenige Tage später. Im »Alten Ratskeller« meinte er vor dreihundert Zuhörern: »Vom Beten und Singen bekomme der Arbeiter den Magen nicht voll«.[593] Diese Diffamierung entsprang – wie bei den bürgerlichen Gruppen – auch auf sozialdemokratischer Seite einem Angst-, Bedrohungs- und wohl auch Neidgefühl. Innerhalb kürzester Zeit hatte sich der

589 Polizeibericht über die Gründung des mitteldeutschen Verbandes der evangelischen Arbeitervereine, 11. Juli 1891, ThSTA Gotha, Regierung zu Erfurt, Nr. 499, Bl. 172ff.

590 Arbeiter-Zeitung. Organ des Evangelischen Arbeiter-Vereins zu Erfurt, Nr. 4 vom 22. April 1893.

591 Jahresbericht des Ev. Arbeiterverein 1896/97, ThSTA Gotha, Regierung zu Erfurt, Nr. 499, Bl. 256ff.; Mittheilungen des Erfurter Wohnungsmiether-Vereins, Nr. 6 vom 28. Mai 1902.

592 Halbjahresbericht der Polizeiverwaltung an den Regierungspräsidenten, 9. September 1909, ebd.; Kgl. Gewerbeinspektion an den Regierungspräsidenten, 6. Februar 1914, ebd., Nr. 467. Der Erfurter Verein nahm damit eine entgegengesetzte Entwicklung zum Württembergischen Gesamtverband, entsprach dagegen weitgehend dem Elberfelder Ortsverein, der ab 1895 ebenfalls stagnierte (*Beyer*, Arbeit, S. 293; *Hinsche*, S. 18f., 34, 39). Vgl. zum Stadt-Land-Gegensatz bei den Arbeitern: *Kaschuba*, 1900, bes. S. 86ff.

593 Polizeibericht über eine Freidenkerversammlung, 2. April 1890, ThSTA Gotha, Regierung zu Erfurt Nr. 7507.

Arbeiterverein dort eingerichtet, wo die Sozialdemokratie einen Alleinvertretungsanspruch erhob. Doch Mitte der 1890er Jahre ließen die Attacken nach, da die sozialdemokratische Arbeiterbewegung expandierte und die evangelische Arbeitervereinsbewegung ihren Zenit überschritten hatte.

Für den weiteren Weg des Arbeitervereins sollten die äußeren Attacken eher sekundär bleiben. Entscheidend war vielmehr die innere Entwicklung, die der Verein nahm. Sein zunehmender Bedeutungsverlust innerhalb der Arbeiterschaft hatte vor allem zwei Gründe. Zum Ersten stellte sich die Vereinsführung selbst bloß. Der auf christlichem Boden stehende Arbeiterverein führte im Geschäftsjahr 1896/97 unchristliche Auswahlmechanismen bei der Mitgliederaufnahme ein: »Männer über 50 Jahre oder kränkliche Personen, soweit die Krankheitserscheinung uns bekannt wird, finden überhaupt keine Aufnahme«. Um die für die Mitglieder vorgesehenen Gelder der Sterbe- und Unterstützungskasse aufbringen zu können, war der Verein gezwungen, gegen eine Überalterung seiner Mitgliederstruktur vorzugehen.[594] Der Verein untergrub damit die Glaubwürdigkeit seiner Ziele; an eine umfassende sozialfürsorgliche Mitgliederpolitik war nicht mehr zu denken.

Zweitens kam hinzu, dass der evangelische Verein immer weiter in konservative Fahrwasser abdriftete. Zwar war der Verein von seiner Grundidee antisozialdemokratisch ausgerichtet, dennoch gab es zwei potenzielle Entwicklungsmöglichkeiten.[595] Für die vorsichtig progressive Richtung stand zunächst Pfarrer Ottomar Lorenz. Obwohl Lorenz vehement gegen die Sozialdemokratie vorging, erkannte er gewisse Leistungen der sozialdemokratischen Arbeiterbewegung an. In einer Versammlung des Evangelischen Arbeitervereins kam er zu dem Ergebnis, dass die in »heutiger Productionsweise stattgehabte(n) Anhäufung des Capitals in gewissen Händen eine Aenderung gebieterisch verlangt«. Dieses Bewusstsein geweckt zu haben, »sei unstreitig ein Verdienst der Socialdemokratie«.[596] Auch seine Haltung zum 8-Stunden-Tag war für wirtschaftsbürgerliche Mitglieder des evangelischen Arbeitervereins provozierend: »8 Stunden Schlaf, 8 Stunden Arbeit und 8 Stunden Erholung sei das Ideal der Socialdemokratie. Man habe früher gemeint, das sei eine Forderung, die absolut verwerflich ist. Heute sei man jedoch darüber einig, dass dies nicht der Fall sei«.[597] Solche Sätze konnte man auch in sozialdemokrati-

594 Jahresbericht des Evangelischen Arbeitervereins Erfurt 1896/97, ebd., Nr. 499.
595 Nach *Hofmann* lassen sich für den Gesamtverband drei Zielrichtungen um die Personen A. Stoecker – L. Weber – F. Naumann ausmachen (Arbeitervereinsbewegung, S. 61–80), während Hinsche zwischen einer konservativen, »alten« (Stoecker, Weber) und fortschrittlicheren, »jungen« Perspektive (Naumann) unterscheidet (*Hinsche*, S. 11f.).
596 Allgemeiner Anzeiger, Nr. 100 vom 30. April 1890, 2. Beilage. Es folgten darauf die ›üblichen‹ Einschränkungen, dass die Sozialdemokratie völlig unrealistische Ziele verfolge, aus Vaterlandshassern bestehe und ähnliches.
597 Arbeiter-Zeitung, Nr. 20 vom 18. Mai 1895.

schen Versammlungen hören.[598] Kritik von dem konservativen Kopf Richard Bärwinkel blieb daher nicht aus, als es um Lorenz' Beförderung zum Superintendenten ging: »Ich will nicht leugnen, dass er zu früheren Zeiten mir etwas zuviel Sympathie hatte mit den sogenannten ›Jungen‹ unter den Evangelisch-Sozialen«.[599] Doch unter den geänderten Rahmenbedingungen seit Mitte der 1890er Jahre (Abbruch des neuen Kurses, massive Kritik der Industriellen an den evangelischen Arbeitervereinen und am evangelisch-sozialen Kongress[600]) war Lorenz vorsichtig eingeschwenkt und von den weiterführenden Ansätzen Friedrich Naumanns abgerückt: »Neuerdings beklagt er das theilweise unbesonnene Auftreten Naumanns und seiner Genossen«.[601] Doch selbst diese Einstellung ließ sich kaum aufrechthalten. Als Lorenz befördert und nach Weißenfels versetzt wurde, brach die fortschrittliche Linie innerhalb des Evangelischen Arbeitervereins zusammen. Unter Führung des konservativen Waisenhausdirektors Wilhelm Kott [602] funktionierte der Evangelische Arbeiterverein nach 1900 als politische Zugmaschine im konservativ-nationalliberalen Umfeld.[603]

Welche Arbeiter gingen unter solchen Bedingungen und aus welchen Gründen zu diesem Verein? Die Quellenlage lässt darauf keine eindeutigen Antworten zu.[604] Offensichtlich gelang es vor allem ungelernte, ältere Arbeiter zu ge-

598 Vgl. unten Kap. VI.3 zum 1. Mai.

599 R. Bärwinkel an Generalsuperintendent Textor, 7. November 1895, AEvK, MD, Rep. D, L. 383.

600 Siehe *Hofmann*, Arbeitervereinsbewegung, S. 81–105.

601 R. Bärwinkel an Generalsuperintendent Textor, 7. November 1895, AEvK, MD, Rep. D, L. 383.

602 Wilhelm Kott, geboren 1850 in Nottleben (Vater: Ökonom), 1870 Lehrer an der städtischen Volksschule Erfurts, 1875 Heirat mit Christiane Bein (Vater: Vorsteher im evangelischen Waisenhaus), 1879 Lehrer an der I. Bürger-Mädchen-Schule, 1888 »auf besonderen Wunsch des damaligen Oberbürgermeisters Breslau« Vorsteher des evangelischen Waisenhauses, 1893 städtischer Armenrat, 1896 erstmals in die Stadtverordnetenversammlung gewählt; »versteht es in öffentlichen Versammlungen als Redner der sozialdemokratischen Partei mit Erfolg entgegenzutreten« (alle Angaben nach: Polizeiverwaltung an den Regierungspräsidenten, 14. Februar 1908, ThSTA Gotha, Regierung zu Erfurt, Nr. 1426, Bl. 148 RS und Heiratsregister der Augustinerkirche). W. Kott starb am 11.7.1912 (Tribüne, Nr. 161 vom 13. Juli 1912).

603 Polizeiverwaltung an den Regierungspräsidenten, 26. Februar 1908, ThSTA Gotha, Regierung zu Erfurt, Nr. 1426, Bl. 146 f. Hofmann verkennt in seiner Analyse völlig die gesamtpolitische Situation, wenn er zu dem Schluss kommt, dass die evangelischen Arbeitervereine aus »Angst vor weiteren, politisch motivierten Abspaltungen« »immer wieder« die Anregung abgelehnt hätten, in den einzelnen Ortsvereinen »eine bestimmte Partei in ihrem Wahlkreis [zu] unterstützen« (*Hofmann*, Arbeitervereinsbewegung, S. 136). In der Praxis vor Ort, in einer durch Lagermentalitäten geprägten politischen Struktur, in einem vielfach verkoppelten personellen Netzwerk war der Verein fest im konservativ-nationalliberalen Lager verankert.

604 Der Aktenbestand »Evangelischer Arbeiterverein« im Archiv des Evangelischen Ministeriums Erfurt war während der Archivarbeiten in Erfurt noch ungeordnet und nicht benutzbar. Erst diese Quellen lassen später möglicherweise genauere Untersuchungen zu diesem Thema zu. Vgl. auch *Beyer*, Arbeit, S. 293ff.; *Hinsche*, S. 39.

winnen, die religiöse Bindungen hatten und in engen Kontakt mit der Kirche standen, da nach den Statuten die Kontaktanbahnung über die »Parochialgemeinden« sowie deren Vereine erfolgen sollte.[605] Für die enge Kirchenbindung sprechen auch Beobachtungen aus sozialdemokratischen Kreisen: »Die eigenartige Zusammensetzung der Arbeiterschaft Erfurts, vor allem der verhältnismäßig starke Zustrom aus ländlichen und daher rückständigen Orten, ermöglichen es den Gescheitelten und Geschorenen der Metropole Thüringens mehr als in einer anderen Stadt Mitteldeutschlands, eine große Anzahl Arbeiter für die evangelischen und katholischen Arbeitervereine zu kapern«.[606] Zudem dürfte ein gewisses Potenzial dieser Arbeiterbewegung aus den Staatsbetrieben gewonnen worden sein, da dort Loyalität gegenüber dem Staat gefordert war.[607] Dafür spricht, dass in der Gründungsphase des Vereins als auch in seiner Spätphase Arbeiter bzw. Vorarbeiter aus der Gewehrfabrik im Vorstand des Vereins saßen.

Im Gesamtergebnis forcierte dieser Verein, der seinen Ursprung in dem Versuch hatte, Klassengegensätze zu harmonisieren und der Arbeiterschaft eine Alternative zur Sozialdemokratie zu bieten, die Klassenspannungen. Spätestens in dem Augenblick, in dem der Verein sich nicht mehr als Alternative zur Sozialdemokratie verstand, sondern zu deren Bekämpfung beitragen wollte,[608] erstreckte sich seine Einflussmöglichkeit auf einige wenige hundert Arbeiter. Das bürgerliche Angebot an die Arbeiterschaft hatte sich in seinem eigenen Netz an Widersprüchen verheddert, das mit dem Vorsatz gestrickt worden war, der Arbeiterschaft Hilfe und Fürsorge angedeihen zu lassen, aber nach außen nur als Schutzschirm vor weiterreichenden Ansprüchen von unten, nur als Mittel zum blanken Machterhalt wirkte.

Gescheiterte Alternativen. Das gleiche ›Schicksal‹ traf zwei weitere potenzielle Vermittlungsvereine. Im Gegensatz zum Evangelischen Arbeiterverein waren sie nicht per se für die Arbeiterschaft bestimmt, sahen in ihr allerdings ein mögliches Mitgliederpotenzial. Es handelt sich zum einen um den 1896 gegründeten Mieterverein, zum anderen um den 1903 ins Leben gerufenen Volksbildungsverein.

Der Verein der Mieter hatte sich eine doppelte Aufgabe zum Ziel gemacht. Einerseits wollte er kommunalpolitisch aktiv werden, ein Gegengewicht zum Haus- und Grundbesitzerverein schaffen und eigene Kandidaten bei Wahlen

605 Statut des Evangelischen Arbeiter-Vereins zu Erfurt. 1890, S. 2, ThSTA Gotha, Regierung zu Erfurt, Nr. 847, Bl. 87ff. (Hervorhebung durch den Vf.).

606 Tribüne, Nr. 162 vom 15. Juli 1909, Beilage.

607 Ähnliches vermutete die »Tribüne«, Nr. 20 vom 24. Januar 1913, Beilage.

608 Nach 1905 war der Evangelische Arbeiterverein auch korporatives Mitglied des Reichsverbands gegen die Sozialdemokratie (Polizeibericht an den Regierungspräsidenten, 13. April 1905, ThSTA Gotha, Regierung zu Erfurt, Nr. 1417, Bl. 108ff.).

zur Stadtverordnetenversammlung aufstellen, andererseits ging es um die Wahrnehmung von Interessen einzelner Mieter gegenüber den Vermietern.[609] Noch im Gründungsjahr 1896 stieg die Mitgliederzahl von 225 auf 440, im Februar 1898 gehörten erstmals über tausend Erfurter dem Verein an und im Herbst des Jahres war der Stand von 1.218 Mitgliedern erreicht.[610] Da der Verein einen Interessenvertretungsanspruch auf einem Gebiet erhob, das weite Teile der städtischen Gesellschaft betraf, hatte er in seiner sozialen Zusammensetzung eine breite Streuung erreicht. In der Selbsteinschätzung des Vereins gehörten die Mitglieder »zu 2/5 dem Beamtenstand und zu 3/5 der Arbeiterschaft« an.[611] Der Verein versuchte eine parteipolitisch neutrale Richtung einzuschlagen, stand eher auf linksliberalem Boden und brachte Forderungen vor, die auch von sozialdemokratischer Seite unterstützt werden konnten.[612] Ende 1898 gab es sogar zaghafte Versuche, eine gemeinsame Kandidatenliste mit den Sozialdemokraten für die Stadtverordnetenwahlen zustande zu bringen, die aber anscheinend nicht weiter verfolgt wurden.[613] Anfang 1900 sah sich Wilhelm Kott nach einem Referat im Mieterverein über die Wohnungssituation einer massiven Kritik sowohl von dem Vorsitzenden des Vereins, dem freisinnigen Redakteur Schuhmacher, als auch von Paul Reißhaus gegenüber.[614] Bereits ein knappes Jahr später geriet die liberale Tendenz des Vereins zunehmend unter Druck. Als 1901 Redakteur Schuhmacher Erfurt in Richtung Berlin verließ, setzte der Umschwung sofort ein. In einer außerordentlichen Generalversammlung erklärte sich Wilhelm Kott im Falle seiner Wahl bereit, für den Vorsitz des Vereins zur Verfügung zu stehen.[615] Die Leitungsgremien des Evangelischen Arbeiterverein und des Mietervereins segelten von nun an unter der konservativ-nationalliberalen Flagge.[616]

In seiner Anfangsphase strahlte der Erfurter Mieterverein auf Teile der Arbeiterschaft eine große Attraktivität aus.[617] Zugute kam dem Verein dabei, dass er sich um Belange kümmerte, die zur alltäglichen Erfahrung der Arbeiter gehörten und auf die materielle Situation der Arbeiter einen wichtigen Ein-

609 Vgl. die Organisationsgeschichte von *Riese*, S. 20ff.

610 Mittheilungen des Erfurter Wohnungsmiether-Vereins (1898 umbenannt in Erfurter Wohnungsmiether-Zeitung), Nr. 1 vom 1. Oktober 1897; Nr. 12 vom 3. September 1898; Nr. 6 vom 30. Juni 1906.

611 Ebd., Nr. 12 vom 3. September 1898. Fehlten in dieser Einschätzung die Selbstständigen vollständig, müssen sie im Verein doch eine gewisse Rolle gespielt haben, da Handwerksmeister und Kaufleute im Vorstand vertreten waren.

612 Erfurter Wohnungsmiether-Zeitung, Nr. 11 vom 10. August 1898; Nr. 12 vom 3. September 1898; Nr. 7 vom 3. März 1899.

613 Ebd., Nr. 3 vom 10. Dezember 1898.

614 Ebd., Nr. 1 vom 3. Januar 1900.

615 Ebd., Nr. 9 vom 3. Mai 1901.

616 Ebd., Nr. 15 vom 3. August 1901.

617 Mietervereine hatten zudem eine gewisse Tradition in Erfurt. So soll hier in den 1870er Jahren der erste Mieterverein Deutschlands gegründet worden sein (*Riese*, S. 13).

fluss ausübten. Außerdem betrieb der Verein zunächst offensichtlich keine politisch motivierte Abgrenzungsstrategie: Die Arbeiter konnten bürgerliche Kompetenz, Einfluss- und Kontaktmöglichkeiten in Anspruch nehmen, ohne sich für ihr Milieu rechtfertigen oder gar von ihm lösen zu müssen. Da der Verein in seiner Gründungs- und Expansionsphase nicht ins Kreuzfeuer der Kritik von sozialdemokratischer Seite geriet, traf er auf breite Zustimmung.[618] Der Mieterverein stellte unter diesen Bedingungen ein einzigartiges Experiment in der Erfurter Vereinslandschaft des späten 19. Jahrhunderts dar. Unter gegenseitiger Respektierung und gleichberechtigt trafen für einen kurzen Zeitraum Teile des Rand- und Mittelbürgertums sowie der Arbeiterschaft in der Vereinsöffentlichkeit zusammen. Doch auch dieser Versuch wurde in einer klassenmäßig fragmentierten Gesellschaft polarisiert und zerrieben. Unter seiner neuen konservativ orientierten Führerschaft konnte der Verein den Arbeitern keine neutrale Heimstatt mehr bieten. Da sich zudem der Wohnungsmarkt entspannte und sich den bessergestellten Arbeitern, Angestellten und Beamten mit den Bau- und Sparvereinen Alternativen boten, verlor der Verein schnell an Bedeutung. Kurz vor seiner Auflösung Ende Juni 1906 waren von den ehemals über zwölfhundert Mitgliedern nur noch 145 übriggeblieben.[619]

Ähnlich experimentierfreudig und offen stellte sich der Volksbildungsverein Erfurts dar.[620] 1903 gegründet, veranstaltete er Ende August 1903 im großen Saal des »Alten Ratskellers« ein Fest anlässlich Goethes Geburtstag. Selbstbewusst erläuterte der neu gegründete Verein in einem Einladungsschreiben an den Magistrat seine Ziele:

»Wie Sie aus den ferner beigegebenen Satzungen unseres Vereins ersehen, arbeiten wir nur im Interesse der Hebung unserer Volksbildung. Wir gehen von dem Grundsatz aus, dass die gewaltigen Schätze des gesamten Geisteslebens aller Zeiten und Völker ... dem *ganzen* Volke gehören, und auch nur dann Nutzen schaffen, wenn sie dem *ganzen* Volke näher gebracht werden. Um in diesem Sinne versöhnend und im Interesse wahrhaft deutscher Kultur fördernd und aufbauend wirken zu können, stehen wir als Verein auf streng neutraler Grundlage und dienen keiner besonderen Richtung oder Partei«.[621]

Die Wurzeln dieser Vereinsgründung lassen sich nicht eindeutig klären. Möglicherweise war er im Umkreis des Erfurter Mietervereins entstanden, da dieser sich 1899/1900 als korporatives Mitglied der »Gesellschaft zur Verbreitung der Volksbildung« angeschlossen hatte.[622] Durch den hohen Anteil an sozialde-

---

618 Die »Tribüne« hatte zunächst neutral (Nr. 148 vom 29. Juni 1897) und später positiv über den Verein berichtet (Tribüne, Nr. 173 vom 28. Juli 1897).
619 Erfurter Wohnungsmiether-Zeitung, Nr. 5 vom 27. Mai 1906.
620 Siehe *Dräger; Langewiesche*, ›Volksbildung‹, S. 108–125; *Jenkins*, bes. S. 135ff.
621 Brief des Volksbildungsvereins Erfurt an den Magistrat, Mitte August 1903, StAE 1–2/464–869 (Hervorhebung im Original).
622 Erfurter Wohnungsmiether-Zeitung, Nr. 15 vom 3. August 1900.

mokratischen Führungspersönlichkeiten unter den Erstmitgliedern im Bildungsverein ist es ebenfalls möglich, dass der Verein in diesem Milieu seinen Ursprung hatte.[623]

Für einen kurzen Augenblick gelang es dem Verein, sein anspruchsvolles Programm in die Praxis umzusetzen und eine breite soziale Mitgliederstruktur aufzubauen. Von den 65 Mitgliedern des Vereins waren 44 gelernte Arbeiter. Die Buchdrucker stellten mit zehn Mitgliedern die stärkste Gruppe unter den Arbeitern. Mit zwei Ärzten, einem Lehrer und einem Pfarrer gehörten auch Bildungsbürger dem Verein an, während die Selbstständigen nicht aus dem Kernwirtschaftsbürgertum stammten, sondern zu den mittleren Unternehmern bzw. zum kleinen Teil zu Handwerksmeisterkreisen zählten. Hinzu kamen schließlich drei Redakteure (alle von der »Tribüne«), zwei Angestellte sowie ein Postbeamter aus dem mittleren Dienst.[624] Diesem Verein blieb nur eine kurze Lebensdauer. Bereits im Frühjahr 1904 meldete die Polizeiverwaltung: »Der hierorts ins Leben gerufene Bildungsverein, dem anfangs höhere und mittlere Beamte und bessere Bürger, Geistliche angehörten, ist von Sozialdemokraten so durchsetzt, dass die patriotisch denkenden Mitglieder aus dem Verein ausgetreten sind«.[625] Auch diese Kontaktdimension im öffentlichen Leben war zerbrochen. Für eine Harmonisierung und für einen Interessenausgleich zwischen Arbeiterschaft und Bürgertum blieb kein Platz, sobald den Arbeitern auch nur ein Hauch von ›Sozialdemokratismus‹ anhaftete.

Umgekehrt waren Arbeiter, die enger mit dem sozialdemokratischen Milieu verknüpft waren, nicht bereit, Kontaktangebote aus dem konservativ-bürgerlichen Lager anzunehmen. Hinzu kommt für die bisher vorgestellten Vereine (unter der Voraussetzung, der Volksbildungsverein ist eine bürgerliche Vereinsgründung), dass die bürgerlichen Kreise die Belange der Arbeiterschaft erst zu dem Zeitpunkt in Assoziationsform umzusetzen begannen, als die größten Teile der Arbeiterschaft sich ihrem Angebot längst entfremdet hatten.[626] Hinter der Propagierung bürgerlicher Kulturwerte und Deutungsmuster stand zudem eine antibürgerliche Tendenz, nämlich die Arbeiter im sozialen und politischen Raum unmündig zu halten. An diesem Grundwiderspruch in den bürgerlichen Bestrebungen der Kontaktaufnahme mit Arbeitern im öffentlichen Vereinsleben scheiterten diese Vermittlungsversuche. Die Mehrzahl der Arbeiter ließ sich über diesen antibürgerlichen Impe-

---

623 Unter den 65 Mitgliedern waren mindestens sieben Sozialdemokraten. Bei ihnen handelte es sich entweder um Redakteure der »Tribüne« oder sonstiges Leitungspersonal in der Partei (Mitgliederliste des Volksbildungsvereins, 1903, ThSTA Gotha, Regierung zu Erfurt, Nr. 858, Bl. 346–347).

624 Ebd. (Ein Mitglied machte keine Angaben zum Beruf).

625 Halbjahresbericht der Polizeiverwaltung an den Regierungspräsidenten, 4. März 1904, ThSTA Gotha, Regierung zu Erfurt, Nr. 464.

626 Vgl. auch Zwahr: »Erst als sie [die Arbeiterklasse] Antibürgerlichkeit entwickelte, wurde sie der Verbürgerlichung wert« (*Zwahr*, Konstituierung der Bourgeoisie, S. 167).

tus nicht hinwegtäuschen, die Minderheit auf bürgerlicher Seite, die alternative Wege gehen wollte, hatte im preußischen Erfurt keine Chancen.

Barrieren und Grenzen. Dieses drastische Schwarzweißbild verliert nichts an seiner Schärfe, wenn man die Fragestellung wendet und nach den Angeboten der Arbeiterschaft bzw. Arbeiterbewegung für bürgerliche Gruppen fragt. Ideologisch-ideengeschichtlich war der Weg zu Teilen der kleinen und mittleren Selbstständigen durch die Verelendungstheorie verbaut.[627] Klassenkampfrhetorik und Klassenkampfbedingungen machten Angebote an das Kernbürgertum praktisch unmöglich. Zigarrenarbeiter Petzold stellte 1890 in einer Versammlung des Unterstützungsvereins der Tabakarbeiter fest, dass die Arbeiterschaft nach dem Ende des Sozialistengesetzes nicht mehr den Staat als Feind habe: »[Die Arbeiter] haben jetzt einen anderen Feind, das sind die Unternehmer und Fabrikanten, mit welchen wir zu kämpfen haben, dieselben organisieren sich, um uns zu unterdrücken«.[628] Und gegenüber dem Bildungsbürgertum schließlich polterte die »Tribüne«, nachdem in einer Versammlung verschiedener bürgerlicher Gruppen der Vorwurf der Vaterlandslosen gefallen war: »Dass Realgymnasial-Direktoren, Oberlehrer, Pastoren und dergleichen an der Spitze dieses geistigen Kampfes marschieren, ist nützlich. Sind sie doch Leiter aller Volksverdummungsanstalten der kapitalistischen Gesellschaft«.[629] Die so angesprochenen wiederum reagierten mit Kommunikationsverweigerung und Blockadehaltung. Richard Bärwinkel lehnte die Einladung, in einer gemeinsamen Veranstaltung über die Aufgaben der Evangelischen Arbeitervereine zu sprechen, ab.[630] Nicht anders sah ja das Verhalten von Fabrikant Otto Schwade gegenüber den von den Sozialdemokraten beherrschten Gewerbegerichten aus. Nun können Richard Bärwinkel und Otto Schwade als die halsstarrigsten Vertreter innerhalb des Bürgertums gelten, aber wie der Zusammenschluss im »Reichsverband gegen die Sozialdemokratie« zeigte, waren sie ja mit ihrer Einstellung nicht allein. Zwar gab es im öffentlich-politischen Raum auch Ausnahmen, aber sie konnten eben keine Wirkungsmächtigkeit im historischen Prozess erreichen, ihre Anliegen und Ansätze nicht in Vergesellschaftungsformen umsetzen. Dabei war die sozialdemokratische Arbeiterbewegung und Arbeiterschaft in dieser Hinsicht selbst gespalten. Auf der einen Seite wurden Reformbestrebungen von bürgerlicher Seite diskreditiert und abgelehnt, auf der anderen Seite beklagte sie die Abschottung in

627 Siehe allgemein *Ritter*, Soziale Ideen, S. 36, 38, 41f.; *ders.*, Sozialdemokratie, S. 190f.
628 Polizeibericht vom 30. November 1890, ThSTA Gotha, Regierung zu Erfurt, Nr. 482, Bl. 228 RS.
629 Tribüne, Nr. 153 vom 4. Juli 1893.
630 Tribüne, Nr. 236 vom 8. Oktober 1893. Siehe auch Kapitel IV.1. Noch in seinen Erinnerungen meinte *Bärwinkel*, das »Auftreten in sozialdemokratischen Versammlungen« sei »aussichtslos und sogar bedenklich« (S. 100).

der Gesellschaft und ihre Isolierung.[631] Aber das entscheidende Struktur-prinzip der bürgerlichen Gesellschaft, das genau diesen Vermittlungsprozess hätte forcieren und weiterentwickeln können, hatte sich an dieser Schnittstelle der Gesellschaft nicht ausgebildet bzw. wieder zurück gebildet: Eine Vereins-ebene, die Arbeiterschaft und Bürgertum, sozialdemokratische Arbeiterbewe-gung und bürgerliche Parteien gleichberechtigt zusammengeführt hätte, exis-tierte nicht.

Grauzone I: Randbürger in Arbeitervereinen. In dieser Hinsicht waren selbst die Kontakte in die randbürgerlichen Kreise stark eingeschränkt, obwohl familiale Kontakte durchaus bestanden wie das vorausgegangene Kapitel gezeigt hatte. Als Anknüpfungspunkt bot sich daher die materielle Lage der randbürger-lichen Gruppen. Propagandistisch griff die Arbeiterbewegung das immer wieder in ihrer Öffentlichkeitsarbeit auf.[632] In Versammlungen und auf Flug-blättern wurde die Klassengrenze auf der Einkommens- und Verdienstskala so weit nach oben geschoben, dass sie einen Vertretungsanspruch für die Interes-sen von Handwerksmeistern, Beamten des unteren, mittleren und gehobenen Dienstes und Angestellte erhob. Ausgegrenzt wurde bei dieser Strategie das Kernbürgertum und die ihm nahe stehenden Kreise: »Einige Großkapitalisten, einige hohe Beamte, Rittergutsbesitzer und Fabrikherren und – in gehorsamer Unterordnung ... – Schulzen, Amtsvorsteher, Gendarmen und Gemeinde-diener sind es, die für Lucius und seine Klassengenossen thätig sind«.[633] Im Zusammenhang mit Wahlen tauchte auch der Ausdruck der »kleinen Leute« auf, um die bestehenden Unterschiede zwischen den einzelnen Sozialgruppen abzuschleifen.[634] Das Erfurter Parteiorgan der Sozialdemokratie griff in einer Mischung aus realistischer Einschätzung und trotziger Siegeszuversicht im-mer wieder das Verhältnis bürgerlicher Berufs- und Sozialgruppen zur Arbei-terbewegung und Arbeiterschaft auf. Einerseits räumte man die bestehenden Unterschiede ein: »Der kaufmännische Beruf wird zu den bürgerlichen Ge-werbszweigen gerechnet und es gibt unter den jungen Kaufleuten eine große Anzahl, die wohl ihre proletarische Lage fühlen, die sich dessen ungeachtet aber für ›etwas Besseres‹ halten als ein Industriearbeiter«; andererseits vertrau-te man auf einen grundsätzlichen Bewusstseinswandel: »Die sozialistischen

631 Erfurter Tageblatt, 22. November 1889, zitiert nach ThSTA Gotha, Regierung zu Er-furt, Nr. 480, Bl 56ff.
632 Siehe z. B.: Das Elend im Subalternbeamtenstande, Erfurt o. J. (1890), S. 7, ThSTA Gotha, Regierung zu Erfurt, Nr. 459.
633 Flugblatt der Erfurter Sozialdemokratie; Verbot des Flugblatts durch den Regierungs-präsidenten, 24. Februar 1890, zitiert nach StAE 5/851–1, Bd. 3.
634 Polizeibericht vom 9. November 1890, ThSTA Gotha, Regierung zu Erfurt, Nr. 482. Rede P. Reißhaus´ auf einer öffentlichen Volksversammlung zur Stadtverordnetenwahl (Bl. 170 RS). Generell ist der Begriff wohl als rhetorisches Mittel in Wahlkämpfen zu betrachten, da er in Reden auf Wahlkampfveranstaltungen am häufigsten zu finden ist.

Elemente in der kaufmännischen Welt ... werden das noch schlummernde Klassenbewusstsein bei der Masse ihrer Kollegen zu wecken verstehen«.[635]

Doch die Umsetzung dieser öffentlich propagierten Ideen in gesellschaftsrelevante Strukturen der Vereinsebene gelang nicht. Der einzig greifbare Erfolg fand sich dabei in dem auf sozialdemokratische Initiative zurückgehenden Konsumverein.[636] Seine rasante Mitgliederentwicklung von 770 im Jahr 1902 auf über 4.000 vor Ausbruch des Krieges[637] sowie die Tatsache, dass der Verein seine Verkaufsstellen nicht nur im sozialdemokratischen Vereinslokal »Tivoli«, sondern zusätzlich an zwei ›neutralen‹ Stellen in der Stadt eingerichtet hatte, lassen vermuten, dass finanziell schwächer gestellte randbürgerliche Kreise den Weg in den Verein fanden. Die Bedeutung dieser Kontaktdimension ist allerdings schwierig zu veranschlagen, da die Politisierung und Polarisierung der Gesellschaft auch auf diese Organisationsebene durchschlug und ab 1902 die Konsumvereine entsprechend ihrer parteipolitischen Nähe in verschiedenen Verbänden erfasst wurden.[638] Sollten randbürgerliche Gruppen tatsächlich günstig ihre Lebensmittel im Erfurter Konsumverein eingekauft haben, standen sie dem sozialdemokratischen Milieu nahe. Für untere und mittlere Beamte, für die der Konsumverein ebenfalls attraktiv gewesen wäre, blieb eine Mitgliedschaft tabu. Nach 1904 war allen Beamten Preußens »und selbst ihren Angehörigen« ein Beitritt in die der Sozialdemokratie nahe stehenden Konsumvereine verboten. Dabei hatte man in den Konsumvereinen versucht, ein konsumentenorientiertes, politisch neutrales Angebot zur Verfügung zu stellen, um möglichst breite Kreise der randbürgerlichen Gruppen zu erreichen.[639] Für solche Experimente gab es aber durch die gesellschaftspolitische Gesamtstruktur kaum Spielräume. Die von Arbeiterseite initiierten Vermittlungsprojekte erlitten das gleiche Schicksal wie die Versuche von bürgerlicher Seite.

Grauzone II: Arbeiter in bürgerlichen Vereinen. Nun hatte sich die Arbeiterschaft, wie oben gezeigt wurde, keineswegs als Ganzes hinter den sozialdemokratischen Milieumauern versammelt. Es lohnt daher den Blick auf jene Vereine zu lenken, die fester Bestandteil der bürgerlichen Gesellschaft und ihrer Vorstel-

---

635 Tribüne, Nr. 93 vom 21. April 1896. Im gleichen Tenor erschienen immer wieder Artikel in der »Tribüne«; vgl. u. a. »Proletarier der Feder« (Nr. 183 vom 8. August 1905), »Die mittleren Beamten und die Sozialdemokratie« (Nr. 15 vom 19. Januar 1909).

636 Für Harburg als entscheidende Vermittlungsstelle zwischen (sozialdemokratischer) Arbeiterschaft und Randbürgertum beschrieben bei *Witt*, Entstehung, hier S. 288. Weitaus vorsichtiger dagegen *Prinz*. Allerdings konstatiert auch er, dass die neu gegründeten Vereine nach 1890 »nach wie vor größere Gruppen von Konsumenten aus anderen Sozialschichten (integrierten)« (*Prinz*, 289f.).

637 StAE 5/850–2, Bd. 3 (Materialsammlung A. Steffen).

638 *Prinz*, S. 287ff.

639 Ebd., S. 281, 290.

lungen waren und dabei dennoch für Arbeiter eine gewisse Attraktivität ausstrahlten. Für die Analyse kämen dabei viele Vereine in Betracht, in den Blick
genommen werden allerdings nur die Kriegervereine, da mit und in ihnen sich
spannungsreich nationalistisch-staatstragendes Denken und klassenbewusste,
sozialistische Orientierung entgegenstanden oder sich überlagerten. Zwei
Arbeitergruppen lassen sich unterscheiden. Zum einen waren das jene Arbeiter, die in einem Loyalitätskonflikt standen. Einerseits nutzten sie die Angebote und Leistungen des sozialdemokratischen Milieus, andererseits bewahrten
sie Orientierungen und Wertvorstellungen, die sie in die Nähe zu bürgerlichen Vereinen brachten.[640] Die zweite Gruppe dagegen hatte sich vom sozialdemokratischen Umfeld gelöst und sich in die bestehenden – ihnen zugängli-
chen – bürgerlichen Organisationen eingereiht.

Vor allem die erste Gruppe war sowohl der Führung der Arbeiterbewegung
als auch den Vertretern des bürgerlichen Lagers suspekt. Mitte der 1880er Jahre wurden von Regierungs- und Polizeiseite die Kriegervereine veranlasst, ihre
Mitglieder zu überprüfen und Sozialdemokraten aus den Vereinen auszu-
schließen.[641] Kurz vor Auslaufen des Sozialistengesetzes »bedauerte« der Vorsitzende des Thüringer Central-Krieger-Verbandes, Dr. Sparmann, »mitthei-
len zu müssen, dass auch in den hiesigen Kriegervereinen, soweit sie zum
Thüringer-Central-Krieger-Verband gehören, Mitglieder mit sozialdemokratischer Gesinnung ... aufgenommen wurden.« Zwar sei nur ein Mitglied aus
dem Landwehrverein ausgeschlossen worden: »Es ist damit nicht gesagt, dass
nicht noch verkappte Sozialdemokraten darunter sind, da die Ausschließung
nur nach erbrachtem Beweis erfolgen kann«.[642] Fast zwanzig Jahre später klagte
man auf sozialdemokratischer Seite nach der Wahlniederlage bei den Reichstagswahlen 1907: »Dass die Kriegervereine agitatorisch für den Hottentotten-
block gewirkt hätten, sei nicht wegzuleugnen. Es sei schon bedauerlich, dass
überhaupt Angehörige von Gewerkschaften Mitglieder in Kriegervereinen
seien«.[643]

---

640 Diese Gruppe traf man nicht nur in Kriegervereinen: »Die Liebe zur Sache, nicht selten
aber auch ortsstatuarische Bestimmungen, führt die Proletarier in die Reihen dieser immer hilfs-
bereiten Schar [die Feuerwehren], ohne dass sie damit aber das Denken und Fühlen mit ihren
wirtschaftlichen Klassengenossen verlernen. Freilich – und das erklärt ja auch das Verhalten der
Behörden in Erfurt zur Genüge – lassen sich die Feuerwehren heute noch zu allerhand patrioti-
schen Nebenzwecken missbrauchen« (Tribüne, Nr. 179 vom 28. August 1908, Beilage).

641 Regierungspräsident an die Polizeiverwaltung, 15. Oktober 1886, zitiert nach StAE 5/
851–1, Bd. 2.

642 Dr. Sparmann an die Polizeiverwaltung, 10. Mai 1890, StAE 1–2/120–4, Bl. 58f. Zum
gleichen Ergebnis kam der Landrat des Landkreises Erfurt: »Die Ermittlungen haben ergeben,
dass verschiedene Mitglieder von Krieger- und Landwehrvereinen der Sozialdemokratie huldi-
gen« (Landrat an den Regierungspräsidenten, 17. März 1890, ThSTA Gotha, Regierung zu Erfurt, Nr. 459).

643 Polizeibericht vom 15. Februar 1907, ThSTA Gotha, Regierung zu Erfurt, Nr. 464
(Rede F. Fahrenkamms).

Die ambivalente Stellung der Kriegervereine zwischen Staat und Bürgertum einerseits, Arbeiterbewegung und Arbeiterschaft andererseits trat immer wieder hervor. *Erstens* waren die Kriegervereine ein wichtiger Anziehungspunkt für Arbeiter und Handwerker und verbanden verschiedene Arbeiterschichten mit randbürgerlichen Gruppen. Der Erfurter Landwehrverein versammelte 1870 unter seinen 194 Mitgliedern 21,7 Prozent Handwerksmeister, 14,4 Prozent untere Angestellte, 16 Prozent untere Beamte, 18,6 Prozent gelernte Arbeiter sowie 13,9 Prozent un- und angelernte Arbeiter. Entsprechend dieser Struktur der »kleinen Leute« fehlte das Kernwirtschaftsbürgertum völlig, aus dem Bildungsbürgertum war lediglich ein Arzt vertreten.[644] Von den 69 Reservisten, deren Steueraufkommen sich ermitteln ließ, versteuerten 21 ein Einkommen, das unter 1.500 Mark lag, und 19 Reservisten versteuerten über 3.000 Mark Jahreseinkommen. Die übrigen Einkommen lagen dazwischen.

Zwölf Jahre später hatte sich dieser proletarisch-randbürgerliche Charakter des Kriegervereins noch verstärkt. Dem Landwehrverein ›drohte‹ ähnlich der Freiwilligen Turnerfeuerwehr eine Proletarisierung. 1882 waren von 182 Mitgliedern nun vierzig Prozent gelernte und 13,8 Prozent un- und angelernte Arbeiter. Sämtliche andere Berufs- und Sozialgruppen waren dementsprechend zurückgegangen. Im Verein waren nun nur noch 29 Handwerksmeister und 22 untere und mittlere Beamte vertreten. In diesem sensiblen Bereich staatsbürgerlicher Gesinnung wurden von oben Gegenstrategien in die Wege geleitet. Der als Kontakt- und Kommunikationszone wichtige Bereich des Landwehr- und Kriegervereinswesens, der angesichts dieser Entwicklung wegzubrechen drohte, wurde aufgewertet, indem die »Herren Landwehr- und Reserve-Offiziere« dem Landwehrverein beitraten und damit »das unberechtigte Vorurtheil gegen die Krieger-Vereine eine bedeutende Bresche erhalten habe«. Das »Vorurtheil« kann sich wohl nur auf die fortschreitende soziale Distinktion bezogen haben, wie sie in der Mitgliederstruktur zum Ausdruck kam. Erfreut wurde daher in der Generalversammlung des Landwehrvereins am 14. Februar 1883 dieser »Wendepunkt« registriert.[645] Mit den Reserveoffizieren war damit auch den bürgerlichen Kerngruppen und dem Mittelbürgertum der Weg in die Kriegervereine geebnet, da aus diesen Reihen sich der größte Teil der Reserveoffiziere rekrutierte. Zumindest zahlenmäßig war der Landwehrverein nun auf Erfolgskurs und konnte ständig steigende Mitgliederzahlen verbuchen. Im Wendejahr 1882/83 stieg die Mitgliederzahl sprunghaft von 179 auf 275 Mitglieder an, um danach kontinuierlich auf über 330

---

644 Mitgliederliste des Landwehrvereins Erfurt 1870, StAE 1–2/124–35, Bl. 81ff. Vgl. allgemein *Rohkrämer*, S. 34f. Demnach lag der Arbeiteranteil in Kriegervereinen bei rund 30 Prozent, konnte in Industriestädten wie Magdeburg oder Gelsenkirchen bis zu 75 Prozent erreichen.

645 Louis Thieme, Eisenbahnbetriebssekretär, auf der Generalversammlung des Landwehrvereins, 14. Februar 1883, StAE 1–2/124–36, Bl. 21.

Mitglieder im Jahr 1891 anzuwachsen.[646] Nach der Jahrhundertwende lag die Mitgliederzahl im Landwehrverein kontinuierlich bei rund 350 Mitgliedern.[647] Das Kriegervereinsleben bewahrte damit seine vermittelnde Funktion zwischen Teilen der Arbeiterschaft und Teilen des Bürgertums.[648]

Zweitens war der Landwehrverein nach wie vor eine Schnittstelle unterschiedlicher politischer Sichtweisen. Zwar betonte die Verbandsspitze, dass »[d]as Gelöbniss, Treu dem Könige und treu dem Vaterlande, welches jedes Mitglied bei der Aufnahme vor versammelten Verein mittels Handschlags an den Vorsitzenden zum Ausdruck bringt, von vornherein aus(schließt), dass es den Bestrebungen vaterlandsloser Gesinnung ... sich nicht anschließen kann [sic!]«.[649] Ausgeschlossen war damit lediglich, dass ein prominenter, stadtbekannter Erfurter Sozialdemokrat oder ein fest mit dem sozialdemokratischen Milieu verbundener Arbeiter der Kriegervereinsbewegung beitrat. Aber über die politische und soziale Einstellung ihrer Arbeiter-Mitglieder konnte sich die Vereinsspitze genauso wenig sicher sein, wie die sozialdemokratische Spitze über die gesellige Orientierung ihrer in die Tausende gehenden, ihr nahe stehenden Gewerkschaftsmitglieder.

Die Faszination des Militärischen, das herausgehobene Erlebnis der Militärdienstzeit im Lebenslauf, die männerbündische Gemeinschaft in diesem Vereinsleben schufen eine doppelte Loyalität, in der das Wissen um die soziale Lage, um die Herrschaftsverhältnisse innerhalb der Gesellschaft überlagert wurde von einer nationalistisch-militaristischen Gesinnung.[650] Dieses Angebot war in diejenigen Arbeitergruppen, die der Sozialdemokratie distanziert gegenüberstanden, leichter zu transportieren; aber die anderen Arbeiter waren dagegen keineswegs immun. Die Kriegervereine wurden damit zu einem wichtigen Transmissionsriemen staatstragender Ideen nicht nur in die Arbeiterschaft allgemein, sondern auch in die sozialdemokratische Arbeiterbewegung.

Kontakte hatten, wie in der Einleitung deutlich gemacht wurde, eine dreifache Wirkung: vermittelnd, harmonisierend oder konfliktverschärfend. Offensichtlich waren die Milieubarrieren hoch, aber auch verrückbar. Sonst wären die Erfolge des Evangelischen Arbeitervereins in den 1890er Jahren unmöglich gewesen. Gerade der Niedergang dieses Vereins im Vergleich zum Aufstieg der sozialdemokratischen Bewegung macht die Grenzen des »cross over«

---

646 Ebd. sowie Geschäftsbericht 1891, 24. Februar 1892, Bl. 141.
647 Geschäftsberichte 1903–1908, ebd. Bl. 253ff.
648 Der »Thüringische Zentral-Kriegerverband zu Erfurt« zählte 1897 63 Vereine mit insgesamt 3.708 Mitgliedern (Thüringer Zeitung, Nr. 302 vom 27. Dezember 1897, zit. n. ThSTA Gotha, Regierung zu Erfurt, Nr. 567).
649 Geschäftsbericht für 1898, 23.2.1899, StAE 1–2/124–36, Bl. 196f.
650 Allgemein hierzu *Rohkrämer*, passim, sowie äußerst kritisch gegen Rohkrämer: *Ziemann*, S. 148–164, zu den Kriegervereinen bes. S. 159ff. Vgl. *Vogel*, Nationen.

deutlich. Im zeitlichen Verlauf engten sich die Gestaltungsspielräume innerhalb der Gesellschaft immer weiter ein. Einrichtungen, die harmonisierend wirken sollten, verschwanden oder schlugen sogar ins Gegenteil um. Alternative Entwürfe, wie die des Volksbildungsvereins etwa, hatten unter diesen Bedingungen keine Chance. Lediglich die Vermittlungsfunktion der Kontakte konnte bis zu einem gewissen Grad aufrecht erhalten werden. Vor allem gesellige, bürgerliche Massenvereine vermittelten über Lager- und Milieugrenzen hinweg ihre eigenen Einstellungen in die Arbeiterschaft hinein. Tatsächlich ging hier ein ursprünglich (auch zeitlich) vom Kernbürgertum ausgehender Strahl von Wertvorstellungen über die Gestaltung des öffentlichen Vereinslebens durch die randbürgerlichen Schichten bis in die Arbeiterschaft. Dies betraf auch die sozialdemokratische Arbeiterbewegung, die sich im politischen Bereich als Sachwalterin und Vollstreckerin der wahren bürgerlichen Gesellschaft und ihrer Ideale der Emanzipation und Gleichheit sah. Aber auch die bestehende Gesellschaftsordnung stabilisierendes Gedankengut, wie es in den Kriegervereinen vertreten wurde, machte nicht an den Abstufungen Kernbürgertum – Randbürgertum – Arbeiterschaft halt, sondern erreichte die Vorstellungswelt der »kleinen Leute«.

Was aber fehlte, war die gleichwertige, gleichberechtigte persönliche Kontaktebene und offene Kommunikationsstruktur. In einer wertenden Kritik[651] könnte dem Kernbürgertum sein Versagen bei der Integration der Arbeiterschaft vorgeworfen werden. Ebenso könnte man den in der Arbeiterbewegung führenden, aktiven Arbeitern vorhalten, in eine in das Vereinsleben rückwirkende Blockadehaltung verfallen zu sein und sich in ihren Milieugrenzen eingerichtet zu haben. Da die Blockade aber gegenseitig bedingt war und durch Ängste des Macht- und Prestigeverlusts einerseits, durch fehlende Perspektiven der vollständigen Integration andererseits verstärkt wurde, brauchte sie den äußeren Anlass des Kriegsbeginns, um für eine (sehr) kurze Zeit überwunden zu werden.

3.4 Soziale Mobilität und Schulsystem

Wege nach oben, Wege nach unten. Im Zeichen der Reichseinigung und der Entfestigung Erfurts sah die bürgerliche »Thüringer Zeitung« neue Zeiten heraufdämmern. Das »der menschlichen Natur tief eingeprägte« Streben, »aus niederen Sphären in höhere« aufzusteigen, habe neuen Spielraum erhalten: »Dieses Streben ist jetzt um so erfolgreicher, nachdem durch unsere neue Staatsordnung dem Sohne des geringsten Mannes es ermöglicht wird, die

651 Vgl. für die 1860er Jahre *Offermann*, Arbeiterbewegung, S. 513f.

höchsten Stellen im Staate und der Gesellschaft zu ersteigen«.[652] Das liberale Credo eines Samuel Smiles [653] spricht aus diesen Worten ebenso wie der Optimismus der Gründerjahre und des wirtschaftlichen Booms. Dass Deutschland keineswegs das Land der unbegrenzten Möglichkeiten war (sowenig wie die USA und England), lässt sich denken. Für die meisten Kaufleute galt, dass sie froh sein konnten, ihren Laden über die Wirtschaftskrise der 1870er Jahre zu bringen, und viele gelernte Arbeiter mussten sich damit begnügen, ihre erworbenen Fähigkeiten auf dem Arbeitsmarkt gegen Lohn zur Verfügung zu stellen, wenn sie denn nicht völlig aus ihrem ursprünglichen Beruf gedrängt wurden und sich als Un- oder Angelernte in einer der entstehenden Erfurter Fabriken verdingen mussten.

Untersuchungen zur sozialen Mobilität haben diesen, das menschliche Leben tief prägenden Vorgängen auf den Grund zu gehen versucht und nach generalisierbaren Erkenntnissen gesucht. Die historische Mobilitätsforschung, die von den 1970er bis in die Mitte der 1980er Jahre eine Blütezeit erlebte, ist angesichts einer gegenwärtigen Phase in der Geschichtswissenschaft, die »die Wiederkehr des Individuellen, das neue Interesse an Menschen mit Namen und unterscheidbarer Geschichte« auf ihre Fahnen geschrieben hat,[654] zurück gedrängt worden. Dabei muss das Einzelne bloßes Beiwerk, Schmuckstück bleiben, wenn es sich nicht zuordnen, in Beziehung setzen lässt, wenn nicht aus dem Vergleich seine Besonderheit oder seine Typisierbarkeit, Regelhaftigkeit abgeleitet werden kann. Die Mobilitätsforschung hat daher ihren Sinn behalten. Wenn man zudem der Frage nach Kontakten zwischen Arbeiterschaft und Bürgertum sowie innerhalb dieser gesellschaftlichen Großgruppen nachgeht, bleibt sie unverzichtbares methodisches Rüstzeug.[655] Da sie hier aber nur einen Teilaspekt abdecken soll, kann die Mobilitätsuntersuchung nicht in aller Breite und der Vielzahl ihrer möglichen Fragestellungen entwickelt werden. Wichtig ist allerdings, einige Definitionen und methodische Standards knapp vorzustellen.[656]

Mobilitätsprozesse innerhalb des Lebenslaufs werden als intragenerationelle Mobilität bezeichnet. Ihr Nachweis ist besonders schwierig, da hierzu eine dichte präzise Quellenlage notwendig ist. Diese Thematik wurde daher

---

652 Thüringer Zeitung, Nr. 5 vom 7. Januar 1874.

653 Siehe Samuel Smiles: »»What some men are, all without difficulty might be«« (1859), zitiert nach: *Miles*, How open, S. 18.

654 *Hardtwig*, Alltagsgeschichte, S. 21.

655 Hauptproblem der Mobilitätsforschung dürfte es sein, dass ihre Anschlussfähigkeit an die gegenwärtig diskutierten theoretischen, um den Kulturbegriff oszillierende Modelle eher gering ist. Sie ist eher auf strukturelle Analysen zugeschnitten, hat dort ihre Dienste erfüllt und besitzt daher im Augenblick eher eine geringe Innovationskraft. Vgl. auch *Kocka*, Social Mobility, 208–230, bes. S. 230.

656 *Kaelble*, Mobilitätsforschung; *Schüren*, S. 1ff. sowie *Miles/Vincent*, S. 1ff.

nicht weiter verfolgt.[657] Die zweite Möglichkeit soziale Mobilität zu rekonstruieren, besteht darin, Berufspositionen der Väter- und der Kindergeneration gegenüber zu stellen – intergenerationelle Mobilität. Hauptquelle sind dabei die in Kirchenbüchern bei Hochzeiten erhobenen Daten. Auch sie sind nicht unproblematisch, allerdings gilt hier ein pragmatischer Zugriff: Es sind dies die einzigen Daten, die massenhaft erhoben werden können.[658] Die dritte Möglichkeit schließlich, Heiratsmobilität – konnubiale Mobilität – in Form von Verschiebung bzw. Persistenz zwischen Braut und Bräutigam, Bräutigamvater und Brautvater zu messen, wurde bereits in den Kapiteln über die Familie vorgestellt.

Grundvoraussetzung dieser Untersuchungen ist, dass der Beruf als zentrales Platzierungsmerkmal innerhalb einer Gesellschaft anerkannt wird.[659] Das deutsche Kaiserreich stand auf einer kapitalistisch-marktwirtschaftlichen Grundlage, in der auf dem Arbeitsmarkt zentrale Statuszuweisungsprozesse abliefen. Der Beruf strahlte daher stark auf außerberufliche Ebenen der Macht, des Prestiges, des Ansehens und des Einkommens aus.

Das methodische Werkzeug, das bei der Mobilitätsanalyse zur Anwendung kommt, ist die Kreuztabelle, in der Ergebnisse über die Herkunft einzelner Schichten/Berufsgruppen (Zustromquoten) genauso ablesbar sind wie Aussagen, in welche Berufe/Schichten die Söhne im Verhältnis zum Beruf bzw. zur Schicht der Väter wechselten, bzw. persistent blieben (Abstromquoten). Aus diesen Angaben wurde darüber hinaus ein einfacher Mobilitätsindex berechnet.[660]

657 Siehe *Kaelble*, Soziale Mobilität, S. 43; *Schildt*, Arbeiterschaft, S. 88f. Die Untersuchung Lengers zum Düsseldorfer Handwerk nimmt sich dieses Problems an (*Lenger*, Kleinbürgertum, S. 96ff.). Allerdings erschien die Übertragung seiner Methodik auf Erfurt wenig sinnvoll. Lenger hatte eindeutig zuordenbare Personen aus dem Adressbuch isoliert und ihren Berufsweg nach den Angaben im Adressbuch rekonstruiert. Allein die Großzügigkeit mit der in Erfurt mit dem Meister-Begriff je nach Quelle (Adressbuch, Wahlliste, Vereinslisten) umgegangen wurde, hat mich bewogen, diesen Ansatz nicht weiter zu verfolgen. Es bedarf schon des Glücksfalls eines hervorragenden Firmenarchivs und präziser zeitgenössischer Erhebungen, um Fragen intragenerationeller Mobilität exakt zu beleuchten (vgl. *Schmidt*, Stammarbeiterschaft, S. 1–17).

658 Die Vor- und Nachteile von Heiratsregistern (kirchlich wie staatlich) werden abgewogen in *Kaelble/Federspiel*, S. V f. Die Hauptschwierigkeit bei diesem Quellentyp liegt meines Erachtens darin, dass der Beruf des Bräutigams zu einem frühen Zeitpunkt in seinem Berufsleben erfasst wird, während der Bräutigamvater bereits auf dem Höhepunkt seiner Karriere sich befindet oder ihn schon überschritten hat. Zudem kann mit diesem Quellentyp das Mobilitätsverhalten von Frauen nicht festgestellt werden.

659 Vgl. *Herz*, S. 63ff. sowie allgemein die Diskussion bei *Geiger*, Schichtung, S. 1ff., S. 82ff. Zum 19. Jahrhundert meinte *Geiger*: »Im berufsständischen 19. Jahrhundert waren trotz der Konkurrenz mehrerer Maßstäbe die sozialen Höhenlagen der verschiedenen Lebensstellungen noch ziemlich fest bestimmbar.« (Schichtung, S. 125).

660 Zu-, Abstromquoten und Mobilitätsindex beschrieben bei *Herz*, S. 163ff., *Kaelble*, Mobilitätsforschung, S. 157ff. Zum einfachen Mobilitätsindex siehe Kapitel III.1.2. Auch die Tabellenanalyse ist wiederholt in die Kritik geraten (vgl. *Blossfeld*, S. 118ff.), dennoch gilt: »Hat man klare Vorstellungen über die Zuordnung der Berufe zu bestimmten Berufsgruppen und be-

Grunddaten über Konstanz und Wandel innerhalb der Gesellschaft sowie Umfang der sozialen Mobilität hängen entscheidend davon ab, mit wie vielen Kategorien man arbeiten möchte.[661] Für dieses Kapitel wurden zwei Bezugspunkte gewählt: zum einen die Schichtkategorisierung, zum anderen die Berufsgruppenzuordnung. Da letztere präziser und dichter an den Quellen ist, sollen vorrangig diese Ergebnisse präsentiert werden. Für den Vergleich war es allerdings nötig, auf die allgemeinere Schichtkategorie zurückzugreifen.

Zwischen den unterschiedlich strukturierten Städten Berlin und Erfurt gab es eine weitgehende Parallelität der Ergebnisse hinsichtlich der Schichtzuordnung. Rund um einen stabilen Kern von 42 Prozent (Erfurt 1875/79, Berlin 1905/07) bis 47 Prozent (Erfurt 1905/09), der weder Auf- noch Abstiege zu verzeichnen hatte (Persistenz), spielten sich die Austauschprozesse ab, die eindeutig von Abstiegen dominiert wurden. 1875/79 fielen in Erfurt 38,2 Prozent aller Mobilitätsbewegungen in die Kategorie der Abstiege (Berlin 1884/86: 38 Prozent); 1905/09 waren es immer noch 31,8 Prozent (Berlin 1905/07: 36 Prozent). Dennoch verbesserten sich die Chancen zum Aufstieg im Verlauf des Kaiserreichs etwas. In Erfurt stieg der Anteil der Aufstiege an allen Mobilitätsprozessen von 19 auf knapp 21 Prozent, in Berlin von 18 auf 22 Prozent.[662] Da die Erfurter Daten zum einen in den Zeitraum der schweren wirtschaftlichen Krise der 1870er Jahre, zum anderen nach 1900 in eine Phase fielen, in der mehr Aufstiegs- als Krisenjahre verzeichnet wurden, sahen für die Jahre nach 1905 die Chancen zum Aufstieg möglicherweise etwas günstiger aus als am Anfang des Kaiserreichs. Verstärkt wurde diese Entwicklung zusätzlich durch Erfurts zunehmende Rolle als Zentralort im thüringischen Raum. Diese auch in der Spezialliteratur umstrittenen und noch nicht eindeutig geklärten Wirkungszusammenhänge sollen hier nicht weiter verfolgt werden. Im Folgenden soll es vor allem um die Zusammensetzung der einzelnen Schichten und Berufsgruppen sowie um deren Austauschprozesse gehen.

Verallgemeinernd lässt sich für das frühe wie das späte Kaiserreich feststellen, dass die Persistenz, das Verhaften in der ursprünglichen Schichtkategorie, um so höher war, je höher man sich auf der gesellschaftlichen Leiter befand. Für Söhne aus der Oberschicht war es geradezu vorbestimmt, wieder der Oberschicht anzugehören (Mobilitätsindices: 1875/79: 25,0; 1905/09: 12,0). Die Persistenzraten der Unterschichten hatten dagegen eine andere Struktur. Hier war die unterste Schicht überproportional hoch in ihrer eigenen Grup-

schränkt man sich auf die Darstellung der empirisch-aufzeigbaren Übergangsraten zwischen einzelnen Kategorien, so ist die traditionelle Tabellenanalyse sicher ein sehr gut brauchbares Werkzeug« (*Handl*, S. 103f.).

661 *Schüren*, S. 90.

662 SPSS-Auswertung Kirchenbücher 1875/79, 1905/09; Berliner Ergebnisse in: *Kaelble/Federspiel*, S. 3f.; *Schüren*, S. 130.

pen verblieben (1875/79: 2,12; 1905/09: 4,02), während dieser Index in der mittleren und oberen Unterschicht zurück ging.

Die Austauschprozesse verhielten sich spiegelbildlich zur Persistenz. In den Unterschichten finden sich rege Mobilitätsvorgänge zwischen den verschiedenen Schichten. Sie weisen zu beiden Zeiten – ohne deutliche Veränderungen im zeitlichen Wandel – geradezu flüssige Binnengrenzen auf. Sämtliche berechneten Werte bewegen sich über dem Wert 1 und deuten damit an, dass durch Aufstieg (oder Abstieg) sämtliche Positionen innerhalb der Unterschicht leicht und typisch zu erreichen gewesen waren.[663] Mit Erreichen der Außengrenze zur Mittelschicht brach dieses Mobilitätsverhalten schlagartig ab. Aufstiege in die Mittelschicht – selbst in die untere Mittelschicht – blieben die Ausnahme und wurden nur von einigen wenigen Unterschicht-Angehörigen verwirklicht.

Die Chancen zum schichtübergreifenden Aufstieg waren also nur für Minderheiten möglich und spielten sich vor allem in unmittelbarer Nachbarschaft (obere Unterschicht – untere Mittelschicht) ab. Weitaus häufiger waren dagegen schichtübergreifende Abstiege, von der aber vor allem die untere Mittelschicht und klar umrissene Herkunftsgruppen der oberen Mittelschicht betroffen waren. Erfurt war mit dieser Konstellation keine benachteiligte, sondern eher eine (leicht) begünstige Stadt.[664] Im Vergleich mit ausschließlich bzw. stark industriell geprägten Städten wie Oberhausen oder Ludwigshafen hoben sich in Erfurt die Aufstiegsraten aus der Unterschicht deutlich positiv ab, während sie in etwa den Werten in anderen, ebenfalls stärker diversifizierten Städten entsprachen (vgl. Tab. 16).

Damit wird der Tendenz nach eine gewisse Öffnung und Stabilisierung der Gesellschaft Erfurts im zeitlichen Verlauf des Kaiserreichs sichtbar. Die Ausbreitung des Dienstleistungssektors sowie des öffentlichen Dienstes in Erfurt, eine (reichsweit) erfolgreich betriebene, aktive Mittelstandspolitik von oben halfen mit, den Abstieg in die Unterschichten einzudämmen; gleichzeitig gelang eine leichte Öffnung der Grenzen für aus der Unterschicht abströmende Männer.[665] Wenn diese aus individuellen Berufswechseln gewonnenen Trends unter gesamtgesellschaftlichem Blickwinkel interpretiert werden, hatten sie vor allem einen Effekt. Sie verhalfen der Gesellschaft des Kaiserreichs zunehmend zu einer gewissen Stabilität: einerseits durch leicht verbesserte Auf-

---

663 Herz definiert den einfachen Mobilitätsindex als Wert, mit dem sich beurteilen lässt, welches Verhalten als »leicht möglich und typisch« (nach M. Weber, siehe auch die Einleitung dieser Arbeit) eingestuft werden kann (*Herz*, S. 165). Indirekt ist dieser Wert aber auch Ausdruck dafür, wie stark einzelne Herkunftsgruppen in der Zielgruppe über- bzw. unterrepräsentiert waren. Vgl. auch Kap. III.1.2.

664 Die Ergebnisse entsprechend in hohem Maße den Daten Mindens, das wie Erfurt 1873 entfestigt worden war (*Lundgreen* u. a., Bildungschancen, S. 82f.).

665 Diese Ergebnisse entsprechen den Resultaten der Untersuchung zur konnubialen Mobilität (vgl. Kapitel III.3.2).

Tabelle 16: Intergenerationelle Aufstiege aus der Unterschicht bzw. intergenerationelle Abstiege in die Unterschicht von Männern 1875/79 – 1905/09:
Erfurt im Vergleich (Angaben in Prozent)

| Mobilitätsart | Aufstieg | Aufstieg | Abstieg | Abstieg |
| Jahr | 1875/79 | 1905/09 | 1875/79 | 1905/09 |
Ort	um 1882	um 1907	um 1882	um 1907
Erfurt	11,1	15,8	52,6	31,5
Berlin	11,4	8,4	56,0	64,9
Aachen	9,6	11,4	51,4	41,7
Barmen	9,9	13,4	56,0	38,8
Bielefeld	10,7	16,7	62,0	45,7
Oberhausen	6,4	7,7	69,9	74,0
Ludwigshafen	5,4	10,7	82,0	77,3

Quelle: SPSS-Auswertungen Kirchenbücher; *Schüren*, S. 104, 110. Erfurt: 1875/79, 1905/09;
übrige Städte: um 1882, um 1907.

stiegschancen der unteren Mittelschicht und (zu geringen Teilen) der oberen
Unterschicht und andererseits durch ein größeres Potenzial an Statuswahrung
für die Mittelschicht. In der Konsequenz dieser beiden Trends verfestigten
sich aber die Klassenstrukturen, da die für die 1870er Jahre festgestellte stärkere Durchmischung der Gesellschaft infolge Abstiegs abgebaut werden konnte
und die im Gegenzug erfolgten Aufstiege in viel bescheidenerem Ausmaß aus-
fielen.

Bevor diese Ergebnisse anhand der Berufsgruppen weiter spezifiziert werden, gilt es knapp den öffentlichen Dienst zu betrachten. Er galt vielen Zeitgenossen als erstrebenswertes Berufsziel und wurde als mögliche Karriereschleuse gesehen. Anfang 1895 stellte das »Erfurter Tageblatt« fest, dass viele
Handwerker ihre Söhne zu Kaufleuten oder Schreibern ausbilden würden,
um ihnen so bessere Startbedingungen für eine »spätere Beamtenstelle« zu
ermöglichen.[666] Im gleichen Jahr meinte der »Verein für Socialpolitik« in einer
seiner Untersuchungen (durchaus kritisch): »Heißersehntes Ziel aller Wün-
sche ist bei dem größten Teil der jüngeren Stadt- und Landbevölkerung die
pensionsberechtigte Staatsanstellung«.[667] Fritz John, gelernter Schlosser,
wandte sich hoffnungsvoll an den Erfurter Gewerbeinspektor: »Sie wissen
doch, dass mein Streben nach einer geeigneten Lebensstellung ist, da es nun

666 Erfurter Tageblatt, Nr. 7 vom 9. Januar 1895.
667 *Lubnow*, S. 170.

aber schwer fällt, eine solche zu finden, wende ich mich mit größtem Vertrauen an Herrn [Gewerbeinspektor].« Der Erfurter Gewerbeinspektor vermittelte ihm einen Kontakt zur Eisenbahn, wo er sich »mit der Bitte um Einstellung in die Werkstatt und späterer Verwendung als Heizer und Lokomotivführer« vorstellen sollte.[668] Wer den Weg in den öffentlichen Dienst gefunden hatte, konnte sich durchaus intergenerationell verbessern. 1875/79 gelang es immerhin knapp einem Drittel aller Unterschichtensöhne mit dem Wechsel in den öffentlichen Dienst aus der Unterschicht aufzusteigen; 1905/09 lag dieser Prozentsatz immer noch bei zwanzig Prozent. Da man außerdem bereit war, erlernte Berufe zugunsten einer Staatsanstellung aufzugeben, spielten auch schichtinterne Abstiege eine bedeutendere Rolle als in der Gesamtgruppe. Während beispielsweise 1875/79 lediglich ein schichtinterner Abstieg von 11,1 Prozent innerhalb der Unterschicht feststellbar ist, lag dieser Prozentsatz bezogen auf den öffentlichen Dienst bei 35 Prozent (1905/09: 13,4% zu 26%).[669] Dem öffentlichen Dienst kam bei aller internen Hierarchisierung, Differenzierung und Abgrenzung also eine wichtige Kontakt- und Vermittlungsfunktion im Leben, Arbeiten und Denken der Arbeiter und Bürger zu.

Wendet man sich den feingliedrigen Berufsgruppen zu, ergibt sich der folgende Gesamtüberblick (vgl. Tab. 17).

Die Ergebnisse aus der Schichtanalyse werden hier bestätigt. In ihrem Mobilitätsverhalten am ähnlichsten sind sich die beiden Gesellschaftsgruppen, die in der Sozialhierarchie am weitesten entfernt voneinander sind.[670] Arbeiterschaft und Kernbürgertum weisen eine Persistenz von um und über fünfzig Prozent auf; hinzu kommen innerhalb dieser Gruppen noch interne Austauschbewegungen von über dreißig Prozent in der Arbeiterschaft sowie elf bis sechzehn Prozent im Kernbürgertum. Die beiden Pole der Gesellschaft waren verfestigt wie eh und je. Der Traum vom Aufstieg aus der Arbeiterschaft endete für eine allerdings beachtliche Minderheit im Randbürgertum – in prekärer oder gesicherter Selbstständigkeit als Handwerksmeister oder Kaufmann, im Idealfall als unterer oder mittlerer Beamter mit sicherem Arbeitsplatz und Pensionsanspruch. In einer Gesellschaft, in welcher der Arbeiterschaft entscheidende Zugangswege – wie zum Beispiel den der Schulbildung – zu höheren Positionen versperrt wurden, waren alle anderen Aufstiegserfolge und Platzierungsstrategien auf einige wenige Einzelpersonen beschränkt.

668 Fritz John an Gewerbeinspektor, September 1912, ThSTA Gotha, Gewerbeaufsichtsamt Erfurt, Nr. 114.
669 Auszählung aller im öffentlichen Dienst Beschäftigten (1875/79: N=64; 1905/09: N=164).
670 Es bestätigt sich der allgemeine Forschungsstand. Vgl. ebenso *Lundgreen* u. a., Bildungschancen, S. 87.

Tabelle 17: Übersicht über die Mobilität nach Berufsgruppen in Erfurt
1875/79 – 1905/09

Art der Mobilität	1875/79		1905/09	
I. Arbeiterschaft	N	%	N	%
1. Persistenz innerhalb der gleichen Berufsgruppe	77	52,0	151	50,3
2. Abstieg innerhalb der Arbeiterschaft	15	10,1	33	11,0
3. Aufstieg innerhalb der Arbeiterschaft	38	25,7	58	19,3
4. Aufstieg ins Randbürgertum	18	12,2	48	16,0
5. Aufstieg ins Mittelbürgertum	0	0,0	9	3,0
6. Aufstieg ins Kernbürgertum	0	0,0	1	0,3
7. Summe	*148*	100,0	*300*	99,9
II. Randbürgertum				
1. Persistenz innerhalb der gleichen Berufsgruppe	26	19,4	77	27,2
2. Austausch innerhalb des Randbürgertums	22	16,4	63	22,3
3. Abstieg in die Arbeiterschaft	79	59,0	108	38,2
4. Aufstieg ins Mittelbürgertum	6	4,4	25	8,8
5. Aufstieg ins Kernbürgertum	1	0,7	10	3,5
6. Summe	*134*	99,9	*283*	100,0
III. Mittelbürgertum				
1. Persistenz innerhalb der gleichen Berufsgruppe	4	28,6	15	23,8
2. Austausch innerhalb des Mittelbürgertums	0	0,0	1	1,6
3. Abstieg in die Arbeiterschaft	3	21,4	7	11,1
4. Abstieg ins Randbürgertum	7	50,0	30	47,6
5. Aufstieg ins Kernbürgertum	0	0,0	10	15,9
6. Summe	*14*	100,0	*63*	100,0
IV. Kernbürgertum				
1. Persistenz innerhalb der gleichen Berufsgruppe	5	55,5	19	44,2
2. Austausch innerhalb des Kernbürgertums	1	11,1	7	16,3
3. Abstieg in die Arbeiterschaft	0	0,0	1	2,3
4. Abstieg ins Randbürgertum	2	22,2	9	20,9
5. Abstieg ins Mittelbürgertum	1	11,1	7	16,3
6. Summe	*9*	99,9	*43*	100,0
V. Gesamtsumme	**305**		**689**	

Quelle: SPSS-Auswertung Kirchenbücher (ohne Sonstige).

Letztlich blieb wohl auch der Vorstellungshorizont der Arbeiterschaft durchaus realistisch auf den unteren Bereich fixiert.[671] Reichstagsabgeordneter Baudert meinte 1905 bei einer öffentlichen Volksversammlung in Ilversgehofen: »Für die Arbeiter sollen geordnete Zustände, gleich der der Beamten, geschaffen werden. Die Arbeiter müssen ein festes Gehalt und eine feste Anstellung erhalten«.[672] Der Aufstieg in die »höchsten Stellen« der Gesellschaft lag außerhalb der Vorstellungswelt der Arbeiterschaft. Selbst die begehrten Beamtenpositionen waren nur schwierig zu erreichen, wie eine Analyse der Zusammensetzung der einzelnen Berufsgruppen des Randbürgertums zeigt. Zwischen 1875/79 und 1905/09 stieg beispielsweise der Anteil der Söhne, die aus der gelernten Arbeiterschaft stammten und nun eine Beamtenposition einnahmen, zwar von 10,5 auf 15,6 Prozent, doch trotz dieser Zunahme blieben die Chancen für Söhne aus der gelernten Arbeiterschaft, sich als Handwerksmeister selbstständig zu machen, größer als in Beamtenpositionen zu strömen (Mobilitätsindex 0,8 für Meisterstellen, 0,6 für Beamtenposten im Zeitraum 1905/09).

Kontakte zwischen Arbeiterschaft und (Rand)Bürgertum kamen weniger durch Aufstiege, sondern durch Abstiege aus verschiedenen bürgerlichen Gruppen zustande. Söhne von Handwerksmeistern waren von diesem Übergang in die Arbeiterschaft stärker betroffen als Söhne von Beamten oder Angestellten. Wie die Schichtanalyse schon angedeutet hatte, wird deutlich, dass auch dieser Austauschprozess gegen Ende des Kaiserreichs abebbte. Waren 1875/79 noch über sechzig Prozent der Handwerksmeistersöhne abgestiegen, ging diese Quote auf dreißig Prozent zurück; Söhne aus Beamten- und Angestelltenfamilien mussten diesen Abstieg Ende des Kaiserreichs ebenfalls seltener in Kauf nehmen als in den 1870er Jahren.

Wagt man auf Grund dieser Daten zur sozialen Mobilität die Blickrichtung auf politische Entscheidungsprozesse, könnte man formulieren, dass die Spitzen der Gesellschaft im Angesicht des Aufstiegs der Sozialdemokratie die Bedeutung des Randbürgertums erkannten und nicht nur Mittelstandspolitik begünstigten, sondern gesellschaftliche Schleusen nach oben öffneten, um diese Kreise enger an sich zu binden, ohne sie zu integrieren. Der Aufstieg ins Kernbürgertum blieb jedoch dem mittleren Bürgertum vorbehalten.

Das Mobilitätsverhalten von Frauen lässt sich – wie erwähnt – nicht aus dem eben analysierten Quellentyp rekonstruieren. Auf individueller Ebene soll ein kleiner Ausschnitt ihrer möglichen Karrierewege aufgezeigt werden. Es handelt sich um die Rekrutierung von Volks- und Mittelschullehrerinnen und

---

671 *Crew* schränkt diesen Erwartungshorizont der Bochumer Arbeiter sogar noch weiter ein. Er meint, dass vor allem die Lehre »eine viel näherliegende Alternative« bei familialen Berufszuweisungsprozessen bildete (*Crew*, S. 105).
672 Polizeikommissar Fitting an den Landrat, 30. Dezember 1905, zitiert nach StAE 5/851–1, Bd. 3 (Rede Friedrich Bauderts).

-lehrern. In diesem Prozess überschnitten sich Emanzipation, geschlechter-spezifische Benachteiligung und schichten- wie berufsgruppenübergreifende Kontakte. Von Seiten der Frauen war ein Ausbruch aus den ihnen zugeschriebenen Rollen und aus ihren behüteten Elternhäusern zu spüren. Denn bei den erfolgreichen Absolventinnen des Erfurter Lehrerinnen-Seminars 1902/03 handelte es bei über der Hälfte um Töchter aus kernbürgerlichen Familien, darunter Luise Blanchard, Tochter des Bankdirektors Paul Blanchard, Elisabeth Groos und Gertrud Loth, Töchter angesehener Erfurter Ärzte.[673] Verbunden mit diesem Schritt in die Berufswelt war ein intergenerationeller schichtübergreifender Abstieg aus der Oberschicht in die Mittelschicht, da Frauen lediglich der Schuldienst an Volks- und Mittelschulen offen stand. Bei diesem Mobilitätsprozess kommt eine zweifache Benachteiligung zum Ausdruck. Einerseits war Frauen generell die Karriereleiter (im öffentlichen Dienst) verstellt, andererseits war der Zugang zu diesen mittleren Aufstiegspositionen noch selektiver als unter Männern. Das geforderte Schulgeld für Töchter, welche die höhere Töchterschule besuchen sollten, lag (zumindest in den 1870er Jahren) über dem, das für Schulen vergleichbarer Art für Jungen erhoben wurde.

Die Frauen aus dem Kernbürgertum trafen nun im Schulalltag zum einen im Klassenzimmer auf Kinder aus der Arbeiterschaft und aus dem Randbürgertum und zum anderen im Lehrerzimmer auf Kollegen, die aus dem Randbürgertum aufgestiegen waren. Sieben Lehrer, die an Ilversgehofener Volksschulen unterrichteten, verdeutlichen diese Herkunft. Zwei stammten aus Handwerksmeisterfamilien, drei aus der Landwirtschaft, einer der Lehrer hatte einen Maurer, einer einen »Handelsmann« zum Vater.[674] Wie die verschiedenen Mobilitätswege, die unterschiedlichen Herkunftsmuster verarbeitet wurden, wie die Schule als Kontaktinstitution genutzt wurde, muss letztlich offen bleiben. Es zeigt sich aus dieser Perspektive noch einmal die Bedeutung des öffentlichen Dienstes, der verschiedene Berufsgruppen und Schichten zusammenführte.

Schulsystem und Schulbildung. Der öffentliche Dienst hatte zwar eine unbestreitbare Attraktivität auf die Arbeiterschaft ausgestrahlt, da er sichere und dauerhafte Anstellung und Altersabsicherung versprach. Als Karriereschleuse im Sinne beruflichen Aufstiegs hatte er – zumindest im intergenerationellen Ver-

673 Prüflinge 1902 und 1903 des Erfurter Lehrerinnen-Seminars (StAE 1–2/235–8626, Bl. 21 f., 26 f.). Insgesamt konnten bei fünfzehn Frauen die Berufe ihrer Väter ermittelt werden. Die restlichen Berufe verteilen sich auf Beamte/Angestellte des gehobenen (N=4) bzw. des unteren/mittleren Dienstes (N=2). Hinzu kam ein Landwirt.
674 Personalakten Ilversgehofener Lehrer, 1881ff., StAE 1–3/Ilversgehofen 2/17. Bis auf einen Lehrer waren alle in den 1860er Jahren geboren, hatten verschiedene Bürger- und Mittelschulen durchlaufen und danach im Alter von 20 bis 25 Jahre verschiedene Lehrer-Seminare (vor allem in Erfurt) besucht.

gleich – nicht durchgreifend gewirkt. Einer der wesentlichen Gründe lag darin, dass der Zugang zum öffentlichen Dienst über den Erwerb von Bildungspatenten geregelt wurde.[675] In den Blick kommt somit das Schulsystem. Diese staatliche Sozialisationsinstanz lag an der Schnittstelle von Staat, Kommune und Familie.[676] Als Ort sozialen Lernens, an dem Freundschaften geschlossen wurden, an dem Verabredungen und Besuche ausgemacht wurden, kam der Schule als Kontakt- und Vermittlungsstelle entscheidendes Gewicht zu.

In einem gegliederten, abgestuften Schulsystem, das allerdings zunehmend Übergangschancen von der einen auf die andere Stufe bereit stellte, gab es unübersehbare Anzeichen für soziale Unterschiede und Ungleichheiten, die den Kontaktmöglichkeiten Grenzen zogen. 1875 gingen von den knapp 6.300 Erfurter Schülern lediglich 338 auf das Gymnasium. 1908 besuchten 504 Schüler das Gymnasium, relativ war der Anteil auf 3,2 Prozent zurückgegangen. Für die Masse der Schüler blieb der übliche Ort des Lernens die Volksschule. In den 1870er und 1880er Jahren besuchten rund zwei Drittel aller Erfurter Schüler diese Elementarbildungsstätten, ehe dann ein Rückgang einsetzte und nur noch zwischen fünfzig und sechzig Prozent zur Volksschule gingen.[677] Auch die Klassenfrequenzen machen die Unterschiede zwischen den einzelnen Schultypen deutlich. 1886 saßen im Durchschnitt 59 Schüler in einer Volksschulklasse, dagegen waren es im Erfurter Realgymnasium lediglich 28.[678] Ein gestaffeltes Schulgeldsystem schuf Trennungslinien und setzte einen Ausleseprozess in Gang, der unabhängig von den Fähigkeiten der einzelnen Kinder war. Während ab 1875 der Besuch der Volksschule für Erfurter Schulkinder nichts mehr kostete, musste ab 1873 von den Eltern für ihre Söhne, welche die Sexta oder Quinta der Realschule I. Ordnung besuchen wollten, jährlich 60 Mark, für den Besuch der Prima 84 Mark aufgebracht werden. Sollten die Töchter die höhere Töchterschule besuchen, hatten die Eltern in

---

675 Vgl. die »Mitteilungen an die Schüler und deren Eltern« über die »Berechtigungen der Oberrealschulen«. So ermöglichte das Zeugnis für die Untersekunda die Ausbildung zum Post- und Telegraphengehilfen »und zur späteren Zulassung zur Prüfung als Postassistent«. Nach Absolvieren der Obersekunda war der Schüler zum »einjährig freiwilligen Militärdienst« berechtigt; oder es war die Möglichkeit gegeben, »als Zivilsupernumerar bei dem Justiz- und Eisenbahndienst« seine Ausbildung zu beginnen. Mit dem Reifezeugnis war man zum »Eintritt in den höheren Post- und Telegraphendienst« berechtigt (Städt. Oberrealschule i. E., Jahresbericht 1904/05, S. 21).

676 Zentral zu diesem Thema Lundgreen u.a., Bildungschancen. Vgl. allgemein Handbuch der deutschen Bildungsgeschichte, Bd. IV, 1991.

677 Breslau, S. 219ff.; StAE 1–2/052–42 (Bildungsanstalten Erfurts 1888/89); StAE 1–2/200–6681 (Denkschrift über die Erfurter Schulverhältnisse, 1949); Silbergleit, S. 186ff.

678 Festschrift Kgl. Realgymnasium, S. 17; Silbergleit, S. 206f. Die Klassenstärke an den höheren Schulen hing entscheidend von der Klassenstufe ab. Während in der Sexta des Realgymnasiums je nach Jahrgang zwischen dreißig und fünfzig Kinder saßen, waren es in der Prima nur noch zwischen zehn und zwanzig Schüler.

den niedrigsten Klassenstufen ein Schulgeld von 54 Mark, in den drei letzten Klassenstufen ein Schuldgeld von 90 Mark aufzubringen. Die Summen für die höchsten Klassenstufen entsprachen ungefähr acht Prozent eines Jahresverdienstes eines gut verdienenden Arbeiters zu dieser Zeit.[679] Das Schulgeldsystem war die Schraube, an welcher der Durchgang zu den höheren Schulen geregelt wurde. Als das Realgymnasium 1885 von städtischer in staatliche Verwaltung überging, wurde »durchweg 100 Mark« Schulgeld gefordert. Damit war der Einstieg in eine zentrale höhere Schuleinrichtung selbst Beamten, Angestellten oder Selbstständigen aus der Mittelschicht erschwert.[680]

Am Beispiel der 1879 ins Leben gerufenen höheren Bürgerschule lassen sich die Konsequenzen für die sozialen Kontaktmöglichkeiten deutlich ablesen. Als lateinlose Schule, an der »Französisch und Englisch« sowie die »übrigen Unterrichtsfächer[n]« »mit erweiterten Aufgaben und höheren Zielen« unterrichtet wurden,[681] war sie für verschiedene Bevölkerungskreise attraktiv. Dem Gründungsjahrgang gehörten 12,1 Prozent Schüler aus der gelernten Arbeiterschaft an, 14,3 Prozent stammten aus Handwerksmeisterfamilien. Hinzu kamen Söhne kleiner (16,6%) und mittlerer Selbstständiger (10,2%). Das Gros stellten Beamte des unteren Dienstes (26,7%), während Söhne aus Beamtenfamilien des gehobenen Dienstes (4,8) sowie Söhne aus dem Wirtschafts- und Bildungsbürgertum (1,9%) nur schwach vertreten waren.[682] Gemessen an der Stärke der einzelnen Berufsgruppen waren die Arbeiterschaft trotz ihres hohen Anteils deutlich unter-, Söhne aus Handwerker- und Beamtenfamilien überrepräsentiert. Wie tief dieses Schulangebot der höheren Bürgerschule in den mittel- und randbürgerlichen Kreisen sowie in einem Teil der Arbeiterschaft verwurzelt war, zeigt ein Blick auf die finanziellen Ressourcen der Eltern. Immerhin 36,4 Prozent versteuerten ein Einkommen, das unter 2.500 Mark lag.[683] Die höhere Bürgerschule war in vielfältiger Hinsicht Abbild

---

679 Für Bochums höhere Schulen lag die Höhe des Schulgeldes bei rd. zehn Prozent eines Arbeiterjahreslohns (*Crew*, S. 105).

680 *Breslau*, S. 219ff. (für die 1870er Jahre); Festschrift Kgl. Realgymnasium, S. 15 (für die 1880er Jahre).

681 *Venediger*, Geschichte, S. 9.

682 Hauptbuch Schülerverzeichnis Humboldtschule 1879–1922, StAE 1–2/232–4249. Der Gründungsjahrgang der Schüler wurde komplett erfasst (N=365). Väter, die zwei oder mehrere Söhne auf die höhere Bürgerschule schickten, wurden nur einmal gezählt. Insgesamt kamen damit 314 Eltern ins Sample. Neben den erwähnten Gruppen schickten noch ungelernte Arbeiter (1,6%), mehrere Landwirte (N=13, 4,1%) sowie zahlreiche »Sonstige«, vor allem Witwen (7,6%), ihre Kinder auf die höhere Bürgerschule. Um eine präzise Einordnung der Handwerksmeister und Kaufleute vornehmen zu können, erfolgte ein Datenabgleich mit den Steuerangaben in den Wählerverzeichnissen zur Stadtverordnetenversammlung.

683 Namensabgleich der Schüler-/Elternliste mit den Wahlberechtigtenlisten zur Stadtverordnetenwahl 1876 (StAE 1–2/042–1). Es konnten insgesamt 165 Personen rekonstruiert werden.

der Verhältnisse innerhalb des Bürgertums, schloss dabei gleichzeitig die besser gestellte Arbeiterschaft nicht völlig aus.

Bei einem entsprechenden Angebot ging der Wunsch, den Kindern bessere Startbedingungen für ihren späteren Berufsweg zu schaffen, parallel mit einer Durchmischung verschiedener Bevölkerungskreise. Damit war bei weitem noch keine Chancengleichheit erreicht, aber hier leuchteten – ähnlich wie in der Vereinslandschaft – kurzfristig Alternativmodelle in der Entwicklung des Kaiserreichs auf, die allerdings schnell wieder erloschen. Denn bereits 1889 hatte die Struktur derjenigen Schüler, die nun in die aufgewertete Realschule eintraten, einen anderen Charakter. Der Anteil der Arbeiterfamilien ging auf 6,3 Prozent zurück, und unter den 114 Schülern, die 1909 eintraten, befand sich kein einziger Arbeitersohn mehr.[684] Das Kernbürgertum spielte ebenfalls keine Rolle mehr. Hauptsächlich kamen die Söhne nun aus Beamtenfamilien. 1909, nachdem die Schule den Status einer Oberrealschule zuerkannt bekommen hatte (seit 1905) und damit vielfältige Hierarchieebenen in der öffentlichen Verwaltung nach Schulabschluss angestrebt werden konnten, stammte die Hälfte der eintretenden Schüler aus Beamtenfamilien, 36 Prozent aus dem unteren Dienst, 14 Prozent aus dem gehobenen Dienst. Die große zweite Rekrutierungsgruppe waren die kleinen Selbstständigen aus der Kaufmannschaft, die zwischen einem Viertel und einem Drittel der neu eintretenden Schüler ausmachten. Dagegen ging der Anteil der Handwerksmeister weiter zurück.[685] Aus dieser Perspektive bestätigt sich für das späte Kaiserreich die aus den Mobilitätsdaten gewonnene Ansicht, wonach der Gruppe des Mittelbürgertums eine zunehmende Rolle bei der Zusammensetzung des Kernbürgertums zukam. Indem immer mehr Eltern ihre Kinder auf die Oberrealschule schickten, die als Vollschule nun den Weg bis zur Reifeprüfung bereit stellte, war für manche dieser Söhne der intergenerationelle Aufstieg in das Kernbürgertum möglich. Paul Bräutigam etwa, dessen Vater als Sekretär bei der Erfurter Eisenbahndirektion arbeitete, und Fritz Rödiger, Sohn eines Mittelschullehrers, wollten in die Prima wechseln und die Reifeprüfung ablegen. Ihnen war damit die Möglichkeit eröffnet, längerfristig über den Status ihrer Väter hinaus ins Kernbürgertum aufzusteigen.[686]

684 Der ansonsten kritisch mit dem Kaiserreich ins Gericht gehende H.-U. Wehler interpretiert die Offenheit des höheren Schulsystems eindeutig zu positiv (*Wehler*, Gesellschaftsgeschichte, Bd. 3, S. 1205). Die Erfurter Ergebnisse gerade im Hinblick auf den Zugang zur Schule (nicht gemessen an den Absolventen!) lassen Wehlers Schlussfolgerungen nicht zu. Dass die Erfurter Schulen exorbitant abgeschlossen wären gegenüber dem sonst an Schulen vorherrschenden allgemeinen Trend, widerlegen die ähnlichen Ergebnisse von Minden (vgl. *Lundgreen* u.a., Bildungschancen).

685 Ausgezählt wurden die neu eintretenden Jahrgänge 1889 (N=32), 1899 (N=35) und 1909 (N=114). Ein Abgleich mit den Wahlberechtigtenlisten war für diese Zeitpunkte nicht mehr möglich. Daher wurden die Berufe ›unspezifisch‹ zugeordnet (StAE 1–2/232–4249).

686 Jahresbericht Oberrealschule, Schlussprüfung, Ostern 1905, S. 17f.

Nun war die Oberrealschule im Laufe des Kaiserreichs dem Gymnasium zwar gleichgestellt worden, dennoch galt das Gymnasium als der prestigeträchtigste Schultyp. Blickt man auf die Schulanfänger wird diese Einschätzung in Teilen zwar relativiert,[687] aber den langen finanziellen Atem bis zum Abitur hatte nur eine kleine Minderheit.[688] Weder nach 1870 noch am Vorabend des Krieges waren unter den Erfurter Abiturienten Arbeitersöhne vertreten; Söhne aus Handwerksmeisterfamilien spielten in den 1870er Jahren mit rund vier Prozent eine genauso geringe Rolle als am Ende des Kaiserreichs. Wie wohl an allen Gymnasien Deutschlands,[689] stellten Söhne mit bildungsbürgerlichem Hintergrund den Hauptanteil unter den Abiturienten (rund 30%) – Bildungsbürgertum allerdings in Form seiner verbeamteten Variante. Es dominierten die Staatsbeamten der Pfarrer, Oberlehrer, Schulprofessoren und Räte (86% aller Bildungsbürger). Auch an diesem Schultyp waren die Söhne von Beamten des gehobenen Dienstes mit bis zu einem Viertel (1904/13) stark vertreten.

Dass das Gymnasium als Platzierungsziel innerhalb jener Familien präsent war, die im öffentlichen Dienst arbeiteten, die in ihrem Arbeitsalltag die Bedeutung der Schulbildung für die Hierarchisierung der Arbeitsabläufe zu spüren bekamen, zeigt sich auch darin, dass Beamte des unteren Dienstes zu beiden Zeitpunkten knapp zehn Prozent der Herkunftsgruppe der Erfurter Abiturienten stellten. Max Rettig, Sohn des bei der Eisenbahndirektion beschäftigten Registrators Karl Rettig, hatte an Ostern 1880 sein Abitur abgelegt, danach Philologie studiert und war 1896 Lehrer an einem Gymnasium in Ottweiler geworden. Oder Richard Watteroth: Sohn eines katholischen Bürgerschullehrers, legte 1907 an Michaelis sein Abitur ab, studierte Philologie und promovierte in Staatswissenschaften.[690] Überbetonen darf man diese Karrierewege aus dem Randbürgertum durch Schulbildung ins Kernbürgertum sicherlich nicht. Deutlich wird allerdings das Rekrutierungspotenzial des öffentlichen Dienstes für das Gymnasium. Zwischen 1870 und 1881 lag der Anteil von Abiturienten, die aus diesem Wirtschaftsbereich stammten, bei rund der Hälfte, 1904/14 bei zwei Dritteln.

Wo blieb unter dieser Beamten- und Bildungsbürgerdominanz im Gymnasium das Wirtschaftsbürgertum? Aus der Schulperspektive wird noch einmal

---

687 Vgl. *Wehler*, Gesellschaftsgeschichte, Bd. 3, S. 1204.

688 Auswertung der Verzeichnisse der Abiturienten in: Prüfung aller Klassen, 1871–1882 sowie Schulnachrichten des Kgl. Gymnasiums 1905–1914. Erfasst wurden für den Zeitraum August 1870 – Michaelis 1881 alle 133 Abiturienten, für die Jahrgänge Ostern 1904 – Ostern 1914 wurde nur eine Teilerhebung von 244 Abiturienten vorgenommen.

689 *Wehler*, Gesellschaftsgeschichte, Bd. 3, S. 1204.

690 Prüfung aller Klassen, 1880; *Brünnert*, S. 15 (zu M. Rettig); Schulnachrichten des Kgl. Gymnasiums, 1908; Ehrentafel, (1919), S. 19 (zu Richard Wattenroth); Wattenroth hatte sich wie die meisten seiner Klassenkameraden als Kriegsfreiwilliger gemeldet, er fiel am 30. Oktober 1914).

deutlich, wie sinnvoll es ist, beide Berufsgruppen in getrennten Kategorien zu erfassen. Denn Söhne aus Fabrikanten- und wohlhabenden Kaufmannsfamilien hatten in der Tat Alternativen zum humanistischen Gymnasium. Mit dem Besuch der privaten »Höheren Handelsfachschule des Dr. Wahl«, die ähnlich den Realschulen auf den Lateinunterricht verzichtete, moderne Fremdsprachen anbot und neben dem klassischen und naturwissenschaftlichen Bildungskanon eine praxisorientierte Ausbildung in den Vordergrund stellte, wurden Berufsvererbung, Gruppenverschmelzung und enge soziale Kontakte eingeleitet, ja gewissermaßen zu einem unentrinnbaren Schicksal für Söhne aus wirtschaftlich erfolgreichen Familien.[691] Spiegelbildlich zum Gymnasium entstammten hier siebzig Prozent der Abiturienten zwischen 1878 und 1895 aus Selbstständigenfamilien, dagegen spielte der öffentliche Dienst mit knapp zehn Prozent kaum eine Rolle. Diese wirtschaftsbürgerliche Phalanx an dieser Schule hatte dabei nicht nur eine quantitative, sondern auch eine qualitative Komponente. Auf diese Schule wurden nicht Söhne irgendwelcher Selbstständigen geschickt, sondern hier drückten die Reichsten der Reichen gemeinsam die Schulbank. Otto Büchner, Sohn des reichsten Mannes Erfurts im Jahr 1886, Bierbrauereibesitzer Wilhelm Büchner, machte im gleichen Jahr sein Abitur wie der Sohn des Kunst- und Handelsgärtners Niels-Lund Chrestensen. Die Fabrikantendynastien der Heß' (Schuhfabrik), Hagans' (Lokomotivbau) und Apells (Eisengießerei) ließen ihre Söhne diese Privatschule besuchen. Auch die wenigen Handwerksmeister (N=8, 9,3%) waren keine um ihre Selbstständigkeit ringenden Einzelmeister, sondern wohlhabende Unternehmer oder reich gewordene Meister.[692] Gegenüber dieser Einrichtung sah das Gymnasium wie ein Hort der Offenheit aus.[693] War die Elite der städtischen Gesellschaft, das Kernbürgertum, also doch eher durch Reaktionen einer Kernspaltung als einer Kernschmelze geprägt? Aus der Sicht der Schullaufbahn und dieses speziellen Schultyps deutet alles darauf hin. Allerdings dürfen zum einen die in den vorangegangenen Kapiteln beschriebenen

691 Jahresbericht Handelsfachschule, 1896/97, S. 5ff.

692 Abiturientenlisten der Höheren Handelsfachschule, 1878ff. (Stichprobe), in: Jahresberichte der höheren Handelsfachschule zu Erfurt, 1878 ff. Ausgewählt wurden einhundert Abiturienten aus 86 verschiedenen Herkunftsfamilien. Um nur ein Beispiel zu nennen für die finanziell-wirtschaftliche Macht, die in dieser Schule versammelt war: Das durchschnittliche Steueraufkommen allein der Handwerksmeister belief sich auf 367 Mark (durchschnittliches Jahreseinkommen 15.000 Mark). Dieser Durchschnitt wurde noch durch den Schmiedemeister Robert Schmidt erheblich gedrückt, da er sein Einkommen nur mit 52 Mark versteuert hatte (ca. 2.500 Mark).

693 Der in einem Flugblatt der Erfurter Sozialdemokratie formulierte Vorwurf: »So sind die Besitzenden ängstlich bemüht ihre Kinder von jeder Berührung mit der Proletarierjugend fernzuhalten, unbekümmert um die daraus entstehenden schweren pädagogischen und sozialen Nachteile«, hatte in der »Höheren Handels-Fachschule des Dr. Wahl« seine konkrete Bestätigung (Flugblatt zur Stadtverordnetenwahl, November 1896, ThSTA Gotha, Regierung zu Erfurt, Nr. 489).

Kontakte nicht vergessen werden, zum anderen war auf schulischer Ebene gerade das Gymnasium auch eine Vermittlungsinstanz. Betrachtet man nämlich nur jene Abiturienten zwischen 1904 und 1914, die in Erfurt geboren wurden (N=99), zeigen sich doch vermittelnde Elemente. Der öffentliche Dienst und die Söhne aus beamteten Bildungsbürgerfamlien dominierte nur noch leicht; unter allen *Erfurter* Abiturienten kamen 42,5 Prozent aus Selbstständigenfamilien, während unter *allen* Abiturienten der Selbständigenanteil lediglich bei 29 Prozent lag. Die Einheit von Bildungs- und Wirtschaftsbürgertum war lokal fundiert und erlaubte so die Integration divergierender Interessen.[694]

Beispiele sozialer Ungleichheit im Schulwesen standen am Anfang dieses Abschnitts. Das Ungleichgewicht zwischen höherem und mittlerem Schulsystem einerseits und Elementarschulsystem andererseits dokumentiert sich auch in der quellenmäßigen Überlieferung. Während die wenigen Abiturienten Jahr für Jahr in säuberlich gesetzten Tabellen der Öffentlichkeit bekannt gemacht wurden, ist von den zehntausenden Erfurter Volksschülern kaum etwas überliefert.[695] Erhalten geblieben ist bezeichnenderweise eine Liste mit Erfurter Schülern und Schülerinnen, die neben der Schule noch arbeiten mussten. Von 335 Schülern, die in den Jahren 1897 und 1898 »gewerblich in der Zeit von abends 7 Uhr bis vormittags 7 Uhr beschäftigt waren«, besuchten nur 7,2% eine Bürger- oder Mittelschule, alle anderen wurden in Volksschulen unterrichtet. Knapp dreiundneunzig Prozent stammten aus Arbeiterfamilien. Von den übrigen sieben Prozent aus dem Randbürgertum hatte ein Drittel einen Bäckermeister als Vater und musste morgens frische Brötchen austragen. Von den 156 arbeitenden Schulmädchen waren über ein Drittel mit »Aufwartung« beschäftigt und wurden damit schon auf ihre mögliche spätere Tätigkeit als Dienstmädchen vorbereitet.[696]

So unvollständig und lückenhaft diese Listen wahrscheinlich auch sind, sie offenbaren doch, dass nur ein äußerst geringer Prozentsatz, gemessen an der Gesamtschülerzahl Erfurts, neben der Schule noch arbeiten musste. Elendsbilder zu zeichnen besteht kein Anlass. Das Bild hellt sich bei aller Differenzierung und Ungleichheit weiter auf, wenn eine eingangs knapp erwähnte Entwicklung noch einmal kurz aufgegriffen wird – der relative Bedeutungs-

694 Aus schulischer Perspektive standen zudem die zwischen Wirtschafts- und Bildungsbürgertum vermittelnden Schultypen des Realgymnasiums und der (Ober)Realschule zur Verfügung. Der Aufstieg dieser beiden Schultypen war möglicherweise auch ein Grund, dass sich die Zahl der Abiturienten an der Handels-Fachschule ab 1892/93 verringerte. Der weitere Weg der Handelsfachschule nach 1895 konnte nicht ermittelt werden.

695 Diese ungleiche Behandlung setzt sich bis heute fort. Während der Berliner »Tagesspiegel« jedes Jahres die Namen der Abiturienten veröffentlicht, käme nicht einmal das kleinste Provinzblatt auf die Idee, die Namen der Hauptschüler zu publizieren.

696 Listen erwerbstätiger schulpflichtiger Kinder (StAE 1–2/209–654). Die Verzeichnisse wurden von den Lehrern erstellt und an den Schulrat weitergeleitet.

verlust der Volksschulen als Lernort. Da immer weniger Schüler eine der städtischen Volksschulen besuchten, begannen die Mittel- und Bürgerschulen ihnen den Rang als primärer Sozialisationsort außerhalb der Familie abzulaufen. Besuchten 1880 noch 64,9 Prozent aller Schüler einer städtischen Schulanstalt eine Elementarschule, so war dieser Anteil zwanzig Jahre später um rund zehn Prozent zurück gegangen. Entsprechend dieser Entwicklung stieg zwischen 1880 und 1900 der Anteil der Mittel- und Bürgerschüler explosionsartig von 9,3 auf 39,4 Prozent.[697] Viele Arbeiter wollten sich nicht mehr mit dem zufrieden geben, was ihre eigene Schulzeit geprägt hatte: »Ich habe eigentlich bloß Bibelstunden gehabt, alle Evangelien und Kirchenlieder, 500 Bibelverse, auswendig lernen müssen«, fasste Paul Reißhaus seine Schuleindrücke zusammen.[698] Reißhaus und manch anderer sozialdemokratisch orientierte Arbeiter schickten daher ihre Söhne auch auf die Bürgerschulen und 1909 war es Paul Walter Petzold, Sohn des sozialdemokratischen Redakteurs der »Tribüne«, Paul Petzold, der von der II. Bürgerschule auf die Oberrealschule wechseln konnte und so als einziger der aufgenommenen Söhne einen indirekten Bezug zur Arbeiterschaft und einen direkten Bezug zur Arbeiterbewegung hatte. Große Teile des Randbürgertums und der Arbeiterschaft wollten sich weder damit zufrieden geben, dass ihre Kinder nur mit dem Basiswissen der Volksschulen ins Berufsleben starten sollten, noch wollten sie auf den ›Kollektivaufstieg der Arbeiterklasse‹ warten.[699] In realistischer Abschätzung ihrer finanziellen Möglichkeiten und der individuellen Chancen ihrer Kinder, brachten die Eltern die Kinder in die Position, die ihnen den Weg in die Angestelltenschaft und das Beamtentum zumindest möglich machte.[700] Das bürgerliche Gut Bildung war tief in die Gesellschaft eingedrungen und hatte neue Möglichkeiten sozialer Mobilität eröffnet. Eine offene Gesellschaft war das Kaiserreich und Erfurt damit allerdings genauso wenig geworden wie das Schulwesen dadurch grundsätzlich demokratisiert worden ist.[701]

697 Denkschrift Schulverhältnisse, StAE 1–2/200–6681.

698 Paul Reißhaus während der Gründungsversammlung des Erfurter sozialdemokratischen Vereins (Polizeiverwaltung an den Regierungspräsidenten, 11. November 1889, StAE 1–2/124–3, Bl. 4–13). Der Vorwurf der Beschränkung auf den Religionsunterricht taucht toposartig immer wieder in der sozialdemokratischen Diskussion um das Schulwesen auf.

699 Vgl. dagegen *Grebing*, Arbeiterbewegung, S. 95.

700 Mit einem Schulgeld zwischen sechs und zwölf Mark pro Jahr für die II. Bürgerschule und einem einheitlichen Schulgeld von 30 Mark für die I. Bürgerschule in den 1890er Jahren hielten sich die finanziellen Opfer, die für die Ausbildung der Kinder aufgebracht werden mussten, in Grenzen (Angaben nach: Statistisches Jb. dt. Städte 6 (1894/95), S. 105).

701 Ähnliche Einschätzung bei *Lundgreen* u.a., Bildungschancen, S. 79. Vierhaus hebt ebenfalls den starken Einfluss der »bürgerlichen‹ Bildung« auf die Arbeiterschaft – auch der Schulbildung – hervor, allerdings lässt er die unterschiedlichen Zugangschancen zu dieser Bildung in seiner Interpretation unberücksichtigt (*Vierhaus*, S. 63f.).

IV. Konstellationen der Parteipolitik in Arbeiterschaft und Bürgertum

Nach der Rekonstruktion der verschiedenen Kontaktebenen und ihrer Bedeutung für die jeweiligen sozialen Großgruppen sowohl unter- als auch zwischeneinander soll im folgenden Kapitel der zentralen Frage der politisch-sozialen Struktur der Gesellschaft nachgegangen werden. Das Verhältnis von Individuum und Vergesellschaftung, von historischem Akteur und Struktur ist ein Klassiker der sozialgeschichtlichen wie der sozialwissenschaftlichen Forschung.[1] Es kommt darauf an, die Beziehungen der Individuen untereinander zu beleuchten sowie die integrierenden und abgrenzenden Mechanismen zu analysieren, die zu gesellschaftlich verdichteten Strukturen in spezifischen Milieus mündeten. Damit ist zwar ein wesentlicher Schritt zum Verständnis der (städtischen Erfurter) Gesellschaft geleistet. Aber es lohnt sich noch einen Schritt weiter zu gehen. Denn in den unterschiedlichen Kontaktstrukturen und Kontaktmilieus spiegelten sich verschiedene parteipolitische Entwicklungen. Ohne hier – hoffentlich – in eine Dezisionismus-Falle zu treten, wird man für Erfurt diese parteipolitischen Ausprägungen als durch Bürgerliche und durch Arbeiter geprägte Richtungen vorab bestimmen können. Im Folgenden sollen diese parteipolitischen Kristallisationspunkte in den Blick genommen werden, da sie äußerst dichte Vergesellschaftungsformen darstellen, im Gegensatz zur singulären bzw. eng umrissenen Interessenbefriedigung in kulturellen Vereinen oder Verbänden mit umfassender Interessendurchsetzung, also mit Macht und Herrschaft gekoppelt sind und entlang kulturell aufgeladener Konfliktlinien verlaufen.[2] Eine umfassende Organisationsgeschichte kann in diesem Zusammenhang nicht geleistet werden. Der Blick richtet sich vielmehr auf die Basis der Parteien und die strukturellen und individuellen Erfahrungen der Parteimitglieder und jeweiligen Milieus.

---

1 Siehe *Breuilly*, Unterschichten, S. 261, 269f.; *Welskopp*, Mensch, S. 39ff.
2 Vgl. *Rohe*, Wahlen, S. 23f.

1. Der Einfluss von Strukturen:
Die soziale Basis der politischen Vereine bzw. Parteien

Das Erfurter Parteienspektrum durchlief während des Kaiserreichs verschiedene Phasen von Verdichtung und Ausdifferenzierung. Diese betrafen das bürgerliche Lager. Die 1870er Jahre waren von einer freikonservativen Dominanz gekennzeichnet, während im folgenden Jahrzehnt eine (links)liberale Strömung entstand, ehe in den neunziger Jahren des 19. Jahrhunderts das Parteienspektrum am rechten Rand bis zu den Antisemitenparteien ausfaserte. Schließlich engte sich gegen Ende des Kaiserreichs das bürgerliche Parteienangebot in Erfurt auf eine nationalliberal-freikonservative ›Fraktion‹ und eine deutschkonservative Variante ein. Als Konstanten blieben die Sozialdemokratie und das Zentrum. Die Parteientwicklung fußte auf Traditionen, die bis in die Zeit der Revolution von 1848 zurück reichten, und spiegelte ideen- und ideologiegeschichtliche Vorstellungen des Konservatismus, Liberalismus, Sozialismus und Katholizismus. Die Vielfalt der bürgerlichen Parteienlandschaft belegt eindrücklich, dass sich das Bürgertum nicht in einem Interessenfindungsprozess um eine einheitliche Partei herum vergesellschaftete. Sie besaßen – in den Worten von Max Weber oder Karl Marx – eben keine gemeinsamen Marktpositionen oder gemeinsamen Interessenlagen. Andererseits wurde zurecht betont, dass der wahlgeschichtlich höchst nützliche Begriff des Lagers – sozialstrukturell gewendet – anzeigt, dass sich hinter dem »nationalen Lager« die bürgerlichen Schichten erkennen lassen: »Liberalismus und (städtischer) Konservativismus werden damit beschreibbar als zwei politische Bewegungen, die innerhalb derselben sozialen Schichten um die politische Deutungskompetenz konkurrierten«.[3] Für die Arbeiterbewegung lässt sich im Analogieschluss postulieren, dass der Sozialismus um die Deutungskompetenz innerhalb der Arbeiterschaft kämpfte. Auch wenn hier die Beziehungsstruktur zwischen Deutungssystem und sozialer Formation eindeutiger ausgeprägt scheint als im bürgerlichen Lager, darf auch bei der Sozialdemokratie weder voreilig die soziale Basis als homogenisierte Einheit betrachtet werden noch von einem schlichten Automatismus ausgegangen werden, welcher die Arbeiterschaft geschlossen zur Sozialdemokratie führte.

Sozialdemokratisches Lager. Als Franz Klute 1875 von Seiten der Partei nach Erfurt geschickt wurde, um vor Ort die Organisationsbestrebungen voranzutreiben, fand er bereits einen Arbeiterbildungsverein vor.[4] Dieser war am 21.

---

3 *Hettling*, Bürgerlichkeit, S. 30; *Rohe*, Wahlen.

4 Vgl. zu Klute auch *Gotthardt*, S. 374f., 384; *Heß*, Sozialdemokratie, S. 30. Klute war 1875 auch maßgeblich an der Gründung eines Göttinger Ortsvereins der Sozialdemokratie beteiligt (*v. Saldern*, Einwohner, S. 96).

November 1874 mit 45 Mitgliedern gegründet worden.[5] Vermutlich auf Initiative Klutes ging aus diesem Verein im Januar 1876 ein Arbeiterwahlverein hervor, bzw. wurde der Bildungsverein umbenannt und umstrukturiert. Diese konkrete Ausgangssituation vor Ort zeigt, dass die von Thomas Welskopp entwickelte Typologie sozialdemokratischer Lokalorganisationen nicht nur für synthetisierende Zugriffe nützlich sein kann, sondern selbst für Lokalstudien ihre Berechtigung hat. Zumindest in der Gründungsphase lässt sich Erfurts Arbeiterbewegung demnach als eine »autonome Koloniegründung« bezeichnen, die »von außen angeregt« wurde, »ein recht eigenständiges Organisationsleben« entwickelte und in ihrer »Bandbreite der in [ihr] vertretenen Berufe schmaler« war als die größeren, »hegemonialen« Organisationen.[6] Diese Keimzelle der Erfurter Sozialdemokratie im Kaiserreich hatte einen fast ausschließlich handwerklichen Kern. Von den rund vierzig Mitgliedern sind 23 mit Berufs- und Wohnungsangabe verzeichnet. Geprägt wurde der Wahlverein von nur drei Berufsgruppen: Sechs Schuhmacher, fünf Schneider und vier Tischler stellten zwei Drittel der mit Berufen bekannten bzw. zwei Fünftel sämtlicher Mitglieder.[7] Das Übergewicht der in der Bekleidungsindustrie tätigen Handwerker entsprach zum einen diesem für die Erfurter Wirtschaft wichtigen Gewerbezweig, zum anderen war die Herkunft aus den städtischen Massenhandwerken typisch für die frühe Arbeiterbewegung.[8] Das Statut sah vor, »durch Verbreitung der sozialdemokratischen Presse und Schriften, sowie durch Abhalten von Versammlungen und Vorträgen auf gesetzlichem Wege für eine sozialdemokratische Vertretung des arbeitenden Volkes in den gesetzgebenden Körperschaften zu wirken«.[9]

Der Begriff des »arbeitenden Volkes« deutet an, dass dem Wahlverein eine Konzeption vorschwebte, die mehr wollte, als nur reine (Lohn)-Arbeiterinteressen auf der politischen Ebene zu vertreten.[10] Auf einer Volksversammlung im März 1878 meinte das Gründungsmitglied Karl Hermann Arnold, ein Zigarrenmacher und -händler: »Tun Sie dieses [für die »Erfurter Volkszeitung« werben, d. Vf.], so wird man bestimmt sagen, dass auch in Erfurt der Arbeiterstand erkannt hat, dass er begriffen hat, wer in Wirklichkeit für die Rechte der Menschheit eintritt«.[11] Demnach waren es die Arbeiter, die als Teil der bürger-

---

5 Arbeiter-Bildungs-Verein zu Erfurt, StAE 1–2/124–1, Bl. 31.

6 Zur Begrifflichkeit: *Welskopp*, Banner, S. 51f. Dabei ist nicht nur an den Einfluss von außen kommender Agitatoren, sondern auch auf das thüringische Umfeld mit seinen sozialdemokratischen Vorläufern zu denken (vgl. *Bock*).

7 Mitglieder des Arbeiter-Wahl-Vereins 1876, StAE 1–2/124–1, Bl. 8f.

8 *Welskopp*, Banner, S. 51, 225; *Lenger*, Handwerkliche Phase, S. 232ff.; *Kutz-Bauer*, S. 179; *Grebing*, Arbeiterbewegung, S. 42.

9 Statut des Arbeiter-Wahl-Vereins 1876, ThSTA Gotha, Regierung zu Erfurt, Nr. 438.

10 Vgl. *Welskopp*, Klasse als Befindlichkeit, S. 319f.

11 Polizeilicher Überwachungsbericht einer Volksversammlung, 18. März 1878, StAE 1–2/124–1, Bl. 141–166, hier 165f. Gegen den »Cigarrenarbeiter« Arnold u. a. wurde 1879 von der

lichen Gesellschaft auftraten und sich für die Verwirklichung ureigenster bürgerlicher Leitvorstellungen einsetzten. Die Sozialdemokratie operierte dabei mit einem möglichst umfassenden Arbeiterbegriff, der Idee einer demokratischen Volksbewegung, die breite Bevölkerungskreise einschließen sollte und erst vor einem eng umrissenen Kernbürgertum der »Pfaffen«, »hohen Beamten«, »Fabrikanten«, »Großhändler« und »Gutsbesitzer« Halt machte.[12] Trotz dieses breiten demokratischen Anspruchs beschränkte sich der (Erfurter) Arbeiterwahlverein von seiner sozialen Zusammensetzung her auf das Milieu der Handwerker-Arbeiter. Mittel der Kommunikation waren Volksversammlungen, die Gründung einer Zeitung, aber auch die unmittelbare Ansprache von Angesicht zu Angesicht: »Wir werden dafür Sorge tragen, dass anstatt vierhundert Abonnenten in nächster Zeit tausend Abonnenten erfolgen, und das können Sie sehr gut, wenn Sie in der Werkstatt, überall, wo Sie gehen und stehen, die Sache zu verbreiten suchen«, meinte Arnold in der Volksversammlung im März 1878.[13] Dem Betrieb kam nicht nur für die gewerkschaftliche, sondern auch für die politische Organisation eine wichtige Kommunikationsfunktion zu.[14]

Durch die Verbotspraxis während des Sozialistengesetzes existierten zwischen 1878 und 1889/90 keine sozialdemokratischen Vereine im politischen Sinne. Einen Ersatz bei der Frage nach der sozialen Basis der Erfurter Sozialdemokratie, zumindest ihres unmittelbaren Kernmilieus, bieten jene 59 Wähler, die sich 1886 bei den Stadtverordnetenwahlen für Kandidaten entschieden, die eindeutig der sozialdemokratischen Bewegung angehörten. Die öffentliche Stimmabgabe zugunsten dieser Kandidaten kam unter den Verfolgungsbedingungen des Sozialistengesetzes einem Bekenntnis gleich und soll daher gleich gewichtet werden wie die Zugehörigkeit zu einem sozialdemokratischen Wahlverein.[15] Die sozialdemokratische Basis hatte sich erweitert – Indiz für die Wandlung Erfurts von einer »Koloniegründung« hin zu einer »autonomen« Gemeinde«.[16] Zwar dominierten 1886 nach wie vor die Schuh-

Erfurter Polizeiverwaltung ein Prozess wegen einer verbotenen Versammlung angestrebt, der jedoch mit einem Freispruch für die Angeklagten endete (vgl. den Schriftverkehr in: GStA PK, Rep. 77 tit 500, Nr. 46 adhib 5, Bd. 2, Bl. 178, 228, 243 (Merseburg)).

12 Aufruf »An das deutsche Volk«, Zürich/Hottingen (1881), ThSTA Gotha, Regierung zu Erfurt, Nr. 486, Bl. 59f. Vgl. Lassalles Konzept des Arbeiterstandes als demokratische Volksbewegung, dem »96¼ Prozent« der Bevölkerung angehörten (Grebing, Arbeiterbewegung, S. 59; Euchner, S. 133f.).

13 Polizeilicher Überwachungsbericht einer Volksversammlung, 18. März 1878, StAE 1–2/ 124–1, Bl. 141–166, hier 165f.

14 Kritisch zur Rolle der Betriebsebene – allerdings für die Frühphase der Sozialdemokratie – dagegen Welskopp, Banner, S. 23, 747.

15 Rohe nutzte die öffentliche Stimmabgabe bei Landtagswahlen für Rückschlüsse über die Mitgliedschaft der Sozialdemokratie im Ruhrgebiet (Rohe, Ruhrgebietssozialdemokratie, S. 333f.).

16 Welskopp, Banner, S. 51f.

macher (45,8%) und Schneider (10,2%) das Bild, hinzu kamen Arbeiter und Handwerker aus Metallberufen (8,5%) und Tischler (5,1%) sowie vereinzelt Handarbeiter und untere Angestellte. Fast ein Viertel der sozialdemokratischen Wähler besaß einen Meistertitel; sie kamen vor allem aus den erhöhtem Konkurrenzdruck ausgesetzten Gewerben der Schuhmacherei und der Schneiderei.

Am wohlhabendsten mit einem jährlichen Einkommen von rund 3.500 Mark waren der Restaurateur Ernst Lustermann sowie der Schneidermeister Paul Reißhaus. Tischlermeister Eduard Fritz, der bereits 1876 Vorsitzender des Arbeiterwahlvereins gewesen war, der Schuhmacher-Werkmeister Friedrich Erler und Schneidermeister August Staupe versteuerten rund 2.700 Mark Jahreseinkommen. Zwei Drittel der Wähler zahlten Steuern in einer Höhe, die einem Jahreseinkommen von 1.200 Mark entsprachen.[17] Die Hälfte der sozialdemokratischen Wähler wohnte in den nördlich der Innenstadt gelegenen Stadtbezirken.[18] Unmittelbare Nachbarschaftsbeziehungen lassen sich nicht erkennen. Allerdings bildete sich unter diesen ›bekennenden Sozialdemokraten‹ ein anderer Kristallisationspunkt heraus: Unter den 29 Schuhmachern, die einen Sozialdemokraten wählten, befand sich mindestens ein knappes Drittel (N=9), die in der Schuhfabrik Lingel arbeiteten.[19] Da sozialdemokratische Zeitungen verboten waren, Vereinsversammlungen polizeilich überwacht wurden, sich politische Volksversammlungen auf die Zeit der Reichstagswahlen beschränkten, kam dem Betrieb als Vermittlungsebene an der Basis der Sozialdemokratie eine entsprechend wichtigere Rolle zu.

Deutlich wird hier aber auch, dass die soziale Basis sich von ihrem beruflichen Umfeld aus betrachtet immer mehr von ihrer handwerklichen Herkunft gelöst hatte und die Erfahrung der Arbeit in der Fabrik zunahm. Manche empfanden diesen beruflich-strukturellen Wandel als Verlust und leiteten daraus die politische Mobilisierung der Arbeiter ab: »Wie sich doch die Zeiten ändern! / Seht das Handwerk weicht wie nie, / Ueberall in allen Ländern / Triumphiert Groß-Industrie. ... Meister steht mit Geselle / In Fabriken gleich im Rang, / Der nur sichert seine Stelle, / Der sich beugt sein Leben lang! // ... Mehr Lohn! mehr Lohn! so hört man schallen, / Nicht länger sind wir Sklaven mehr! / Die Straßen füllen sich, die Hallen, / Die Arbeitsräume stehen leer. / Da öffnen sich der Rede Schleusen, / Es steigert sich der Groll zur Wuth, / Bis endlich alle Stränge reißen, / Und vorwärts geht's mit wildem Muth.«[20] Mit den Mitteln

17 Ähnlich lagen die Einkommensverhältnisse bei den sozialdemokratischen Wahlmännern in Breslau (*Hettling*, Bürgerlichkeit, S. 81).

18 Sämtliche Angaben nach: Liste der Wahlberechtigten 1886, StAE 1–2/005–7.

19 Namenslisten von Lingel-Arbeitern und -Arbeiterinnen 1890ff., StAE 1–2/130–937.

20 Friedrich Friedel: Das sterbende Handwerk oder Das Lied vom armen Mann. Parodie zu Schillers Glocke, Erfurt: Selbstverlag o. J. (1886), S. 5, 13, 14, in: ThSTA Gotha, Regierung zu Erfurt, Nr. 487.

der Lyrik und Parodie wurde der Transformationsprozess des Handwerks als handlungsleitendes Motiv zum Ausdruck gebracht, das auf individueller Ebene die Grundlage von Vergesellschaftungsprozessen an der sozialdemokratischen Basis abgab.

An der Wende des Jahres 1889/90 verdichteten sich die politischen Aktivitäten der Erfurter Arbeiterbewegung. Im Mai 1889 wurde ein »Wahlverein zur Erzielung volksthümlicher Wahlen« gegründet, dem 65 Männer beitraten. Auf der konstituierenden Sitzung im »Auenkeller« am 14. Mai hielt Paul Reißhaus eine einstündige Rede über die Freisinnige Partei. Die Legitimierung der Parteigründung folgte nicht einem sozialen, sondern einem politischen Argumentationsmuster, denn die Freisinnigen hätten ihre liberalen und demokratischen Grundsätze unter anderem durch die Zustimmung zur Verlängerung des Sozialistengesetzes längst über Bord geworfen: »Solcher Parthei, die schöne Reden halte und Lügen zu Tage brächte, der dürften die Arbeiter keine Hülfe leisten bei den Wahlen«. Daher sei die »einzig freisinnige Parthei die deutsche Arbeiterpartei«.[21] In Hinblick auf die bevorstehenden Reichstagswahlen zielte diese Rhetorik nicht nur auf die Stimmen der Arbeiterschaft, sondern zusätzlich auf potenzielle liberale Wähler. Die Sozialdemokratie sah sich als Erbin der liberalen Bewegung – und hätte deren Attraktivität für selbstständige Handwerker am liebsten gleich mit geerbt.[22] Doch die Basis blieb auf ein klar umrissenes Arbeiter- und Handwerkermilieu begrenzt und repräsentierte keine breite »Volksbewegung«. Die Erfurter Sozialdemokratie blieb von Schuhmachern und Schneidern geprägt. Beide Berufsgruppen zusammen stellten 55 Prozent derjenigen Mitglieder, deren Berufe sich rekonstruieren ließen, bzw. 35 Prozent aller Mitglieder des Wahlvereins. Ein einziger »Kommis« stand für den Bereich des Dienstleistungssektors. Die begrenzte Basis dieses politischen Neustarts in der Endphase des Sozialistengesetzes spiegelte sich in einem weiteren Punkt: Von den 65 Mitgliedern wohnten mehr als ein Viertel in nur sieben Häusern. Der Gründungsimpuls entsprang einer offensichtlichen »face-to-face«-Mobilisierung, die möglicherweise noch den Verfolgungsbedingungen geschuldet war. Denn die Erfurter Regierungsbehörde griff bereits wenige Tage nach Gründung des Wahlvereins ein und verbot die Institution.[23]

21 Polizeibericht vom 16. Mai 1889, ThSTA Gotha, Regierung zu Erfurt, Nr. 480, Bl. 257–266, hier 263f.

22 Vgl. *Lenger*, Kleinbürgertum, S. 194ff.; vgl. für die frühe Konstituierungsphase der Arbeiterbewegung auch die These von Gotthardt, dass diese sich »im Fegefeuer der liberalen Politisierung« entwickelt habe (*Gotthardt*, S. 153).

23 Regierungspräsident von Erfurt, 25. Mai 1889, ThSTA Gotha, Regierung zu Erfurt, Nr. 480, Bl. 197. Das preußische Innenministerium sah keine hinreichenden Gründe für diesen Schritt: »[Es] kann aus dem Umstande, dass derselbe [Wahlverein] bemüht ist, die Wahl auf einen sozialdemokratischen Agitator für den Reichstag im dortigen Wahlkreise zu lenken, keineswegs gefolgert werden, dass sich seine Bestrebungen auf den Umsturz der bestehenden

Für die weitere sozialdemokratische Parteientwicklung 1889/90 wirkten sich zwei Umstände positiv aus. Zum einen erschien mit der »Thüringer Tribüne« seit dem 1. September 1889 ein neues Kommunikationsmittel, das über die bisherigen Vermittlungsebenen hinaus ging und breitere Resonanz erzielen konnte.[24] Zum anderen bildete sich nicht nur im Führungszirkel der Bewegung, sondern auch an der Basis eine gewisse Stabilität aus, da von den 65 Mitgliedern des Wahlvereins in den Nachfolgeorganisationen – im November 1889 wurde der sozialdemokratische Wahlverein gegründet, der sich im Juli 1890 als sozialdemokratischer Verein neu gründete bzw. umbenannte – gut vierzig Prozent immer wieder auftauchten.[25] In der Berufsstruktur unterschieden sich diese politischen Vereine kaum vom Wahlverein aus dem Mai 1889. Schuhmacher und Schneider stellten nach wie vor die meisten unter den 91 bzw. 144 Mitgliedern, gefolgt von Holz- und Metallarbeitern.

In der Mischung aus Ablehnung handwerklicher Organisationstraditionen wie den Innungen zum Ersten, der Suche nach Alternativen und den Bestrebungen zur Verbesserung der sozialen Lage von Handwerkern, Arbeitern, aber auch dem Randbürgertum[26] zum Zweiten und dem politischen Emanzipationsanspruch als politische Vertretung einer breiten Volksbewegung zum Dritten entstand das Bild der Erfurter Sozialdemokratie. Gerade dieses anspruchsvolle Programm setzte Engagement und Initiative voraus, die kaum an eine breite Masse zu vermitteln war. Deutlich wird aber auch, dass die ökonomisch-soziale Lage der einzelnen Berufsgruppen nicht der alleinige oder entscheidende Motivationsfaktor darstellte. Die Vergesellschaftung zur Partei muss immer auch als politischer Konstituierungsakt betrachtet werden, der wiederum stark von direkten Kommunikationsbeziehungen zwischen dem aktiven Führungskern und der Arbeiterschaft abhing.

Die soziale Basis des Erfurter Parteimilieus wurde für die 1870er und 1880er Jahre auf Grundlage individueller Angaben rekonstruiert. Für die folgenden Jahre nimmt die Informationsdichte – bedingt durch den organisatorischen Ausbau der Partei – zwar erheblich zu, allerdings beruhen diese Daten auf von der Parteileitung akkumulierten und bereits aufbereiteten Ergebnissen. Gegenüber den Gründungsinitiativen aus den Jahren 1889 und 1890

Staats- und Gesellschaftsordnung richten« (ebd., Bl. 243f.). Vgl. auch *Heß*, Sozialdemokratie, S. 60f.

24 Thüringer Tribüne, Nr. 1 vom 1. September 1889: Die Zeitung »vertritt eine socialistisch-demokratische ... Politik ..., strebt die Verbesserung der Lage des Arbeiterstandes, die Erhöhung der Volksbildung an« (ThSTA Gotha, Regierung zu Erfurt, Nr. 488).

25 Sozialdemokratischer Wahlverein 1889, ThSTA Gotha, Regierung zu Erfurt, Nr. 459, Bl. 62; StAE 1–2/124–2, Bl. 266ff.; Statut des Sozialdemokratischen Vereins zu Erfurt, Juli 1890, ThSTA Gotha, Regierung zu Erfurt, Nr. 482, Bl. 86–90; Mitgliederliste (ebd., Bl. 91f.). Das gleiche Material für den Ilvergeshofener Verein findet sich ebd., Bl. 105f.

26 Vgl. die im sozialdemokratischen Verlag Karl Schulze 1890 gedruckte Broschüre »Das Elend im Subalternbeamtenstande«, ThSTA Gotha, Regierung zu Erfurt, Nr. 459.

machte der sozialdemokratische Verein Erfurts in den folgenden Jahren zunächst kaum Fortschritte. 1896 wurden nur 141, ein Jahr später immerhin 215 Mitglieder gezählt. Erst nach der Jahrhundertwende nahm die Mitgliederzahl schnell und deutlich zu und stieg von 311 (1900) über 1.090 (1906) auf über 3.000 Mitglieder im Jahr 1911/12. Die Mitgliederentwicklung verlief damit ähnlich dynamisch wie in Bielefeld und Augsburg. Bei der Anzahl der Mitglieder lag die Erfurter Organisation zwischen den Vereinen der beiden anderen Städte. Der Organisationsgrad lag – gemessen an der Einwohnerzahl – höher als im ungefähr gleich großen, katholischen, textilindustriell geprägten Augsburg, jedoch niedriger als im kleineren, protestantischen, metallindustriell geprägten Bielefeld.[27]

Schuhmacher und Schneider stellten zusammen 1896 die Hälfte der Mitglieder, 1897 immer noch 41 Prozent. 1897 war das Jahr, in dem erstmals mit 28 Metallarbeitern (13%) eine starke Fraktion aus der Metallbranche auftauchte.[28] Rund zehn Jahre bildeten diese drei Berufsgruppen numerisch die größten Blöcke des Erfurter sozialdemokratischen Vereins, wobei bei ständig zunehmender Mitgliederzahl der prozentuale Anteil der Schuhmacher, vor allem aber der Schneider, beständig zurückging. Der Anteil der Schuhmacher fiel von 26,2 Prozent (1896) auf 10,6 Prozent (1906), ehe er dann wieder leicht auf 14 Prozent (1910/11) anstieg. Die Metallarbeiter dagegen legten beständig zu und stellten 1905 mit 106 Mitgliedern (13,4%) erstmals den größten Anteil unter den Mitgliedern. Dieses Jahr markierte überhaupt den Bruch mit bisher vorherrschenden Traditionslinien an der sozialen Basis.[29] Denn neben den Metallarbeitern fanden nun verstärkt Bauarbeiter und Maurer den Weg in die Partei. Bereits 1906 dominierten sie in der Mitgliederstruktur des sozialdemokratischen Vereins. 191 Maurer und 35 Bauarbeiter machten zusammen ein Fünftel aller 1.090 Parteimitglieder aus, während Schuhmacher (10,6%) ihre dominierende Stellung verloren.[30]

Die unspezifischen Berufsbezeichnungen der vermehrt auftauchenden Transport-, Bau- und Holzarbeiter deuten auf einen Trend zur »Proletarisierung« und Vereinheitlichung der Erfahrungswelten bei gleichzeitiger Auf-

27 Angaben nach *Ditt*, Industrialisierung, S. 250; *Fischer*, Industrialisierung, S. 334. 1905 hatte Erfurt 99.000, Augsburg 95.000 und Bielefeld 71.000 Einwohner.
28 Tribüne, Nr. 97 vom 25. April 1896, Beilage; Tribüne, Nr. 92 vom 21. April 1897, Beilage.
29 Dieser Wandel der sozialen Basis lag nicht an der Umorganisation des Vereins, da die Einbeziehung Ilversgehofens erst zum Jahresende 1906 erfolgte (Tribüne, Nr. 185 vom 10. August 1907). Die einzigen Angaben über den Ilversgehofener sozialdemokratischen Verein aus dem Jahr 1898/99 zeigen außerdem, dass auch dort Metallarbeiter keinesweg die Mehrheit stellten. Von 289 Mitgliedern waren unter anderem 26,3% Schuhmacher, 10,7% Maurer, 10,4% Schneider, 8,3% Metallarbeiter, 6,9% Buchdrucker, 6,3% Tischler. Der Ilversgehofener Ortsverein war ungefähr genauso groß wie der Erfurter (Tribüne, Nr. 97 vom 26. April 1899).
30 Tribüne, Nr. 162 vom 15. Juli 1906.

lösung der handwerklichen Phase innerhalb des sozialdemokratischen Vereins hin.[31] Im Gegensatz zu den großstädtischen Zentren der sozialdemokratischen Arbeiterbewegung wie Berlin, München oder Hamburg, in denen mancher Intellektuelle und Akademiker seinen Weg zur Sozialdemokratie gefunden hatte, fand diese Entwicklung in der Provinz nicht statt.[32] Heinrich Schulz als ›Zugereister‹ bestätigt als Ausnahme die Regel. Erst spät tauchten 1908 mit den Handlungsgehilfen eine Berufsgruppe aus dem Randbürgertum auf. Die wenigen Gastwirte und Viktualienhändler waren unmittelbare Träger des sozialdemokratischen Milieus und kein Indiz für die Öffnung der Partei in weitere randbürgerliche Kreise.[33] Vielmehr zeigte sich hier die Verfestigung eines sozialdemokratischen Milieus, das seine eigenen ›Versorgungseinrichtungen‹ etabliert hatte und deren Verwalter geradezu zwangsläufig Mitglieder der Partei waren. Von der »sehr heterogene[n] Natur« der Sozialdemokratie, von der Rudolf Blank in seiner klassischen Analyse der sozialdemokratischen Wählerschaft gesprochen hatte, konnte in Bezug auf die Erfurter Mitgliedschaft nicht wirklich die Rede sein.[34]

Angesichts der disparaten Datenlage ist es nur für die zweite Hälfte des Kaiserreichs möglich, einen Vergleich zwischen der Berufsstruktur und der Parteizugehörigkeit zu ziehen. Offensichtlich ist, dass nur ein Bruchteil der Arbeiterschaft den Weg in die Sozialdemokratie fand. Um nur einige wenige Beispiele zu nennen. Von den 1895 im Stadtkreis Erfurt gezählten 1.712 Schuhmachern gehörten nur zwei Prozent dem sozialdemokratischen Verein an. Den größten Anteil mit knapp fünf Prozent erreichten die Buchdrucker.[35] Für 1907, das Jahr mit der dichtesten Datengrundlage, ergab sich folgendes Bild – bezogen auf sämtliche Männer in den einzelnen Berufen: Demnach waren 5,6 Prozent aller Schneider, 6,2 Prozent aller Schuhmacher und 11,4 Prozent bei den Buchdruckern Mitglieder des sozialdemokratischen Vereins.[36]

31 Vgl. zur »proletarischen Vereinheitlichung« *Grebing*, Deutsche Arbeiterbewegung, S. 25.
32 Vgl. *Fischer*, Industrialisierung, S. 334; *Ditt*, Industrialisierung, S. 250; *v. Saldern*, Einwohner, S. 115. Siehe auch die Haltung von Paul Reißhaus : »Für Anstellung von Akademikern [im Ortsverein] ist Redner [Reißhaus] nicht zu haben« (Tribüne, Nr. 185 vom 10. August 1904).
33 Vgl. *Welskopp*, Banner, S. 212; *Pohl*, Arbeiterbewegung, Tabellenanhang.
34 *Blank*, S. 507.
35 Die Quellenbasis erlaubt es nur, die Angaben aus der Berufszählung aus dem Jahr 1895 (SDR, Bd. 109 (1895), S. 202f.) mit der Mitgliederliste für das Folgejahr 1896 zu vergleichen.
36 Der höhere parteipolitische Organisationsgrad unter den einzelnen Berufsgruppen gegenüber 1895 ergibt sich nicht nur daraus, dass nun die Basis auf die Männer eingeschränkt wurde, sondern auch daraus, dass dem sozialdemokratischen Verein Erfurt sich zum Jahresende 1906 die Ortsvereine in Ilversgehofen und Hochheim angeschlossen hatten, während die Berufszählung lediglich die im Stadtkreis Erfurt wohnhaften Angehörigen der einzelnen Berufe erfasst, nicht die in Ilversgehofen, das 1907 noch zum Landkreis Erfurt gehörte. Diese statistische Ungenauigkeit lässt sich auf Grund fehlender Daten nicht beseitigen. Berufszählung von 1907 SDR, Bd. 207 (1907), S. 105ff.

Im Vergleich zur Parteiprovinz Göttingen war die parteipolitische Mobilisierung in den einzelnen Berufsgruppen in Erfurt etwas höher.[37]

Für die Verstärkung und kontinuierliche Entwicklung des sozialdemokratischen Vereins spielten gute Kommunikationsbeziehungen zwischen Partei und Gewerkschaft eine entscheidende Rolle: »Aus den Reihen der gewerkschaftlich organisierten Arbeiter wurde dem Verein durch systematische Agitation eine ganz erkleckliche Anzahl neuer Mitglieder zugeführt, wie auch in den großen Versammlungen die Werbung von Mitgliedern erfolgte«, hieß es im Jahresbericht des sozialdemokratischen Wahlvereins.[38] Es soll daher abschließend auf das Verhältnis zwischen Gewerkschafts- und Parteimitgliedschaft geblickt werden.

Tabelle 18: Anteil der Parteimitglieder unter den gewerkschaftlich organisierten Arbeitern Erfurts 1896–1909 (Auswahl), Angaben in Prozent

	1896	1897	1900	1903	1906	1909
Bauarbeiter	k. A.	k. A.	k. A.	k. A.	15,2	18,2
Buchdrucker	33,3	k. A.	k. A.	34,3	40,6	18,8
Holzarbeiter	k. A.	k. A.	5.3	20,1	18,0	24,2
Maurer	k. A.	1,9	5,3	10,5	5,2	k. A.
Metallarbeiter	k. A.	k. A.	8,4	11,0	7,4	14,2
Schneider	30,0	37,8	32,5	51,6	18,9	26,3
Schuhmacher	15,4	13,9	13,3	14,4	21,7	20,8
Tabakarbeiter	k. A.	k. A.	30,8	30,0	27,8	33,3
Zimmerer	5,7	k. A.	7,1	21,0	16,8	27,6

Quelle: Tribüne, Nr. 97 vom 25. April 1896; Nr. 87 vom 14. April 1901; Nr. 166 vom 19. Juli 1903, Beilage; Nr. 162 vom 15. Juli 1906, Beilage; Nr. 160 vom 13. Juli 1909, Beilage; StAE 5/ 850–2, Bd. 1, 2. Eigene Berechnungen.

Insgesamt nahm der Anteil der Parteimitglieder unter den Gewerkschaftern von rund 14 Prozent in den 1890er Jahren auf ein Fünftel (1906) bzw. ein Viertel (1909) zu. Die Erfurter Sozialdemokratie lag damit im Vergleich zu anderen Städten im Mittelfeld. Während der Anteil der Gewerkschafter im sozialdemokratischen Verein in Frankfurt am Main nur rund zehn Prozent (1905) betrug, lag er in Bielefeld im Jahr 1909 bei 40 Prozent.[39] Die einzelnen

---

37 Vgl. *v. Saldern*, Einwohner, S. 117–119.

38 Tribüne, Nr. 186 vom 19. Juli 1903, Beilage (Jahresbericht des sozialdemokratischen Wahlverbandes für den Wahlkreis Erfurt – Schleusingen – Ziegenrück 1903/04).

39 *Ditt*, Industrialisierung, S. 271; *v. Saldern*, Wer ging in die SPD?, S. 174.

Berufsgruppen nahmen dabei eine höchst unterschiedliche Entwicklung (vgl. Tab. 18). Die Gewerkschaftsorganisationen der Buchdrucker, Schneider und Tabakarbeiter stellten die zuverlässigste Basis des Erfurter sozialdemokratischen Vereins über den gesamten Zeitraum dar. Alle anderen Gewerkschaftsgruppen mussten in einem langwierigen Prozess davon überzeugt werden, dass Gewerkschaftsarbeit in die politische Arbeit verlängert werden musste. Dieser Vermittlungs- und Lernprozess war von unterschiedlichem Erfolg gekrönt. Während sämtliche Gewerkschaften rund um das Baugewerbe immer mehr Sozialdemokraten in ihren Reihen zählten und zum Teil beachtliche Steigerungsraten aufwiesen, blieb die politische Organisation unter den Metallarbeitern begrenzt.

Die Ursachen für diese verschiedenen Entwicklungswege an der sozialen Basis der Sozialdemokratie Erfurts sind angesichts fehlender Daten nur schwer rekonstruierbar. Buchdrucker, Schneider und Tabakarbeiter hatten in Erfurt langjährige Organisationserfahrungen und prominente Mitglieder in ihren Reihen, die auch in den jeweiligen Gewerkschaften für die Parteiarbeit warben. Jedoch gab es ähnliche Voraussetzungen und Verbindungen auch beispielsweise bei den Schuhmachern. Es konnte daher schon ausreichen, dass die Partei und die Gewerkschaft in einem Betrieb Fuß fasste (und geduldet wurde), um den politischen Organisationsgrad innerhalb dieser Berufsgruppe deutlich nach oben zu verschieben. Es spricht zwar einiges dafür, dass die am stärksten politisierten Gewerkschaften der Tabakarbeiter, Schneider und Buchdrucker in eher kleinen, höchstens mittelgroße Betrieben arbeiteten. In diesem engen betrieblichen Umfeld fiel möglicherweise die Entscheidung für gewerkschaftliches und politisches Engagement zusammen. Demnach wäre die Organisation in den großbetrieblich ausgerichteten Gewerbezweigen der Schuhfabrikation und Metallindustrie entsprechend schwieriger gewesen. Jedoch ließen sich auch für diese Vermutung zahlreiche Gegenbeispiele aus anderen Städten und die Erfolge in der Lingel-Schuhfabrik anführen.[40] Es bleibt daher festzuhalten, dass die sozioökonomische Lage allein parteipolitisches Engagement nicht ausreichend begründen kann. Entscheidend blieb die individuelle Disposition, die Bereitschaft, sich auf politische Themen einzulassen, in der Vereinsöffentlichkeit Befriedigung und Selbstbestätigung zu finden, auf eine wesentlich abstraktere Weise als in den Gewerkschaften, sich mit den gesellschaftlichen Bedingungen auseinander zusetzen. Der Totalitätsanspruch der Partei auf alle Gewerkschaftsmitglieder war daher tatsächlich absurd.[41] Die Mitgliedschaft in einer Partei blieb eine politische Willensentscheidung, die von sozialen, beruflichen und kulturellen Bedingungen befördert (oder behindert) werden konnte, aber autonom von einer Minderheit getroffen wurde.

---

40 Vgl. die starke Metallarbeiterfraktion in Bielefeld (*Ditt*, Industrialisierung, S. 250).
41 Vgl. *Witt*, Entstehung, S. 282.

Bruno Kühn imitierte 1910 in seiner Agitationsschrift »Bist Du Sozialdemokrat?« die Stimme eines Gewerkschafters: »Ich bin organisiert, zahl meine Beiträge, wähle nur rot, was soll ich weiter machen?«, und antwortete ihm: »Freundchen, es genügt nicht!«[42] »Doch« – ist man geneigt Bruno Kühn zuzurufen: drei Viertel aller in Erfurt gewerkschaftlich organisierten Arbeiter genügte am Vorabend des Ersten Weltkriegs dieses Engagement.

Die Altersstruktur der Erfurter Sozialdemokraten lässt sich ebenfalls unter dem Aspekt der überlegten, autonomen politischen Willensentscheidung interpretieren (vgl. Tab. 19). Parteiarbeit und Parteimitgliedschaft war nicht die Welt der ganz jungen und unsteten Arbeiter. Die überwiegende Mehrheit der Mitglieder des sozialdemokratischen Vereins Erfurts hatte ihre berufliche Ausbildung bereits vor vielen Jahren abgeschlossen, während ihrer Arbeit möglicherweise verschiedene Betriebe und Arbeitsformen kennen gelernt, in ihrem Leben zahlreiche Erfahrungen gesammelt. Da weit über die Hälfte der Mitglieder älter als 30 Jahre war, ist davon auszugehen, dass ein Gutteil der Erfurter (und Harburger) Sozialdemokraten verheiratet und Familienväter waren. Ihr Blick auf die Gesellschaft war breiter und nicht von einzelnen Erfahrungen – wie denen am Arbeitsplatz – determiniert. Ihr Engagement ging über gewerkschaftliche Arbeit hinaus: Sie wollten die bestehenden gesellschaftlichen Ungleichheiten beseitigen.

Resümiert man die Ergebnisse über die soziale Basis der Erfurter Sozialdemokratie, ergibt sich ein differenziertes Bild. Aller Volksrhetorik zum Trotz gelang es der (Erfurter) Sozialdemokratie nicht, in randbürgerliche Gesellschaftsgruppen oder gar in das Mittelbürgertum einzudringen. Sie blieb auf das unmittelbare Handwerker- und Arbeitermilieu beschränkt. Erst nach der Jahrhundertwende wurden mit der Integration der Bau- und Transportarbeiter (vermutlich) Ungelernte in die Reihen der Partei einbezogen. Innerhalb der Arbeiterschaft blieben deutlich gezogene Mobilisierungsgrenzen wie sie auch die Gewerkschaften zu spüren bekamen – nur bei der Partei in noch schärferer Form. Es sei nur auf die Lebensmittelbranche und auf den für Erfurt wichtigen Gewerbezweig der Gärtnereien hingewiesen.

Der von Adelheid von Saldern herausgearbeitete Idealtypus eines sozialdemokratischen Vereinsmitgliedes um die Jahrhundertwende – lohnabhängig, männlich, Volksschulbildung, handwerkliche Lehre, gewerkschaftlich organisiert, zwischen 20 und 35 Jahren, urbanes (Partei)zentrum – traf in seinen Kernelementen ebenfalls auf die Erfurter Sozialdemokratie zu.[43] Die Crux dieser und ähnlicher Überlegungen bleibt allerdings, dass sie für Hunderte,

---

42 *Kühn*, S. 7.

43 Vgl. *v. Saldern*, Wer ging in die SPD?, S. 183. Die von v. Saldern als dominierend hervorgehobenen metallverarbeitende Branche und der Bau- und Holzsektor trafen dagegen auf Erfurt nicht zu.

Tabelle 19: Altersstruktur des Erfurter und Harburger sozialdemokratischen
Vereins 1901–1907

Alter	1901 – Erfurt		1903 – Erfurt		1907 – Harburg	
	N	%	N	%	N	%
unter 21//22	12	3,4	24	4,4	40	2,3
21/22 – 25	57	16,2	61	11,1		
26 – 30	95	27,0	147	26,7	[624]	[35,0]
31 – 40	120	34,1	202	36,7	661	37,1
41 – 50	57	16,2	102	18,6	361	20,3
51 – 60	10	2,8	10	1,8	81	4,6
über 60	1	0,3	4	0,7	14	0,8
Summe	352	100,0	550	100,0	1781	100,0

Quelle: Eigene Zusammenstellungen nach: *Witt*, Entstehung, S. 280; Tribüne, Nr. 87 vom 14.
April 1901; Nr. 186 vom 19. Juli 1903, Beilage. Ab 1902 Altersgrenze 22 Jahre für Erfurt. Die
zweite Altersstufe für Harburg reicht von 21 bis 30 Jahre.

(klammert man die Gewerkschaftszugehörigkeit aus) für Tausende Erfurter
Arbeiter und Hunderttausende Arbeiter im Kaiserreich auch zutrafen, sie aber
dennoch nicht den sozialdemokratischen Vereinen beitraten. Trotz aller Ver-
knüpfungen zwischen sozialer Lage, gewerkschaftlicher Organisation und
Parteizugehörigkeit muss angesichts dieser Tatsache noch einmal die hohe
Autonomie des (Partei)Politischen hervorgehoben werden.[44] Die Fähigkeit
zur Verallgemeinerung, die Einforderung eines »situationsüberschreitende(n)
Geltungsanspruchs« und das hierfür erforderliche Ausdrucksvermögen waren
Grundvoraussetzungen des Politischen, die nicht jeder Person gegeben waren
und die auch nicht an jeden vermittelt werden konnten.[45] Das Beziehungs-
verhältnis von Struktur, Erfahrung und Handlungsrelevanz scheint zwar
zwischen dem hier ausgewerteten Datenmaterial durch, eine letztendliche
Sicherheit in diesem individuellen Entscheidungsprozess ist mit den hier analysierten Quellen aber nicht zu erreichen.[46]

---

44 Vgl. auch den Ansatz bei *Welskopp*, Banner, S. 23 und 27: »Die soziale Identität der
›Arbeiterbewegung‹ wird nicht als simple Reaktion auf Lohnarbeitererfahrungen quasi vorausgesetzt, sondern als komplizierter Aushandlungs- und Konstruktionsprozess transparent gemacht«
(S. 27).
45 Vgl. allgemein *Negt/Kluge*, Maßverhältnisse, S. 32.
46 Vgl. *v. Saldern*, Wer ging in die SPD?, S. 182.

Bürgerlich-nationales Lager. Diese komplexen Entscheidungsabläufe treffen auch für das Bürgertum und seine parteipolitische Orientierung zu. Hinzu kommt erschwerend, dass den bürgerlichen Gruppen ein grundlegendes Strukturmerkmal wie das der einheitlichen Marktlage in Form der für die Arbeiterschaft prägenden Lohnabhängigkeit fehlte und für die Frage nach der sozialen Basis der Erfurter bürgerlichen Parteien die Quellenbasis noch spärlicher vorhanden ist als für die sozialdemokratische Partei.

Der Quellenmangel bringt die organisatorische Schwäche dieser als Honoratiorenparteien geführten Parteirichtungen zum Ausdruck. Sowohl konservative als auch liberale Parteien beließen es in den ersten Jahren, ja, Jahrzehnten des Kaiserreichs dabei, vor Reichstagswahlen zusammenzutreten, um Strategien zu bestimmen und Kandidaten auszuwählen, verfügten aber über keine dauerhaften Organisationen.[47] Nicht einmal die absolute Zahl der Mitglieder in den bürgerlichen Parteien lässt sich über einen längeren Zeitraum rekonstruieren.

Bis Anfang der 1890er Jahre dominierte in Erfurt die freikonservative Spielart des Konservatismus. Erst das Ende der Ära Bismarck und das Scheitern des bürgerlichen Blocks aus Nationalliberalen, Deutschkonservativen und Freikonservativen in den Reichstagswahlen von 1890 führten auch auf der lokalen Ebene zu weitreichenden Konsequenzen.[48] Im Juni 1893 trat Johannes Jacobskötter als Vertreter der Deutschkonservativen erfolgreich bei den Reichstagswahlen an und brach die freikonservative Vorherrschaft in Erfurt. Beflügelt vom Wahlerfolg wurde eine Verfestigung der konservativen Organisationsstruktur in die Wege geleitet. In einem Flugblatt vom 23. August 1893 rief der Vorstand des Konservativen Vereins Erfurts zur Gründung der Zeitung »Thüringer Volksblatt« auf. Unterzeichnet hatten den Aufruf zwanzig Personen, die alle zum Vorstand des Konservativen Vereins gehörten. Dieser umfangreiche Vorstand bietet einen Einblick in die soziale Basis dieser konservativen Gruppierung. Sechzig Prozent der Vorstandsmitglieder waren entweder auf staatlicher oder kommunaler Ebene als Beamte tätig, zwei Versicherungsvertreter repräsentierten die Angestelltenschaft, drei Handwerksmeister, ein Buchhändler, ein Handelsgärtner sowie ein Kaufmann bildeten den Selbstständigenteil innerhalb des konservativen Vorstands.[49] Mitte der 1880er Jahre reichte das Einkommensspektrum dieser konservativen Führungsgruppe von 1.500 Mark bis rund 16.000 Mark.

Die parteipolitische Ausrichtung lag auf einer staatstragenden, monarchistischen Linie. In der Gründungsnummer des »Thüringer Volksblattes« hieß es

47 Vgl. *Langewiesche*, Liberalismus in Deutschland, S. 144ff.; *Nipperdey*, Geschichte 1866–1918, Bd. 2, S. 333.

48 Vgl. *Schildt*, Konservatismus, S. 111ff.

49 Flugblatt zur Gründung des Thüringer Volksblatts, 23. August 1893, ThSTA Gotha, Regierung zu Erfurt, Nr. 413, Bl. 116.

dementsprechend: »Das ›Thüringer Volksblatt‹ kommt aus der preußischen Stadt Erfurt und macht auch keinen Hehl aus seinem preußischen Patriotismus«.[50] Die Partei stellte sich auf den Boden des »Tivoli-Programms« der Deutschkonservativen und betrieb entsprechend eine populistische Politik mit antisemitischen Elementen. In einem Grundsatzartikel in dem »Thüringer Volksblatt« wurde betont, dass die konservative Partei zu einer »Volksparthei geworden« sei. Entsprechend wollte sie die Interessen des Mittelstands, des Handwerks und der Landwirtschaft vertreten, aber sich auch für die Belange der Arbeiterschaft einsetzen: »Die arbeitende Bevölkerung, die infolge der Ausbildung des Maschinenwesens und ... des Aufschwungs der Industrie immer mehr zum Proletariat herabsinkt, bedarf liebender, thatkräftiger Fürsorge« – auch mit dem Ziel, so »gegen die überhandnehmenden Irrlehren social-demokratischer Verführer ein[en] Damm« aufzuschütten.[51]

Problematisch für die städtischen Konservativen war ihre Abhängigkeit von den ländlichen Interessengruppen und der stark auf eine ländliche Mitglieder- und Wählerschaft ausgerichteten Programmatik.[52] Dass der Deutschkonservatismus in Erfurt, einem gewerblich-industriellen Zentrum, überhaupt Fuß fassen konnte, stellte eine reichsweite Besonderheit dar.[53] Zwei Gründe hierfür zeichnen sich ab. Zum einen spielten durch die Wahlkreisgeometrie bei Reichstagswahlen die ländlichen Gebiete eine große Rolle. Mit dem Aufstieg von Interessengruppen wie dem Bund der Landwirte war für den wiedererwachenden Konservatismus in der Stadt nur in dieser Verknüpfung eine reale Chance auf Machtgewinn möglich. Zum anderen zielte die Mittelstandspolitik, gepaart mit antisemitischen Ausfällen, auf große Teile des Rand- und Mittelbürgertums, so dass hier innerhalb des bürgerlichen Lagers – nach dem Ausscheiden der einigenden Kraft der Lucius-Familie bei Reichstagswahlen – tatsächlich eine Interessenverlagerung und neue Interessenaustarierung innerhalb des Erfurter Bürgertums sich abzeichnete.

Im Verlauf des Jahres 1896 schließlich kam es zu einem breiten Konsens unter den Konservativen Erfurts. Erleichtert wurde diese Entwicklung durch zwei parallel verlaufende Ereignisse. Zum einen scherte aus der christlich-konservativen Richtung auch in Erfurt mit der nationalsozialen Vereinigung Friedrich Naumanns die progressiv-sozialliberale Bewegung aus und fand unter einem neuen Dach zusammen. Unter den konservativen Parteien nahm

50 Thüringer Volksblatt, Nr. 1 vom 2. September 1893.

51 Thüringer Volksblatt, Nr. 20 vom 26. Oktober 1893.

52 Thüringer Volksblatt, Nr. 23 vom 1. November 1893. Nach der Landtagswahlniederlage gegen die Nationalliberalen kritisierte die Zeitung die »Freunde ... vom Lande«, die sich eingestehen müssten, »dass es ein Fehler war, einer Stadt von 73.000 Einwohnern noch dazu mit einem so ausgeprägten Localpatriotismus, wie er Erfurt eigen ist, einen Candidaten aufoktroyieren zu wollen«.

53 *Wehler*, Gesellschaftsgeschichte, Bd. 3, S. 1063.

so das Meinungsspektrum ab.[54] Zum anderen hatten sich die Freikonservativen in eine nationalliberal und eine konservativ ausgerichtete Linie gespalten; zudem zogen sie sich immer mehr aus der alltäglichen Parteipolitik zurück und bildeten hinter den Kulissen ihre Netzwerke, wobei sich die Partei auf ihre unumstrittenen Führungspersönlichkeiten und deren lokale Beziehungen in den Vereinen verlassen konnte.[55] Die Fronten innerhalb des Konservatismus waren zumindest auf der lokalen Erfurter Ebene geklärt. Im November 1896 trafen sich Vertrauensleute der verschiedenen konservativen Richtungen, um eine Organisation zu gründen, die »auf breiterem Grunde aufgebaut« sein sollte. In einer gemeinsamen Versammlung am 24. November 1896 konnte Johannes Jacobskötter die Spaltung zwischen Deutschkonservativen, konservativen Christlich-Sozialen und Freikonservativen für beendet erklären.[56]

Die linksliberale Bewegung Erfurts ihrerseits klagte kontinuierlich das gesamte Kaiserreich hindurch über ihre Schwäche. Dabei hatten die Liberalen ihre Ideologie der Autonomie, Selbstständigkeit und Unabhängigkeit so verinnerlicht, dass sie zu einer straffen Organisationsstruktur anscheinend gar nicht fähig waren.[57] Anders lässt sich die paradoxe Lageeinschätzung im liberalen Verein Erfurts 1884 nicht erklären. Einerseits begrüßte Rechtsanwalt Dr. Karl Weydemann in einer von 18 Mitgliedern nur spärlich besuchten Vereinsversammlung die Vereinigung von Fortschritt und Sezessionisten, andererseits wünschte er »jedoch die Erhaltung der lokalen Selbstständigkeit der liberalen Partei, nicht das Zusammenschmelzen der liberalen und Fortschrittspartei. Herr Dr. Sommer bezeichnet die Auflösung des liberalen Vereins in Erfurt und das Zusammengehen mit dem Fortschritt als einen Selbstmord der liberalen Bestrebungen. Die schwache Flamme des Liberalismus dürfe nicht erlöschen«. In der abschließenden Resolution kam der Widerspruch noch einmal zum Ausdruck. Darin äußerte man sich anerkennend über die Parteivereinigung auf Reichsebene als »entscheidende[n] Schritt zur Vereinigung aller Liberalen Deutschlands«, auf der anderen Seite sollte der liberale Verein in Erfurt in seiner jetzigen Form bestehen bleiben, da er »auf der Basis möglichster Vereinigung aller Liberalen in Erfurt beruht«.[58] Erfurt stand mit

---

54 Thüringer Volksblatt, Nr. 216 vom 27. November 1896.

55 *Wehler*, Gesellschaftsgeschichte, Bd. 3, S. 1063.

56 Thüringer Volksblatt, Nr. 213 vom 20. November 1896; Nr. 216 vom 27. November 1896; ähnlich im konservativen Konkurrenzorgan Das alte Thüringer Volksblatt, Nr. 98 vom 21. November 1896 sowie Nr. 100 vom 26. November 1896. Eine befriedigende Einigung der städtischen und ländlichen Interessen gelang auch nach 1900 nicht. Siehe: Konservativer Verein zu Erfurt. Jahresbericht 1904, S. 3, 5, 7, ThSTA Gotha, Regierung zu Erfurt, Nr. 1417.

57 Siehe auch *Lösche/Walter*, S. 479.

58 Polizeibericht vom 29. März 1884, ThSTA Gotha, Regierung zu Erfurt, Nr. 436, Bl. 219f.

dieser lokalen Sonderentwicklung keineswegs allein, auch in Düsseldorf existierten ähnliche Vorbehalte.[59]

Die »Flamme des Liberalismus«, die während der Reichstagswahl von 1881 nicht nur in Erfurt kräftig gelodert hatte, sollte in der Tat in den folgenden Jahren nur schwach flackern. Zwar konstituierte sich 1889 ein Deutsch-Freisinniger Wahlverein, gegenüber den in der »Mittelpartei« zusammengeschlossenen Nationalliberalen und Freikonservativen hatte er jedoch keine Chance. In einer Mitgliederversammlung im Januar 1893 teilte Bäckermeister Schwalm mit, dass vom Dezember 1891 bis zum Dezember 1892 die Mitgliederzahl von 90 auf 61 gesunken sei; bei Vereinsversammlungen seien oft nur zehn Mitglieder anwesend.[60] Auch die Parteipublizistik kam in den 1890er Jahren zum Erliegen.[61] Als man endlich im November 1905 zur Gründung eines liberalen Bürgervereins schritt, meinte Oberlehrer Hoffmann in seinem Eröffnungsvortrag denn auch: »Seit einer Reihe von Jahren sei im Wahlkreise Erfurt-Schleusingen-Ziegenrück das Leben des entschiedenen Liberalismus suspendiert gewesen«.[62]

Unter diesen diskontinuierlichen Organisationsbedingungen war dem Erfurter Linksliberalismus der Aufbau einer dauerhaften, stabilen sozialen Basis fast unmöglich. Dabei zeigen die wenigen, aus Individualdaten gewonnenen Ergebnisse ein Kontaktfeld zwischen Rand-, Mittel- und Bildungsbürgertum. In den Versammlungen des liberalen Vereins in den 1880er Jahren traten mit Karl Weydemann und Friedrich Sommer zwei promovierte, wohlhabende

59 *Langewiesche*, Liberalismus in Deutschland, S. 152. Vgl. auch die Spaltung des Liberalismus in Braunschweig in einen nationalliberalen Verein und einen »liberalen Verein« (*Schmuhl*, Herren, S. 451ff.).

60 Erfurter Tageblatt, Nr. 12 vom 14. Januar 1893. Hinzu kam, dass bei der Reichstagswahl 1893 ein Teil der Mitglieder sich nicht für den eher nationalliberal ausgerichteten Kompromisskandidaten Apotheker Adolf Caesar entscheiden konnte. Angesichts der gespaltenen Situation berief man im Oktober eine Generalversammlung ein, die einstimmig den Anschluss an die Freisinnige Volkspartei beschloss. Der Deutschfreisinnige Wahlverein wurde in »Freisinniger Volksverein« umbenannt. (Erfurter Tageblatt, Nr. 255 vom 26. Oktober 1893).

61 Das liberale »Erfurter Tageblatt«, das Anfang der 1890er Jahre rund tausend Abonnenten hatte, wurde 1896 eingestellt. Die Gründe lagen in staatlichen Schikanen (Verbot der Verbreitung im Landkreis; Ausschluss vom Anzeigenmarkt amtlicher Bekanntmachungen) und – so vermutete die »Tribüne« – in der fehlenden Unterstützung der Parteizentrale (Quellen: Verzeichnis der im Stadtkreis Erfurt erscheinenden Blätter, welche 1000 Abonnements und darüber haben, 9. Juni 1892, ThSTA Gotha, Regierung zu Erfurt, Nr. 412, Bl. 273f.; Landrat Dr. Voigt an den Regierungspräsidenten, 6. Januar 1890, ThSTA Gotha, Regierung zu Erfurt, Nr. 412, Bl. 67; Aktenvermerk vom 9. Juni 1893, ThSTA Gotha, Regierung zu Erfurt, Nr. 413, Bl. 102 RS; Mitteilung der Polizeiverwaltung Erfurt an den Regierungspräsidenten, Januar 1896, ThSTA Gotha, Regierung zu Erfurt, Nr. 413, Bl. 287; Tribüne, Nr. 304 vom 31. Dezember 1895).

62 Erfurter Abendpost, Nr. 268 vom 14. November 1905, ThSTA Gotha, Nr. 415, Bl. 157. Vgl. auch Statut des liberalen Bürgervereins für Erfurt, November 1905. Bei seiner Gründung hatte der Verein lediglich 18 Mitglieder, über die keine weiteren Informationen vorhanden sind. Der Zweck des Vereins lag in der »Verbreitung liberaler Grundsätze im Sinne der ›Freisinnigen Volkspartei‹« (ThSTA Gotha, Regierung zu Erfurt, Nr. 1417, Bl. 135).

Rechtsanwälte als Sprecher und Diskussionsleiter in den Vordergrund. Hinzu kamen der arrivierte Damenmäntelfabrikant, spätere Stadtverordnete Hermann Kuschel, aber auch der weit weniger wohlhabende Kaufmann Wilhelm Bundschuh. Der Vorstand des Deutsch-Freisinnigen Wahlvereins aus dem Jahr 1889 wurde ausschließlich von Vertretern des Mittelbürgertums bestimmt. Wilhelm Winkler (Handschuh- und Mützenfabrikant), Heinrich Sachtleb (Tuchmachermeister), Eduard Moos (Buchdruckereibesitzer), Heinrich Arnold (Jalousienfabrikant) und Carl Schwalm (Bäckermeister) lebten seit mindestens fünfzehn Jahren in Erfurt, übten selbstständige Berufe aus und leiteten kleine bzw. mittlere Betriebe. Diese wenigen Angaben bestätigen das klassische Bild von der linksliberalen Basis, die in das Randbürgertum hineinreichte, der aber auch Bildungsbürger angehörten.[63] Der »Typus des selbstständig wirtschaftlich Tätigen« wurde auch im Erfurter Linksliberalismus »strukturdominant«.[64] Offensichtlich war aber der Linksliberalismus nicht die Heimat der städtischen Elite. Dass Beamte angesichts der Überwachungs- und Verfolgungspraxis des Staates gegenüber den Linksliberalen sich von dieser politischen Richtung in den 1880er Jahren fernhielten, ist zwar plausibel, aber nicht näher zu belegen.[65] Hinzu kommt, dass diese Berufsgruppe von dem liberalen Grundgedanken des selbsttätig wirtschaftenden Bürgers ungefähr genauso weit entfernt lag wie die lohnabhängige Arbeiterschaft. Daher sind diese wenigen in den 1880er Jahren identifizierbaren Linksliberalen Erfurts geradezu die idealen linksliberalen Bürger des Kaiserreichs.[66]

Wie die Kontakte in das Randbürgertum sich entwickelten und welches Gewicht ihnen im Linksliberalismus zukam, muss offen bleiben. Eine Verbindung, die in diese Richtung zielte, lässt sich allerdings nachweisen: Es handelt sich um die Gründung der Ortsgruppe des Nationalsozialen Vereins. Gegenüber den in Erfurt dominierenden Christlich-Sozialen rund um den Evangelischen Arbeiterverein und die konservative Partei, war die Nationalsoziale Vereinigung wesentlich fortschrittlicher und offener eingestellt. Mit ihrer Programmatik und Mitgliederstruktur zeichnete sich hier eine Alternative zu den gängigen Abgrenzungen und Verhärtungen des Kaiserreichs ab, die aber weder in Erfurt noch im Reich eine Überlebenschance hatte.[67] Die 45 Erfurter

---

63 Vgl. *Langewiesche*, Liberalismus in Deutschland, S. 155, S. 325ff.

64 *Hettling*, Bürgerlichkeit, S. 82.

65 Vgl. allgemein zur »systematischen Ausrichtung des Staatsapparates im Sinne konservativer Räson« und der entsprechenden Drangsalierung liberaler Beamter: *Schildt*, Konservatismus, S. 109.

66 *Hettling*, Bürgerlichkeit, S. 131ff., bes. 146f. Die Mitgliederbasis für die Zeit nach 1900 lässt sich nicht klären. Auf Grundlage individueller Führungspersönlichkeiten zeichnet sich eine Kontinuität ab, die darauf hinweist, dass mittlere Selbstständige und einige Bildungsbürger (vorwiegend Freiberufler) hier ihre Heimat hatten.

67 Vgl. zu den Chancen und Grenzen dieses Modells *Theiner*; *Sheehan*, Liberalismus, S. 313f.; *v. Bruch*, Bürgerliche Sozialreform, S. 100.

Gründungsmitglieder stammten zu je zwanzig Prozent aus der Lehrerschaft und aus der gelernten Arbeiterschaft (je neun Personen). Knapp ein Viertel der Gründungsmitglieder arbeitete selbstständig, darunter vier Schneidermeister und fünf Kaufleute. Sieben Angestellte (darunter zwei Redakteure), drei Bildungsbürger (darunter ein Pfarrer) sowie drei ungelernte Arbeiter rundeten das breite Sozialspektrum des politischen Vereins ab, das ihn deutlich von dem bildungsbürgerlich geprägten Ortsverein der Nationalsozialen in Hannover unterschied.[68] Im Vergleich zu den konservativen und liberalen Parteien waren die Mitglieder nur lose mit Erfurt verbunden.[69] Entsprechend fehlten ihnen die Kontakte und Anknüpfungspunkte in das bestehende bürgerliche Vereinsnetzwerk.

Blieb als tragender Pfeiler bürgerlicher politischer Interessenvertretung der Freikonservatismus, der Nationalliberalismus und die Symbiose aus beiden, der Verein der Mittelpartei für den Stadt- und Landkreis Erfurt.[70] Im Gründungsaufruf der Mittelpartei aus dem Jahr 1882 wurde betont, dass man vorhabe, »den Vorlagen der Regierung nicht eine principielle Opposition entgegenzusetzen, sondern denselben eine wohlwollende Beurtheilung angedeihen zu lassen«. Entsprechend dieses versöhnenden Anspruchs sah man sich nicht als neue Partei an, sondern wollte bei bevorstehenden Reichstags- und Landtagswahlen versuchen, die »hervorgetretenen [politischen] Gegensätze auszugleichen«.[71] Unter den 45 Unterzeichnern des Gründungsaufrufs findet sich ein wesentlicher Teil der städtischen wirtschaftlichen Elite versammelt. Zahlreiche Unternehmer mit Jahreseinkommen von rund 50.000 Mark (im Jahr 1886) fanden sich darunter. Nimmt man alle Selbstständigen vom Landwirt und Handwerksmeister, die in der Regel ebenfalls wohlhabend waren, bis zum Kommerzienrat zusammen, so gehörten dieser sozialen Gruppe 82 Prozent der Gründungsmitglieder an (37 Personen). Für eine Partei, die sich die politische Vermittlung innerhalb des bürgerlichen Lagers auf ihre Fahnen geschrieben hatte, ist es überraschend, dass nur drei beamtete Bildungsbürger vertreten waren. Dennoch ließ diese reichlich mit politischem, kulturellem

68 Mitgliederverzeichnis, Dezember 1896, ThSTA Gotha, Regierung zu Erfurt, Nr. 7511. Es ist falsch, wenn die Nationalsoziale Vereinigung Erfurts mit Pfarrer Ottomar Lorenz in Verbindung gebracht wird (*Heß*, Entwicklung, S. 313), da sich Lorenz von der liberalen Richtung distanziert hatte (vgl. oben Kapitel III.3.3). Zum Ortsverein in Hannover siehe *Theiner*, S. 108.

69 Abgleich mit StAE 1–2/005–7 und Adressbuch 1886. Von den 45 Mitgliedern ließen sich nur sieben Personen im Adressbuch finden. Einzelne Hinweise auf linksliberale Mitglieder in: Tribüne, Nr. 276 vom 26. November 1900, Beilage; Erfurter Abendpost, Nr. 268 vom 14. November 1905; Tribüne, Nr. 48 vom 26. Februar 1910, Beilage; Nr. 163 vom 15. Juli 1910, Beilage.

70 Zur Düsseldorfer Vereinigung der Mittelparteien, siehe *Hüttenberger*, Entwicklung, S. 599f.; *Langewiesche*, Liberalismus in Deutschland, S. 152f. Allgemein zu der Freikonservativen Partei auf Reichsebene *Stalmann*; *Alexander*.

71 Aufruf zur Gründung eines Vereins der Mittelpartei, 7. Dezember 1882, ThSTA Gotha, Regierung zu Erfurt, Nr. 436, Bl. 204.

und finanziellem Kapital ausgestattete Partei erfolgreich ihre Verbindungen spielen. Den »Wahlaufruf der vereinten Nationalliberalen und Freikonservativen zu Erfurt« hatte das Kernbürgertum Erfurts in einer beeindruckenden Geschlossenheit unterzeichnet.[72] Wo angesichts dieser engen Verschränkung zwischen Nationalliberalismus und Freikonservatismus in dieser Mittelpartei die Grenzen verliefen, lässt sich angesichts der engen Interessenübereinstimmungen nicht ausmachen.[73] Die mittelparteiliche Idee sollte eine für Erfurt bestimmende Denkfigur bleiben, die sich erneut bei den Wahlen 1887 bewährte und – nach den ›zersplitterten‹ 1890er Jahren – auch nach 1900 wieder aufgegriffen wurde.

Zu diesem Zeitpunkt, in den Jahren zwischen 1900 und 1904, ist es auf Grundlage von Mitgliederlisten erstmals möglich, die unterschiedliche soziale Basis der jeweiligen Parteien im bürgerlichen Lager zu analysieren (vgl. Tab. 20).

Die antisemitische Parteiströmung hatte sich in Erfurt an der Jahreswende 1889/90 in Form des Deutschen Reform-Vereins ausgebildet. Im Gegensatz zu den Liberalen fehlte jeder Kontakt in das Erfurter Bildungsbürgertum, im Vergleich zu den Konservativen spielten die Staatsbeamten fast keine Rolle, auch bestanden keine Kontakte zur Wirtschaftselite der Stadt.[74] Erfurt war somit ein klassisches Beispiel für das Abdriften der kleinen Gewerbetreibenden und Handwerksmeister in das konservative und antisemitische Fahrwasser.[75] Die Partei bediente sämtliche Stereotype eines ausgeprägten Wirtschaftsantisemitismus und ging damit auf Mitglieder- und Wählerfang unter dem Erfurter Mittelstand.[76] Trotz organisatorischer Umstrukturierungen in den 1890er Jahren etablierte sich diese Bewegung, entwickelte aus ihren eigenen Reihen einen kleinen Führungskern und konnte 1898 und 1903 bei Reichstagswahlen beachtliche Erfolge erzielen. Gegenüber 1889/90 konnten die Antisemiten des Deutsch-sozialen Reformvereins um die Jahrhundertwende in ihrer Mitgliederbasis über den selbstständig tätigen Mittelstandskern in das Rand- und

72 Thüringer Post, Nr. 229 vom 30. September 1884. Es bestünde theoretisch die Möglichkeit, die soziale Basis der einzelnen Parteien auf Grund der Wahlaufrufe zu analysieren. Allerdings birgt das Unsicherheiten, da die Aufrufe wahltaktisch so zusammengestellt wurden, dass sie ein möglichst breites Spektrum an Stimmen abdecken sollten und daher nicht unbedingt die tatsächliche Mitgliederbasis repräsentieren.

73 Vgl. auch *Rohe*, Wahlen, S. 93.

74 Mitgliederverzeichnis des Deutschen Reform-Vereins zu Erfurt, Dezember 1889, ThSTA Gotha, Regierung zu Erfurt, Nr. 8227. Steuer-/Einkommensangaben für 1886 nach StAE 1–2/005–7.

75 Vgl. die gegenteilige Entwicklung in Frankfurt am Main (*Roth*, S. 540).

76 Vgl. Polizeibericht vom 25. November 1890, ThSTA Gotha, Regierung zu Erfurt, Nr. 8227: In der Versammlung des Deutschen Reform-Vereins hieß es: »Vom Judenthum ... werde auch jetzt das kleine Handwerk zu untergraben gesucht, damit dadurch die Unzufriedenheit geschürt werde. Die schlimmsten Folgen seien hierdurch zu befürchten, denn dem kleinen Mann würden geradezu die Papiere [sic] aus der Tasche gelockt«.

Tabelle 20: Soziale Zusammensetzung bürgerlicher Parteien in Erfurt 1900–1904

Berufs-/Sozialgruppe	Deutsch-sozialer Reformverein 1900		Nationale Mittelparteien 1903		Konservativer Verein 1904	
	N	%	N	%	N	%
Ungelernte Arbeiter	0	0,0	2	1,3	5	1,3
Gelernte Arbeiter	6	5,0	6	4,0	24	6,5
Handwerksmeister	12	9,9	10	6,7	45	12,1
Untere Angest./Beamte	29	24,0	11	7,3	69	18,5
Mittlere Angest./Beamte	22	18,2	8	5,3	65	17,5
Kaufleute, k. w. A.	47	38,8	52	34,7	56	15,1
Wirtschaftbürgertum	0	0,0	13	8,7	11	3,0
Bildungsbürgertum	0	0,0	37	24,7	39	10,5
– davon Lehrer			(19)		(15)	
– davon Pfarrer			(6)		(6)	
– davon Freiberufler			(7)		(3)	
Sonstige	1	0,8	1	0,7	35	9,4
– davon Militärs					(18)	
– davon Landwirte					(14)	
Rentiers	1	0,8	1	0,7	19	5,1
keine Angaben	3	2,5	9	6,0	4	1,1
Summe	121	100,0	150	100,1	372	100,1

Quelle: ThSTA Gotha, Regierung zu Erfurt, Nr. 8227 (Deutsch-sozialer Reformverein), Nr. 1417 (Konservativer Verein), Nr. 858 (Nationale Mittelparteien).

Mittelbürgertum der Beamtenschaft und Angestellten ausgreifen (vgl. Tab. 20). Das Kernbürgertum blieb dieser populistischen Bewegung fern, obwohl in den konservativen (Partei)Kreisen sowohl der Antisemitismus als auch eine gezielt auf den Mittelstand ausgerichtete Politik längst salonfähig war.

Das Fehlen des Kernbürgertums markiert den entscheidenden Unterschied zwischen Antisemiten und Konservativen (vgl. Tab. 20). Der konservative Verein Erfurts im Jahr 1904 mobilisierte die verbeamtete, bildungsbürgerliche Elite der Stadt, zeigte mit seiner starken Fraktion an Landwirten – im Vergleich zu den beiden anderen Parteirichtungen – seine enge Verbindung zum Land und zu den dortigen Interessengruppen. Im Randbürgertum überlappten sich die Konservativen mit den Antisemiten dagegen stark. Der Versuch, dem Konservatismus einen volksparteilichen Anstrich zu geben, spricht sicherlich aus dem recht hohen Anteil an Handwerksmeistern, unteren und mittleren Beamten bzw. Angestellten.[77] Das ungeklärte Verhältnis zwischen Mittelstandspolitik und scharfem Antikapitalismus war der entscheidende Grund, dass das Erfurter Wirtschaftsbürgertum in dieser Parteirichtung nur zu einem kleinen Teil seine Heimat fand.

Die Tradition der Mittelpartei, die in Erfurt mehr darstellte als ein wahltaktisches Bündnis zwischen Freikonservatismus und Nationalliberalismus, knüpfte nahtlos an ihre zwanzig Jahre zurückliegende Ursprungstradition an. Erneut waren 1903 weit über die Hälfte ihrer Mitglieder selbstständig Tätige, nun im Vergleich zu 1882 mit einem stark bildungsbürgerlichen Einschlag. In der Nationalen Mittelpartei des Jahres 1903 vergesellschaftete sich auf parteipolitischem Gebiet das Kernbürgertum in seiner reinsten Form. Kommerzienräte, Generaldirektoren, Gymnasialprofessoren, Vorstände des Evangelischen Arbeitervereins, des Gewerbevereins, der Handelskammer, Mitglieder der Ressource, der Akademie der Wissenschaften fanden hier zusammen (vgl. Tab. 20). In diesem Forum fanden die Interessen des Erfurter Handelsbürgertums ebenso zusammen wie die Interessen des nationalisierten Bildungsbeamtentums und eines privilegierten mittleren Bürgertums, das für die Parolen am rechten Rand des Parteienspektrums kein Interesse hatte.

Wenn die Parteien ausgeprägte eigene Mitgliederbasen hatten, die sich entsprechend unterschiedlicher Interessenlagen ausrichteten, stellt sich die Frage, ob es Sinn macht, von einem gemeinsamen bürgerlich-nationalen Lager zu sprechen. Jenseits von wahltaktischen Entscheidungen, wie sie das auf Stichwahlen zulaufende System der Reichstagswahlen herausforderte, gibt es eine Reihe weiterer Gründe, die für die Existenz eines solchen Blocks sprechen. Zunächst definiert sich ein Lager sehr viel stärker als ein Milieu auf Grund eines Gegenübers. Hier war mit den Sozialdemokraten ein Gegner ins Auge gefasst, der in allen diesen Gruppierungen scharf bekämpft wurde. Die nur schwach in Erfurt vertretenen Linksliberalen, die noch am ehesten Brücken zur Sozialdemokratie hätten schlagen können,[78] wurden spätestens mit der Fusion mit dem Nationalliberalismus im Jahr 1911 in dieses Lager integriert. Zweitens waren durch Einzelpersonen diese Gruppen hochgradig miteinander verflochten. Einige Beispiele sollen dies illustrieren. Wilhelm Heinzelmann, 1840 in Salzwedel geboren, kam 1874 nach Erfurt als Lehrer ans Gymnasium, zehn Jahre später wurde er Direktor. Er war von 1875 bis zu seinem Tod im Jahr 1905 Mitglied der Akademie der Wissenschaften. 1882 gehörte er der Mittelpartei an, zwanzig Jahre später dagegen war er Mitglied des Konservativen Vereins Erfurt. Während den 1880er und 1890er Jahren findet sich sein Name sowohl auf Unterstützerlisten zu Reichstagswahlen von freikonservativen, nationalliberalen und deutschkonservativen Kandidaten. Julius Stenger

---

77 Vgl. *Stegmann*, Konservativismus, S. 412.
78 So auch *v. Saldern*, Arbeiter-Reformismus, S. 86. Kritisch *Rohe*, Wahlen, S. 95f.

ging den Weg von den Freikonservativen zu den Nationalliberalen. Der Stadtrat und reiche Getreidehändler, der Mitglied der Ressource und verschiedener anderer Vereine war, gehörte 1881 zum Wahlkomitee für Robert v. Lucius; in den folgenden Reichstagswahlen unterstützte er die Kandidaten Nobbe (1884), Caesar (1893) und Hagemann (1903). Johannes Jacobskötter schließlich stand für die Verbindung zwischen den antisemitischen Gruppierungen und den Konservativen. Drittens war eine strukturelle Ähnlichkeit unter allen drei Parteien unverkennbar. Sie integrierten in ihren Reihen zum überwiegenden Teil Selbstständige und Beamte. Die Arbeiterschaft wurde fast vollständig aus diesem Parteilager ausgegrenzt; die wenigen Arbeiter, die sich in diesen Parteien finden lassen, waren zu einem großen Teil in den Staatsbetrieben beschäftigt. Wie im sozialdemokratischen Lager, in dem die wenigen aus der Arbeiterschaft herausstechenden Sozialgruppen durch die Ausbildung von Lager- und Milieustrukturen erst ›produziert‹ wurden und dadurch dem Milieu eindeutig angehörten und nicht darüber hinauswiesen, stammten die wenigen Lohnabhängigen im nationalen Lager als Vertreter des Evangelischen Arbeitervereins aus dem unmittelbaren Umfeld des nationalen Lagers. Sie standen nicht für eine grundsätzliche Attraktivität oder Offenheit dieser Parteien für die Masse der Erfurter Arbeiterschaft. Viertens kamen die das Politische überlagernde gemeinsamen lebensweltlichen Erfahrungen zusammen. Das Netz an Vereinen, das im vorangegangen Kapitel beschrieben wurde, lag engmaschig über den verschiedenen politischen Interessengruppen des bürgerlich-nationalen Lagers[79] – und in den extrem nationalistischen Verbänden eines Ostmarkenvereins, der Kolonialgesellschaft oder des Flottenvereins fanden der Arzt Fritz Reissner oder der Kaufmann Carl Steinbrück, die stets die Nationalliberalen unterstützt hatten, ebenso eine Heimstatt wie der streng konservative Landrat Müffling.[80] Unter diesen Bedingungen war es bei aller Bewegung innerhalb des Lagers immer wieder möglich, eine hohe Stabilität der »in-groups« bei gleichzeitiger klarer Abgrenzung der »out-group« zu erreichen.[81]

---

79 Vgl. *Roth*, S. 511f.; *Raßloff*, S. 85ff.
80 Vgl. *Chickering*, We Men.
81 Vgl., wenn auch in einem anderen Zusammenhang, *Wehler*, Nationalismus, S. 32.

2. Der Einfluss von Erfahrungen: Lebenswelt und Urbanität

Wirtschafts- und Sozialstruktur hatten den Parteien zwar ihr je eigenes Gepräge gegeben, aus diesen Strukturmerkmalen alleine erklären sich die parteipolitischen Ausprägungen von Arbeiterschaft und Bürgertum jedoch keineswegs. Der Prozess der Parteibildung reicht weit in die Zeit des Vormärz zurück und erfuhr durch die Revolution von 1848 eine Beschleunigung und Ausrichtung des Parteienspektrums, das bis in das Kaiserreich hinein bestimmend blieb. Dieser Prozess kann hier – auch für Erfurt – nicht nachgezeichnet werden.[82] Im Folgenden soll vielmehr den Erfahrungen nachgespürt werden, die von individueller Seite aus den Anschluss an bestehende Parteiorganisationen erleichtert oder gehemmt haben. Da Egodokumente nicht oder nur spärlich für diese Fragen zur Verfügung standen, wird der Versuch unternommen, auf Grund des vorhandenen nichtautobiographischen Materials Rückschlüsse über das Verhalten des Individuums zu ziehen, den »handelnden Akteur« als »Grundeinheit historischer Analyse« nicht aus den Augen zu verlieren.[83]

Johannes Jacobskötter und Paul Reißhaus. Zwei Erfurter Handwerksmeister, beide Schneider von Beruf, zogen 1893 in den neu gewählten Reichstag ein. Paul Reißhaus war im thüringischen Wahlkreis Sonneberg-Saalfeld, Johannes Jacobskötter war im preußischen Wahlkreis Erfurt-Schleusingen-Ziegenrück gewählt worden. Beide beteiligten sich aktiv an den Kommunalwahlen, gehörten, wenn auch mit deutlichen Unterschieden, keineswegs zu den Armen der Stadt. 1886 hatte Jacobskötter ein Jahreseinkommen von rund 16.000 Mark, Reißhaus von rund 3.500 Mark versteuert. Beide kamen aus der Welt des Handwerks und ihre Arbeit ernährte sie gut. Beide hatten von ihren Vätern den Beruf übernommen. Sie übten ihr Handwerk nicht alleine aus, sondern ließen andere für sich arbeiten, bezeichneten sich selbstbewusst als Kaufleute, jeder besaß ein eigenes Haus. Ihre Geschäfte auf der Krämerbrücke (Jacobskötter) und in der Michaelisstraße (Reißhaus) lagen in dichter Nachbarschaft. Beide waren verheiratet, hatten Kinder und gehörten der protestantischen Konfession an, bzw. hatten ihr angehört. Als sie im Juni 1893 in den Reichstag gewählt wurden, stand Johannes Jacobskötter kurz vor seinem 54. Geburtstag, Paul Reißhaus würde im September des Jahres 38 Jahre alt werden. Sieht man von dem Generationenunterschied ab, existieren auf den ersten Blick unverkennbare Gemeinsamkeiten – und dennoch standen sie für grundverschiede-

---

82 Vgl. allgemein *Siemann*, Gesellschaft, S. 250ff.; *Nipperdey*, Geschichte 1800–1866, S. 715ff.; *Ritter*, Parteien 1830–1914, S. 10ff.; *Schildt*, Konservatismus, S. 11ff.; für Erfurt: *Heß*, Sozialdemokratie, S. 14ff.; *Königstreue und Revolution*, S. 168ff.

83 *Welskopp*, Banner, S. 28.

ne politische Ausrichtungen, Reißhaus für die Sozialdemokratie, Jacobskötter für die Konservativen.

Löst man sich von dem statischen Bild aus dem Jahr 1893 und dynamisiert es, indem man rund zehn Jahre zurückblickt, ändern sich die vorhandenen Grundähnlichkeiten. Anfang der 1880er Jahre war Johannes Jacobskötter bereits ein etablierter Erfurter Geschäftsmann. Er besaß ein Schneidergeschäft »mit 20 Leuten und 12 Maschinen«, während Paul Reißhaus, ausgewiesen aus Berlin, erst in Erfurt Fuß fassen musste.[84] Ihre Lebenswelt unterschied sich zu diesem Zeitpunkt dramatisch: Auf der einen Seite der in die städtische Gesellschaft integrierte Jacobskötter, der langjähriges Mitglied des Gewerbevereins, eines Musikvereins und des Gefängnisvereins war – der in Erfurt seine Heimat hatte. Reißhaus dagegen, in Burg geboren, kam spätestens im Alter von 19 Jahren nach Berlin und 25-jährig nach Erfurt. War Jacobskötter durch familiäre, gesellschaftliche Traditionen tief in der Erfurter Gesellschaft verankert, erfolgte die Integration Paul Reißhaus' durch die vor Ort ansässigen Sozialdemokraten. Zunächst arbeitete er als lohnabhängig Beschäftigter in einem Konfektionsgeschäft und wurde als »fleißige[r] und ordentliche[r] Arbeiter« bezeichnet.[85]

Beide hatten schon vor 1880 ihre politische Heimat gefunden. 1881 gehörte Jacobskötter dem Komitee für die Wiederwahl von Robert von Lucius an, im Wahlkampf des Jahres 1884 war sein Geschäft als Anlaufstelle angegeben, in dem man sich Stimmzettel für den freikonservativen Kandidaten Nobbe abholen konnte. Mit der Wahl zum Stadtverordneten im Jahr 1886 verdichteten sich seine politischen Aktivitäten weiter. Paul Reißhaus hatte seine politische Sozialisation bereits im Berlin der 1870er Jahre erfahren,[86] ehe er nach seiner Ausweisung aus Berlin in der Erfurter Sozialdemokratie die Rolle als Vermittler und Organisator in der Stadt übernahm. Sowohl Reißhaus als auch Jacobskötter hatten die Krise des Massenhandwerks der Schneider erlebt,[87] aus handwerklichen Traditionen ihre Erfahrungen gesammelt und waren dennoch zu unterschiedlichen politischen Auffassungen gekommen. Dabei gab es in ihrem Grundansatz durchaus Gemeinsamkeiten. Beide schrieben sich die Verbesserung der Lage der »kleinen Leute« auf ihre Fahnen, reagierten »eher auf das Eindringen des Kapitalismus in die kleine Warenproduktion als auf die

---

84 Allgemeiner Anzeiger, Nr. 251 vom 27. November 1881 (Annonce von J. Jacobskötter).

85 Bericht der Polizeiverwaltung Erfurt an den Regierungspräsidenten, 6. September 1881, StAE 1–2/124–1, Bl. 234f.

86 Polizeipräsident von Berlin an die Polizeiverwaltung Erfurt, 6. Juli 1881: »Er stand mit allen hervorragenden Führern in Verbindung. ... Von den Führern wurde er mehrfach mit Aufträgen betraut, verhinderte durch seine Aufmerksamkeit die Überraschung des socialdemokratischen Komitees bei der Verloosung der Gewinne einer zu Partheizwecken veranstalteten Lotterie« (StAE 1–2/154–1, Bl. 35).

87 Vgl. *Lenger*, Sozialgeschichte, S. 94f.

Folgen der Industrialisierung«.[88] Doch während Jacobskötter auf die Über-
lebensfähigkeit althergebrachter handwerklicher Organisationsmuster ver-
traute, auf die Rolle des Staates als Helfer setzte und antisemitische Pro-
pagandatöne anschlug,[89] die sich populistisch gegen die Bedrohungen des
Kapitalismus richteten, trat Reißhaus für das moderne Vergesellschaftungs-
modell der Gewerkschaften ein, projizierte die Erwartungen der Handwerker
weniger auf die Hilfe des Staates, sondern auf ihre eigene Kraft und Stärke, um
mittels der Organisation (und des Streiks) selbst für die Verbesserung ihrer
Lage einzutreten.

In diesen beiden politischen Wegen zeichnen sich verschiedene Erfahrungsebenen ab, welche die unterschiedlichen weltanschaulichen Einstellungen
zwar nicht vollständig erklären, aber doch transparenter machen. Erstens,
Ortsgebundenheit und fehlende Gebundenheit spielten eine Rolle. Dabei soll
hier nicht einer simplen Entwurzelungstheorie für politischen Veränderungs-
willen das Wort geredet werden. Dennoch muss man angesichts der unterschiedlichen Lebenswege der beiden Schneidermeister die stabilisierende
Funktion der lokalen Verwurzelung betonen. Das Aufwachsen in den Fes-
tungsmauern der Stadt, die Einbindung in die städtische Gesellschaft beför-
derten konservative Anschauungen eher als Reißhaus' unstetes, erzwungenes
Wanderleben. Deutlich unterschied sich aber Reißhaus' politisch erzwungene
›Entwurzelungserfahrung‹ von den Erfahrungen der saisonal in den Erfurter
Gärtnereibetrieben beschäftigten Wanderarbeitern. Durch sein politisches
Engagement fand er im sozialdemokratischen Milieu bei seiner Ankunft in
Erfurt ein Netz vor, das ihn auch sozial und wirtschaftlich auffing, während
die Wanderarbeiter auf unstete, unsichere, vorübergehende Verhältnisse tra-
fen.[90] Zweitens, Einkommen und Wohlstand spielten für die unterschiedliche
Wahrnehmung wirtschaftlicher und gesellschaftlicher Veränderungen eine
wichtige Rolle bei der Orientierung auf bestimmte politische Werte und Ide-
ologien. Jacobskötter und seine Familie hatte den Wandel erfolgreich gemeis-
tert, das Vertrauen in althergebrachte Strukturen blieb erhalten. Nicht die
Suche nach neuen Lösungsstrategien stand im Vordergrund, sondern das Bewahren des Althergebrachten. Jacobskötters populistische Mittelstandspolitik
im Deutschkonservativen Verein entsprach daher in klassischer Manier seinen
eigenen Lebenserfahrungen. Der eine sah in der Tradition handwerklicher
Organisationen die Schutz- und Stabilisierungsfunktion, verlängerte sie in die
Gegenwart und nutzte sie als Leitlinie politischen Handelns (Jacobskötter),
der andere sah die emanzipatorische Funktion der Handwerkstraditionen und
ihrer Bewegungen und formte sie in sein politisches Verständnis um (Reiß-

---

88 *Welskopp*, Banner, S. 23.
89 Vgl. Jacobskötters Rede vom Februar 1895 im Reichstag (zitiert in *Gosewinkel*, S. 282).
90 Vgl. allgemein abwägend *Ritter/Tenfelde*, Arbeiter, S. 192–196.

haus).[91] Drittens, ökonomisch-sozialer Wohlstand war verbunden mit der Integration in die städtische Gesellschaft. Jacobskötters Platz fiel ihm zwar nicht einfach zu, aber seine Zugehörigkeit zu den wichtigen Kreisen der Stadt war ihm sicher. Sein beruflicher Erfolg verschaffte ihm politische und gesellschaftliche Respektabilität. Gerade hiervon blieben Reißhaus und seine Parteigenossen ausgeschlossen. Sie brauchten die Alternative des politischen Arbeitervereins, um sich diesen Respekt zu verschaffen und sich diesen gegenseitig zu versichern. Als man Paul Reißhaus in einer Versammlung des Freisinnigen Wahlvereins das Wort entzogen hatte, kritisierte er in einer sozialdemokratischen Versammlung das Verhalten des politischen Gegners und meinte im Gefühl der Überlegenheit: »Meine Herren, mit Gassenjungen hauen wir uns nicht«.[92] Hier ging ein Emanzipationsprozess vonstatten, der aus den beruflich-ökonomischen Verhältnissen alleine nicht mehr zu erklären war.

Aus- und Abgrenzungen. Parteien entstehen, konsolidieren und verdichten sich durch Aus- und Abgrenzungserfahrungen, die generalisiert und kommunikativ vermittelt werden können. Hieraus speisten sich Motivgründe, um mit einer Partei zu sympathisieren, sie zu wählen oder ihr als Mitglied beizutreten. Die Ausgrenzungen konnten zunächst und fundamental aus dem Gefühl der fehlenden politischen Interessenvertretung erwachsen.[93] Die kurze Blüte des Linksliberalismus in den 1880er Jahren in Erfurt lässt sich unter diesem Aspekt ebenso fassen wie der Aufstieg der antisemitischen Parteien in den 1890er Jahren. Die »große Wende 1878/79« auf Reichsebene mit dem Bruch zwischen Bismarck und dem Nationalliberalismus schlug bis auf die lokale Ebene durch.[94] Robert von Lucius, enger Vertrauter Bismarcks und damit Repräsentant dieser Entwicklung vor Ort, stand nicht mehr für die Interessen des gesamten Erfurter Bürgertums, da der Kurs des Schutzzolls für manche Erfurter Handelszweige den falschen wirtschaftspolitischen Weg darstellte und die unterschiedlichen Vorstellungen von Protektionismus und Freihandel an der Basis das Erfurter Wirtschaftsbürgertum spaltete.[95] An der Erfurter Basis fan-

91 Jacobskötter und Reißhaus hatten während einer Schneiderversammlung im Jahr 1886 eine Auseinandersetzung über die Rolle der Innungen. Reißhaus hob die frühere Bedeutung der Innungen hervor, doch hätten sie dann »die Hände in den Schoß gelegt und den Schlaf des Gerechten geschlafen. Hierauf seien alsdann die Gewerkschaften ... gegründet worden. ... Der Schneidermeister Jakobskötter stimmte dem Vortragenden in einzelnen Punkten zu, hob die Vorteile der hiesigen Schneider-Innung hervor. ... Der p. Reißhaus bestritt die Vorteile der Innung und tadelte die hohen Einschreibgebühren« (Polizeibericht vom 14. Dezember 1886, ThSTA Gotha, Regierung zu Erfurt, Nr. 479, Bl. 24f.). Vgl. allgemein *Welskopp*, Banner, S. 227.
92 Polizeibericht vom 2. Dezember 1889, StAE 1–2/124–3, Bl. 25.
93 Siehe *Langewiesche*, Liberalismus und Bürgertum, S. 362.
94 *Wehler*, Gesellschaftsgeschichte, Bd. 3, S. 934ff.; *Nipperdey*, Geschichte 1866–1918, Bd. 2, S. 382ff.
95 Vgl. *Nipperdey*, Geschichte 1866–1918, Bd. 2, S. 401; *Sheehan*, Liberalismus, S. 305.

den unter diesen Bedingungen Teile der Nationalliberalen und Freisinnigen zusammen, um sich auf einen Gegenkandidaten gegen Lucius zu einigen.[96] Die Ausgrenzung der ureigensten liberalen Interessen wurde mit einer erfolgreichen Mobilisierung der Basis und der Wählerschaft beantwortet. Hatte zu den Reichstagswahlen von 1877 der Anteil der Kaufleute und Unternehmer in der Unterstützerliste für Robert von Lucius noch bei knapp fünfzig Prozent gelegen, war er 1881 auf unter dreißig Prozent gesunken. Die Liberalen Erfurts ihrerseits legten eine mit 159 Namensnennungen versehene Liste für ihren Kandidaten vor, die zu über sechzig Prozent Kaufleute und Unternehmer enthielt. Zahlreiche frühere Lucius-Unterstützer wechselten die Fronten. Jedoch gilt auch hier: Für monokausale, sozioökonomisch determinierte Erklärungen für einzelne Parteipräferenzen ist kein Platz, denn es gab auch unter den Erfurter Bürgern zahlreiche Kaufleute, Handwerker und Industrielle, die Lucius und der Reichspartei die Treue hielten.

Ein noch größerer Mobilisierungsschub ging rund zehn Jahre später durch das Erfurter Rand- und Mittelbürgertum. Noch größer deshalb, da gegenüber 1879/81 nicht nur bestehende Parteiorganisationen sich über veränderte Rahmenbedingungen klar werden mussten und sich die Basis sowie die Wählerschaft in ihrer Interessenvertretung lediglich innerhalb des bestehenden Parteienspektrums umorientierte, sondern das Gefühl der Ausgrenzung mit der Neukonstituierung einer Partei einher ging. Die bestehenden, kernbürgerlich geprägten Parteien Erfurts hatten auf die Verunsicherung und die Angst vor existenziellen wirtschaftlichen Krisen ihrer Mitbürger keine Antwort parat und erschienen nicht als die richtigen Ansprechpartner und Vertreter ihrer Interessen. Die schlichten Formeln eines radikalen Antisemitismus fielen auf fruchtbaren Boden. Mit Johannes Jacobskötter, der einem konservativen Antisemitismus den Weg bahnte, war ein angesehener, im bürgerlichen Milieu verankerter Vermittler gefunden, der als Handwerksmeister die ideale Integrationsfigur zu sein schien. Als die Erfurter Antisemiten jedoch immer stärker in den Strudel eines sozialutopischen, antikonservativen Antisemitismus' gerieten, zog sich zwar Jacobskötter zurück, die Strukturen für den populistischen Radikalantisemitismus eines Hermann Ahlwardt, der im April 1894 in Erfurt vor über tausend Menschen auftrat, blieben bestehen.[97] Mit einer günstigen wirtschaftlichen Entwicklung, den ständigen Neuorganisationen der Antisemiten (im Reich und in Erfurt) ging die Attraktivität dieser Parteirichtung für die Wähler und die Mitglieder wieder verloren – der Antisemitismus aber blieb und wurde in den nationalen Massenverbänden, in der Deutschkonservativen Partei konserviert und weitergeführt.

96 Erfurter Tageblatt, Nr. 250 vom 27. Oktober 1881.

97 Vgl. zu den Begriffen konservativer und antikonservativer Antisemitismus *Berding*, S. 99–101; Polizeibericht vom 29. April 1894, ThSTA Gotha, Regierung zu Erfurt, Nr. 8227 (Besuch Ahlwardts). Zu den Antisemitenparteien siehe auch *Scheil*.

Das Gefühl fehlender Interessenvertretung war unter der Arbeiterschaft am größten und wirkte handlungsmotivierend. Bereits in der frühen Trennung von bürgerlicher und proletarischer Demokratie in den 1860er Jahren kam dieser Mechanismus zum Tragen.[98] Die Arbeiterschaft forderte ihre Rechte ein, die sie in den bürgerlichen Parteien nicht geboten bekam. Schon 1874 hatte die nationalliberale Thüringer Zeitung gefragt: »Wie soll auch der Landmann, der besitzende Bürger, überhaupt jeder strebsame Mann, welcher etwas zu erwerben und zurückzulegen sucht, sich mit einer Richtung befreunden, welche die Dauerhaftigkeit des Besitzes in Frage stellt?«.[99] Aber als strebsame Männer fühlten sich Parteibasis und Wähler gerade selbst – und in ihrer Strebsamkeit auf allen Gebieten behindert, im sozialen, kulturellen und politischen Bereich. Sämtliche Wahlaufrufe der bürgerlichen Parteien spiegeln indirekt das Unverständnis für die Einstellungen der Arbeiterschaft. Denn zwischen 1871 und 1893 lag der Anteil der Arbeiter und Handwerker an den Unterzeichnern von Wahlaufrufen – von Lucius über den liberalen Adolph Stengel bis Jacobskötter – zwischen null und nur sechs Prozent. Es war daher nur konsequent, dass Arbeiter und Handwerker zur Formulierung ihrer Interessen – in politischer wie sozialer Hinsicht – sich eine eigene Partei schufen, ihr beitraten oder sie wählten. Sie sahen sich selbstbewusst als Wahrer und Vollender der demokratischen Bewegung im Deutschen Reich. Das Erfurter »Arbeiter-Wahl-Comité« wollte 1871 mit der Aufstellung eines eigenen Kandidaten »neben der durch die Waffen geschaffenen Einheit des deutschen Volkes die Freiheit desselben anstreben«.[100] Spätestens mit der Verfolgung unter dem Sozialistengesetz musste der Eindruck für die Sozialdemokraten, nicht nur stigmatisiert und ausgegrenzt, sondern die einzige demokratische Partei zu sein, bestätigt scheinen. Wie schwierig dieser umfassende Anspruch durchzusetzen und an die Arbeiterschaft zu vermitteln war, hat Kapitel III ausführlich gezeigt. Aber die Interessen waren formuliert, die Medien und Menschen, um sie zu vermitteln, waren vorhanden.[101] Das Gefühl der Ausgrenzung und nicht genügenden Berücksichtigung der eigenen Interessen wirkte so gemeinschaftsbildend und beförderte die durch die Kontakte und Kommunikation ohnehin spürbare Affinität zwischen Lohnabhängigen und Sozialdemokratie.

Gemeinsamkeiten. Denn, könnte man parallel zum Beginn des vorangegangenen Abschnitts formulieren, Parteien entstehen, konsolidieren und verdichten sich durch Gemeinschaftserfahrungen, die generalisiert und kommunikativ vermittelt werden können. Die Gemeinschaftserfahrungen sind komplemen-

98 *Mayer*, Trennung, S. 108–178; *Kocka*, Lohnarbeit, S. 188ff.; *Wehler*, Gesellschaftsgeschichte, Bd. 3, S. 352; kritisch dagegen *Welskopp*, Banner, S. 749ff.
99 Thüringer Zeitung, Nr. 5 vom 7. Januar 1874.
100 Allgemeiner Anzeiger, Nr. 51 vom 1. März 1871.
101 Ähnlich über die Rolle der Vermittler *Lösche/Walter*, S. 473.

tär zu den Ausgrenzungen. Aber erst die besondere Verzahnung dieser beiden Erfahrungsebenen machte das Besondere der sozialdemokratischen Bewegung aus. Blickt man nämlich auf die vorhin beschriebenen Ausgrenzungen liberaler und mittelständischer Interessen der 1880er und 1890er Jahre, wird der Unterschied deutlich. Die Ausgrenzung bestimmter Interessen ging zum einen nicht mit einer massiven gesellschaftlichen Ausgrenzung einher, zum anderen wirkte sie nur vorübergehend vergesellschaftend. Die antisemitischen parteipolitischen Bestrebungen blieben zerstritten und zersplittert, ihre Anhänger kehrten bei entsprechender Berücksichtigung ihrer Interessen zu den bürgerlichen Parteien zurück. Sie waren Mitglieder und Wähler einer Protestparteibewegung gewesen, die sich nach Manifestation ihres Protestes wieder auflöste. Bei den Liberalen in den Jahren 1880/81 wiederum war die Interessenausgrenzung so einseitig und eindimensional auf revidierbare, machtpolitische Entscheidungen gegründet gewesen, dass eine Vergemeinschaftung auf einem so schmalen Grat erfolgte, den die meisten schnell wieder verließen und lieber auf dem großen politischen Platz der nationalen Mittelparteien zusammenfanden – gesellschaftlich hatte man sich eh nie auf Abwegen befunden. Die umfassende Gemeinschaft eines bürgerlichen Lagers wird so sichtbar.

Aus der Vielzahl an Gemeinschaftserfahrungen sollen abschließend für die sozialdemokratische Seite einige Aspekte vorgestellt werden, welche die Besonderheit dieser Vergemeinschaftung illustrieren und die öffentlichen Kontakt- und Kommunikationsformen aufgreifen sowie deren politische Bedeutung diskutieren. Zentral für die in den Parteien gepflegte Versammlungsöffentlichkeit mit ihren Diskussionsabenden war eine entsprechende Anzahl von Kneipen und Gastwirten, die dafür die Räumlichkeiten zur Verfügung stellten. In Hamburg entfiel beispielsweise auf rund 21 Parteimitglieder ein Wirt einer sozialdemokratischen Kneipe.[102] Derart bekenntnisfreudig waren die sozialdemokratischen Wirte Erfurts zwar nicht – das günstige Verhältnis lag 1908/09 bei 210 Vereinsmitglieder pro Wirt. Gleichzeitig boten diese Orte auch Gelegenheit, um mit der potenziellen sozialen Basis und Wählerschaft Kontakt aufzunehmen.[103] Den staatlichen Behörden war die Bedeutung dieser Einrichtungen ebenfalls bewusst. Daher ließ sie immer wieder Lokale überwachen und konnte den Zutritt für Militärpersonen sperren lassen.[104] Arbeitswelt, Freizeitvergnügen und Politik hatten in der Kneipe ihren Schnitt- und Kommunikationspunkt: »In dem Locale von Müller – Restaurant zur Wallburg – verkehren gegenwärtig noch zwielichtige Elemente, die anscheinend der

---

102 *Welskopp*, Banner, S. 212.
103 Vgl. zur Funktion der Kneipen *Bleek*, S. 266ff., 279.
104 In Hamburg wurden die Kneipen im Hafengebiet regelmäßig von getarnten Polizeibeamten bespitzelt (*Evans*, Kneipengespräche).

Sozialdemokratie angehören, und zwar kommen diese aus den in der Nähe liegenden Fabriken von J. J. Schmidt und Chr. Hagans«.[105]

Die sozialdemokratischen Gaststätten legten sich wie ein unterschiedlich dicht gesponnenes Netz über die Stadt. Je weiter man sich vom Süden in den Norden der Stadt bewegte, um so dichter wurde es: Nur je ein Lokal fand sich in den beiden südlichen Stadtbezirken, achtzehn hingegen in den beiden nördlichen Stadtbezirken. Dies war Ausdruck einer weiteren Ebene an Gemeinsamkeit innerhalb der potenziellen Basis der Arbeiterbewegung. Die Strukturen verdichteten sich zu einem vielfältig sozialdemokratisch geprägten Milieu, in dem Partei und Basis bzw. Wähler dicht beieinander lebten. Der Kommunikationsraum war gewissermaßen verdichtet und erleichterte die Kontaktaufnahme. Überhaupt kann die Stadt und ihr Lebensgefühl, Urbanität also, als Vermittlungsfaktor nicht hoch genug veranschlagt werden. Gegenüber Dörfern und Kleinstädten bestimmte das Moment der sozialen Kontrolle das Leben der Städter in einem viel geringeren Maße. Enge Abhängigkeitsverhältnisse von den Arbeitgebern, die bis in das alltägliche Leben hineinwirkten, hatten sich hier viel stärker gelockert. Es existierten autonome Bereiche, die für das flache Land unvorstellbar waren. Nach 1890 musste das die Erfurter Sozialdemokratie genauso schmerzhaft erfahren wie die Gesamtpartei. Mit dem »Thüringer Landboten« versuchten sie Einfluss auf die Landbevölkerung zu gewinnen. Aber die Resultate blieben ernüchternd. Die Macht der Landräte wirkte noch bis zu den Wirten, die keine Lokale zur Verfügung stellten,[106] Aufrufe und Plakate wurden oft entfernt. Mit ihrer – auch intern kontrovers diskutierten[107] – Agrarprogrammatik erreichten die Sozialdemokraten die ländliche Bevölkerung, vor allem die Kleinbauern, nicht. Besitzdenken, völlig andere Traditionslinien, fehlende Organisationspraxis und Öffentlichkeitsstrukturen markierten eine Gegenwelt zur städtischen Lebenserfahrung der Sozialdemokraten, die viele resignieren ließ.[108] Diese vergeblichen Wege auf das Land machten indirekt im städtischen sozialdemokratischen Milieu die eigenen Gemeinsamkeiten deutlich.[109]

---

105 Aktenvermerk vom 29. April 1904, StAE 1–2/132–103, Bl. 79.

106 »[F]ür die Dörfer in der Umgebung Erfurts« galt noch 1913, dass »durch den Lokalmangel die Agitation gelähmt (werde)« (Tribüne, Nr. 115 vom 30. Mai 1913, Beilage).

107 Vgl. etwa die unterschiedliche Einschätzung der sozialen Lage der Bauern: »Redner [d. i. Hermann Pappe] geht sodann näher auf das Verhältnis der Kleinbauern und Pächter ein, die er nur als gewöhnliche Lohnsklaven betrachten könne«. Genosse Huth meinte dagegen: »Auch sei es nicht richtig, wenn man den Pächter als Arbeiter hinstelle, derselbe bleibe trotz der gegenteiligen Ansicht Unternehmer« (Tribüne, Nr. 192 vom 18. August 1895) sowie die grundsätzliche Diskussion über das Agrarprogramm in Tribüne, Nr. 189 vom 15. August 1895.

108 Tribüne, Nr. 187 vom 12. August 1908.

109 1907 hatte Genosse Bauer die Abschaffung des »Thüringer Landboten« mit den Worten begründet: »Man solle das Geld besser zur Festigung unserer Prinzipien in der industriellen Arbeiterschaft verwenden« (Tribüne, Nr. 168 vom 21. Juli 1907).

Neben die städtischen Erfahrungen traten die unmittelbar politischen. Das Sozialistengesetz als Repressionsmaßnahme prägte die gesamte Führungsriege der Sozialdemokratie nicht nur zwischen 1878 und 1890, sondern auch danach. Die Verfolgung der Redakteure der »Tribüne« führte den Sozialdemokraten und ihren Sympathisanten die Herrschaftsverhältnisse drastisch und schmerzlich vor Augen. Noch in der Jubiläumsnummer der »Tribüne« vom 1. Januar 1914 rechnete man aus, dass sämtliche Redakteure insgesamt »15 Jahre, 8 Monate und 1 Woche« Freiheitsstrafen verbüßt hatten. Mochten diese Erfahrungen vor allem binnenhomogenisierend für die eigenen Parteimitglieder wirken, ist dennoch eine gewisse Außenwirkung auf die sozialdemokratische Basis zumindest sehr wahrscheinlich. Die Kämpfe gegen das undemokratische, preußische Dreiklassenwahlrecht bei Landtags- und bei Stadtverordnetenwahlen kamen hinzu.[110] Überhaupt – und aller Klassenkampfrhetorik zum Trotz – sah sich die Sozialdemokratie immer noch als Wahrerin des demokratischen Erbes.[111] Ihre Gleichheitsvorstellungen wirkten attraktiv und passten in die Vorstellungswelt ihrer Klientel: »[W]ir wollen Genies, Philosophen, Künstler hervorbringen; wir wollen es womöglichst selbst werden. Aber zu diesem Zwecke müssen wir vorerst Gleichheit schaffen: Gleichheit in den Schulen, vor dem Gesetz, in der Verfassung, im Genuss der produzierten Güter usw. Wir wollen zunächst die Möglichkeit schaffen, dass der Einzelne seine Fähigkeiten voll und ganz entfalten kann«.[112] Die Erfahrung sozialer Ungleichheit und die Verweigerung der vollständigen staatsbürgerlichen Gleichheit verstärkten sich gegenseitig und mussten für politisch denkende Arbeiter und Handwerker handlungsmotivierend wirken.[113]

Gemeinschaftliche Erfahrungen, die Einbindung in ein relativ homogenes Milieu, das noch dazu von klaren ideologischen Vorgaben überformt wurde, brachte aber auch Abgrenzungen mit sich. Geradezu kontraproduktiv musste das Bemühen um Wähler jenseits des eigenen städtischen Kernpublikums wirken, wenn die umworbenen Bauern und Randbürger mit Flugblättern traktiert wurden, in denen ihnen ihr Niedergang und ihre Existenzvernichtung breit ausgemalt wurden und sie als einzig vage Hoffnung den Anschluss an die sozialistische Bewegung empfohlen bekamen.[114] Bei dieser widersprüchlichen Strategie leistete – ungewollt – die Sozialdemokratie einen wich-

110 Vgl. *Lässig*, Wahlrechtskampf.

111 Als Theodor Barth seine demokratische Splitterpartei gründete, reagierte die »Tribüne« prompt: Barths Versuch »aus dem Bürgertum noch einige demokratische Funken herauszuschlagen«, dürfte »nur einige sehr spärliche Funken« hervorbringen (Tribüne, Nr. 232 vom 3. Oktober 1908).

112 Tribüne, Nr. 185 vom 9. August 1908.

113 Siehe auch *Langewiesche/Schönhoven*, Einleitung, S. 12, bei ihnen allerdings hinsichtlich Klassenbildung interpretiert, nicht nur auf Parteiengagement bezogen.

114 Flugblatt des Erfurter sozialdemokratischen Vereins, 1896, ThSTA Gotha, Regierung zu Erfurt, Nr. 489; siehe auch Tribüne, Nr. 182 vom 6. August 1896.

tigen Beitrag, ihr eigenes Lager, ideologisch motiviert, zu homogenisieren. Wie stark aus bürgerlicher Sicht die Furcht vor Revolution und Klassenkampf als abschreckende Motive hinzukamen, lässt sich aus den Quellen leider nicht beantworten.[115]

Die Erfahrungen im Betrieb, im Stadtviertel, im Milieu, die Aus- und Abgrenzungserfahrungen, die ideologischen Vorgaben bewirkten durch die Vermittlungsebenen der Zeitungen, der Lokale und der Versammlungen die Entstehung eines sozialistischen Lagers, in dem die sozialdemokratische Partei ihre Heimstatt hatte und die kurz vor Ausbruch des Ersten Weltkriegs 2.893 Erfurter Männer und 876 Erfurter Frauen zu ihrer politischen Heimat erklärt hatten.[116]

Integration. Die Ausgrenzung vieler Erfurter, die der Sozialdemokratie nahestanden, die Vergemeinschaftung in unterschiedlichen Milieus und die politische Vergesellschaftung in verschiedenen parteipolitischen Ausprägungen war die eine Seite. Aber das Kaiserreich ging auch auf seiner politischen Ebene nicht in einem sturen Schwarz-Weiß-Schema des Klassenkampfes auf. Denn nicht nur die sozialdemokratische Basis war durch Schule, Militär, Heimat- und Nationalgefühl eng mit dem Staat verknüpft, erlernte demokratische Verfahrensweisen in den Versammlungen, schätzte das immer öfters praktizierte Entschärfen von wirtschaftlichen Konflikten durch Aushandeln und wurde so zu einem Gutteil positiv in die Gesellschaft eingepasst. Auch die Partei war in vielfältiger Form in das bestehende System integriert. In Erfurt – und in vielen anderen Städten – war es die Sozialdemokratie, die den entscheidenden Einfluss in den Krankenkassen und in den Gewerbegerichten ausübte.[117] Der Erfolg der Sozialdemokraten wurde jedoch vom Bürgertum und von staatlicher Seite nicht als Ausdruck des sozialen Engagements für das Staatswesen und seine Institutionen gewertet, sondern als Indiz für die Stärke des gegnerischen Lagers, die man eigentlich am liebsten verhindert hätte.[118] Die negative, zumindest aber die lediglich partielle Integration der Sozialdemokratie und ihrer Basis kommt hier zum Ausdruck.[119] Die Partei wurde nicht als unverzichtbarer Bestandteil der bürgerlichen Gesellschaft gesehen.[120]

115 Sheehan meinte, dass »auf der untersten Ebene der politischen und sozialen Interaktion ... alte Feindbilder und Klassenvorurteile ... einer politischen Verbindung zwischen den Mittelschichten und der Arbeiterklasse oft unüberwindliche Hindernisse entgegensetzten« (*Sheehan*, Liberalismus, S. 316).

116 Tribüne, Nr. 172 vom 26. Juli 1914 (Mitgliederzahl für das erste Quartal 1914).

117 Vgl. *Pohl*, Arbeiterbewegung, S. 295ff., 343ff.

118 Oberbürgermeister an Regierungspräsidenten, 4. Februar 1914, ThSTA Gotha, Regierung zu Erfurt, Nr. 467.

119 Vgl. Kap. III.1.3; vgl. auch *Wehler*, Gesellschaftsgeschichte, Bd. 3, S. 1049 (zur positiven Integration der Basis) sowie *Nipperdey*, Geschichte 1866–1918, Bd. 2, S. 562 (zur negativen Integration); siehe auch *Grebing*, Arbeiterbewegung, S. 128f.

120 *Kocka*, Arbeiterbewegung, S. 487ff.; *Welskopp*, Banner S. 23.

V. Kommunalpolitik als Konsensfeld?

Kommunalpolitik war bürgerliche Politik – bürgerliche Politik in mehrfacher Hinsicht. Erstens waren nur »Bürger« zur Wahl zugelassen. Zweitens wurde Kommunalpolitik als interessenübergreifendes Projekt verstanden, das allen Bürgern – unabhängig von ihrer sozialen Stellung – zugute kommen sollte. Drittens verhinderten die städtischen Entscheidungsträger mit einem restriktiven Wahlrecht das Vordringen der Sozialdemokraten in die Stadtverordnetenversammlung. Dieser Arkanbereich bürgerlicher Macht wurde verteidigt, wenngleich sich die Gewichte langsam verschoben. Gleichzeitig bestand für die bürgerlichen Gruppen die Möglichkeit, mit einer ausgewogenen Politik schichten- und milieuübergreifende, vermittelnde Akzente zu setzen. Es gilt daher, zunächst auf die Wählerschaft und die Wahlberechtigten, dann auf die Kandidaten und Gewählten zu blicken, ehe abschließend inhaltliche Aspekte der Kommunalpolitik beleuchtet werden.

Die Wähler. Wie viele preußische Städte hielt Erfurt bis zum Ende des Kaiserreichs an der Fassade der Bürgergemeinde fest, ohne sich die Konzeption der Einwohnergemeinde zu eigen zu machen.[1] Wer in Erfurt sich kommunalpolitisch engagieren wollte – und sei es in der Form, sich an den Wahlen zu beteiligen –, musste Bürger sein.[2] Diesen privilegierten Status erhielten Männer, welche die preußische Staatsangehörigkeit hatten, mindestens 24 Jahre alt waren, unabhängig von Dritten einen eigenen Hausstand führten, keine Armenunterstützung erhielten, mindestens seit einem Jahr in der Stadt lebten, über Hausbesitz verfügten oder alternativ dazu ein selbstständiges Gewerbe betrieben oder – so in den 1880er Jahren – jährlich mindestens sechs Mark Klassensteuer zahlten.[3] Diese Regelungen blieben in ihren Grundanforderungen gleich, lediglich die zu leistenden Steuerbeträge variierten geringfügig. Ausgegrenzt waren außer Frauen und Armen vor allem die Zuwanderer aus den angrenzenden thüringischen Gebieten, die nicht die preußische Staats-

---

1 Vgl. *Heß*, Revolution, S. 263; *Heß*, Entwicklung, S. 295. Noch 1908 beklagte die »Tribüne« die »Nachlässigkeit ... bei der Erwerbung des Bürgerrechts« (Nr. 286 vom 6. Dezember 1908).

2 Vgl. allgemein *Reuter*, S. 75–92.

3 Wahlen zur Stadtverordnetenversammlung 1886, StAE 1–2/005–7.

bürgerschaft erwarben.[4] Entsprechend eingeengt stellte sich die Wählerbasis für die Stadtverordnetenversammlung dar. Im Vergleich zu den Reichstagswahlen blieben pro Wahl mehrere tausend Einwohner von den Wahllokalen ausgesperrt. Gemessen an der Einwohnerzahl konnten sich in den 1870er Jahren zwischen sechs und neun Prozent der Bevölkerung beteiligen. Nach 1888/90 stieg dieser Anteil erstmals über zehn Prozent und schwankte bis zum Ausbruch des Krieges zwischen zwölf und vierzehn Prozent.[5] Diese Quote entsprach für die 1890er Jahre der Situation in Wiesbaden, lag aber für das späte Kaiserreich deutlich unter den dortigen Verhältnissen (Wiesbaden 1909: 17,5%). Im Vergleich zu den Braunschweiger Einwohnern wiederum konnten sich wesentlich mehr Erfurter an Kommunalwahlen beteiligen, da dort für das gesamte Kaiserreich der Anteil der Wahlberechtigten an der Einwohnerschaft nicht über neun Prozent stieg.[6] Prozentuiert man am Beispiel der Berufszählung von 1907 auf die männliche Erwerbsbevölkerung über 25 Jahre, ergibt sich für das Kommunalwahlrecht eine Wahlberechtigtenquote von 58,7 Prozent – ein immerhin beachtliches Resultat für das undemokratische preußische Kommunalwahlrecht.[7] Auch die Verhältniszahlen der Wahlberechtigten bei Stadt- und Reichstagswahlen verschoben sich zusehends. 1874 kamen auf knapp 2.900 Wahlberechtigte für die Kommunalwahlen rund 9.200 potenzielle Reichstagswähler. Das entsprach einem Prozentsatz von 31 Prozent. Diese Relation stieg über 54,7 Prozent im Jahr 1890 auf annähernd 65 Prozent im Jahr 1912.[8] Der enge rechtliche Bürgerbegriff, welcher die traditionale Stadtgesellschaft geprägt hatte, erfuhr eine deutliche soziale Ausdehnung.

Von einer Demokratisierung des Kommunalwahlrechts konnte dennoch keine Rede sein. Die Einteilung der Wahlberechtigten nach ihrer Steuerkraft legte schon in der Grundstruktur eine undemokratische Wahl fest. Hinzu kam, dass die Ausprägung des Wahlmodus auf Kontrolle und Disziplinierung ausgerichtet war. Die öffentliche Stimmabgabe, bei der in Gegenwart von Honoratioren und Polizei, die Namen der Kandidaten genannt werden mussten, stellte *das* Hindernis für eine freie Willensäußerung dar. Regierungspräsident Brauchitsch fragte in einem Schreiben vom 31. Mai 1889 an Oberbürgermeister Breslau, ob es zutreffe, dass »der bei der hiesigen Kgl. Regierung angestellte Hauptkassen-Buchhalter Gummert bei der letzten Wahl zur Stadt-

4 Die Sozialdemokratie warb dafür, sich naturalisieren zu lassen, also die preußische Staatsangehörigkeit zu erwerben (z. B. Tribüne, Nr. 297 vom 18. Dezember 1904).

5 Verwaltungsberichte der Stadt Erfurt 1878/79, S. 20; 1886/87, S. 20; 1893/94, S. 21; 1904, S. 8; 1912, S. 13; StAE 5/850–2, Bd. 3, Tribüne, Nr. 272 vom 20. November 1910.

6 *Weichel*, Wiesbaden, S. 324ff.; *Schmuhl*, Herren, S. 432ff.

7 SDR, Bd. 207 (1907), S. 422f. Erwerbstätig in den Berufsabteilungen A – F waren 21.749 Männer über 25 Jahre.

8 Diese Quote lag um ein Vielfaches über dem Wert in Harburg, wo nur ein Siebtel der Reichstagswahlberechtigten zur Kommunalwahl zugelassen waren (*Witt*, Kommunalpolitik, S. 223, 225).

verordnetenversammlung« für den Sozialdemokraten Paul Reißhaus gestimmt habe. In dem Antwortschreiben hieß es, dass er zwar Reißhaus nicht
gewählt habe, dafür aber »die in der gehorsamst beigefügten Wahlliste mit
Rothstift bezeichneten hier als Sozialdemokraten bekannten Personen«.[9]

Der Überwachung waren unter solchen Bedingungen Tür und Tor geöffnet. Aber damit mussten Wähler in allen preußischen Städten leben. Verschär-
fend kam in Erfurt hinzu, dass bis zum Ende des Kaiserreichs lediglich in
einem einzigen Wahllokal die Stimmabgabe möglich war. Obwohl die preußische Städteordnung die Einführung von Bezirkswahlen erlaubte und viele
Städte diese Möglichkeit aufgriffen, verweigerten die Erfurter Stadtverordneten ihren Wählern diese Erleichterung. Diese Maßnahme war eindeutig gegen
die Arbeiterschaft gerichtet, deren Partizipationsmöglichkeiten massiv be-
schnitten wurden. Der Weg aus einem der Betriebe – gewählt wurde immer an
einem Werktag – ins Wahllokal im Stadtzentrum war vielen Arbeitern zu weit.
Selbst wenn sie bereit waren, ihre Mittagspause für den Wahlakt zu opfern,
konnte es sein, dass sie nicht zur Stimmabgabe kamen: »In fürchterlicher Enge
mussten die Wähler 1 1/2 – 2 Stunden auf Abfertigung warten. So ist es denn
nicht zu verwundern, wenn eine große Anzahl Wähler das Lokal verließ, ohne
von dem Wahlrecht Gebrauch gemacht zu haben«.[10] Die Wahl zog sich unter
diesen Bedingungen 1912 über sechs Werktage hin. Die Distanz zwischen
Arbeiterschaft und Bürgertum wurde durch diese Ausgrenzungsstrategien
deutlich herausgestrichen. Auf einer unmittelbar erfahrbaren Ebene wurde
»ein symbolträchtiges Zeugnis der sozialen Geltung einzelner Bevölkerungsgruppen im politischen Gemeindeleben« abgelegt.[11]

Die Bereitschaft, das Wahlrecht aktiv auszuüben, war höchst unterschiedlich ausgeprägt. Vor allem im Bewusstsein der Wahlberechtigten der III. Wahl-
abteilung spielten die Wahlen zur Stadtverordnetenversammlung eine immer
größere Rolle. Wurde das Wahlrecht in den 1870er Jahren nur von einer Minderheit von zwölf bis fünfzehn Prozent wahrgenommen, bildeten sich im
Jahrzehnt vor dem Ersten Weltkrieg im Partizipationsverhalten völlig neue
Qualitäten aus. Einerseits stieg die Wahlbeteiligung von 20 Prozent im Jahr

---

9 Regierungspräsident an Oberbürgermeister, 31. Mai 1889 sowie Aktenvermerk vom 6.
Juni 1889, StAE 1–2/120–3, Bl. 255ff. Das Wahlverhalten des Buchhalters Herrmann Gummert
scheint ein »black out« gewesen zu sein und hatte keinerlei Konsequenzen. Im Jahr 1898 tauchte
Hermann Gummert (Regierungs-Hauptkassen-Buchhalter) als Kandidat auf einer Wahlliste der
bürgerlichen Gruppen auf (Thüringer Zeitung, Nr. 272 vom 21. November 1898) und wurde
1900 zum Stadtverordneten gewählt.

10 Tribüne, Nr. 277 vom 26. November 1898. Nach den Kommunalwahlen von 1900
richtete die Sozialdemokratie einen Wahlprotest an den Magistrat. In seiner Entscheidung vom
4. Januar 1901 gestand der Magistrat zwar zu, dass die Wahlmöglichkeiten erschwert, aber nicht
unmöglich seien. Ein Einfluss auf das Wahlergebnis sei ausgeschlossen (Tribüne, Nr. 11 vom 13.
Januar 1901).

11 *Lehnert*, Institutionen, S. 205.

1890, über 36 Prozent im Jahr 1900 auf annähernd fünfzig Prozent bei den letzten Vorkriegswahlen an. Andererseits erreichten die sozialdemokratischen Kandidaten in der dritten Abteilung immer mehr Stimmen und politisierten und dynamisierten damit die Kommunalpolitik.[12] Bedingt durch den Wahlmodus blieben die sozialdemokratischen Kandidaten allerdings auf die Stimmen ihres unmittelbaren parteipolitischen Umfeldes beschränkt. Viel mehr als ein Drittel der Wähler der dritten Abteilung konnten sie bis 1906 nicht auf sich vereinen. Erst 1910, als die Partei einen publizistisch begleiteten Wahlkampf führte, ihn mit ihrer Petition zur Einführung von Bezirkswahlen strategisch geschickt auf die Wahlrechtsfrage abzielend vorbereitet hatte, kam man den bürgerlichen Kandidaten bedrohlich nahe.

Trotz der beeindruckenden Zunahme konnte die Grundbasis an sozialdemokratischen Wählern nicht verbreitert werden. Selbst in den Jahren erheblicher Stimmenzuwächse korrelierte die Zahl der abgegebenen Stimmen in auffälliger Weise mit derjenigen der Parteimitglieder. Selbst auf diese musste aber Druck ausgeübt werden, um sie dazu zu bewegen, öffentlich für die sozialdemokratischen Kandidaten zu votieren;[13] und von den über achttausend Gewerkschaftsmitgliedern im Jahr 1910 gab nur eine Minderheit ihre Stimmen bei Kommunalwahlen ab. Aufrufe, die preußische Staatsbürgerschaft zu erwerben und moralische Appelle, das Wahlrecht wahrzunehmen – »Wer diese seine Pflicht verletzt, versündigt sich an sich und seinen Klassengenossen«[14] –, fanden nicht ihren Weg zu der Masse der Arbeiter.[15] Ob man allerdings so weit gehen kann, aus dieser kommunalpolitischen Zurückhaltung der Arbeiterschaft auf eine mögliche Akzeptanz der Arbeiterschaft für die etablierte städtische Trägerschicht und Elite zu schließen, erscheint zweifelhaft.[16] Die Hauptgründe

12 Verwaltungsberichte der Stadt Erfurt 1878/79ff.; StAE 5/850–2, Bd. 3; Tribüne, Nr. 272 vom 20. November 1910. Vgl. allgemein *Reulecke*, Urbanisierung, S. 131ff. Ähnlich die Entwicklung der Wahlbeteiligung in Bielefeld (*Hofmann*, Stadtverordneten, S. 106).

13 1904 war der Vorstand des sozialdemokratischen Vereins in einer Mitgliederversammlung beauftragt worden, jene »Mitglieder, die ihre Pflicht in den Stadtverordnetenwahlen nicht erfüllt haben, über die Gründe für dieses Verhalten zu befragen« (Tribüne, Nr. 290 vom 10. Dezember 1904). 1908 wurde in der Generalversammlung Vorschlägen des Vorstands zugestimmt, dass »die Parteigenossen, die trotz mehrmaliger persönlicher Aufforderung und Abholung, zur Wahl zu gehen, nicht erschienen seien«, vor den Vorstand geladen werden sollten, »um festzustellen, welche Gründe sie zu ihrem Verhalten veranlasst« (Tribüne, Nr. 286 vom 6. Dezember 1908, Beilage).

14 Tribüne, Nr. 305 vom 29. Dezember 1904 (Hervorhebung im Original).

15 Da in anderen preußischen Städten ähnliche, wenngleich nicht in so massiver Form auftretende, Hemmnisse vorlagen und dort die Sozialdemokraten dennoch in die Stadtparlamente einzogen, wunderte man sich auch in der sozialdemokratischen Zeitschrift »Kommunale Praxis« über die Erfurter Erfolglosigkeit und mangelnde Wahlbeteiligung: »Es dürfte allerdings selten sein, dass in einer Gemeinde, in der die Sozialdemokratie sich seit Jahren an den Gemeindewahlen beteiligt, nur 25 Prozent der Wähler an die Urne treten« (Nr. 23 vom 1. Dezember 1904, Sp. 556).

16 *Schäfer*, Bürgertum, bes. S. 227f. Schäfer sieht diese Akzeptanz allerdings weit eher

für die mangelnde Partizipation unter den Arbeitern dürften weniger in der Akzeptanz der städtischen Führungsriege als vielmehr in der Gleichgültigkeit gegenüber der Kommunalpolitik und der Furcht vor Schikanen gelegen haben.

Unter den bürgerlichen Gruppen wurde die Wahlbeteiligung in allen drei Wählerklassen von den Angestellten und Beamten getragen. 1876 lag die Wahlbeteiligung in den unteren Angestellten- und Beamtengruppen bei 36,5 Prozent, in den mittleren Beamtengruppen bei 30,6 Prozent. Zehn Jahre später waren diese Werte noch weiter angestiegen und erreichten 40,1 bzw. 43,3 Prozent. In den Amtsstuben und Kontoren mobilisierten die Vorgesetzten eine »staatstragende«, bürgerliche Wählerschicht, die sich ihren preußischen Arbeitgebern, aber auch der Stadt und ihrer Elite verpflichtet wussten, die in den bürgerlichen Vereinen präsent waren und in Erfurt mit seiner zentralörtlichen Funktion einen festen Platz innerhalb der städtischen Struktur hatten. Von sozialdemokratischer Seite wurde diese Wählermasse als Stimmvieh diffamiert. Noch 1912 stellte die »Tribüne« fest: »Auch im Wahllokale wurde dem Beobachter bald klar, dass die Treibjagden ihren Anfang genommen hatten. Alles wurde an den Wahltisch getrieben. ... Immer Beamte und immer wieder Beamte, in- und außerdienstliche«.[17] Auch wenn die Wählerbeeinflussung in diesem Artikel propagandistisch stark ausgemalt wurde, lassen die Daten zur Wahlbeteiligung aus den beiden ersten Jahrzehnten des Kaiserreichs erkennen, dass hier eine reale Wählermobilisierung beschrieben wurde, die auf eine jahrzehntelange Tradition aufbaute.

Die dennoch insgesamt gesehen geringe Wahlbeteiligung im Bürgertum hatte verschiedene Gründe. Kommunalpolitik war – und ist bis in heutige Tage – weniger attraktiv, weniger spektakulär als Reichspolitik; die Wahlkämpfe erreichten nie die Intensität der Reichstagswahlen. Außerdem führte das komplizierte Wahlsystem dazu, dass (mindestens) alle zwei Jahre entweder Ersatz- oder Ergänzungswahlen stattfanden. Die Motivation wurde so noch weiter gedämpft. Da außerdem zwischen 1871 und 1889 mit Oberbürgermeister Breslau eine starke Führungspersönlichkeit an der Spitze stand und einen starken Magistrat repräsentierte, war die Rolle der Stadtverordneten im politischen Willensbildungsprozess für viele bürgerliche Wahlberechtigten nur nebensächlich.[18] Hinzu kam, dass bereits vor den Wahlen in informellen Zirkeln die Weichen gestellt und Kandidaten ausgewählt wurden. Im linksliberalen »Erfurter Tageblatt« und in der sozialdemokratischen »Tribüne« hießen die Schlagworte hierfür »Ressourcepartei« oder »System Stürcke«, benannt nach

im von ihm untersuchten britischen Fall (Edinburgh) als im deutschen Fall (Leipzig) gewährleistet.

17 Tribüne, Nr. 273 vom 22. November 1912, Beilage.

18 Vgl. zur Rolle der Oberbürgermeister *Lenger*, Eliten, S. 321 sowie *Hardtwig*, Großstadt, S. 43ff.

der einflussreichsten Institution und Person in Erfurt.[19] Dem Wahlakt kam letztlich die Legitimation der ausgehandelten Kandidaten und Kompromisse zu.[20] Mit dem Auftauchen der Sozialdemokratie ab 1884 bei den Wahlen zur Stadtverordnetenversammlung kam zwar eine neue, nicht integrierbare Komponente hinzu, das innerbürgerliche System wurde damit jedoch nicht grundlegend in Frage gestellt.

Die Kandidaten. Für die Regulierung des bürgerlichen Systems, auch in Zeiten divergierender Interessen, sorgten langfristige Traditionslinien. Zum einen behielten die Vereine als vorpolitische, kommunale Meinungsbildungsorganisationen ihren Einfluss. Ablesen lässt sich das an den im Stadtparlament vertretenen Abgeordneten und den nominierten Kandidaten. Ideales Sprungbrett, um auf die Kandidatenlisten zu kommen, war der Haus- und Grundbesitzerverein. Durch die Hausbesitzerklausel, welche die preußische Städteordnung vorsah, generell bevorzugt, etablierte sich der Verein als Rekrutierungsbasis für Kandidaten und Stadtverordnete schlechthin. 1898 waren unter den Kandidaten der Liste der Kleingewerbetreibenden in der zweiten Wählerklasse zwei Drittel und in der dritten Wählerklasse vier Fünftel Mitglieder des Vereins. Entsprechend einfach konnten Mitglieder des Vereins als Unterstützer für die Kandidaten gewonnen werden: Knapp die Hälfte aller 97 Unterzeichner gehörten dem Haus- und Grundbesitzerverein an. So lange die Macht der Vereine ungebrochen blieb, konnten Interessenkonflikte austariert werden.

Als zweite Traditionslinie, die stabilisierend und ausgleichend wirken sollte, ist die Idee der interessenübergreifenden, parteipolitisch neutralen Kommunalpolitik zu sehen. Das »klassische Prinzip der bürgerlichen Selbstverwaltung« wirkte in dieser Idealvorstellung fort.[21] Durch die ständige Wiederholung scheinbar zur Floskel verkommen, bildete sie doch einen Kristallisationspunkt, von dem sich keine Partei, auch wenn sie in ihren Wahlanzeigen zumindest zwischen den Zeilen unverkennbar Sonder- und Partikularinteressen vertrat, allzu weit entfernen wollte. Ausdruck dieses Bemühens waren die den Kandidatenvorschlägen beigefügten Unterstützerlisten. Hier wurden demonstrativ »altes Stadtbürgertum«, neue Wirtschaftselite und staatliche bzw. städtische Verwaltung miteinander verkoppelt. Nicht immer gelang

19 Vgl. Erfurter Tageblatt, Nr. 307 vom 31. Dezember 1892; Tribüne, Nr. 284 vom 6. Dezember 1894; Nr. 270 vom 18. November 1898. Vgl. auch die öffentliche Volksversammlung vor 150 Teilnehmern am 27. Dezember 1893, in der es hieß, »dass die bürgerlichen Interessen zu sehr in den Händen der Ressourceparthei lägen« und noch immer »das Stürcke´sche System« bestehe (Polizeibericht vom 27. Dezember 1893, ThSTA Gotha, Regierung zu Erfurt, Nr. 846, Bl. 44f.). Absprachen dieser Art lassen sich in vielen Städten rekonstruieren, vgl. z. B. *Witt*, Kommunalpolitik, S. 228.

20 Vgl. auch *Hofmann*, Stadtverordneten, S. 108f.

21 Siehe *Hettling*, Bürgerlichkeit, S. 182. Kritisch *Pohl*, Liberalismus, S. 274ff.

dies so perfekt wie im November 1892 als Handwerksmeister (21,6%), Kaufleute (27,0%) Fabrikanten/Unternehmer (18,9%), Beamte (13,5%) und Rentiers (10,8%) in einträchtiger Ausgewogenheit auf der Liste eines Wahlkomitees veröffentlicht wurden.[22] Doch selbst auf der stark kleingewerblich ausgerichteten Liste vom November 1898 fanden sich unter den 97 Unterzeichnern neben rund vierzig Prozent Handwerksmeistern und 17 Prozent Kaufleuten immer noch zehn Prozent Unternehmer, darunter der renommierte Kommerzienrat Friedrich Benary.[23]

Die Jahre zwischen 1890 und 1904 markierten auf kommunalpolitischer Ebene eine innerbürgerliche Experimentier- und Emanzipationsphase. Altbewährte Seilschaften, Verfahrensregelungen und Persönlichkeiten (Ressource, System Stürcke, Abschied des Oberbürgermeisters Breslau) verloren an Einfluss. Die Kommunalpolitik wurde neu austariert. Besonders reformfreudig ging man dabei allerdings nicht vor. Einerseits griff die städtische Elite auf bestehende Strukturen, wie denen des Vereinsnetzes, zurück, andererseits übernahm man die Idee der politisch neutralen Bürgergemeinde bruchlos. Dennoch war man – in Grenzen – bereit, die Geschlossenheit der früheren Jahre zu verlassen, Meinungs- und Interessenunterschiede offen auszutragen, ohne das Grundmodell städtischer bürgerlicher Politik preiszugeben. So war dieses Jahrzehnt auch ein Modell dafür, wie sich die bürgerliche Gesellschaft in einem internen Ausdifferenzierungsprozess hätte entwickeln können. Das Ausgreifen auf neue Wählerschichten und die Integration bisher abseits stehender Bevölkerungsgruppen hatten die Linksliberalen bereits zu Beginn dieser Experimentierphase gefordert: »[A]uch würde es nur zum Vorteil gereichen, wenn Candidaten der Arbeiterparthei mitgewählt würden, um die Leistungsfähigkeit und Thatkraft dieser Herren auf communalen Gebiet kennen zu lernen«.[24] Doch die bürgerliche Kommunalpolitik war in der Realität davon weit entfernt. Auf allen zwischen 1892 und 1900 veröffentlichten Unterstützerlisten finden sich unter den insgesamt 564 Unterzeichnern nur 36 Arbeiter.[25] Man machte sich nicht einmal die Mühe, den Anschein zu erwecken, die Arbeiterschaft zu vertreten; und die »Herren der Arbeiterpartei« begannen ihrerseits die Kommunalpolitik als Politikfeld ernst zu nehmen und damit die bürgerliche Hegemonie in Frage zu stellen. Unter diesen Bedingungen schlossen sich nach 1900/1904 die bürgerlichen Reihen wieder dichter.

In der Zeitschrift des Erfurter Mietervereins, der in den 1890er Jahren selbst versucht hatte, seine Interessen durchzusetzen, wurde im Dezember 1904

---

22 Erfurter Tageblatt, Nr. 273 vom 20. November 1892 Beilage. 74 Erfurter hatten den Aufruf unterzeichnet.

23 Thüringer Zeitung, Nr. 272 vom 21. November 1898.

24 Erfurter Tageblatt, Nr. 236 vom 26. Oktober 1892.

25 Insgesamt wurden sechs Unterstützerlisten zwischen 1892 und 1900 ausgewertet, die in den bürgerlichen Zeitungen Erfurts veröffentlicht wurden.

mitgeteilt, dass »Vereine, Gruppen und Einzelpersonen« zur Stadtverordnetenwahl »ihre Sonderwünsche zurück gestellt« und so das Unmögliche
möglich gemacht hätten: »die geschlossene Vereinigung der bürgerlichen
Gruppen und die Aufstellung einer gemeinsamen Kandidatenliste«.[26] Die Aus-
differenzierungsphase war abgeschlossen. In der Tat waren in den Zeitungen
bis 1902/1904 bei den Stadtverordnetenwahlen die Stimmergebnisse verschiedener bürgerlicher Listen veröffentlicht worden.[27] Nach diesem Zeitpunkt
tauchen nur noch die Ergebnisse der Sozialdemokratie und einer bürgerlichen
›Einheitsliste‹ auf. Von sozialdemokratischer Seite wurde dieser Interessenfindungsprozess innerhalb des bürgerlichen Lagers ab 1904 publizistisch-po-
lemisch als »Kuhhandel« kritisiert.

Die auf Konsens ausgerichtete Politik stellte sich in eine unverbrüchliche
Tradition.[28] 1908 betonte der »Allgemeine Wahlausschuss«, dass nur Männer in
die Stadtverordnetenversammlung gewählt werden könnten, die »das Wohl
des Ganzen« förderten und berief sich dabei auf einen Kommentar des Refor-
mers Freiherr vom Stein zu der Städteordnung aus dem Jahr 1808.[29] Einem
Vertretungsanspruch der Sozialdemokratie wurde eine Absage erteilt, da die
Interessen der Arbeiterschaft in den städtischen Behörden und Gremien in
besten Händen und im Rahmen des bürgerlichen »Ganzen« integriert seien.
Die Errichtung eines städtischen Arbeitsamtes sei der beste Beweis dafür.
Gleichzeitig wurde die Konkurrenz der Sozialdemokratie instrumentalisiert,
um das bürgerliche Bündnis noch enger zu schnüren.[30]

Die Stadtverordneten. Den bürgerlichen Kandidaten blieb auch nichts anderes
übrig, als einen Generalvertretungsanspruch zu formulieren, da vor 1907 kein
Arbeiter in der Stadtverordnetenversammlung vertreten war.[31] Erst zu diesem
Zeitpunkt zog der von der bürgerlichen Liste nominierte Gewehrarbeiter Karl

26 Mittheilungen des Erfurter Wohnungsmiether-Vereins, Nr. 13 vom 20. Dezember
1904.
27 Vgl. Tribüne, Nr. 269 vom 16. November 1900. Dort sind die Ergebnisse der Kandidaten für das »Bürger-Wahlkomitee« als auch für »Müllers Kaffeehaus-Komitee« veröffentlicht.
28 Vgl. *Hettling*, Bürgerlichkeit, S. 181f. In Breslau wurde die Konsenspolitik durch eine
Auseinanderentwicklung von Liberalen und Konservativen untergraben. Diese Tendenz lässt
sich für Erfurt nicht feststellen. Vgl. *Pohl*, Liberalismus, S. 274, der auf kommunaler Ebene
zwischen den bürgerlichen Parteien eine hohe Bündnisfähigkeit konstatiert.
29 Zitiert nach: Tribüne, Nr. 268 vom 14. November 1908, Beilage. Stein hatte formuliert:
»[Die Stadtverordneten] sind im vollsten Sinne Vertreter der ganzen Bürgerschaft, mithin so
wenig Vertreter des einzelnen Bezirks, der sie gewählt hat, wie einer Korporation, Zunft usw.,
der sie zufällig angehören.« Vgl. allgemein *Hardtwig*, Großstadt, S. 23f.
30 Tribüne, Nr. 255 vom 1. November 1906: »Herr Finkelmeyer malte den Anwesenden
das Schreckgespenst der Sozialdemokratie an die Wand und wies dann klipp und klar nach, ›dass
eine Arbeitervertretung in Stadtparlament gar nicht notwendig sei‹.«
31 Wesentlich erfolgreicher war die Leipziger Sozialdemokratie, die erstmals 1894 in der
III. Wählerklasse gewann und seit 1902 durchweg diese Klasse beherrschte (vgl. *Adam*, Arbeitermilieu, S. 296ff.).

Nowack – beschäftigt in der Königlichen Gewehrfabrik – in das Rathaus ein. Die ersten sozialdemokratischen Vertreter fanden den Weg dorthin über die Eingemeindung Ilversgehofens, da man im Eingemeindungsvertrag die Übernahme von je zwei Gemeindevertreter aus jeder Wählerklasse in das Erfurter Stadtparlament vereinbart hatte. In dem industriell geprägten Vorort beherrschte die Sozialdemokratie die dritte Wählerklasse und stellte hier alle Gemeindevertreter. In der Sitzung der Ilversgehofener Gemeindevertretung am 18. April 1911 wurden daher der Gewerkschaftsbeamte August Nowag und der Schuhmacher Karl Gaßmann zu Mitgliedern der Erfurter Stadtverordnetenversammlung gewählt.[32]

Die Nominierung und Wahl des Gewehrarbeiters Karl Nowack im Jahr 1907 geschah in Zeiten wachsender sozialdemokratischer Stimmenanteile, hatte instrumentelle Züge und sollte zumindest eine Ausdehnung des umfassenden bürgerlichen Gemeinwohlgedankens auf die Arbeiterschaft symbolisieren. Nicht mehr die Beschwörung desselben reichte aus, das Gemeinwohl sollte demonstriert werden. Diese Strategie verfolgte man auch bei den unterschiedlichen bürgerlichen Gruppen. In der Zusammensetzung der Stadtverordnetenversammlung (vgl. Tab. 21) wurde den jeweiligen sozialen Gruppen, den unterschiedlichen wirtschaftlichen Interessen Rechnung getragen und – soweit die Quellen entsprechende Rückschlüsse erlauben – die parteipolitischen und konfessionellen Standpunkte berücksichtigt.[33] Hier zeigt sich der Generalvertretungsanspruch in seiner reinsten Form.

Eindeutig dominiert wurde das Stadtparlament von wirtschaftlich selbstständigen Berufsgruppen: Handwerksmeistern, Kaufleuten und Unternehmern. Verbeamtete und angestellte Berufsgruppen blieben in der Minderheit, nahmen im Lauf der Jahrzehnte aber an Bedeutung zu. Der nicht nur materielle, sondern auch ideelle Wert der bürgerlichen Selbstständigkeit, der ja auch genutzt wurde, um das Wahlrecht auf bestimmte Bevölkerungsgruppen zu beschränken, erfuhr hier seine deutlichste Ausprägung. Dieser Grundcharakterzug war allen preußisch-deutschen Gemeindevertretungen eigen.[34]

Innerhalb eines Jahrzehnts veränderte sich allerdings die materielle Basis der Stadtverordneten. Das Stadtparlament wurde zu einem Treffpunkt der Betuchten und Reichen. Beinahe die Hälfte der Stadtverordneten verfügte 1886 über ein Jahreseinkommen, das über 21.600 Mark lag; zehn Jahre früher hatte nur ein Siebtel der Stadtverordneten so viel verdient. Das Durch-

---

32 Protokoll der Sitzung der Gemeindevertretung, 18. April 1911, StAE 1–2/042–5, Bl. 361.

33 Eine präzise parteipolitische Zuordnung ist für viele Stadtverordnete nicht möglich. Es zeigt sich allerdings eine Tendenz wie im preußischen Harburg, wo eine nationalliberale, freikonservative Linie dominierte, die einige linksliberale Einsprengsel zuließ (*Witt*, Kommunalpolitik, S. 234).

34 Vgl. *Hettling*, Bürgerlichkeit, S. 104 (Breslau); *Schmuhl*, Herren, S. 261ff. (Nürnberg), 461ff. (Braunschweig); *Hofmann*, Stadtverordneten, S. 127–131, 171.

Tabelle 21: Berufliche und soziale Zusammensetzung der Stadtverordneten
1873–1912 (Angaben in Prozent)

Berufsgruppe	1873	1882	1888	1893	1900	1905	1912
Beamte	5,9	8,9	5,7	2,1	14,9	13,2	17,0
verbeamtete Bildungsbürger	2,9	8,8	2,9	4,2	4,3	2,6	3,8
Handwerksmeister	23,5	8,8	17,1	16,7	12,8	15,8	11,3
Fabrikanten/ Unternehmer	23,5	35,3	22,9	16,7	8,5	18,4	20,8
Landwirte	8,8	5,9	5,7	4,2	4,3	2,6	1,9
Freiberufler	8,8	5,9	8,6	6,3	12,8	7,9	3,8
sonstige Selbstständige	20,6	11,8	20,0	31,2	25,5	21,1	20,7
Arbeiter/ Handwerker	0	0	0	0	0	0	3,8
Angestellte	2,9	2,9	2,9	2,1	6,4	10,5	9,4
Rentiers	2,9	11,8	14,3	16,7	10,6	7,9	7,6
Summe N	34	34	35	48	47	38	53

Quelle: Adressbücher der Stadt Erfurt. Durch Rundungsfehler nicht immer 100%-Summe.

schnittseinkommen aller Stadtverordneten hatte sich in den zehn Jahren zwischen 1876 und 1886 von 14.400 auf 29.000 Mark verdoppelt.[35] Wirtschafts- und Bildungsbürgertum bildeten an diesem Ort nicht nur ein im sozialen Sinne definiertes Kernbürgertum, sondern stellten eine Elitenformation dar, welche die Geschicke der städtischen Politik fest in ihren Händen hielt.

Beeindruckend ist, dass diese Honoratiorenstruktur in sozialer Hinsicht bis zum Ausbruch des Ersten Weltkrieges stabil gehalten werden konnte.[36] Es gelang immer wieder, die für das wirtschaftliche Leben der Stadt wichtigen Personen in das städtische Gremium einzubinden, sie um die Gruppe des mittleren Wirtschaftsbürgertums zu ergänzen und dem schwachen Erfurter

35 StAE 1–2/042–1, StAE 1–2/005–7. Umrechnung der Steuerangaben in Einkommen nach *Breslau*, S. 279ff.
36 Auf Verwaltungsebene wurde das Honoratiorensystem zunehmend durch eine effektive Leistungsverwaltung ergänzt. Allerdings ist es keinesfalls so, dass ab den 1890er Jahren eine »kleinbürgerliche Honoratiorenschicht« – schon die soziale Beschreibung ist falsch wie das Erfurter Beispiel zeigt – angesichts der zu bewältigenden Aufgaben »überfordert« gewesen sei (so *Hardtwig*, Großstadt, S. 48). Vgl. zur Definition des Honoratiorenbegriffs auch *Hettling*, Bürgerlichkeit, S. 31f.

Bildungsbürgertum seinen Anteil an der städtischen Politik zuzugestehen. Die Idee der Stadtverordnetenversammlung als Ort umfassender Interessenvertretung tritt bei den Beamten zu Tage, da bei dieser Berufsgruppe darauf geachtet wurde, dass die unterschiedlichen Hierarchieebenen der Staatsbetriebe sich bei den Stadtverordneten widerspiegelten und entsprechend vom Postdirektor über den Eisenbahnobersekretär bis zum Oberpostschaffner reichten. Die Wähler aus den entsprechenden Ämtern waren nicht nur williges Stimmvieh; die Beamten und Angestellten konnten sich im Stadtparlament repräsentiert fühlen. Der Exklusivität der Einrichtung tat diese Entwicklung keinen Abbruch.[37] Sie zeigt vielmehr den gelungenen Versuch, aus dem Kernbürgertum heraus, die mittelbürgerlichen Gruppen einschließend, in die randbürgerlichen Gruppen vorzustoßen und sie an sich zu binden.

Die Zusammensetzung der Erfurter Stadtverordnetenversammlung entsprach in vielen Punkten der Entwicklung in anderen Städten. Die Stabilität der Honoratiorenstruktur, die Dominanz der wirtschaftlich Selbstständigen findet sich auch in der Kurstadt Wiesbaden oder in der wesentlich größeren Stadt Breslau. Während dort allerdings ein starkes liberales, ja, linksliberales Element spürbar war, das Wirtschafts- und Bildungsbürgertum gleichermaßen trugen, blieb diese Komponente in Erfurts Kommunalpolitik nur schwach ausgeprägt. Es ist daher nicht verwunderlich, dass stärker als in Breslau die staatlichen Beamten an Einfluss auf die Kommunalpolitik gewannen.[38] Das Modell der interessenübergreifenden Bürgergesellschaft, die alle ihre Mitglieder nicht nur propagandistisch, sondern tatsächlich als Sozialgruppen in der Stadtvertretung repräsentiert sah, konnte aber nur funktionieren, weil man sich ideologische Schutzmauern errichtet hatte, hinter denen die Ansprüche der sozialdemokratischen Arbeiterschaft auf angemessene Teilnahme verschwanden.

Erfurts Sozialdemokratie und die Kommunalpolitik. Was bewog unter diesen Vorzeichen die Sozialdemokratie, sich an diese bürgerliche Bastion heranzuwagen? Zum Ersten hatte sie das Modell der Bürgergesellschaft in einem umfassenderen, demokratischeren Sinn verinnerlicht als viele Vertreter des Bürgertums.[39] Die Sozialdemokraten übernahmen die Argumentationslinie der bürgerlichen Wählervereinigungen von der interessenübergreifenden Kommunalpolitik, nur dass sie bei den bisher Gewählten gerade deren Unabhängigkeit und Allgemeinvertretungsanspruch bezweifelten. 1886, als sich die

---

37 Vgl. auch *Witt*, Kommunalpolitik, S. 233.

38 Vgl. *Hettling*, Bürgerlichkeit, S. 91ff.; *Weichel*, Wiesbaden, S. 330ff. (auch in Wiesbaden war das konservative Element sehr viel stärker ausgeprägt als in Breslau). Einen ähnlichen Bedeutungsgewinn der staatlichen Beamten konstatiert *Witt* für Harburg: Kommunalpolitik, S. 224).

39 Vgl. allgemein *Kocka*, Arbeiterbewegung, S. 487ff.

Erfurter Sozialdemokratie erstmals an Stadtverordnetenwahlen beteiligte, forderte in einer öffentlichen Bürgerversammlung Paul Reißhaus »die Bürgerschaft auf, Männer zu wählen, welche den Interessen der Bürgerschaft voll und ganz dienen, Männer, welche sich durch keinen Händedruck von ihrer Abstimmung beeinflussen ließen«.[40] Sozialdemokratische Reformpolitik zum Wohle aller war das Motto und unterschied sich in seiner Grundidee nicht von der der bürgerlichen Vertreter. Seien die sozialdemokratischen Kandidaten erst einmal gewählt – hieß es auf einem Flugblatt zu den Stadtverordnetenwahlen 1898 – »werden (sie) durch fleißige, eifrigste und sachkundigste Mitarbeit an den praktischen Fragen der städtischen Verwaltung an der Spitze marschieren und dadurch den Dank ihrer Mitbürger zu verdienen suchen«.[41] Mit der Beteiligung an den Kommunalwahlen demonstrierten die Sozialdemokraten bei jeder Wahl die demokratisch-partizipatorischen Mängel der bürgerlichen Kommunalpolitik. Sie waren der Stachel im Fleisch der städtischen Bürgergesellschaft.[42]

Neben diesem Anspruch, gewissermaßen als einzig legitimer Erbe der städtischen Bürgergesellschaft aufzutreten, sowie den auf den Parteitagen gefassten Beschlüssen zur generellen Wahlbeteiligung, spielte zum Zweiten die Hoffnung auf Wahlerfolge und damit der Mitgestaltung kommunaler Politik eine wichtige Rolle.[43] Allerdings – auch dies muss betont werden – waren diese Positionen innerhalb der Erfurter Sozialdemokratie keineswegs unumstritten. Bereits 1893 war es zwischen der Erfurter Parteispitze und der Redaktion der »Tribüne« zu Auseinandersetzungen gekommen.[44] Und 1908 fragte in der Generalversammlung der Erfurter Sozialdemokraten unter anderem der Parteiveteran Friedrich Stegmann, ob es nicht sinnvoll sei, angesichts des Erfurter Wahlsystems so lange den Wahlen fernzubleiben, bis Bezirkswahlen eingeführt seien. Doch fand dieser Vorschlag und weitere Anträge in diese Richtung keine Mehrheit.[45] Die Kommunalpolitik wurde als Ort gepriesen, an dem direkt Einfluss auf die Sozialpolitik geübt werden konnte, ja, als Hort der Demo-

40 Allgemeiner Anzeiger, Nr. 280 vom 30. November 1886, zitiert nach ThSTA Gotha, Regierung zu Erfurt, Nr. 436, Bl. 271f.

41 Flugblatt »Stadtverordnetenwähler der dritten Abteilung!«, 19. November 1898, ThSTA Gotha, Regierung zu Erfurt Nr. 414, Bl. 124f. (Hervorhebung im Original).

42 Vgl. auch Tribüne, Nr. 240 vom 13. Oktober 1899, die für die »weitestgehende Mitwirkung der Bürgerschaft bei den kommunalen Angelegenheiten« plädierte: »Mag man es als Schicksalsironie betrachten, dass gerade die Sozialdemokratie, der Todfeind der bürgerlichen Gesellschaft, hier am Orte dazu berufen ist, für dieses elementare Recht einzutreten, nachdem alle in der Öffentlichkeit in Betracht kommenden Faktoren mit Ausnahme der Stadtverordneten Möller und Müller II. die Verteidigung dieses Rechtes aufgegeben haben«.

43 Flugblatt zur Stadtverordneten-Ersatzwahl, 12. Dezember 1897, ThSTA Gotha, Regierung zu Erfurt, Nr. 414, Bl. 18. Vgl. auch Tribüne Nr. 286 vom 6. Dezember 1908, Beilage: »Der leitende Grundsatz sei gewesen, uns nicht nur an der Wahl zu beteiligen, sondern um zu siegen«.

44 Polizeibericht an das Regierungspräsidium, 22. Dezember 1893, ThSTA Gotha, Regierung zu Erfurt, Nr. 484, Bl. 57f.

45 Tribüne, Nr. 286 vom 6. Dezember 1908, Beilage.

kratie schlechthin: »Die Gemeinden sind die wichtigsten öffentlichen Körperschaften, in denen der Bürger selbstverwaltend tätig sein kann. Das bisschen Demokratie, das wir in Deutschland überhaupt haben, findet sich in den Gemeinden«.[46] Verklärter hätte keine bürgerliche Zeitung das Ideal kommunaler Politik beschreiben können.

Neben Fragen der Wahlrechtsreform hatten die Sozialdemokraten bereits früh ihre kommunalpolitischen Themen entdeckt. Zwar konnte in den Zeiten des Sozialistengesetzes von einem ausgefeilten Kommunalprogramm noch keine Rede sein. Aber die bereits 1886 angeschnittenen Themen des Haushalts, des Schul-, Wohnungs-, Polizei- und Submissionswesens bestimmten auch in der Folgezeit die Debatten in öffentlichen Bürgerversammlungen.[47] Die seit Mitte der 1890er Jahre nachweisbaren Flugblätter zu den Stadtverordnetenwahlen lassen sich als Kommunalprogramme lesen, die ihren Schwerpunkt zwar auf sozialpolitische Fragen legten, aber den gesamtpolitischen Gestaltungsrahmen der Kommune in den Blick nahmen. Zunehmend wurden Forderungen nach Übernahme von Verkehrsbetrieben oder der Straßenbeleuchtung in städtischer Regie erhoben.[48] Der Weg ins Stadtparlament blieb den Erfurter Sozialdemokraten verschlossen. Ihre Forderungen und Anregungen konnten sie daher an diesem Ort nicht diskutieren, geschweige denn umsetzen. Es fiel damit den bürgerlichen Vertretern zu, die Belange der Arbeiterschaft jenseits sozialdemokratischer Forderungen zu berücksichtigen. Ob und wie dies realisiert werden konnte, soll am Beispiel einzelner kommunaler Politikfelder (»policies«) näher betrachtet werden.[49]

Politikfelder. Unmittelbaren Einfluss hatte die Stadtverwaltung in wirtschaftspolitischen (vor allem hinsichtlich der Infrastruktur), bildungspolitischen (Schule) und sozialpolitischen (Wohnungsbau, Arbeitsförderung, Arbeitsamt, Gewerbegericht) Fragen. Nur mittelbar war der Einfluss dagegen auf die Polizei.[50] Erfurts städtische Elite stand nach der Entfestigung und dem damit verbundenen Wachstum der Stadt vor ähnlichen Urbanisierungsproblemen wie viele andere Städte.[51] Der günstige Kauf des früheren Festungsgeländes durch den Magistrat der Stadt zeigte, dass die Stadtverwaltung die Entwick-

---

46 Tribüne, Nr. 240 vom 14. Oktober 1906.

47 Vgl. Allgemeiner Anzeiger Nr. 280 vom 30. November 1886, zitiert nach ThSTA Gotha, Regierung zu Erfurt, Nr. 436, Bl. 271f.; Bericht der Polizeiverwaltung an den Regierungspräsidenten, 24. Oktober 1892, ThSTA Gotha, Regierung zu Erfurt, Nr. 847.

48 Flugblätter für 1896, 1898, 1902, 1906, ThSTA Gotha, Regierung zu Erfurt, Nr. 489, 414, 10023, 415.

49 Vgl. zum Begriff »policies« *Böhret* u. a., S. 32. Es geht im Folgenden um einige typische Einzelbeispiele, nicht um eine umfassende Analyse Erfurter Kommunalpolitik.

50 Vgl. *Heß*, Entwicklung, S. 296.

51 Vgl. *Lenger*, Eliten, S. 313–337.

lungsmöglichkeiten und Chancen der Stadt klar vor Augen hatte.[52] In dem Vierteljahrhundert zwischen Entfestigung und 1900 wurde eine tragfähige Infrastruktur errichtet, welche die Zentralwasserversorgung, die Kanalisation, ein städtisches Krankenhaus und einen zentralen Schlachthof umfasste, und auf die man stolz zurückblickte.[53] In der Wasserversorgung erreichte Erfurt bei den angeschlossenen Grundstücken eine Versorgungsdichte, welche die wesentlich größeren Städte Halle und Magdeburg übertraf.[54] Die städtische Verwaltung kam ihren Aufgaben zur kommunalen Daseinsvorsorge in einem kontinuierlich anhaltenden Entwicklungsprozess nach. Es spricht vieles dafür, dieses umfassende Infrastrukturpaket auf den Einfluss der Sozialdemokratie zurückzuführen: So »blieb die Arbeiterbewegung aufgrund der Machtstellung, die sie auf Reichsebene erlangt hatte, stets präsent«.[55] Diese Einschätzung erhält durch die Entwicklung nach 1900 eine noch stärkere Berechtigung.

Denn nach der Jahrhundertwende nahm das sozialpolitische Engagement der Stadt zu, ohne dass die städtischen Gremien so weit gingen, dass sie gezielt arbeiterfreundliche Politik betrieben. Ziel der Bemühungen waren die randbürgerlichen Gruppen im Allgemeinen. Die Errichtung eines Volksbades etwa zeugt von dieser Strategie. Das öffentliche Badewesen Erfurts war immer wieder kritisiert worden,[56] da es für eine Großstadt mit über hunderttausend Einwohnern, die Erfurt seit 1907 war, mit drei öffentlichen Badeanstalten zu schwach ausgebaut und von den Arbeitervierteln zu weit entfernt gelegen sei. Eine entsprechende Petition des Erfurter Gewerkschaftskartells war in der Stadtverordnetenversammlung wohlwollend geprüft worden, allerdings dauerte es immer noch mehrere Jahre, bis ein neues Volksbad eingeweiht werden konnte.[57] Nach seiner Eröffnung im Herbst 1910 war das Bad von der Bevölkerung mit beinahe 13.000 Bädern in fünfzehn Betriebswochen sofort angenommen worden. Allerdings stellte die Standortwahl des neuen Volksbads die Sozialdemokratie nicht zufrieden, denn »das neuerbaute Volksbad liegt abseits von dichtbewohnten Arbeitervierteln der Stadt, wo man sich auch fernerhin nur mit einem städtischen Brausebad begnügen muss«.[58] Die Lage in der Nähe des Hauptbahnhofs am ehemaligen Schmidtstedter Tor war für die Arbeiter im Norden der Stadt in der Tat höchst unbefriedigend, allerdings lebten auch im Südosten Erfurts und in den innerstädtischen Bezirken zahlreiche Arbeiter.

52 *Heß*, Entwicklung, S. 281f.
53 Vgl. den Artikel »Zur Jahrhundertwende« in der Thüringer Zeitung, Nr. 1 vom 1. Januar 1900: »Aus der Aera [des Oberbürgermeisters] Breslau ist das Blühen und Wachsen überkommen auf unsere Tage und hat angehalten bis heute«. Siehe *Heß*, Entwicklung, S. 298ff.
54 Vgl. Statistisches Jb. dt. Städte 7 (1896/97), S. 77; Bd. 10 (1899/1900), S. 68; Bd. 13 (1902/03), S. 78; Bd. 17 (1907/08), S. 496; Bd. 20 (1911/12), S. 67.
55 *Lenger*, Eliten, S. 327.
56 Siehe Erfurter Tageblatt, Nr. 36 vom 11. Februar 1893.
57 Vgl. Kommunale Praxis Nr. 36 vom 4. September 1909, Sp. 1150f.; Tribüne, Nr. 257 vom 2. November 1910.
58 Kommunale Praxis Nr. 30 vom 27. Juli 1912, Sp. 935f.

Das Bedürfnis, die städtischen hygienischen Verhältnisse zu verbessern und die allgemeine Gesundheitsfürsorge zu stärken,[59] machte also keineswegs vor den Arbeiterschichten Halt. Es schuf Arbeitern und randbürgerlichen Schichten Identifikationspunkte mit ihrer Stadt, die für sie sorgte. Die Einrichtung eines Volksparks im Norden der Stadt, gewissermaßen im Herzen des Stadtviertels der kleinen Leute, war ein auch von der Sozialdemokratie begrüßtes Projekt, das den Arbeitern zugute kam.[60] Allerdings waren die Signale nie eindeutig, sondern ließen einen Interpretationsspielraum.[61]

Wesentlich heikler war die Situation rund um den Wohnungsbau.[62] In einer Stadtverordnetenversammlung, in der qua Gesetz mindestens die Hälfte ihrer Mitglieder Hausbesitzer sein musste, der Haus- und Grundbesitzerverein maßgeblichen Einfluss bei der Kandidatenkür ausübte und entsprechend stark im Stadtparlament hervortrat, waren Interessenkonflikte zwischen den Förderern eines ausreichenden Wohnungsangebotes und Hausbesitzern vorprogrammiert. Der Wohnungsbau Erfurts schritt zwar über den gesamten Zeitraum gesehen kontinuierlich voran, verlangsamte sich durch ein Überangebot an leerstehenden Wohnungen 1893/94 in den folgenden Jahren deutlich.[63] In Folge dieser Stagnationsphase wiederum schrumpfte der Anteil an leerstehenden Wohnungen um die Jahrhundertwende auf unter ein Prozent, ehe sich nach 1900 eine leichte Entspannung abzeichnete. Im Vergleich zu München stellte sich die Situation in Erfurt wesentlich ungünstiger dar.[64] Geht man von der Faustregel aus, dass »von einer quantitativen Wohnungsnot dann gesprochen werden (kann), wenn die Zahl der leerstehenden Wohnungen in einer Stadt unter 3% sinkt«, hatte Erfurt seit Mitte der 1890er Jahre durchgehend mit einem deutlichen Wohnungsmangel zu kämpfen.[65]

Gerade zu der Zeit, in der in Erfurt kaum freie Wohnungen zur Verfügung standen, halfen »nicht nur die Kgl. Regierung, die städtischen Behörden, sondern auch die Elite der Bürgerschaft« bei der Gründung eines Vorzeigeprojekts modernen Wohnungsbaus mit.[66] Bei dem Erfurter Spar- und Bauverein zeig-

---

59 Vgl. *Reulecke*, Urbanisierung, S. 128f.

60 Tribüne, Nr. 282 vom 2. Dezember 1910.

61 Vgl. die Debatten um die Erfurter Walderholungsstätte (*Baum*, Tätigkeit, S. 42ff.).

62 Vgl. für Braunschweig *Lemke*, S. 52ff., 155ff. sowie *Zimmermann*, Wohnungsfrage.

63 Der Grund für das Überangebot an leerstehenden Wohnungen dürfte in den Massenentlassungen in der Gewehrfabrik im Jahr 1892 zu suchen sein.

64 Tribüne, Nr. 129 vom 5. Juni 1897; Kommunale Praxis 1910–1913, Verwaltungsbericht der Stadt Erfurt 1909, S. 19; *Pohl*, Arbeiterbewegung, S. 461.

65 Vgl. *Zimmermann*, Wohnungsfrage, S. 123. Die Faustregel, drei Prozent Leerstand als Wohnungsnot zu definieren, war nach der Jahrhundertwende eine unter dem Schlagwort »Hassesche Regel« diskutierte Maßzahl.

66 In München war der Rückgang der Bautätigkeit unmittelbarer Anlass zur Gründung eines Bau-Spar-Vereins (*Krabbe*, Anfänge, S. 37). Für Erfurt ist dieser direkte Zusammenhang möglich (vgl. Denkschrift des Spar- und Bau-Vereins, S. 9f., ThSTA Gotha, Gewerbeaufsichtsamt, Nr. 165), aber nicht exakt nachzuweisen. Zitat ebd.

ten neben dem ehemaligen Magistratsmitglied Ferdinand Schmidt, der unentgeltlich Baupläne anfertigte und die »zum Erwerb des Grundstückes und zum Bauen unbedingt erforderlich(en) (Kapitalien)« vorstreckte, auch Magistrat und Stadtverordnete sozialpolitisches Engagement: »Nicht nur durch Uebernahme der II. Hypothek auf sämtliche Grundstücke, sondern auch durch Erlass der sich auf 50.000 Mark belaufenden Straßenbaukosten, der Umsatzsteuer und der Baukonsensgebühren«.[67] Im Vergleich mit den Kölner wohnungspolitischen Maßnahmen verfolgte Erfurt mit einiger seiner Schritte eine Politik, die im Kölner Fall als »mustergültig« beschrieben wurden.[68] In den 44 Genossenschaftshäusern mit 326 Wohnungen lebten 1911 rund zweitausend Menschen, die fast ausschließlich Arbeiter waren.[69] Mit diesem Engagement konnte sich Erfurt mit anderen preußischen Städten durchaus messen.[70] Mit der Errichtung einer städtischen Wohnungsinspektion im Jahr 1908 kam der Erfurter Magistrat dem Oberverwaltungszentrum Magdeburg um rund vier Jahre zuvor.[71] Doch zum Bau von Arbeiterwohnungen in städtischer Regie konnten sich Magistrat und Stadtverordnetenversammlung nicht durchringen.[72] In der sozialdemokratischen Presse wurde daher das bürgerliche Wohnungsreformkonzept als »Reformflickerei« abqualifiziert, die nur einem einzigen Grund entsprungen sei: »Die Furcht vor der sozialen Revolution ist die treibende Kraft, die die bürgerliche Gesellschaft zu sozialen Reformen treibt«.[73] Aber völlige Tatenlosigkeit konnte die Sozialdemokratie den Stadtverordneten und Magistratsmitgliedern angesichts der vielfältigen Aktivitäten auch nicht vorwerfen.[74] Aus bürgerlicher Sicht wiederum ging man die Problematik äußerst selbstbewusst an. Als um die Jahrhundertwende ministerielle Empfehlungen zur Linderung der Wohnungsnot im Erfurter Stadtparlament diskutiert wurden, konnte Oberbürgermeister Schmidt selbstsicher behaupten, in Erfurt seien die meisten dieser Vorschläge bereits in die Wege geleitet.[75]

67 Denkschrift des Spar- und Bauvereins, S. 12, ThSTA Gotha, Gewerbeaufsichtsamt, Nr. 165.

68 Vgl. *Krabbe*, Anfänge, S. 44.

69 Abgleich der Mieterliste in der Denkschrift des Spar- und Bauvereins (S. 27ff.) mit den Adressbüchern Erfurts 1911/12.

70 Vgl. *Witt*, Kommunalpolitik, S. 244. Auch Harburg stellte eine beträchtliche Hypothek für private Bauherren zur Verfügung, eine Maßnahme die nach Witts Interpretation zum einen völlig unzureichend und ausschließlich den Interessen der Haus- und Grundbesitzer zugute kam.

71 Vgl. *Drechsler*, S. 192f. Allerdings wurde die Magdeburger Wohnungsinspektion eingebettet in ein mit zahlreichen Kompetenzen ausgestattetes kommunales Wohnungsamt. Dieser Schritt wiederum wurde in Erfurt nicht vollzogen (vgl. Tribüne, Nr. 9 vom 11. Januar 1913).

72 Vgl. *Ditt*, Industrialisierung, S. 258. Dies war die generelle Tendenz vor dem Ersten Weltkrieg: *Krabbe*, Anfänge, S. 44; *Lemke*, S. 175ff.

73 Tribüne, Nr. 191 vom 17. August 1911, Beilage.

74 Vgl. auch die positiven Äußerungen in der »Tribüne« zu dem Fluchtlinienplan für die Gera-Ringstraße (Nr. 150 vom 30. Juni 1912).

75 Tribüne, Nr. 133 vom 11. Juni 1901.

Erfurt in die Reihe »munizipalsozialistischer« Städte à la Frankfurt am Main einzureihen, ist allerdings kaum möglich.[76] Dazu waren die Maßnahmen zu heterogen, unausgewogen. Unübersehbar waren allerdings erste wichtige Schritte zur Integration der Arbeiterschaft zurückgelegt worden und den Arbeitern so die Möglichkeit zur Identifikation mit ihrer Stadt gegeben.

Das Ergebnis bleibt insgesamt ambivalent. Zu einem umfassenden Konsensfeld konnte sich die Kommunalpolitik nicht entwickeln. Dazu waren die wahlrechtlichen Hindernisse zu hoch und hatten auf sozialdemokratischer Seite zu viele Ressentiments geweckt. Andererseits lassen die Reflexionen der Sozialdemokratie über das Wesen der Kommunalpolitik ein Ideal stadtbürgerlicher Politik erkennen, das in langfristiger Perspektive zweifellos anschlussfähig für weitere Annäherungsprozesse gewesen wäre. Schließlich vertraten die Erfurter Stadtverordneten und Stadträte in ihrer konkreten Politik in Teilen das städtische Gemeinwohl, verstanden als schichtenübergreifendes Politikmodell. Von den Herausforderungen der Urbanisierung dazu gezwungen, konnten sie Erfurt ein modernes Gepräge geben, von dem alle Bevölkerungsgruppen profitierten. Dass die Stadtverordneten die unverkennbar vorhandene soziale Ungleichheit – beispielsweise die gravierenden unterschiedlichen Wohnverhältnisse – keineswegs an ihren Grundwurzeln beseitigen wollten (und konnten), ist angesichts der Vorstellungen von »der Gesellschaft« wie sie diese städtische Elite in sich trug, wenig überraschend. Die Misserfolge der Sozialdemokratie, die mangelhafte Mobilisierung ihrer potenziellen Wählerschaft, trotz eines recht ausgefeilten kommunalen Wahlprogramms war nicht nur der – auch für preußische Verhältnisse – restriktiven Erfurter Auslegung des Wahlrecht geschuldet, sondern auch Ergebnis einer starken bürgerlichen Kommunalpolitik, die durch die Mobilisierung der Beamten und Angestellten des öffentlichen Dienstes sich ihre Macht im Vergleich zu manch anderen Städten auch in der III. Wählerabteilung sicherte. Kommunalpolitik in Erfurt blieb bürgerliche Politik bis die Revolution von 1918 völlig neue Grundlagen schuf.

76 Vgl. *Roth*, S. 633ff.

VI. Konflikte und Konfrontation

1. Streiks und Gewerkschaften

Der Schuhmacherstreik 1890/91. Größer hätte das Kompliment in der Bilanz des Erfurter Wirtschaftsbürgertums, dem Jahresbericht der Handelskammer zu Erfurt, für die Erfurter Gewerkschafts- und Arbeiterbewegung nicht ausfallen können. Man könne »mit Recht sagen«, hieß es da, »das Jahr 1890 habe für die Schuhfabrikation an unserem Platze unter dem Zeichen der Arbeiterbewegung gestanden«.[1] Der Rückblick der Arbeiterorganisation fiel dagegen keineswegs siegestrunken, sondern bitter und deprimierend aus. Schuhmacher Gottlob Benge rief in einer öffentlichen Schuhmacherversammlung am 12. Februar 1891 dazu auf, der Organisation »treu zu bleiben, früher oder später, wenn die Organisation der Schuhmacher erst fest genug sei, würde sie doch zu ihrem Ziel kommen«.[2]

Diese unterschiedlichen Stimmen bezogen sich auf Streikbewegungen der Erfurter Schuhmacher der Jahre 1890 und 1891, die als Teil einer europäischen Streikwelle zwischen 1889 und 1891 angesehen werden können.[3] Es lohnt sich diese Streiks und Aussperrungen näher zu betrachten, da sich in ihnen traditionelle Konfliktmuster mit modernen Lohnbewegungstaktiken kreuzten, sich unterschiedliche Rezeptionsweisen und Verhaltensmuster am Einzelfall ablesen lassen. Im Frühjahr des Jahres 1890 kam es in Erfurt zu einer erfolgreichen Lohnbewegung. In einer Schuhmacherversammlung Anfang des Jahres forderten die Arbeiter Lohnerhöhungen.[4] Bereits in den ersten Februartagen zeichnete sich eine Lösung ab und ein einberufenes Schiedsgericht empfahl, »alles zu thun, um den Streik zu vermeiden«. In einer öffentlichen Versammlung mahnte Schuhmacher Pabst, dass Streik ein »zweischneidiges Schwert« sei, das »auch leicht den verletzen könne, welcher zum Schlage ausgeholt habe.«[5] Die zurückhaltende Taktik zahlte sich in doppelter Hinsicht

---

1 Jahresbericht der Handelskammer zu Erfurt für das Jahr 1890, Erfurt 1891.
2 Polizeibericht vom 14. Februar 1891, ThSTA Gotha, Regierung zu Erfurt, Nr. 495.
3 *Boll*, Arbeitskämpfe, S. 17ff.
4 Halbjahresbericht der Polizeiverwaltung an den Regierungspräsidenten, 7. März 1890, StAE 1–2/124–2, Bl. 273 RS; ebenfalls in ThSTA Gotha, Regierung zu Erfurt Nr. 493, Bl. 39.
5 Polizeiberichte vom 30. Januar, 1., 3. Februar 1890, ThSTA Gotha, Regierung zu Erfurt Nr. 493, Bl. 42f., 69ff.

aus. Die Unternehmer lenkten ein, da die wirtschaftliche Entwicklung in der Schuhindustrie gegen einen Konfrontationskurs sprach.[6] Die Arbeiter und die Gewerkschaftsorganisation profitierten von diesem Erfolg. Die Mitgliederzahl des Zentralverbandes der Schuhmacher Deutschland, Zahlstelle Erfurt stieg von 109 Mitgliedern am Jahresende 1889 auf 405 Mitglieder Ende 1890.[7] Die hier anzutreffende Form des abgewendeten Streiks entsprach idealtypisch einer »organisierten Tarifbewegung«, die durch den dringend benötigten Arbeitskräftebedarf, den konjunkturellen Aufschwung der Branche und einen wohlkalkulierten rationellen Mitteleinsatz zu einem schnellen Erfolg geführt hatte.[8] Die Trägerschicht war höchst homogen, der Schuhmacher-Fachverein selbst hatte in Erfurt seit 1884 eine lokale Organisation aufgebaut, der rund hundert Mitglieder angehörten. Die Arbeitssituation in den Fabriken schuf eine günstige Kommunikationsdichte. Diese Faktoren trugen zu dem Erfolg der Gewerkschaft und der Arbeiter bei.

Aus Sicht der Arbeitnehmer bildete sich eine *zu* selbstsichere, neue Macht aus, die durch »diesen Erfolg zu weitergehenden Forderungen ermuntert« worden sei. Zum Jahreswechsel 1890/91 begann ein über mehrere Monate sich hinziehender Streik mit Aussperrung, der zu den eingangs zitierten unterschiedlichen Einschätzungen beigetragen hatte, zu einer deutlichen Machtverschiebung zugunsten der Arbeitgeber führte und den Erfurter Schuhmacher-Verein wieder auf die Größe schrumpfen ließ, die er bereits vor dem Streik innegehabt hatte. Der Auslöser für die Eskalation im Spätherbst 1890 entsprach geradezu traditionellen, vorindustriellen Konfliktmustern. In einer Schuhmacherversammlung im Kaisersaal mit rund 900 Teilnehmern wurde dem Unternehmen »Cerf & Bielschowski« vorgeworfen, »dem Collegen Schuhmacher Geicke alle Nahrung genommen« zu haben.[9] Die Wortwahl erinnert an Proteste des 18. und frühen 19. Jahrhunderts, in denen im Rahmen einer »moralischen Ökonomie« die Vorstellung einer gerechten Nahrung für alle weit verbreitet war und in zahlreichen Unterschichtenprotesten eingefordert wurde. Ebenfalls lässt der Beginn des Arbeitskonfliktes an frühere Verlaufsformen sozialen Protests denken, da nicht in einem Gremium Interessen, Forderungen, Chancen und Risiken einer möglichen Auseinandersetzung diskutiert wurden, sondern es zu einer – relativ – spontanen Solidaritätsaktion

---

6 Jahresbericht der Handelskammer zu Erfurt für das Jahr 1890, Erfurt 1891. Die Streikursache im Spätherbst wird so auch in einem Schreiben von Oberbürgermeister Schneider an den Regierungspräsidenten vom 10. Dezember 1890 geschildert (GStA PK, Rep. 120 BB VII 1, Nr. 14 adhib 3a, Bd. 1 (Merseburg), Bl. 85ff.).

7 Schreiben des Zentralverbandes der Schuhmacher Deutschlands an A. Steffen, 17. Mai 1922, StAE 5/850–2, Bd. 2, Bl. 121. Es ist ein generell beobachtetes Phänomen, dass vor Streiks die Mitgliederzahlen der Gewerkschaften stark anwuchsen (vgl. *Schönhoven*, Massenbewegung, S. 226f.).

8 *Boll*, Arbeitskämpfe, S. 66f.

9 Polizeibericht vom 8. November 1890, ThSTA Gotha, Regierung zu Erfurt Nr. 494.

zugunsten des Schuhmachers Geikes kam: »Grund der Arbeitseinstellung (war) die ungerechtfertigte Maßregelung des Schuhmachers Geike, der ohne wirklichen Grund entlassen wurde«. Daraufhin habe man das Schiedsgericht des Schuhmacherverbandes in Gotha angerufen, das die Entlassung ebenfalls »als eine willkürliche bezeichnet[e] ... Nach dieser Entscheidung hätten sich die Collegen solidarisch verpflichtet, für den Gemaßregelten insgesammt einzutreten«.[10] Diese Aktion, »die aufgrund punktueller Formen individueller Regelverletzung« entstanden war, einen Abglanz althergebrachter Vorstellungen eines verbindenden Ehrgefühls durchscheinen lässt, entwickelte jedoch eine neue Dynamik.[11] Es wurden plötzlich Ansprüche geltend gemacht, die vorher so nicht erhoben wurden: Das von den Arbeitgebern ausgeübte Recht der Entlassung wurde prinzipiell in Frage gestellt. Damit habe sich die Arbeiterbewegung »in flagranten Widerspruch mit der bestehenden gesetzlichen Ordnung gesetzt«.[12] Ähnlich wie bei den 1. Mai-Demonstrationen wurde die Frage nach Macht und Herrschaft gestellt, hier nicht im öffentlichen Raum, sondern im Rahmen des Betriebs. Die Unternehmer und die kommunale politische Spitze reagierten mit einer Kommunikationsblockade: »Ich halte ein weiteres Nachgeben von Seiten der Fabrikanten für nicht angebracht und kann es ihnen nicht verdenken ..., die Wortführer der Socialdemokratie von sich fernzuhalten«, meinte Regierungspräsident Brauchitsch.[13] Die Konfliktparteien vergruben sich in ihren Stellungen. Zehn Erfurter Schuhfabriken hatten sich bereits im April 1890 zu einer lokalen Unternehmervereinigung zusammengeschlossen, die in ihrem Statut die Mitglieder darauf verpflichtete, »renitente und unehrliche Arbeiter der Versammlung namhaft zu machen« und Listen über diese Arbeiter zu führen.[14] Die organisierte Arbeiterschaft schlug Vermittlungsbemühungen der Kommune aus, da sie im Wesentlichen den Forderungen der Arbeitgeber entsprachen. Oberbürgermeister Schneider etwa gab »eine öffentliche Erklärung in den hiesigen Tageblättern« ab, »dass alle diejenigen Arbeiter, welche das vorbezeichnete Recht der Fabrikanten [auf Entlassung] mittels schriftlichen Revers anerkennen würden, alsbald wieder eingestellt werden sollten. Unter der Wirkung dieser Publikation sind trotz heftigster Gegen-Agitation von ca. 1.360 zur Zeit der Sperre in den verschie-

10 Polizeibericht vom 5. November 1890, ThSTA Gotha, Regierung zu Erfurt Nr. 494. Vgl. allgemein zu den Schiedsgerichten *v. Kieseritzky*, Paternalismus, S. 140ff.

11 *Grießinger*, S. 134; vgl. zur Vorstellung einer gerechten Ökonomie zusammenfassend *Giesselmann*, bes. S. 68ff. sowie *Herzig*, bes. S. 48ff.; grundlegend *Thompson*, Kultur.

12 Oberbürgermeister Schneider an den Regierungspräsidenten, 10. Dezember 1890, GStA PK, Rep. 120 BB VII 1, Nr. 14 adhib 3a, Bd. 1 (Merseburg), Bl. 85f.

13 Regierungspräsident an den Minister für Handel und Gewerbe, 16. Dezember 1890, ebd., Bl. 75f.

14 Statut der Vereinigung Erfurter Schuhfabrikanten, beschlossen am 29. April 1890, ebd., Bl. 78–84.

denen Betriebsstätten beschäftigen Arbeiter 1.016 Personen wieder zur Arbeit zurückgekehrt«.[15]

Am Ende dieses Arbeitskampfes stand ein »vollständiger Sieg der Fabrikanten«,[16] die Erfurter Schuhmacher-Gewerkschaftsbewegung verlor schlagartig die Hälfte ihrer Mitglieder, um sich im folgenden Jahr fast noch einmal zu halbieren und auf diesem Niveau bis 1896 zu verharren.[17] Bei aller Radikalität in der zeitgenössischen Sprache – »Kampf«, »Sieg«, »Armee« –, die von militaristischen Anklängen geprägt ist, darf nicht vergessen werden, dass der Konfliktaustrag gewaltfrei vonstatten ging – ein wesentlicher Unterschied zu Unterschichtenprotesten früherer Zeiten und definitorisches Kennzeichen eines Streiks.[18]

Vergleicht man die unterschiedlichen Ergebnisse der Auseinandersetzungen vom Frühjahr 1890 und vom Jahreswechsel 1890/91, fällt auf, dass sich an den beschriebenen strukturellen Bedingungen kaum etwas geändert hatte. Zwar verschlechterte sich die Situation der Gewerkschaftsbewegung, da die Erfurter Schuhfabrikanten sich ebenfalls in einer festeren Organisation zusammenschlossen; dafür konnten die organisierten Erfurter Schuhmacher auf einen deutlichen Mitgliederzuwachs blicken und hatten ihre Machtbasis ebenfalls gestärkt. Die Niederlage der Arbeitnehmerseite erklärt sich daher von zwei Seiten. Das Jahr 1890 hatte für die Erfurter (Schuh)fabrikanten mit einem mehrfachen ›Schock‹ begonnen. Zunächst mussten sie den Forderungen nach Lohnerhöhungen Anfang des Jahres nachgeben. Am 1. Mai wurde ihre Autorität und Herrschaft im Betrieb erneut in Frage gestellt, als ein Teil ihrer Arbeiter der Arbeit fernblieben. Der dritte Angriff schließlich, der das ureigenste Herrschaftsinstrument der Unternehmer, das Recht auf Entlassung, zum Ziel hatte, löste einen massiven Widerstandswillen aus. Verstärkend wirkten möglicherweise sowohl das Auslaufen des Sozialistengesetzes im Herbst des Jahres als auch Erinnerungen an den großen Bergarbeiterstreik vom Vorjahr.[19] Das Verständnis des Regierungspräsidenten für die Unternehmer muss die Fabrikanten in ihrer harten Linie gegen die organisierten Arbeiter bestärkt haben. Es ist von daher nicht unwahrscheinlich, dass es den Erfurter Schuhfabrikanten in dieser zweiten Phase der Aussperrung darum ging, die im Jahr 1890 gewachsene Gewerkschaftsorganisation nicht nur zu schwächen, sondern zu zerschlagen.[20]

15 Oberbürgermeister Schneider an den Regierungspräsidenten, 10. Dezember 1890, ebd., Bl. 87f.

16 Jahresbericht der Handelskammer zu Erfurt für das Jahr 1890, Erfurt 1891.

17 Schreiben des Zentralverbandes der Schuhmacher Deutschlands an A. Steffen, 17. Mai 1922, StAE 5/850–2, Bd. 2, Bl. 121.

18 Vgl. zur Definition des Streiks (in Abgrenzung zum sozialen Protest und Arbeitskampf): *Tenfelde/Volkmann*, Einführung, S.16f.

19 Vgl. *Grebing*, Arbeiterbewegung, S. 9ff.; *Boll*, Arbeitskämpfe, S. 340; *Goch*, S. 82f.

20 So die Einschätzung bei *Boll*, Arbeitskämpfe, S. 473.

An dieser Abwehrfront zerbrach die gerade erstarkte Schuhmacherbewegung. Möglicherweise hatte die Gewerkschaftsführung durch die Erfolge im Verlauf des Jahres ihre Kräfte und die Motivation der neu eingetretenen Mitglieder überschätzt. Martin Jüthe, der eine schillernde, ja zwielichtige Rolle in diesem Streik spielte,[21] schilderte seine Motivation zur Teilnahme am Streik.[22] Er sah zwar seine Ehre durch das Verhalten der Arbeitgeber verletzt, doch letztlich gestützt und initiiert wurde seine Beteiligung durch den Konformitätsdruck seiner Kollegen. Als die Gewerkschaft sich dem Vermittlungsangebot des Oberbürgermeisters verweigerte, zog Jüthe sich aus der Streikbewegung zurück. Der Kompromissvorschlag der kommunalen Obrigkeit, der eine vollständige Niederlage der Gewerkschaften bedeutete, wurde im Interessenkonflikt zwischen Arbeitgebern und Arbeitnehmern von Jüthe und über tausend weiteren Schuharbeitern als richtungsweisend akzeptiert. Von einer auf Klassenkampf ausgerichteten Einstellung waren die Schuhmacher Erfurts demnach weit entfernt.

Ein zweiter Aspekt aus Sicht der streikenden Basis und Gewerkschaftsorganisation kommt hinzu. Unter den Streikenden befanden sich mindestens zwölf Prozent im Alter zwischen 16 und 23 Jahren.[23] Sie bildeten jenen unduldsamen Kern, an dem die Gewerkschaft nicht vorbei konnte und der sie zu Aktionen zwang, die von ihr gar nicht gewollt und geplant waren.[24] Dafür spricht, dass wiederum ein Drittel dieser jungen Streikenden gewerkschaftlich organisiert war und noch im Januar 1891 – also zu einem Zeitpunkt als die Masse bereits an den Arbeitsplatz zurückgekehrt war – knapp 13 Prozent zur Gewerkschaft gehörten.[25]

Der Schuhmacherstreik von 1890 steht für den härtesten Arbeitskampf, den ein einzelner Wirtschaftszweig Erfurts im Kaiserreich bis Ausbruch des Krieges erlebte. Die Zahl der Ausgesperrten wurde bis 1921 nicht mehr erreicht. Der Streik hatte auf der Kontakt- und Kommunikationsebene mehrere Effek-

---

21 Martin Jüthe taucht als Mitglied sowohl in den Mitgliederlisten des Schuhmachervereins als auch des Erfurter sozialdemokratischen Vereins im Jahr 1891 auf (Mitgliederverzeichnis des sozialdemokratischen Vereins, ThSTA Gotha, Reg. zu Erfurt Nr. 482, Bl. 91f.; Mitgliederverzeichnis des Vereins deutscher Schuhmacher, ebd., Nr. 482, Bl. 252ff.). Seine Äußerungen in seiner Schrift sind damit bestätigt. Die radikalen antisozialistischen Äußerungen (»Tyrannen-Zukunftsstaat«) in seiner Broschüre über den Schuhmacherstreik lassen einen jedoch zweifeln, ob allein die Enttäuschung über den nicht rechtzeitig beendeten Streik diese Wendung verursacht haben (*Jüthe*).

22 *Jüthe*, S. 6f.

23 Arbeiterlisten, November/Dezember 1890, StAE 1–2/120–4, Bl. 130ff. Der Anteil lag wahrscheinlich noch wesentlich höher, da es sich nur um die überlieferten Namenslisten von sieben Schuhfabriken Erfurts handelt.

24 Vgl. für dieses Verhalten in der Streikwelle von 1869/72 *Welskopp*, Banner, S. 281.

25 Namenslisten von Schuhmachern, November/Dezember 1890, StAE 1–2/120–4. Die Prozentangaben beruhen auf einen Namensabgleich mit der Mitgliederliste des Vereins deutscher Schuhmacher vom Januar 1891, ThSTA Gotha, Reg. zu Erfurt Nr. 482.

te. Zum einen wurde die Binnenkommunikation innerhalb der Arbeiterschaft sowie zwischen Arbeitern und Arbeiterbewegung gestärkt – sowohl was die Breite als auch was die Tiefe betraf. Die Zunahme der Mitglieder, die von Hunderten Schuhmachern besuchten Veranstaltungen stehen für den quantitativen Aspekt; die Mobilisierung solidarischer Energien durch die Erfahrung der Aussperrung, die finanzielle Unterstützung in der Krisensituation für den qualitativen Aspekt. Die Niederlage zerstörte dieses Beziehungsgeflecht, ließ die sich vorübergehend am Streik beteiligten bzw. von der Aussperrung betroffenen Schuhmacher an der Macht, an dem Einfluss des Zusammenstehens zweifeln, während die in der Organisation Verantwortlichen und dort Gebliebenen in ihrer Überzeugung, in einer Klassengesellschaft zu leben, bestärkt wurden. Auf der interkommunikativen Ebene zwischen Arbeiterschaft und Unternehmer war ein Herrschaftsgefälle zu Tage getreten, dass von einem Dialog keine Rede sein konnte; das gleiche galt für die Ebene zwischen Arbeiterorganisation und Unternehmerseite.[26] Das Fehlen einer von beiden Seiten akzeptierten Vermittlungsstelle, die sich neutral verhielt, machte sich bemerkbar.

Entwicklung von Streiks und Aussperrungen in Erfurt. Die Wellenbewegung von Streiks in Erfurt im Kaiserreich entsprach einem allgemein gültigen Verlaufsmuster. Nicht nur der Schuhmacherstreik von 1890 war in eine allgemeine Streikwelle eingebettet, auch die zu Beginn des Kaiserreichs nach 1871 zu verzeichnenden Streiks korrespondierten mit einem reichsweiten Trend.[27] Zwischen 1875 und 1890 sind dagegen nur Einzelaktionen zu ermitteln.[28] Das Sozialistengesetz bedeutete für die Erfurter Streik- und Gewerkschaftsbewegung eine tiefe Zäsur. Nach 1890 häuften sich in Erfurt wie im Reich die Streiks. Insgesamt kam es zwischen 1890 und 1914 in Erfurt zu 136 Streiks mit Höhepunkten in den Jahren 1905 bis 1907 (32 Streiks) und 1910/11 (36 Streiks),[29] an denen sich rund 11.000 Arbeiter und Arbeiterinnen beteiligten. Dies entsprach pro Streik einer Anzahl von rund 81 Beteiligten, wobei die Spannweite von drei Streikenden (etwa im Streik der Bildhauer 1906) bis zu 350 Streikenden beim Streik in den Erfurter Lampenfabriken im Jahr 1911

26 Vgl. *Boll*, Arbeitskämpfe, S. 623ff.

27 Vgl. *Machtan*, Streiks im frühen Kaiserreich; *Welskopp*, Banner, S. 283.

28 Ausgewertet wurde die umfassende Quellensammlung zur Geschichte der Arbeiterbewegung Erfurts, 5/851–1, Bd. 2 ff., die unter anderem die viertel- und halbjährlichen Berichte der Erfurter Polizeiverwaltung an den Regierungspräsidenten enthält. Darüber hinaus wurde die Materialsammlung des Studenten Alfred Steffens herangezogen, StAE 5/850–2, Bd. 4. Zwischen 1878 und 1882 wurden im gesamten Reich nur 117 Streiks gezählt (*Schneider*, Gewerkschaften, Tab. 2a, S. 498).

29 Das entsprach dem Verlaufsmuster im Reich. Vgl. *Tenfelde/Volkmann*, Streik, S. 302; vgl. auch die Angaben in *Fricke*, Handbuch, Bd. 2, S. 1105–1121.

reichen konnte.[30] Betroffen waren von den Arbeitseinstellungen 818 Erfurter Betriebe.

Aussperrungen wurden dagegen zwischen 1900 und 1914 lediglich neun mit rund 1.500 ausgesperrten Arbeitern in 160 Betrieben gezählt. Den größten Aussperrungskampf erlebte Erfurt und der Regierungsbezirk 1911, als in der Metallindustrie eine Gesamteinigung nicht zustande gekommen war. Der unternehmerische Abwehrkampf betraf in Erfurt rund tausend Arbeiter.[31] Im Vergleich zu den Streiks erreichten die Aussperrungen mit 17 Betrieben bzw. 289 Ausgesperrten pro Aussperrung eine größere Dichte und Intensität.[32] Ein höherer Organisationsgrad und dichtere Kommunikationsbeziehungen der Arbeitgeberseite sprechen aus diesen Zahlen.[33]

Welche Rolle spielten die Gewerkschaften in diesem Prozess? Sie befanden sich in einer ambivalenten Situation. Einerseits zeigte das Mittel des Streiks durchaus Erfolge und die Gewerkschaften waren *die* Organisation, die für die Arbeiter Streiks vorbereiten, planen und führen sollte. Andererseits konnte nur eine starke Gewerkschaft einen Streik erfolgreich zu Ende bringen: Sie brauchte möglichst viele, regelmäßig zahlende Mitglieder, musste die Beiträge für einen günstigen Streikzeitpunkt ansparen und ihre Mitglieder dazu anhalten, lieber auf einen Streik zu verzichten. Gewerkschaften waren daher bis zu einem gewissen Grad »Streikverhinderungsvereine«.[34] Franz Fahrenkamm, eine der Führungsfiguren der Gewerkschafts- und Parteibewegung Erfurts, riet 1896 in einer öffentlichen Bauarbeiterversammlung den anwesenden Maurern, wegen der »fortgeschrittenen Saison« und der »Schwäche unserer Organisation am Orte« keinen Streik zu beginnen.[35] Selbst die Arbeitgeber lobten die Gewerkschaften, da »die Erziehung der Arbeiter durch die Gewerkschaften sich zuweilen vorteilhaft bemerkbar macht«.[36] Erleichtert wurde die Streikverhinderungstaktik auch dadurch, dass Vermittlungsinstanzen wie die

---

30 *Spezialinventar*, S. 16.

31 Die Zahlenangaben schwanken erheblich. In der Statistik (*Spezialinventar*, S. 16) sind 15 Betriebe und 1.029 Ausgesperrte verzeichnet, im Jahresbericht des Gewerkschaftskartells dagegen 1.961 Arbeiter in 16 Betrieben. In dem erwähnten Schreiben der Gewerbeinspektion ist von rund 1.200 Arbeitern im gesamten Regierungsbezirk die Rede, davon 403 unter 21 Jahren.

32 Berechnet nach *Spezialinventar*, S. 16. Dies war kein Erfurter Spezifikum, sondern betraf auch die Reichsebene. Vgl. *Tenfelde/Volkmann*, Streik, S. 304f., 308f.

33 In der Streikforschung werden zahlreiche Thesen diskutiert. Da diese nicht in unmittelbaren Zusammenhang mit Fragen nach den Kontakten innerhalb der Arbeiterschaft bzw. zwischen Arbeiterschaft und Bürgertum stehen, wurden sie hier nicht weiterverfolgt.

34 *Welskopp*, Banner, S. 279; *Tenfelde/Volkmann*, Einführung, S. 21. Diese These wird von Boll für Deutschland auf Grund eines internationalen Vergleichs »zumindest für die Zeit bis gegen Ende des 19. Jahrhunderts« in Frage gestellt (*Boll*, Arbeitskämpfe, S. 55).

35 Tribüne, Nr. 171 vom 24. Juli 1896. Siehe weitere Beispiele in ThSTA Gotha, Regierung zu Erfurt, Nr. 855.

36 Bericht des Gewerbeinspektors für den Regierungsbezirk Erfurt 1911, zitiert nach Tribüne, Nr. 100 vom 30. April 1914.

Gewerbegerichte allmählich ein stärkeres Gewicht und einen besseren Ruf erlangten.

Im Endergebnis lassen sich dem Streik zahlreiche verbindende Elemente innerhalb der Arbeiterschaft zuschreiben.[37] Sie produzierten ein dichotomisches Weltbild zwischen Arbeiterschaft und Unternehmern. Außenabgrenzung und Homogenisierung wurden durch die Streikerfahrung gestärkt. In der konkreten Aktion, der Durchführung und dem Konfliktaustrag übten die Arbeiter Solidarität ein, lernten Interessen zu artikulieren und erlebten ein Gemeinschaftsgefühl, das durch Erfolg wie durch Niederlage verstärkt werden konnte. Die Kommunikationsebene zwischen Basis und Funktionären, zwischen Organisierten und Nichtorganisierten wurde vertieft und verbreitert. Streiks waren verbunden mit einer »Vervielfältigung von Erfahrungen«[38] und mit einem unverkennbaren Lernprozess: »Die Erkenntnis von der Notwendigkeit der Organisation ist den Arbeitern ... in Fleisch und Blut übergegangen«.[39] Die Arbeiterschaft und ihre Organisation sahen sich nicht mehr als »willenlose Herde« einem übermächtigen Feind gegenüber, sondern sahen – auch in Niederlagen – ihren »moralischen Erfolg« darin, den Arbeitgebern eine »zielbewusste(n) Arbeiterorganisation« entgegenstellen zu können.[40]

Nun war es keineswegs so, dass Streikbewegungen reibungslos funktionierende »Klassenbildungsmaschinen« waren. Es gab Unterschiede zwischen Streikwilligen und Streikunwilligen. Bei aller Dynamik, die Streiks ausstrahlten, muss man beachten, dass große Teile der Arbeiterschaft durch Streiks nicht angesprochen werden konnten. Dies betraf einzelne Branchen ebenso wie innerhalb eines Betriebs einzelne Arbeitergruppen. Schließlich blieb der Bruch zwischen organisierten und nicht organisierten Arbeitern ein schwer überbrückbares Hemmnis auch im Streik.[41] Streiks blieben daher schillernde, den Arbeits- und Arbeiteralltag aufwühlende Ereignisse, die von einer hohen Warte aus betrachtet, Tendenzen hin zu Rationalität, erfolgsorientiertem Handeln und klassenbildender Kraft entwickelten, aber aus der Nahperspektive immer noch über eine hohe Variationsbreite verfügten – sowohl was den Einzelnen als auch die gesamte Bewegung betraf.

Aus Sicht der Unternehmer blieb der Streik die gefährlichste Herausforderung, der sie sich gegenüber sahen. Die Streikwellen nach 1890 hatten entscheidend dazu beigetragen, schlagkräftige Arbeitgeberorganisationen aufzubauen. Parallel dazu blieben Hoffnungen, wirtschaftsfriedlich über die

37 Siehe *Grebing*, Arbeiterbewegung, S. 55; *Boll*, Arbeitskämpfe, S. 627–632.
38 *Lüdtke*, Eigen-Sinn, S. 58.
39 Bericht für das Jahr 1911. Gegeben vom Arbeiter-Sekretariat und Gewerkschaftskartell Erfurt, S. 33.
40 Tribüne, Nr. 164 vom 17. Juli 1896 (Äußerungen in einer öffentlichen Maurerversammlung).
41 Tribüne, Nr. 262 vom 7. November 1896.

Runden zu kommen. 1890 glaubten manche Unternehmer, dass auf Grund der Erfahrung der Streikniederlage sowie der ungenügenden finanziellen Unterstützung der Streikenden durch die Gewerkschaften »die verführten Arbeiter endlich zur Vernunft gebracht« würden.[42] Vor Ausbruch des Krieges 1914 hatten viele Unternehmer ihrerseits versucht, durch die Gründung von »Gelben Werkvereinen« ihre Arbeiter »zur Vernunft« zu bringen und durch firmeninterne Zugeständnisse vom Streiken abzuhalten.[43] Als Mittel des gleichberechtigten Konfliktaustrags wurde der Streik abgelehnt und die Unternehmer reagierten mit Kommunikationsverweigerung. Der Streik wurde als überflüssiges Übel betrachtet, das man vermeiden könnte. Für den Fall seines Auftauchens galt es allerdings, dieses Übel zu bekämpfen.

Die Erfurter Gewerkschaftsbewegung. Der unmittelbare Zusammenhang zwischen Gewerkschaftsbewegung und Streik ist in der Forschung oft betont worden: »Streikerfahrungen verdeutlichten die Notwendigkeit permanenter Interessenpolitik und gaben den Anstoß zu gewerkschaftlicher Verbandsbildung«.[44] Die These – »Streiks schufen die gewerkschaftliche Organisation und nicht umgekehrt«[45] – hat allerdings selbst für die Frühphase der Gewerkschaftsbewegung nur zum Teil ihre Berechtigung.[46] Vielmehr bedurfte es eines dichten Beziehungsgeflechtes zwischen politischer und gewerkschaftlicher Arbeiterbewegung einerseits und Streikerfahrungen andererseits, um eine tragbare Organisationsbasis zu schaffen. Ergänzt und verstärkt wurden solche Ansätze durch Frühformen von Handwerksorganisationen.[47] Unübersehbar wirkte die konkrete Situation vor Ort in den Betrieben und den einzel-

42 Schreiben von Stadtrat Münchgesang an den Regierungspräsidenten, 1. Dezember 1890, GStA PK, Rep. 120 BB VII 1, Nr. 14 adhib 3a, Bd. 1 (Merseburg), Bl. 91f.

43 1914 gab es in Erfurt »Gelbe Werkvereine« bei der Blechwarenfabrik J.A. John (200 Mitglieder – 1914: 153 männliche, 28 weibliche, 14 jugendliche Beschäftigte), der Lampenfabrik Töbelmann (300 Mitglieder – 1913/14: 270 männliche, 175 weibliche, 65 jugendliche Beschäftigte), der Lampenfabrik Fr. Stübgen (100 Mitglieder – 1914: 79 männliche, 52 weibliche Beschäftige, 1913/14 mehr als doppelt so viele Beschäftigte), und der Maschinenfabrik J. A. Topf Söhne (87 Mitglieder – 1914: 189 männliche, 24 jugendliche Beschäftigte), Schreiben der Gewerbeinspektion an den Regierungspräsidenten, 6. Februar 1914, ThSTA Gotha, Regierung zu Erfurt, Nr. 463; Beschäftigtenzahlen nach ThSTA Gotha, Gewerbeaufsichtsamt Erfurt, Nr. 224 (Töbelmann), Nr. 234 (John), Nr. 242 (Topf), Nr. 262 (Stübgen). Allgemein *Mattheier*.

44 *Schönhoven*, Die deutschen Gewerkschaften, S. 30; vgl. auch *Wehler*, Gesellschaftsgeschichte, Bd. 3, S. 793.

45 *Machtan*, Gefühl, S. 277.

46 Vgl. differenzierend *Welskopp*, Banner, S. 266f., 278ff.

47 Die Arbeiterbewegung konstruierte dabei selbst Kontinuitätslinien, um ihre Existenz zu legitimieren. Franz Fahrenkamm meinte in einer Versammlung der Dachdecker 1896: »Unsere Vorfahren sind genauso für ihre Interessen eingetreten wie wir heute. Denn schon im 13. Jahrhundert schaarten sich die Arbeiter in ›Zünften‹ zusammen, errichteten Trinkstuben, in welchen sie zusammen kamen und ihre gemeinsamen Zwecke besprochen« (Polizeibericht vom 6. September 1896, ThSTA Gotha, Regierung zu Erfurt, Nr. 855).

nen Regionen und Kommunen auf den Entstehungsprozess ein. Zwischen dem preußischen Thüringen und seinen Nachbarregionen gab es deutliche Unterschiede.[48] Außerdem muss die Rolle der lokalen Führungspersönlichkeiten, aber auch der mobilen »Agitatoren« – für Erfurt ist hier vor allem Theodor York zu nennen – in diesem Entstehungsprozess mitbedacht werden.[49] Hinzu kam, dass die sozialdemokratischen Gewerkschaften in ihrer Frühphase ihren Mitgliedern wenig Nutzen, aber viele Nachteile bringen konnten. Der Beitritt geschah deshalb weniger aus einem individualistischen Nutzenkalkül, als vielmehr aus politisch-ideologischer Überzeugung.[50]

Angesichts fehlender Quellen lässt sich am Erfurter Beispiel die Frage nach dem Zusammenhang von politischer Arbeiterbewegung und Gewerkschaftsbewegung nicht klären.[51] Sicher ist, dass vor Erlass des Sozialistengesetzes ein erstes Geflecht an Gewerkschaften existierte, die auf rund ein Jahrzehnt Organisationstradition zurückblicken konnten. Diese Basis konnte auch durch die Verfolgungsbedingungen nicht mehr zerstört werden.[52] Mit dem Ende des Sozialistengesetzes, den kontinuierlich auftauchenden Streikwellen, der freieren, publikumswirksamen Öffentlichkeitsarbeit zeichnete sich ab Mitte der 1890er Jahre eine Tendenz zur Verstetigung, Festigung und Verbreiterung der Bewegung ab. Seit 1893 stieg die Mitgliederzahl der Gewerkschaften in Erfurt kontinuierlich an und überschritt 1896 erstmals die Marke von tausend Mitgliedern. Sieht man von dieser beeindruckenden Erfolgsgeschichte ab, bei der im Jahr 1911 die Mitgliederzahl von zehntausend erreicht worden war,[53] werden die Grenzen der Mobilisierung sichtbar. Diese existierten für verschiedene Berufsgruppen. Die geschilderten Strukturen im Gärtnerberuf etwa ließen eine Organisation nicht zu. Angesichts der Hunderte, ja Tausende in den Gartenbaubetrieben Beschäftigten muss hier von einem Scheitern der freien Gewerkschaften, der Gewerkschaften überhaupt gesprochen werden.

48 Vgl. *Schneiderheinze*, S. 100; *Heß*, Sozialdemokratie, S. 19, 24.

49 *Gotthardt*, S. 224ff. Im Folgenden kann keine umfassende Geschichte der Erfurter Gewerkschaften geleistet, sondern lediglich einige Aspekte für die hier im Vordergrund stehenden Fragestellungen analysiert werden.

50 *Eisenberg*, Gewerkschaften, S. 209.

51 Vgl. die Diskussion bei *Kocka*, Lohnarbeit, S. 179; siehe dagegen *Welskopp*, Banner, S. 265: »Diese fortgesetzte Schwäche der Gewerkschaftsbasis machte die Gründung von Berufsverbänden in den meisten Branchen von der Initiative der sozialdemokratischen Parteien abhängig.«; siehe auch *Gotthardt*, S. 270f.

52 Im September 1879 gab es acht Hilfskassen in Erfurt. Hinzu kamen drei »Zahlstellen auswärts eingeschriebener Hilfskassen«, Polizeiverwaltung Erfurt an Regierung Erfurt, 16. September 1879, StAE 1–2/120–1, Bl. 76f. Vgl. *Ritter/Tenfelde*, Durchbruch S. 145.

53 Die Erfurter Freien Gewerkschaften lagen (gemessen an der Einwohnerzahl) in etwa auf gleichem Niveau wie die Magdeburger Gewerkschaften. 1903 gehörten in Erfurt rund 3.200 Personen den Gewerkschaften an, in Magdeburg waren es 9.000, das auch zweieinhalbmal so viele Einwohner als Erfurt hatte (*Drechsler*, S. 94).

Für Frauen waren die Gewerkschaften wenig attraktive Institutionen oder sie blieben ihnen, wie dies bei den Buchbindern bis 1891 der Fall war, verschlossen. Gerade in dieser Branche, in der sämtliche Hilfsarbeiten fast ausschließlich von Frauen ausgeführt wurden und die Hilfsarbeiterinnen die Zahl der gelernten Arbeiter weit übertraf, war die Missachtung und Vernachlässigung der Frauen ein gewerkschaftlicher Kardinalfehler, denn Frauen erwiesen sich als ›organisationsbereit‹. Im Jahr 1905 stieg mit einem Streik der Anteil der Frauen unter den Buchbinder-Gewerkschaftsmitgliedern schlagartig auf 20,3 Prozent.[54] In den folgenden zwei Jahren ging der Anteil zwar ebenso schnell wieder auf die 3-Prozent-Marke zurück, um in den folgenden Jahren kontinuierlich von 14,3 (1908) auf 25,7 Prozent (1913) anzusteigen.

Diese innergewerkschaftlichen Verhältniszahlen dürfen allerdings nicht über die generelle Mobilisierungsblockade bei Frauen hinwegtäuschen. Um nur ein Beispiel herauszugreifen: 1907, als in Folge des zu Ende gegangenen Konfektionsarbeiterstreiks der Anteil der Frauen im Schneiderverband von seinem größten Anteil (1906: 42,7 %) auf das Durchschnittsniveau der folgenden Jahre von 26 Prozent (57 Frauen) abgesunken war, standen diesen 57 organisierten Frauen insgesamt 1.459 in der Schneiderei und Kleiderkonfektion beschäftigte Frauen gegenüber. Der Anteil der gewerkschaftlich organisierten Frauen lag also bei knapp vier Prozent, der Anteil der organisierten Männer bei 17,6 Prozent. »Mangelndes politisches Bewusstsein« den Frauen vorzuwerfen ist angesichts einer männerzentrierten Welt, in der auch in der Arbeiterschaft das Ideal der häuslich tätigen Frau hochgehalten wurde, sicherlich nicht als der ausschlaggebende Faktor für diese mangelnde Organisationsbereitschaft anzusehen.[55] Die Gewerkschaftsangebote waren nicht auf Frauen ausgerichtet, spezifische Interessen und Themen wurden von den Gewerkschaftsführern ausgeklammert.[56]

Die unterschiedlichen Organisationsquoten und -erfolge bei Männern und Frauen zeigen, dass die Kontakte am Arbeitsplatz, die Wahrnehmung der Konflikte, die Kommunikationsebenen durch geschlechterspezifische Besonder-

---

54 Sämtliche Angaben nach: Mitteilungen des Verbandes der Buchbinder und Papierarbeiter an A. Steffen, 1922, StAE 5/850–2, Bd. 2. Im Streik von 1905 waren im Forderungskatalog an die Unternehmer ausdrücklich speziell für Frauen bestimmte Lohnerhöhungen aufgenommen worden.

55 So *Ritter/Tenfelde*, Durchbruch, S. 167.

56 Vgl. so zugespitzt bei *Canning*, Gender, S. 758, 759; siehe auch *Boll*, Arbeitskämpfe, S. 419f., der unter anderem auf den »kneipenkulturellen Charakter« der Gewerkschaften hinweist, der Frauen von den Organisationen ferngehalten habe. Vgl. auch den Artikel »Organisation der Frauen« in: Tribüne, Nr. 142 vom 21. Juni 1905, Beilage. Hier wird vielen Arbeitern vorgeworfen, dass sie »noch in den alten Anschauungen und Ueberlieferungen einer Zeit (stecken), wo die Frau als sorgende Mutter und Hausfrau ihren Platz am Herde hatte. Viele Arbeiter sind auch größere Spießbürger als sie es ahnen«. In anderen Artikeln wird gerade dieses Ideal hochgehalten (siehe Kapitel III.1.2 und III.3.2).

heiten überlagert wurden. Ein Beispiel aus dem Bereich der Schuhbranche illustriert das. Allein das Verhalten in der Mittagspause sah je nach Geschlecht völlig unterschiedlich aus. Die Schuhfabrik Lingel ließ 1911 ermitteln, wie und wo die Arbeiter und Arbeiterinnen ihr Mittagessen einnahmen. Während knapp dreißig Prozent der männlichen Belegschaft – verheiratete Männer, die nur einen kurzen Fußweg zurückzulegen hatten – nach Hause ging, um zu essen und ein ähnlich hoher Anteil sich in die Kantine begab, verblieb fast die gesamte weibliche Belegschaft in den Arbeitsräumen zum Essen (gegenüber 36,8% bei den Männern).[57] Für die Frauen lohnte es sich nicht, nach Hause zu gehen und erst noch zu kochen; das Geld für das Kantinenessen wurde gespart, da am Abend für die Familie wahrscheinlich warm gekocht werden musste. Ein geschlechterspezifischer Kommunikationszusammenhang statt eines berufspezifischen ist angesichts dieser Situation wahrscheinlich. Es ist kein Wunder, wenn daher die »Tribüne« dazu aufrief, Frauen für die Agitation der Gewerkschaften zu gewinnen: »die Eigenart des Weibes versteht doch schließlich nur die Frau«.[58] Die geschlechterspezifische Trennung war offensichtlich durch klassenspezifische Kontakte und Kommunikation nicht zu überbrücken.

Abschließend gilt es, mit Blick auf die Gesamtentwicklung auf die Eindringtiefe der von den freien Gewerkschaften gemachten Angeboten in die Arbeiterschaft zu blicken.[59] In Erfurt hatte sich insgesamt der Anteil der gewerkschaftlich Organisierten unübersehbar ausgebreitet. 1895 gehörten von den rund 16.000 Beschäftigten der beiden Wirtschaftssektoren Gärtnerei und Industrie 4,4 Prozent den freien Gewerkschaften an. 1907 lag dieser Anteil nun bei rund 22 Prozent.[60] Auch aus diesen quantitativen Erfolgen speisten die Gewerkschaften ein neues Selbstbewusstsein gegenüber der Sozialdemokratie und begannen sich aus ihrem aus der Frühphase des Kaiserreichs stammenden Abhängigkeitsverhältnis zu lösen.[61]

Die Erfolgsgeschichte tritt vor allem dann in den Vordergrund, wenn man auf die Organisation selbst blickt, das ständige Um-sich-Greifen und Ausdehnen registriert. Erst wenn die Vielzahl der abseits Stehenden miteinbezogen wird, relativiert sich diese Siegesgeschichte. Unbestritten sind die Erfolge; der Mitgliederzuwachs und die Organisationsverdichtung waren immens. Aber

---

57 ThSTA Gotha, Gewerbeaufsichtsamt Erfurt, Nr. 228.

58 Tribüne, Nr. 142 vom 21. Juni 1905, Beilage. Vgl. zum Gebrauch des Begriffes der weiblichen »Eigenart« in der Partei ebenfalls den Beitrag von *Canning*, Gender.

59 Vgl. auch *Schönhoven*, Massenbewegung, S. 202ff.

60 Angaben nach den Berufszählungen von 1895 und 1907 im Verhältnis zur Gesamtzahl der gewerkschaftlich Organisierten. Der Sektor A setzte sich für den Stadtkreis Erfurt aus Gärtnern und Gartenarbeitern zusammen, so dass er berücksichtigt werden konnte. Vgl. auch *Ritter/ Tenfelde*, Durchbruch, S. 172ff.

61 Siehe *Schneider*, Gewerkschaften, S. 92ff.

der Blick auf die Menschen, die sich der Macht der Gemeinschaft und Solidarität fernhielten, sei es auf Grund von Gleichgültigkeit, fehlenden Anreizen, alternativen Angeboten oder strukturellen und persönlichen Hemmnissen, zeigt auch die Grenzen der Kontakte und Kommunikation im Beziehungsgeflecht von Gewerkschaften und Arbeiterschaft. Hinzu kommt, dass am Vorabend des Ersten Weltkrieges das Erfurter Gewerkschaftskartell wie die gesamte freie Gewerkschaftsbewegung an ihre Grenzen angekommen schien. Die Mitgliederzahlen des Erfurter Gesamtkartells stagnierten auf hohem Niveau. Die Streikwaffe führte zu diesem Zeitpunkt eher zum Misserfolg statt zum Erfolg, die Unternehmer hatten sich auch in Erfurt formiert.[62] Mit den gewerkschaftlichen Organisationserfolgen in den Schuhfabriken war zwar ein wichtiger Durchbruch in *dem* Erfurter Gewerbezweig gelungen, aber die für Erfurt so wichtigen Staatsbetriebe blieben erzwungenermaßen gewerkschaftsfreier Raum. Es deutet vieles darauf hin, dass die Gewerkschaften an die Grenzen ihrer Expansion und Handlungsfähigkeit angelangt waren[63] – ein Phänomen, das die sozialdemokratische Partei auf der Ebene der Reichstagswahlen ebenfalls zu spüren bekommen sollte.

2. Reichstagswahlen: Konfrontation der Lebens- und Gesellschaftsentwürfe

In modernen Gesellschaften wurde mit dem Wahlakt eine institutionelle Verankerung geschaffen, die eine Verzahnung von Politik und Lebenswelt herbeiführte. Die Wahl wurde zum Scharnier zwischen Staat und Gesellschaft,[64] zum Konfrontations-, Konflikt-, Kooperations- und Kommunikationsfeld zwischen bürgerlichen Parteien und Arbeiterpartei, zwischen Bürgertum und Arbeiterschaft. Aus dieser Perspektive betrachtet, ist Wahlforschung nicht nur ein Auflisten von Prozentzahlen und Wahlergebnissen, sondern ein Beitrag zur Gesellschaftsgeschichte, eine Vermittlungsinstanz zwischen Sozial- und Politikgeschichte.[65] Die Wahlforschung entwickelte sich dabei in den letzten zwanzig Jahren von einer eher quantifizierenden Ausrichtung zu einer politischen Kulturgeschichte, welche die Wahlanalyse mit der lebensweltlichen Di-

---

62 Das Konzept der Kontakte und Kommunikation in Arbeiterschaft und Bürgertum verlangt eigentlich auch die Beschäftigung mit den Arbeitgeberorganisationen; allerdings lag hierfür keine ausreichende Quellenbasis für Erfurt vor.

63 Vgl. die Diskussion bei *Boll*, Arbeitskampf und Region, S. 383; *Schönhoven*, Die deutschen Gewerkschaften, S. 85. Aus zeitgenössischer Sicht so schon von Karl Kautsky.

64 *Steinbach*, Einleitung, S. 9.

65 Ebd., S. 11; siehe auch *Ritter/Niehuss*, Arbeitsbuch, S. 13.

mension der Wähler verbindet.[66] Im Folgenden sollen mit der Untersuchung der innerstädtischen Hochburgen sowie der Wechselwähler und der Lagerbildung zwei für unsere Fragestellungen wichtige Aspekte aufgegriffen werden.[67]

Innerstädtische Hochburgen. Für eine Untersuchung innerstädtischer Hochburgen ist es wenig sinnvoll, einen Hochburgenbegriff zu verwenden wie er für größere regionale Gebietseinheiten oder gar die Reichsebene entwickelt wurde.[68] Stattdessen werden hier nur jene Wahllokale als Hochburgen definiert, in denen eine Partei mindestens fünfzehn Prozent mehr Stimmen bekam als im gesamten Stadtgebiet.[69] Zu Beginn des Kaiserreichs verfügte die Sozialdemokratie weder in diesem definierten Sinn noch sonst über eine innerstädtische Hochburg. Sie kam in keinem Wahllokal über fünfzehn Prozent der abgegebenen Stimmen hinaus. Drei Jahre später hatte sich dies bereits geändert. Die Sozialdemokratie erzielte in drei Wahllokalen um und über vierzig Prozent der Stimmen und lag damit in diesen Stimmbezirken fünfzehn Prozent über dem städtischen Gesamtergebnis.

Im Verlauf des Kaiserreichs schälten sich drei Typen von Hochburgen für die Sozialdemokratie heraus. Den ersten Typ bildeten jene innerstädtischen, dicht besiedelten Bereiche, die sich früh zu Hochburgen ausbildeten, jedoch im Gefolge von Infrastrukturmaßnahmen und städtebaulichen Änderungen allmählich eine andere soziale Zusammensetzung ihrer Bevölkerung erhielten oder einen deutlichen Bevölkerungsrückgang zu verzeichnen hatten und so an Bedeutung für die Sozialdemokratie verloren. Ein solcher Bezirk lag rund um den Erfurter Bahnhof. In diesem dicht bebauten, 1866 bei der Cholera-Epidemie schwer heimgesuchten Viertel bildete sich die erste sozialdemokratische Hochburg. Hier erhielt im 2. Wahllokal Theodor York im Jahr 1874 46,8 Prozent und 1878 Otto Kappell 48 Prozent aller Stimmen.[70] Ähnlich lagen die Verhältnisse im Stimmbezirk 5, in dem York ein Ergebnis von 39,6 Prozent erzielte. Im langfristigen Trend – und im Unterschied zu den anderen Hochburgtypen – stieg allerdings der sozialdemokratische Wähleranteil hier nur

66 Vgl. *Rohe*, Wahlen; *Kühne*, Dreiklassenwahlrecht; *Kühne*, Wahlrecht, S. 481–547; *Schmädeke*; *Sperber*; *Steinbach*, Zähmung; *Steinbach*, Politisierung; *Gawatz*.

67 Weitere Informationen zu den Wahlen in Erfurt, zur Kandidatennominierung, zum Wahlkampf, zum Wahltag als Fest finden sich in *Schmidt*, Lebenswelt.

68 *Steinbach* etwa definiert in seiner Untersuchung sozialdemokratische Hochburgen als Einheiten, in denen die Partei mindestens 25 Prozent der Wahlberechtigten oder 30 Prozent der abgegebenen Stimmen erhalten hatte (*Steinbach*, Entwicklung, S. 9). Dies ist für die innerstädtische Betrachtungsweise unergiebig, da dann in Erfurt seit 1874 bis auf wenige Ausnahmen jedes Wahllokal eine sozialdemokratische Hochburg darstellen würde.

69 Sämtliche Wahlergebnisse wurden nicht nur für den Stadtkreis als Ganzes erhoben, sondern auch für jedes einzelne Wahllokal zwischen 1871 und 1912. Aus der Fülle an Daten kann nur eine kleine bündelnde Auswahl vorgestellt werden.

70 Zur Cholera-Epidemie von 1866 siehe *Heß*, Revolution, S. 272f.

schwach an. Die Ursache lag in dem vorn beschriebenen Strukturwandel in diesen Vierteln. Im Einzugsgebiet dieser frühen Hochburgen ging der Anteil der Arbeiter zurück. Hatten nach der Adressbuchanalyse von 1876 im Einzugsgebiet des 2. Wahllokals noch 79 Prozent Arbeiter gewohnt, lag dieser Anteil 1906 im gleichen Bereich nur noch bei 65,8 Prozent.

Der zweite sozialdemokratische Hochburgentypus hatte ähnliche Startbedingungen, konnte allerdings seine große Bedeutung über den gesamten Zeitraum des Kaiserreichs behalten und steigern. Der im Andreasviertel gelegene »Gasthof zum Mohren« war das 14. Erfurter Wahllokal. Hier erhielten die Sozialdemokraten in den 1870er Jahren zwischen rund vierzig und fünfzig Prozent der Stimmen mit steigender Tendenz. Der Arbeiteranteil lag im Einzugsgebiet des Wahllokals bei knapp 68 Prozent. Hinzu kam – im Gegensatz zum 2. Wahllokal – mit 16,9 Prozent ein beträchtlicher Anteil an Handwerksmeistern. Im ersten Jahrzehnt des 20. Jahrhunderts erhielten hier die Sozialdemokraten rund sechzig Prozent der Stimmen. Der Anteil der Arbeiter lag bei 71,8 Prozent, Handwerksmeister waren mit 12,8 Prozent immer noch zahlreich vertreten.

Als dritter Hochburgentyp schälten sich seit den 1890er Jahren Neubauviertel heraus, in denen exorbitant hohe Wahlerfolge für die Sozialdemokratie zu verzeichnen waren.[71] In den vom Erfurter Spar- und Bauverein errichteten Wohnungen in der Karl-, Auen- und Albrechtstraße wohnte eine herausgehobene Arbeiterschaft, die es sich leisten konnte, jährlich bis zu 270 Mark Miete für eine 3-Zimmer-Wohnung zu zahlen. Von den 326 Wohnungen waren 1911 50 an Schuhmacher und 51 an Metallarbeiter vermietet. Untere Beamte oder Angestellte stellten nur eine verschwindende Minderheit unter den Mietern (2,8%), den Titel eines Handwerksmeisters führten nur vier Männer. In dieser ausgeprägten Facharbeiterschaft, die hier auch langfristig lebte, hatte die Erfurter Sozialdemokratie ihre Heimat. In den Wahlbezirken, in denen diese Straßen lagen, wurde 1912 Heinrich Schulz als Kandidat der Sozialdemokraten mit 79,3 Prozent der abgegebenen Stimmen gewählt. Wie stark die Mieter in den ab 1910 bezogenen Wohnungen zugunsten der Sozialdemokraten wirkten, zeigt sich daran, dass im gleichen Stimmbezirk die Sozialdemokratie 1903 lediglich 60,2 Prozent und 1907 64,5 Prozent der Stimmen erhalten hatte. Die mit öffentlichen, städtischen Mitteln geförderte Baugenossenschaft half mit, eine innerstädtische sozialdemokratische Hochburg auszubilden.

Insgesamt lag hier im Norden von Erfurt an der Stadtgrenze zu Ilversgehofen das Zentrum der Arbeiterbewegung. In der Magdeburger Straße lag das sozialdemokratische Vereinsheim »Tivoli«, hier verdichteten sich die in Kapitel IV beschriebenen Kneipen zu Kommunikationsstätten par excellence, die Fabriken in Erfurts Norden und im angrenzenden Ilversgehofen waren

71 Vgl. ähnliche Hochburgentypen in Bielefeld *Ditt*, Industrialisierung, S. 228.

relativ schnell zu erreichen, hier verlebten die Kinder ihre Kindheit auf den Straßen und dem vom Bauverein errichteten Spielplatz, hier hatten die Arbeiterfrauen ihre Geschäfte zum Einkaufen, der Konsumverein im »Tivoli« in unmittelbarer Nachbarschaft eine seiner Verkaufsstellen eingerichtet.[72]

Die politische Lagerbildung erhielt ihre geographische Bestätigung, lagen doch die bürgerlichen Hochburgen in entgegengesetzter Richtung im südlichen, südwestlichen Stadtgebiet. Dieser Trend hatte sich erst nach der Entfestigung der Stadt voll ausgeprägt. Angesichts der bürgerlichen Überlegenheit im gesamten Stadtbezirk ist es für die frühen 1870er Jahre kaum möglich, Hochburgen im von mir definierten Sinn auszumachen. Die Nationalliberalen, dann die Freikonservativen beherrschten praktisch sämtliche Wahllokale. 1874 ragte das im Stadtzentrum gelegene elfte Wahllokal heraus, in dem 1874 Robert Lucius 81,7 Prozent der Stimmen und damit 15,7 Prozent mehr als im gesamten Stadtgebiet erhielt. Diese Hochburg im Stadtzentrum zeigt, wie dicht vor der Entfestigung die unterschiedlichen Wählerschichten und Milieus noch beieinander lebten.

Seit den 1880er Jahren konzentrierten sich die bürgerlichen Hochburgen jedoch auf die nach Süden gelegenen Viertel. Je nach politischer Konstellation waren die bürgerlichen Wähler für die unterschiedlichen parteipolitischen Angebote offen. Der Stimmungsumschwung von 1879/1881 zu den Linksliberalen spiegelt sich in diesen Bezirken ebenso wie der Wandel in den 1890er Jahren von den Freikonservativen zu den Deutschkonservativen. Blickt man auf den 1. Stimmbezirk Erfurts, welcher die Straßen des im Südwesten gelegenen »Geheimratsviertel« umfasste, wird diese Flexibilität deutlich. 1878 hatte hier Lucius für die Freikonservativen 84 Prozent aller Stimmen erhalten, drei Jahre später war sein Konkurrent von der Liberalen Vereinigung, Prof. Adolf Stengel, im ersten Wahlgang mit 40,6 gegen 47,8 Prozent der abgegebenen Stimmen annähernd mit Lucius gleich gezogen, in der Stichwahl konnte er ihn auch in diesem Wahllokal schlagen.[73]

So wenig sich das Bürgertum je geschlossen um eine Partei vergesellschaftete, so wenig bildeten sich klar nach den einzelnen bürgerlichen Parteien ausgerichtete innerstädtische Hochburgen aus. Der Vergesellschaftungsprozess lief nicht auf eine parteipolitische Vereinheitlichung hinaus. Was sich allerdings in den bürgerlichen Hochburgen spiegelt, ist die Ausbildung eines äußerst homogenen Wohnumfeldes, das zwar nicht die milieuhafte Vernetzung der Arbeiterbewegung aufwies, aber durch seinen exklusiven Wohncharakter eine Verdichtung schuf, in der spätestens in den Stichwahlen gegen die Sozialdemokratie der jeweilige bürgerliche Kandidat mit bis zu neunzig Prozent der Stimmen rechnen konnte.

---

72 Siehe auch *Bleek*, S. 248ff., 275ff.

73 Ergebnisse nach Wahllokalen/Stimmbezirken in: Erfurter Zeitung Nr. 178 vom 1. August 1878; Allgemeiner Anzeiger Nr. 251 vom 27. Oktober 1881.

Wechselwähler und Lagerbildung. Der vorübergehende Aufstieg der antisemitischen Parteien in den Jahren 1898 und 1903 in Erfurt, die Vorherrschaft unterschiedlicher bürgerlicher Parteien in den verschiedenen Phasen des Kaiserreichs haben die Flexibilität der bürgerlichen Wählerschaft eindrücklich bewiesen. Im Folgenden soll jedoch nicht diese innerbürgerliche Bewegung im Mittelpunkt stehen, sondern der Frage nachgegangen werden, inwieweit auch die Sozialdemokratie vorübergehend Wechselwähler jenseits ihrer Stammklientel aus dem industriell-gewerblichen Bereich um sich scharen konnte.

Der sozialdemokratische Verein in Erfurt durchlebte ähnliche Hochs und Tiefs wie die Sozialdemokratie im gesamten Reich und in anderen gewerblich-industriell geprägten preußischen Mittelstädten des Kaiserreichs (vgl. Tab. 22).[74] Zum Teil drastisch waren die Einbrüche bei den Wahlen von 1881 und 1887. 18,5 Prozent der abgegebenen Wählerstimmen im Jahr 1881, ein Emporschnellen auf 39,7 Prozent drei Jahre später sowie ein Einbruch auf 25,3 Prozent bei den Kartellwahlen von 1887 markierten dieses Wechselbad der Gefühle für die Sozialdemokratie. Selbst in ihren, in den späten 1870er Jahren entstandenen Hochburgen musste die Arbeiterpartei Verluste hinnehmen.

Für das auch als dunkles Zeitalter der Wahlforschung bezeichnete Jahrzehnt der 1880er Jahre ist es auch auf lokaler Ebene schwierig, Wechselwählern auf die Spur zu kommen.[75] Angesichts der Stimmenschwankungen muss doch von einem hohen Wechselwähleranteil aus kleinbürgerlichen Kreisen ausgegangen werden, die bei entsprechender Interessenvertretung wie 1881 oder beim Appell an nationale Werte wie den Kartellwahlen 1887 bereitwillig zu bürgerlichen Parteien zurückkehrten. Für die erdrutschartige Niederlage von 1881 lässt sich hinsichtlich möglicher Wechselwähler auch auf Wahllokalebene keine Aussage machen, da zwischen 1879 und 1881 die Wahlbezirke völlig neu strukturiert wurden. Deutlich wird aber, dass in den sozialdemokratischen Erfurter Hochburgen die sozialdemokratischen Wähler in der Stichwahl von 1881 fast geschlossen für den linksliberalen Kandidaten Stengel stimmten; angesichts dessen politischen Einstellungen – er stimmte während der folgenden Legislaturperiode gegen die Verlängerung des Sozialistengesetzes – eine rationale Wahlentscheidung.

Betrachten wir abschließend den Aspekt der Wechselwähler für das späte Kaiserreich und verbinden ihn mit dem Aspekt der politischen Lagerbildung. Seit 1890 hatte die Sozialdemokratie im Stadtkreis Erfurt einen Wählermobilisierungsgrad erreicht, der anscheinend nicht mehr zu steigern war.[76] Seit dem Ende des Sozialistengesetzes bewegte sich der Stimmenanteil in der Stadt bei

---

74 Verglichen wurden die Erfurter Ergebnisse mit den Wahlergebnissen in Bielefeld (*Ditt*, Industrialisierung, S. 228ff., 264ff.) und Flensburg (*Schartl*, S. 484).

75 *Kühne*, Wahlrecht, S. 521.

76 Als generelle These vertreten von *Steinbach*, Entwicklung, S. 2.

Tabelle 22: Reichstagswahlergebnisse für den Stadtkreis Erfurt 1871–1912
nach Lagern (ohne Katholiken)

| Jahr | % der abgegebenen Stimmen | | % der Wahlberechtigten | |
	Sozial-demokratie	Bürgerliche	Sozial-demokratie	Bürgerliche
1871	6,2	93,8	2,0	30,2
1874	25,4	67,0	12,4	32,7
1877	33,7	58,6	17,0	30,4
1878	27,8	65,3	16,4	38,4
1879	33,2	62,0	15,4	28,2
1881	18,5	73,6	10,9	43,8
1884	39,7	54,0	23,3	31,7
1887	25,6	74,7	19,1	56,5
1890	45,2	50,5	34,8	38,9
1893	46,1	50,4		
1898	46,1	49,8		
1903	46,4	48,2	36,3	37,7
1907	43,5	55,0	38,5	48,7
1912	52,6	46,7	47,3	41,9

Quelle: Allgemeiner Anzeiger 1871–1912.

rund 45 Prozent. Erst bei der letzten Wahl im Kaiserreich war noch einmal eine Steigerung möglich, die aber hauptsächlich aus der Eingemeindung Ilversgehofens resultierte. Wahltaktisch stieß daher dieses sozialmoralische Milieu an Rekrutierungsgrenzen bei den Wählern. Dafür geben die Wahlen von 1907 einen Hinweis. Die Sozialdemokratie schöpfte in diesem Jahr ihre potenzielle Wählerbasis hochgradig aus. Nach der Berufszählung von 1907 gab es in Erfurt im Wirtschaftssektor B »Industrie und Handwerk« rund 7.500 Arbeiter, die älter als 25 Jahre waren.[77] 1907 erhielt die Partei im Stadtkreis rund 8.400 Stimmen. Ein Mehr an Arbeiterstimmen war demnach nicht zu erwarten. Selbst wenn man aber davon ausgeht, dass der Arbeiterteil vollständig für die Sozialdemokratie stimmte, was angesichts der Staatsarbeiter in den Eisenbahnwerkstätten und der Königlichen Gewehrfabrik sowie der auf religiöse Werte ausgerichteten Gruppe von Arbeitern, die dem Evangelischen Arbeiterverein nahe stand, unwahrscheinlich ist, muss es eine starke Minderheit außerhalb der Arbeiterschaft gegeben haben, welche die SPD wählte. Dazu ge-

77 SDR, Bd. 207 (1907), S. 422f. (Berufszählung 1907). Gezählt wurden sämtliche männliche, abhängig Beschäftigte im Sektor B (Industrie/Handwerk) über 25 Jahre.

hörte maßgeblich eine Gruppe von Handwerksmeistern und Wirten, die zum Teil innerhalb der Sozialdemokratie selbst parteipolitisch aktiv waren. Welche Gruppen außerhalb der Arbeiterschaft sonst noch als sozialdemokratische Wähler in Frage kamen, lässt sich allerdings aus den aggregierten Zahlen der Berufszählung und Wahlergebnissen nicht ableiten.

Das Problem für die Sozialdemokratie bestand darin, dass randbürgerliche Gruppen, die außerhalb des sozialdemokratischen Milieus standen, nicht dauerhaft gebunden werden konnten. Ein Vergleich der Wahlen von 1903 und 1907 zeigt dies. 1903 gewann Heinrich Schulz als Kandidat der Sozialdemokraten in der Stichwahl über tausend Stimmen gegenüber der Hauptwahl hinzu. Diese Stimmen holte er vor allem in Wahllokalen, die keine traditionellen Hochburgen der Sozialdemokratie im Stadtgebiet waren. Über den Konsum-Wahlkampf gelang hier ein Einbruch in ein der Sozialdemokratie bisher fern stehendes Wählerreservoir.[78] Da die Milieugrenze relativ starr war, blieben diese Wähler allerdings außerhalb des Milieus. Im nationalen Wahlkampf des Jahres 1907 gingen diese Wählergruppen wieder verloren. Die Analyse der Erfurter Sozialdemokratie zur Wahlniederlage von 1907 las sich dann auch folgendermaßen: »Wir beachteten dabei aber nicht genügend die ›Zugkraft‹ des tollen ›nationalen‹ Tamtams auf die Spießbürger, zumal die Regierung diesmal als Angreifer ... die unglaublichste Wahlmache trieb. ... Der Spießbürger hat sich gern einschüchtern lassen. 1903 hat er in Scharen für uns gestimmt. ... Dann war er wieder zufrieden«.[79] In dieser durchaus richtigen Analyse wird gleichzeitig die hohe Mauer deutlich, die um das eigene Milieu errichtet ist. Das sozialmoralische Milieu der Sozialdemokratie speiste sich wieder aus sich selbst.

Letztlich war die Wahl von 1907 und dieses Wahlverhalten Ausdruck dessen, was das Wahlgeschehen seit 1890 durchgängig charakterisierte: die Lagerbildung. Gerade weil das sozialdemokratische Lager immer weiter in die Gesellschaft eindrang, spielten irrationale Ängste eine große Rolle.[80] Die Reichstagswahlen wurden nicht nur als Ort des Interessenkonfliktes und der Interessenabwägung gesehen, sondern als Ausdruck unterschiedlicher Gesellschaftsentwürfe interpretiert. Von den konservativen und bürgerlich-protestantischen Milieus wurde die Integrationsleistung des sozialdemokratischen Milieus für die Gesellschaft nicht erkannt oder nicht anerkannt.[81] Die

---

78 Vgl. *Nonn.*

79 Tribüne, Nr. 41 vom 17. Februar 1907.

80 Vgl. – allerdings aus der Rückschau – Georg Hummel: »Seit dem Wahlsieg der Sozialdemokraten im Jahre 1891 [gemeint ist wohl 1890, als die Sozialdemokratie im Stadtkreis in der Stichwahl erstmals die Mehrheit erzielte, d. Vf.] sah man im Bürgertum, so auch im Offizierskorps, das Aufbegehren der Arbeitermassen als ein Donnergrollen an, von dem man hoffte, dass ihm der Blitz nicht folgen möchte« (*Hummel*, S. 52).

81 Ähnliches Ergebnis für Flensburg bei *Schartl*, S. 475. Vgl. dagegen *Weidner*, S. 632ff., der in Ludwigshafen Chancen für eine Öffnung sah.

sozialdemokratische Seite schob die Ausgrenzung und Nichtanerkennung ihrer Leistungen in den Vordergrund und kultivierte diese Haltung. Die Analyse der »Tribüne« über die Wahlniederlage von 1907 belegt dies: »Wir lächeln über die ›guten Freunde‹, die uns mehr ›praktische Politik‹ anraten, d.h. also Grundsatzlosigkeit, Anpassung, Nachgiebigkeiten, Unterstützung der bestehenden ›Ordnung‹. Wir stehen umso fester auf dem Boden des geschichtlich notwendigen Klassenkampfes, zumal wir nun ein einheitliches Heer haben, das den größten Stürmen trotzt«.[82]

Bei aller alltäglichen Verständigung, allen gegenseitigen Kompromissen und Zugeständnissen – es sei nur an die Institutionen wie Gewerbegericht, Arbeitsamt, Wohnungsbaugesellschaften erinnert, die auch in Erfurt ihre Funktionen erfüllten – blieben die Reichstagswahlen der Ort der grundsätzlichen Konfrontation. Im Prozess der ständig zunehmenden Politisierung der Lebenswelten war so in der Gesellschaft und dem politischen System des Kaiserreichs eine bemerkenswerte Mischung aus Stabilität und Wandel entstanden. Die Lagergrenzen waren klar markiert und gaben dem Parteiensystem seinen Halt, die Milieus konnten die gesellschaftlichen Veränderungen auffangen und kanalisieren. Parallel dazu verschoben sich die Gewichte immer weiter zugunsten der Sozialdemokratie. Am Ende ging in Erfurt 1912 erstmals ein Sozialdemokrat als Sieger aus den Reichstagswahlen hervor und der bürgerliche »Allgemeine Anzeiger« beklagte die über Erfurt hereingebrochene »rote Flut«.[83]

Gleichzeitig markierten aber die wechselnden Wahlergebnisse zwischen 1903 und 1912 auch ein stabiles Parteiensystem, das unter den Bedingungen des Mehrheitswahlrechts durchaus unterschiedliche Wählerwünsche und -interessen zum Ausdruck bringen konnte. Ob sich hier ein dauerhaftes, entwicklungsfähiges Politikmodell hätte herausbilden können, in dem die Wähler je nach Interessenlage sich für die eine oder andere parteipolitische Richtung entschieden hätten und so auch die politischen Lagergrenzen allmählich durchlässiger geworden wären, muss offen bleiben.[84] Die immense Wahlbeteiligung, das Gefühl der Wähler, mit ihrer Stimmabgabe etwas bewirken und in ihrem Sinn verändern zu können, mochte hoffnungsfroh stimmen.[85] Die massive Beeinflussung der Wahlen durch die politische Elite, ja Manipulation im gouvernementalen Sinn im Jahr 1907 sowie insgesamt die unverkennbare Lagerbildung jedoch sind Indizien, die Entwicklungsmöglichkeiten des politischen Systems im späten Kaiserreich nicht allzu optimistisch zu beurteilen.

82 Tribüne. Nr. 41 vom 17. Februar 1907.
83 Allgemeiner Anzeiger Nr. 12 vom 13. Januar 1912, 2. Beilage.
84 In diese Richtung geht *Andersons* Analyse. Mir scheint diese Sicht auf das Kaiserreich angesichts seiner Milieu-, Klassen und Kontaktbarrieren zu optimistisch.
85 Vgl. knapp zum demokratietheoretischen Hintergrund *Steinbach*, Zähmung, S. 54f.

3. Der 1. Mai: Die Auseinandersetzung mit Staat und Unternehmern

Für die Verwaltung und Registratur des Regierungsbezirks Erfurt war die Angelegenheit klar. Unter dem Stichwort »Tumulte« wurden die Polizeiberichte über die jährlich sich wiederholenden Ereignisse rund um den 1. Mai gesammelt und abgelegt.[86] Der von der Arbeiterbewegung begangene Arbeiterfeiertag war aus Sicht der staatlichen Behörden keineswegs eine Auseinandersetzung zwischen Arbeiterbewegung und Unternehmertum um soziale und wirtschaftliche Belange der Arbeitswelt, sondern betraf die Staatsgewalt unmittelbar. Fragen der Machtsicherung, der Gewährleistung der »Ordnung auf den Straßen«, in letzter Konsequenz Fragen der Herrschaftspraxis des Staates standen im Mittelpunkt. Die Einschätzung von staatlicher Seite und überwachender Behörde lag damit nicht weit von derjenigen der Arbeiterbewegung entfernt. Denn in der Berichterstattung der sozialdemokratischen »Tribüne« zwischen 1890 und 1914 rund um den 1. Mai lassen sich spiegelbildlich ähnliche Beurteilungsmuster herauslesen: Die ursprüngliche Intention – der Kampf um die Einführung des achtstündigen Arbeitstages – wurde nicht vergessen, aber erwähnenswerter war der Zeitung das alljährliche Katz- und Maus-Spiel mit den Polizeibeamten, um das Demonstrationsverbot zu umgehen. Aus Sicht der Partei wurde der Maifeiertag klassenkämpferisch aufgewertet und eine politische Erfahrungsdimension hinzugefügt. Ob man für Erfurt allerdings so weit gehen kann zu postulieren, dass die Maifeier mit Arbeitsruhe »(h)insichtlich der klassenbewusstseinsbildenden Bedeutung ... den Streik, der meist für ein unmittelbares, oft materielles Ziel organisiert wurde, (übertraf)«,[87] gilt es im Folgenden näher zu beleuchten.

Bereits am 24. April 1890, eine Woche vor dem ersten von der Arbeiterbewegung organisierten Maifeiertag, brachte es die bürgerliche »Thüringer Zeitung« auf den Punkt. »Wie die Könige ihre Parade abnehmen, so wollen auch sie [die Sozialdemokraten] Paraden abnehmen, um ihre Macht aller Welt zu zeigen«.[88] Hätte der Redakteur die internen Diskussionen von Partei und Gewerkschaften gekannt, hätte er seine Folgerung möglicherweise vorsichtiger formuliert. Denn im Frühjahr des Jahres 1890 war die Stimmung in den Versammlungslokalen Erfurts keineswegs dazu angetan, sich auf eine massenhaft besuchte Parade vorzubereiten. In seiner Situationsanalyse meinte Paul Reißhaus am 15. April 1890 während einer öffentlichen Arbeiterversammlung im Gasthaus »Alter Schwan« vor rund dreihundert Zuhörern, »dass sich die

---

86 Vgl. auch *Fricke*, Auswahl, S. 105.

87 *Troch*, S. 142f.

88 Thüringer Zeitung, Nr. 96 vom 24. April 1890, zitiert nach ThSTA Gotha, Regierung zu Erfurt, Nr. 497, Bl. 55.

Metallarbeiter am wenigsten betheiligen werden, denn die Gewehrarbeiter würden jedenfalls ausfallen; den Bahnarbeitern sei die Feier durch Verfügung des Ministers des Innern untersagt. ... Man werde im Allgemeinen nur mit Schuhmacher[n], Schneider[n] und Bauhandwerker[n] rechnen können.« Hoffnung wurde auf die traditionelle Handwerkerbasis gelegt. Realistisch einigte man sich daher, »einen Umzug nur dann zu arrangieren, wenn die Zahl der Theilnehmer 1000 erreiche«.[89] Doch die Organisation eines Maiumzugs durch die Stadt wurde der Parteiführung durch eine Entscheidung der Polizeiverwaltung abgenommen. Am 24. April 1890 wurde die »Abhaltung des Umzugs« untersagt.[90] Es bildete sich daher ein bis zum Beginn des Weltkrieges stabiles Maiprogramm heraus, das in vielen Städten Preußens anzutreffen war. Ein kleiner Teil der Arbeiter wagte die direkte Konfrontation mit den Arbeitgebern und nahm sich den ganzen Tag frei, während die Mehrzahl der Arbeiter sich zu den Festveranstaltungen am späten Nachmittag und Abend einfand. Für das erste Maifest im Jahr 1890 ist eine Übersicht der Polizeiverwaltung überliefert, die »die ungefähre Zahl der Arbeiter, welche am 1. Mai der Arbeit ganz oder zeitweise fern geblieben sind«, festhält.[91] Demnach feierten den ganzen Tag 114 Arbeiter, den halben Tag nahmen sich 261 Arbeiter frei. Unter den Schuhmachern fand der 1. Mai die größte Resonanz; sie stellten in beiden Gruppen rund drei Viertel aller »Feiernden«. Während die polizeiliche Übersicht für die Schuhfabriken keine nachteiligen Konsequenzen für die feiernden Arbeiter verzeichnete, hob der Bericht für die Maschinenfabrik Trenk, das Zimmergeschäft Ritter sowie die Lampenfabrik Stübgen hervor, dass die insgesamt neun Arbeiter, die sich den halben Tag frei genommen hatten, »sofort entlassen« wurden.[92] Geradezu triumphierend – mit großer, die gesamte Spalte ausfüllender Schrift – hielt der Beamte, der die Übersicht erstellte, schließlich fest: »9.170 männliche und 774 weibliche Arbeiter haben in den übrigen Fabriken den ganzen Tag wie gewöhnlich gearbeitet.« Aus Sicht der Polizeibehörde war der Maifeiertag eine Niederlage der Arbeiterbewegung.

Hinter diesen Zahlen verbarg sich eine intensive partei- und gewerkschaftsinterne Diskussion, in der man sich im April 1890 darauf einigte, »den halben

89 Polizeibericht vom 16. April 1890, StAE 1–2/124–7, Bl. 10f.

90 Aktenvermerk der Polizeiverwaltung, 24. April 1890, StAE 1–2/124–7, Bl. 13.

91 Übersicht, undatiert, StAE 1–2/124–7, Bl. 54.

92 Vgl. auch die Anordnung mehrerer Schuhfabriken vom April 1890, die mit Aussperrung und Entlassung bei Teilnahme an den 1.-Mai-Feierlichkeiten drohten, zitiert nach ThSTA Gotha, Regierung zu Erfurt, Nr. 497, Bl. 54 (Ausschnitt aus der Tribüne vom 20. April 1890). Über die generelle Haltung der Unternehmer gibt es für Erfurt keine Aussagen. 1896 meinte die »Tribüne« zwar: »Auch scheint es, als wenn hier das Unternehmertum der Maifeier schon etwas sympathischer gegenüber stände, indem der Nachmittag von vielen Prinzipalen auf Verlangen freigegeben werde« (Tribüne, Nr. 103 vom 3. Mai 1896); angesichts der geringen Teilnehmerzahlen in Erfurt kann das jedoch nicht gängige Praxis gewesen sein. Zur Entlassung von Stammarbeitern aus der Gewehrfabrik, die an der Abendveranstaltung des sozialdemokratischen Vereins zum 1. Mai teilgenommen hatten, vgl. Tribüne, Nr. 114 vom 20. Mai 1894.

Tag zu feiern. In den Fabriken[,] wo es möglich ist den ganzen Tag zu erzwingen, wäre sehr wünschenswerth«.[93] Die Zahlen aus der Polizeiübersicht sind Ausdruck dieser an die Lage in den Betrieben angepasste Verhaltensweise. Es wurde nicht nur das politische Umfeld in die Planung mit einbezogen, sondern auf die konkrete Situation am Arbeitsplatz Rücksicht genommen.[94] Diese vorsichtige, abwägende Haltung korrespondierte mit der Durchführung der Straßendemonstration. Im »Erfurter Beobachter«, der Beilage zur »Tribüne« vom 1. Mai 1890, richtete »die Festkommission an die Teilnehmer am Spaziergange das Ersuchen, das *Stadtgebiet nicht geschlossen*, sondern *lose* und *getrennt* zu passieren. Außerhalb der Stadtgrenze wird ein engerer Zusammenschluss erfolgen«.[95] Die örtlichen Organisatoren gingen den Weg der kalkulierten Konfrontation, nicht aber der völligen Konfliktvermeidung.[96]

Von einer Parade konnte also im Jahr 1890 keine Rede sein: Der Umzug war verboten, die Massen blieben am Arbeitsplatz. Trotz dieses ernüchternden Beginns war eine Bewegung geboren, die den Festtagszyklus der Arbeiterbewegung im wilhelminischen Kaiserreich mehr und mehr prägte. Gegenüber den auf die historische Tradition und die politische Herkunft der Arbeiterbewegung ausgerichteten Festtagen rund um Ferdinand Lassalles Todestag und des Gedenkens an die Gefallenen in der Revolution von 1848 am 18. März, trat im Maifest eine zukunftsweisende Perspektive hervor.[97] Da die symbolische Darstellung der Kraft und Masse gegenüber Staat und Unternehmern angesichts geringer Teilnehmerzahlen von außen nur in Ansätzen zu erkennen war, lag der Schwerpunkt zunächst auf der binnenstrukturellen Vermittlung des Wertes eines Arbeiter-Feiertags am 1. Mai. Bereits in seiner Rede vom 1. Mai 1890 eröffnete Paul Reißhaus seinen Zuhörern jene visionären Zukunftserwartungen, die sich mit dem Erkämpfen der achtstündigen Arbeitszeit verwirklichen ließen: Nicht nur die Abschaffung der Kinder- und Frauenarbeit,[98] die Hebung der »materielle[n] Lage der Arbeiter« sei mit diesem Kampfziel zu erreichen, sondern den Arbeitern böte sich bei einer verkürzten Arbeitszeit die Möglichkeit, sich neben der Arbeit »wissenschaftlich auszubilden«, ja, dadurch

93 Polizeiberichte vom 15., 23. April 1890, ThSTA Gotha, Regierung zu Erfurt Nr. 493, Bl. 248 RS, 261 RS f., 274 RS.
94 Auch in den folgenden Jahren wurde an dieser Praxis festgehalten. 1896 hieß es in der »Tribüne«: »Nicht soll die Existenz von zahllosen Arbeiterfamilien leichterhand auf´s Spiel gesetzt werden, deshalb wird in jeder Branche und in jeder Fabrik genau untersucht werden müssen, ob die Arbeitsruhe ohne wesentliche Schädigung der Interessen der Arbeiter durchgeführt werden kann.« (Nr. 92 vom 19. April 1896). Siehe auch die zurückhaltende Taktik im deutschen Südwesten am Beispiel Waiblingens (*Weinmann*, S. 36).
95 Erfurter Beobachter. Beilage zu Nr. 14 der »Thüringer Tribüne« vom 1. Mai 1890, zitiert nach ThSTA Gotha, Regierung zu Erfurt, Nr. 488 (Hervorhebungen im Original).
96 Vgl. *Korff*, Zeichen S. 21.
97 Vgl. *Korff*, Volkskultur, S. 372f.
98 Zur Auseinandersetzung um die Rolle der Frau siehe oben Kapitel III.

kämen »die Arbeiter in die Lage, gebildete Gesellschaften zu besuchen«.[99] Im Kampf um den Feiertag 1. Mai und den 8-Stunden-Arbeitstag vermengten sich Klassenkampf, Bildungsideal und Auseinandersetzung mit dem Staat – der überwachende Polizeibeamte ließ die Versammlung vom 1. Mai 1890 nach einem »Hoch auf die Sozialdemokratie« auflösen – zu einem Bild der zukünftigen Gesellschaft. Die Transparente, die zwei Jahre später 1892 den Festsaal der Erfurter Maifeier schmückten, verdeutlichen diese Erwartungen: Neben dem Klassiker »Proletarier aller Länder vereinigt euch« und Liebknechts Formel »Wissen ist Macht« hing die quasireligiöse Zukunftsmetaphorik: »Die Arbeiter sind der Fels, auf der die Kirche der Gegenwart gebaut wird«.[100] Der Widerspruch einer »Kirche der Gegenwart«, die es erst noch zu errichten gelte, zeigt die Vermischung zwischen objektiv vorhandener »Lageerkenntnis« einerseits und »chiliastischer Heilserwartung« andererseits.[101]

Diese Heilserwartung blieb sowohl in der ikonographisch-symbolischen Ebene als auch auf den jährlich wiederkehrenden Festreden präsent. 1902 zeichnete der Festredner als Folge von Arbeitszeitverkürzungen eine proletarische Familienidylle: »Von einem Arbeiter, welcher beispielsweise schon am Nachmittag um 4 Uhr die Arbeit beende, sei nicht zu erwarten, dass er schon um diese Zeit in die Kneipe gehe, sondern er werde seine Familie aufsuchen, sich um die Erziehung seiner Kinder und auch um die Politik bekümmern«.[102] Die läuternde Wirkung der Arbeitszeitverkürzung war nicht nur zukunftsgerichtetes Ideal, sondern gleichzeitig Abbild und Wunschbild des idealen Arbeiters. Eine klare Abgrenzung gegen Kneipen-Proletarier zeichnete sich ab, gegen Männer, die ihren Lohn in der Kneipe ›verflüssigten‹. Evoziert wurde ein Familienideal am heimischen Herd, in dem der Mann in die Erziehungsarbeit integriert werden sollte, und das über die klassische (bürgerliche) Trennung von privater Sphäre (Frau) und öffentlichem Sektor (Mann) hinausreichte. Es ist daher in einem weiteren Schritt notwendig, nach der kulturellen Ausgestaltung und Bedeutung des Maifeiertags zu fragen, wie im Spannungsfeld zwischen Adaption bürgerlicher Festformen, eigenständiger Arbeiterkultur und volksfestähnlicher Feiertagsgestaltung solche Wunschvorstellungen proletarischer Zukunft gedeihen konnten.

Die oszillierende Bedeutung des Maifeiertags zwischen kontrollierter Offensive und Konfliktvermeidung, zwischen Klassenkampf und Kulturveranstaltung kam immer wieder in der Erfurter Arbeiterbewegung zum Ausdruck.[103] Das zeigte sich deutlich in einer Versammlung des sozialdemokrati-

---

99 Polizeibericht v. 1. Mai 1890, ThSTA Gotha, Regierung zu Erfurt, Nr. 497, Bl. 82f.

100 Polizeibericht vom 3. Mai 1892, ebd., Bl. 157 RS.

101 *Korff*, Volkskultur, S. 368, 374.

102 Polizeibericht vom 2. Mai 1902, ThSTA Gotha, Regierung zu Erfurt Nr. 498, Bl. 38. Vgl. *Leopold*, S. 274.

103 Zur Diskussion in der Partei- und Gewerkschaftsspitze siehe zusammenfassend *Troch*, S. 45–60 sowie *Lerch*, Maifeiern, S. 352–372.

schen Vereins im März 1894. Der Vorsitzende, der Schuhmacher Georg Marcus, teilte mit, dass der 1. Mai in diesem Jahr auf einen Dienstag falle, dem am Donnerstag der Feiertag Christi Himmelfahrt folge. Er schlug daher vor, »den 1. Mai nicht durch einen Ausflug, sondern nur durch eine am Abend des p. Tages zu veranstaltende Festversammlung zu feiern und den Ausflug auf den Himmelfahrtstag zu verlegen. Hierauf erwiderte Schneidermeister Reißhaus, dass auf dem Kölner Parteitag besonders darauf hingewiesen worden sei, dass der 1. Mai durch Abhaltung von Versammlungen und durch Ausflüge gefeiert werden solle und wurde dann beschlossen, den erwähnten Tag in bisher üblicher Weise zu feiern«.[104] Und im Juni 1905 verständigte man sich in der Debatte rund um den Kölner Gewerkschaftskongress auf die konfliktorientierte Position: »In der Frage der Maifeier gehe es nicht rückwärts, sondern vorwärts.« Die Arbeiterschaft dürfe sich »dieses prinzipiell schärfste Demonstrationsmittel des Klassenkampfes« nicht durch »Scheu vor Opfern trüben und verwässern lassen«.[105]

Zwischen Saalrhetorik und Wirklichkeit lagen aber auch in diesem Punkt Welten. Im folgenden Jahr beteiligten sich am vormittäglichen, traditionellen Spaziergang fünfhundert Arbeiter, während an der abendlichen Veranstaltung rund 1.100 Personen teilnahmen.[106] Angesichts der Diskrepanz zwischen Anspruch und Wirklichkeit lohnt es sich noch einmal bewusst zu machen, dass Arbeiterbewegungskultur und Arbeiterkultur keinesfalls deckungsgleich waren, ja, zwischen beiden Formen deutliche Unterschiede bestanden. Darin lag auch eine weitere Entwicklung rund um den 1. Mai begründet, die sich mit zunehmender Etablierung und Ritualisierung des Festtagsverlaufs abzeichnete. Ohne Frage war der Maifeiertag durch seine Entstehungsgeschichte, Trägerschaft und ideellen Aufladung integrativer, zentraler Bestandteil der Arbeiterbewegungskultur. Allerdings schoben sich im Lauf der Jahre immer neue Aspekte der Ausgestaltung in den Vordergrund. 1900 trafen sich »die Genossen nebst ihren Familien zu einem echten Volksfeste auf Planers Felsenkeller zusammen, wo Jung und Alt bis zum Hereinbrechen der Nacht zusammen blieb«.[107] »Für Kinderbelustigung und allerhand Unterhaltung, auch für gutes Konzert und gute leibliche Genüsse war Sorge getragen«, hieß es in einer Beschreibung der Maifeier von 1904.[108] Der Polizeibericht über die Maiveranstaltungen von 1910 – in diesem Jahr fiel der 1. Mai auf einen Sonntag

---

104 Polizeibericht vom 30. März 1894, ThSTA Gotha, Regierung zu Erfurt Nr. 484, Bl. 73 RS.

105 Tribüne, Nr. 143 vom 22. Juni 1905.

106 Polizeibericht v. 1. Mai 1906, ThSTA Gotha, Regierung zu Erfurt, Nr. 498, Bl. 116f.

107 Tribüne, Nr. 101 vom 2. Mai 1900.

108 Tribüne, Nr. 103 vom 3. Mai 1904. So auch in einem Polizeibericht vom 2. Mai 1904, ThSTA Gotha, Regierung zu Erfurt, Nr. 498, Bl. 78f. Dort ist auch vermeldet, dass »durch eine Illumination des Tivoligebäudes in der betr. Gegend einiges Aufsehen erregt« wurde.

und es herrschte den ganzen Tag reges Treiben[109] – stellte fest: »Die Stimmung in der Versammlung war mehr feuchtfröhlich zu bezeichnen. Irgendwelche rednerischen Ausfälle gegen Regierung und Polizei sind nicht vorgekommen«.[110] Die Gestaltung des 1. Mai öffnete sich einer breiteren Basis von Arbeitern, sie versuchte politische mit populären Elementen zu verbinden. Allerdings gingen diese Schritte nie in die Richtung einer um sich greifenden Entpolitisierung hin zu bloßer Geselligkeit. Das war weder von den Organisatoren erwünscht,[111] noch bot der Tag durch seine ideelle, symbolische Aufladung dafür die richtige Gelegenheit. Dem Volksfestcharakter waren Grenzen gesetzt. Denn allein der Veranstaltungsort, das »Tivoli«, stellte *den* Kommunikationsort der Arbeiterbewegung schlechthin dar. Ein Besuch von Erfurtern, die der Sozialdemokratie fern standen, war praktisch ausgeschlossen. Die Maifeier mit ihren Attraktionen blieb ein Angebot für sympathisierende Arbeiter, Partei- und Gewerkschaftsmitglieder. Sie diente der Binnenkommunikation, der Identitätsstiftung und hatte daher eine Ausstrahlungskraft, die nur bis in das unmittelbar angelagerte Milieu reichte. Die »bürgerlich« erscheinenden Ausdrucksformen – Waldspaziergänge, Kaffeeklatsch, Kinderbelustigung, gemütliches Beisammensein, Illuminationen – dürfen nicht darüber hinweg täuschen, dass hier ein Gegengewicht zu den nationalen, bürgerlichen und kirchlichen Festtagen geschaffen wurde: »Das Maifest ist das eigenste Produkt der Arbeiterschaft der ganzen Welt, instinktiv fühlt die Gegnerschaft die Gegensätzlichkeit der Demonstration und daher ihr Widerstand«.[112] Die Maifeier war ein zentrales Element beim »Aufbau einer Alternativkultur«,[113] ohne allerdings die Formensprache der sie umgebenden bürgerlichen Welt völlig abzustreifen, ohne die direkte Konfrontation mit der Staatsgewalt zu suchen. Eine klare Trennung von Politik und Vergnügen im Maifeiertag ist daher nicht zu konstatieren, sondern eher umgekehrt führte die Popularisierung des 1. Mai zu einer Politisierung des Festcharakters statt zu einem unpolitischen 1. Mai.[114]

Die Gestaltung der »Auszüge« aus der Stadt bilden hierfür das beste Beispiel. Im Jahr 1892 versammelten sich morgens um 5 Uhr 30 »die Sozialdemokraten

109 Tribüne, Nr. 102 vom 3. Mai 1910.

110 Polizeibericht v. 2. Mai 1910, ThSTA Gotha, Regierung zu Erfurt, Nr. 498, Bl. 173.

111 Vgl. zur Kritik der Parteispitze an »Klimbim«-Veranstaltungen: *Lerch*, Maifeiern, S. 361f.

112 Tribüne, Nr. 102 vom 2. Mai 1902. Im Vergleich zur 1.-Mai-Gestaltung im Evangelischen Arbeiterverein wird die Gegenwelt deutlich. Der Maifeiertag wurde dort nicht am 1. Mai, sondern an Christi Himmelfahrt begangen. 1892 veranstaltete der Verein einen »Fackelzug zu Ehren der kaiserlichen Majestäten« (Allgemeiner Anzeiger vom 9. April 1892, zitiert nach ThSTA Gotha, Regierung zu Erfurt, Nr. 499, Bl. 205).

113 *Korff*, Volkskultur, S. 361.

114 Vgl. die unterschiedlichen Ansätze *v. Salderns* (»Politik und Vergnügen wurden getrennt; doch auch dann behielt der vergnügliche Teil einen unterschwellig politischen Charakter«, Arbeiter-Reformismus, S. 191) und Evans, der von einer zunehmenden Politisierung des Festcharakters ausgeht (*Evans*, Proletarians, S. 80).

mit Frauen und Kindern bis zur Zahl von circa 500 Personen im Garten des Schießhauses. Die Erschienenen trugen rothe Festabzeichen. Eine Musikkapelle, sowie vier verhüllte Fahnen waren zur Stelle. Das Spielen der Kapelle, desgleichen das Mitnehmen der Fahnen wurde vom überwachenden Polizei-Commissar ... vor dem Abmarsch des Zuges inhibirt.« Bei der Rückkehr des Zuges, »[i]n der Regierungsstraße«, also in unmittelbarer Nähe des Sitzes des Regierungspräsidenten, »sind von Polizeibeamten mehrere kleine rothe Fähnchen, welche Kinder und Erwachsene demonstrativ trugen, fortgenommen worden.« Das Verhalten war Ausdruck einer symbolischen Renitenz, das sich Jahr für Jahr wiederholte.[115] Hinter diesen Aktionen stand nicht »widerständiges Handeln«, da es nicht um Konfrontation ging, sondern um die symbolische Darstellung der erreichten Machtposition innerhalb der bestehenden Verhältnisse. Gerade deshalb wurde in der Berichterstattung der sozialdemokratischen Presse besonders Wert darauf gelegt, über den disziplinierten Ablauf der Umzüge zu berichten.[116] Im Jahr 1910, in dem der 1. Mai auf einen Sonntag fiel, beteiligten sich mehrere tausend Arbeiter am Ausflug. Bei Rückkehr in die Stadt wurden sie von einem großen Polizeiaufgebot empfangen: »Die Herrschaften hatten sich umsonst bemüht. Eine Anzahl Genossen sorgten selbst dafür, sie gaben die Weisung, außerhalb der Stadt abzuschwenken, und mit bewundernswerter Disziplin wurde diese Weisung befolgt. In völliger Ruhe und Ordnung löste sich der zirka 3.000 Personen zählende Zug auf«.[117] Mit der demonstrativen Disziplin wurde ergänzt und nach außen verdeutlicht, was intern die Festivitäten unter den Arbeitern vermitteln sollten: der Beweis der eigenen Kulturfähigkeit.[118] Die Arbeiterbewegung stand hier im Blickpunkt der Öffentlichkeit und wollte die »kulturelle Emanzipation der Arbeiterschaft vor Augen führen«.[119]

Aber auf der Gegenseite kam die Botschaft nicht an. In der bürgerlichen Presse Erfurts blieb die Beurteilung der Festveranstaltungen, vor allem die des Auszugs aus der Stadt über die Jahre hinweg konstant. Bereits 1893 hieß es im Erfurter Tageblatt: »Von einer großen Arbeiterkundgebung oder allgemeinem Arbeitsfeiertag ... ist keine Rede. Es sind ... einige bessergestellte Arbeiter, wel-

115 Polizeibericht vom 3. Mai 1892, Polizeibericht vom 2. Mai 1899, ThSTA Gotha, Reg. zu Erfurt Nr. 497, Bl. 155ff., Bl. 250ff.
116 Tribüne, Nr. 103, 2. Mai 1904.
117 Tribüne, Nr. 102, 3. Mai 1910. Die Polizei sprach ebenfalls von 3.000 bis 3.500 Teilnehmern. »Alle in Betracht kommenden Brücken und Eingänge zur Stadt waren durch Polizeibeamte besetzt, so dass ein Eindringen der Zugteilnehmer zur Stadt unmöglich war«. Im Gegensatz zur Sozialdemokratie meldete die Polizei allerdings, dass die sozialdemokratischen Ordner die Lage wegen einiger »renitente[r] Genossen« nicht im Griff hatten und die »Versammelten ... durch Hineinreiten in die Masse auseinandergetrieben« wurden (Polizeibericht vom 2. Mai 1910, ThSTA Gotha, Regierung zu Erfurt, Nr. 498, Bl. 170f.).
118 Siehe die vergleichenden Betrachtungen zum sozialdemokratischen Disziplinbegriff in Deutschland, Großbritannien und Frankreich bei *Boll*, Arbeitskämpfe, S. 464–467.
119 *Korff*, Volkskultur, S. 372; *Troch*, S. 127 (Zitat).

che auf Stück in ihrer Wohnung arbeiten, einige Arbeiter, welche sich durch kleines Kapital oder infolge einer Thätigkeit in der Partei geholfen haben und nun mit einigen bei ihnen in Arbeit stehenden Genossen für Großhändler liefern. Von einer Proletarier-Bewegung, wo gerade die Aermsten der Armen in Masse sich daran beteiligen, ist nichts zu spüren. Es war ein Arbeitstag wie alle anderen«.[120] Wenige Monate vor Kriegsausbruch 1914 urteilte der konservative »Anzeiger« noch vernichtender: Der »Maihumbug« des Jahres 1914 sei das »sang- und klanglose Begräbnis der roten Maifeier« gewesen.[121] Zwar gaben die Redakteure der »Tribüne«, die den Beitrag abgedruckt hatten, zu, dass wegen des schlechten Wetters die Demonstration äußerst schwach ausgefallen sei,[122] betonten aber die grundsätzliche Bedeutung des Feiertags und lehnten eine Einmischung des »Schmocks« der »bürgerlichen Gesellschaft« ab, »dieweil ihm diese Dinge auch nichts angehen«.[123]

Es zeigt sich in dieser Kontroverse die ganze Ambivalenz des Maifeiertages. Einerseits war die Arbeiterbewegung bemüht, die eigenen Leistungen und die Präsens in der bürgerlichen Umwelt herauszustreichen, andererseits verbat man sich jede Kritik an diesem proletarischen Festtag, da er milieugebunden genutzt wurde. Einerseits wagte man mit dem lockeren Ausmarsch sich dem Demonstrationsverbot des Staates zu widersetzen und damit die klassenkämpferische Aktion zumindest in ihrer symbolischen Form aufrecht zu halten; andererseits gestaltete man die Feier immer mehr zu einem das sozialdemokratische Milieu ansprechenden Volksfest um.

Im Vergleich mit anderen Städten bewegte sich die Arbeiterbewegung im preußischen Erfurt auf einer mittleren Linie. Gegenüber der von Adelheid von Saldern als verschlafen dargestellten Sozialdemokratie in der Universitätsstadt Göttingen war Erfurt geradezu ein Hort der Aktion und des Klassenkampfes.[124] Im Vergleich zu Bremen, wo es in den Jahren 1911 und 1912 gelang, über zehntausend Menschen auf die Straße zu bringen, waren die Erfurter Maidemonstrationen ernüchternd provinziell.[125] Dennoch blieb der 1. Mai mit seinen jährlich rund 1.000 bis 2.000 Teilnehmern in den Abendveranstaltungen ein zentrales Festereignis im proletarischen Jahreslauf. Der Blick nach Süddeutschland schließlich zeigt die fundamental unterschiedlichen politischen Kulturen, die auf die Ausgestaltung des 1. Mai durchschlugen. Dort gelang es der Sozialdemokratie mit ihrer »nicht-revolutionären Taktik«, dass der 1. Mai zu einem freien Arbeitstag und staatlich anerkannten Festtag

---

120 Erfurter Tageblatt, Nr. 103 vom 7. Mai 1893.
121 Allgemeiner Anzeiger, Mai 1914, zitiert nach Tribüne, Nr. 162 vom 3. Mai 1914.
122 Tribüne, Nr. 172 vom 26. Juli 1914. Bolls Beurteilung der Resonanz des 1. Mai fällt angesichts des Erfurter Beispiels zu optimistisch aus (*Boll*, Arbeitskämpfe, S. 436f.).
123 Tribüne, Nr. 162 vom 3. Mai 1914.
124 *v. Saldern*, Einwohner, S. 146f.
125 *Dyck/Joost-Krüger*, S. 197.

wurde, der 1910 in München über 100.000 Menschen anlockte.[126] Die dezidiert vorsichtige, zurückhaltende Vorgehensweise der Erfurter Sozialdemokratie in ihrem äußeren Auftreten konnte im Gegensatz zu München angesichts völlig unterschiedlicher politischer Rahmenbedingungen nicht zu einem vergleichbaren Erfolg führen.

Eine entscheidende Niederlage betraf nicht nur die Erfurter, sondern die gesamte internationale Arbeiterbewegung. In ihrer Verteidigung des 1. Mai-Feiertags gegen die Angriffe der bürgerlichen Presse hatte die »Tribüne« drei Monate vor Ausbruch des Krieges geschrieben, dass die »von einem Arbeiter-Millionenheer aufgestellten Forderungen ideellen und materiellen Inhaltes« das Bürgertum in Angst und Schrecken versetzen und die Arbeiterbewegung in eine blühende Zukunft bringen würden.[127] Dieser Artikel erwies sich drei Monate später im August 1914 als Makulatur. Zu den Idealen des 1. Mai gehörten nämlich nicht nur die Forderungen nach Einführung des 8-Stunden-Tags, sondern auch die Appelle an die internationale Solidarität und der Kampf gegen den Militarismus in der Welt. Statt eines »Völkerfrühlings« kam es zu einem nie gekannten Völkerkrieg in Europa, statt sich in die »große Kampfesarmee des internationalen Proletariats« einzureihen,[128] wurden die Arbeiter Rekruten ihrer nationalen Armeen.[129] Durch das Lavieren zwischen der Suche nach einem Ort in der bürgerlichen Gesellschaft bei gleichzeitiger Pflege des Milieulebens waren die Ideen des 1. Mais nicht in einem solchen Maße in der Arbeiterschaft verankert worden, dass sie im August 1914 handlungsrelevant geworden wären. Das ist keineswegs Resultat der Ausgestaltung der Maifeier, sondern war ein Indiz für das generelle Dilemma der Sozialdemokratie. Und auch das gilt es zu beachten: Die den 1. Mai besonders revolutionär, klassenkämpferisch und politisch feiernde Wiener Arbeiterbewegung konnte die Werte von Internationalismus und Solidarität im August 1914 ebenso wenig massenmobilisierend gegen den Krieg nutzbar machen wie die defensiv und zurückhaltend agierende Erfurter Sozialdemokratie.[130]

126 *Pohl*, Arbeiterbewegung, S. 387ff.
127 Tribüne, Nr. 162 vom 3. Mai 1914.
128 Tribüne, Nr. 163 vom 3. Mai 1904.
129 Vgl. *Lerch*, Maifeiern, S. 370.
130 *Troch*, passim. Im April 1915 beschloss der sozialdemokratische Verein Erfurts keine Maidemonstration abzuhalten: »Auch eine Demonstration der proletarischen Internationalen zugunsten des Völkerfriedens und der Propaganda für die Abrüstung kann zur Zeit des furchtbaren Weltkrieges nicht stattfinden« (Tribüne, Nr. 100 vom 30. April 1915).

4. Die Unruhen von 1898:
Bürger und Arbeiter gegen die staatliche Gewalt?

Am 26. Mai 1898 erhielt das Ministerium des Innern in Berlin ein Telegramm von der Erfurter Polizeiverwaltung: »ca. 2000 arbeitsscheue und unlautere elemente, die gegen polizeiliche massnahme demonstrirten, welche gelegentlich eines milit. zapfenstreiches und zur bekaempfung sonstiger aufreizender ansammlungen genannter volksklassen erlassen waren, haben die ursache zum tumult gegeben«.[131] Dabei hatten die letzten Maitage so vielversprechend begonnen. Die sozialdemokratische Zeitung »Tribüne« stimmte zwei Tage vor diesem Telegramm ihre Leser auf die Ankunft des Zirkus Deike ein, von dem es »nur sehr günstiges zu berichten« gebe. Doch statt einer unterhaltsamen Zirkusveranstaltung erlebte Erfurt in jenen Maitagen 1898 die größten Unruhen zwischen der Revolution von 1848 und dem Ersten Weltkrieg.

Die gewalttätigen Auseinandersetzungen auf dem Friedrich-Wilhelm-Platz vor der Kulisse von Dom und Severikirche hatten ihren Auslöser in jenem Zirkus Deike.[132] Die Zirkusveranstaltung hatte nach übereinstimmenden Berichten am Abend des 24. Mai eine große Menschenmenge angezogen, darunter zahlreiche Schaulustige, die keine Eintrittskarten hatten. Da die Vorstellung gestört wurde, löste die Polizei, die bereits an diesem Tag beschimpft wurde, die Menschenmenge auf; »gewaltthätige Akte (kamen) nicht vor«.[133] Am folgenden Mittwochabend verschärfte sich die Situation, da nicht nur die Zirkusveranstaltung, sondern auch ein militärischer Zapfenstreich in der Stadt stattfand. Erfurter aus allen Bevölkerungsschichten waren daher auf den Beinen, von denen rund tausend nach Ende des Zapfenstreichs auf den Friedrich-Wilhelm-Platz drängten. Den Aufforderungen der Polizei, den Platz zu verlassen, wurde nicht nachgekommen, so dass dieser gewaltsam geräumt wurde. Ein radikaler Teil der Demonstranten vom Domplatz zog sich unterdessen in die angrenzenden Straßen zurück, drohte den Polizisten (»Schlagt die Hunde tot«) und bewarf sie mit Steinen. Mit gezogenen Säbeln gelang es die Unruhestifter zu vertreiben. Die Polizei registrierte an jenem Abend »3 leichte Verwundungen an Civilpersonen, 23 Polizeibeamte durch Steinwürfe

---

131 Telegramm der Polizeiverwaltung Erfurt an das Innenministerium, 26. Mai 1898, GStA PK, Rep. 77, tit 506–4, Beiheft 2 (Merseburg), Bl. 2.

132 Der Ablauf der Ereignisse wurde rekonstruiert nach: Bericht des Regierungspräsidenten an das Innenministerium, GStA PK, Rep. 77, tit. 506–4, Beiheft 2 (Merseburg); Bericht des Oberbürgermeisters Schmidt vor der Stadtverordnetenversammlung, in: Thüringer Zeitung, Nr. 127 vom 3. Juni 1898, sowie in den Berichten der »Tribüne«, Nr. 122 vom 27. Mai 1898 und Nr. 123 vom 28. Mai 1898.

133 Tribüne, Nr. 122, 27. Mai 1898.

misshandelt, 14 Verhaftungen vorgenommen«.[134] Gab es für die Menschenan-
sammlungen vom Dienstag und Mittwoch noch konkrete Anlässe, so war das
am Donnerstag, den 26. Mai nicht mehr der Fall. Die Ereignisse der letzten
Tage hatten eine solche Sogwirkung, dass sich erneut viele neutrale Schaulustige, neugierige, gewaltbereite Jugendliche und »halbwüchsige[n] Burschen,
Zuhälter[n] und anderweitige[s] Gesindel«, die eine Konfrontation mit der
Staatsmacht suchten, wieder unter dem Dom einfanden. Bei der »Säuberung
des Platzes« kamen blank gezogene Säbel zum Einsatz. Wie in der Nacht zuvor
verlagerten sich die Kämpfe in die Seitenstraße, die sich zu einer blutigen Stra-
ßenschlacht auswuchsen: »nach eintritt der dunkelheit wurde aus den reihen
der angesammelten und auch aus einzelnen haeusern geschossen, was der
executive anlasz gab mit gezogener waffe und im sturmschritt die geschlossene
menge anzugreifen, mit der flachen klinge kräftig einzuhauen, auch wurden
ca. 25 revolverschuesse abgegeben. es haben vielfach leichte und mittlere, aber
keine toedtlichen [sic!], wohl aber schwere verwundungen stattgefunden«.[135]
Am Freitag schließlich fanden sich nach Angaben von Oberbürgermeister
Schmidt erneut »Tausende auf dem Platze ein, aber tags vorher hatte man ihnen den Ernst gezeigt. Deshalb waren die eigentlichen Ruhestörer weggeblie-
ben«.[136] Die Maiunruhen von Erfurt waren zu Ende.

Wie lassen sich diese Ereignisse vom Mai 1898 in Erfurt, die an die »Revolu-
tionären 1. Mai«-Unruhen in Berlin-Kreuzberg der Gegenwart erinnern, be-
grifflich einordnen? Unbestreitbar handelte es sich um Unruhen im Sinne
von »kollektive[n] Ruhestörungen mit physischer Gewaltanwendung«.[137]
Doch gewonnen ist mit dieser Definition nicht viel. Am nähesten kommt den
Erfurter Unruhen der von Thomas Lindenberger vorgeschlagene Typus der
»Aktionen gegen die Polizei«. Von den verbalen Attacken (»Hunde«) bis zu den
Phasen der Eskalation gibt es hier die größten Übereinstimmungen. Durch die
Dimension der Erfurter Straßenproteste gehen sie aber auch in dieser Defini-
tion nicht vollständig auf.[138] Zu klären ist daher zunächst die Frage nach der
Trägerschicht dieser Unruhen. Eine Analyse ist nur für den aktiven Teil der
Demonstranten möglich. Über die zahlreichen Schaulustigen und Neugieri-
gen aus den verschiedensten gesellschaftlichen Schichten lässt sich nichts sagen. Zwei aktive Gruppen tauchen in den Quellen immer wieder als abgrenz-
bare Sozialformationen auf: Jugendliche und Kleinkriminelle. Bereits im

134 Abschrift einer Depesche an den Oberpräsidenten in Magdeburg, 26. Mai 1898, GStA
PK, Rep. 77 tit 506–4, Beiheft 2 (Merseburg), Bl. 5.
135 Telegramm der Polizeiverwaltung Erfurt an den Innenminister, 27. Mai 1898, GStA PK,
Rep. 77 tit 506–4, Beiheft 2, Bl. 9f. Nach Angaben von Oberbürgermeister Schmidt gab es neun
Schuss- und drei Hiebverletzungen.
136 Bericht des Oberbürgermeisters Schmidt, in Thüringer Zeitung, Nr. 127, 3. Juni 1898.
137 *Tilly*, Kapital, S. 145.
138 *Lindenberger*, Straßenpolitik, S. 144ff.

ersten Bericht des Erfurter Regierungspräsidenten hieß es, dass die »Tumul-
tuanten ... sich aus lichtscheuem Gesindel und halbwüchsigen, unreifen Burschen in der Hauptsache zusammensetzen«. Louis Eckhardt, geboren 1882,
erinnerte sich viele Jahrzehnte später: »Wir als Jugendliche hatten natürlich
keine Stunde dieser Revolte versäumt«.[139]. Die nationalliberal ausgerichtete
»Thüringer Zeitung« meinte, dass die Träger des Protests »nichts weiter als
dumme Jungens und unreife Burschen (waren)«.[140] Die Jugendlichkeit, die
Sozialisation in der Großstadt, das alltägliche Spielen auf den Straßen, die Sozialisation außerhalb der elterlichen Wohnung prädestinierten Jugendliche aus
Arbeiterfamilien, sich diesem außergewöhnlichen Ereignis anzuschließen, im
Schutz der Masse, sich die eine oder andere Provokation zuzutrauen.[141] Aus
zeitgenössischer Sicht wurde der Krawall zu einem Generationenkonflikt mit
kultur- bzw. zivilisationskritischen Untertönen hochgespielt: »Wir wurden
erzogen zum Gehorsam gegen die Eltern, die Lehrer und die Autorität ...;
wenn man die Jugend wieder zum Gehorsam zurückbringen kann, wäre
wenigstens das Blut an jenen Abenden nicht umsonst gewesen« – so beurteilte
der Stadtverordnete Döhler die Situation.

Die Verwahrlosung der Sitten durchzog als roter Faden die Diskussionen
der Öffentlichkeit. Die Thüringer Zeitung kommentierte in diese Richtung
und geißelte »die Zuchtlosigkeit, die leider in unserer Zeit die heranwachsen-
de Generation beherrscht«. Die Sozialdemokratie griff diese Argumente auf
und richtete sie gegen die bürgerliche Gesellschaft: »Nicht in den Volksschulen wird die Rauferei gepflegt, sondern auf den Hochschulen, und in jenen
Kreisen, wo das Duellwesen noch vorhanden ist«.[142] Der Diskurs um die Jugend[143] führt im Konfliktfall der Mai-Unruhen jedoch nicht weiter. Zum einen hatte Oberbürgermeister Schmidt schon Anfang Juni 1898 darauf hingewiesen, dass auf dem Friedrich-Wilhelm-Platz keineswegs Schuljungen das
Bild geprägt hätten. Zum anderen spricht das Durchschnittsalter der im Juli
1898 wegen Aufruhr und anderer Delikte Verurteilten von 29,4 Jahren gegen
eine zentrale Rolle der Jugendlichen in den Maikrawallen. Von den insgesamt
24 Angeklagten waren lediglich drei 20 Jahre und jünger.[144] Als Verstärker des
Protests erlangten die Jugendlichen eine gewisse Bedeutung. Da zudem die
Diskussion um die Jugend und ihre Integration in die Gesellschaft in voller

139 Erinnerungen von Louis Eckhardt, um 1950, StAE 5/850–8.
140 Thüringer Zeitung, Nr. 125 vom 1. Juni 1898. Ähnliche Einschätzungen gab es auch in
einem der Prozesse um die Maiunruhen, siehe Vorwärts vom 2. Dezember 1898, GStA PK, Rep.
77, tit 506–4, Beiheft 2 (Merseburg).
141 Vgl. *Tenfelde*, Krawalle S. 87; *ders.*: Großstadtjugend, S. 182–218.
142 Tribüne, Nr. 130 vom 7. Juni 1898.
143 Vgl. *Gestrich*, S. 43–47. Siehe die Preisfragen der Kgl. Akademie 1896 und 1901.
144 Allgemeiner Anzeiger, Nr. 179, 180, 183, 184 vom 1., 2., 5., 6. Juli 1898, zitiert nach
ThSTA Gotha, Regierung zu Erfurt Nr. 863, Bl. 163–170; Thüringer Zeitung, Nr. 150 vom 30.
Juni 1898, ebd., Bl. 160.

Blüte stand, fokussierte sich der Blick auf diese Altersgruppe. Jung, im Sinne von einer Bewegung der unter 20-Jährigen, waren die Unruhen vom Friedrich-Wilhelm-Platz in ihrem Kern dennoch nicht.

Vieles spricht dafür, dass der zweiten Gruppe, nämlich derjenigen der Kleinkriminellen, eine wichtigere Rolle zuzuschreiben ist.[145] Von diesem Kreis waren offensichtlich die ersten Auseinandersetzungen ausgegangen. Sie hatten – im Gegensatz zur Arbeiterbewegung – nicht die Polizei als staatliches Verfolgungssystem als Gegner im Visier, sondern die einzelnen Polizeibeamten vor Ort. Die Situation Ende Mai 1898 war gerade dazu angetan, den Polizisten eine Abreibung zu verpassen, der angestauten Wut gegen »die Hunde« ihren Lauf zu lassen. Für diese These spricht auch, dass von den im Juli 1898 Angeklagten annähernd zwei Drittel (N = 15) vorbestraft waren.[146] Es ist nicht ausgeschlossen, dass sich die Polizei ihrerseits auf die ihnen bekannten Vorbestraften konzentrierte, so dass auf diese Weise die hohe Vorbestraftenquote zustande kam. Andererseits zeugen alle Berichte von Chaos, Durcheinander, sich ständig in Bewegung befindlichen Menschenmengen, dass ein gezielter Zugriff doch eher unwahrscheinlich gewesen sein dürfte.

Auf den Pöbel und Mob als Sündenböcke konnten sich alle Parteien zunächst einigen. Die Sozialdemokratie distanzierte sich von dem »Rowdytum«, definierte ein Subproletariat, mit dem sie nicht in Verbindung gebracht werden wollte. Es war nur konsequent, dass nicht nur der Erfurter Oberbürgermeister, sondern auch der »Vertrauensmann der sozialdemokratischen Partei« auf Plakaten die »Erfurter Arbeiterschaft (warn[t]e), an den auf dem Friedrich Wilhelmplatz stattfindenden Exzessen sich zu beteiligen. Jeder Arbeiter, der auf seine Ehre hält, bleibt fern.«[147] Die »Unterschichtung« der der Arbeiterbewegung nahe stehenden Arbeiterschaft mit »ehrlosen« gesellschaftlichen Randexistenzen[148] strich die eigene Bürgerlichkeit der sozialdemokratischen Arbeiterbewegung heraus. Für die Erfurter Sozialdemokraten waren diese »Rowdys« das Resultat nicht zugestandener »Aufklärung und Bildung« durch die bürgerliche Gesellschaft. Dies hieß indirekt aber auch, dass die Arbeiterbewegung diese Aufgaben für ihre ›Klientel‹ übernahm und einen Beitrag zur Integration in die bürgerliche Gesellschaft leistete. Was sich auf dem Domplatz zwischen dem 24. und 26. Mai ereignet hatte, war nicht Sache der Sozialdemokratie: »Wir revolutionieren wohl die Köpfe«, meinte der sozialdemokratische Kaufmann Straßner, »nicht aber mit ... Gewaltmitteln«; und um die

145 Siehe auch *Lindenberger*, Straßenpolitik, S. 168.

146 Allgemeiner Anzeiger, Nr. 179, 180, 183, 184 vom 1., 2., 5., 6. Juli 1898, zitiert nach ThSTA Gotha, Regierung zu Erfurt Nr. 863, Bl. 163–170; Thüringer Zeitung, Nr. 150 vom 30. Juni 1898, ebd., Bl. 160.

147 Plakat vom Mai 1898, GStA PK, Rep. 77, tit. 506–4, Beiheft 2 (Merseburg).

148 Vgl. *Lindenberger*, »Streikexzesse«, S. 63ff.; vgl. allgemein zum Begriff der »Unterschichtung« der Arbeiterschaft: *Mooser*, S. 61ff.

Distanz noch deutlicher zu machen strich er heraus, dass unter den Verhafteten kein einziger Sozialdemokrat und nur ein Arbeiter zu finden sei.[149] Genau hier funktionierte allerdings die soziale Unterschichtung nicht, denn die 24 im Juli 1898 Angeklagten waren bis auf vier Personen, die im »Dienstleistungsbereich« arbeiteten (Kellner, Privatdiener, Geschirrführer, Handelsmann), gelernte (N=11) oder ungelernte (N=9) Arbeiter.[150] Es handelte sich um die »Fiktion einer lebensweltlichen Kluft zwischen ›ordentlicher‹ Arbeiterschaft und ›unordentlichem‹ Subproletariat«.[151] Die Konstruktion eines dem »Rowdytum« anhängendem Subproletariat stellte eine Interpretation dar, um die Respektabilität des sozialdemokratischen Milieus herauszustreichen.

Die Vertreter der Staatsmacht vor Ort beschrieben die Unruhen mit Verweis auf die Rowdys als spontan auftretende Aktionen, die nicht vorhersehbar waren. Die Mai-Unruhen wurden daher in einem ersten Schritt entpolitisiert: »politischer hintergrund einstweilen nicht erkennbar« lautete der Kernsatz eines Telegramms des Regierungspräsidenten an den Innenminister.[152] Allerdings sollte diese Strategie nicht lange beibehalten werden, da eine Instrumentalisierung der angeblich Jugendlichen und Rowdys von liberaler und sozialdemokratischer Seite erfolgte. Angesichts einer überschaubaren Zahl von »Tumultanten« habe die Polizei völlig überreagiert. In dem Augenblick, in dem aber die Polizei und ihr Verhalten in den Mittelpunkt der Diskussion rückte, gewann die Debatte eine politische Dimension. An diesem Punkt schied sich das klassenübergreifende Lager der Rowdy-Gegner messerscharf. Die Haltung der Sozialdemokratie war eindeutig. Sie stand unverbrüchlich auf dem Boden von Ruhe und Ordnung, war sie doch die Partei »die nachweislich zuerst zur Ruhe gemahnt hat, die es als Ehrenpflicht aufgefasst, ihre Angehörigen vor dem Besuch des Tumultplatzes zu warnen«.[153] Aber die Ursache für die Eskalation lag nach ihrer Einschätzung in dem unangemessenen Ver-

---

149 Polizeibericht über eine öffentliche Volksversammlung, 4. Juni 1898, StAE 1–2/120–12, Bl. 81–86.

150 Berufsspezifische Besonderheiten ließen sich nicht ausmachen. Neun der 24 Angeklagten wurden freigesprochen Die Strafen lagen zwischen drei Jahren Zuchthaus, fünf Jahre Ehrverlust sowie Polizeiaufsicht für den vorbestraften 26 Jahre alten Arbeiter Carl Schröder und vier Wochen Gefängnis für den 19 Jahre alten, nicht vorbestraften Schuhmacher Albert Bertuch.

151 *Lindenberger*, Straßenpolitik, S. 296f. Auch wollte der konservative »Allgemeine Anzeiger« aus der Menschenmenge heraus Äußerungen wie »»Wartet nur, bis die Wahlen kommen«« vernommen haben, die auf sozialdemokratische Sympathisanten unter den Protestierenden schließen ließen (Allgemeiner Anzeiger, Nr. 145 vom 27. Mai 1898).

152 Telegramm des Erfurter Regierungspräsidenten an den Minister des Innern, 27. Mai 1898, GStA PK, Rep. 77 tit. 506–4, Beiheft 2 (Merseburg), Bl. 13.

153 Resolution der öffentlichen Bürgerversammlung vom 4. Juni 1898, Tribüne, Nr. 130 vom 7. Juni 1898. Wie meinte Otto Schily auf dem Parteitag der SPD in Nürnberg 2001: »»law and order‹ seien sozialdemokratische Werte« (DLF-Nachrichten, 20. November 2001).

halten der Polizei: »Durch das Dreinhauen mit dem Säbel ist die Menge erst gereizt worden«.[154]

In dieser Einschätzung trafen sich die Sozialdemokraten mit den wenigen liberalen Stimmen in der Stadtverordnetenversammlung. Unruhe lösten die Äußerungen des Stadtverordneten Ludwig Möller aus, als er den Anwesenden vorhielt, dass man die »Schuldigen auch hier (in dieser Versammlung) zu suchen« hätte, da die Empfehlungen zur Reform des Erfurter Polizeiwesens und zur Frühpensionierung des Polizeiinspektors Metzler nicht umgesetzt worden seien. Noch schärfer urteilte der Kaufmann Rebs : »Ich verteidige niemand, der sich gegen die Obrigkeit auflehnt, aber die Polizei geht hier viel zu rücksichtslos vor. ... Darin sind die Ursachen zu suchen, in nichts anderem«. Diese Einschätzung, mit der Rebs sich in unmittelbarer Nähe zu sozialdemokratischen Positionen befand, strafte der Oberbürgermeister mit tiefster Missachtung.[155]

Der Oberbürgermeister, die konservativen Kräfte der Stadtverordnetenversammlung, aber auch der Regierungspräsident ihrerseits hatten ihre Strategie inzwischen grundsätzlich geändert und vertraten zwei Positionen. Zum einen wurde nun der Sozialdemokratie eine Mitschuld, wenn nicht die Hauptschuld zugeschrieben. Die Rede August Bebels, die er am Montag, den 23. Mai in Erfurt gehalten hatte und in den ersten Berichten nur beiläufig erwähnt wurde, rückte nun als möglicher Initialzünder in den Mittelpunkt. Allgemein wurde die Agitationstätigkeit der Sozialdemokratie in den Vordergrund gestellt.[156] Der Regierungspräsident hielt zwar einen politischen und von der Sozialdemokratie angezettelten Aufruhr für ausgeschlossen, sah aber in den »Jahr für Jahr von sozialdemokratischen Agitatoren eingelernten und in Fleisch und Blut übergegangenen Empfindungen des Hasses gegen die besitzenden Klassen und die die öffentliche Ordnung sichernden Beamten« den entscheidenden Grund für die Eskalation.[157] Die von sozialdemokratischer Seite scharf gezogene Grenzlinie unterschiedlichen Arbeiterverhaltens zwischen Arbeiterbewegung und Subproletariat wurde von der Obrigkeit nicht

154 Tribüne, Nr. 130 vom 7. Juni 1898. Rechtsstaatliche Vorstellungen waren bei einzelnen Sozialdemokraten keineswegs ausgeprägt, meinte doch Fahrenkamm: »Hätte man vom Gebrauch der Waffen Abstand genommen und die Radaubrüder dann einzeln (vielleicht des Nachts) aus den Wohnungen geholt, dann blieb der Stadt die Schmach erspart« (ebd.).

155 16. Öffentliche Stadtverordnetensitzung vom 2. Juni 1898, Thüringer Zeitung, Nr. 127 vom 3. Juni 1898. Oberbürgermeister Schmidt meinte: »Auf die Ausführungen des Herrn Rebs zu antworten kann ich mir wohl ersparen; sie entsprechen nicht dem Ernst der Verhandlung.« Rebs war bereits zwei Jahre später nicht mehr in der Stadtverordnetenversammlung vertreten.

156 16. Öffentliche Stadtverordnetensitzung vom 2. Juni 1898, Thüringer Zeitung, Nr. 127 vom 3. Juni 1898. Vgl. allgemein Lindenberger, »Streikexzesse«, S. 64.

157 Bericht des Regierungspräsidenten, 16. Juli 1898, GStA PK, Rep. 77 tit. 506–4, Beiheft 2 (Merseburg), Bl. 80.

anerkannt. Sie sah nur Verführer und Verführte, welche die staatliche Ordnung gefährdeten.

Als zweite Argumentationslinie kristallisierte sich auf der obrigkeitsstaatlichen Seite eine Verteidigung der Polizeimaßnahmen heraus. Offiziell wurden die Aktionen der Polizei gestützt und gerechtfertigt. Das Mittel der Deeskalation wurde überhaupt nicht in Erwägung gezogen. Im Gegenteil. In einem Runderlass an sämtliche Oberpräsidenten der preußischen Provinzen ließ der Innenminister wissen: »Derartige bedauerliche Vorgänge [wie die in Erfurt] sind geeignet, die Autorität des Staates und seiner Behörden zu gefährden. Unter keinen Umständen darf ein Zweifel darüber gelassen werden, dass die Polizeibehörden in der Lage und gewillt sind, zum Schutze der öffentlichen Ruhe, Ordnung und Sicherheit von den gesetzlichen Machtmitteln mit voller Entschlossenheit Gebrauch zu machen«.[158] Intern geriet allerdings Polizeiinspektor Gustav Metzler immer mehr unter Druck. Anfang September informierte Regierungspräsident von Brauchitsch den Innenminister: »Es kann nicht bestritten werden, dass der Polizei-Inspektor Metzler ... seit längerer Zeit unbeliebt ist, unbeliebter als es sein Beruf des Polizei-Inspektors bis zu einem gewissen Grade mit sich bringt«.[159] Als Ursache für die Unruhen wurde Metzlers Unbeliebtheit zwar ausgeschlossen, die Konsequenzen musste er dennoch tragen. Am 6. Februar 1899 teilte der Regierungspräsident nach Berlin mit, dass dem Pensionierungsgesuch Metzlers stattgegeben wurde. Die Stadtverordnetenversammlung sicherte ihm zum 1. April 1899 eine Pension von 1.869 Mark zu.[160]

Als sozialer Protest lassen sich die Erfurter Unruhen im Mai 1898 kaum beschreiben. Zwar entstammten alle im Zusammenhang mit den Unruhen Angeklagten einer relativ einheitlichen sozialen Trägerschicht; insgesamt waren die Protestierenden aber eine höchst »diffuse Menge«.[161] Es artikulierte sich ein spontaner Protest an der herrschenden polizeilichen Ordnung, der keine weiterreichenden politischen Forderungen transportierte. Gewalt und Gegengewalt bedingten sich gegenseitig, wobei die Verhältnismäßigkeit der Mittel von Seiten der Polizeibehörden allerdings nicht gewahrt wurde. Gerade am ersten Abend deutet der Entschluss, den Domplatz räumen zu lassen, auf ein übersteigertes Ordnungsbedürfnis hin, das sich nur aus einer diffusen

158 Minister des Innern an sämtliche Oberpräsidenten, Juni 1898, GStA PK, Rep. 77 tit. 506–4, Beiheft 2 (Merseburg), Bl. 50.

159 Regierungspräsident an Minister des Innern, 5. September 1898, GStA PK, Rep. 77 tit. 506–4, Beiheft 2 (Merseburg), Bl. 91. Siehe bereits die Äußerung des Stadtverordneten Wolf in der Sitzung vom 22. April 1897: »Herr Metzler ist eben kein Erfurter und gehört seinem ganzen Wesen nach nicht nach Thüringen« (zitiert nach Tribüne, Nr. 95 vom 24. April 1897).

160 Regierungspräsident an Minister des Innern, 6. Februar 1899, GStA PK, Rep. 77 tit. 506–4, Beiheft 2 (Merseburg); Auszug aus dem Protokoll der Stadtverordnetenversammlung vom 20. Januar 1899, in: ThSTA Gotha, Regierung zu Erfurt Nr. 863.

161 Vgl. *Volkmann*, S. 183.

Angst vor der Masse erklären lässt. So wie einzelne Stadtverordnete ein populistisches Angstszenario vor dem Mob und vor Kriminellen aufbauten,[162] so fühlte sich die staatliche Macht durch die unkontrollierte Menschenmenge bedroht und sah einen systemfeindlichen Protest, wo gar keiner war. Es spricht ein tiefes Misstrauen aus diesem Verhalten und illustriert die obrigkeitsstaatliche, undemokratische Denkweise in den Führungsspitzen der wil4elminischen Gesellschaft. Dabei boten diese Krawalltage Chancen zum Brückenschlag. Unverkennbar zeigte die Sozialdemokratie, dass sie bei aller Kritik ihren Platz in der Gesellschaft auf Seiten der systemstabilisierenden Kräfte sah. Doch die verbindenden Signale wurden von staatlicher Seite nicht erkannt oder negiert. In der Beurteilung der Erfurter Polizeimaßnahmen lagen sozialdemokratische und (links)liberale Lageeinschätzung sehr dicht beisammen. Da diese Analyse im bürgerlichen Lager jedoch nur von einer verschwindend geringen Minderheit getragen wurde, existierte kaum eine Chance zu einer ausbaufähigen Allianz – es sei denn auf Kosten der völligen Isolation jener liberalen Kräfte im Bürgertum. So blieben am Ende tiefe Gräben zurück, in »Systemperspektive« wirkte der Protest »dysfunktional«.[163] Auf bürgerlicher Seite nahm man den Versuch der Sozialdemokratie, sich von den »Rowdys« abzugrenzen, nicht wahr, sondern sah vielmehr in den Aufrührern die verführten Opfer der Sozialdemokratie. Durch diese Erfahrung wurde das sozialdemokratische Milieu noch enger zusammengeschweißt.[164]

---

162 Stadtverordneter Kämmerer aus konservativer Sicht: »[E]s ist bald soweit, dass wir mit unseren Frauen und Kindern nicht mehr sicher sind«; Stadtverordneter Möller aus liberaler Sicht: »Ein Gefühl der Unsicherheit wird in Zukunft jeden beschleichen« (Thüringer Zeitung, Nr. 127 vom 3. Juni 1898).

163 *Giesselmann*, S. 74f.

164 Vgl. *Lindenberger*, Straßenpolitik, S. 384.

VII. Kulturwelten –
Trennungen und Verschränkungen

Auch das war im wilhelminischen Kaiserreich möglich: Am Ende einer Versammlung des Erfurter sozialdemokratischen Vereins im Februar 1896 teilte der Redakteur Gustav Hülle den anwesenden fünfzig Personen mit, »dass sich die Direktion des Stadttheaters in lobenswerther Weise bereit erklärt habe, am nächsten Sonntag Nachmittag für die Mitglieder des sozialdemokratischen Vereins Billets zum Preise von 40 Pf. pro Person zur Verfügung zu stellen, wodurch es den ärmeren Leuten auch einmal vergönnt sei, eine große Oper (wie die Zauberflöte, welche an dem p. Nachmittage gegeben werden soll), zu sehen«.[1] Die Aneignung bürgerlicher Hochkultur als »crossover« von Bürgertum und sozialistischer Arbeiterschaft, unterstützt, befördert und initiiert durch den städtischen Theaterdirektor – und das im preußischen Erfurt? Ganz so sensationell quer zu allen Abschottungs- und Konfliktlinien lag die Sache dann doch nicht. Kaum war der Polizeibericht bei dem Erfurter Regierungspräsidenten angelangt, fragte er bei der Polizeiverwaltung an, »ob in der That ... die hiesige Theater-Direktion dem socialdemokratischen Verein als Solchen eine Anzahl Plätze zu ermäßigtem Preise zur Verfügung gestellt« habe.[2] Der Regierungspräsident schien sich ein solches Entgegenkommen von bürgerlicher Seite selber kaum vorstellen zu können. Die Polizeiverwaltung klärte knapp eine Woche später den Sachverhalt auf: »Im vorliegenden Falle sind allgemein kleine Preise gezahlt worden. Einige Tage vor der am 23. v. Mts. stattgehabten Nachmittagsvorstellung hat der p. Hülle bei dem Theaterdirektor Becker angefragt, ob er eine größere Anzahl (gegen 80) Billets II. Rang – zu dem üblichen Preise von 40 Pf. erhalten könne. Diesem Wunsche ist Becker nachgekommen«.[3] Das bürgerliche Engagement hielt sich in Grenzen. Dass der Theaterdirektor die Sammelbestellung des sozialdemokratischen Vereins nicht ablehnte, spricht sowohl für sein betriebswirtschaftliches Verständnis des Theaterbetriebs als auch für eine gewisse Offenheit gegenüber den Bildungsbestrebungen der Sozialdemokratie – unter der Voraussetzung, dass er wusste, wer die Karten bestellt hatte.

---

1 Polizeibericht vom 21. Februar 1896, StAE 1–2/124–6.
2 Regierungspräsident an Polizeiverwaltung, 6. März 1896, ebd. Bl. 21.
3 Polizeiverwaltung an Regierungspräsident, 12. März 1896, ebd. Bl. 22.

In der Regel aber blieb die Sozialdemokratie mit ihren Bildungsansätzen bei der Vermittlung und Rezeption deutscher (und internationaler) bürgerlicher Kultur auf sich allein gestellt bzw. auf die in ihren Reihen (auf Reichsebene) aktiven Kulturpolitiker angewiesen. Denn darum ging es dem sozialdemokratischen Verein mit seiner Ankündigung vom Februar 1896 vor allem: Die in einer Bildungstradition stehende Arbeiterbewegung erhob Anspruch auf die vom Bürgertum als exklusiv betrachteten und von ihr gehegten kulturellen Werte und dehnte ihr Verständnis von Bildung und Kultur immer weiter aus.[4] Der Kauf von achtzig Karten für die Aufführung der Zauberflöte symbolisierte, materialisierte diesen Anspruch. Denn Bildung und Kultur waren allgemein anerkannte, hochgeschätzte Grundwerte, »Deutungsmuster« bei der Auseinandersetzung mit der deutschen Geschichte und Argument für die Gestaltung der Gegenwart und der Zukunft des Staates.[5]

Das Bild, wie die achtzig Erfurter Sozialdemokraten (wenn der Verein alle Karten an seine Mitglieder verkaufen konnte[6]) im Theater aufgenommen wurden, kann leider nicht ausgemalt werden. Wurden sie als geschlossener Block – »als Solche[r]« wie es der Regierungspräsident ausdrückte – wahrgenommen? Standen sie in den Pausen isoliert als Gruppe im Foyer? Waren sie verunsichert im bürgerlichen Ambiente der Opernaufführung?[7] Der Rahmen der Opernaufführung am Nachmittag zu »allgemein günstigen Preisen« zeigt, dass dieser Termin nicht für die Elite der Stadt vorgesehen war, die »kleinen Leute« blieben unter sich. Wozu gehört aber dieser nachmittägliche Opernbesuch in Erfurt? Wie lässt sich dieser Mosaikstein innerhalb der vielschichtigen Arbeiterbewegungskultur einordnen? Wenn sich auf der Ebene der Kultur offenbar Berührungs- und Kontaktmöglichkeiten auftaten, ist es sinnvoll über einige Begriffe zu reflektieren.

Begriffe und Definitionen. Kultur wird in diesem Kapitel in dreifacher Weise untersucht. Zum Ersten wird mit dem engen, bürgerlichen Begriff im Sinn

4 Zur Bildungstradition (auch im Sinne von Fortbildung) siehe *Offermann*, Arbeiterbewegung, S. 323f.; *Kocka*, Lohnarbeit, S. 169f.; *Bausinger*, S. 104.

5 *Bollenbeck*, S. 11ff.

6 1909 stellte die Direktion des Stadttheaters verbilligte Karten für »Romeo und Julia« zur Verfügung. Der Besuch fiel allerdings »infolge der Interesselosigkeit der organisierten Arbeiterschaft recht kläglich aus« (Jahres-Bericht für 1909. Arbeiter-Sekretariat und Gewerkschaftskartell Erfurt, S. 23). Ein Jahr später scheiterte der Versuch »an dem Widerstande der städtischen Behörden« (Jahres-Bericht für 1910, S. 34).

7 Vgl. auch Münzenbergs Erlebnisse beim ersten Theaterbesuch: »Als fünfzehnjährige Burschen erhielten wir durch die Familie eines Kollegen Theaterkarten für eine Vorstellung von ›Iphigenie auf Tauris‹ im Erfurter Stadttheater. Ich war zum ersten Male in meinem Leben im Theater, das Treiben auf der Bühne war mir ebenso unverständlich wie den anderen, die teilweise die Erfurter Stadtschule besucht hatten. ... wir ... beschlossen, in Zukunft auf weitere Theaterbesuche zu verzichten und wieder in die billige Sonntagmorgenvorstellung eines Kinos am Wilhelmplatz zu gehen« (*Münzenberg*, Front, S. 17).

von Kunst operiert. In diesem Zusammenhang geht es um die Rezeption bürgerlicher Kulturelemente wie es am Beispiel des Opernbesuchs demonstriert wurde. Zum Zweiten wird die Vermittlung von Werten und Vorstellungen, der Umgang mit Symbolen berücksichtigt werden. Drittens blicke ich auf jenes kulturelle Formenspektrum, das als Angebot vorhanden war, um die Freizeit außer Haus zu verbringen. Der breit angelegte alltagskulturelle Begriff, der den gesamten Bereich der Lebenswelt einbezieht, bleibt hier unberücksichtigt, da viele dieser Aspekte in anderem Zusammenhang bereits vorgestellt wurden. Diese Untersuchungsebenen ermöglichen den Blick auf vier verschiedene Kulturmilieus, die sich mit den Begriffen Bürgerkultur, Arbeiterbewegungskultur, Arbeiterkultur und Populärkultur umschreiben lassen – sowohl hinsichtlich ihrer Träger als auch ihrer Inhalte.[8] Der Blick auf das Vereinsleben hatte bereits gezeigt, dass diese Scheidung nur idealtypisch vorgenommen werden kann. Die Versammlungsgeselligkeit sozialdemokratischer Vereine war in ihrer Mischung aus basisdemokratischem Lernprozess, Kneipenabend und Freizeitgestaltung auch Teil der Arbeiterkultur. Würdevoll gestaltete Stiftungsfeste nahmen in ihrem äußeren Ablauf und in ihrer Formensprache Elemente des bürgerlichen Vereinslebens auf. Erfurter Volksfeste wie das Vogelschießen schließlich bildeten Höhepunkte des Jahres, an denen sich alle städtischen Bevölkerungsschichten beteiligten. Sowohl Arbeiterbewegungskultur als auch Arbeiterkultur waren »in die herrschende Kultur eingebunden«,[9] mussten sich mit ihr auseinandersetzen. In ihren immer ausgefeilteren Methoden der sozialen, kulturellen Distinktion (exklusive Abendvorstellung versus preisgünstige Nachmittagsvorstellung) reagierte die Bürgerkultur ihrerseits auf die kulturellen Expansionstendenzen der Arbeiterschaft und Arbeiterbewegung.

Die vielfältigen Überlappungszonen und Reibungspunkte führen zu dem Begriff der Verbürgerlichung, der lange Zeit »mit spitzen Fingern« angefasst wurde.[10] Dabei liefert eine kritische Auseinandersetzung mit diesem Begriff und eine scharfe Definition durchaus bedenkenswerte Analyseergebnisse. Zunächst muss der Begriff von allem ideologischen Ballast befreit werden, der ihn negativ konnotiert: Verspießerung, »ideologisches Abgleiten der Proletarier« sind Kampfbegriffe aus längst geschlagenen Schlachten, die keine wissenschaftliche Untersuchung heute davon abhalten müssen, sich dem Verbür-

---

8 Vgl. zu dem Versuch der Definition von Bürgerkultur *Hein/Schulz*, Einleitung,, S. 9ff.; zur engen bürgerlichen Definition von Kultur im Bürgertum *Bollenbeck*, S 13, 126f.; vgl. zum »extensiven[n] Gebrauch des Begriffes Kultur« in der neueren Forschung *Goch*, S. 16ff. Grundlegend zur Trennung zwischen Arbeiter- und Arbeiterbewegungskultur *Ritter*, Arbeiterkultur im Deutschen Kaiserreich, S. 19f.; *Ritter/Tenfelde*, Arbeiter, S. 792ff.

9 *Mahnkopf*, S. 195.

10 Vgl. *Langewiesche*, Freizeit, S. 29: »Der Begriff der Verbürgerlichung wird in dieser Studie nicht als analytische Kategorie herangezogen, da er ... immer noch ein Kampfbegriff geblieben ist, der mehr vernebelt als erhellt.«

gerlichungsbegriff zuzuwenden.[11] Verbürgerlichung wird daher im Folgenden verstanden als eine Auswahl, Umformung und Aneignung von bürgerlichen Werten, bürgerlichen Ausdrucksformen und bürgerlichen Kunstwerken innerhalb der Arbeiterschaft.[12] Verbürgerlichung ist somit Teil eines Integrationsprozesses in die Gesellschaft, der durch die Wechselbeziehung zwischen den kulturellen Systemen von bürgerlicher Kultur und Arbeiterkultur bestimmt ist. Dieser Ansatz belässt die Sozialdemokratie weder in der Ecke der kämpferischen Heroen für Klassenkampf und Sozialismus, noch opfert er sie auf dem Altar des anpasserischen Spießertums. Die Arbeiter und die Arbeiterbewegung sind damit auch keine Opfer eines ›schleichend‹ sich vollziehenden Verbürgerlichungsprozesses, sondern Akteure und Gestalter ihrer kulturellen Umwelt.[13]

Hochkultur und ihre Adaption in der Arbeiterbewegung. Auf zwei Ebenen wird dieser Prozess besonders deutlich. Zum einen adaptierte die Arbeiterbewegungskultur bürgerliche Hochkultur, zum anderen übernahm die Arbeiterschaft bürgerliche Verhaltensweisen im privaten Umfeld. Der Besuch der »Zauberflöte«, einer »großen Oper«, im Jahr 1896 fällt in die Frühphase des hochkulturellen Aneignungsprozesses. Für die ersten Jahrzehnte des Kaiserreichs sind für Erfurt derartige Tendenzen nicht festzustellen. Das macht bewusst, dass solche kulturellen Prozesse ihre sozialgeschichtlichen Begleiter brauchen: Ohne Arbeitszeitverkürzungen und Verbesserung der Lohnsituation, ohne selbstbewusst auftretende Kommunikatoren und Milieuvermittler, ohne starke Organisationsstrukturen (befreit von Verfolgungsbedingungen) wäre dieser Prozess nicht vorstellbar gewesen. Je günstiger sich diese Konstellationen entwickelten, desto stärker wurden die kulturellen Tendenzen innerhalb der Arbeiterbewegungskultur.

Die Erfurter Sozialdemokratie forderte nicht nur die Pflege des bürgerlichen Kulturerbes, sie spielte sich in geradezu klassischer Weise selbst als Kunstrichter auf und schlug Schlachten, die sich bereits Mitte des 18. Jahrhunderts zwischen bürgerlichen Theater- und Literaturkritikern zugetragen hatten. Ende des 19. Jahrhunderts übte die Erfurter »Tribüne« scharfe Kritik am Repertoire der städtischen Bühne. Moderne Theaterstücke wie Gerhart Hauptmanns »Biberpelz« stünden nicht auf dem Spielplan.[14] »Die Schaubüh-

11 Vgl. *Geiger*, Kritik, S. 534–553; *Mahnkopf*; vgl. zur politischen Bedeutung des Begriffs sowie weiteren Literaturangaben *Mooser*, S. 229ff., 297. Vgl. auch die wesentliche offenere Auseinandersetzung mit dem Thema in Josef Moosers Zeitungsartikel: Widersacher und Doppelgänger. Symbiosekette: Arbeiter und bürgerliche Gesellschaft, Frankfurter Allgemeine Zeitung, Bilder und Zeiten, 30. Oktober 1999, S. III.

12 *Grebing*, Arbeiterbewegung, S. 105f.

13 Vgl. auch *Seier*, S. 221f.; *Kocka*, Bürger und Arbeiter, S. 329.

14 Vgl. dagegen die Erinnerung Edwin Redslobs: »Um Gerhart Hauptmann zu sehen, fuhren wir Primaner von Weimar nach Erfurt« (*Redslob*, S. 126). Bereits im November 1894 war

ne soll aber erziehen, aufrütteln, moralisch einwirken, das Geistes- und Gemütsleben der Zuschauer packen und erschüttern, nicht nur einen angenehmen Reiz auf das Zwerchfell ausüben«, argumentierte der Redakteur der »Tribüne« im Stil eines Johann Elias Schlegel oder eines Gotthold Ephraim Lessing.[15] Hinter der Proklamation der Moderne verbarg sich kein durchgängiges Kulturkonzept oder eine proletarische Kulturtheorie. Es war ein vorsichtiges Herantasten an die zur Verfügung stehenden Angebote und eine große Offenheit für alles Neue. In der Ausgabe von Heiligabend 1907 urteilt die »Tribüne« über die Operette »Ein Walzertraum« von Oscar Straus : »Die Operette ist kein bloßes Sammelsurium von Dummheiten und keine nur lose zusammengestellte Reihe von tollen Situationen: man wird viel eher das Gegenteil feststellen müssen, vorausgesetzt, dass man dabei die der Operette zu machenden Zugeständnisse nicht aus dem Auge verliert!«[16] Die Skepsis gegen Unterhaltung und Vergnügen, die sich teilweise auch in der Kritik am Vereinsleben der Arbeiter geäußert hatte, wiederholte sich hier in der Auseinandersetzung mit der bürgerlichen Kultur, wobei man die Wertmaßstäbe flexibel handhabte.

Leichter tat sich die Sozialdemokratie mit der Aneignung des bürgerlichen Kulturerbes. Hier zeichnete sich eine recht einheitliche Argumentationslinie ab, die Sozialdemokraten in vielen Orten des Kaiserreichs nutzten.[17] Dem Bürgertum wurde vorgeworfen, die ursprünglich bürgerlich-emanzipatorischen Werte der Kultur aufgegeben bzw. verraten zu haben oder der Arbeiterschaft vorzuenthalten. Außerdem verschließe es sich – wie oben bereits gesehen – modernen Entwicklungen. Das Spektrum der Rezeption bürgerlicher Kultur war durchaus breit. In Gedenk- oder Geburtstagsartikeln der »Tribüne« sowie in Vereinsfeierlichkeiten wurde nach 1890, verstärkt nach der Jahrhundertwende, unter anderem an Mozart, Goethe, Zola, Hauptmann, Heine, Kleist, Wagner oder Arno Holz erinnert. Stern am Himmel war jedoch Friedrich Schiller. Sowohl zu seinem hundertsten Todestag im Jahr 1905 als auch zu seinem 150. Geburtstag 1909 erschienen zahlreiche Artikel zu Leben und Werk. 1909 wurde eine Schillerfeier abgehalten. Auf der Titelseite vom 9. Mai 1905 errichteten »[d]ie Arbeiter ›ihrem‹ Schiller« ein Denkmal. Eine Marmor-

---

Gerhart Hauptmanns »Die Weber« in Erfurt aufgeführt worden, allerdings nicht im Stadttheater, sondern in einer Inszenierung des »Volksspielhauses« im Kaisersaal (Tribüne, Nr. 273 vom 27. November 1894, Beilage).

15 Tribüne, Nr. 31 vom 6. Februar 1898; vgl. auch Tribüne, Nr. 220 vom 20. September 1910, Beilage; vgl. *Mayer*, Literaturkritik, Bd. 1, S. 22 (Lessing), 137f. (Schlegel).

16 Tribüne, Nr. 300 vom 24. Dezember 1907, Beilage. Die Oper »Ein Walzertraum« erlebte 1907 ihre Uraufführung und wurde zu einem echten Schlager.

17 A. v. Saldern meinte sogar, dass das Rezept der Aneignung »gerade für die Parteiprovinz besonders attraktiv« gewesen sei, da eigene kulturelle Strukturen nur schwach ausgeprägt gewesen seien und die hegemoniale Kultur eine starke Ausstrahlungskraft entfaltet habe (*v. Saldern*, Arbeiter-Reformismus, S. 236).

büste mit den jugendlichen Zügen des Dichters ruht auf einer mannshohen Säule, in die Schillers Name und die Titel der vier Bühnenwerke »Die Räuber«, »Fiesco«, »Kabale und Liebe« sowie »Wilhelm Tell« eingraviert sind. Ein Jugendlicher, ein Mann und eine Frau umkränzen das Denkmal mit einer Lorbeergirlande. Umrahmt wird diese ikonographische Darstellung von einem Gedicht Wilhelm Blos'. In der Lyrik Blos' klingen bereits die Töne an, die in den sich anschließenden Artikeln noch breiter ausgeführt werden. Blos dichtet von dem Unverständnis des Bürgertums: »Was Du dem Volk gegeben, / Die Welt hat's anerkannt: / Du riefst zu neuem Leben / Das tote Vaterland. / / Doch viele, die Dich preisen / Und rühmen und erhöh'n, / Die können Deine Weisen / Noch immer nicht versteh'n«. Die »Tribüne« kommentierte, »dass die im Geiste jener [bürgerlichen] Gesellschaft arrangierten Schillerfeiern weiter nichts sind, als eine Verhöhnung Schillers, des glühenden Sängers der Freiheit«.[18] Außer diesem Verrat warf man dem Bürgertum vor, dass es die Masse der Bevölkerung von diesem Bildungsgut fernhalte. Die Schillerfeiern als Nationalfeiern zu begehen, sei eine Farce, da die große Mehrheit der Nation – »in der Volksschule der Kopf mit Religion und Patriotismus vollgetrichtert« – davon abgehalten werde, »in liebevollem Bemühen in [Schillers] Wesen vorzudringen und sich ihn geistig zu eigen zu machen«. War Schiller damit in einem ersten Schritt dem Bürgertum entrissen worden, erfolgte nun in einem zweiten Schritt die Aneignung für die eigenen Zielsetzungen: »Heute ist im Begriff der Solidarität, der jedem Arbeiter zum Heiligtum wird und Millionen schon dazu geworden ist, im Keime das enthalten, was Schiller in jenem Begriff der Harmonie erträumte«.[19] Es gelang hier durch einen packenden Zugriff Deutungshoheit über zentrale bürgerliche Begriffe zu erlangen und sie der eigenen Begrifflichkeit unterzuordnen.[20]

Doch dieser interpretatorische Emanzipationsprozess wurde eingebunden in Festformen, die über bürgerliche Feiern nicht hinauskamen: »Die Kapelle des Herrn Musikdirektor Müller aus Arnstadt ging mit Eifer und gutem Erfolge an die Ausführung der einzelnen Nummern heran. Die Ouvertüre zu ›Athalia‹ von Mendelssohn-Bartholdy eröffnete und eine ungarische Rhapsodie von Liszt schloss die Feier. Dazwischen kam noch Beethoven mit seiner Marcia funebre (Trauermarsch) aus der III. und mit dem Allegro aus der [unleserlich] Synfonie, sowie die Ouvertüre zu Schillers ›Turandot‹ von Lachner zu Gehör. Die Ruhe und die Aufmerksamkeit der Hörer bewies, wie sehr die Macht der Töne auf sie einwirkte. Der Rezitator Diebel-Schönfels aus Chemnitz trug eine Auswahl Schillerscher Dichtungen ... vor«.[21] War im Umgang mit den Inhalten die Konkurrenzsituation unübersehbar, lässt sich auf der

18 Tribüne, Nr. 107 vom 9. Mai 1905, danach auch die folgenden Zitate.
19 Tribüne, Nr. 263 vom 10. November 1909.
20 Vgl. *Vierhaus*, S. 60f. mit Literatur zur Schiller-Rezeption in der Arbeiterbewegung.
21 Tribüne, Nr. 265 vom 12. November 1909, Beilage.

Ebene der Formen der Vorbildcharakter bürgerlicher Verhaltensmuster erkennen.[22] Auf diesem »neue[n] intellektuelle[n] Anspruchsniveau«[23] scheint mir diese »Art kultureller Reifenachweise« als Verbürgerlichung im oben definierten Sinn beschreibbar. Eine neue Formensprache wurde nicht gefunden.

Ein weiteres Moment kommt hinzu. Diese Form der Freizeitgestaltung war im Vereinsleben auf eine kleine Minderheit beschränkt. Hier stand der sozialdemokratische Erfurter Bildungsausschuss vor einer Mauer an Desinteresse. Im April 1909 war ein Instrumentalkonzert der Stadtkapelle Arnstadt mit Werken der »drei populären Komponisten« Friedrich von Flotow, Albert Lortzing und Carl Maria von Weber »schlecht besucht« gewesen. »Noch viel bedauerlicher war, dass auch die Schiller-Feier ... nur schwach besucht war«.[24] Man wollte Interessen vermitteln, die offensichtlich nur für eine Minderheit attraktiv waren. Die Minderheit wiederum hatte sich ihrerseits einem bürgerlichen Bildungs- und Wissenskanon angenähert, übernommen und transformiert; dabei kam ihr der Bezug für die Bedürfnisse der Mehrheit allmählich abhanden, und sie musste konsterniert eingestehen, dass es »auch unter den organisierten Arbeitern noch eine ganze Menge geben (mag), denen das Verständnis für große Kulturfragen noch nicht aufgegangen ist, mögen viele ihr Leben noch in spießbürgerlichen Anschauungen in kleinlichen und einseitigen Vereins- und Berufsinteressen dahinleben«.[25]

Aus bürgerlicher Sicht wurde dieses Bestreben nach »Veredelung« der Arbeiterschaft nicht akzeptiert. Sie sah keine Annäherung an bürgerliche Vorstellungswelten und Ideale, sondern lediglich eine einseitige parteipolitische Indienstnahme. Während der Schillerfeier des Evangelischen Bundes in Erfurt meinte Pastor Kurz in seiner Festrede: »Die Sozialdemokraten suchen ähnlich heute wieder ihren Schillerfeiern einen radikal-politischen Anstrich zu geben und reden von dem ›Genossen‹ Friedrich Schiller «.[26] Die Verbürgerlichung von Teilen der Arbeiterbewegung war keine Brücke, auf der sich die beiden gesellschaftlichen Gruppen hätten begegnen können. Das Bürgertum bzw. die bürgerlichen Meinungsführer betraten sie schlicht nicht.[27]

---

22 Vgl. *Rosenbaum*: »Ich möchte deshalb nochmals betonen, dass es sich bei der Aneignung bürgerlicher Kultur durch erhebliche Teile der Arbeiterschaft um die Aneignung der *Formen* bürgerlicher Kultur handelte, die dann in diesem Prozess der Aneignung eine *Sinnverschiebung* erfuhren« (Arbeiterwohnen, S. 66, Hervorhebung im Original).

23 *Kaschuba*, 1900, S. 85.

24 Jahres-Bericht des Arbeiter-Sekretariats und Gewerkschaftskartells Erfurt für 1909, S. 23.

25 Tribüne, Nr. 265 vom 12. November 1909, Beilage. Vgl. die ähnlichen Probleme in der Frankfurter Sozialdemokratie. Insgesamt sieht R. Roth die Verhältnisse dort aber wesentlich optimistischer (*Roth,* S. 654–656).

26 Tribüne, Nr. 267 vom 14. November 1909, Beilage (Die »Tribüne« zitiert aus einem Bericht des »Allgemeinen Anzeigers«).

27 Die fehlende Akzeptanz konstatieren *Kaschuba*, 1900, S. 85, und *Bausinger*, S. 110.

Die Welt der Bücher als Wissensmacht, Lesen als zentrales Element der Bildungs- und Wissensaneignung hatte innerhalb der Sozialdemokratie eine herausragende Bedeutung.[28] Ein Angebot von bürgerlicher Seite für breite Leserkreise war 1897 in Erfurt mit der Institution einer Volksbibliothek und daran angeschlossener Lesehalle bereit gestellt worden.[29] Mit der Bibliotheksgründung kam man einem Bedürfnis innerhalb der Bevölkerung nach, da sie sofort großen Zuspruch fand.[30] Die Volksbibliothek entwickelte sich am Anfang des 20. Jahrhunderts zu einer Kontaktstelle zwischen Arbeiterschaft und Randbürgertum, initiiert von den städtischen Behörden. Der Anteil der Arbeiter blieb relativ konstant bei 15 Prozent, während die Bibliothek für Beamte an Attraktivität gewann, deren Anteil an allen Besuchern sich zwischen 1900 und 1909 von 6,5 auf 12,2 Prozent annähernd verdoppelte. Dagegen verlor die Bibliothek für »Handwerker und Gewerbetreibende« an Bedeutung, da deren Anteil im gleichen Zeitraum von rund 36 auf 19 Prozent zurückging.[31] Ob sich unter der unspezifischen Bezeichnung »Handwerker« auch Arbeiter befanden, die auf das wachsende Angebot der sozialdemokratischen Zentralbibliothek zurückgriffen und somit der Volksbibliothek den Rücken kehrten, kann nicht geklärt werden. Besonders zahlreich nutzten Frauen während des gesamten Zeitraums die Volksbibliothek, um an Lesestoff zu kommen, ein Phänomen, das in Volksbibliotheken anderer Städte ebenfalls zu beobachten ist,[32] und einen Unterschied zu der Zentralbibliothek des Erfurter Gewerkschaftskartells darstellte. Der Buchbestand mit 3.500 Exemplaren bei Gründung der Bibliothek war beachtlich. Die Ausleihe konzentrierte sich ganz auf den Unterhaltungsbereich. Namentlich führte der Jahresbericht bei Zeitschriften die »Gartenlaube« sowie »Daheim« und bei Romanen unter anderem die Werke von Karl May, Friedrich Gerstäcker, Gustav Freytag und Eugenie Marlitt auf.[33]

Nicht einmal zweieinhalb Jahre nach dieser Bibliotheksgründung schuf das Erfurter Gewerkschaftskartell eine eigene Institution, die unmittelbar mit dem Gewerkschafts- und Parteimilieu verknüpft war. 1899 wurden die kleinen Bibliotheken der einzelnen Fachgewerkschaften in einer Zentralbibliothek zusammengefasst.[34] Neben organisatorischen Vorteilen, die diese Zusammenlegung mit sich brachte, standen dahinter womöglich auch Überlegungen, dem bürgerlichen Angebot eine Alternative entgegenzusetzen.

28 Vgl. auch *Lieske*, Kapitel III.2.
29 Vgl. allgemein *Dräger*, S. 167ff.
30 In den ersten sieben Monaten ihres Bestehens zählte die »Bibliothek 19.277, die Lesehalle 5.900 Einwohner Erfurts«. Es handelt sich – vermutlich – um die Gesamtzahl der Besuche, nicht um die Zahl der Besucher.
31 Verwaltungsberichte der Stadt Erfurt 1900, S. 207; 1905, S. 255; 1909, S. 221.
32 Vgl. für Leipzig *Lieske*, Kap. III.2.3.1.
33 Verwaltungsbericht der Stadt Erfurt 1897/98, S. 152. Es liegen nur für das erste Geschäftsjahr Angaben über das Ausleihverhalten vor.
34 Vgl. Tribüne, Nr. 91 vom 19. April 1901, Beilage.

Zwar gestand man den Volksbibliotheken zu, »höchst achtenswerte« Einrichtungen zu sein, aber ein grundlegender Mangel sei ihnen strukturell eigen: »[D]eren Auswahl und Richtung auf dem Gebiet der Volkswirtschaft und Geschichte z. B. (ist) viel zu klassenbürgerlich, um den Bedürfnissen der Proletarier, die sich, wenn auch nur notdürftig, erst einen Standpunkt über Staat und Wirtschaft und Menschheitsentwicklung schaffen wollen, genüge zu tun«.[35] Auf diesen Gebieten könne daher »der Schaden ... in Arbeiterhirnen ... größer als der etwaige Nutzen« sein. Ziel der Arbeiterbibliotheken sei es deshalb, »regulierend« einzugreifen und »Klassenmoral, Klassenrecht und Klassenpolitik« zu festigen und zu erweitern. Zudem komme den Arbeiterbibliotheken die »Aufgabe der Anleitung und Geschmacksregulierung« zu.[36] Die Erfurter Zentralbibliothek startete im Januar 1900 mit einem Bestand von 702 Büchern. 1910 standen rund 2.800 Exemplare (nicht Titel) zur Ausleihe zur Verfügung.[37] Wie die Volksbibliothek hatte die Arbeiterbibliothek an drei Abenden zwei Stunden und sonntags zweieinhalb Stunden geöffnet. Im Bestand von 1909 fand sich unter den sozialistischen Klassikern August Bebels »Frau und der Sozialismus« mit neun Exemplaren am häufigsten. Karl Marx' »Kapital« war nur einmal, das »Kommunistische Manifest« dreimal vorhanden. Im Bereich der Unterhaltungsliteratur fehlten die in der Volksbibliothek besonders häufig ausgeliehenen Schriftsteller Karl May und Emilie Marlitt – aber dies war gängige Praxis in den Arbeiterbibliotheken, da »seichte Unterhaltungsliteratur« dort nichts zu suchen hatte.[38] Bei Friedrich Gerstäcker konnten die Leser zwischen zehn Titeln auswählen, darunter sein Klassiker »Die Regulatoren von Arkansas«. Mit 15 Einzeltiteln bestand bei Emile Zola die größte Auswahl, gefolgt von Leo Tolstoi mit elf Buchtiteln. Besonders zahlreich hielt man schließlich mit den Sammelwerken »Bibliothek der Unterhaltung und des Wissens« sowie »In freier Stunde« gewissermaßen zwei »Reader's Digest« des 19. und frühen 20. Jahrhunderts.[39]

Seit dem 1. April 1909 unterstand die Zentralbibliothek nicht mehr dem Gewerkschaftskartell, sondern dem Bildungsausschuss der Partei. Diesem wurde die Aufgabe übertragen, »den Bücherbestand auf seinen Inhalt zu prüfen, nicht in eine Arbeiterbibliothek Gehöriges auszuscheiden und bei Neuerwerbungen sehr sorgfältig zu sichten«.[40] Bei der »Geschmacksregulierung«

---

35 Münzenberg erinnert sich allerdings, dass er aus der »Erfurter städtischen Leihbibliothek« erstmals eine Schrift von Lassalle auslieh, wenngleich unter den mahnenden Worten des Bibliothekars: »Das ist doch nichts für Sie« (*Münzenberg*, Front, S. 19).

36 Tribüne, Nr. 210 vom 9. September 1903, Beilage.

37 Ebd. sowie Tribüne, Nr. 296 vom 18. Dezember 1910, Beilage.

38 So der Bibliothekspapst der Sozialdemokratie G. Henning, zit. n. *Lieske*, Kap. III.2.4.

39 Zentralbibliothek der organisierten Arbeiterschaft von Erfurt und Umgebung. Katalog, Ausgabe 1909, Erfurt 1909.

40 Tribüne, Nr. 296 vom 18. Dezember 1910.

wurden die Grenzen offensichtlich enger gezogen. Trotz dieser Bemühungen blieb das Ausleihverhalten der Leser hiervon unberührt (vgl. Tab. 23):

Tabelle 23: Buchausleihen in der Erfurter Zentralbibliothek 1901–1910 nach Sachgebieten (Angaben in Prozent)

Wissensgebiet	Prozent aller Ausleihen				
	1901	1903	1906	1908	1910
Parteiliteratur	6,9	5,8	4,9	6,6	6,7
Gewerkschaftsliteratur	0,5	1,0	0,8	0,3	
Gesetze	1,1	0,6	1,0	0,4	0,1
Geschichte/Biographien	7,7	6,6	7,3	9,0	8,4
Geologie, Naturlehre etc.	3,0	3,9	6,0	5,5	5,7
Religion/Philosophie	5,6	4,1	3,3	2,9	2,4
Hygiene	1,7	1,8	0,9	1,5	1,2
Technik	0,8	1,1	0,4	0,7	2,2
Unterhaltung	45,4	38,0	57,7	51,3	51,3
Jugendschriften				7,3	10,4
Theater, Klassiker			5,2	3,8	3,9
Zeitschriften	25,7	32,3	10,1	8,6	7,8
Diverses	1,5	4,8	2,3	2,1	
Summe	99,9	100,0	99,9	100,0	100,1
Anzahl	2.664★	6.539	5.004	9.446	9.821

Quelle: Tribüne, Nr. 91 v. 19. April 1901, Jahres-Berichte des Arbeitersekretariats/Gewerkschaftskartells Erfurt 1906, S. 12f.; 1908, S. 54f.; Tribüne, Nr. 296 v. 18. Dezember 1910. ★ Die Summe ergibt rechnerisch 2664, in der Quelle steht die Summe 2764.

Nicht anders als in der Erfurter Volksbibliothek und in vielen anderen Arbeiterbibliotheken Deutschlands liehen die Bibliotheksnutzer vor allem Bücher aus dem Bereich der Unterhaltungsliteratur aus.[41] Konnte man dieses Leseverhalten der Partei- und Gewerkschaftsmitglieder in München problemlos in die eigenen Vorstellungen der Bildungspolitiker integrieren, da man dort sich darauf geeinigt hatte, »die Sehnsucht nach Schönheit [zu] befriedigen«,[42] kam der Erfurter Bildungsausschuss in Erklärungsnöte. Die Funktion der Arbeiterbibliothek als »Institut der Fortbildung, eine Art geistiger Rüstkammer für den alltäglichen politischen und wirtschaftlichen Kampf«

41 *Langewiesche/Schönhoven*, Arbeiterbibliotheken, S. 167ff.; *Lieske*, Kap. III.2.4.
42 Münchener Post, 18. September 1906, zit. n. *Pohl*, Arbeiterbewegung, S. 377.

ließ sich an diesem Ausleihverhalten in der Tat nicht erkennen. Es blieb daher nur zum einen der recht verzagte Versuch, »der Erfurter organisierten Arbeiterschaft eine bessere Benutzung der Abteilung A [d. i. der Bestand der Partei- und Gewerkschaftsliteratur, d. Vf.] recht warm zu empfehlen«, sowie zum anderen die Genugtuung, »dass selbst in der Unterhaltungsliteratur von den Arbeitern die ernsthafte, bessere, modernere und bildende Literatur den Vorzug erhält«.[43] Mit den Werken von Zola, Tolstoi, Gorki und Viktor Hugo waren die vorderen Ränge bei der Gesamtzahl an Ausleihen im Jahr 1908/09 zwar tatsächlich völlig anders besetzt als in der Volksbibliothek.[44] Allerdings muss bedacht werden, dass unangefochten die Plätze 1 und 2 den beiden in Heftform erscheinenden Sammelwerken »Bibliothek der Unterhaltung und des Wissens« sowie »In freien Stunden« gehörten und aus der Abteilung Zeitschriften »am meisten die ›Gartenlaube‹ gewünscht« wird.[45] Das Anspruchsniveau der Parteispitze und der Bildungspolitiker überschnitt sich mit den Bedürfnissen der Leser auch hier nur in einer Teilmenge und in diese Teilmenge lappte mit der »Gartenlaube« unverkennbar ein bürgerliches Kulturgut hinein.[46]

Die Leser, die sich diese Bücherwelten erschlossen, kamen allesamt aus dem sozialdemokratischen Milieu. Ihre Zahl lag 1904 bei 399 und hatte sich zwei Jahre später auf 855 mehr als verdoppelt. Das blieb der Höchststand, da sich nach 1910 die Zahl der Bibliotheksnutzer bei rund 750 einpendelte.[47] Ein massenhafter Erfolg war auch dieser Kulturinstitution nicht vergönnt. Wenn man nach den Besuchern der Opernvorführungen, der Schillerfeiern oder der Mozartabende suchen würde – unter den Benutzern der Zentralbibliothek dürften sie zu finden sein. Es schloss sich hier – vermutlich – der Kreis einer an Kulturfragen allgemein, an Aneignung bürgerlicher Kultur interessierten Minderheit, die nicht weit über zwanzig Prozent aller organisierten Arbeiter hinausgegangen sein dürfte.[48] Das Phänomen der Verbürgerlichung im Bereich der Hochkultur blieb auf eine Minderheit beschränkt.

43 Alle Zitate Tribüne, Nr. 295 vom 18. Dezember 1910, Beilage.

44 In der Grundtendenz zwar richtig, aber durch die Zuspitzung zu undifferenziert, fasst Adam das Leseverhalten der Arbeiter (Leipzig) zusammen (*Adam*, Wie bürgerlich, S. 36).

45 Sämtliche Angaben nach Jahres-Bericht für 1908. Arbeiter-Sekretariat und Gewerkschaftskartell Erfurt, S. 55. Die wöchentlich erscheinende Heftreihe »In freier Stunde« wurde 1905 vom »Vorwärts«-Verlag gegründet. Die »Tribüne« beschrieb sie als »illustrierte Romanbibliothek«: »Die Hefte sind gut ausgestattet und enthalten neben den Romanfortsetzungen auch kleine Artikel, Heiteres usw.« (Tribüne, Nr. 162 vom 14. Juli 1905).

46 Vgl. zur »Gartenlaube« *Glaser*, S. 82f., 189f.

47 Jahres-Berichte des Arbeiter-Sekretariats und Gewerkschaftskartells für das Jahr 1906, S. 12; für das Jahr 1908, S. 54, Tribüne, Nr. 295 vom 18. Dezember 1910, Nr. 264 vom 10. November 1911.

48 Keineswegs kann daraus geschlossen werden, dass die Masse der Arbeiter Nichtleser war. Eine Umfrage unter den Mitgliedern der Zahlstelle Erfurt des Metallarbeiterverbandes hatte ergeben, dass von 371 Mitgliedern 203 nur die »Tribüne«, 38 die »Tribüne« und eine wei-

Aneignung bürgerlicher Vorstellungen im Alltag. Was brachte einen Teil der Arbeiterschaft nach einem neun- oder zehnstündigen Arbeitstag dazu, sich in die Welt der Literatur zu versenken? Was war für sie attraktiv, an bürgerlichen Angeboten wie Theater, Oper oder bürgerlichem Literaturkanon zu partizipieren? War die Strahlkraft des Modells der bürgerlichen Gesellschaft so stark? Wie kamen Arbeiter auf die Idee, ihre Wohnung so zu gestalten, dass Raum für eine gute Stube geschaffen wurde? Nirgends scheint sich die Eindringtiefe bürgerlicher Werte, Normvorstellungen und Alltagsgestaltung so vehement zu manifestieren wie in der Einrichtung einer guten Stube. »In den Städten darf in der Arbeiterwohnung niemals die gute Stube fehlen, mag man im übrigen auch noch so beengt wohnen«, hieß es im Gewerbeinspektionsbericht über den Regierungsbezirk Erfurt vom 28. Januar 1914.[49] Von sozialdemokratischer Seite, welche die Aneignung und Transformation hehrer bürgerlicher Bildungsideale sich auf die Fahne geschrieben hatte, wurde dieses Bestreben postwendend als »höherer Unsinn« abqualifiziert. »Ein aufgeklärter Arbeiter sollte auf diese Nachahmung kleinbürgerlicher Sitten – denn nichts weiter ist die Reservierung der ›guten Stube‹ – verzichten können und stets in erster Linie darauf bedacht sein, gesunde Schlaf- und Wohnräume für seine Familie zu schaffen«.[50] Ausmaß und Umfang dieser Wohnungsgestaltung lassen sich für Erfurt nicht rekonstruieren. Sie scheint jedoch in mittelgroßen Städten mit günstigen Wohnverhältnissen keineswegs auf Einzelfälle begrenzt geblieben zu sein.[51] So wie die Arbeiterbewegung von oben Vorgaben für die Aneignung bürgerlicher Kultur gemacht hatte, so existierte dieser Aneignungsprozess auch von unten nach oben. Die gute Stube erlaubte, da sie nur zu festlichen Anlässen genutzt wurde, die Abkehr vom Alltag. Sie war nicht nur ein »feiner Unterschied«, sondern soziale Distinktion nach unten, eine klare Abgrenzung von weniger privilegierten Teilen der Arbeiterschaft. Wie die Arbeiterorganisation mit ihren Bildungsprogrammen nach Respektabilität, nach Demonstration ihrer Kulturfähigkeit strebte, fanden die Arbeiter, die sich einen gewissen Wohlstand erarbeitet hatten, mit der »guten Stube« ihre Ausdrucksmöglichkeiten für dieses Bestreben, für die Übernahme bürgerlicher Werte.[52]

Die Interpretation dieses Aneignungsprozesses hat sich in den letzten Jahren in bemerkenswerter Weise verschoben. Griffen Ritter und Tenfelde diese

---

tere Zeitung lasen, 20 sich mit dem »Allgemeinen Anzeiger« zufrieden gaben und zehn sonstige Zeitungen lasen. Ein knappes Drittel gab an, keine Zeitung zu lesen (Tribüne, Nr. 287 vom 8. Dezember 1905).

49 Bericht des Gewerbeinspektors Rittershausen, 28. Januar 1914, ThSTA Gotha, Regierung zu Erfurt, Nr. 1599, Bl. 23f.

50 Tribüne, Nr. 114 vom 17. Mai 1914, Beilage.

51 Vgl. *v. Saldern*, Im Hause, S. 211ff.; *Mohrmann*, S. 87–114 (Braunschweig); *Rosenbaum*, Arbeiterwohnen, S. 59–69 (Linden).

52 *Rosenbaum*, Arbeiterwohnen, S. 63f.

Entwicklung innerhalb der Arbeiterschaft in ihrer Studie über das Kaiserreich noch zaghaft unter dem Aspekt der Verbürgerlichung auf, war einige Jahre später die Subsumierung dieses Wohnphänomens »als eine der vielen Ausdrucksformen von Verbürgerlichung« nicht einmal mehr einer erläuternden Fußnote wert.[53] Imitation und Transformation, also Verbürgerlichung im von mir definierten Sinn, gingen hier jedoch durch den Abgrenzungseffekt nach unten mit Abschottungstendenzen einher, die man der bürgerlichen Gesellschaft ständig vorhielt. Der Zuwachs der Arbeiterschaft aus nichtbürgerlichen Gruppen[54] förderte dieses Imitieren bürgerlichen Verhaltens, symbolisierte ein Ankommen in der bürgerlichen Gesellschaft, in der man sich seinen Platz erarbeitet hatte. Die Existenz der »guten Stube« erlaubt aber noch einen weiteren Interpretationsschritt. Gerade weil dieses ›Fleckchen Erde‹ so hart erkämpft war und in jeder Hinsicht das »Außer-Alltägliche« darstellte, bildete es nicht den allabendlichen Rückzugsbereich in die Kuschelecke. Dieses kaum genutzte Zimmer ließ die Arbeiter im häuslichen Bereich die Enge immer noch spüren, konnte sie teilweise sogar verstärken, und im außerhäuslichen Bereich blieb noch Platz für betriebliches, gesellschaftliches oder politisches Engagement.[55] Gute Stube und Verbürgerlichung bedeuteten nicht den Kollaps der Arbeiterbewegung, beide zusammen zeigen aber die unterschiedlichen Adaptionsweisen bürgerlicher Vorbilder in Arbeiterschaft und Arbeiterbewegung.

Wie verquer die Verbindungen zwischen Arbeiterschaft, Arbeiterbewegung und Bürgertum auf dem Gebiet von Kunst, Kultur, Geschmack und Werten verlaufen konnten, illustrieren die »Geschmacksbildungs-Bemühungen« der Arbeiterbewegung bei der Ausgestaltung der Arbeiterwohnungen. 1907 fanden in Erfurt in der Vorweihnachtszeit erstmals Wandschmuckausstellungen statt. Als Ideal fungierten Vorstellungen, die geradezu als Vorbild zur Einrichtung einer guten Stube dienen konnten: »Und wer hätte nicht das erste Anrecht darauf, sein Heim so behaglich und so hübsch als möglich eingerichtet zu haben, als der Arbeiter, dem es die sichere Zuflucht aus dem erbitterten Kampfe ums Dasein bieten soll, dem es oft genug die einzige wahre Erholungsstätte bedeutet«.[56] Genau diese Fähigkeit fehle den Arbeitern, da mit den

<hr />

53 *Ritter/Tenfelde*, Arbeiter, S. 838; *Tenfelde*, Konsummuster, S. 264. Vgl. auch meine Einleitung.

54 *Ritter/Tenfelde*, Arbeiter, S. 838.

55 Vgl. *Weinhauer*, S. 87: »Das Motto, aus der guten Stube führt kein Weg zum bewussten politischen Handeln – oder gar zur Revolution, sollte eher als Vorurteil angesehen werden, denn als ein sozialhistorisch fundiertes Argument«.

56 Tribüne, Nr. 289 vom 11. Dezember 1907, Beilage. Vgl. die Begründung zur häuslichen Verschönerung dreißig Jahre früher während einer Sitzung des Erfurter Gewerbevereins im Oktober 1879 im »stark besetzte[n] Salon Steininger«: »Bedenken wir, welche Bedeutung Haus und Wohnung für unser Leben haben, wie sehr ihre Schönheit unsere Lebensfreude zu erhöhen vermag, so sollten wir es wohl der Mühe werth erachten, unsere Wohnung gerade so zu schmü-

schlechten Lebensbedingungen eine »Verbildung des Geschmacks« einher gehe, »sodass das Kümmerliche, was sich der Arbeiter anschafft, von der schlechtesten Qualität und meist das Gegenteil einer Zierde ist«.[57] Mit »geschmacklosen Oeldrucken und schlechten Bilderbogen« habe »der Unbemittelte« seine Wohnung ausstaffiert. »Die Unsitte, kleine Photographien und Ansichtspostkarten an die Wand zu kleben muss verschwinden; solche Säche[l]chen gehören ins Album, nicht an die Wände«. Propagiert wurde stattdessen eine auf den Anstrich der Wände, die Größe und dem Zweck der Zimmer abgestimmte Bildergalerie: »Im Wohnzimmer sind heitere, behagliche Bilder angebracht, wie Philippis Kaffeebesuch, Porträts bedeutender Menschen, wie die Köpfe Dürer und Holbein, stimmungsvolle *Tages*landschaften, wie die Sommerlandschaft von Volkmann. In das Schlafzimmer passen Mondlandschaften, Darstellungen, die sich auf den Abend, auf beschauliche Ruhe beziehen. Wir nennen hier etwa *Auf einsamer Höhe* von Daux, *Wenn der Mond aufgeht* von Oskar Graf, *Abend* von Karl Bantzer, *Geiger* von [Hans] Thoma, *Morgenstunde* von Schwind u.a.«.

Die Erfurter Sozialdemokratie favorisierte ein Kunst- und Kulturprogramm, das von bürgerlicher Seite unterstützt wurde: »Der Dürerbund hat jedes einzelne der Bilder begutachtet und empfohlen«.[58] Die Sozialdemokraten nahmen damit an einem Diskurs teil, der nach der Jahrhundertwende ein breiteres Publikum erreicht hatte. Mit dem »Dürerbund« wurden die Erfurter von einer Organisation unterstützt, die aus dem Kreis um Ferdinand Avenarius' Zeitschrift »Der Kunstwart« hervorgegangen war und 1914 rund 300.000 Mitglieder zählte. Man propagierte eine ästhetische Kunst, die »nicht elitär sein (sollte), sondern eine Kunst und Kultur auch des Volkes«.[59] Sie stellte damit eine Volksbildungsbewegung dar, deren Intentionen für die Arbeiterbewegung anschlussfähig waren. Es zeugt von dem Einfluss dieser Kunstvorstellungen, dass sich die Erfurter Sozialdemokratie voll und ganz auf das Geschmacksurteil dieser bürgerlichen Organisation verließ und über die »krause Ideologie aus Sozialdarwinismus, dem Ideal des sozialen Ausgleichs durch Bildung und allen möglichen damals modischen Lebensreformbestrebungen« hinwegsah.[60] Die Arbeiterbewegung spielte sich als Geschmacksrichter der

cken, und so einzurichten und auszugestalten, dass sie ganz und gar mit unseren eigenen Gefühlen und Bedürfnissen harmonirt« (Jahres-Bericht des Gewerbe-Vereins 1879, S. 30).

57 Tribüne, Nr. 289 vom 11. Dezember 1907, Beilage.

58 Tribüne, Nr. 292 vom 13. Dezember 1908, Beilage. Bei der Eröffnung der thüringischen Gewerbeausstellung in Erfurt im Mai 1894 kritisierte Regierungspräsident von Brauchitsch die um sich greifende Unsitte »fremde unschöne Vorlagen in Massenfabrikation nachzuahmen« (Jahres-Bericht des Gewerbe-Vereins 1893/94, S. 81).

59 *Nipperdey*, Geschichte 1866–1918, Bd. 1, S. 738.

60 Ebd. Einseitig wird der Dürerbund von *Wehler*, Gesellschaftsgeschichte, Bd. 3, S. 746 dargestellt. Siehe auch *Jenkins*, S. 123–141; *Mommsen*, Herausforderung, S. 436f.

Arbeiterschaft auf, entwickelte – zumindest bis zu diesem Zeitpunkt – keine eigene Begrifflichkeit, keine eigene klar erkennbare Gegenkultur.[61] Die Neutralität gegenüber den eigenen sozialistischen, sozialdemokratischen Bilderwelten spricht auch daraus, dass man zwar empfahl, »Porträts bedeutender Persönlichkeiten« an die Wand zu hängen, aber erwähnt wurden nicht Marx, Lassalle oder Bebel, sondern Dürer und Holbein. Es sind »gemeinsame, unverbindliche, unanstößige Bildnenner«: Landschaften, Idyllen.[62] Mit rund tausend Besuchern im Jahr 1909 wurden bei der Wandschmuckausstellung nur unwesentlich mehr Personen erreicht als die Arbeiterbibliothek Leser hatte.[63] Dem Gestaltungswillen und den Gestaltungsmöglichkeiten waren in der Arbeiterschaft nach wie vor Grenzen gesetzt. Die Eindringtiefe dieser Bilderwelten kann daher nicht allzu tief gewesen sein, wurde die empfohlene »Gemäldegalerie« jedoch realisiert, war ihre Nähe zu bürgerlichen Einrichtungen, ja, ihr bürgerlicher Ursprung unübersehbar.

Der Faszination des Weihnachtsfestes, der Mischung aus Lichterglanz, Religiosität, häuslichem Glück und Kinderbescherung gaben sich auch große Teile der Arbeiterschaft hin,[64] und mit steigenden Löhnen, etwas geräumigeren Wohnungen konnten immer mehr Arbeiterfamilien dieses Fest (in der guten Stube) stilgerecht begehen. Die verkaufsoffenen vorweihnachtlichen Sonntage wurden in der »Tribüne« ohne jeden sozialkritischen Kommentar über die zusätzlich anfallende Arbeitszeit angekündigt, und man lobte die »glänzend ausgefallen[en] (Schaufenster-Dekorationen)«, »besonders der Konfektions- und Spielwarenbranche«.[65] Die Adaption bürgerlicher Festkultur unterlag aber auch hier einem Transformationsprozess. Drei Muster zeichnen sich ab: Besonders krass fiel 1912 die Uminterpretation aus. Im Leitartikel der »Tribüne« wurde das Weihnachtsfest von seinen christlich-religiösen Wurzeln und Traditionen losgelöst. Eine »Überlebenschance« habe das Fest nur deshalb, da es sich immer mehr von seinem »kirchlichen Charakter« entferne und zu einer reinen Familienfeier werde. Als zweites Motiv kam hinzu, dass die bürgerliche Gesellschaft und der Staat die Friedensbotschaft des Evangeliums ignoriere und verhöhne. Im Gedicht »Weihnachten 1912« hieß es: »Doch die Glocken läuten fort, / Jubeln jauchzend, dass beschieden / Aller Welt nach ew'gem Wort / Nächstenliebe, Glück und Frieden! // ... Frieden? –

61 Vgl. allg. *Bollenbeck*, S. 241. Das einzige Anzeichen einer Gegenkultur in der Wandschmuckausstellung 1912 zeigte sich darin, dass den Arbeiterfamilien für ihren Wandschmuck eine Karikatur aus dem »Wahren Jacob« empfohlen wurde, die der SPD-Verlag J. H. W. Dietz als Kunstdruck herausgab (Tribüne, Nr. 290 vom 12. Dezember 1912).

62 *Scharfe*, S. 24.

63 Jahres-Bericht des Arbeiter-Sekretariats und Gewerkschaftskartells für das Jahr 1909, S. 23. Die Wandschmuckausstellung 1911 »litt unter einem mangelhaften Besuch«, genaue Besucherzahlen liegen nicht vor (ebd. für das Jahr 1911, S. 12).

64 Vgl. *Lerch*, Sozialisation, S. 301–306.

65 Tribüne, Nr. 288 vom 10. Dezember 1907, Beilage.

Wochen-, mondelang / Klirren schon die Eisenwaffen, / Kriegsgang folgt auf Kriegesgang«.[66] Zentral ist drittens die Deutung, die christliche Heilserwartung auf die sozialistische Arbeiterbewegung zu übertragen: »Den guten, unvergänglichen Kern des Christentums wie auch anderer Religionen hat die moderne Arbeiterbewegung in ihrem zielbewussten Ringen mit aufgenommen ..., die internationale Sozialdemokratie allein ist es, die den herrlichen Weihnachtstraum in schöne Wirklichkeit verwandeln wird: *Friede auf Erden und den Menschen ein Wohlgefallen!*«[67] Die Diskussion in der Erfurter »Tribüne« rund um das christliche Weihnachtsfest bewegte sich in einem Spannungsfeld, das auf der einen Seite von der Idee eines Sozialismus als »wahres Christentum« aufgeladen war, auf der anderen Seite deutliche Tendenzen einer »schrittweise(n) Säkularisierung religiöser Konzepte« in sich trug.[68]

Innerhalb der Sozialdemokratie erkannte man die Symbolik und Bedeutung dieses Festes mit seiner religiösen, auch volkskulturellen Ausgestaltung für die Arbeiterfamilien, gestand den Arbeitern diese Festtagsfreuden zu, versuchte aber diese Form mit sozialdemokratischem Inhalt zu füllen. Wer immer es sich leisten konnte, einen Weihnachtsbaum in die Wohnung zu stellen, feierte Weihnachten in ähnlicher Form – ob Bürger, Randbürger oder Arbeiter.[69] Nur die Größe des Baumes, seines Schmucks und die Größe der Geschenke fielen höchst unterschiedlich aus. Auch hier galt: Besinnlichkeit bedeutete nicht den Verzicht auf gesellschaftliches Handeln.

Populärkultur für jedermann. Neben die Adaption bürgerlicher Werte innerhalb der Arbeiterbewegung, neben die eigenständige Arbeiterbewegungskultur, wie sie in Lassalle-Feiern, Gewerkschaftsfesten, 1.-Mai-Veranstaltungen und im Vereinsleben zum Ausdruck kam, trat eine dritte Form kultureller Aktivität: Es waren Erlebnisformen, die auf ein breites Publikum zielten, Kontakte zwischen verschiedenen gesellschaftlichen Gruppen herstellten, sich durch ihren Vergnügungscharakter Vereinnahmungsstrategien widersetzten. Dabei spielten sowohl traditionelle als auch moderne Formen eine Rolle. Jährlich wiederkehrende Volksfeste, wie in Erfurt das Vogelschießen, entwickelten immer kommerziellere Formen, um die Besucher dazu zu verlocken, Geld auszuge-

66 Tribüne, Nr. 301 vom 25. Dezember 1912.

67 Tribüne, Nr. 301 vom 25. Dezember 1897 (Hervorhebung im Original). Vgl. *Emig*, S. 94ff.

68 *Prüfer*, S. 280ff., 300ff.

69 Prüfer sieht in den von ihm ausgewerteten Texten rund um das Weihnachtsfest die »Sehnsucht nach Bürgerlichkeit, nach bürgerlichem Anschluss« durchschimmern (*Prüfer*, S. 306). Vgl. auch Tribüne, Nr. 290 vom 12. Dezember 1912: »Der kleine Mann kauft sein Christbäumchen in der Regel erst in den letzten Tagen vor dem Fest. Ihm fehlt meist der geeignete Raum für die Aufbewahrung und oft genug leider auch das nötige Kleingeld«. Daraus lässt sich schließen, dass der Weihnachtsbaum – außer in ärmsten Verhältnissen – fast schon obligatorisch in Arbeiterhaushalten war.

ben. 1907 konnten die Besucher des Erfurter Vogelschießens neben klassischen Attraktionen wie Karussells oder der »Dame ohne Unterglieder« sich vor dem »lebende[n] See-Ungeheuer« gruseln, »»Sports-Genossen«« an »Sachs' Auto-Velodrom, eine[r] Radrennbahn,« mitfiebern. Außerdem lockte der »Linder'sche Kinematograph mit seinem abwechslungsreichen Programm hochinteressanter lebender Bilder, seiner eleganten Ausstattung und dem 42 Mann Militärmusik ersetzenden Riesenorchestrion«.[70] Diese Unterhaltungspalette zeigt, dass im Hochsommer in Erfurt auf der »Vogelwiese« über acht Tage ein Programm geboten wurde, das auf ein Massenpublikum abzielte, unabhängig von seiner sozialen Stellung. Gefragt waren Konsumenten, die in diesem »Verbraucherparadies« möglichst viel Geld ließen, egal ob sie aus der Arbeiterschaft oder aus dem Bürgertum kamen.[71] Wie tief verankert und wie breit akzeptiert dieses Spektakel der Sensationen war, zeigt eine Erinnerung Paul Reißhaus' an die Gründungstagung der Tribüne im Jahr 1889: »Es wurde beschlossen, für den Vogelschießen-Donnerstag (das genaue Datum weiß ich nicht mehr) eine Konferenz der führenden Genossen aus Thüringen einzuberufen«.[72] Nicht das Datum blieb haften, sondern die Erinnerung an das Vogelschießen. Offensichtlich waren diese Freizeitformen in der Arbeiterschaft wie in der Arbeiterbewegung akzeptierte Feste. Die Kontakte, die dort zwischen den Sozialgruppen geknüpft wurden, waren nur lose, ohne Konsequenzen. Aber sie brachen für einige Stunden im Hochsommer enge Milieugrenzen auf, ließen ein unbeschwertes Vergnügen, frei von ideologischen Vorgaben zu.[73]

Das galt auch für das Kino, wobei in bürgerlichen und sozialdemokratischen Kreisen Zweifel am künstlerischen Wert bestanden. Die Erfurter Stadtverordneten etwa begründeten die Einführung einer Kinosteuer damit, dass »die Kinos bei ihrer zumeist auf starke Nervenreizungen abgestellten Darbietungen zu einer gefährlichen Konkurrenz für künstlerische Veranstaltungen geworden sind und insbesondere die bedauerliche ständige Verminderung des Theaterbesuchs in den letzten Jahren zum erheblichen Teile verursacht und ausgebeutet« habe.[74] Eher missbilligend fiel auch der Kommentar der Erfurter Gewerbeinspektion über das Freizeitverhalten junger Fabrikarbeiterinnen aus, nachdem für Arbeiterinnen der arbeitsfreie Samstagnachmittag eingeführt worden war: »Ein Teil der jungen Mädchen spaziert umher oder sucht

70 Tribüne, Nr. 186 vom 11. August 1907, Beilage.

71 Vgl. *Abrams*, Freizeit, S. 273. Abrams sieht stark eingeengt lediglich die Arbeiter und ihre Familien als die »wichtigsten Konsumenten« dieses Angebots an.

72 Tribüne, Jubiläums-Nr. vom 1. Januar 1914.

73 »Nachdem man nun alle diese Genüsse [d. h. Attraktionen] durchgekostet, verlangt der Körper nach Ruhe, aber Ruhe und Schützenfest sind Dinge, die sich nicht vereinbaren« (Tribüne, Nr. 186 vom 10. August 1913).

74 Kommunale Praxis, Nr. 20 vom 17. Mai 1913, Sp. 619f. Zum »nervösen« Zeitgeist siehe *Radkau*, S. 263ff.

sich in den so beliebten Lichtspielhäusern und dergl. Unterhaltung zu verschaffen. ... Es fehlt in den meisten Städten, wo viele Arbeiterinnen beschäftigt sind, an Veranstaltungen, die sie in geistiger und körperlicher Hinsicht fördern oder zu einer für sie nutzbringenden Tätigkeit anhalten«.[75] Mochte man sich auch in Teilen der Arbeiterbildungsbewegung mit dem Freizeitvergnügen Kino nicht wirklich anfreunden,[76] erkannte man die Freizeitbedürfnisse der Arbeiterschaft hier immerhin an. Die Einführung der Kinosteuer lehnten die beiden Erfurter sozialdemokratischen Stadtverordneten ab, da es der Stadt nur darum ginge, auf Kosten »der breiten Masse des arbeitenden Volkes mit Hilfe einer indirekten Steuer« Geld in die Kasse zu bekommen.[77]

Es war keineswegs so, dass die Erfurter Sozialdemokraten losgelöst von der Kultur der kleinen Leute und deren Bedürfnissen und Wünschen lebten. Die Beispiele Vogelschießen und Kino zeigen das. Mit ihrem erzieherischen, bildungspolitischen Elan riss die Arbeiterbewegung jedoch immer wieder Gräben auf und machte unterschiedliche Deutungsmuster sichtbar. Der Wunsch, das Arbeiterheim durch künstlerische Werke zu veredeln, zielte auf einen Fixstern, der unverkennbar im bürgerlichen Wertehimmel befestigt war, den der große Teil der Arbeiterschaft als Orientierungshilfe jedoch überhaupt nicht wahrnahm, sondern eher als ein diffus flackerndes Nordlicht, das ihnen die »Tribüne« und ihre Redakteure, der sozialdemokratische Verein und seine Bildungspolitiker erst erklären mussten. Nicht anders verhielt es sich mit der Institution der Arbeiterbibliothek oder mit den Versuchen, die Arbeiterschaft mit der bürgerlichen Hochkultur vertraut zu machen.[78] Dass die unterschiedlichen Wahrnehmungen zwar Gräben aufzeigten, aber nicht in einem irreversiblen Konflikt mündeten, lag daran, dass auf den verschiedensten Ebenen Kontakte existierten, die für den Erhalt eines gemeinsamen Milieus, eines gemeinsamen Erfahrungsraums von größerer Bedeutung waren als kulturelle Fragen: das sozialräumliche Miteinander im Stadtviertel, die alltägliche Arbeitssituation mit ihrem Miteinander oder die herausgehobene Erfahrung von Streik und Aussperrung auf betrieblicher Ebene, die Erfolge und Misserfolge bei Wahlen auf der politischen Ebene.[79]

Bürgerkultur in Erfurt – einige Tendenzen. Kultur im Sinne von Bildung, Kunst und Wissenschaft hatte für das Selbstverständnis des Bürgertums eine zentrale

---

75 Bericht des Gewerbeinspektors Rittershausen für den Regierungsbezirk Erfurt, 25. Januar 1913, ThSTA Gotha, Reg. zu Erfurt, Nr. 1599, Bl. 6f.

76 Vgl. *Kinter*, S. 135f.

77 Kommunale Praxis, Nr. 20 vom 17. Mai 1913, Sp. 620.

78 Das Bild des »Brückenkopfes« trifft diese Situation daher sehr gut (vgl. *Kocka*, Arbeiterbewegung, S. 491).

79 Erwähnt sind hier nur die in dieser Arbeit herausgestrichenen Kontaktdimensionen. Hinzu kamen Erfahrungen sozialer Ungleichheit und allgemeiner Benachteiligungen.

Bedeutung. Sie entwickelte sich als selbstständige, emanzipatorische Kraft gegenüber der aristokratischen Kultur, hatte Traditionslinien bis zur Entstehungsphase des Bürgertums im 18. Jahrhundert, diente in Zeiten eines »gebremsten Konstitutionalismus« als »Ersatz für die nur eingeschränkte Teilhabe am politischen Geschehen«.[80] Nun konnte eine Stadt wie Erfurt – eine ehemalige Festungsstadt, die sich zum industriellen Zentrum Thüringens entwickelt hatte und ihrer Universität beraubt worden war – nicht gerade mit ihren kulturellen Pfründen wuchern und musste mit manchen Vorurteilen kämpfen. Claus Zoerge von Manteuffel schrieb 1912 an Edwin Redslob, als er sein Amt als neuer Museumsdirektor angetreten hatte: »Hoffentlich gewinnen sie ein freundliches Verhältnis zu der Anfangs etwas grauseligen Stadt«.[81] Wenn das Bürgertum aber gerade nicht nur als soziales Gebilde beschrieben werden kann, sondern auch als eine kulturelle Einheit (und Vielfalt), mussten Spuren davon auch in Erfurt sichtbar sein, zumal Erfurt keine aus dem Boden gestampfte Industriestadt wie Oberhausen oder Dortmund war, sondern auf eine lange Tradition zurückblicken konnte.[82] Im Folgenden kann nicht das vielfältige Kulturleben der preußischen Provinzhauptstadt vorgestellt werden.[83] Der Blick in das Vereinsleben hat außerdem bereits wichtige Grundlinien freigelegt. Es geht vielmehr darum, einzelne kulturelle Entwicklungslinien herauszupräparieren und dabei die Beziehungen zu Randbürgertum, Arbeiterschaft und Arbeiterbewegung im Auge zu behalten.

1. Zunächst gilt es auch in diesem Bereich soziale Differenzierungen zu beachten. Die Abstufungen zwischen einem Kern- und Randbürgertum lassen sich nicht durch Verweis auf eine Lebensform der Bürgerlichkeit, die über Werte vermittelte wurde, wegdiskutieren. Mit »Ordnung, Fleiß und Sparsamkeit, mit Pflicht, Mäßigung und Selbstständigkeit«, den »klassischen ›bürgerlichen Tugenden‹«,[84] bestand zwar ein die verschiedenen gesellschaftlichen Gruppen einigendes Bezugssystem, aber auf der individuellen Ebene unterschieden sich die Möglichkeiten der Teilhabe an kulturellen Gütern, die über diesen Wertmaßstab hinaus gingen, erheblich.[85] Der Hinweis auf die unterschiedlichen Zugangsmöglichkeiten zu den einzelnen Vereinen mag als zentrales Moment für diese differenzierte Bürgerlichkeit genügen. Die dort ebenfalls aufgezeigten Kontaktebenen dürfen nicht darüber hinwegtäuschen, dass eine Vielzahl an Möglichkeiten sozialer Distinktion gerade im Bereich der Kultur nach wie vor vorhanden war. Das Mäzenatentum des Schuhfabri-

80 *Mommsen*, Herausforderung, S. 426. Vgl. auch *Schmuhl*, Herren, S. 34.

81 Claus Zoerge v. Manteuffel an E. Redslob, 5. November 1912, Germanisches Nationalmuseum Nürnberg, Nachlass Redslob, I C 16. Vgl. auch *Redslob* (S. 124f.) sowie den »nüchterne[n] Geschäftsstädte«-Eindruck den Erfurt auf *Franzos* machte (S. 168, 170).

82 Vgl. *Reif*, Stadt; *Schambach*, Stadtbürgertum.

83 Siehe als Überblick auch *Raßloff*, S. 100–107.

84 *Hettling/Hoffmann*, Wertehimmel, S. 339.

85 Vgl. *Hettling*, Bürgerlichkeit, S. 23f. sowie *Kaschuba*, Bürgerlichkeit, S. 16.

kanten Alfred Heß, die Ausschmückung seines Hauses mit Werken der modernen Malerei war Lichtjahre von Empfehlungen entfernt, die man im Erfurter Gewerbeverein den versammelten Handwerksmeistern und Kaufleuten zur Ausgestaltung ihres Heimes gab.[86]

2. Es gab also nicht nur deutlich unterschiedliche Zugangsweisen zur Kultur, es kristallierten sich auch exklusive Verhaltensmuster heraus. In einer so »nüchternen« Stadt wie Erfurt mögen die Möglichkeiten zwar eingeschränkt gewesen sein, aber sie waren vorhanden. Die »kleine Schar von Intellektuellen« traf sich in der »Literarischen Gesellschaft«, einem »Reservat für Feinschmecker«.[87] Die Exklusivität wurde im Villenbau des späten Kaiserreichs demonstrativ nach außen gekehrt.[88] Wie eng und exklusiv der Kulturbegriff ausgelegt wurde, zeigt sich schließlich auch an einem wenig spektakulären, dafür umso drastischer regulierenden Moment: den Öffnungszeiten des Museums. Sicher war man von einem professionellen Museumsmanagement – im Vergleich zum Theater, das Publikum anlocken musste – noch weit entfernt. Auf einen Besucherstrom war das Haus überhaupt nicht eingerichtet. Die nur zweistündigen Öffnungszeiten am frühen Nachmittag jeweils dienstags bis freitags und am Sonntag ermöglichten den Besuch an Werktagen nur wenigen Touristen, Spezialisten und Eingeweihten, während der sonntägliche Öffnungstag immerhin allen interessierten Erfurtern die Möglichkeit bot, sich mit der im Museum gesammelten Kunst zu beschäftigen. Eine breite bürgerliche Öffentlichkeit wurde dennoch in diesem eigentlich öffentlichen Raum nicht hergestellt.[89]

---

86 *Redslob*, S. 154f.; *Menzel*, Künstlergruppe, S. 150f. Die Ausgestaltung mit Originalen war auch in kernbürgerlichen Haushalten nicht selbstverständlich (vgl. *Schlink*, S. 76). Jahresbericht des Gewerbe-Vereins 1879.

87 Tribüne, Nr. 220 vom 20. September 1910, Beilage. Es konnte nicht geklärt werden, ob es sich hier um sozialdemokratische Propaganda handelt, da es in Erfurt einen »Verein der Literaturfreunde« gab, der rund tausend Mitglieder in seinen Reihen hatte (*Velten*, S. 123), oder ob diese literarische Gesellschaft hiervon eine exklusive Abspaltung war.

88 *Menzel u.a*, Villen; *Weichel*, Villenkultur, S. 244f.; *Raßloff*, S. 75. Die Gespaltenheit der Lebenswelten symbolisiert sich auch an der Testamentsverfügung des Villenbesitzers und Millionärs Karl Festge: Er hatte den evangelischen milden Stiftungen Erfurts »testamentarisch 10.000 Mark mit der Bestimmung vermacht, dass die Zinsen dieses Kapitals dazu verwendet werden sollen, an die im sogenannten Armenhospital zu Erfurt wohnenden alten Frauen jedes Jahr am 7. April Braten und Bier zum Mittagessen zu verabreichen und sie an einem schönen Nachmittage im Juni jeden Jahres eine Spazierfahrt machen zu lassen, wobei sie Kaffee, Kuchen und Bier erhalten sollen«. Die Schenkung wurde in der Stadtverordnetenversammlung vom 28. April 1909 angenommen (Tribüne, Nr. 100 vom 30. April 1909, Beilage). Diese Schenkung ließe sich auch als Verzahnung von Exklusivität und stadtbürgerlichen Engagement interpretieren, allerdings steht dem die Lächerlichkeit der Schenkung im Vergleich zum angehäuften Vermögen entgegen.

89 Öffnungszeiten nach *Velten*, S. 116. Ähnlich eingeschränkt waren die Öffnungszeiten beispielsweise in Leipzig: *Lieske*, Kap. 4.2.1.

3. Auch in Erfurts Kulturleben hielt die Moderne Einzug. Modernität wurde der Stadt und ihrem Bürgertum nicht übergestülpt, sondern musste kommunikativ vermittelt werden. Es galt, Widerstände zu beseitigen, Überzeugungsarbeit zu leisten – und manch altverdienter Erfurter (Bildungs)Bürger blieb dabei auf der Strecke. Auf dem Gebiet der bildenden Kunst war Edwin Redslob der wichtigste Vorreiter. Er konnte sich bei der Besetzung der Stelle des Museumsdirektors durchsetzen; der langjährige Leiter des Stadtarchivs, der Stadtbibliothek und des Museums, Alfred Overmann, wurde ausgebootet. Overmann, der in der Gründungsphase dem Museum vorgestanden hatte und mit der Übernahme der Stiftungen Stürcke sowie Lucius von Ballhausen den materiellen Grundstein für die Ankaufspolitik gelegt hatte, konnte seine Ansichten nicht durchsetzen. Ihm schwebte ein Heimatmuseum vor, das Historisches Museum und Kunstmuseum unter einem Dach vereinen sollte. Doch die Planungen der Stadt gingen in eine andere Richtung.[90] Vor allem Oberbürgermeister Schmidt favorisierte Edwin Redslob, der für eine kunsthistorische Ausrichtung stand und dem Museum einen Ruf verschaffen wollte, der über Erfurt hinausreichen sollte. Einen Tag nach seinem Dienstantritt schrieb Redslob an Adele Hampe, die Arbeit am Erfurter Museum sei eine »würdige Arbeit, für die man gern auch einmal seine Bequemlichkeit und Verwöhnung opfert. Und es ist viel Wert, das im eigenen Lande zu machen, zumal es sich um *das* Museum für Thüringen handelt und zumal die Geschichte so läuft, dass nach Erledigung der Residenzen, das preußische, Fürsten- und Hofratlose Erfurt die Hauptstadt Thüringen[s] wird. Das Museum ist dafür das erste Symptom geistiger Art. Materiell ist schon alles in Erfurt koncentriert, denn ich kann nachdem ca. 700.000 [Mark] bereits bereit liegen, wohl mit etwa 1 Mill. rechnen und sie vermoebeln wie es vor 150 Jahren ein Thüringer Fürstchen für ein Schloss getan hätte. Ist das nicht herrlich«.[91] Keineswegs brach Redslob radikal mit den bisherigen Sammlungsschwerpunkten, allerdings sorgte er dafür, dass sich das künstlerische Angebot weitete. Er sammelte »Erfurter und Thüringer Meister des 18. und 19. Jahrhunderts«, konzentrierte sich dabei auf die Landschaftsmalerei und konnte so Bilder von Liebermann, Slevogt, Corinth, Schmidt-Rottluff und anderen Malern aus der Gruppe »Die Brücke« erwerben.[92] Mit dieser Erweiterung des »Bildkanons« geriet Redslob in Erfurt zwar massiv in die Kritik,[93] dennoch gelang es ihm diese Linie durchzuhalten, und Alfred Heß »bildete« er zu einem der großen Förderer des deut-

90 Sämtliche Angaben nach *Velten*, S. 122f.
91 E. Redslob an A. Hampe, 14. August 1912, Germanisches Nationalmuseum, Nachlass Redslob, II C–4 (Hervorhebung im Original). Nach dem Ende des Ersten Weltkriegs war Redslob einer der Befürworter der Eingliederung der preußischen Gebiete in den neu gegründeten Freistaat Thüringen mit Erfurt als Hauptstadt.
92 *Redslob*, S. 128ff.
93 *Velten*, S. 123; *Redslob*, S. 129.

schen Expressionismus.[94] Der Einzug der avantgardistischen Malerei in das Erfurter Stadtmuseum und die darum sich entzündenden Konflikte machten auch in der preußischen Provinz klar, dass von »einer idealiter homogenen, von allgemein verbindlichen Wertidealen getragenen bürgerlichen Kultur hinfort nicht mehr die Rede sein (konnte)«.[95]

4. Die Verständigung über den Neubau eines städtischen Museums im Jahr 1913 zeigt, dass trotz aller Differenzierung und Auflösungserscheinungen verbindlicher Wertideale der Kunst als Ganzes immer noch ein so großer Stellenwert zugeschrieben wurde, dass die Erfurter Stadtverordneten bereit waren, mehrere hunderttausend Mark für einen Museumsneubau zu investieren. Hier lebte der Geist eines Lokal- und Regionalbewusstseins fort, der kennzeichnend für kommunales bürgerliches Engagement im Bereich der Kunst in Deutschland war.[96] Den Erfurter Stadtverordneten schwebte ein repräsentativer, beeindruckender Großbau vor, der auf der Daberstädter Schanze über der Altstadt thronen sollte. In der Stadtverordnetenversammlung zeichnete sich eine deutliche Mehrheit für diesen Neubau und nicht für den Aus- und Umbau des traditionellen Museumsgebäudes am Anger ab. Auch verzichtete man auf den Rückgriff auf ältere Pläne von Stadtbaurat Paul Peters aus dem Jahr 1903, der einen historisierenden Museumsneubau entworfen hatte.[97] Mit Henry van de Velde, zu jenem Zeitpunkt Leiter der Weimarer Kunstgewerbeschule, wurde ein renommierter, auswärtiger Architekt berufen.[98] Auch in der Bereitschaft der Stadt Erfurt, 10.000 Mark für ein Porträt Robert Lucius' auszugeben, zeigt sich die innige Verbindung zwischen Identitätsstiftung, Anerkennung für lokales Engagement und bürgerlicher Kultur symbolhaft verdichtet.[99]

5. Lokalpatriotismus, regionale Verbundenheit, Engagement für das städtische, kulturelle Leben schufen Identifikationspunkte, die eine breite Bevölkerungsmehrheit ansprechen sollten. Allerdings bedurfte es zu den kulturellen Institutionen wie Museen und Theaterhäusern zusätzlicher Ausdrucksformen, um dieses Ziel zu erreichen. Die Feierlichkeiten zur hundertjährigen Zugehörigkeit Erfurts zu Preußen am 21. August 1902 boten hierzu eine glänzende Gelegenheit. Auf der einen Seite wurde das Festkomitee mit Festschriften und Gedenkreden gehobenen Ansprüchen gerecht,[100] auf der anderen Seite wurde mit einem großen, pompösen Festzug Volksfeststimmung inszeniert und das Bürgertum der Stadt und seine Vereine in die Feierlichkeiten

94 *Redslob*, S. 154ff.
95 *Mommsen*, Herausforderung, S. 441.
96 Ebd., S. 426.
97 *Velten*, S. 114.
98 Tribüne, Nr. 144 vom 22. Juni 1913, Beilage; *Redslob*, S. 128.
99 StAE 5/350-W 22. Fritz Wiegand, Materialsammlung Lucius, Robert Lucius, S. 5.
100 Vgl. *Schulze*, Rede; *Overmann*.

integriert.[101] Diese Inszenierung eines starken, preußisch verwurzelten Erfurter Bürgertums stieß bei der sozialdemokratischen »Tribüne« auf Kritik. Sie konnte »dem Gefasel ordens- und auszeichnungshungriger Speichellecker nicht beistimmen, die als einziges Moment der fortschrittlichen Entwicklung die Zugehörigkeit zur preußischen Monarchie betrachten«. Erfurt sei durch die »Energie seiner werkthätigen Mitbürger« groß geworden«.[102] Diese rhetorischen Ausfälle waren für das sich feiernde Erfurter Bürgertum sicherlich keine besondere Belastung.[103] Problematischer war schon die Frage, wie die betont preußische Linie den zu Tausenden aus den thüringischen Gebieten zugewanderten Erfurtern zu vermitteln sei. Gerade um diese regionale Gebrochenheit der preußischen Metropole in Thüringen aufzuheben, erschien aus Sicht des städtischen Bürgertums diese Identifikationsprozession sinnvoll. Nun waren die huldvollen Reden meist Äußerungen zugezogener verbeamteter preußischer Bildungsbürger, dennoch kann man diese keinesfalls als bloßen borussischen Beamtenpatriotismus abtun.[104] Für die Festteilnehmer, gerade für diejenigen aus dem Bürgertum, verknüpfte sich die lokale Tradition unlösbar mit der preußischen Tradition. 100 Jahre preußische Zugehörigkeit markierten eine Selbstverständlichkeit, über die es in bürgerlichen Kreisen nichts zu diskutieren gab, sondern die man – aller Erfurt umgebenden thüringischen Gebieten zum Trotz – gebührend feiern konnte.[105]

War die preußische Zugehörigkeit ein Fixpunkt, auf den sich das bürgerliche Erfurt hin verständigen konnte, bedeutete das andererseits keinesfalls ein Leugnen gemeinsamer Kulturtraditionen mit den thüringischen Nachbarn. Der Erfurter Lokalpatriotismus speiste sich auch aus dieser Quelle, wie die ein Jahr nach dem Preußenjubiläum veranstaltete kunstgeschichtliche Ausstel-

---

101 Siehe die Ausstellung des Stadtarchivs Erfurt »Festzug. Drei Fenster zu vermiethen. Die Feier der hundertjährigen Zugehörigkeit Erfurts zu Preußen am 21. August 1902«, Erfurt 2002.

102 Tribüne, Nr. 126 vom 2. Juni 1901; Tribüne, Nr. 202 vom 30. August 1902.

103 Außerdem verdeutlicht bereits der erste Satz in der »Tribüne« vom Juni 1901, dass auch Sozialdemokraten ein enges Verhältnis zu ihrer Heimatstadt hatten. Noch deutlicher wird dieser Lokalpatriotismus in sozialdemokratischen Kreisen im Nachruf auf den Stadtarchivar Karl Beyer (Tribüne, Nr. 165 vom 18. Juli 1900, Beilage). Vgl. Sarasin, S. 350.

104 Am Beispiel der Kaisergeburtstagsfeiern in deutschen Städten hat Wienfort auf zahlreiche ›antibürgerliche‹ Elemente in diesen Zeremonien hingewiesen, obwohl sie in den Städten von den bürgerlichen Kreisen organisiert und begangen wurden. Sie kommt daher zu dem Ergebnis: »Die Matrix dieser Feier in den Städten bildete ... immer noch eine korporative Ordnung, die eine spezifisch städtische und stadtbürgerliche Tradition hatte« (Wienfort, S. 184). Vgl. auch Hardtwig: »Die Verschmelzung von beamtenhafter Tätigkeit bzw. Staatsgesinnung und bürgerlich-politischem Denken und Handeln erweist sich dann auch als Strukturmerkmal der Fest- und Denkmalskultur des Kaiserreichs« (Bürgertum, S. 288).

105 Vgl. Benl, der bereits für die 1870er Jahre festhält: »Als 1874 mit dem Abtragen der Festungsmauern begonnen wurde, war Erfurt fast ein Dreivierteljahrhundert preußisch ..., und kein Erfurter hätte es wohl anders gewünscht, wenn man ihn danach befragt hätte (was man freilich nicht tat)« (Benl, S. 9).

lung zeigen sollte.[106] Es ging dabei nicht (nur) um eine Selbstvergewisserung im Vergangenen, sondern die Ausstellung enthielt auch eine kunsterzieherische Funktion für die Bürger, unabhängig von ihrer regionalen Identität: *»Durch alles dieses hoffen wir dazu beigetragen zu haben, die Bevölkerung aller sächsischen und thüringischen Länder von den Irrwegen der Kunst des Tages zu den ewig mustergültigen Vorbildern der Vergangenheit hinzuleiten«.*[107] Die Idee der Kunst als sinnstiftendes Band zwischen den bürgerlichen Gruppen und den regionalen Identitäten wurde aufrecht erhalten. Dem Vordringen der Moderne und Avantgarde setzte man hier – zehn Jahre vor Redslobs Amtsantritt in Erfurt – ein Bollwerk der Tradition, Regionalverbundenheit und stilbildenden Normen entgegen.

6. Das Bewusstsein über den Wert und die Bedeutung von Identifikationspunkten wie Heimat oder Ortsverbundenheit wurde ergänzt und überlagert vom Begriff der Nation. Im Kulturverständnis des Bürgertums kam ihm eine zentrale Bedeutung zu. Zum einen gingen Kultur und Nation in Deutschland eine enge Symbiose ein und wurden zu einer zentralen bürgerlichen Leitidee.[108] Innerhalb dieser Entwicklung wurden seit den 1890er Jahren die Begriffe Kultur und Zivilisation einander antithetisch gegenübergestellt und dabei beide konnotativ unterschiedlich besetzt: ›höherstehende Kultur‹ einerseits – ›niedrige Zivilisation‹ andererseits.[109] Als höchste Stufe der Loyalität galt zum Zweiten das Nationalbewusstsein,[110] das zumindest den Bildungsbürgern als quasi geschichtsgegebene Grundvoraussetzung vor Augen treten musste und den Schülern an jedem Sedantag erneut von ihren Lehrern eingetrichtert wurde[111]: »Wie man sehr wohl ein echter Preusse und ein ganzer Deutscher zugleich sein kann, sein soll – dem klassisch gebildeten Jüngling ist das nichts Fremdes: denn er weiss wie dem Athener nichts über Athen, Griechenland über alles ging«.[112] Zum Dritten kam es darauf an, diesen Wert einer breiten Bevölkerungsmehrheit zu vermitteln.[113] Das als Volksfest geplante

---

106 Provinzialkonservator Dr. Doering, meinte: »Es gereicht mir zu eben solcher Dankbarkeit, dass ... die nunmehr eingeladenen Nachbarstaaten nun sofort das denkbar freundlichste und tatkräftigste Entgegenkommen erwiesen« (Bericht über die kunstgeschichtliche Ausstellung zu Erfurt im Jahre 1903, S. 2, in: StAE 1–2/124–32). Der Schwerpunkt des Engagements lag jedoch auf preußischer Seite: Die neun thüringischen Staaten steuerten zusammen nur 3.231,80 Mark bei, die Stadt Erfurt und die Provinz Sachsen unterstützten die Ausstellung mit je 3.000 Mark, das preußische Kultusministerium mit 2.000 Mark sowie die Provinzial-Denkmal-Kommission mit 2.900 Mark (StAE 1–2/124–32).
107 Bericht über die kunstgeschichtliche Ausstellung, S. 28 (Hervorhebung im Original), StAE 1–2/124–32.
108 *Bollenbeck*, S. 219ff.; siehe auch Kapitel III.2.3.
109 Differenzierend *Beßlich*, S. 25f.
110 Vgl. auch *Wehler*, Nationalismus, S. 40.
111 Vgl. zur Vermittlerrolle der Lehrer *Schneider*, Erfindung, S. 49.
112 *Hartung,* S. 2.
113 Ebd., S. 14 (»Rede am Sedantage«).

Sedanfest bot sich hierzu an. Da es jedoch ein von oben verordnetes Fest war und sich gegen die »inneren Reichsfeinde« Sozialdemokratie und – in der Frühphase – Katholizismus richtete, konnte es diese Vermittlungsfunktion nur partiell erfüllen.[114] Dennoch hatten die Feierlichkeiten ihren Platz im Festkalender von Arbeiterhaushalten, nahmen doch »an den Sedanausflügen der Schulkinder noch vielfach die Mütter« teil, darunter »manche Arbeiterfrau, ... deren Männer mitten im wirtschaftlichen und politischen Tageskampfe stehen«.[115] Die Vorstellung von der Nation als Erklärungsmodell, »die moderne Welt zu begreifen und einzuteilen«,[116] erschöpft sich also keineswegs in einem rein instrumentellen Charakter. Die Propagierung der Idee der nationalen Einheit und des Nationalismus zog »über die Klassen- und Milieugrenzen hinweg Menschen aus den unterschiedlichsten Formationen« in ihren Bann, behielt aber dennoch eine »engere Affinität zu den bürgerlichen Klassen« als zur Arbeiterschaft, vor allem weil aus den bürgerlichen Reihen die Verkünder und Vermittler des nationalen Diskurses stammten.[117]

7. Religion als Erlösungslehre lässt sich als jahrhundertealte christliche Tradition kaum bestimmten sozialen Formationen des 19. Jahrhunderts zuordnen. Sie war ein in allen Bevölkerungskreisen – abgesehen von Atheisten – verankertes Bezugssystem, um Antworten auf die Fragen nach dem Sinn des Lebens und Sterbens zu finden. Versteht man dagegen Religion »streng formal als ein kulturelles Deutungssystem«,[118] werden kulturelle Werte sichtbar, die in enger Verbindung mit dem Bürgertum stehen.[119] Die Konfessionsstruktur der Stadt Erfurt hatte sich im 19. Jahrhundert immer weiter zugunsten des Protestantismus verschoben. In der Stadt, in der Luther als Mönch eine Klosterzelle im Augustinerkloster bewohnt hatte, nahm diese Konfession im Kaiserreich jene preußische Spielart des Staatsprotestantismus an, die in ihrer Verknüpfung aus Nation und Religion für bürgerliche Gruppen eine hohe Attraktivität besaß. Noch mitten in den Kirchenkampfjahren wurde wie in vielen evangelischen Teilen Deutschlands eine große Feier zu Luthers 400. Geburtstag orga-

114 Vgl. *Schellack*, S. 278–297, der sehr stark den die Gesellschaft spaltenden Aspekt des Festes betont, dabei aber nicht präzise zwischen Arbeiterschaft und Arbeiterbewegung unterscheidet. Vgl. auch *Vogel*, Nationen, S. 144–162.
115 Tribüne, Nr. 204 vom 1. September 1910, Beilage. Ähnliches wird aus Dresden berichtet (vgl. *Vogel*, Nationen, S. 224f.). Vgl. auch die Mitgliederversammlung des sozialdemokratischen Vereins Erfurts vom 29. August 1912, in der die Genossen Vollborth und Schrader sowie die Genossin John auf die Notwendigkeit der »Aufklärung der Frauen« hinwiesen, »ihre Kinder an diesem Tage [Sedantag] ebenso wie sonst anständig aber gewöhnlich gekleidet« in die Schule zu schicken, »statt sie mit Kränzen usw. anzuputzen [sic]« (Tribüne, Nr. 204 vom 1. September 1912, Beilage).
116 *Wehler*, Nationalismus, S. 10.
117 *Wehler*, Gesellschaftsgeschichte, Bd. 3, S. 959.
118 *Wehler*, Nationalismus, S. 32.
119 Vgl. *Kuhlemann*, Religion; *Raßloff*, S. 120–122.

nisiert.[120] Die protestantische Elite der Stadt war in diese Nationalisierungs-
feier Luthers integriert. In einem Festumzug wurden Szenen aus Luthers Leben und der reformatorischen Zeit nachgestellt. Erfurter Frauen, darunter die
Frau des Oberregierungsrates von Tettau und ihre Töchter, liefen im Festzug
als Patrizierfrauen durch die Stadt. Im Rahmen der Lutherfeierlichkeiten kam
auch die Idee auf, ein Lutherdenkmal in Erfurt zu errichten. Insgesamt wurde
unter der Federführung Richard Bärwinkels im Hochsommer des Jahres 1883
ein »religiöses Volksfest« organisiert, das nach Schätzung von Willibald Beyschlag, Professor für Theologie in Halle und Freund Bärwinkels, 50.000 Gäste
anlockte.[121] Vereinzelt kam es jedoch zur Verhöhnung von katholischen Geistlichen, und Teile der katholischen Presse reagierten mit Protesten auf den demonstrativ zur Schau gestellten Protestantismus.[122] Insgesamt verdichtete sich
in der Verbindung von Religion und Nation ein kulturelles Wertmuster, das
für die einzelnen protestantischen bürgerlichen Gruppen einen zentralen
Orientierungspunkt darstellte.[123] Daran änderten unterschiedliche Einstellungen in innerprotestantischen Fraktionen nichts. Der Zusammenhang zwischen Nation und Protestantismus war für die protestantischen Gruppierungen zentral – und in Erfurt setzte sich die eher konservative Linie durch.[124] Der
Neubau der Thomaskirche 1900 bis 1902, der erste Neubau einer evangelischen Kirche in Erfurt seit der Reformation, symbolisierte diese Bedeutung
der Religion für die bürgerlich-protestantischen Kreise. Errichtet wurde der
neugotische Sakralbau in jener Kirchengemeinde, die das Villenviertel im
Südwesten der Stadt mit seinen Bewohnern aus dem städtischen Kernbürgertum umschloss und die reichste evangelische Parochie Erfurts darstellte.[125]

8. In welchem Verhältnis schließlich standen diese kulturellen bürgerlichen
Angebote, diese Werte zu den einzelnen sozialen Gruppen? Die Situation war
durch zahlreiche widersprüchliche Verbindungslinien gekennzeichnet. In
Fragen der Modernität hätten bürgerliche Kreise unter Sozialdemokraten in
manchen Bereichen sicherlich mit einer breiten Zustimmung rechnen können. Als beispielsweise Oberregisseur Schirmer aus Braunschweig zum neuen
Theaterdirektor gewählt wurde, registrierte man in der »Tribüne« äußerst wohlwollend, dass er neben klassischen Stoffen auch für das moderne Theater of-

---

120 Vgl. *Lehmann*, Er ist wir selber, S. 91–103.
121 Erinnerungen von W. Beyschlag, zit. n. *Müller-Dreier*, S. 55f.
122 *Bärwinkel*, S. 70. Bärwinkel tat die Vorfälle als »harmlose Studentenstreiche« ab.
123 Im Festgottesdienst anläßlich der hundertjährigen Zugehörigkeit Erfurts zu Preußen
gliederte Pastor Schulze seinen Vortrag nach folgenden zwei Gesichtspunkten: »Wir fragen: *Was
ist Erfurt* seit dem 21. August 1802 *geworden?* Wir sagen: I. eine *preußische Stadt*, II. eine *protestantische Stadt*« (*Schulze*, Rede S. 4, Hervorhebung im Original).
124 Vgl. allgemein *Hübinger*, S. 13ff., 28ff.; zu den Erfurter Auseinandersetzungen um
Ottomar Lorenz siehe AdEK, MD, Rep. D, L. 383, Dr. Ottomar Lorenz.
125 Vgl. *Laska*, S. 137–140. Der Neubau ordnet sich in die reichsweit zu beobachtende protestantische Kirchenbaupolitik um 1900 ein. Vgl. *Vogel*, Herrscherideal, S. 220f.

fen sei und hoffte auf den Ausbau dieser Richtung.[126] Aber die Offenheit in Teilen der Sozialdemokratie ließ sich nicht im gleichberechtigten Dialog kommunizieren. Vorherrschend war die Kommunikationsverweigerung – und sei es, dass man den Verkauf verbilligter Theaterkartenkontingente für Sozialdemokraten von behördlicher Seite untersagte, und an der Spitze der anordnenden Behörde stand Oberbürgermeister Hermann Schmidt, der Förderer des ›modernen‹ Edwin Redslob. Das war überhaupt der Kernwiderspruch bürgerlicher Kulturbestrebungen. Die sozialdemokratischen Bildungs- und Kulturbemühungen wurden nicht wahrgenommen oder negiert. »Die Arbeit an sich selbst, die stetige Vervollkommnung des Einzelnen und damit auch der Gesellschaft – das war das Leitmotiv des Bildungsbegriffs wie auch des bürgerlichen Wertehimmels überhaupt«.[127] Die Sozialdemokratie und ein kleiner Teil der Arbeiterschaft hatten sich an diese Arbeit gemacht und damit an bürgerliche Traditionen angelehnt. Aber diese Bestrebungen wurden im Bürgertum damit abgetan, dass sie nicht im Dienst der Gesellschaft, sondern der Parteilichkeit stünden. Hinzu kam, dass die Integrationsangebote an die Arbeiterschaft, aber auch an das Randbürgertum, Anpassung und Passivität förderten. Bei Kaisergeburtstags- oder Sedanfeiern hatten beide die Zuschauer- und Statistenrolle. Gerade über diesen Status wollte aber die Arbeiterbewegung ihre Klientel mit ihren Werten hinausbringen: Emanzipation, Mündigkeit und Partizipation hatte sie sich auf die Fahnen geschrieben und damit erneut traditionelle bürgerliche Leitvorstellungen übernommen und in die Arbeiterschaft hineingetragen, die ihnen von der bürgerlichen Gesellschaft vorenthalten wurden. Eine hohe Eindringtiefe muss schließlich den Integrationswerten und -ideologien Lokalpatriotismus, Heimatverbundenheit und Nationalismus zugeschrieben werden. Unverkennbar war hier eine starke Wechselwirkung zwischen gesellschaftlicher Elite, dem Kernbürgertum einerseits und breiten Bevölkerungskreisen vom Randbürgertum bis in die Arbeiterschaft andererseits gegeben.[128] Dass man alljährlich mit den Lassallefeiern eine im eigenen sozialen Milieu verankerte Gegenfeier zu den Sedanfeiern abhielt und den Arbeitern die Auswüchse eines zunehmenden Radikalnationalismus vor Augen führte, aber einen Teil der Erfurter Arbeiterfrauen nicht davon abhalten konnte, sich in das Sedanfest – wenn auch auf eine sehr familiäre Weise – einzubringen, zeugt von der Ausstrahlungskraft des Nationalismus in die Arbeiterschaft.

Verbürgerlichung – bürgerliche Kultur – Massenkultur: eine Zusammenschau. »Zwei Sozialisten, Dr. Alfred Lux und Curt Baake, erhielten die empfindliche Strafe, um ein halbes Jahr ihrer Freiheit verkürzt zu werden, denn sie hatten indirekt

126 Tribüne, Nr. 100 vom 30. April 1909, Beilage.
127 *Hettling/Hoffmann*, Wertehimmel, S. 347.
128 Vgl. *Kocka*, Faszination, S. 392.

dazu beigetragen, dass über königliche Beamte unwahre Tatsachen verbreitet werden ... Beide Männer sind Typen derjenigen Sozialdemokraten, die im persönlichen Auftreten einen sehr bürgerlichen Eindruck machen. Diesen Zug zum bourgeoisen Anstrich, den ich in den sozialistischen Berliner Freien Volksbühnen reichlich beobachtete, bestätigte mir Baake einmal im Gespräch als generell giltig [sic]«.[129] Lässt sich in dieser Beschreibung des Theaterkritikers Alfred Kerr aus dem Jahr 1895 das Problem der Verbürgerlichung von Sozialdemokratie und Arbeiterschaft zusammenfassen? Wohl nicht. Selbst für Berlin dürften solche sozialdemokratischen Kulturbohemiens die Ausnahme gewesen sein. Was hier von Kerr geschildert wird, hat nichts mit dem Erwerb von »Respektabilität« zu tun, sondern ist formvollendetes bürgerliches Verhalten, aber – wie die Verurteilung unmissverständlich deutlich macht – in der politischen Gegenwelt. In Erfurt, in der preußischen Provinz, existierte diese Gegenwelt ebenfalls; hier gab es jedoch keinen Raum für solche künstlerischen Extravaganzen, die eine viel dichtere kulturelle Öffentlichkeitsstruktur voraussetzten. Hier war man bestrebt, sich einen Platz am kulturellen Leben zu erarbeiten. Verbürgerlichung bedeutete Aneignung und Umformung gegebener bürgerlicher Traditionen und Kultur für die eigenen Bedürfnisse. Verbürgerlichung hieß aber auch, traditionelle Kernbestände aus dem bürgerlichen Wertehimmel wieder nutzbar zu machen und der bürgerlichen Gesellschaft ihr eigenes Versagen vor Augen zu führen. Mit Verbürgerlichung in diesem Sinne ging das Bestreben einher, weite Teile der Arbeiterschaft an diesen Kulturelementen teilhaben zu lassen – also ein zutiefst aufklärerischer, emanzipatorischer Prozess. Dabei stießen die (Erfurter) Sozialdemokratie und ihre Bildungspolitiker jedoch an Grenzen, die nicht jenseits des sozialdemokratischen Milieus lagen, sondern in ihm selbst. Der Kreis, der sich diesen Vermittlungsversuchen öffnete, blieb auf einige wenige hundert Interessierte rund um Partei und Gewerkschaft beschränkt. Traditionelle Volksfeste und die aufkommende Populär- und Massenkultur wurden die neuen Anziehungspunkte für große Teile der Arbeiterschaft – und des Bürgertums.

---

129 *Kerr*, S. 103f. (Brief vom 15. Dezember 1895; die Briefe wurden in der »Breslauer Zeitung« als fortlaufende Serie veröffentlicht).

Ausblick und Schlussbetrachtungen: Städtische Klassengesellschaft am Vorabend des Krieges

Am Samstag, den 25. Juli 1914 warteten die Menschen in Erfurt, Deutschland und Europa gespannt auf die serbische Antwort auf das österreichische Ultimatum, in dem Serbien aufgefordert worden war, hart gegen antiösterreichische Umtriebe vorzugehen und österreichische Vertreter an der Untersuchung des Attentats vom 28. Juni 1914 gegen den österreichischen Thronfolger und seine Frau zu beteiligen. Trotz weitreichendem Entgegenkommen von Serbien lehnte es gerade die letzte Forderung ab. Österreich erklärte Serbien den Krieg.[1] Die Nachricht von der Zurückweisung des Ultimatums machte in dem medial aufgerüsteten Kaiserreich schnell die Runde und erreichte auch Erfurt. Wie in Berlin und vielen anderen Städten kam es in Erfurt am Abend zu spontanen nationalistisch-patriotischen Kundgebungen. An jenem Abend – und in den folgenden Tagen – äußerte sich jedoch keine alle Sozialgruppen umfassende »Volksgemeinschaft«:

»Ganz schlimm ging es in den bürgerlichen Lokalen und Cafés der inneren Stadt zu. Hier herrschte eine Fülle, dass kaum ein Apfel zur Erde fallen konnte. Der Blutrausch gewisser ›patriotischer‹ Elemente wurde durch den Alkoholrausch bis zur Siedehitze aufgestachelt; patriotische Jünglinge sangen – nein, brüllten die Nationalhymne ›Deutschland, Deutschland über alles‹ ... Sicherlich die Mehrzahl dieser Radaupatrioten wusste nicht, weshalb sie sich so ›begeisterten‹, es war der Reflex der Kriegshetzereien der bürgerlichen Presse. ... Es war ein Trost, inmitten des wüsten Taumels gar manchen Bürgersmann zu sehen, der mit ernstem Kopfschütteln diesem Treiben zusah ... Auch in den Arbeiterlokalen wurde selbstverständlich lebhaft über den Konflikt debattiert, aber in ganz anderer Weise, als es die durch Federhelden aufgestachelten Maulhelden in den bürgerlichen Lokalen für gut befanden. Hier ist man sich von Anfang an des Ernstes der Lage bewusst und hier besteht nur eine Meinung: das deutsche wie das internationale Proletariat kämpft mit aller Entschiedenheit gegen eine verbrecherische Kriegstreiberei an, die uns einem fürchterlichen Blutbade entgegenführen müsste«.[2]

Der Beobachter der »Tribüne« nahm drei unterschiedliche Verhaltensweisen wahr. Zunächst spiegelten sich in diesen spontanen Erhebungen die unterschiedlichen klassengesellschaftlichen Ausprägungen des Kaiserreichs und ih-

---

1 *Nipperdey*, Geschichte 1866–1918, Bd. 2, S. 689f.
2 Tribüne, Nr. 173 vom 28. Juli 1914, Beilage.

rer parteipolitischen Lager. Arbeiterschaft und Bürgertum standen sich als Antagonisten gegenüber. Entsprechend dieser Wahrnehmung wurde in dem Artikel ideologisch an die Internationale der Arbeiterbewegung appelliert, nationale Töne als Mittel der gesellschaftlichen Verständigung wurden abgelehnt. Zweitens strich der Verfasser bürgerliche Ängste und Skepsis heraus; eine innerbürgerliche nationalistische Vergesellschaftung im Angesicht eines möglichen Krieges umfasste demnach nicht alle bürgerlichen Gruppen. Damit hing drittens zusammen, dass der Ausbruch an Kriegsbegeisterung auf radikalnationalistische Kreise und junge Rowdies eingeengt wurde. Die Beobachtung, dass vor allem Jugendliche und junge Männer sich dem rauschhaften nationalen Erleben hingaben, machten ebenfalls zahlreiche bürgerliche Blätter – nicht nur in Erfurt.[3] Demnach konnte von einer umfassenden Kriegsbegeisterung weder in den letzten Julitagen, noch in den ersten Augusttagen die Rede sein.[4]

Vor allem im Bildungsbürgertum, bei Intellektuellen und Künstlern gingen nationalistischer Taumel und Kriegsbegeisterung eine Symbiose ein, die in eine geradezu beängstigende Produktivität mündete. Aufrufe, Reden, Traktate, Essays, Kommentare ergossen sich über Publikum und Leserschaft. Rudolf Eucken, der in der Erfurter Kgl. Akademie der Wissenschaften schon Vorträge gehalten hatte, reiste mit seinen Kriegsreden durch das Land. Philosophieprofessor Ernst Troeltsch rief am Tag der Mobilmachung zu den Waffen, und Thomas Mann pries den Krieg als Katharsis.[5] Bei Erfurts Museumsdirektor Edwin Redslob siegte das Bedürfnis nach Gemeinschaft und Entindividualisierung über ein unbestimmtes Ahnen, dass der Krieg hierfür ein brutales Mittel darstelle: »Dieses Abschiednehmen von der Arbeit, auf die das Leben gestellt war, ist schwer, aber diese ganzen letzten Monate waren für mich nichts als ein Erleben, dass es Grösseres gibt, als das, was der Einzelne sich setzt, eine Absage an alles Egoistische und Selbstherrliche und eine Freude, an allen Dingen[,] die über den Individuen stehen. Und das, was die Massen davon erfassen und formen können, erleben wir nun in diesen Tagen und das ist gut, auch wenn so ein Krieg zunächst nur die roheste Form zu sein scheint«.[6]

Kriegsbegeisterung und das Verlangen nach volksgemeinschaftlichem Miteinander waren in den einzelnen Gesellschaftsgruppen des Kaiserreichs unterschiedlich ausgeprägt. Dennoch kann man die nationale Emphase dieser Tage und Wochen nicht auf einige wenige kernbürgerliche Gruppen einengen.

---

3 Diese Denkfigur der jugendlichen Unruhestifter hatte sich jedoch schon bei den Erfurter Krawallen des Jahres 1898 als fragwürdig erwiesen.

4 Vgl. *Verhey*, passim.

5 Vgl. *Flasch*, S. 15ff., 36ff.; *Beßlich*, S. 176ff.

6 Edwin Redslob an Adele Hampe, 7. August 1914, Germanisches Nationalmuseum Nürnberg, Nachlass E. Redslob, II C 4.

378

Auch große Teile der Sozialdemokratie und der Arbeiterschaft machten allen Massenkundgebungen gegen den Krieg und dem Appell an die Internationale des Proletariats zum Trotz deutlich, dass sie für das Deutsche Reich zu den Waffen greifen würden. Abgeschnitten von Informationen über die tiefe Verstrickung der deutschen Regierung in die Eskalationspolitik jener Julitage, erhielt die Staatsführung einen Vertrauensbonus, wie sie ihn von sozialdemokratischer Seite noch nie seit 1871 erfahren hatte.[7] Hinzu kam, dass die Regierung die in der Sozialdemokratie verbreiteten Klischees von der zaristischen Despotie bediente, um den Krieg gegen Russland zu legitimieren und sich der Unterstützung durch die Sozialdemokratie zu versichern. Heinrich Schulz brachte in einer Massenveranstaltung, die als Friedenskundgebung angekündigt war, am 30. Juli zum Ausdruck, dass »kein Sozialdemokrat daran denke, das Vaterland von Kosakenhorden zerstampfen zu lassen«.[8] Obwohl Schulz in dieser Rede ausführlich die Schrecken der »drohenden Katastrophe eines Weltkrieges« seinen Zuhörern ausgemalt hatte, verknüpfte sich die Friedensbotschaft mit Klischees (bürgerlicher) Kriegsreden, welche die Minderwertigkeit der deutschen Kriegsgegner herausstrichen.[9] Heinrich Schulz befand sich damit auf einer Linie mit Friedrich Stampfer, der mit seinem in der »Tribüne« veröffentlichten Artikel »Sein oder Nichtsein« auf der Klaviatur völkerpsychologischer Schwarz-Weiß-Malerei und Kriegshetze spielte: »[W]ir wollen nicht, dass unsere Frauen und Kinder Opfer kosakischer Bestialitäten werden«.[10]

Es bleibt die Frage, wie tief dieses Gedankengebräu in der Partei und in der Arbeiterschaft verwurzelt war. Sie lässt sich auch auf lokaler Ebene angesichts fehlender Quellen nicht beantworten. So wie Stampfer, Schulz und viele andere sozialdemokratische Führungspersönlichkeiten für den einen Pol standen, gab es jene, die den Krieg entschieden ablehnten und an die Solidarität der internationalen Sozialdemokratie glaubten.[11] Dazwischen bewegten sich die Vielen, hin und her gerissen zwischen ihren Loyalitäten, verwirrt über den Zusammenbruch ihres Wertesystems. Sicher ist nur das Resultat: Eine inter-

7 In der »Tribüne« wurde im Zusammenhang mit kriegshetzerischen Äußerungen des Erfurter »Allgemeinen Anzeigers« darauf hingewiesen, dass solche Artikel »den angestrengtesten aufrichtigen Friedensbemühungen der verantwortlichen Regierung, also des Kaisers und des Reichskanzlers, in die Arme« fallen würden (Tribüne, Nr. 177 vom 1. August 1914).

8 Tribüne, Nr. 177 vom 1. August 1914, Beilage.

9 *Flasch*, S. 88f.

10 Tribüne, Nr. 178 vom 2. August 1914 (Hervorhebung im Original). Der Artikel ist auf der Titelseite abgedruckt. Die SPD-Führung hatte den Artikel als zu radikal empfunden und »bat die Herausgeber der SPD-Blätter, ihn nicht zu verwenden« (*Verhey*, S. 41, Anm. 35). Siehe für Sachsen auch *Rudolph*, S. 96.

11 In Chemnitz ritzten vier Zimmerleute am 30. Juli, am Tag als in Erfurt Heinrich Schulz seine Kosakenhorden-Legitimation vorbrachte, eine Botschaft in eine Diele: »Am 30. Juli 1914. Wo wir jeden Tag gespannt sind, den Weltkrieg zu erwarten. Wir aber wollen keinen Krieg. Hoch lebe der Frieden, hoch lebe die internationale Sozialdemokratie!« (zit. n. *Schaller*, S. 348).

nationale Gemeinschaft der sozialdemokratischen Parteien über nationale Grenzen hinweg kam nicht zustande. Die Arbeiter gliederten sich in ihre nationalen Armeen ein: »Das Abschiednehmen, Tücherschwenken und ermunternde Zurufen nahm kein Ende. Und doch musste es sein, das Gebot der Pflicht ist stärker als die Bande der Familie und der Freundschaft«, hieß es in der sozialdemokratischen »Tribüne« am 4. August 1914.[12]

Dieses Bekenntnis zum Staat markierte jedoch keinesfalls den Schlusspunkt einer Integration in den Staat und in die Gesellschaft. Wie ambivalent die Situation auch nach dem Kriegsausbruch blieb, zeigen zwei Begebenheiten im August 1914. Am 24. August schrieb Generalmajor v. Fresenius vom Garnisonskommando an die Erfurter Provinzialregierung: »Während der Ereignisse der letzten Zeit ist das in unsere tüchtige Arbeiterschaft gesetzte Vertrauen von dieser in jeder Weise gerechtfertigt worden. Dieses Vertrauen darf auch in Zukunft durch nichts erschüttert werden«. Daher dürfe bei der »Werbung von Arbeitern und Arbeiterinnen für den Dienst [in] der Heeresverwaltung auf die Zugehörigkeit eines Teils der Arbeiterschaft zu gewissen Organisationen während des Friedenszustandes keine Rücksicht genommen werden«.[13] Dieser vertrauensbildenden Maßnahme ging ein diametral entgegengesetzter Schritt auf kommunalpolitischer Ebene voraus: Eine Petition des Erfurter sozialdemokratischen Vereins zur Einführung eines demokratischen Wahlrechts für die Stadtverordnetenwahlen wurde vom Magistrat abgelehnt.[14]

Das führt zurück zu den in der Einleitung gestellten beziehungsgeschichtlichen Fragen. Die vorliegende Arbeit hatte nach Kontakten, Kommunikation, Konflikten und Kultur innerhalb der großen Sozialgruppen von Bürgertum und Arbeiterschaft sowie nach den Wechselwirkungen zwischen ihnen gefragt. Der zentrale Begriff der Kontakte hat sich dabei bewährt. Einerseits erlaubte er die Auffächerung eines breiten Themenspektrums, um die städtische Gesellschaft Erfurts im Kaiserreich umfassend und differenziert zu beschreiben. Vor allem gelang es mit diesem Begriff, Arbeiterschaft und Bürgertum relativ gleichgewichtig zu erfassen. Das Manko von einseitig auf nur eine Sozialgruppe ausgerichteten Studien konnte auf diese Weise beseitigt werden. Andererseits barg der Begriff der Kontakte nicht nur eine ›Differenzierungs-

---

12 Tribüne, Nr. 179 vom 4. August 1914, Beilage.

13 Kgl. Garnisonskommando an Kgl. Regierung zu Erfurt, 24. August 1914, ThSTA Gotha, Regierung zu Erfurt, Nr. 504, Bl. 4.

14 Tribüne, Nr. 196 vom 23. August 1914, Beilage. Siehe auch »Tribüne« vom 2. August 1914: »[E]ins ist sicher: ... wenn Krieg und Blutvergießen vorbei ist, dann muss er [der Arbeiter], der Held und gefeierte Krieger von gestern, heute doch wieder im Fabriksaal stehen und alle Kümmernisse der kapitalistischen Fron wieder über sich ergehen lassen. Mancherlei Schutzwehren hat sich die Arbeiterschaft in langen kampfreichen Jahren errichtet, manche Waffen geschmiedet. *Lasst diese Dämme nicht verfallen!* Ihr braucht sie wieder, sie sind euch nötig, wie das liebe Brot, sobald das Wirtschaftsleben seinen normalen Gang wieder einschlägt« (Tribüne, Nr. 178 vom 2. August 1914, Beilage, Hervorhebung im Original).

funktion‹, sondern auch eine ›Deutungskompetenz‹ in sich. Er ist verschiedenen gesellschaftlichen Erklärungsmustern wie Milieu, Lager oder Klasse direkt oder indirekt inhärent und damit anschlussfähig.[15] Gleichzeitig erlaubte die Anpassung an das Webersche Klassenkonzept der Frage nachzugehen, welche Kontakte »typisch und leicht stattzufinden pflegten« und daraus Rückschlüsse über die Konstituierung, Reichweite und Zusammensetzung der Klassen zu ziehen.

Für die Arbeiterschaft seien vier Resultate hervorgehoben. *Erstens*: Die Frage nach der Konstituierung einer Arbeiterklasse kann sich nicht in einem Entweder – Oder von Durchsetzung der industriekapitalistischen Produktion sowie Lohnarbeit einerseits und Herausbildung urbaner Strukturen andererseits als entscheidende Grundimpulse erschöpfen. Beide Prozesse wirkten gleichermaßen auf diesen Konstituierungsprozess ein. Sie bedingten sich gegenseitig. Die Kontakte in der Nachbarschaft des Viertels erlangten ebensolches Gewicht wie diejenigen im Betrieb. Vor allem im Viertel ließen sich am Arbeitsplatz produzierte Differenzierungsprozesse überbrücken. Deutlich wurde aber auch, dass trotz dieser sich gegenseitig verstärkenden Kontaktdimensionen Teile der Arbeiterschaft nicht zwangsläufig den Weg zur Arbeiterbewegung fanden. Konkurrierende Deutungen und kulturelle Angebote standen zur Verfügung. Die zeitweise Stärke des Evangelischen Arbeitervereins in Erfurt ist hierfür ein eindruckvolles Beispiel. Außerdem zeigte die Arbeit, dass dem Bereich des (Partei)Politischen eine hohe Autonomie innerhalb des Arbeitermilieus zukam. Den Weg in die Gewerkschaften fanden unter Abwägung von Nutzen und Kosten, durch Intensivierung der Kommunikationsleistungen in den Betrieben (vor allem in der Schuhbranche) und unter dem Druck der sich dynamisierenden Mitgliederzahlen gegen Ende des Kaiserreichs über zehntausend Erfurter und Erfurterinnen. Dagegen erreichte die Sozialdemokratie nur ein knappes Drittel der Gewerkschaftsstärke. Ganze Arbeitergruppen wie die Gartenarbeiter und Gärtner standen zudem nur lose in Verbindung mit dem sozialdemokratischen Milieu, während sich die Arbeiter der Staatsbetriebe erzwungenermaßen fernhalten mussten, wollten sie ihre privilegierten Berufspositionen nicht verlieren.

Zweitens: Soziale Beziehungen in das Bürgertum blieben beschränkt. Typisch waren lediglich Kontakte in das Randbürgertum, wie sie in den Daten zum Heiratsverhalten, zur sozialen Mobilität und zur sozialen Zusammensetzung der einzelnen Stadtviertel zum Ausdruck kamen. Jenseits der Welt der kleinen Handwerksmeister und Kaufleute manifestierte sich jedoch eine klare Trennungslinie, die nur in Einzelfällen überschritten werden konnte. Diese Konstellation spiegelte sich auch im öffentlichen Leben der Vereine. Wie die

---

15 Die »Aggregationshöhe«, die Konzepten wie Klasse oder Milieu innewohnt, wird so auf eine operationalisierbare Ebene transformiert (vgl. zur Aggregationshöhe des Milieubegriffs *Rink*, S. 22f.).

Untersuchungen zu den Reichstagswahlen schließlich zeigten, fanden sich auch im Randbürgertum bei entsprechender Interessenwahrnehmung Wähler der Sozialdemokratie. Jedoch folgte daraus keine Integration in das entsprechende sozialdemokratische Lager. Hier wurden klare Abschottungstendenzen der Sozialdemokratie offensichtlich.

Drittens: Eingebettet in die bürgerliche Gesellschaft nahmen Arbeiterschaft und Arbeiterbewegung in unterschiedlicher Weise bürgerliche Werte und Deutungsmuster in sich auf. Bewusst wurde hier mit dem Verbürgerlichungsbegriff gearbeitet,[16] jedoch nicht im Sinn schlichter Übernahme bürgerlicher Kulturgüter und Leitvorstellungen, sondern im Sinn einer aktiven Aneignung und Transformation. Im Bereich der Hochkultur wurden unter anderem am Beispiel der Schiller-Verehrung gemeinsame Wurzeln mit der umgebenden »hegemonialen Kultur«, aber auch das offensichtlich Trennende deutlich. Außerdem nahmen Begriffe wie Disziplin, Bildung und Leistung im Selbstverständnis der Arbeiterbewegung einen zentralen Platz ein, die gleichzeitig Schlüsselbegriffe zum Verständnis des Bürgertums darstellten. Die Brückenkopffunktion der Arbeiterbewegung für die Arbeiterschaft zeichnete sich hier deutlich ab.[17] Gleichzeitig war das Feld der Kultur und Lebensweise gepflastert mit Unverständnis und Fehlschlüssen. Die Weitervermittlung bürgerlicher Hochkultur in die Arbeiterschaft blieb in Ansätzen stecken, ja, ging am Anspruch der Arbeiter vorbei. Von der Arbeiterbewegung wiederum wurden bürgerliche Verhaltensweisen in Teilen der (privilegierten) Arbeiterschaft wie etwa die Einrichtung einer »guten Stube« abgelehnt.

Viertens: Hierher gehört auch die Frage nach der Integration der Arbeiterschaft und Arbeiterbewegung in die Gesellschaft des Kaiserreichs. Trotz eines eigenen Vereinsnetzwerks, eigener Presse und offensichtlicher Lagerbildung auf der Ebene von Politik und Wahlen lebten die Sozialdemokratie und die Arbeiterschaft nicht in einer abgeschotteten Gegenwelt. Politisch-institutionell waren sie durch die Beteiligung an Arbeitsämtern, Krankenkassen, Gewerbegerichten und – in Erfurt spät – der Stadtverordnetenversammlung am Gestaltungsprozess der Gesellschaft beteiligt. Diese institutionelle Verankerung nahm im Verlauf des Kaiserreichs deutlich zu. Durch die staatlichen

16 Anders dagegen *Ullrich*, Großmacht, S. 305. Übertrieben zugespitzt findet sich die Verbürgerlichungsthese bei Adam, da er der Leipziger Arbeiterbewegung jede eigenständige Kulturentwicklung jenseits bürgerlicher Vorgaben abspricht (*Adam*, Arbeitermilieu; *ders.*, Wie bürgerlich). Auch wenn lokale Ergebnisse ohne Kenntnis der Situation vor Ort nur vorsichtig kritisiert werden können, dürften sich Schillerfeiern oder die Interpretation des Weihnachtsfestes in Leipzig kaum von den Erfurter Deutungsmustern unterschieden haben. Gerade diese Beispiele zeigten aber, dass Verbürgerlichung sich nicht in der Übernahme bürgerlicher Kulturwerke erschöpfte, sondern ihre Transformation einschloss.

17 Vgl. auch *Prüfer*, S. 347, der auf die »Notwendigkeit einer begrenzten Verbürgerlichung als Voraussetzung ›klassenbewusster‹ Überschreitung des bürgerlichen Modells« hinweist (mit Bezug auf Hartmut Zwahr).

Sozialisationsinstanzen von Schule und Militär bekamen die Arbeiter und ihre Kinder nationale Werte und Ideen vermittelt. Das unmissverständliche, wenn auch – wie eben gezeigt – keinesfalls kriegsbegeisterte Eintreten für das deutsche Kaiserreich war nicht das Augenblicksresultat der politischen Ereignisse des Hochsommers 1914, sondern langfristig entstanden.

Für das Bürgertums sei auf drei Resultate verwiesen. *Erstens*: Das inzwischen häufig anzutreffende Bild von Kern- und Randbürgertum, das in dieser Arbeit als analytische Untersuchungseinheit (in Verbindung mit dem Begriff des Mittelbürgertums) verwendet wurde, bestätigte sich. Der Kern aus Bildungs- und Wirtschaftsbürgertum zeichnete sich durch zahlreiche Verschränkungen und Kontakte sowohl auf der öffentlichen als auch auf der privaten Ebene ab. Auf politischem Gebiet behielt man nicht nur – wie in vielen anderen preußischen Städten – bei den Landtagswahlen, sondern auch auf kommunaler und Reichsebene (außer 1912) die Fäden in der Hand. Der Begriff einer kommunalen Elitenkonstanz ist daher durchaus angebracht. Für den Zusammenhalt des Bürgertums kam dementsprechend der Stadt mit ihren urbanen Strukturen eine entscheidende Rolle zu.[18] Im Gegensatz zur Arbeiterschaft, in der neben Urbanität die Arbeitsplatzsituation als zweite Grundbedingung für Konstituierungsprozesse unersetzlich war, stellte für das Bürgertum Urbanität die zentrale Voraussetzung für Konstituierungsprozesse dar. Neben diesen Verschränkungen wurden jedoch auch Unterschiede sichtbar, die es aus analytischer Sicht weiterhin sinnvoll erscheinen lassen, Wirtschafts- und Bildungsbürger nicht in der Kern-Metapher zu verschmelzen. Ausbildungs- und Berufswege verliefen höchst unterschiedlich, die materiellen Verhältnisse verschoben sich eindeutig immer weiter zugunsten des Wirtschaftsbürgertums, und auf der diskursiven Werteebene stand für das Bildungsbürgertum das ideelle Tun weit über wirtschaftsbürgerlichem Profitstreben. Zudem muss die starke Staatslastigkeit des Erfurter (Bildungs)Bürgertums hervorgehoben werden. Gewissermaßen erst durch die zahlreichen akademisch ausgebildeten Mitglieder der Kgl. Regierung, des Kgl. Gymnasiums, der Oberpostdirektion und der Eisenbahnverwaltung wurde das Erfurter Bildungsbürgertum zu einer sozialstatistisch messbaren Größe. Wie die Zusammensetzung der verschiedenen Vereine Erfurts zeigte, bildeten diese Beamten keinen Fremdkörper in der Stadt, sondern waren in die lokale Gesellschaft integriert.[19] Während die intensivsten Sozialkontakte, wie sie in Heiratskreisen und sozialer Mobili-

18 Siehe *Roth*, S. 658.
19 Die Hochachtung und Bedeutung der Beamtenschaft drückt sich symbolhaft auch im Erfurter Adressbuch aus. 1876 standen gewissermaßen in stadtbürgerlicher Eintracht und Gleichheit jene Einwohner Erfurts, die den gleichen Nachnamen trugen, alphabetisch nach Berufsangaben geordnet im Adressbuch. 1886 hatte man diese alphabetische Berufsgleichheit aufgegeben. Nun erschienen zuerst die Beamten mit gleichem Familiennamen, danach folgten erst alle weiteren Personen mit gleichem Nachnamen, die ihrerseits weiterhin nach Berufen alphabetisch verzeichnet waren. Dieses Ordnungsschema wurde beibehalten.

tät zum Ausdruck kommen, sich in Richtung des Mittelbürgertums wesentlich ausgeprägter darstellten als in das Randbürgertum, zeichneten sich im Verlauf des Kaiserreichs zunehmende Vereinnahmungsstrategien in der Vereinslandschaft ab, um das Randbürgertum enger an den Kern zu binden. Dem Vordringen der Sozialdemokratie in diese Sozialgruppen sollte damit ein Riegel vorgeschoben werden. Das war von bürgerlicher Seite eine Antwort auf den sozioökonomischen und kulturellen Wandel Erfurts von der Festungsstadt zur modernen Industrie- und Verwaltungsstadt.

Zweitens: Im Gegensatz zur Arbeiterschaft und Arbeiterbewegung fungierten Kultur und Deutungsmuster als Stabilisatoren zwischen den verschiedenen bürgerlichen Gruppen. Nationalbewusstsein, Lokalpatriotismus, protestantische Religion, monarchische Gesinnung bildeten eine gemeinsame Basis, die sich als tragfähig erwies. In Festen, bei Umzügen und Denkmalseinweihungen wurde der Bevölkerung, in jährlich wiederkehrenden Ansprachen zum Sedantag oder Kaisergeburtstag den Schülern diese Ideen eingeimpft. Hinzu kamen weitere Aspekte wie Leistungsethos oder das für das wirtschaftliche Wirken so zentrale Element der Selbstständigkeit, das sowohl für den kleinen Handwerksmeister als auch für den Fabrikanten eine Handlungsmaxime darstellte. Einzelne Stimmen, die sich etwa über die »Halbbildung« von Handwerksmeistertöchtern mokierten, ließen jedoch auch hier Bruchstellen zwischen den bürgerlichen Gruppen aufscheinen.

Drittens: Wenn man Bürgertum nicht nur als Sozialgruppe mit besonderem Ethos, sondern als eine durch zahlreiche Kontakte verknüpfte Gemeinschaft fassen möchte, dann ist dies nur möglich, indem man die Arbeiterschaft, vor allem die Sozialdemokratie als Gegenüber einbezieht. Das war ein einigendes Band, das den kleinen Kaufmann und Großfabrikanten ebenso umspannte wie den Angestellten und Gerichtspräsidenten.[20] Bestanden auf sozialer Ebene in Teilen des Randbürgertums durchaus Kontakte in die Arbeiterschaft und mochten im Konsumwahlkampf des Jahres 1903 Teile des Randbürgertums gewonnen werden, bedeutete dieses keine dauerhafte Bindung, geschweige denn eine Integration in das sozialdemokratische Milieu, da dem auch die ideologischen, marxistischen Geschichtsdeutungen (Zerfall des Mittelstands) entgegen standen.

Schließlich muss auf eine zentrale Gemeinsamkeit von Arbeiterschaft und Bürgertum verwiesen werden, wenn es um die Transformation von Strukturen, Erfahrungen und Ideen in politisches Handeln geht. Die Kommunikations- und Integrationsleistungen der Kommunikatoren und Milieuvermittler sind in allen Milieus zu greifen. Diese konnten auf bürgerlicher Seite von einer abstrakt gelebten Vermittlungsleistung – wie sie die Lucius-Familie in Erfurt darstellte – über die von Bildungsbürgern in den Vereinen gehaltenen

20 So auch für Erfurt *Raßloff*, S. 118.

Reden bis zur Verknüpfung kirchlicher und politischer Vereinstätigkeit eines Pastors Richard Bärwinkel reichen. Bei den Arbeitern erstreckte sich das Spektrum von den Führungspersönlichkeiten des sozialdemokratischen Vereins über die Redakteure der »Tribüne« bis zu jenen Gewerkschaftern, die unmittelbar vor Ort in den Betrieben die Arbeiter ansprachen, mobilisierten und Arbeiterhandeln kanalisierten.

Obwohl der Begriff der Kontakte den Blick vor allem auf die Vermittlungsebenen und Randzonen zwischen Arbeiterschaft und Bürgertum fokussiert, bleibt als zentrales Ergebnis die Existenz von stabilen Kernmilieus, die von Klassenspannungen gespeist und durch unterschiedliche Erfahrungsebenen im Betrieb, im Viertel und in der Öffentlichkeit und Politik kommuniziert und verstärkt wurden. Die Räume für Vermittlung und Zusammenarbeit existierten zwar, aber sie wurden nur von wenigen frequentiert; da sie zudem eng waren, hatten nicht viele Platz darin.[21] Insofern war Erfurt eine typisch preußische Stadt – gelegen in Thüringen.

---

21 Vgl. die entgegengesetzten Ergebnisse für Frankfurt am Main (*Roth*, S. 662) und München (*Pohl*, Arbeiterbewegung, S. 509ff.).

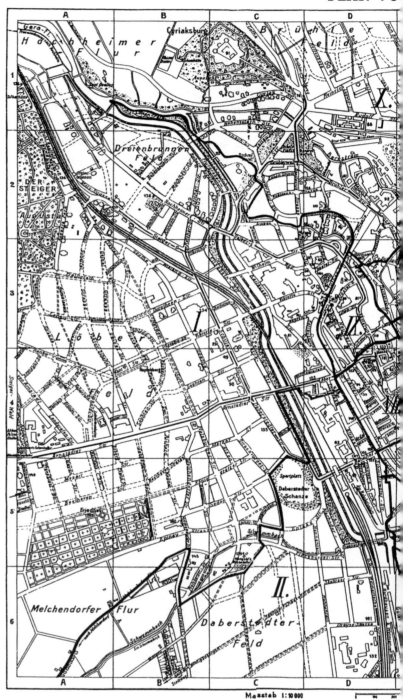

Masstab 1:10 000

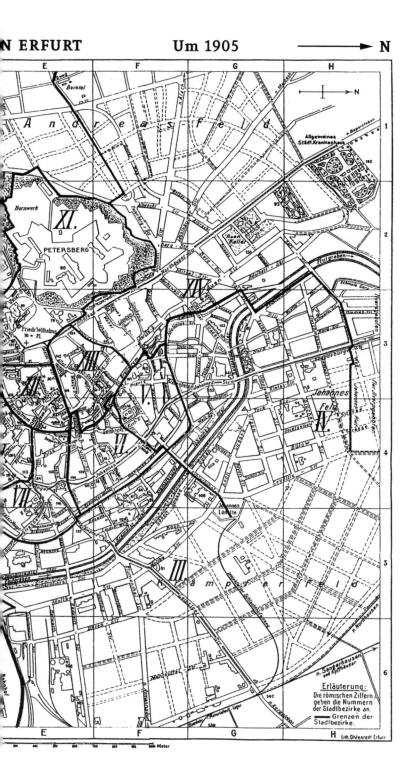

Abkürzungen

ADAV	Allgemeiner Deutscher Arbeiterverein
AdEK, MD	Archiv der Evangelischen Kirchenprovinz Sachsen, Magdeburg
ADGV	Allgemeiner Deutscher Gärtner-Verein
AfS	Archiv für Sozialgeschichte
AHR	American Historical Review
APuZ	Aus Politik und Zeitgeschichte. Beilage zu »Das Parlament«
GG	Geschichte und Gesellschaft
GStA PK	Geheimes Staatsarchiv Preußischer Kulturbesitz
GWU	Geschichte in Wissenschaft und Unterricht
HZ	Historische Zeitschrift
IWK	Internationale wissenschaftliche Korrespondenz zur Geschichte der deutschen Arbeiterbewegung
JfG	Jahrbuch für Geschichte
MEW	Marx-Engels Werke
Ms.	Manuskript
MVGAE	Mitteilungen des Vereins für die Geschichte und Altertumskunde von Erfurt
ND	Neudruck
N. F.	Neue Folge
NPL	Neue Politische Literatur
PP	Past & Present
PVS	Politische Vierteljahresschrift
RS	Rückseite
SDR	Statistik des deutschen Reiches
SFB	Sonderforschungsbereich
StAE	Stadtarchiv Erfurt
ThSTA Gotha	Thüringisches Staatsarchiv Gotha
UH/UHY	Urban History/Urban History Yearbook
VSWG	Vierteljahrschrift für Sozial- und Wirtschaftsgeschichte
ZDI	Zentralverband Deutscher Industrieller
ZfU	Zeitschrift für Unternehmensgeschichte
ZfVk	Zeitschrift für Volkskunde

Quellen- und Literaturverzeichnis

1. Archivalien und Periodika

1.1 Archivalien

Geheimes Staatsarchiv Preußischer Kulturbesitz (Merseburg)

Ministerium des Innern, Rep. 77
tit. 500 – Nr. 46 adh. 5, Bd. 1–3; CB S – Nr. 694 I; tit. 343 A – Nr. 152 adh. 33; tit. 506–4, Beiheft 2; tit. 1089–1; tit. 922–4, Bd. 1–9; tit. 922–4, adh. 4, Bd. 1; tit. 362–6

Ministerium für Handel u. Gewerbe, Rep. 120, BB
VII 1, Nr. 3 b, Bd. 1; VII 1, Nr. 11, Bd. 11; VII 1, Nr. 11 adh. 12, Bd. 2; VII 1, Nr. 133, Bd. 2; VII 1, Nr. 14 adh. 3a, Bd. 1

Justizministerium 2.5.1
Nr. 10089, 10090, 10103

Geheimes Staatsarchiv Preußischer Kulturbesitz (Dahlem)

Landwirtschaftsministerium, Rep. 87
Nr. 3349, Nr. 3350

Ministerium des Innern, Rep. 77
Nr. 1530, 1993

Thüringisches Staatsarchiv Gotha

Bestand: Regierung zu Erfurt

I. Präsidialbüro:
Nr. 7085, 7086, 8742, 8762

V. Polizeiliche Angelegenheiten:
Nr. 410, 411, 412, 413, 414, 415, 417, 436, 438, 440, 457, 458, 459, 460, 461, 462, 463,

464, 465, 466, 467, 470, 471, 472, 473, 474, 476, 477, 478, 479, 480, 481, 482, 483, 484, 485, 486, 487, 488, 489, 493, 494, 495, 497, 498, 499, 501, 504, 566, 567, 568, 575, 576, 577, 846, 847, 855, 857, 858, 863, 873, 1277, 1415, 1417, 1425, 1426, 1479, 1480, 1489, 1503, 1504, 7507, 7511, 8227, 10023

XII. Gewerbeangelegenheiten
Nr. 1326, 1552, 1553, 1554, 1863, 1864, 1865

XIII. Gewerbeaufsicht
Nr. 1564, 1576, 1597, 1598, 1599

Bestand: Gewerbeaufsichtsamt Erfurt

Nr. 21, 22, 36, 69, 101, 106, 114, 118, 120, 165, 224, 226, 228, 234, 236, 239, 232, 247, 253, 258, 262, 266

Stadtarchiv Erfurt

1–2/005–7, 1–2/005–8, 1–2/006–9, 1–2/006–18, 1–2/009–52, 1–2/009–60, 1–2/009–61, 1–2/009–62, 1–2/010–6, 1–2/030–5, 1–2/034–18351, 1–2/034–18352, 1–2/042–1, 1–2/042–4, 1–2/042–5, 1–2/042–8, 1–2/042–39, 1–2/042–52, 1–2/043–19, 1–2/049–1, 1–2/049–2, 1–2/049–3, 1–2/052–2, 1–2/052–11, 1–2/052–12, 1–2/052–20, 1–2/052–27, 1–2/052–33, 1–2/052–42, 1–2/052–43, 1–2/052–50, 1–2/120–1, 1–2/120–2, 1–2/120–3, 1–2/120–4, 1–2/120–5, 1–2/120–12, 1–2/124–1, 1–2/124–2, 1–2/124–3, 1–2/124–4, 1–2/124–5, 1–2/124–6, 1–2/124–7, 1–2/124–8, 1–2/124–9, 1–2/124–10, 1–2/124–11, 1–2/124–12, 1–2/124–13, 1–2/124–18, 1–2/124–19, 1–2/124–20, 1–2/124–22, 1–2/124–23, 1–2/124–24, 1–2/124–35, 1–2/124–36, 1–2/130–937, 1–2/130–451, 1–2/130–1476, 1–2/130–7614, 1–2/132–103, 1–2/154–1, 1–2/154–3, 1–2/200–342, 1–2/200–681, 1–2/201–1292, 1–2/201–8754, 1–2/206–3148, 1–2/206–3149, 1–2/209–654, 1–2/209–682, 1–2/209–1293, 1–2/220–8716, 1–2/220–8724, 1–2/232–2782, 1–2/232–4249, 1–2/234–8438, 1–2/235–8626, 1–2/436–5292, 1–2/464–869, 1–2/620–934, 1–2/520–321, 1–2/620–785, 1–2/620–246, 1–2/620–1526, 1–2/702–2, 1–2/704–739

3/111–5

5/110-B 3; 5/110-B5–2; 5/700–8; 5/700–10; 5/720–3; 5/721–1; 5/741–1; 5/741–35; 5/760–5, Bd. 2; 5/760–7, Bd. 3,4; 5/763–2; 5/781–1; 5/794–8, Bd. 2; 5/801 – L 5; 5//850–2, Bd. 2–4; 5/850–8; 5/850–9; 5/850–10; 5/851–1, Bd. 2; 5/851–1, Bd. 3; 5/851–1, Bd. 4; 5/851–5

1–3/Ilversgehofen 2/13; 1–3/Ilversgehofen 2/17

Bibliothek des Evangelischen Ministeriums Erfurt

Kirchenbücher Augustinerkirche: Trauungen 1875–1879, 1905–1909
Kirchenbücher Reglerkirche: Trauungen 1875–1879, 1905–1909
Kirchenbücher Thomaskirche: Trauungen 1875–1879, 1905–1909

Archiv der Evangelischen Kirche der Kirchenprovinz Sachsen, Magdeburg

Rep. B III 10; Rep. D L 383

Bistumsarchiv Erfurt

Abteilung III C 5; III C 7; III D 1; III F 1; III F 2; III F 4; III F 5

Ehemaliges Werksarchiv Robotron-Optima

Arbeitsordnung 1899 (in: Neues Werk, Nr. 11 vom 10. Juni 1982)
Gothsche, O: Die Königlichen Gewehrfabriken- Teil III: Die Gewehrfabrikation von der Übernahme durch den Staat bis zur Neuzeit 1851–1903, Berlin 1904
Grundrisse, Zeichnungen der Kgl. Gewehrfabrik Erfurt, o. O., o. J.

Bundesbahndirektion Erfurt: Reichsbahn-Archiv, Erfurt

A 2780; A 2790; A 2791; A 2347; G II b 94 I

Archiv des Germanischen Nationalmuseums, Nürnberg

Bestand: Nachlaß Edwin Redslob:
I B–198; I C 16; II C 1; II C 4

1.2 Periodika

a) Zeitungen

Allgemeiner Anzeiger für Stadt und Kreis Erfurt 1871, 1874, 1877–1879, 1881, 1884, 1887, 1890, 1893, 1898, 1903, 1907, 1912.
Arbeiter-Zeitung. Organ des Evangelischen Arbeitervereins Erfurt (Christlich-soziale Volkszeitung) 1893–1898.
Erfurter Tageblatt (Thüringer Post) 1880–1884.
Erfurter Tageblatt für Stadt und Kreis Erfurt. Unabhängiges Organ für städtische und ländliche Interessen 1892–1895.
Mittheilungen des Erfurter Wohnungsmiether-Vereins 1897–1906.
Thüringer Tribüne (Tribüne) 1893–1914.
Thüringer Volksblatt. Amtliches Kreisblatt für den Landkreis Erfurt 1893–1897.
Das alte Thüringer Volksblatt 1896–1898.
Thüringer Zeitung 1871, 1874, 1878, 1881, 1893, 1898, 1900, 1903, 1907, 1911, 1912.

b) Jahresberichte und sonstige Periodika

Kommunales Jahrbuch 1 (1908) – 6 (1913/14).
Jahrbücher der Königlichen Akademie gemeinnütziger Wissenschaften zu Erfurt N. F. III (1863) – XL (1914).
Jahres-Berichte des Gewerbe-Vereins zu Erfurt 1876–1914/15.
Jahresberichte des Gewerkschaftskartells/Arbeitersekretariats zu Erfurt 1905–1916.
Jahresberichte der Handelskammer Erfurt 1868–1913.
Jahresberichte der höheren Handels-Fach-Schule zu Erfurt 1876, 1878, 1879, 1883/84–1891.
Mittheilungen des Vereins für die Geschichte und Alterthumskunde von Erfurt 8. Heft (1877) – 51. Heft (1937).
Städt. Oberrealschule i. E. zu Erfurt. Jahresbericht über das Schuljahr 1904/05–1906/07, 1910/11–1914/15.
Kommunale Praxis. Zeitschrift für Kommunalpolitik und Gemeindesozialismus 1 (1901) – 14 (1914).
Programm des K. Gymnasiums, Erfurt 1883–1887.
Zu der öffentlichen Prüfung aller Klassen des K. Gymnasiums zu Erfurt ... ladet die Königlichen und Städtischen Obrigkeiten, die Geistlichkeit und Lehrer der Stadt, die Eltern und Pfleger der Schüler, desgleichen alle Gönner und Freunde des Schulwesens ehrerbietigst ein, Erfurt 1871–1882.
Schulnachrichten des Königlichen Gymnasiums zu Erfurt, Erfurt 1888–1915.
Verwaltungsberichte der Stadt Erfurt 1865–1912.

2. Gedruckte Quellen und Literatur

25 Jahre Handwerkskammer für den Regierungsbezirk Erfurt und den Kreis Herrschaft Schmalkalden, Erfurt 1925.

75 Jahre Versicherungsgesellschaft Thuringia Erfurt, Erfurt 1928.

Abrams, L., Freizeit, Konsum und Identität deutscher und britischer Arbeiter vor dem Ersten Weltkrieg, in: H. Siegrist u. a. (Hg.), Konsumgeschichte, S. 267–281.

Adam, T., Arbeitermilieu und Arbeiterbewegung in Leipzig 1871–1933, Köln 1999.

–, Wie bürgerlich war das sozialdemokratische Milieu?, in: T. Adam u. W. Bramke (Hg.), Milieukonzept, S. 30–42.

– u. Bramke, W. (Hg.), Milieukonzept und empirische Forschung, (comparativ 9, 1999, Heft 2), Leipzig 1999.

Adressbücher der Stadt Erfurt 1876–1912.

Albrecht, H., Bau von kleinen Wohnungen durch Arbeitgeber, Stiftungen, gemeinnützige Baugesellschaften und in eigener Regie der Gemeinden, in: Neue Untersuchungen über die Wohnungsfrage, 1901, Zweiter Bd., S. 1–85.

Alexander, M., Die Freikonservative Partei 1890–1918. Gemäßigter Konservatismus in der konstitutionellen Monarchie, Düsseldorf 2000.

Anderson, M. L., Practising Democracy. Elections and Political Culture in Imperial Germany, Princeton 2000.

Assion, P. (Hg.), Transformationen der Arbeiterkultur. Beiträge der 3. Arbeitstagung der Kommission »Arbeiterkultur« in der Deutschen Gesellschaft für Volkskunde, Marburg 1986.

Baader, O., Ein steiniger Weg. Lebenserinnerungen einer Sozialistin. Mit einem Vorwort von Marie Juchacz, Berlin 1979 (1931).

Bacci, M. L., Europa und seine Menschen. Eine Bevölkerungsgeschichte, München 1999.

Bade, K. J., Europa in Bewegung. Migration vom späten 18. Jahrhundert bis zur Gegenwart, München 2000.

Bäker, R., Bürgertum und Arbeiterfrage im 19. Jahrhundert. Analysen zu sozialpolitischen Zeitschriftenbeiträgen in der Phase der Hochindustrialisierung Deutschlands, Frankfurt am Main 1990.

Bärwinkel, R., Aus meinem Leben. Ein Beitrag zur Kirchengeschichte Erfurts in den letzten 40 Jahren, Erfurt 1909.

Banti, A. Mario, Der Verein, in: H.-G. Haupt (Hg.), Orte des Alltags, S. 105–110.

Bauer, F. J., Bürgerwege und Bürgerwelten. Familienbiographische Untersuchungen zum deutschen Bürgertum im 19. Jahrhundert, Göttingen 1991.

Baum, H., Zur Tätigkeit der sozialdemokratischen Abgeordneten in der Erfurter Stadtverordnetenversammlung 1911–1914, Diplomarbeit Karl-Marx-Universität Leipzig 1976 (Ms.).

Baum, K., Der Erfurter sozialdemokratische Ortsverein in den Jahren 1911–1914, Diplomarbeit Karl-Marx-Universität Leipzig 1976 (Ms.).

Bau-Polizeiverordnung für die Stadt Erfurt, Erfurt o. J. (1896).

Bausinger, H., »Verbürgerlichung« – Folgen eines Interpretaments, in: D. Langewiesche u. K. Schönhoven (Hg.), Arbeiter, S. 98–117.

Beckstein, H., Städtische Interessenpolitik. Organisation und Politik der Städtetage in Bayern, Preußen und im Deutschen Reich 1896–1923, Düsseldorf 1991.

Behnken, I. (Hg.), Stadtgesellschaft und Kindheit im Prozess der Zivilisation. Konfigurationen städtischer Lebensweisen zu Beginn des 20. Jahrhunderts, Opladen 1990.

Beier, R., Frauenarbeit und Frauenalltag im Deutschen Kaiserreich. Heimarbeiterinnen in der Berliner Bekleidungsindustrie, 1880–1914, Frankfurt am Main 1983.

Beilage zum Programm des Kgl. Gymnasiums zu Erfurt, Erfurt 1887.

Benl, R., Erfurt im Preußen des 19. Jahrhunderts, in: Königstreue und Revolution, S. 5–9.

Berding, H., Moderner Antisemitismus in Deutschland, Frankfurt am Main 1988.

Berghoff, H., Unternehmenskultur und Herrschaftstechnik. Industrieller Paternalismus: Hohner von 1857 bis 1918, in: GG, Jg. 23, 1997, S. 167–204.

Bergmann, J. u.a., Regionen im historischen Vergleich. Studien zu Deutschland im 19. und 20. Jahrhundert, Opladen 1989.

Berliner Geschichtswerkstatt (Hg.), Alltagskultur, Subjektivität und Geschichte. Zur Theorie und Praxis von Alltagsgeschichte, Münster 1994.

– (Hg.), August 1914. Ein Volk zieht in den Krieg, Berlin 1989.

Beßlich, B., Wege in den »Kulturkrieg«. Zivilisationskritik in Deutschland 1890–1914, Darmstadt 2000.

Best, H., Politische Regionen in Deutschland: Historische (Dis-)Kontinuitäten, in: D. Oberndörfer u. K. Schmitt (Hg.), Parteien und regionale politische Traditionen in der Bundesrepublik Deutschland, Berlin 1991, S. 39–64.

– (Hg.), Vereine in Deutschland. Vom Geheimbund zur freien gesellschaftlichen Organisation, Bonn 1993.

Beyer, F. C., Die volkswirtschaftliche und sozialpolitische Bedeutung der Einführung der Setzmaschine im Buchdruckgewerbe, Karlsruhe 1910.

Beyer, H., Arbeit steht auf uns´rer Fahne und das Evangelium. Sozialer Protestantismus und bürgerlicher Antisozialismus im Wuppertal 1890–1914, Reinbek 1985.

Biernacki, R., The fabrication of labor. Germany and Britain, 1640–1914, Berkeley 1995.

Blackbourn, D., German bourgeoisie: an introduction, in: D. Blackbourn u. R. J. Evans (Hg.), The German Bourgeoisie. Essays on the social history of the German middle class from the late eighteenth to the early twentieth century, London 1991, S. 1–45.

Blank, W., Die soziale Zusammensetzung der sozialdemokratischen Wählerschaft in Deutschland, in: Archiv für Sozialwissenschaft und Sozialpolitik, Jg. 20, 1905, S. 507–553.

Blaschke, K., Geschichtswissenschaft im SED-Staat. Erfahrungen eines bürgerlichen Historikers in der DDR, in: APuZ, B 17–18/92 vom 17. April 1992.

Bleek, S., Quartierbildung in der Urbanisierung. Das Münchener Westend 1890–1933, München 1991.

Blessing, W. K., Fest und Vergnügen der »Kleinen Leute«. Wandlungen vom 18. bis zum 20. Jahrhundert, in: R. v. Dülmen u. N. Schindler (Hg.), Volkskultur, S. 352–379.

Blossfeld, H.-P., Berufsverläufe und Arbeitsmarktprozesse. Ergebnisse sozialkultureller Längsschnittuntersuchungen, in: K. U. Mayer (Hg.), Lebensverläufe und sozialer Wandel, Opladen 1990, S. 118–145.

Blotevogel, H. H., Methodische Probleme der Erfassung städtischer Funktionen und funktionaler Städtetypen anhand quantitativer Analysen der Berufsstatistik 1907, in: W. Ehbrecht (Hg.), Städteforschung, S. 217–269.

– (Hg.), Kommunale Leistungsverwaltung und Stadtentwicklung vom Vormärz bis zur Weimarer Republik, Köln 1990.

Boch, R., Zunfttradition und frühe Gewerkschaftsbewegung, in: U. Wengenroth (Hg.), Selbständigkeit, S. 37–69.

Bock, W., Im Dienste der Freiheit. Freud und Leid aus sechs Jahrzehnten Kampf und Aufstieg, Berlin 1927.

Böhret C. u. a., Innenpolitik und politische Theorie. Ein Studienbuch, Opladen 1982.

Boll, F., Arbeitskampf und Region. Arbeitskämpfe, Tarifverträge und Streikwellen im regionalen Vergleich 1871–1914, in: G. A. Ritter u. E. Müller-Luckner (Hg.), Aufstieg, S. 379–414.

–, Arbeitskämpfe und Gewerkschaften in Deutschland, England und Frankreich. Ihre Entwicklung vom 19. zum 20. Jahrhundert, Bonn 1992.

–, Verlust vergleichender Deutungsfähigkeit? Bemerkungen zu einigen Neuerscheinungen komparativer Sozial- und Arbeiterbewegungsgeschichtsschreibung, in: AfS, Jg. 28, 1988, S. 426–432.

Bollenbeck, G., Bildung und Kultur. Glanz und Elend eines deutschen Deutungsmusters, Frankfurt am Main 1994.

Bolte, K. M. u. Recker, H., Vertikale Mobilität, in: Handbuch der empirischen Sozialforschung Bd. 5: Soziale Schichtung und Mobilität, hg. v. René König, München 1976, S. 40–103.

Bornberg, K., Mein Leben – ein Stück Kampf in der Arbeiterbewegung, (Ms. in StAE 5/350-B 3).

Braun, R., Die Fabrik als Lebensform, in: R. v. Dülmen u. N. Schindler (Hg.), Volkskultur, S. 299–351.

Brakensiek, S. u.a. (Hg.), Kultur und Staat in der Provinz. Perspektiven und Erträge der Regionalgeschichte, Bielefeld 1992.

Breslau, R., Statistische Mittheilungen aus dem Stadtkreise Erfurt im Anschluss an die Volks- und Gewerbezählung vom 1. December 1875 und unter vorzugsweiser Berücksichtigung der Jahre 1873–1875. Nach amtlichen Quellen bearbeitet von Breslau, Oberbürgermeister. Nebst einem Anhang: Nachweisung der in der Stadt Erfurt befindlichen Bau- und Kunst-Denkmäler aus der Zeit bis zur Mitte des 17ten Jahrhunderts, Erfurt 1878 (in: StAE 3/311–1).

Breuilly, J., Arbeiteraristokratie in Großbritannien und Deutschland. Ein Vergleich, in: U. Engelhardt (Hg.), Handwerker, S. 497–527.

–, The Elusive Class. Some Critical Remarks on the Historiography of the Bourgeoisie, in: AfS, Jg. 38, 1998, S. 385–395.

–, The Making of the German Working Class, in: AfS, Jg. 27, 1987, S. 534–552.

–, Von den Unterschichten zur Arbeiterklasse. Deutschland 1800–1875, in: GG, Jg. 20, 1994, S. 251–273.

Bruch, R. v., Bürgerliche Sozialreform im deutschen Kaiserreich, in: ders. (Hg.), Weder Kommunismus, S. 61–179.

–, »Weder Kommunismus noch Kapitalismus«. Bürgerliche Sozialreform in Deutschland vom Vormärz bis zur Ära Adenauer, München 1985.

Bruckmüller, E. u. Stekl, H., Zur Geschichte des Bürgertums in Österreich, in: J. Kocka u. U. Frevert (Hg.), Bürgertum, Bd. 1, S. 160–192.

Brünnert, G., Uebersicht der Geschichte des Kgl. Gymnasiums zu Erfurt von 1870–1896, nebst einem Verzeichnis der Abiturienten von 1870 an, in: Kgl. Gymnasium. Festschrift des Lehrerkollegiums des Königl. Gymnasiums zu Erfurt zur Feier der Einweihung des neuen Gymnasialgebäudes am 3. Juli 1896, Erfurt 1896.

Budde, G.-F., Auf dem Weg ins Bürgerleben. Kindheit und Erziehung in deutschen und englischen Bürgerfamilien 1840–1914, Göttingen 1994.

–, Bürgerinnen in der Bürgergesellschaft, in: P. Lundgreen (Hg.), Sozial- und Kulturgeschichte, S. 249–271.

–, Das Dienstmädchen, in: U. Frevert u. H.-G. Haupt (Hg.), Mensch, S. 148–175.

–, Das Öffentliche des Privaten. Die Familie als zivilgesellschaftliche Kerninstitution, in: A. Bauerkämper (Hg.), Die Praxis der Zivilgesellschaft. Akteure, Handeln und Strukturen im internationalen Vergleich, Frankfurt am Main 2003, S. 57–75.

Canning, K., Gender and the Politics of Class Formation. Rethinking German Labor History, in: AHR, Jg. 97, 1992, S. 736–768.

–, Languages of Labor and Gender. Female Factory Work in Germany, 1850–1914, Ithaca 1996.

Chickering, R., Eine normale, ambivalente Geschichte. Zu Thomas Nipperdeys Kaiserreich, in: NPL, Jg. 38, 1993, S. 81–85.

–, We Men Who Most Feel German. A Cultural Study of the Pan-German League 1886–1914, London 1984.

Conze, W. u. Engelhardt, U. (Hg.), Arbeiter im Industrialisierungsprozess. Herkunft, Lage und Verhalten, Stuttgart 1979.

– u. Engelhardt, U. (Hg.), Arbeiterexistenz im 19. Jahrhundert. Lebensstandard und Lebensgestaltung deutscher Arbeiter und Handwerker, Stuttgart 1981.

Crew, D. F., Bochum. Sozialgeschichte einer Industriestadt 1850–1914, Frankfurt am Main 1980.

Croon, H., Das Vordringen der Parteien im Bereich der kommunalen Selbstverwaltung, in: ders. u. a., Kommunale Selbstverwaltung im Zeitalter der Industrialisierung, Stuttgart 1971, S. 15–54.

Dann, O. (Hg.), Vereinswesen und bürgerliche Gesellschaft in Deutschland, München 1984.

Dahrendorf, R., Soziale Klassen und Klassenkonflikt in der industriellen Gesellschaft, Stuttgart 1957.

Daniel, U., Clio unter Kulturschock. Zu den aktuellen Debatten der Geschichtswissenschaft, in: GWU, Jg. 48, 1997, S. 195–218, 259–278.

Dasey, R., Womens´ work in the family. Woman garment workers in Berlin and Hamburg before the first world war, in: R. J. Evans u. W. R. Lee (Hg.), The German Family. Essays on the social history of the family in the nineteenth and twentieth century Germany, London 1981, S. 221–255.

Denkschrift über die Erfurter Schulverhältnisse. Die Grund- und Oberschulen und ihre Schulgebäude, Erfurt 1949 (in: StAE 1–2/200–6681).

Desai, A. V., Real Wages in Germany 1871–1918, Oxford 1969.

Ditt, K., Fabrikarbeiter und Handwerker im 19. Jahrhundert in der neueren deutschen Sozialgeschichtsschreibung. Eine Zwischenbilanz, in: GG, Jg. 20, 1994, S. 299–320.

–, Industrialisierung, Arbeiterschaft und Arbeiterbewegung in Bielefeld 1850–1914, Dortmund 1982.

Döcker, U., Die Ordnung der bürgerlichen Welt. Verhaltensideale und soziale Praktiken im 19. Jahrhundert, Frankfurt am Main 1994.

Dolleney, G., Über die Entwicklung der Arbeiterturn- und Sportbewegung in Erfurt von der Gründung des Arbeiterturnvereins Erfurt im Jahre 1893 bis zum illegalen Kampf der Erfurter Sportler in der Zeit des Hitlerfaschismus, Diplomarbeit, Deutsche Hochschule für Körperkultur Leipzig 1958 (Ms.).

Dowe, D. (Hg.), Erhebungen von Wirtschaftsrechnungen minderbemittelter Familien im Deutschen Reiche. Bearbeitet im Kaiserlichen Statistischen Amte für Arbeiterstatistik, Berlin 1909; 320 Haushaltsrechnungen von Metallarbeitern. Bearbeitet und hrsg. vom Vorstand des Deutschen Metallarbeiter-Verbandes, Stuttgart 1909, ND Berlin 1981.

– u. a. (Hg.), Parteien im Wandel. Vom Kaiserreich zur Weimarer Republik. Rekrutierung – Qualifizierung – Karrieren, München 1999.

Dräger, H., Die Gesellschaft für Verbreitung von Volksbildung. Eine historisch-problemgeschichtliche Darstellung von 1871–1914, Stuttgart 1975.

Drechsler, I., Die Magdeburger Sozialdemokratie vor dem Ersten Weltkrieg. Diss. PH Magdeburg 1992.

Düding, D., Der Nationalsoziale Verein 1896–1903. Der gescheiterte Versuch einer parteipolitischen Synthese von Nationalismus, Sozialismus und Liberalismus, München 1972.

Dülmen, R. v. u. Schindler, N. (Hg.), Volkskultur. Zur Wiederentdeckung des vergessenen Alltags (16.–20. Jahrhundert), Frankfurt am Main 1984.

Dyck, K. u. Jost-Krüger, J., Unsrer Zukunft eine Gasse! Eine Lokalgeschichte der Bremer Maifeiern, in: I. Marßolek (Hg.), 100 Jahre Zukunft, S. 191–257.

Ehbrecht, W. (Hg.), Voraussetzungen und Methoden geschichtlicher Städteforschung, Köln 1979.

Ehmer, J., Heiratsverhalten, Sozialstruktur, ökonomischer Wandel: England und Mitteleuropa in der Formationsperiode des Kapitalismus, Göttingen 1991.

–, Soziale Traditionen in Zeiten des Wandels. Arbeiter und Handwerker im 19. Jahrhundert, Frankfurt am Main 1994.

– u. a. (Hg.), Historische Familienforschung. Ergebnisse und Kontroversen. Michael Mitterauer zum 60. Geburtstag, Frankfurt am Main 1997.

Ehrentafel der ehemaligen Lehrer und Schüler, (Erfurt 1919).

Eisfeld, G. u. Koszyk, K., Die Presse der deutschen Sozialdemokratie. Eine Bibliographie, Bonn 1980.

Eisenberg, C., Arbeiter, Bürger und der »bürgerliche Verein« 1820–1870. Deutschland und England im Vergleich, in: J. Kocka u. U. Frevert (Hg.), Bürgertum, Bd. 2, S. 187–219.

–, Deutsche und englische Gewerkschaften. Entstehung und Entwicklung bis 1878 im Vergleich, Göttingen 1986.

Ellermeyer, J. u. a. (Hg.), Harburg. Von der Burg zur Industriestadt. Beiträge zur Geschichte Harburgs 1288–1938, Hamburg 1988.

Emig, B., Die Veredelung des Arbeiters. Sozialdemokratie als Kulturbewegung, Frankfurt am Main 1980.

Engelhardt, U. (Hg.), Handwerker in der Industrialisierung. Lage, Kultur und Politik vom späten 18. bis ins frühe 20. Jahrhundert, Stuttgart 1984.

Engeli, C. u. Matzerath, H. (Hg.), Moderne Stadtgeschichtsforschung in Europa, USA und Japan. Ein Handbuch, Stuttgart 1989.

Erfurt in alten und neuen Reisebeschreibungen. Ausgewählt von Jork Arlt, Düsseldorf 1991.

Erfurt und Thüringen. Die Interessen der Stadt Erfurt bei der Neuordnung des Reiches, Erfurt 1930.

Ermittlungen der Wohnungsverhältnisse der Stadt Erfurt gelegentlich der am 1. Dezember 1905 stattgefundenen Volkszählung, Erfurt o. J., (in: StAE 3/311–6).

Ernst, H., Die wirtschaftliche Entwicklung der Stadt Erfurt bis zur Reichsgründung, Leipzig 1926.

Euchner, W., Ideengeschichte des Sozialismus in Deutschland. Teil I, in: H. Grebing (Hg.), Geschichte der sozialen Ideen, S. 13–350.

Evans, R. J., Kneipengespräche im Kaiserreich. Stimmungsberichte der Hamburger Politischen Polizei 1892–1914, Reinbek bei Hamburg 1989.

–, Proletarians and politics. Socialism, protest and the working class in Germany before the First World War, New York 1990.

Falter, J. W., Neue Studien zum Wahlverhalten zwischen Kaiserreich und Weimarer Republik, in: AfS, Jg. 28, 1988, S. 489–496.

Festschrift zum 350jährigen Jubiläum des Königl. Gymnasiums zu Erfurt 1911, Erster Teil, Erfurt o. J. (1911).

Festschrift zur Feier des fünfzigjährigen Bestehens des Königlichen Realgymnasiums zu Erfurt 1894, Erfurt 1894.

Offizielle Fest-Zeitung zum Andenken an die 100jährige Wiederkehr der Zugehörigkeit Erfurts zu Preußen, Erfurt 21. August 1902.

Fiedler, K., Es war einmal! Eine wahre Lebensgeschichte eines Bäckermeisters, Metz 1926.

Fischer, I., Industrialisierung, sozialer Konflikt und politische Willensbildung in der Stadtgemeinde. Ein Beitrag zur Sozialgeschichte Augsburgs 1840–1914, Augsburg 1977.

Fischer, W., Soziale Unterschichten im Zeitalter der Frühindustrialisierung, in: ders., Wirtschaft, S. 242–257.

–, Wirtschaft und Gesellschaft im Zeitalter der Industrialisierung. Aufsätze – Studien – Vorträge, Göttingen 1972.

– u. Simsch, A., Industrialisierung in Preussen. Eine staatliche Veranstaltung?, in: Süß, Werner (Hg.), Übergänge. Zeitgeschichte zwischen Utopie und Machbarkeit. Beiträge zu Philosophie, Gesellschaft und Politik. Hellmuth G. Bütow zum 65. Geburtstag, Berlin 1990, S. 103–122.

Flasch, K., Die geistige Mobilmachung. Die deutschen Intellektuellen und der Erste Weltkrieg. Ein Versuch, Berlin 2000.

Fleischmann-Bisten, W., Der Evangelische Bund in Erfurt, in: U. Weiß (Hg.), Erfurt, 1992, S. 563–580.

François, E. u. a. (Hg.), Nation und Emotion. Deutschland und Frankreich im Vergleich. 19. und 20. Jahrhundert, Göttingen 1995.

Francke, E., Die Hausindustrie in der Schuhmacherei Deutschlands, in: Hausindustrie und Heimarbeit LXXXVII, 1899, S. 21–53.

Franke, B., Die Kleinbürger. Begriff, Ideologie, Politik, Frankfurt am Main 1988.

Franzos, K. E., Reise- und Kulturbilder, in: Erfurt in alten und neuen Reisebeschreibungen, S. 164–201 (1901).

Frevert, U., Bürgertumsgeschichte als Familiengeschichte, in: GG, Jg. 16, 1990, S. 491–501.

–, Männergeschichte oder die Suche nach dem ›ersten‹ Geschlecht, in: M. Hettling u. a. (Hg.), Was ist Gesellschaftsgeschichte, S. 31–45.

– u. Haupt, H.-G. (Hg.), Der Mensch des 19. Jahrhunderts, Frankfurt am Main 1999.

Fricke, D., Die Entwicklung und Ausbreitung der Parteiorganisation der deutschen Sozialdemokratie 1875–1914. Probleme ihrer weiteren Erforschung und Darstellung, in: G. A. Ritter u. E. Müller-Luckner (Hg.), Aufstieg, S. 145–160.

–, Handbuch zur Geschichte der deutschen Arbeiterbewegung 1869 bis 1917 in zwei Bänden, Berlin (Ost) 1987.

–, »Große Auswahl neuester Crawatten in roth zur Maifeier«, in: I. Marßolek (Hg.), 100 Jahre Zukunft, S. 103–118.

Fridenson, P., Herrschaft im Wirtschaftsunternehmen. Deutschland und Frankreich 1880–1914, in: J. Kocka u. U. Frevert (Hg.), Bürgertum, Bd. 2, S. 65–91.

Friedrich, J., Stadtsoziologie, Opladen 1988.

Fritz, J., Der Kost- und Logiszwang im Gärtnerei-Beruf. Bilder aus dem Leben der arbeitnehmenden Gärtner Deutschlands, Berlin 1912.

Fritzsche, B., Mobilität im Stadtviertel. Zürich um 1870, in W. Hardtwig u. K. Tenfelde (Hg.), Soziale Räume, S. 193–216.

Kleiner Führer durch Erfurt. Hrsg. von der Erfurter-Verkehrs-Kommission (bearbeitet von Max Timpel), Erfurt o. J. (1908).

Neuer Führer durch Erfurt mit geschichtlichem Überblick. Illustrationen und Stadtplan nebst Straßen-Verzeichnis, Erfurt 1897.

Gall, L., Bürgertum in Deutschland, Berlin 1989.

– (Hg.), Bürgertum und bürgerlich-liberale Bewegung in Mitteleuropa seit dem 18. Jahrhundert, München 1997.

– (Hg.), Stadt und Bürgertum im 19. Jahrhundert. München 1990.

–, Stadt und Bürgertum im 19. Jahrhundert. Ein Problemaufriss, in: ders. (Hg.), Stadt und Bürgertum, 1990, S. 1–18.

– (Hg.), Stadt und Bürgertum im Übergang von der traditionalen zur modernen Gesellschaft, München 1993.

Gawatz, A., Wahlkämpfe in Württemberg. Landtags- und Reichstagswahlen beim Übergang zum politischen Massenmarkt (1889–1912), Düsseldorf 2001.

Gedenkschrift zum 25jährigen Bestehen des Ortsvereins Erfurt des Verbandes der Deutschen Buchdrucker 1883–1908, Erfurt 1908.

Geiger, T., Arbeiten zur Soziologie. Methoden – Moderne Großgesellschaft – Rechtssoziologie – Ideologiekritik, Neuwied 1962.

–, Zur Kritik der Verbürgerlichung, in: Die Arbeit, Jg. 8, 1931, S. 334–353.

–, Die soziale Schichtung des deutschen Volkes. Soziograhischer Versuch auf statistischer Grundlage, ND Darmstadt 1972 (Stuttgart 1932).

Georges, D., Die Interessenpolitik des Handwerks im Deutschen Kaiserreich im Vergleich, in: M. Hettling (Hg.), Gesellschaftsgeschichte, 1991, S. 188–197.

Die Geschichte der freiwilligen Turner-Feuerwehr zu Erfurt von 1862–1912. Festschrift zur 50jähr. Jubelfeier. Im Auftrage des Kommandos zusammengestellt von W. Genzel/W. Rettig, Erfurt o. J (1912).

Gestrich, A., Geschichte der Familie im 19. und 20. Jahrhundert, München 1999.

Giesselmann, W., Protest als Gegenstand sozialgeschichtlicher Forschung, in: W. Schieder u. V. Sellin (Hg.), Sozialgeschichte III, S. 50–77.

Glaser, H., Bildungsbürgertum und Nationalismus. Politik und Kultur im Wilhelminischen Deutschland, München 1993.

Glück-Christmann, C., Familienstruktur und Industrialisierung. Der Wandlungsprozess der Familie unter dem Einfluss der Industrialisierung und anderer Modernisierungsfaktoren in der Saarregion 1800–1914. Frankfurt am Main 1993.

Goch, S., Sozialdemokratische Arbeiterbewegung und Arbeiterkultur im Ruhrgebiet. Eine Untersuchung am Beispiel Gelsenkirchens 1848–1975, Düsseldorf 1990.

Gosewinkel, D., Einbürgern und Ausschließen. Die Nationalisierung der Staatsangehörigkeit vom Deutschen Bund bis zur Bundesrepublik Deutschland, Göttingen 2001.

Gotthardt, C., Industrialisierung, bürgerliche Politik und proletarische Autonomie. Voraussetzungen und Varianten sozialistischer Klassenorganisationen in Nordwestdeutschland 1863 bis 1875, Bonn 1992.

Grandke, H., Berliner Kleiderkonfektion, in: Hausindustrie und Heimarbeit LXXXV, 1899, S. 129–389.

Grebing, H., Arbeiterbewegung. Sozialer Protest und kollektive Interessenvertretung bis 1914, München 1987[2].

–, Die deutsche Arbeiterbewegung zwischen Revolution, Reform und Etatismus, Mannheim 1993.

– (Hg.), Geschichte der sozialen Ideen in Deutschland. Sozialismus – Katholische Soziallehre – Protestantische Sozialethik. Ein Handbuch, Essen 2000.

–, Der Revisionismus. Von Bernstein bis zum »Prager Frühling«, München 1977.

– u. a. (Hg.), Demokratie und Emanzipation zwischen Saale und Elbe. Beiträge zur Geschichte der sozialdemokratischen Arbeiterbewegung bis 1933. Essen 1993.

400

Grießinger, A., Das symbolische Kapital der Ehre. Streikbewegungen und kollektives Bewusstsein deutscher Handwerksgesellen im 18. Jahrhundert, Berlin 1981.

Grießmer, A., Massenverbände und Massenparteien im wilhelminischen Reich. Zum Wandel der Wahlkultur 1903–1912, Düsseldorf 2000.

Groh, D., Emanzipation und Integration. Beiträge zur Sozial- und Politikgeschichte der deutschen Arbeiterbewegung und des 2. Reichs, Konstanz 1999.

–, Negative Integration und revolutionärer Attentismus. Die deutsche Sozialdemokratie am Vorabend des Ersten Weltkrieges, Frankfurt am Main 1973.

– u. Brandt, P., »Vaterlandslose Gesellen«. Sozialdemokratie und Nation 1860–1990, München 1992.

Groschopp, H., Beredsamkeit und Kurzweil. Historische Skizzen zu Unterhaltung und Arbeiterpresse, in: D. Kift (Hg.), Kirmes, S. 147–168.

–, Zwischen Bierabend und Bildungsverein. Zur Kulturarbeit in der deutschen Arbeiterbewegung vor 1914, Berlin(-Ost) 1985.

Grüttner, M., Arbeitswelt an der Wasserkante. Sozialgeschichte der Hamburger Hafenarbeiter, Göttingen 1984.

Gutsche, W., Geschichte des Erfurter Gartenbaus, Erfurt 1992.

–, Die Geschichte der Erfurter Straßenbahn, Erfurt 1991.

– (Hg.), Geschichte der Stadt Erfurt. Hrsg. im Auftrag des Rates der Stadt Erfurt von Willibald Gutsche. Zweite, überarbeitete Auflage, Weimar 1989².

–, Übergang zum Imperialismus und Erster Weltkrieg (1897/98 bis 1917), in: ders. (Hg.), Geschichte, 1989.

–, Die Veränderungen der Wirtschaftsstruktur und der Differenzierungsprozess innerhalb des Bürgertums der Stadt Erfurt in den ersten Jahren der Herrschaft des Imperialismus (Ende des 19. Jahrhunderts bis 1914), in: JfG, Jg. 10, 1974, S. 334–371.

Habermas, J., Strukturwandel der Öffentlichkeit. Untersuchungen zu einer Kategorie der bürgerlichen Gesellschaft, Neuwied/Berlin 1975⁷ (1962).

Häupel, B., Die Bildung des Landes Thüringen. Staatsbildung und Reformgeschichte 1918–1923, Weimar 1995.

Hagans, F., Johann Friedrich Brandt (1808–1871) – Ein Pionier des Schwermaschinenbaus in Erfurt, in: Aus der Vergangenheit der Stadt Erfurt, N. F. Heft 7, 1989, S. 31ff.

Hagen, L., Antwort auf die Preisfrage: »Wie lässt sich die Erziehung der weiblichen Jugend in den höheren Berufsklassen unseres Volkes vom 15. bis zum 22. Lebensjahr am zweckmässigsten gestalten?«, in: Jahrbücher der Kgl. Akademie, N. F. Heft XXIII, Erfurt 1897, S. 1–44.

Hahn, H.-W., Bürgertum in Thüringen im 19. Jahrhundert. Forschungsdesiderate und Forschungskonzepte, in: ders. u. a. (Hg.), Bürgertum, S. 7–26.

–, Zwischen Mainzer Rad und preußischem Adler. Sebastian Lucius und der Aufstieg einer Erfurter Bürgerfamilie, in: ders. u. a. (Hg.), Bürgertum, S. 165–184.

– u. a. (Hg.), Bürgertum in Thüringen. Lebenswelt und Lebenswege im frühen 19. Jahrhundert, Rudolstadt 2001.

Handbuch der deutschen Bildungsgeschichte. Bd. IV: 1870–1918. Von der Reichsgründung bis zum Ende des Ersten Weltkriegs, hg. v. Christa Berg, München 1991.

Handl, J., Sozio-ökonomischer Status und der Prozess der Statuszuweisung – Entwicklung und Anwendung einer Skala, in: ders. u. a., Klassenlagen und Sozialstruktur. Empirische Untersuchungen für die Bundesrepublik Deutschland, Frankfurt am Main 1977, S. 101–153.

Hardtwig, W., Alltagsgeschichte heute, Eine kritische Bilanz, in: W. Schulze (Hg.), Sozialgeschichte, Alltagsgeschichte, Mikro-Historie, Göttingen 1994, S. 19–32.

–, Bürgertum, Staatssymbolik und Staatsbewusstsein im Deutschen Kaiserreich 1871–1914, in: GG, Jg. 16, 1990, S. 269–295.

–, Großstadt und Bürgerlichkeit in der politischen Ordnung des Kaiserreichs, in: Gall (Hg.), Stadt und Bürgertum, 1990, S. 19–64.

– u. Brandt, H.-H. (Hg.), Deutschlands Weg in die Moderne. Politik, Gesellschaft und Kultur im 19. Jahrhundert, München 1993.

– u. Wehler, H.-U. (Hg.), Kulturgeschichte heute, Göttingen 1996.

– u. Tenfelde, K. (Hg.), Soziale Räume in der Urbanisierung. Studien zu München im Vergleich 1850 bis 1933, München 1990.

Hareven, T. K., Familie, Lebenslauf und Sozialgeschichte, in: J. Ehmer (Hg.), Familienforschung, S. 17–37.

Hartung, A., Zwei Reden zur Feier des Geburtstages sr. Majestät des Kaisers und Königs, in: Programm des Kgl. Gymnasiums, Erfurt 1885.

Haupt, H., Die Erfurter Kunst- und Handelsgärtnerei in ihrer geschichtlichen Entwicklung und Bedeutung, Jena 1908.

Haupt, H.-G., Kleine und große Bürger in Deutschland und Frankreich am Ende des 19. Jahrhunderts, in: J. Kocka u. U. Frevert (Hg.), Bürgertum, Bd. 2, S. 252–275.

– (Hg.), Orte des Alltags. Miniaturen aus der europäischen Kulturgeschichte, München 1994.

–, Zur gesellschaftlichen Bedeutung des Kleinbürgertums in westeuropäischen Gesellschaften des 19. Jahrhunderts, in: GG, Jg. 16, 1990, S. 292–317.

– u. Crossick, G., Die Kleinbürger. Eine europäische Sozialgeschichte des 19. Jahrhunderts, München 1998.

– u. Tacke, C., Die Kultur des Nationalen. Sozial- und kulturgeschichtliche Ansätze bei der Erforschung des europäischen Nationalismus, in: W. Hardtwig u. H.-U. Wehler (Hg.), Kulturgeschichte heute, S. 255–283.

Hausen, K., Die Polarisierung der ›Geschlechtercharaktere‹ – eine Spiegelung der Dissoziationen von Erwerbs- und Familienleben, in: W. Conze (Hg.), Sozialgeschichte der Familie in der Neuzeit, Stuttgart 1976, S. 363–393.

Die deutsche Hausindustrie. Erster Band, (Schriften des Vereins für Socialpolitik XXXIX), Leipzig 1889.

Hausindustrie und Heimarbeit in Deutschland und Österreich, Bd. 2–4, (Schriften des Vereins für Socialpolitik LXXXV–LXXXVII), Leipzig 1899.

Hein, D., Soziale Konstituierungsfaktoren des Bürgertums, in: Gall (Hg.), Stadt und Bürgertum, 1993, S. 150–181.

– u. Schulz, A., Einleitung, in: Dies. (Hg.), Bürgerkultur, S. 9–16.

– u. Schulz, A. (Hg.), Bürgerkultur im 19. Jahrhundert. Bildung, Kunst und Lebenswelt, München 1996.

Heineberg, H. (Hg.), Innerstädtische Differenzierung und Prozesse im 19. und 20. Jahrhundert. Geographische und historische Aspekte, Köln 1987.

Heinzelmann, W., Beiträge zur Geschichte und Statistik der Erfurter Akademie im neunzehnten Jahrhundert, in: Jahrbücher der Kgl. Akademie, N. F. XXX, 1904, S. 225–382.

–, Grabrede auf Dr. Wilhelm Freiherr von Tettau, in: Jahrbücher der Kgl. Akademie, N. F., Bd. XXI, 1895, S. 43–70.

Henning, H. J., Handwerk und Industriegesellschaft. Zur sozialen Verflechtung westfälischer Handwerksmeister 1870–1914, in: K. Düwell u. W. Köllmann (Hg.), Rheinland-Westfalen im Industriezeitalter, Bd. 2: Von der Reichsgründung bis zur Weimarer Republik, Wuppertal 1984, S. 177–188.

–, Die Industrialisierung in Deutschland 1800 bis 1914, Paderborn 1993[8].

Hentschel, V., Wirtschaft und Wirtschaftspolitik im wilhelminischen Deutschland. Organisierter Kapitalismus und Interventionsstaat?, Stuttgart 1978.

Herz, T. A., Klassen, Schichten, Mobilität, Stuttgart 1983.

Herzig, A., Unterschichtenprotest in Deutschland 1790–1870, Göttingen 1988.

Heß, U., Bürgerlich-demokratische Revolution, Durchsetzung der kapitalistischen Gesellschaftsordnung und Gründung der Sozialdemokratischen Arbeiterpartei (1848–1870), in: W. Gutsche (Hg.), Geschichte der Stadt Erfurt, S. 243–280.

–, Entwicklung zur Industriestadt und zu einem Zentrum der Arbeiterbewegung (1871–1897/98), in: W. Gutsche (Hg.), Geschichte der Stadt Erfurt, S. 281–320.

–, Die Erfurter Sozialdemokratie bis zum Fall des Sozialistengesetzes, Weimar 1961 (Ms.).

–, Geschichte Thüringens. 1866 bis 1914. Aus dem Nachlass hg. v. Volker Wahl, Weimar 1991.

–, Weitere Entfaltung des Kapitalismus am Vorabend der bürgerlich-demokratischen Revolution (1815–1847), in: W. Gutsche (Hg.), Geschichte der Stadt Erfurt, S. 215–242.

Hettling, M., Politische Bürgerlichkeit. Der Bürger zwischen Individualität und Vergesellschaftung in Deutschland und der Schweiz von 1860 bis 1918, Göttingen 1999.

– u. Hoffmann, S.-L., Der bürgerliche Wertehimmel. Zum Problem individueller Lebensführung im 19. Jahrhundert, in: GG, Jg. 23, 1997, S. 333–359.

– u. Nolte, P. (Hg.), Bürgerliche Feste. Symbolische Formen politischen Handelns im 19. Jahrhundert, Göttingen 1993.

– u. a. (Hg.), Was ist Gesellschaftsgeschichte? Positionen, Themen, Analysen, München 1991.

Hinsche, A., »Über den Parteien« und »neben den Gewerkschaften« – Der württembergische Landesverband evangelischer Arbeitervereine (1891–1918), Frankfurt am Main 1989.

Hirsch, P. u. Lindemann, H., Das kommunale Wahlrecht, Berlin 1911.

Hobsbawm, E. J., Das imperiale Zeitalter 1875–1914, Frankfurt am Main 1995 (1989).

Hoffmann, A., Aus den jungen Tagen eines alten Erfurters, Berlin 1899.

Hoffmann, H., Ehrentafel der ehemaligen Lehrer und Schüler des Erfurter Gymnasiums, die im Krieg von 1914–1918 ihr Leben fürs Vaterland dahingegeben haben, Erfurt o. J. (1919).

–, Der Verein für die Geschichte und Altertumskunde von Erfurt in den Jahren 1863–1913, in: Mitteilungen des Vereins für die Geschichte und Altertumskunde von Erfurt, 34. Heft, 1913, S. 1–53.

Hoffmann, S., Der Kampf der Erfurter Sozialdemokratie in der Zeit des Sozialistengesetzes, Erfurt 1966 (Ms.).

Hofmann, K. M., Die evangelischen Arbeitervereinsbewegung 1882–1914, Bielefeld 1988.

Hofmann, W., Die Bielefelder Stadtverordneten. Ein Beitrag zu bürgerlicher Selbstverwaltung und sozialem Wandel 1850 bis 1914, Lübeck 1964.

–, Zwischen Rathaus und Reichskanzlei. Die Oberbürgermeister in der Kommunal- und Staatspolitik des Deutschen Reiches 1890–1933, Stuttgart 1987.

Hofmeister, B., Die Stadtstruktur. Ihre Ausprägung in den verschiedenen Kulturräumen der Erde, Darmstadt 1980.

Holzapfel, M. (Bearbeiter), Zur Lage der Gärtnerei-Arbeitnehmer in Deutschland. Nach statistischen Ermittlungen – aufgenommen im Jahre 1910 – des Allg. Deutschen Gärtner-Vereins, Berlin 1912.

Hoock, J., Das Kontor, in: H.-G. Haupt (Hg.), Orte des Alltags, S. 51–59.

Horn, W., Erfurts Stadtverfassung und Stadtwirtschaft in ihrer Entwicklung bis zur Gegenwart. Ein Beispiel zur Verfassungsgeschichte und Sozialpolitik der deutschen Städte, Jena 1904.

Hübinger, G., Kulturprotestantismus und Politik. Zum Verhältnis von Liberalismus und Protestantismus im wilhelminischen Deutschland, Tübingen 1994.

Hübschmann, S., Robert Lucius von Ballhausen, in: Mitteldeutsche Lebensbilder. Hrsg. von der historischen Kommission für die Provinz Sachsen und für Anhalt, Magdeburg 1927, Bd. II, S. 407–424.

Hüttenberger, P., Die Entwicklung zur Großstadt bis zur Jahrhundertwende, in: H. Weidenhaupt (Hg.), Düsseldorf, Bd. 2, S. 481–666.

–, Vom ausgehenden 19. Jahrhundert bis zum Ende des Ersten Weltkrieges, in: H. Weidenhaupt (Hg.), Düsseldorf, Bd. 3, S. 7–262.

Hummel, G., Leutnantsleben im 1. Jahrzehnt des [20.] Jahrhunderts in Erfurt und Sondershausen, o. O. o. J. (ca. 1950) (Ms. in StAE 5/350-H 2).

Huth, R., Die Citadelle Petersberg zu Erfurt, in: Mittheilungen des Vereins für Geschichte und Altertumskunde zu Erfurt, 29. Heft, 1908, S. 11–54.

Imhof, A. E., Die gewonnenen Jahre. Von der Zunahme unserer Lebensspanne seit dreihundert Jahren oder von der Notwendigkeit einer neuen Einstellung zu Leben und Sterben. Ein historischer Essay, München 1981.

Irgang, H., Die Notwendigkeit von Fortbildungsschulen für die aus der Volksschule entlassenen jungen Mädchen, die Organisation und der Lehrplan solcher Schulen, in: Jahrbücher der Kgl. Akademie, N. F. XXXI, 1905, S. 3–75.

Jansson, W. (Bearbeiter), Zur Lage der arbeitnehmenden Gärtner in Deutschland. Auf Grund von Erhebungen des Allg. Deutschen Gärtner-Vereins und unter Benutzung älteren Materials im Auftrage des Hauptvorstandes des A. D. G. V., Berlin 1905.

Janz, O., Bürger besonderer Art. Evangelische Pfarrer in Preußen 1850–1914, Berlin 1994.

Jenkins, J., The Kitch Collections and The Spirit in the Furniture: Cultural Reform and National Culture in Germany, in: Social History, Jg. 21, 1996, S. 123–141.

Jessen, R., Polizei, Wohlfahrt und die Anfänge des modernen Sozialstaats in Preußen während des Kaiserreichs, in: GG, Jg. 20, 1994, S. 157–180.

John, J., Erfurt als Zentralort, Residenz und Hauptstadt, in: U. Weiß (Hg.), Erfurt, 1995, S. 25–44.

Jones, P., Studying the middle class in nineteenth-century urban Britain, in: UHY, Jg. 14, 1987, S. 22–50.

Jüthe, M., Der Erfurter Schuhmacher-Streik und die Taktik, welche die Socialdemokratie dabei in Anwendung brachte. Aus eigener Erfahrung von Martin Jüthe, Erfurt 1891.

Kaelble, H., Französisches und deutsches Bürgertum 1870–1914, in: J. Kocka u. U. Frevert (Hg.), Bürgertum, Bd. 1, S. 107–140.

–, Historische Mobilitätsforschung. Westeuropa und die USA im 19. und 20. Jahrhundert, Darmstadt 1978.

–, Soziale Mobilität und Chancengleichheit im 19. und 20. Jahrhundert. Deutschland im internationalen Vergleich, Göttingen 1983.

– u. Federspiel, R. (Hg.), Soziale Mobilität in Berlin 1825–1957. Tabellen zur Mobilität, zu Heiratskreisen und zur Sozialstruktur, St. Katharinen 1990.

Kain, S., Die Durchsetzung und Auswirkungen der industriellen Revolution in der Stadt Erfurt, Erfurt o. J. (1972) (Ms.).

Kanter, H., Die Schuhmacherei in Breslau, in: Untersuchungen über die Lage des Handwerks, 4. Bd., 1895, S. 23–78.

Karpf, H., Heimarbeit und Gewerkschaft. Ein Beitrag zur Sozialgeschichte der Heimarbeit im 19. und 20. Jahrhundert, Köln 1980.

Kaschuba, W., Deutsche Bürgerlichkeit nach 1800. Kultur als symbolische Praxis, in: J. Kocka u. U. Frevert (Hg.), Bürgertum, Bd. 2, S. 9–44.

–, Lebenswelt und Kultur der unterbürgerlichen Schichten im 19. und 20. Jahrhundert, München 1990.

–, 1900: Kaiserreich, Arbeiterkultur und die Moderne, in: J. Kocka u. a. (Hg.), Von der Arbeiterbewegung, S. 71–92.

Katalog der Kunstgewerblichen Ausstellung zu Erfurt. September 1903, Magdeburg o. J. (1903).

Kaufhold, K.-H., Arbeiterklasse und Lohnarbeit – ein neues, fruchtbares Konzept, in: AfS, Jg. 32, 1992, S. 476–489.

–, Einführung und Auswertung, in: U. Engelhardt (Hg.), Handwerker, S. 37–50.

Kerr, A., Wo liegt Berlin? Briefe aus der Reichshauptstadt. Hrsg. von Günther Rühle, Berlin 1997.

Kerschensteiner, G., Antwort auf die Frage: »Wie ist unsere männliche Jugend von der Entlassung aus der Volksschule bis zum Eintritt in den Heeresdienst am zweckmässigsten für die bürgerliche Gesellschaft zu erziehen?«, Jahrbücher der Kgl. Akademie, Bd. XXVII, 1901, S. 1–78.

Kiefer, J., Abriss zur Geschichte der Akademie nützlicher (gemeinnütziger) Wissenschaften zu Erfurt in den Jahren 1754–1991, in: U. Weiß (Hg.), Erfurt, 1992. S. 441–459.

Kieseritzky, W. v., Paternalismus oder Gleichberechtigung? Arbeitsbeziehungen und soziale Konfliktregelung in liberaler Sicht Ende des 19. Jahrhunderts, in: ders. u. Sick, K.-P. (Hg.), Demokratie in Deutschland. Chancen und Gefährdungen im 19. und 20. Jahrhundert, München 1999, S. 125–152.

Kiesewetter, H., Industrielle Revolution in Deutschland 1815–1914, Frankfurt am Main 1989.

Kift, D. (Hg.), Kirmes – Kneipe – Kino. Arbeiterkultur im Ruhrgebiet zwischen Kommerz und Kontrolle (1850–1914), Paderborn 1992.

Killy, W., Von Berlin bis Wandsbeck. Zwölf Kapitel deutscher Bürgerkultur um 1800, München 1996.

Kinter, J., »Durch Nacht zum Licht« – Vom Guckkasten zum Filmpalast. Die Anfänge des Kinos und das Verhältnis der Arbeiterbewegung zum Film, in: D. Kift (Hg.), Kirmes, S. 119–146.

Kirchhoff, A., Die wirtschaftliche Verwertung unserer Kolonien, in: Jahres-Bericht des Gewerbevereins zu Erfurt, 1887/88, S. 53–65.

Klemperer, V., Ich will Zeugnis ablegen bis zum letzten. Tagebücher 1933–1945. Hrsg. von Walter Nowojski unter Mitarbeit von Hadwig Klemperer, 2 Bde., Berlin 1995.

Kocka, J., Arbeiterbewegung in der Bürgergesellschaft. Überlegungen zum deutschen Fall, in: GG, Jg. 20, 1994, S. 487–496.

–, Arbeiterkultur als Forschungsthema. Einleitende Bemerkungen, in: GG, Jg. 5, 1979, S. 5–11.

–, Arbeitsverhältnisse und Arbeiterexistenzen. Grundlagen der Klassenbildung im 19. Jahrhundert, Bonn 1990.

–, Bildungsbürgertum – Gesellschaftliche Formation oder Historikerkonstrukt, in: ders. (Hg.), Bildungsbürgertum Teil IV, S. 9–20.

– (Hg.), Bildungsbürgertum im 19. Jahrhundert. Teil IV: Politischer Einfluss und gesellschaftliche Formation, Stuttgart 1989.

–, Bürger und Arbeiter. Brennpunkte und Ergebnisse der Diskussion, in: ders. u. E. Müller-Luckner (Hg.), Arbeiter und Bürger, S. 325–339.

– (Hg.), Bürger und Bürgerlichkeit im 19. Jahrhundert, Göttingen 1987.

–, Bürgertum und Bürgerlichkeit als Problem der deutschen Geschichte vom späten 18. bis zum frühen 20. Jahrhundert, in: ders. (Hg.), Bürgerlichkeit, S. 21–63.

–, Das europäische Muster und der deutsche Fall, in: ders. (Hg.): Bürgertum im 19. Jahrhundert. Band I: Einheit und Vielfalt Europas, Göttingen 1995, S. 9–75.

–, Faszination und Kritik. Bemerkungen aus der Sicht eines Sozialhistorikers, in: E. François u. a. (Hg.), Nation und Emotion, S. 389–392.

–, Lohnarbeit und Klassenbildung. Arbeiter und Arbeiterbewegung in Deutschland 1800–1875, Berlin 1983.

–, Obrigkeitsstaat und Bürgerlichkeit. Zur Geschichte des deutschen Bürgertums im 19. Jahrhundert, in: W. Hardtwig u. H. H. Brandt (Hg.), Deutschlands Weg, S. 107–121.

–, Social Mobility and the Formation of the Working Class, in: ders., Industrial Culture and Bourgeois Society. Business, Labor, and Bureaucracy in Modern Germany, New York 1999.

–, Traditionsbindung und Klassenbildung. Zum sozialhistorischen Ort der frühen deutschen Arbeiterbewegung, in: HZ, Bd. 243, 1986, S. 333–376.

– u. Frevert, U. (Hg.), Bürgertum im 19. Jahrhundert. Deutschland im europäischen Vergleich, 3 Bde., München 1988.

– u. Müller-Luckner, E. (Hg.), Arbeiter und Bürger im 19. Jahrhundert. Varianten ihres Verhältnisses im europäischen Vergleich, München 1986.

– u. a. (Hg.), Von der Arbeiterbewegung zum modernen Sozialstaat. Festschrift für Gerhard A. Ritter zum 65. Geburtstag, München 1994.

Köllmann, W., Bevölkerung in der industriellen Revolution, Göttingen 1974.

–, Sozialgeschichte der Stadt Barmen im 19. Jahrhundert, Tübingen 1960.

–, Verstädterung im deutschen Kaiserreich, in: Blätter für deutsche Landesgeschichte, Jg. 128, 1992, S. 199–219.

König, M., Angestellte am Rande des Bürgertums. Kaufleute und Techniker in Deutschland und in der Schweiz 1860–1930, in: J. Kocka u. U. Frevert (Hg.), Bürgertum, Bd. 2, S. 220–251.

König, R. (Hg.), Handbuch der empirischen Sozialforschung. Bd. 5: Soziale Schichtung und Mobilität, München 1976 (1969).

Königstreue und Revolution. Erfurt, eine preußische Stadt im Herzen Deutschlands. Eine Ausstellung des Stadtarchivs Erfurt unter Mitwirkung des Stadtmuseums. Katalog und Begleitbuch zur Ausstellung mit Beiträgen von Antje Bauer u. a., Erfurt 1999.

Konrad, H. (Hg.), Probleme der Herausbildung und politischen Formierung der Arbeiterklasse. Internationale Tagung der Historiker der Arbeiterbewegung, 24. Linzer Konferenz 1988, Wien 1989.

Korff, G., »Heraus zum 1. Mai«. Maibrauch zwischen Volkskultur, bürgerlicher Folklore und Arbeiterbewegung, in: R. v. Dülmen u. N. Schindler (Hg.), Volkskultur, S. 246–281.

–, Seht die Zeichen, die euch gelten. Fünf Bemerkungen zur Symbolgeschichte des 1. Mai, in: I. Marßolek (Hg.), 100 Jahre Zukunft, S. 15–39.

–, Volkskultur und Arbeiterkultur. Überlegungen am Beispiel der sozialistischen Maifesttradition, in: M. Scharfe (Hg.), Brauchforschung, Darmstadt 1991 (1979), S. 351–379.

Krabbe, W. R., Die Anfänge des »sozialen Wohnungsbaus« vor dem Ersten Weltkrieg. Kommunalpolitische Bemühungen um eine Lösung des Wohnungsproblems, in: VSWG, Jg. 71, 1984, S. 30–58.

Kranhold, K., Die Entwicklung des städtischen Schulwesens in Erfurt von 1802 bis 1914, Abschlussarbeit FH Archivwesen Potsdam 1993.

Krey, U., Vom Kulturverein zur Vereinskultur. Organisierte Geselligkeit als populäre Freizeitgestaltung nach 1850, in: D. Kift (Hg.), Kirmes, S. 169–195.

Krumeich, G. u. Lehmann, H. (Hg.), »Gott mit uns«. Nation, Religion und Gewalt im 19. und frühen 20. Jahrhundert, Göttingen 2000.

Kühn, B., Bist Du Sozialdemokrat? Eine Aufforderung an alle der Sozialdemokratie fernstehenden Arbeiter und Arbeiterinnen, Gotha 1910.

Kühne, T., Dreiklassenwahlrecht und Wahlkultur in Preußen 1867–1914. Landtagswahlen zwischen korporativer Tradition und politischem Massenmarkt, Düsseldorf 1994.

–, Das Deutsche Kaiserreich 1871–1918 und seine politische Kultur: Demokratisierung, Segmentierung, Militarisierung, in: NPL, Jg. 43, 1998, S. 206–263.

–, Wahlrecht – Wahlverhalten – Wahlkultur. Traditionen und Innovationen in der historischen Wahlforschung, in: AfS, Jg. 33, 1993, S. 481–547.

Kuhlemann, F.-M., Bürgertum und Religion, in: P. Lundgreen (Hg.), Sozial- und Kulturgeschichte, S. 293–318.

–, Religion, Bildung und bürgerliche Kommunikation. Zur Vergesellschaftung evangelischer Pfarrer und des protestantischen Bürgertums in Baden 1860–1918, in: K. Tenfelde u. H.-U. Wehler (Hg.), Wege, S. 149–170.

Kuhn, B., Familienstand ledig. Ehelose Frauen und Männer im Bürgertum (1850–1914), Köln 2000.

Kunz, G., Verortete Geschichte. Regionales Geschichtsbewusstsein in den deutschen Historischen Vereinen des 19. Jahrhunderts, Göttingen 2000.

Kupfer, T. u. Rother, B., Der Weg zur Spaltung: Die Ursachen der Richtungskämpfe in der deutschen Sozialdemokratie 1890–1920 am Beispiel der Länder Anhalt und Braunschweig, in: IWK, Jg. 29, 1993, S. 139–177.

Küttler, W., Neubeginn in der ostdeutschen Geschichtswissenschaft. Bilanz nach dem Zusammenbruch der DDR, in: APuZ 17–18/92 vom 17. April 1992.

Kutz-Bauer, H., Arbeiterschaft, Arbeiterbewegung und bürgerlicher Staat in der Zeit der Großen Depression. Eine regionalgeschichtliche Studie zur Geschichte der Arbeiterbewegung im Großraum Hamburg 1873 bis 1890, Bonn 1988.

Lässig, S., Wahlrechtskampf und Wahlreform in Sachsen (1895–1909), Weimar 1996.

– u. a. (Hg.), Modernisierung und Region im wilhelminischen Deutschland. Wahlen, Wahlrecht und Politische Kultur, Bielefeld 1995.

Lamm, B., Die Erfurter Damenmäntelindustrie und ihre Arbeiter, Diss. Jena 1922 (Ms.).

Landau, K.-H., Bürgerlicher und proletarischer Konsum im 19. und 20. Jahrhundert. Ein kultursoziologischer Beitrag zur Sozialgeschichte schichtspezifischen Verbraucherverhaltens, Köln 1990.

Langewiesche, D., Arbeiterbildung in Deutschland und Österreich. Konzeption, Praxis und Funktion, in: W. Conze u. U. Engelhardt (Hg.), Arbeiter, S. 439–464.

–, Arbeiterkultur. Kultur der Arbeiterbewegung in: Ergebnisse 26. Zeitschrift für demokratische Geschichtswissenschaft, 1984, S. 9–29.

–, Liberalismus in Deutschland, Frankfurt am Main 1988.

–, Liberalismus und Bürgertum, in: J. Kocka u. U. Frevert (Hg.), Bürgertum, 1988, Bd. 3, S. 360–394.

–, ›Volksbildung‹ und ›Leselenkung‹ in Deutschland von der wilhelminischen Ära bis zur nationalsozialistischen Diktatur, in: Internationales Archiv für Sozialgeschichte der deutschen Literatur, Jg. 14, 1989, S. 108–125.

–, Wanderungsbewegungen in der Hochindustrialisierung. Regionale, interstädtische und innerstädtische Mobilität in Deutschland 1880–1914, in: VSWG, Jg. 64, 1977, S. 1–40.

–, Zur Freizeit des Arbeiters. Bildungsbestrebungen und Freizeitgestaltung österreichischer Arbeiter im Kaiserreich und in der Ersten Republik, Stuttgart 1979.

– u. Schönhoven, K. (Hg.), Arbeiter in Deutschland. Studien zur Lebensweise der Arbeiterschaft im Zeitalter der Industrialisierung, Paderborn 1981.

– u. Schönhoven, K., Arbeiterbibliotheken und Arbeiterlektüre im Wilhelminischen Deutschland, in: AfS, Jg. 16, 1976, 135–204.

– u. Schönhoven, K., Einleitung. Zur Lebensweise von Arbeitern in Deutschland im Zeitalter der Industrialisierung, in: Dies. (Hg.), Arbeiter in Deutschland, S. 7–33.

Laska, F., Das künstlerische Werk Karl Völkers in der Thomaskirche zu Erfurt, in: MVGAE Jg. 61, 2000, S. 135–150.

Lehmann, A., Gärtnerei-Personal und Betriebsverhältnisse in Preußen nach der amtlichen Erhebung vom 2. Mai 1906. Unter Zugrundelegung der ministeriellen Veröffentlichung im 35. Ergänzungsheft (Berlin 1910) der Zeitschrift des Kgl. Preußischen Statistischen Landesamtes, Berlin o. J. (1912).

Lehmann, A. (Hg.), Studien zur Arbeiterkultur. Beiträge der 2. Arbeitstagung der Kommission »Arbeiterkultur« in der Deutschen Gesellschaft für Volkskunde in Hamburg vom 8. bis 12. Mai 1983, Münster 1984.

Lehmann, H., »Er ist wir selber, der ewige Deutsche«. Zur langanhaltenden Wirkung der Lutherdeutung von Heinrich von Treitschke, in: G. Krumeich u. H. Lehmann (Hg.), »Gott mit uns«, S. 91–103.

Lehnert, D., Kommunale Institutionen zwischen Honoratiorenverwaltung und Massendemokratie. Partizipationschancen, Autonomieprobleme und Stadtinterventionismus in Berlin, London, Paris und Wien 1889–1914, Baden-Baden 1994.

Lemke, G., Wohnungsreformerische Bestrebungen in Braunschweig 1850–1918, Braunschweig 1995.

Lenger, F., Bürgertum, Stadt und Gemeinde zwischen Frühzeit, Neuzeit und Moderne, in: NPL, Jg. 41, 1995, S. 14–29.

–, Großstädtische Eliten vor den Problemen der Urbanisierung. Skizze eines deutsch-amerikanischen Vergleichs 1870–1914, in: GG, Jg. 21, 1995, S. 313–337.

–, Handel, Handwerk, Industrie. Zur Lebensfähigkeit des Düsseldorfer Schneiderhandwerks in der zweiten Hälfte des 19. Jahrhunderts, in: U. Wengenroth (Hg.), Selbständigkeit, S. 71–91.

–, Die handwerkliche Phase der Arbeiterbewegung in England, Frankreich, Deutschland und den USA – Plädoyer für einen Vergleich, in: GG, Jg. 13, 1987, S. 232–243.

–, Neuzeitliche Stadt- und Urbanisierungsgeschichte als Sozialgeschichte, in: AfS, Jg. 30, 1990, S. 376–422.

–, Probleme und Chancen einer stadtgeschichtlichen Synthese, in: HZ, Bd. 254, 1994, S. 97–114.

–, Sozialgeschichte der deutschen Handwerker seit 1800, Frankfurt am Main 1988.

–, Zwischen Kleinbürgertum und Proletariat. Studien zur Sozialgeschichte der Düsseldorfer Handwerker 1816–1878, Göttingen 1986.

Leopold, B., Schwestern, zur Sonne, zur Freiheit oder Was versprach der 1. Mai den Frauen?, in: I. Marßolek (Hg.), 100 Jahre Zukunft, S. 259–287.

Leopold-Rieks, M., Ein Viertel in Bewegung. Hausbesitz, Mobilität und Wohnverhalten in der südlichen Vorstadt Bremens zwischen 1875 und 1914, Frankfurt am Main 1998.

Lepsius, M. R., Das Bildungsbürgertum als ständische Vergesellschaftung, in: ders. (Hg.), Bildungsbürgertum Teil III, S. 8–18.

– (Hg.), Bildungsbürgertum im 19. Jahrhundert. Teil III: Lebensführung und ständische Vergesellschaftung, Stuttgart 1992.

–, Bürgertum als Gegenstand der Sozialgeschichte, in: W. Schieder u. V. Sellin (Hg.), Sozialgeschichte IV, S. 61–80.

–, Parteiensystem und Sozialstruktur: zum Problem der Demokratisierung der deutschen Gesellschaft, in: G. A. Ritter (Hg.), Deutsche Parteien, S. 56–80.

Lerch, E., Kulturelle Sozialisation von Arbeitern im Kaiserreich. Ein Beitrag zur Historischen Sozialisationsforschung, Frankfurt am Main 1985.

–, Die Maifeiern der Arbeiter im Kaiserreich, in: D. Düding u. a. (Hg.), Öffentliche Festkultur, S. 352–372.

Lidtke, V., The Alternative Culture. Socialist Labor in Imperial Germany, New York 1985.

–, Burghers, Workers, and Problems of Class Relationship 1870–1914: Germany in Comparative Perspective, in: J. Kocka u. E. Müller-Luckner (Hg.), Arbeiter und Bürger, S. 29–46.

Liedhegener, A., Marktgesellschaft und Milieu. Katholiken und katholische Regionen in der wirtschaftlichen Entwicklung des Deutschen Reiches 1895–1914, in: Historisches Jahrbuch, Jg. 113, 1993, S. 283–354.

Lieske, A., Arbeiterkulturelle Strukturen und Praktiken im städtischen Milieu. Leipzig und Pilsen von der Mitte des 19. Jahrhunderts bis 1914, Diss. FU Berlin 2003 (Ms.).

Der Lingel-Konzern. Jubiläumsschrift der Eduard Lingel Schuhfabrik A.-G., 1872–1922, o. O., o. J. (Erfurt 1922).

Lindenberger, T., Straßenpolitik. Zur Sozialgeschichte der öffentlichen Ordnung in Berlin 1890 bis 1914, Bonn 1995.

–, »Streikexzesse«: zum Sinn und Eigen-Sinn direkter Straßenaktionen bei Arbeitskämpfen in Berlin 1900 bis 1914, in: 1999. Zeitschrift für Sozialgeschichte des 20. und 21. Jahrhunderts, Heft 2/1993, S. 51–69.

Linke, A., Zum Sprachgebrauch des Bürgertums im 19. Jahrhundert. Überlegungen zur kultursemiotischen Funktion des Sprachverhaltens, SFB 177, Universität Bielefeld, Arbeitspapier Nr. 9, Bielefeld 1991.

Lösche, P. u. Walter, F., Katholiken, Konservative und Liberale: Milieus und Lebenswelten bürgerlicher Parteien in Deutschland während des 20. Jahrhunderts, in: GG, Jg. 26, 2000, S. 471–492.

Loreck, J., Wie man früher Sozialdemokrat wurde. Das Kommunikationsverhalten in der deutschen Arbeiterbewegung und die Konzeption der sozialistischen Parteipublizistik durch August Bebel, Bonn 1977.

Lossien, B., Die Geschichte der Arbeitersportbewegung Erfurts von ihren Anfängen in den Jahren 1893 bis zur Übernahme der Macht in Deutschland durch die faschistische Diktatur, Diplomarbeit Universität Jena 1989.

Loth, W., Soziale Bewegungen im Katholizismus des Kaiserreichs, in: GG, Jg. 17, 1991, S. 279–310.

Lubnow, A., Tischlergewerbe in Konitz, Westpreußen, in: Untersuchungen über die Lage des Handwerks, 4. Bd., 1895, S. 157–174.

Lucius von Ballhausen, R. Freiherr, Bismarck-Erinnerungen, Stuttgart/Berlin 1920.

Lüdtke, A., Eigen-Sinn. Fabrikalltag, Arbeitserfahrungen und Politik vom Kaiserreich bis in den Faschismus, Hamburg 1993.

–, Erfahrung von Industriearbeitern – Thesen zu einer vernachlässigten Dimension der Arbeitergeschichte, in: W. Conze u. U. Engelhardt (Hg.), Arbeiter, S. 494–512.

Lundgreen, P., Schulsystem, Bildungschancen und städtische Gesellschaft, in: Handbuch der deutschen Bildungsgeschichte, Bd. IV, S. 304–313.

– (Hg.), Sozial- und Kulturgeschichte des Bürgertums. Eine Bilanz des Bielefelder Sonderforschungsbereichs (1986–1997), Göttingen 2000.

– u. a., Bildungschancen und soziale Mobilität in der städtischen Gesellschaft des 19. Jahrhunderts, Göttingen 1988.

Machtan, L., Streiks im frühen Kaiserreich, Frankfurt am Main 1983.

–, Streiks und Aussperrungen im Deutschen Kaiserreich. Eine sozialgeschichtliche Dokumentation für 1871–75, Berlin 1984.

–, »Es war ein wundervolles Gefühl, dass man nicht allein war«. Streik als Hoffnung und Erfahrung, in: Ruppert (Hg.), Die Arbeiter, S. 258–278.

–, Zum Innenleben deutscher Fabriken im 19. Jahrhundert. Die formelle und die informelle Verfassung von Industriebetrieben, anhand von Beispielen aus dem Bereich der Textil- und Maschinenbauproduktion (1869–1891), in: AfS, Jg. 21, 1981, S. 179–236.

Mahnkopf, B., Verbürgerlichung. Die Legende vom Ende des Proletariats, Frankfurt am Main 1985.

Mantl, E., Heirat als Privileg. Obrigkeitsstaatliche Heiratsbeschränkungen in Tirol und Vorarlberg 1820 bis 1920, Wien 1997.

Marquardt, T., Der Einfluss der industriellen Entwicklung auf das Schuhmacher-Handwerk Erfurts, Leipzig 1925.

Marschalck, P., Bevölkerungsgeschichte Deutschlands im 19. und 20. Jahrhundert, Frankfurt am Main 1984.

Marßolek, I. (Hg.), 100 Jahre Zukunft. Zur Geschichte des 1. Mai, Frankfurt am Main 1990.

Martin, L. u. Benl, R., Ein Ausblick (1850–1870), in: Königstreue und Revolution, S. 256–276.

Marx, K., Das Kapital, Bd. 1 (Marx-Engels-Werke, Bd. 23), Berlin 1963 (1867).

–, Lohnarbeit und Kapital (Marx-Engels-Werke, Bd. 6), Berlin 1973, S. 397–423 (1849).

– u. Engels, F., Manifest der kommunistischen Partei (Marx-Engels-Werke, Bd. 4, S. 459–493). Mit Holzschnitten von Franz Masereel, Berlin(-Ost) 1987[15].

Mattheier, K., Die Gelben, Düsseldorf 1973.

Matthiesen, H., Bürgertum und Nationalsozialismus in Thüringen. Das bürgerliche Gotha von 1918 bis 1930, Jena 1994.

–, Zwei Radikalisierungen. Bürgertum und Arbeiterschaft in Gotha 1918–1923, in: GG, Jg. 21, 1995, S. 32–62.

Matzerath, H., Lokalgeschichte, Stadtgeschichte, Urbanisierungsforschung?, in: GG, Jg. 15, 1989, S. 62–88.

–, Städtewachstum und Eingemeindungen im 19. Jahrhundert, in: J. Reulecke (Hg.), Die deutsche Stadt im Industriezeitalter, S. 67–90.

–, Urbanisierung in Preußen 1815–1914, Stuttgart 1985.

Mayer, G., Konfektion und Schneidergewerbe in Prenzlau, in: Untersuchungen über die Lage des Handwerks, 4. Bd., 1895, S 119–144.

–, Die Trennung der proletarischen von der bürgerlichen Demokratie in Deutschland 1863–1870, in: ders., Radikalismus, Sozialismus und bürgerliche Demokratie. Hrsg. v. H.-U. Wehler, Frankfurt 1969 (1912), S. 108–178.

Mayer, H. (Hg.), Deutsche Literaturkritik. Bd. 1: Von Lessing bis Hegel, Frankfurt am Main 1985 (1962).

Mayrhofer, F. (Hg.), Stadtgeschichtsforschung. Aspekte, Tendenzen, Perspektiven, Linz 1993.

Mehner, H., Der Haushalt und die Lebenshaltung einer Leipziger Arbeiterfamilie, in: H. Rosenbaum (Hg.), Seminar, S. 309–333 (1887).

Menzel, R., Die expressionistische Künstlergruppe »Jung-Erfurt-Stierpresse 1919« – Anspruch und Wirklichkeit, in: MVGAE, 57. Heft, 1996, S. 133–154.

– u. a., Villen in Erfurt, 3 Bde., Arnstadt 1996–1998.

Mergel, T., Die Bürgertumsforschung nach 15 Jahren, in: AfS, Jg. 41, 2001, S. 515–538.

–, Zwischen Klasse und Konfession. Katholisches Bürgertum im Rheinland 1794–1914, Göttingen 1994.

– u. Welskopp, T. (Hg.), Geschichte zwischen Kultur und Gesellschaft. Beiträge zur Theoriedebatte, München 1997.

Mettele, G., Der private Raum als öffentlicher Raum. Geselligkeit im bürgerlichen Haus, in: D. Hein u. A. Schulz (Hg.), Bürgerkultur, S. 155–169.

Meurer, B., Bürgerliche Kultur und Sozialdemokratie. Eine politische Ideenge-schichte der deutschen Sozialdemokratie von den Anfängen bis 1875, Berlin 1988.

Meynert, J. u. a. (Hg.), Unter Pickelhaube und Zylinder. Das östliche Westfalen im Zeitalter des Wilhelminismus 1888 bis 1914, Bielefeld 1991.

Mielke, S., Der Hansabund für Gewerbe, Handel und Industrie 1909–1914. Der ge-scheiterte Versuch einer antifeudalen Sammlungspolitik, Göttingen 1976.

Miles, A., How open was nineteenth century British society? Social mobility and equa-lity of opportunity, in: A. Miles u. D. Vincent (Hg.), European Society, S. 18–39.

– u. Vincent, D. (Hg.), Building European Society. Occupational change and social mobility in Europe 1840–1940, Manchester 1993.

Mohrmann, R.-E., Wohnkultur städtischer und ländlicher Sozialgruppen im 19. Jahr-hundert. Das Herzogtum Braunschweig als Beispiel, in: H.-J. Teuteberg (Hg.), Homo habitans, S. 87–114.

Mommsen, W. J., Bürgerliche Kultur und künstlerische Avantgarde. Kultur und Poli-tik im deutschen Kaiserreich 1870 bis 1918, Frankfurt am Main 1994.

–, Die Herausforderung der bürgerlichen Kultur durch die künstlerische Avantgarde. Zum Verhältnis von Kultur und Politik im Wilhelminischen Deutschland, in: GG, Jg. 20, 1994, S. 424–444.

–, Die vielen Gesichter der Clio. Zum Tode Thomas Nipperdeys, in: GG, Jg. 19, 1993, S. 408–423.

Mooser, J., Arbeiterleben in Deutschland 1900–1970. Klassenlagen, Kultur und Poli-tik, Frankfurt am Main 1984.

Mosse, W. E., The German-Jewish Economic Elite 1820–1935. A Socio-cultural Pro-file, Oxford 1989.

Motzkin, G., Säkularisierung, Bürgertum und Intellektuelle in Frankreich und

Deutschland während des 19. Jahrhunderts, in: J. Kocka u. U. Frevert (Hg.), Bürgertum, Bd. 3, S. 141–171.

Müller-Dreier, A., Konfession in Politik, Kultur und Gesellschaft des Kaiserreichs. Der Evangelische Bund 1886–1914, Göttingen 1998.

Münzenberg, W., Die dritte Front. Aufzeichnungen aus 15 Jahren proletarischer Jugendbewegung, Berlin 1978 (1931).

–, Lebenslauf (1917/18), ND Glashütten im Taunus 1972 (1917/18).

Nahrungsmittelaufwand, Mietpreise, Tagelöhne 1896–1913. Hrsg. v. Wirtschaftsstatistischen Bureau v. Richard Calwer, o. O. o. J. (Berlin 1913), (in: StAE 3/301–2).

Negt, O. u. Kluge A., Maßverhältnisse des Politischen. 15 Vorschläge zum Unterscheidungsvermögen, Frankfurt am Main 1992.

–, Öffentlichkeit und Erfahrung. Zur Organisationsanalyse von bürgerlicher und proletarischer Öffentlichkeit, Frankfurt am Main 1983 (1972).

Neubert, E., Die Hausindustrie in den Regierungsbezirken Erfurt und Merseburg, in: Die deutsche Hausindustrie, 1889, S.117–137.

Neumann, F., Sozialdemokratische Bildungspolitik im wilhelminischen Deutschland. Heinrich Schulz und die Entstehung der »Mannheimer Leitsätze«, Bremen 1982.

Niethammer, L., Stadtgeschichte in einer urbanisierten Gesellschaft, in: Schieder/Sellin (Hg.), Sozialgeschichte, Bd. II, S. 113–136.

– u. Brüggemeier, F.-J., Wie wohnten Arbeiter im Kaiserreich, in: AfS, Jg. 16, 1976, S. 61–134.

Nipperdey, T., Aspekte der Verbürgerlichung, in: J. Kocka u. E. Müller-Luckner (Hg.), Arbeiter und Bürger, S. 49–52.

–, Deutsche Geschichte 1800–1866. Bürgerwelt und starker Staat, München 1983.

–, Deutsche Geschichte 1866–1918. Bd. I: Arbeitswelt und Bürgergeist, München 1990.

–, Deutsche Geschichte 1866–1918. Bd. II: Machtstaat vor der Demokratie, München 1992.

– Der Verein als soziale Struktur im späten 18. und frühen 19. Jahrhundert, in: ders., Gesellschaft, Kultur, Theorie. Gesammelte Aufsätze zur neueren Geschichte, Göttingen 1976, S. 174–205.

Noltenius, R., Dichterfeiern in Deutschland. Rezeptionsgeschichte als Sozialgeschichte am Beispiel der Schiller- und Freiligrath-Feiern, München 1984.

Nonn, C., Verbraucherprotest und Parteiensystem im wilhelminischen Deutschland, Düsseldorf 1996.

Nordsieck, H., »Kaiserwetter« in Minden. Stadtentwicklung in wilhelminischer Zeit, in: J. Meynert u.a. (Hg.), Pickelhaube, S. 29–133.

Nüding, E., Das Schuhgewerbe in Württemberg, in: Untersuchungen über die Lage des Handwerks, 3. Bd., 1895, S. 221–285.

Oergel, G., Gedenkrede auf W. Heinzelmann, in: Jahrbücher der Kgl. Akademie, N.F. XXXII, 1906, S. 285–298.

Offermann, T., Arbeiterbewegung und liberales Bürgertum in Deutschland 1850–1863, Bonn 1979.

–, Die erste deutsche Arbeiterpartei. Materialien zur Organisation, Verbreitung und Sozialstruktur von ADAV und LADAV 1863–1871, Bonn 2002.

Overmann, A., Die ersten Jahre der preussischen Herrschaft in Erfurt 1802–1806. Festschrift zur Feier der hundertjährigen Zugehörigkeit Erfurts zu Preussen, Erfurt 1902.

Paetau, R., Konfrontation oder Kooperation. Arbeiterbewegung und bürgerliche Gesellschaft im ländlichen Schleswig-Holstein und in der Industriestadt Kiel zwischen 1900 und 1925, Neumünster 1988.

Patze, H. u. Schlesinger, W. (Hg.), Geschichte Thüringens. Fünfter Bd.: Politische Geschichte in der Neuzeit, 2. Teil von Friedrich Facius, Köln 1978.

Petzina, D. (Hg.), Fahnen, Fäuste, Körper. Symbolik und Kultur der Arbeiterbewegung, Essen 1986.

Pick, A., Hohenzollern-Besuche in Erfurt. Zur Feier der Anwesenheit Ihrer Majestät des Kaisers Wilhelm II. und der Kaiserin Victoria vom 13. bis 17. September 1891 in Erfurt, Erfurt 1891.

Pierenkemper, T., Gewerbe und Industrie im 19. und 20. Jahrhundert, München 1994.

Planert, U., Antifeminismus im Kaiserreich. Diskurs, soziale Formation und politische Mentalität, Göttingen 1998.

Pohl, H. (Hg.), Die Bedeutung der Kommunikation für Wirtschaft und Gesellschaft. Referate der 12. Arbeitstagung der Gesellschaft für Sozial- und Wirtschaftsgeschichte, Stuttgart 1989.

Pohl, K. H., Liberalismus und Bürgertum 1880–1918, in: L. Gall (Hg.), Bürgertum und bürgerlich-liberale Bewegung, S. 231–291.

–, Die Münchener Arbeiterbewegung. Sozialdemokratische Partei, Freie Gewerkschaften, Staat und Gesellschaft in München 1890–1914, München 1992.

Prinz, M., Brot und Dividende. Konsumvereine in Deutschland und England vor 1914, Göttingen 1996.

Protokolle über die Verhandlungen der Parteitage der Sozialdemokratischen Partei Deutschlands 1890–1913.

Prüfer, S., Sozialismus statt Religion. Die deutsche Sozialdemokratie vor der religiösen Frage, Göttingen 2002.

Puhle, H.-J., Einleitung, in: ders. (Hg.), Bürger in der Gesellschaft der Neuzeit. Wirtschaft – Politik – Kultur, Göttingen 1991, S. 7–13.

Radkau, J., Das Zeitalter der Nervosität. Deutschland zwischen Bismarck und Hitler, München 1998.

Raßloff, S., Flucht in die nationale Volksgemeinschaft. Das Erfurter Bürgertum zwischen Kaiserreich und NS-Diktatur, Köln 2003.

Redslob, E., Von Weimar nach Europa. Erlebtes und Durchdachtes, Berlin o. J. (1971).

Reif, H., Arbeiter und Unternehmer in Städten des westlichen Ruhrgebiets 1850–1930. Räumliche Aspekte einer Klassenbeziehung, in: J. Kocka u. E. Müller-Luckner (Hg.), Arbeiter und Bürger, S. 151–181.

–, Soziale Lage und Erfahrungen des alternden Fabrikarbeiters in der Schwerindustrie

414

des westlichen Ruhrgebiets während der Hochindustrialisierung, in: AfS, Jg. 22, 1982, S. 1–94.

–, Die verspätete Stadt. Industrialisierung, städtischer Raum und Politik in Oberhausen 1846–1929, Köln 1993.

Reitmeyer, M., »Bürgerlichkeit« als Habitus. Zur Lebensweise deutscher Großbankiers im Kaiserreich, in: GG, Jg. 25, 1999, S. 66–93.

Renzsch, W., Handwerker und Lohnarbeiter in der frühen Arbeiterbewegung. Zur sozialen Basis von Gewerkschaften und Sozialdemokratie im Reichsgründungsjahrzehnt, Göttingen 1980.

Reulecke, J., (Hg.), Die deutsche Stadt im Industriezeitalter. Beiträge zur modernen deutschen Stadtgeschichte, Wuppertal 1978.

– (Hg.), Geschichte des Wohnens, Bd. 3: 1800–1918. Das bürgerliche Zeitalter, Stuttgart 1997.

–, Sozialer Friede durch soziale Reform. Der Centralverein für das Wohl der arbeitenden Klassen in der Frühindustrialisierung, Wuppertal 1983.

–, Urbanisierung in Deutschland, Frankfurt am Main 1985.

Reuter, D., Der Bürgeranteil und seine Bedeutung, in: L. Gall (Hg.), Stadt und Bürgertum, 1993, S. 75–92.

Ribhegge, W., Konservative Politik in Deutschland. Von der Französischen Revolution bis zur Gegenwart, Darmstadt 1989.

Rink, D., Politische Lager und ständische Vergesellschaftung. Überlegungen zum Milieukonzept von M. Rainer Lepsius und dessen Rezeption in der deutschen Geschichtsschreibung, in: T. Adam u. W. Bramke (Hg.), Milieukonzept, S. 16–29.

Riese, H., Mieterorganisationen und Wohnungsnot. Geschichte einer sozialen Bewegung, Basel 1990.

Ritter, G. A., Arbeiter, Arbeiterbewegung und soziale Ideen in Deutschland. Beiträge zur Geschichte des 19. und 20. Jahrhunderts, München 1996.

– (Hg.), Arbeiterkultur, Königstein/Ts. 1979.

– Arbeiterkultur im Deutschen Kaiserreich. Probleme und Forschungsansätze, in: ders. (Hg.), Arbeiterkultur, S. 15–39.

–, Einleitung, in: ders (Hg.), Arbeiterkultur, 1979, S. 1–14.

–, Einleitung, in: ders. u. E. Müller-Luckner (Hg.), Aufstieg, S. IX-XX.

–, Zur Geschichte der sozialen Ideen im 19. und frühen 20. Jahrhundert, in: ders., Arbeiter, Arbeiterbewegung, S. 11–66 (1988).

– (Hg.), Deutsche Parteien vor 1918, Köln 1973.

–, Die deutschen Parteien 1830–1914. Parteien und Gesellschaft im konstitutionellen Regierungssystem, Göttingen 1985.

–, Die Reichstagswahlen und die Wurzeln der deutschen Demokratie im Kaiserreich, in: HZ, Bd. 275, 2002, S. 385–403.

–, Die Sozialdemokratie im Deutschen Kaiserreich in sozialgeschichtlicher Perspektive, in: ders., Arbeiter, Arbeiterbewegung, S. 183–226 (1989).

–, Gewerbliche Zusammensetzung und innere Schichtung der industriellen Arbeiterschaft im Kaiserreich, in: ders., Arbeiter, Arbeiterbewegung, S. 91–112 (1984).

– u. Müller-Luckner, E. (Hg.), Der Aufstieg der deutschen Arbeiterbewegung. Sozialdemokratie und Freie Gewerkschaften im Parteiensystem und Sozialmilieu des Kaiserreichs, München 1990.

- u. Niehuss, M., Wahlgeschichtliches Arbeitsbuch. Materialien zur Statistik des Kaiserreichs 1871–1918, München 1980.
- u. Tenfelde, K., Arbeiter im Deutschen Kaiserreich 1871 bis 1914, Bonn 1992.
- u. Tenfelde, K., Der Durchbruch der Freien Gewerkschaften Deutschlands zur Massenbewegung im letzten Viertel des 19. Jahrhunderts, in: ders., Arbeiter, Arbeiterbewegung, S. 131–182 (1976).
- u. a., Diskussion über Probleme der Geschichtsschreibung der Sozialdemokratie, in: ders. u. E. Müller-Luckner (Hg.), Aufstieg, S. 443–447.
Rohe, K., Die Ruhrgebietssozialdemokratie im Wilhelminischen Kaiserreich und ihr politischer und kultureller Kontext, in: G. A. Ritter u. E. Müller-Luckner (Hg.), Aufstieg, S. 317–344.
–, Wahlen und Wählertraditionen in Deutschland. Kulturelle Grundlagen deutscher Parteien und Parteiensysteme im 19. und 20. Jahrhundert, Frankfurt am Main 1992.
Rohkrämer, T., Der Militarismus der »kleinen Leute«. Die Kriegervereine im Deutschen Kaiserreich 1871–1914, München 1990.
Rosenbaum, H., Arbeiterwohnen und Arbeiterkultur, in: Zeitschrift für Volkskunde, Jg. 90, 1994, S. 59–69.
–, Proletarische Familien. Arbeiterfamilien und Arbeiterväter im frühen 20. Jahrhundert zwischen traditioneller, sozialdemokratischer und kleinbürgerlicher Orientierung, Frankfurt am Main 1992.
- (Hg.), Seminar: Familie und Gesellschaftsstruktur. Materialien zu den sozioökonomischen Bedingungen von Familienformen, Frankfurt am Main 1978.
Rosenberg, H., Große Depression und Bismarckzeit. Wirtschaftsablauf, Gesellschaft und Politik in Mitteleuropa, Berlin 1967.
Roß, K.-H., Zur Bekämpfung der sozialdemokratischen Arbeiterbewegung in Erfurt, Erfurt 1960 (Ms.).
Roth, R., Stadt und Bürgertum in Frankfurt am Main. Ein besonderer Weg von der ständischen zur modernen Bürgergesellschaft, München 1996.
Rudolph, K., Die sächsische Sozialdemokratie vom Kaiserreich zur Republik (1871–1923), Weimar 1995.
Ruppert, Wolfgang (Hg.), Die Arbeiter. Lebensformen, Alltag und Kultur von der Frühindustrialisierung bis zum »Wirtschaftswunder«, München 1986.
–, Die Arbeiter. Zwischen Ständen, Schichten und sozialer Klasse, in: ders. (Hg.), Die Arbeiter, S. 22–43.

Sachse, W., Göttingen im 18. und 19. Jahrhundert. Zur Bevölkerungs- und Sozialstruktur einer deutschen Universitätsstadt, Göttingen 1987.
Saldern, A. v., Auf dem Wege zum Arbeiter-Reformismus. Parteialltag in sozialdemokratischer Provinz. Göttingen (1870–1920), Frankfurt am Main 1984.
–, Häuserleben. Zur Geschichte städtischen Arbeiterwohnens vom Kaiserreich bis heute, Bonn 1995.
–, Im Hause, zu Hause. Wohnen im Spannungsfeld von Gegebenheiten und Aneignungen, in: J. Reulecke (Hg.), Geschichte, Bd. 3, S. 145–332.
–, Vom Einwohner zum Bürger. Zur Emanzipation der städtischen Unterschichten in

416

Göttingen 1880–1920. Eine sozial- und kommunalhistorische Untersuchung, Berlin 1973.

–, Wer ging in die SPD? Zur Analyse der Parteimitgliedschaft in wilhelminischer Zeit, in: G. A. Ritter u. E. Müller-Luckner (Hg.), Aufstieg, S. 161–183.

Sarasin, P., Stadt der Bürger. Struktureller Wandel und bürgerliche Lebenswelt Basel 1870–1900, Basel 1990.

Saul, K., Der Kampf um die Jugendlichen zwischen Volksschule und Kaserne, in: Militärgeschichtliche Mitteilungen, Jg. 9, 1971, Heft 1, S. 97–142.

–, Konstitutioneller Staat und betriebliche Herrschaft. Zur Arbeiter- und Beamtenpolitik der preußischen Staatseisenbahnverwaltung 1890–1914, in: D. Stegmann (Hg.), Industrielle Gesellschaft und politisches System. Beiträge zur modernen Sozialgeschichte, Bonn 1978, S. 315–336.

Schäfer, M., Bürgertum, Arbeiterschaft und städtische Selbstverwaltung zwischen Jahrhundertwende und 1920er Jahren im deutsch-britischen Vergleich. Befunde einer vergleichenden Lokalstudie, in: Mitteilungsblatt des Instituts zur Erforschung der europäischen Arbeiterbewegung, Jg. 20, 1998, S. 178–232.

– Bürgertum in der Krise. Städtische Mittelklassen in Edinburgh und Leipzig von 1890 bis 1930, Göttingen 2003.

Schafrik, J., Die historische Entwicklung des Turnens in der Stadt Erfurt von 1800–1920, Staatsexamensarbeit an der Universität Greifswald (1959) (Ms.).

Schaller, K., »Einmal kommt die Zeit«. Geschichte der Chemnitzer Arbeiterschaft vom Ende des 18. Jahrhunderts bis zum Ersten Weltkrieg, Bielefeld 2001.

Schambach, K., Stadtbürgertum und industrieller Umbruch. Dortmund 1780 bis 1870, München 1996.

Scharfe, M., Wandbilder in Arbeiterwohnungen. Zum Problem der Verbürgerlichung, in: Zeitschrift für Volkskunde, Jg. 88, 1981, S. 17–35.

Schartl, M., Sozialdemokratie und Sammlungspolitik im Raum Flensburg 1870–1914. Die Reichstagswahlen und die Politisierung der Region im nördlichen Schleswig-Holstein, Kiel 1996.

Scheil, S., Die Entwicklung des politischen Antisemitismus in Deutschland zwischen 1881 und 1912. Eine wahlgeschichtliche Untersuchung, Berlin 1999.

Schellack, F., Sedan- und Kaisergeburtstagsfeiern, in: D. Düding u. a. (Hg.), Öffentliche Festkultur, 1988, S. 278–297.

Schieder, W. u. Sellin, V. (Hg.), Sozialgeschichte in Deutschland. Bd. II: Handlungsräume der Menschen in der Geschichte, Göttingen 1986.

– (Hg.), Sozialgeschichte in Deutschland. Bd. III: Soziales Verhalten und soziale Aktionsformen in der Geschichte, Göttingen 1987.

– (Hg.), Sozialgeschichte in Deutschland. Bd. IV: Soziale Gruppen in der Geschichte, Göttingen 1986.

Schildt, A., Konservatismus in Deutschland. Von den Anfängen im 18. Jahrhundert bis zur Gegenwart, München 1998.

Schildt, G., Die Arbeiterschaft im 19. und 20. Jahrhundert, München 1996.

–, Frauenarbeit im 19. Jahrhundert, Pfaffenweiler 1993.

Schissler, H., Geschlechtergeschichte. Herausforderung und Chance für die Sozialgeschichte, in: M. Hettling u. a. (Hg.), Gesellschaftsgeschichte, S. 22–30.

Schlink, W., »Kunst ist dazu da, um gesellligen Kreisen das gähnende Ungeheuer, die

Zeit, zu töten...«. Bildende Kunst im Lebenshaushalt der Gründerzeit, in: M. R. Lepsius (Hg.), Bildungsbürgertum, Bd. III, S. 65–81.

Schmädeke, J., Wählerbewegungen im Wilhelminischen Deutschland, 2 Bde., Berlin 1996.

Schmidt, J., Politik und Lebenswelt. Erfurts Arbeiter und Bürger im Spannungsfeld der Reichstagswahlen des Kaiserreichs (1871–1914), in: MVGAE, 62. Heft, 2001, S. 161–185.

–, Sozialdemokratische und bürgerlich-nationale Milieus. Parteiführungen und Parteikarrieren in Erfurt (1871–1924), in: D. Dowe u. a. (Hg.), Parteien, S. 229–267.

–, Stammarbeiterschaft als Arbeiteraristokratie? Zwei Konzepte der Arbeiterforschung im empirischen Test, in: ZfU, Jg. 39, 1994, S. 1–17.

–, Zivilgesellschaft und nichtbürgerliche Trägerschichten. Das Beispiel der frühen deutschen Arbeiterbewegung (ca. 1830–1880), WZB-discussion papers, Berlin 2004.

Schmuhl, H.-W., Bürgertum und Stadt, in: P. Lundgreen (Hg.), Sozial- und Kulturgeschichte, S. 224–248.

–, Die Herren der Stadt. Bürgerliche Eliten und städtische Selbstverwaltung in Nürnberg und Braunschweig vom 18. Jahrhundert bis 1918, Gießen 1998.

Schneider, M., Kleine Geschichte der Gewerkschaften. Ihre Entwicklung in Deutschland von den Anfängen bis heute, Bonn 1989.

Schneider, U., Die Erfindung, des Bösen, in: G. Krumeich u. H. Lehmann (Hg.), »Gott mit uns«, S. 35–51.

Schneiderheinze, M., Arbeiterbewegung in der preußischen Provinz Sachsen. Zum Kampf des deutschen Proletariats vom Abschluss der Reaktionsperiode bis zur Gründung der sozialistischen Arbeiterpartei Deutschlands 1875, Diss. Halle-Wittenberg 1988 (Ms.).

Schönhoven, K., Die deutschen Gewerkschaften, Frankfurt am Main 1987.

–, Die Gewerkschaften als Massenbewegung im Wilhelminischen Kaiserreich 1890 bis 1918, in: K. Tenfelde u. a., Gewerkschaften, S. 167–278.

Schomerus, H., Die Arbeiter der Maschinenfabrik Esslingen. Forschungen zur Lage der Arbeiterschaft im 19. Jahrhundert, Stuttgart 1977.

Schröder, I., Wohlfahrt, Frauenfrage und Geschlechterpolitik. Konzeptionen der Frauenbewegung zur kommunalen Sozialpolitik im Deutschen Kaiserreich 1871–1914, in: GG, Jg. 21, 1995, S. 368–390.

Schröder, W. H., Arbeitergeschichte und Arbeiterbewegung. Industriearbeit und Organisationsverhalten im 19. und frühen 20. Jahrhundert, Frankfurt am Main 1978.

–, Sozialdemokratische Reichstagsabgeordnete und Reichstagskandidaten 1898–1918. Biographisch-statistisches Handbuch, Düsseldorf 1986.

Schüren, R., Soziale Mobilität. Muster, Veränderungen und Bedingungen im 19. und 20. Jahrhundert, St. Katharinen 1989.

Schulz, A., Weltbürger und Geldaristokraten. Hanseatisches Bürgertum im 19. Jahrhundert, in: HZ, Bd. 259, 1994, S. 637–670.

Schulz, G., Die Angestellten seit dem 19. Jahrhundert, München 2000.

Schulz, H., Gehörst Du zu uns? Eine Anrede an einen jungen Arbeiter. Hg. von der Zentralstelle für die arbeitende Jugend Deutschlands, Berlin 1911.

–, Die Mutter als Erzieherin. Kleine Beiträge zur Praxis der proletarischen Hauserziehung, Stuttgart 1908.

Schulze, G., Rede beim Festgottesdienst mit Ratskirchgang zur Feier der 100jährigen Zugehörigkeit Erfurts zu Preußen am 21. August 1902 in der Rats- und Predigerkirche zu Erfurt von Dr. Gustav Schulze, Pastor, Erfurt 1902.

Schwippe, H. J., Zum Prozess der sozialräumlichen innerstädtischen Differenzierung im Industrialisierungsprozess des 19. Jahrhunderts. Eine faktorialökologische Studie am Beispiel der Stadt Berlin 1875–1910, in: H.-J. Teuteberg (Hg.), Urbanisierung, S. 241–307.

Schumann, P., Vom »bösen« Juden und »guten« Deutschen, in: G. Krumeich u. H. Lehmann (Hg.), »Gott mit uns«, S. 73–87.

Seeber, G., Der Erfurter Parteitag der Sozialdemokratie 1891, in: U. Weiß (Hg.), Erfurt, 1992, S. 547–561.

Seier, H., Liberalismus und Bürgertum in Mitteleuropa 1850–1880. Forschung und Literatur seit 1970, in: L. Gall (Hg.), Bürgertum und bürgerlich-liberale Bewegung, S. 131–229.

Sheehan, J. J., Der deutsche Liberalismus. Von den Anfängen im 18. Jahrhundert bis zum Ersten Weltkrieg 1770–1914, München 1983.

Sieder, R., Sozialgeschichte der Familie, Frankfurt am Main 1987.

Siegrist, H., Der Rechtsanwalt und das Bürgertum. Deutschland, die Schweiz und Italien im 19. Jahrhundert, in: J. Kocka u. U. Frevert (Hg.), Bürgertum, Bd. 2, S. 92–123.

– (Hg.), Bürgerliche Berufe. Zur Sozialgeschichte der freien und akademischen Berufe im internationalen Vergleich, Göttingen 1988.

–, Ende der Bürgerlichkeit? Die Kategorien »Bürgertum« und »Bürgerlichkeit« in der westdeutschen Gesellschaft und Geschichtswissenschaft der Nachkriegsperiode, in: GG, Jg. 20, 1994, S. 549–583.

– u. a. (Hg.), Europäische Konsumgeschichte. Zur Gesellschafts- und Kulturgeschichte des Konsums (18. bis 20. Jahrhundert), Frankfurt am Main 1997.

Siemann, W., Gesellschaft im Aufbruch. Deutschland 1849–1871, Frankfurt am Main 1990.

–, Krieg und Frieden in historischen Gedenkfeiern des Jahres 1913, in: D. Düding u. a. (Hg.), Öffentliche Festkultur, S. 298–320.

Silbergleit, H. (Hg.), Preußens Städte. Denkschrift zum 100jährigen Jubiläum der Städteordnung vom 19. November 1808, Berlin 1908.

Sobania, M., Vereinsleben. Regeln und Formen bürgerlicher Assoziationen im 19. Jahrhundert, in: D. Hein u. A. Schulz (Hg.), Bürgerkultur, S. 170–190.

Soénius, U. S., Wirtschaftsbürgertum im 19. und frühen 20. Jahrhundert. Die Familie Scheidt in Kettwig 1848–1925, Köln 2000.

Deutscher Sonderweg. Mythos oder Realität? (Kolloquium des Instituts für Zeitgeschichte) München 1982.

Sperber, J., The Kaise's Voters. Electors and Elections in Imperial Germany, Cambridge 1997.

Spezialinventar des Stadtarchivs Erfurt zur Geschichte der deutschen Arbeiterbewegung. Bearbeitet vom Stadtarchiv, Arnstadt 1966.

Spree, R., Soziale Ungleichheit vor Krankheit und Tod. Zur Sozialgeschichte des Gesundheitsbereichs im Deutschen Kaiserreich, Göttingen 1981.

–, Wachstumtrends und Konjunkturzyklen in der deutschen Wirtschaft von 1820 bis 1913. Quantitativer Rahmen für eine Konjunkturgeschichte des 19. Jahrhunderts, unter Mitarbeit von Michael Tybus, Göttingen 1978.

Stalmann, V., Die Partei Bismarcks. Die Deutsche Reichs- und Freikonservative Partei 1866–1890, Düsseldorf 2000.

Preußische Statistik, Bd. 16, 1869 – Bd. 249, 1919 (Auswahl).

Statistik des deutschen Reiches, Neue Folge, Bd. 2, 109, 117, 207, 217.

Statistisches Jahrbuch deutscher Städte 1 (1890) – 21 (1916).

Stegmann, D., Konservatismus und nationale Verbände im Kaiserreich. Bemerkungen zu einigen neueren Veröffentlichungen, in: GG, Jg. 10, 1984, S. 409–428.

Steinbach, P., Einleitung, in: S. Lässig u. a. (Hg.), Modernisierung, S. 9–14.

–, Die Entwicklung der deutschen Sozialdemokratie im Kaiserreich im Spiegel der historischen Wahlforschung, in: G. A. Ritter u. E. Müller-Luckner (Hg.), Aufstieg, S. 1–35.

–, Die Politisierung der Region. Reichs- und Landtagswahlen im Fürstentum Lippe 1866–1881, Passau 1989.

–, Die Zähmung des politischen Massenmarktes. Wahlen und Wahlkämpfe im Bismarckreich im Spiegel der Hauptstadt- und Gesinnungspresse, Passau 1990.

Süle, T., Preußische Bürokratietradition. Zur Entwicklung von Verwaltung und Beamtenschaft in Deutschland 1871–1918, Göttingen 1988.

Tenfelde, K. (Hg.), Arbeiter und Arbeiterbewegung im Vergleich. Berichte zur internationalen historischen Forschung, München 1986.

–, Arbeiterfamilie und Geschlechterbeziehungen im Deutschen Kaiserreich, in: GG, Jg. 18, 1992, S. 179–203.

–, Arbeitersekretäre. Karrieren in der deutschen Arbeiterbewegung vor 1914, Heidelberg 1993.

–, Entfaltung des Vereinswesens während der Industriellen Revolution in Deutschland 1850–1873, in: O. Dann (Hg.), Vereinswesen, S. 55–114.

–, Entstehung der deutschen Gewerkschaftsbewegung. Vom Vormärz bis zum Ende des Sozialistengesetzes, in: ders. u. a., Gewerkschaften, S. 15–165.

–, Die Geschichte der Arbeiter zwischen Strukturgeschichte und Alltagsgeschichte, in: Schieder/Sellin (Hg.), Sozialgeschichte IV, S. 81–107.

–, Großstadtjugend in Deutschland vor 1914. Eine historisch-demographische Annäherung, in: VSWG, Jg. 69, 1982, S. 182–218.

–, Historische Milieus – Erblichkeit und Konkurrenz, in: M. Hettling u. P. Nolte (Hg.), Nation, S. 246–269.

–, Klassenspezifische Konsummuster im Deutschen Kaiserreich, in: H. Siegrist u. a. (Hg.), Konsumgeschichte, S. 245–266.

–, Die »Krawalle von Herne« im Jahr 1899, in: IWK, Jg. 15, 1979, S. 71–104.

–, Schwierigkeiten mit dem Alltag, in: GG, Jg. 10, 1984, S. 376–394.

–, Stadt und Bürgertum im 20. Jahrhundert, in: ders. u. H.-U. Wehler (Hg.), Wege, S. 317–353.

- u. Volkmann, H., Einführung. Zur Geschichte des Streiks in Deutschland, in: Dies. (Hg.), Streik, S. 9–30.
- u. Volkmann, H. (Hg.), Streik. Zur Geschichte des Arbeitskampfes in Deutschland während der Industrialisierung, München 1981.
- u. Wehler, H.-U., Vorwort, in: Dies. (Hg.), Wege, S. 7–11.
- u. Wehler, H.-U. (Hg.), Wege zur Geschichte des Bürgertums. Vierzehn Beiträge, Göttingen 1994.
- u. a., Geschichte der deutschen Gewerkschaften von den Anfängen bis 1945, hg. v. U. Bosdorf unter Mitarbeit von G. Weiden, Köln 1987.

Tettau, W. J. A. Freiherr v., Beiträge zu einer vergleichenden Topographie und Statistik von Erfurt, in: Jahrbücher der Kgl. Akademie, N. F. XIII (1885), S. 1–217.

Teuteberg, H.-J. (Hg.), Homo habitans. Zur Sozialgeschichte des ländlichen und städtischen Wohnens, Münster 1985.

- (Hg.), Städtewachstum, Industrialisierung, sozialer Wandel. Beiträge zur Erforschung der Urbanisierung im 19. und 20. Jahrhundert, Berlin 1986.
- (Hg.), Urbanisierung im 19. und 20. Jahrhundert. Historische und geographische Aspekte, Köln 1983.

Theiner, P., Sozialer Liberalismus und deutsche Weltpolitik. Friedrich Naumann im Wilhelminischen Deutschland (1860–1919), Baden-Baden 1983.

Thompson, E. P., Die Entstehung der englischen Arbeiterklasse, 2 Bde., Frankfurt am Main 1987 (1963).

-, Plebejische Kultur und moralische Ökonomie. Aufsätze zur englischen Sozialgeschichte des 18. und 19. Jahrhunderts, Frankfurt am Main 1980.

Thüringer Landtag (Hg.), 175 Jahre Parlamentarismus in Thüringen, Erfurt 1992.

Tilly, R., Hauptformen kollektiver Aktionen in Westeuropa 1500–1975, in: GG, Jg. 3, 1977, S. 153–163.

-, Kapital, Staat und sozialer Protest in der deutschen Industrialisierung. Gesammelte Aufsätze, Göttingen 1980.

-, Vom Zollverein zum Industriestaat. Die wirtschaftlich-soziale Entwicklung Deutschlands 1834 bis 1914, München 1990.

Trautmann, K., Die Entwicklung des Wirtschaftsgebietes der Stadt Erfurt unter besonderer Berücksichtigung seiner sozialen Struktur während der Jahre 1899–1925 (Abhandlungen des Statistischen Amtes der Stadt Erfurt 5), Erfurt 1927.

Troch, H., Rebellensonntag. Der 1. Mai zwischen Politik, Arbeiterkultur und Volksfest in Österreich (1890–1918), Wien 1991.

Trümper, M., Zur Entwicklung der sozialdemokratischen Parteiorganisation in Erfurt von 1890 bis 1905/06 unter besonderer Berücksichtigung der Wechselwirkung von lokaler und nationaler sozialdemokratischer Organisation und Presse, Diss. (A) PH Erfurt/Mühlhausen 1991 (Ms.).

Uhen, L., Gruppenbewusstsein und informelle Gruppenbildung bei deutschen Arbeitern im Jahrhundert der Industrialisierung, Berlin 1964.

Ullmann, H.-P., Der Bürger als Steuerzahler im Deutschen Kaiserreich, in: M. Hettling u. P. Nolte (Hg.), Nation, S. 231–246.

-, Das Deutsche Kaiserreich 1871–1918, Frankfurt am Main 1995.

Ullrich, V., Die nervöse Großmacht. Aufstieg und Untergang des deutschen Kaiserreichs 1871–1918, Frankfurt am Main 1997.

–, Sehnsucht nach dem Sofa?, in: DIE ZEIT, Nr. 16 vom 10. April 1992.

Untersuchungen über die Lage des Handwerks in Deutschland mit besonderer Berücksichtigung auf seine Konkurrenzfähigkeit gegenüber der Großindustrie, Bde. 3, 4, 7, 9, (Schriften des Vereins für Socialpolitik LXIV, LXV, LXVIII, 70), Leipzig 1895–1897.

Neue Untersuchungen über die Wohnungsfrage in Deutschland und im Ausland. Hg. vom Verein für Socialpolitik, Leipzig 1901.

Velten, W., Alfred Overmann (1866–1946), in: MVGAE, 57. Heft, 1996, S. 105–134.

Venediger, E., Zur Feier der 100jährigen Vereinigung Erfurts mit dem Königreich Preußen am 21. August 1902. Beilage zum Jahresbericht der städtischen Realschule zu Erfurt, Erfurt 1903.

–, Zur Geschichte der Städtischen Realschule, in: Beilage zum Jahresbericht der städtischen Oberrealschule, 1905, S. 1–12.

Verband der Schneider, Schneiderinnen und Wäschearbeiter Deutschlands. Protokoll über die Verhandlungen des Elften Verbandstages des Verbandes der Schneider, Schneiderinnen und Wäschearbeiter Deutschlands, abgehalten vom 15. bis 20. August 1910 in Hamburg, Berlin o. J.

Verhey, J., Der »Geist von 1914« und die Erfindung der Volksgemeinschaft, Hamburg 2000.

Vierhaus, R., Bürgerliche Hegemonie oder proletarische Emanzipation: der Beitrag der Bildung, in: J. Kocka u. E. Müller-Luckner (Hg.), Arbeiter und Bürger, S. 53–64.

Vogel, J., Nationen im Gleichschritt. Der Kult der »Nation in Waffen« in Deutschland und Frankreich, 1871–1914, Göttingen 1997.

–, Zwischen protestantischem Herrscherideal und Mittelaltermystik. Wilhelm I. und die »Mythomotorik«, in: G. Krumeich u. H. Lehmann (Hg.), »Gott mit uns«, S. 213–230.

Volkmann, H., Kategorien des sozialen Protests im Vormärz, in: GG, Jg. 3, 1977, S. 164–189.

Walter, F., Konfliktreiche Integration. Arbeiterkultur im Kaiserreich und in der Weimarer Republik, in: IWK, Jg. 24, 1988, S. 54–88.

–, Thüringen – Eine Hochburg der sozialistischen Arbeiterbewegung?, in: IWK, Jg. 28, 1992, S. 21–39.

Weber, M., Wirtschaft und Gesellschaft. Grundriss zur verstehenden Soziologie, 2 Halbbände, hrsg. v. Johannes Winckelmann, Tübingen 1976[5] (1922).

Wehler, H.-U., Deutsche Gesellschaftsgeschichte. Erster Band: Vom Feudalismus des Alten Reiches bis zur Defensiven Modernisierung der Reformära 1700–1815, München 1987.

–, Deutsche Gesellschaftsgeschichte. Zweiter Band: Von der Reformära bis zur industriellen und politischen »Deutschen Doppelrevolution« 1815–1845/49, München 1987.

–, Deutsche Gesellschaftsgeschichte. Dritter Band: Von der »Deutschen Doppelrevolution« bis zum Beginn des Ersten Weltkrieges 1849–1914, München 1995.

–, Das deutsche Kaiserreich 1871–1918, Göttingen 1983[5].

–, Nationalismus. Geschichte – Formen – Folgen, München 2001.

–, Wie bürgerlich war das Kaiserreich?, in: J. Kocka (Hg.), Bürgerlichkeit, 1987, S. 243–280.

Weichel, T., Berufsstruktur der Städte – erste Ergebnisse und Vergleiche, in: L. Gall (Hg.), Stadt und Bürgertum, 1993, S. 51–73.

–, Die Bürger von Wiesbaden. Von der Landstadt zur »Weltkurstadt« 1780–1914, München 1997.

–, Bürgerliche Villenkultur im 19. Jahrhundert, in: D. Hein u. A. Schulz (Hg.), Bürgerkultur, S. 234–251.

Weichlein, S., Nationalismus als Theorie sozialer Ordnung, in: T. Mergel u. T. Welskopp (Hg.), Geschichte, S. 171–200.

Weicker, A. (Bearbeiter), Die Arbeits- und Einkommens-Verhältnisse unserer Mitglieder im Jahre 1911. Verband der Schneider, Schneiderinnen und Wäschearbeiter Deutschlands, o. O., o. J.

–, Die Arbeits- und Einkommensverhältnisse unserer Mitglieder im Jahre 1912. Verband der Schneider, Schneiderinnen und Wäschearbeiter Deutschlands, Berlin o. J.

Weidenhaupt, H. (Hg.), Düsseldorf. Geschichte von den Ursprüngen bis ins 20. Jahrhundert, Bd. 2 und Bd. 3, Düsseldorf 1988/89.

Weidner, R., Wahlen und soziale Strukturen in Ludwigshafen am Rhein 1871–1914. Unter besonderer Berücksichtigung der Reichstagswahlen, Ludwigshafen a. Rh. 1984.

Weinhauer, K., Arbeiterklasse ohne Arbeiterhandeln?, in: 1999. Zeitschrift für Sozialgeschichte des 20. und 21. Jahrhunderts, Jg. 8, 1993, S. 80–88.

Weinmann, G., Der steinige Weg. Vom vaterlandslosen Gesellen zum emanzipierten Mitbürger. Schlaglichter aus dem Kulturleben der Waiblinger Arbeiterbewegung zwischen 1875 und 1914, Waiblingen 1988.

Weiß, U. (Hg.), Erfurt 742–1992. Stadtgeschichte – Universitätsgeschichte, Weimar 1992.

– (Hg.), Erfurt. Geschichte und Gegenwart. Weimar 1995.

Welskopp, T., Arbeit und Macht im Hüttenwerk. Arbeits- und industrielle Beziehungen in der deutschen und amerikanischen Eisen- und Stahlindustrie von den 1860er bis zu den 1930er Jahren, Bonn 1994.

–, Arbeiter in Betrieb und Milieu. Studien zur Sozialgeschichte von Arbeitern und Arbeiterbewegung seit dem 19. Jahrhundert, in: AfS, Jg. 31, 1991, S. 464–480.

–, Das Banner der Brüderlichkeit. Die deutsche Sozialdemokratie vom Vormärz bis zum Sozialistengesetz, Bonn 2000.

–, Der Betrieb als soziales Handlungsfeld. Neuere Forschungsansätze in der Industrie- und Arbeitergeschichte, in: GG, Jg. 22, 1996, S. 118–142.

–, Ende der Arbeiterbewegung – Neuorientierung der Arbeitergeschichte, in: AfS, Jg. 30, 1990, S. 575–583.

–, Klasse als Befindlichkeit? Vergleichende Arbeitergeschichte vor der kulturhistorischen Herausforderung, in: AfS, Jg. 38, 1998, S. 301–336.

–, Der Mensch und die Verhältnisse. »Handeln« und »Struktur« bei Max Weber und Anthony Giddens, in: T. Mergel u. T. Welskopp (Hg.), Geschichte, S. 39–70.

–, Ein modernes Klassenkonzept für die vergleichende Geschichte industrialisierender und industrieller Gesellschaften, in: K. Lauschke/T. Welskopp (Hg.), Mikropolitik im Unternehmen. Arbeitsbeziehungen und Machtstrukturen in industriellen Großbetrieben des 20. Jahrhunderts, Essen 1994, S. 48–106.

Wengenroth, U. (Hg.), Prekäre Selbständigkeit. Zur Standortbestimmung von Handwerk, Hausindustrie und Kleingewerbe im Industrialisierungsprozess, Stuttgart 1989.

Wetzker, F. K., Klassencharakter und Entwicklung des Erfurter Bildungswesens in der Zeit von 1870–1890, Hausarbeit, Erfurt 1964.

Wiegand, F. (Bearbeiter), Das Stadtarchiv Erfurt und seine Bestände, o. O., o. J. (Berlin 1962).

Wiel, P., Wirtschaftsgeschichte des Ruhrgebiets, Tatsachen und Zahlen, Essen 1970.

Wienfort, M., Kaisergeburtstagsfeiern am 27. Januar 1907. Bürgerliche Feste in den Städten des Deutschen Kaiserreichs, in: M. Hettling/P. Nolte (Hg.), Bürgerliche Feste, S. 157–191.

Winkler, H. A., Zwischen Marx und Monopolen. Der deutsche Mittelstand vom Kaiserreich zur Bundesrepublik Deutschland, Frankfurt am Main 1991.

Winter, A., Das Schneidergewerbe in Breslau, in: Untersuchungen über die Lage des Handwerks, 7. Bd., 1896, S. 1–96.

Wischermann, C., Wohnen in Hamburg vor dem Ersten Weltkrieg, Münster 1983.

–, Wohnungsnot und Städtewachstum. Standards und soziale Indikatoren städtischer Wohnungsversorgung im späten 19. Jahrhundert, in: W. Conze u. U. Engelhardt (Hg.), Arbeiter, S. 201–226.

Witt, P.-C., Die Entstehung einer »sozialdemokratischen« Stadt: Harburg zwischen preußischer Annexion 1866/67 und Erstem Weltkrieg, in: G. A. Ritter u. E. Müller-Luckner (Hg.), Aufstieg, S. 259–315.

–, Kommunalpolitik in Harburg zwischen Interessen lokaler Eliten und Entstehung einer modernen Leistungsverwaltung (1867–1914), in: J. Ellermeyer u. a. (Hg.), Harburg, S. 219–248.

Wunder, B., Die Kanzlei, in: H.-G. Haupt (Hg.), Orte des Alltags, S. 161–171.

Zentralbibliothek der organisierten Arbeiterschaft von Erfurt und Umgebung, Katalog. Ausgabe 1909, Erfurt 1909.

Zentralverband der Schuhmacher Deutschlands. Protokoll über die Verhandlungen des 12. ordentlichen Verbandstages. Abgehalten vom 15. – 20. Juni 1908 zu Gotha, Nürnberg o. J.

Zentralverband der Schuhmacher Deutschlands. Protokoll über die Verhandlungen des 13. ordentlichen Verbandstages. Abgehalten vom 6. – 11. Juni 1910 zu Cöln a. Rh., Nürnberg o. J.

Ziegler, D., Das wirtschaftliche Großbürgertum, in: P. Lundgreen (Hg.), Sozial- und Kulturgeschichte, S. 113–137.

Ziemann, B., Sozialmilitarismus und militärische Sozialisation im deutschen Kaiserreich 1870–1914, in: GWU, Jg. 53, 2002, S. 148–164.

Zimmermann, C., Urbanisierung, Stadtgeschichte, Stadtentwicklung, in: NPL, Jg. 38, 1993, H. 1, S. 7–28.

–, Von der Wohnungsfrage zur Wohnungspolitik. Die Reformbewegung in Deutschland 1845–1914, Göttingen 1991.

Zucht, O., Emanzipation und Assimilation. Der Aufstieg der jüdischen Bürgerfamilie Unger in Erfurt, in: H. W. Hahn u. a. (Hg.), Bürgertum, S. 185–200.

Zumdick, U., Hüttenarbeiter im Ruhrgebiet. Die Belegschaft der Phoenix-Hütte in Duisburg-Laar. 1853–1914; unter Mitarbeit von Elisabeth Kosok mit einer Einführung von Hans Mommsen, Stuttgart 1990.

Zunkel, F., Die gesellschaftliche Bedeutung der Kommunikation in Bürgergesellschaften und Vereinswesen vom 18. bis zum Anfang 20. Jahrhunderts, in: Pohl (Hg.), Bedeutung, 1989, S. 255–283.

Zwahr, H., Class Formation and the Labor Movement as the Subject of Dialectic Social History, in: van der Linden, Marcel (Hg.), The End of Labor History, Cambridge 1993, S. 85–103.

–, Das deutsche Stadtadressbuch als orts- und sozialgeschichtliche Quelle, in: Jahrbuch für Regionalgeschichte, Jg. 3, 1968, S. 204–229.

–, Konstituierung der Bourgeoisie im Verhältnis zur Arbeiterklasse. Ein deutsch-polnischer Vergleich, in: J. Kocka u. U. Frevert (Hg.), Bürgertum, Bd. 2, S. 149–186.

–, Proletariat und Bourgeoisie in Deutschland. Studien zur Klassendialektik, Köln 1980.

–, Zur Konstituierung des Proletariats als Klasse. Strukturuntersuchungen über das Leipziger Proletariat während der industriellen Revolution, Berlin (Ost) 1978.

Register

Personenregister

426

Sach- und Ortsregister

431

432